Insiderhandel und Ad-hoc-Publizität nach Anlegerschutzverbesserungsgesetz

AF816467

Schriften zum Wirtschafts- und Medienrecht, Steuerrecht und Zivilprozeßrecht

Herausgegeben von Jürgen Costede
und Gerald Spindler

Band 37

PETER LANG
Frankfurt am Main · Berlin · Bern · Bruxelles · New York · Oxford · Wien

Torben Speier

Insiderhandel und Ad-hoc-Publizität nach Anlegerschutzverbesserungsgesetz

Rechtliche Grundlagen und ausgewählte Fragen in einem veränderten kapitalmarktrechtlichen Gewand

PETER LANG
Internationaler Verlag der Wissenschaften

Bibliografische Information der Deutschen Nationalbibliothek
Die Deutsche Nationalbibliothek verzeichnet diese Publikation in der Deutschen Nationalbibliografie; detaillierte bibliografische Daten sind im Internet über <http://www.d-nb.de> abrufbar.

Zugl.: Göttingen, Univ., Diss., 2008

D 7
ISSN 1614-2071
ISBN 978-3-631-58595-5

© Peter Lang GmbH
Internationaler Verlag der Wissenschaften
Frankfurt am Main 2009
Alle Rechte vorbehalten.

Das Werk einschließlich aller seiner Teile ist urheberrechtlich geschützt. Jede Verwertung außerhalb der engen Grenzen des Urheberrechtsgesetzes ist ohne Zustimmung des Verlages unzulässig und strafbar. Das gilt insbesondere für Vervielfältigungen, Übersetzungen, Mikroverfilmungen und die Einspeicherung und Verarbeitung in elektronischen Systemen.

www.peterlang.de

Vorwort

Die vorliegende Arbeit wurde im Wintersemester 2006/2007 von der Rechtswissenschaftlichen Fakultät der Georg-August-Universität zu Göttingen als Dissertation angenommen. Neuere Entwicklungen in Gesetzgebung, Literatur und Rechtsprechung konnten bis August 2008 berücksichtigt werden.

Mein besonderer Dank gilt meinem Doktorvater, Herrn *Prof. Dr. Gerald Spindler*, der nicht nur die thematische Anregung gab, sondern die Arbeit auch stets betreute und sich jederzeit an ihrem Fortgang interessiert zeigte. Dank gebührt auch Herrn *Prof. Dr. Alexander Bruns* für die Erstellung des Zweitgutachtens.

Herzlich gedankt sei auch meiner Freundin *Brit,* meiner Familie sowie allen meinen Freunden, die die Höhen und Tiefen der Erstellung der Dissertation miterlebt und mich stets ertragen haben. Ohne ihre Unterstützung wäre die Anfertigung dieser Arbeit nicht möglich gewesen.

Hamburg, im September 2008 Torben Speier

Inhaltsverzeichnis

Abkürzungsverzeichnis

a.A.	anderer Ansicht
a.F.	alte Fassung
abgedr.	abgedruckt
ABl.	Amtsblatt
AG	Die Aktiengesellschaft (Zeitschrift)
AGB	Allgemeine Geschäftsbedingungen
AktG	Aktiengesetz
AnSVG	Anlegerschutzverbesserungsgesetz
Ausnahme-VO	Verordnung Nr. 2273/2003 der Kommission vom 22.12.2003 zur Durchführung der Richtlinie 2003/6/EG des Europäischen Parlaments und des Rates – Ausnahmeregelungen für Rückkaufsprogramme und Kursstabilisierungsmaßnahmen, ABl. EU L 336 vom 23.12.2003, S. 33
BaFin	Bundesanstalt für Finanzdienstleistungsaufsicht
BAWe	Bundesamt für den Wertpapierhandel
BayVBl	Bayerische Verwaltungsblätter
BB	Betriebs-Berater
Beschl.	Beschluss
BetrVG	Betriebsverfassungsgesetz
BGB	Bürgerliches Gesetzbuch
BGBl.	Bundesgesetzblatt
BGHSt	amtliche Sammlung der Entscheidungen des Bundesgerichtshofs in Strafsachen (zitiert nach Urteilsdatum, Aktenzeichen, Band, Seite)
BGHZ	amtliche Sammlung der Entscheidungen des Bundesgerichtshofs in Zivilsachen (zitiert nach Urteilsdatum, Aktenzeichen, Band, Seite)
BKR	Zeitschrift für Bank- und Kapitalmarktrecht
BörsG	Börsengesetz
BörsO	Börsenordnung
BörsZulV	Börsenzulassungsverordnung
BR	Bundesrat
BRAO	Bundesrechtsanwaltsordnung
BuB	Bankrecht und Bankpraxis
BVerfGE	amtliche Sammlung der Entscheidungen des Bundesverfassungsgerichts (zitiert nach Urteilsdatum, Aktenzeichen, Band, Seite)
BVerwG	Bundesverwaltungsgericht

BVerwGE	amtliche Sammlung der Entscheidungen des Bundesverwaltungsgerichts (zitiert nach Urteilsdatum, Aktenzeichen, Band, Seite)
CEO	Chief Executive Officer
CESR	Committee of European Securities Regulators
cic	culpa in contrahendo
DAI	Deutsches Aktieninstitut
DB	Der Betrieb
DÖV	Die Öffentliche Verwaltung
Drucks.	Drucksachen
DStR	Deutsches Steuerrecht
DVBl.	Deutsches Verwaltungsblatt
EGV	Vertrag zur Gründung der Europäischen Gemeinschaft (ABl. Nr. C 325 vom 24.12.2002, S. 33 ff.)
EHUG	Gesetz über elektronische Handelsregister und Genossenschaftsregister sowie das Unternehmensregister, bislang nur im Entwurf der Bundesregierung, BT-Drucks. 16/690
EuGH	Europäischer Gerichtshof
EUV	Vertrag über Europäische Union (ABl. Nr. C 325 vom 24.12.2002, S. 5 ff.)
EuZW	Europäische Zeitschrift für Wirtschaftsrecht
EWG	Europäische Wirtschaftsgemeinschaft
FinDAG	Finanzdienstleistungsaufsichtsgesetz
FMFG	Finanzmarktförderungsgesetz
FS	Festschrift
FSA	Financial Services Authority
FSAP	Aktionsplan für Finanzdienstleistungen der Europäischen Kommission vom 11.5.1999
FWB	Frankfurter Wertpapierbörse
GmbHG	Gesetz betreffend die Gesellschaften mit beschränkter Haftung
GmbHR	GmbH Rundschau
GS	Gedächtnisschrift
GWB	Gesetz gegen Wettbewerbsbeschränkungen
h.M.	herrschende Meinung
HGB	Handelsgesetzbuch
HS	Halbsatz
i.E.	im Ergebnis
IAS	International Accounting Standards
ibid.	ibidem
IPO	Initial Public Offering

JuS	Juristische Schulung
JZ	Juristen Zeitung
KapInhG	Kapitalinformationshaftungsgesetz
KapMuG	Kapitalanleger-Musterverfahrensgesetz
KonTraG	Gesetz zur Kontrolle und Transparenz im Unternehmensbereich
KuMakV	Verordnung zur Konkretisierung des Verbotes der Kurs- und Marktpreismanipulation
M&A	Mergers&Acquisitions
MaKonV	Verordnung zur Konkretisierung des Verbots der Marktmanipulation
MDAX	Midcap-Index der Deutschen Börse
MiFID	Richtlinie 2004/39/EG des Europäischen Parlaments und des Rates vom 21.4.2004 über Märkte für Finanzinstrumente, zur Änderung der Richtlinien 85/611/EWG und 93/6/EWG des Rates und der Richtlinie 2000/12/EG des Europäischen Parlaments und des Rates und zur Aufhebung der Richtlinie 93/22/EWG, ABl. L 145 vom 30.4.2004, S. 1, berichtigt durch Berichtigung, ABl. L 45 vom 16.2.2005, S. 18
MMR	Richtlinie 2003/6/EG des Europäischen Parlaments und des Rates vom 28. Januar 2003 über Insider-Geschäfte und Marktmanipulation (Marktmissbrauch), ABl. EU L 96 vom 12.04.2003, S. 16
mwN	mit weiteren Nennungen
n.F.	neue Fassung
NJW	Neue Juristische Wochenschrift
NStZ	Neue Zeitschrift für Strafrecht
NVwZ	Neue Zeitschrift für Verwaltungsrecht
NZG	Neue Zeitschrift für Gesellschaftsrecht
OTC	over the counter
OWiG	Gesetz über Ordnungswidrigkeiten
ProspektRL	Richtlinie 2003/71/EG des Europäischen Parlaments und des Rates vom 4. November 2003 betreffend den Prospekt, der beim öffentlichen Angebot von Wertpapieren oder bei deren Zulassung zum Handel zu veröffentlichen ist, und zur Änderung der Richtlinie 2001/34/EG (Text von Bedeutung für den EWR), ABl. L 345 vom 31.12.2003, S. 64
RabelsZ	Rabels Zeitschrift für ausländisches und internationales Privatrecht
RegBegr.	Regierungsbegründung

RegE	Regierungsentwurf
RIW	Recht der Internationalen Wirtschaft
Rs.	Rechtsache
SEC	United States Securities and Exchange Commission
Slg.	Sammlung
StPO	Strafprozessordnung
StraFo	Strafverteidiger-Forum
TransparenzRL	Richtlinie 2004/109/EG des Europäischen Parlaments und des Rates vom 15.12.2004 zur Harmonisierung der Transparenzanforderungen in Bezug auf Informationen über Emittenten, deren Wertpapiere zum Handel auf einem geregelten Markt zugelassen sind, und zur Änderung der Richtlinie 2001/34/EG, ABl. L 390 vom 31.12.2004, S. 38
TUG	Transparenzrichtlinie-Umsetzungsgesetz
TUG-E	Entwurf zum Transparenzrichtlinie-Umsetzungsgesetz
UMAG	Gesetz zur Unternehmensintegrität und Modernisierung des Anfechtungsrechts, BGBl. I 2005 Nr. 60, S. 2802
UmwG	Umwandlungsgesetz
Urt.	Urteil
UWG	Gesetz gegen den unlauteren Wettbewerb
VGH	Verwaltungsgerichtshof
VO	Verordnung
wistra	Zeitschrift für Wirtschafts- und Steuerstrafrecht
WM	Wertpapier-Mitteilungen
WpAIV	Wertpapierhandelsanzeige- und Insiderverzeichnis-verordnung vom 13.12.2004, BGBl. I, S. 3376
WPg	Die Wirtschaftsprüfung (Zeitschrift)
WpHG	Wertpapierhandelsgesetz; die Paragraphen dieses Gesetzes wurden in der Ausarbeitung ohne den Zusatz WpHG zitiert.
WPO	Gesetz über eine Berufsordnung der Wirtschaftsprüfer
WpPG	Gesetz über die Erstellung, Billigung und Veröffentlichung des Prospekts, der beim öffentlichen Angebot von Wertpapieren oder bei der Zulassung von Wertpapieren zum Handel an einem organisierten Markt zu veröffentlichen ist
WpÜG	Wertpapiererwerbs- und Übernahmegesetz
WuB	Entscheidungssammlung zum Wirtschafts- und Bankrecht
Xetra	elektronisches Handelssystem der Frankfurter Wert-papierbörse

ZBB	Zeitschrift für Bankrecht und Bankwirtschaft
ZGR	Zeitschrift für Unternehmens- und Gesellschaftsrecht
ZHR	Zeitschrift für das gesamte Handelsrecht und Wirtschaftsrecht
ZIP	Zeitschrift für Wirtschaftsrecht
zust.	zustimmend

Teil 1: Ziel und Gang der Untersuchung

A. Auslöser und Grundlagen gesetzgeberischer Aktivitäten und Regelungen im Bereich des Insiderrechts und der Ad-hoc-Publizität

Die Finanzmärkte haben in den zurückliegenden Jahren stürmische Zeiten erfahren. Nach einer Phase der Prosperität löste in jüngster Vergangenheit die Immobilienkrise Schockwellen aus. Sinnbildhaft für die Turbulenzen der letzten Jahre mag vor allem aber der Zusammenbruch des Neuen Marktes in den Jahren 2001/2002 stehen, der nach anfänglich überschwänglicher Euphorie – man ist fast geneigt, insoweit von einer Art Goldgräberstimmung zu reden – am 5. Juni 2003 nach nur sechs Jahren[1] endgültig eingestellt wurde. Trotz entsprechender gerichtlicher Aufarbeitung spektakulärer Fälle widerrechtlichen Verhaltens am Neuen Markt[2] ist der dadurch angerichtete und noch immer fortdauernde Schaden nicht zu unterschätzen. Immerhin verloren viele Marktteilnehmer hierdurch ihr investiertes Vermögen und gleichzeitig das Vertrauen in das Funktionieren der Märkte. Andererseits sind Krisen für die Weiterentwicklung des Rechts von erheblicher Bedeutung, gilt es doch aus den Erfahrungen zu lernen und die entsprechenden Defizite abzustellen, gleichsam ist die Krise also als Motor für Neuerungen zu begreifen und darüber hinaus auch tatsächlich zu nutzen.[3] Die Reaktion der Politik auf die aufgetretenen Unternehmenskrisen, mithin also das „Nutzen des Motors", hat in der Tat nicht lange auf sich warten lassen und wurde im 10-Punkte-Programm der Bundesregierung zur Stärkung der Unternehmensintegrität und des Anlegerschutzes zunächst in der Form eines Maßnahmenkatalogs manifestiert.[4] Darin setzt sich die Regierung das Ziel, das Vertrauen der Anleger in den deutschen Kapitalmarkt durch verschiedene Maßnahmen, die u.a. die Transparenz, die persönliche Verantwortung von Organmitgliedern mitsamt deren Durchsetzung auf dem Klageweg durch die Aktionäre, die Wei-

---

1 Siehe http://deutsche-boerse.com/dbag/dispatch/s/3B1D6FE969756D03874BCDE9F08D8262/de/kir/gdb_navigation/private_investors/70_Know_how/30_Glossary?glossaryWord=PI_glos_Neuer_Markt (19.6.2005).

2 Zu denken ist hier beispielsweise an: BGH Urt. v. 19.7.2004 – II ZR 218/03 NJW 2004, 2664; BGH Urt. v. 19.7.2004 – II ZR 217/03 NJW 2004, 2668; BGH Urt. v. 19.7.2004 – II ZR 402/02 NJW 2004, 2971 – 'Infomatec'; BGH Urt. v. 16.12.2004 – 1 StR 420/03 NJW 2005, 445 – 'EM.TV'; OLG München Beschl. v. 6.11.2003 – 2 Ws 583-592/03 BKR 2004, 29 – 'ComRoad'.

3 Zur Bedeutung von Krisen für die Weiterentwicklung des Rechts siehe nur *Spindler* in Hopt u.a., Corporate governance in context, 2005, S. 105 ff.

4 Abrufbar unter www.bmj.de, Pressemitteilung vom 25.2.2003 (18.6.2005); dazu auch *Kümpel* Bank- und Kapitalmarktrecht Rn 8.7, 8.13.

terentwicklung des Deutschen Corporate Governance Kodexes und die Verbesserung des Anlegerschutzes auf dem „Grauen Kapitalmarkt“ betreffen, zu stärken bzw. zurückzugewinnen.[5] Wichtige Bausteine zur Erreichung dieser Ziele sind unlängst mit dem Gesetz zur Unternehmensintegrität und Modernisierung des Anfechtungsrechts (UMAG)[6] und dem Kapitalanleger-Musterverfahrensgesetz (KapMuG)[7], die beide seit dem 1. November 2005 Gültigkeit beanspruchen, umgesetzt worden, andere, wie das Kapitalinformationshaftungsgesetz (KapInhG) sind jedoch (zunächst?) ins Stocken geraten. In dem Kontext dieser Gesetze und Gesetzesvorhaben ist auch das im Rahmen der vorliegenden Arbeit besonders interessierende, zeitlich frühere Anlegerschutzverbesserungsgesetz (AnSVG)[8] zu sehen, das bereits im Namen auf eines der Hauptziele des 10-Punkte Programms rekurriert.[9]

Einer der ganz maßgeblichen Beweggründe für die Bemühungen zur Rückgewinnung des Anlegervertrauens in die Integrität, Stabilität und Transparenz des Marktes ist in der für Unternehmen wichtigen sog. Allokationsfunktion[10] zu sehen. Ein funktionsfähiger Kapitalmarkt erleichtert den Unternehmen den Zugang zu neuem Kapital und hilft damit bei der Senkung von Finanzierungskosten, so dass im Endeffekt mehr Potential für Investitionen besteht. Gerade das noch im Laufe der Bearbeitung ausführlich darzustellende Insiderrecht und auch die Ad-hoc-Publizität vermögen eine wichtige Rolle bei dieser Aufgabe zu spielen. Immerhin hat sich die Rechtsordnung zur weitestmöglichen Verringerung der Urkonflikte des Kapitalmarktes, der Informationsasymmetrie der Marktgegenseiten und der Interessenkonflikte der Marktteilnehmer,[11] an den Geboten der Transparenz und Fairness am Markt zu orientieren und diese nach Möglich-

---

5 Ausführlich dazu das 10-Punkte Programm, abrufbar unter www.bmj.de, Pressemitteilung vom 25.2.2003 (18.6.2005); speziell zum Aspekt der Gleichbehandlung im Kapitalmarktrecht *Bachmann* ZHR 170 (2006), 144.

6 BGBl. I 2005 Nr. 60, S. 2802.

7 BGBl. I 2005 Nr. 50, S. 2437.

8 BGBl. I 2004 Nr. 56, S. 2630, abrufbar unter: http://217.160.60.235/BGBL/bgbl1f/bgbl104s2630.pdf (17.6.2005); Inkraftgetreten gem. Art. 6 AnSVG am 30.10.2004.

9 Siehe *Rodewald/Tüxen* BB 2004, 2249, 2249, wonach insbesondere Punkt 2 und 5 des 10-Punkte Programms durch das AnSVG abgearbeitet wurden. Ausführlich zum 10-Punkte Programm *Seibert* BB 2003, 693.

10 Siehe dazu *Kupfer*, Die Verteilung knapper Ressourcen im Wirtschaftsverwaltungsrecht, S. 37 f.: Die Allokationsfunktion des Marktes bewirkt letztendlich, dass ein Gut dahin gelangt, wo es gebraucht wird.

11 Dazu *Caspari* NZG 2005, 98, 98; *Fleischer*, Gutachten zum 64. Deutschen Juristentag, F 23 f.; speziell zu Interessenskonflikten siehe auch *Mahoney*, 62 U. Chi. L. Rev. 1047 (1995).

keit zur Geltung zu bringen.[12] Von Märkten, in denen diese elementaren Spielregeln nicht gelten, werden sich sowohl private als auch institutionelle Anleger fernhalten und vielmehr ihre Investitionen an Märkten tätigen, die ihnen zum Schutz vor Übervorteilung entsprechende gesetzliche Vorschriften zur Seite stellen. Der AnSVG-Gesetzgeber erkennt dies, wenn er ausführt, dass zur Stärkung des Kapitalmarktes und der internationalen Wettbewerbsfähigkeit des Finanzplatzes Deutschland nicht nur praxisorientierte Rahmenbedingungen für einen derartigen Finanzmarkt gehören, sondern vielmehr das durch Unternehmenskrisen und –zusammenbrüche gebeutelte Vertrauen der Anleger eine entscheidende Rolle spielt und sich dieses Vertrauen nur durch mehr Transparenz auf dem Kapitalmarkt, Selbstregulierung der Marktteilnehmer und verbesserte Kontrolle von Unternehmen wiederherstellen lässt.[13] Dennoch ist der im Sinne des Wertpapierhandelsgesetzes zu verstehende Anlegerschutz in Bezug auf Individualinteressen lediglich „Reflex“ des Funktionenschutzes des Kapitalmarktes bzw. nur eine Seite der zweiseitigen Medaille aus Funktionenschutz und Individualschutz.[14] Für den so verstandenen Funktionenschutz ist vor allem auch ein effektives Insiderhandelsverbot[15] maßgeblich, dessen Regelungsleitbild jedoch nicht wie im Mutterland des Insiderhandelsverbots, den USA, auf einen Theorienstreit zwischen „equal-access-theory“, „fiduciary duty-theory“ und „misappropriation-theory“[16] verkürzt werden kann.[17] Dem europäischen und somit auch deutschem Modell liegt – so banal es auch klingen mag – vielmehr die Vorstellung zugrunde, Insidergeschäfte verhinderten, dass der Markt vollständig und wirklich transparent ist, was jedoch als Teilnahmevoraussetzung für alle Wirtschaftsak-

---

12 Wiederum *Caspari* NZG 2005, 98, 98 f.; *Caspari* ZGR 1994, 530, 532 f.; *Kümpel* Bank- und Kapitalmarktrecht Rn 8.418.

13 So fast wortwörtlich BT-Drucks. 15/3174, S. 26.

14 Zu einem derartigen Verständnis siehe nur *Hopt* in Bankrechts-Handbuch § 107 Rn 4; *Kümpel* Bank- und Kapitalmarktrecht Rn 8.388; weiter auch Schwark/*Schwark* KMRK vor § 12 Rn 8; *Assmann* AG 1994, 196, 203 f.; *Caspari* NZG 2005, 98, 98.

15 Die Bedeutung eines effektiven Insiderhandelsverbots für das Vertrauen der Anleger wird insbesondere dadurch belegt, dass bei 50% der geschädigten Unternehmen in der BRD durch Insiderhandel immaterielle Schäden, zu denen u.a. der Reputationsverlust für Unternehmen und Marke gezählt werden, eintreten. Siehe dazu Abb. 9, 10 Wirtschaftskriminalität 2005, PriceWaterhouseCoopers, Studie abrufbar unter www.pwc.com.

16 Ausführlich dazu *Weber,* Insiderrecht und Kapitalmarktschutz, S. 51 ff.; *Mennicke,* Sanktionen gegen Insiderhandel, S. 255 ff.; *Lange* WM 1998, 525, 525 ff.; *Hopt* ZGR 1991, 17, 25 ff.; *Tippach* Insider-Handelsverbot, S. 28 ff.; *Schäfer* in Schäfer/Hamann, 2. Aufl., vor § 12 Rn 20; zur im Text letztgenannten Theorie siehe auch *McVea,* Financial conglomerates and the chinese wall, S. 108 ff.; *Lenenbach/Lohrmann* RIW 1998, 115, 116 f.

17 Zur Unübertragbarkeit dieser Theorien auch Schwark/*Schwark* KMRK vor § 12 Rn 11; *Assmann* in Assmann/Schneider, vor § 12 Rn 45 f.; *Gerke,* Börsenlexikon, S. 420.

teure angesehen werden müsse.[18] Die Rechtfertigung eines derart verstandenen Insiderhandelsverbots kann entgegen einer in den 60er Jahren von Henry Manne in den USA ausgehenden Meinung, Insiderhandel sei keinesfalls anlegerschädigend, vielmehr fördere Insiderhandel den Informationsfluss und gewährleiste, dass sich der Marktpreis eines Wertpapiers dem Preis annähere, den es bei Veröffentlichung der vertraulichen Tatsache haben würde,[19] aus dem einfachen Grund nicht konterkariert werden, da dieses Ziel auch ohne die Gestattung von Insiderhandel durch eine entsprechende Veröffentlichungspolitik erreichbar ist.[20]

Erweitert um die europäische Dimension, die bei den Betrachtungen zum AnSVG aufgrund der durch dieses Gesetz erfolgten Umsetzung der Marktmissbrauchsrichtlinie (MMR)[21] eine erhebliche Rolle spielt, wird deutlich, dass die Motivation zur Neuregelung auf einem breiteren als nur einem nationalstaatlichen Fundament gründet. Alle Aktivitäten im Recht der Wertpapierregulierung der Europäischen Union in den letzten Jahren sind vor dem Hintergrund der sog. „Lissabon-Strategie"[22] des Europäischen Rates vom 23. und 24.3.2000 zu sehen. Hiermit hat sich die Union ein neues strategisches Ziel für ein ganzes Jahrzehnt, nämlich die Union zum wettbewerbsfähigsten und dynamischsten wissensbasierten Wirtschaftsraum in der Welt zu machen – einem Wirtschaftsraum der fähig ist, ein dauerhaftes Wirtschaftswachstum mit mehr und besseren Arbeitsplätzen und einem größeren sozialen Zusammenhalt zu erzielen, gesetzt. Ein wichtiger Aspekt der mit diesem Ziel verfolgten globalen Strategie, in deren Rahmen insbesondere der Binnenmarkt zu vollenden und das europäische Gesellschaftsmodell durch Bekämpfung sozialer Ausgrenzung zu modernisieren sein wird, ist gerade die Schaffung effizienter und integrierter Finanzmärkte, die sich durch die erwähnte bessere Bereitstellung von Kapital und durch die Verringerung der Kapitalkosten auszeichnen. Dabei sollen aber nicht nur Vorteile für die Unternehmensseite generiert werden, sondern insbesondere auch Wach-

18 Siehe Erwägungsgrund 15 MMR; zuvor schon EG-Insiderrichtlinie (Richtlinie 89/592/EWG, ABl. L 334 vom 18.11.1989, S. 30), Erwägungsgrund 5, die zwar sprachlich anders, inhaltlich im Ergebnis aber gleichbedeutend von der Gleichstellung der Anleger und dem Schutz gegen unrechtmäßige Informationsverwertung sprach.

19 Siehe *Manne*, Insider Trading and the Stock Market, 1966.

20 Statt vieler dazu bereits *Hopt* AG 1995, 353; aus ökonomischen Gründen gegen die Normierung eines Insiderhandelsverbots hingegen *Schneider* DB 1993, 1429; *Schörner*, Gesetzliches Insiderhandelsverbot, S. 173 ff.; krit. zur Notwendigkeit eines Verbots auch *Noll/Klimscha* ÖJZ 2005, 658, 668 f., da mangels adäquater Kenntnisnahme der Veröffentlichung durch das breite Anlegerpublikum die Profite nur von den Unternehmensinsidern auf die Marktinsider verlagert würden.

21 Richtlinie 2003/6/EG des Europäischen Parlaments und des Rates vom 28. Januar 2003 über Insider-Geschäfte und Marktmanipulation (Marktmissbrauch), ABl. EU L 96 vom 12.04.2003, S. 16.

22 Abrufbar unter http://www.europarl.eu.int/summits.

stum und Beschäftigung geschaffen werden. Die Lissabon-Strategie mahnt zur Erreichung dieser Ziele insbesondere die rasche Umsetzung des zeitlich bereits vorher niedergelegten Aktionsplans für Finanzdienstleistungen (FSAP)[23] der Europäischen Kommission vom 11.5.1999 an, der auf Anstoß des Europäischen Rates von Cardiff im Jahre 1998 erstellt wurde. Dieser auf die katalytische Wirkung der Einführung der gemeinsamen Währung mit den sich hieraus bietenden Vorteilen zurückzuführende Plan dient zur Erreichung der strategischen Ziele der Errichtung eines einheitlichen Firmenkundenmarktes für Finanzdienstleistungen, der Schaffung offener und sicherer Privatkundenmärkte und der Modernisierung der Aufsichtsregeln. Aus diesem Aktionsplan ist als eines von dessen Kernstücken die im Jahre 2003 angenommene Marktmissbrauchsrichtlinie letztendlich hervorgetreten.

Last but not least sind integrierte Finanzmärkte nicht nur zur Senkung von Finanzierungskosten auf Unternehmensseite und zur Schaffung von Arbeitsplätzen unentbehrlich, auch für jeden einzelnen Menschen verbinden sich damit enorme Vorteile, da derartige Geldanlagen Chancen bieten, die andere Bereiche nicht vorweisen können. Der Rückzug von diesen Märkten wäre mithin gleichbedeutend mit dem Verzicht auf diese positiven Aspekte. Insbesondere vor dem Hintergrund der zunehmenden Bedeutung privater Altersvorsorge würde auf eine lukrative Möglichkeit der Geldvermehrung ohne Not verzichtet werden.

Mithin zeigt sich, dass das AnSVG als Brennpunkt zur Erreichung eines Konglomerats verschiedenster Interessen, bei denen der gemeinsame Nenner „Anlegerschutz" eindeutig im Vordergrund steht, diente.

23 FSAP – Financial Services Action Plan; abrufbar unter http://europa.eu.int/comm/internal_market/finances/docs/actionplan/index/action_de.pdf.

B. Legislatorische Fundamente des Insiderrechts und der Ad-hoc-Publizität

I) Europäische und nationale Wurzeln des AnSVG

Durch die Verquickung der Tätigkeit von nationalem und europäischem Gesetzgeber auf dem vorliegend zu besprechenden Gebiet sind die legislatorischen Fundamente fast genauso breit wie die dargestellten auslösenden Ereignisse und die angestrebten Ziele. Zwar floss von Seiten der nationalen Gesetzgebung bei der Verabschiedung des AnSVG maßgeblich die Umsetzung des bereits angesprochenen 10-Punkte-Programms mit ein, jedoch wurde beim AnSVG insbesondere auch der europäische Impuls in Form der von Europäischen Parlament und Rat am 28. Januar 2003 verabschiedeten Marktmissbrauchsrichtlinie (MMR) aufgegriffen, deren Umsetzung durch die Mitgliedstaaten bis zum 12. Oktober 2004 zu erfolgen hatte. Die Voraussetzung für das für europäische Verhältnisse geradezu atemberaubende Tempo zwischen Vorlage des Vorschlags einer Richtlinie über den Marktmissbrauch im Mai 2001 durch die Kommission[24] bis hin zur Verabschiedung im Januar 2003 und ihrem Inkrafttreten im April 2003 wurde bereits zuvor durch das sog. „Lamfalussy-Verfahren“ [25] gelegt. Dieses nach Baron Alexandré Lamfalussy benannte Verfahren, welches der Ausschuss der Weisen über die Regulierung der europäischen Wertpapiermärkte unter dessen Vorsitz erarbeitete, wurde auch bei der Umsetzung der MMR eingehalten. In concreto ist die MMR selbst als Stufe 1 des Lamfalussy-Verfahrens nur das Basiswerk für sich anschließende gesetzgeberische Aktivitäten. Auf dieser Ebene werden vom Europäischen Parlament und Rat Grundsätze über die Regelung und gleichzeitig die Durchführungsbefugnisse für Stufe 2, auf deren Grundlage die Kommission später auf ebendieser Stufe 2 bei fortlaufender Unterrichtung des Parlaments die nötigen Durchführungsmaßnahmen erlässt, in nur einer Richtlinie niedergelegt.[26] Die gewährten Durchführungsbefugnisse führten im Falle der MMR auf Stufe 2 zur Verordnung Nr. 2273/2003 der Kommission

---

24 Kommissionsvorschlag, ABl. C 240 E vom 28.8.2001, S. 265.

25 Siehe Schlussbericht des Ausschusses der Weisen über die Regulierung der europäischen Wertpapiermärkte vom 15.2.2001, abrufbar unter http://europa.eu.int/comm/internal_market/securities/docs/lamfalussy/wisemen/final-report-wise-men_de.pdf (28.1.2006); detaillert zum Lamfalussy-Verfahren siehe *Claßen/Heegemann* Kreditwesen 2003, 1200; *Schmolke* NZG 2005, 912; *Höfer/Pöschl* AnwBl 2005 326; *v. Kopp-Colomb/Lenz* AG 2002, 24, 25; vgl. auch *Seitz* AG 2004, 497, 497 f.; *Seitz* BKR 2002, 340, 341 f.; *Sethe,* Anlegerschutz im Recht der Vermögensverwaltung, S. 450 ff.; *von Buttlar* BB 2003, 2133, 2133 ff.; *Möller,* Kapitalmarktaufsicht, S. 147 ff.

26 Allgemein dazu u.a. *Sethe,* Anlegerschutz im Recht der Vermögensverwaltung, S. 450; *Schmolke* NZG 2005, 912, 913; *Claßen/Heegemann* Kreditwesen 2003, 1200, 1200; siehe auch *Möller,* Kapitalmarktaufsicht, S. 148 f.

vom 22.12.2003 zur Durchführung der Richtlinie 2003/6/EG des Europäischen Parlaments und des Rates – Ausnahmeregelungen für Rückkaufsprogramme und Kursstabilisierungsmaßnahmen (Ausnahme-VO)[27] sowie zu den Durchführungsrichtlinien[28] 2003/124/EG der Kommission vom 22.12.2003 zur Durchführung der Richtlinie 2003/6/EG des Europäischen Parlaments und des Rates betreffend die Begriffsbestimmung und die Veröffentlichung von Insider-Informationen und die Begriffsbestimmung der Marktmanipulation,[29] der Richtlinie 2004/72/EG der Kommission vom 29.4.2004 zur Durchführung der Richtlinie 2003/6/EG des Europäischen Parlaments und des Rates – Zulässige Marktpraktiken, Definition von Insider-Informationen in Bezug auf Warenderivate, Erstellung von Insider-Verzeichnissen, Meldung von Eigengeschäften und Meldung verdächtiger Transaktionen[30] und der Richtlinie 2003/125/EG der Kommission vom 22. Dezember 2003 zur Durchführung der Richtlinie 2003/6/EG des Europäischen Parlaments und des Rates in Bezug auf die sachgerechte Darbietung von Anlageempfehlungen und die Offenlegung von Interessenkonflikten[31]. Für deren Verständnis erweisen sich darüber hinaus die CESR (Committee of European Securities Regulators)-Vorschläge als überaus hilfreich[32]. Immerhin war CESR unter Beachtung des sog. Komitologie-Verfahrens[33] bereits auf Stufe 2 bei der Ausgestaltung der Durchführungsbestimmungen maßgeblich beteiligt.[34]

Auf Stufe 3 folgt die Kontrolle der einheitlichen Umsetzung und Auslegung der Rechtsakte der Stufen 1 und 2 durch CESR; Stufe 4 ist schließlich die Kontrolle der einheitlichen Umsetzung der erlassenen Rechtsakte in den Mitgliedstaaten durch die Kommission, die somit ihrer Stellung als Hüterin der Verträge durch ein möglicherweise nötig werdendes Vertragsverletzungsverfahren nach Art. 226 EG-Vertrag gerecht werden kann.

---

27 ABl. EU L 336 vom 23.12.2003, S. 33.

28 Im Folgenden werden die Durchführungsrichtlinien aus Gründen der Einfachheit nur noch verkürzt nach Aktenzeichen zitiert.

29 ABl. EU L 339 vom 24.12.2003, S. 70.

30 ABl. EU L 162 vom 30.4.2004, S. 70.

31 ABl. EU L 339 vom 24.12.2003, S. 73.

32 CESR's Advice on Level 2 Implementation Measures for the proposed Market Abuse Directive, December 2002.

33 Zurückgehend auf den „Komitologiebeschluss" des Rates 1999/468/EG vom 28.6.1999 zur Festlegung der Modalitäten für die Ausübung der der Kommission übertragenen Durchführungsbefugnisse, ABl. EU L 184 vom 17.7.1999, S. 23. Dazu siehe *v. Kopp-Colomb/Lenz* AG 2002, 24, 25; *Mensching* EuZW 2000, 268 ff.; dazu näher *Streinz*, Europarecht, Rn 524 ff.; *Herdegen*, Europarecht, § 9 Rn 73.

34 Zum genauen Ablauf des Lamfalussy-Verfahrens, insbesondere auch zu Stufe 2 siehe Schlussbericht des Ausschusses der Weisen über die Regulierung der europäischen Wertpapiermärkte vom 15.2.2001 (Fn. 25), S. 10.

Der Vorteil der schnelleren Rechtsetzung wird aber, wie bereits diese kurzen Ausführungen offenbaren, durch die Schaffung eines nicht sofort zu überschauenden Geflechts von Rechtsquellen erkauft. Dieses ist in Teilen derart dicht, dass mitunter die im Rahmen des Lamfalussy-Verfahrens auf Stufe 2 erlassenen Richtlinien und Verordnungen als Mittel einer praktischen Vollharmonisierung angesehen werden, obwohl formell durch den Erlass der Richtlinie auf Stufe 1 als Basisrechtsakt eine solche nicht verfolgt wird.[35]

Der Blick auf die nationale Ebene entschärft dieses unübersichtliche Geflecht nicht, da nunmehr zusätzlich zu den europarechtlichen Vorgaben nicht minder viele Quellen zu berücksichtigen sind. Maßgeblich ist in nationaler Hinsicht zunächst unzweifelhaft das AnSVG, das der Umsetzung der oben genannten Richtlinien diente. Jedoch enthält auch dieses Artikelgesetz, das nicht nur grundlegende Änderungen im Wertpapierhandelsgesetz (WpHG) und damit im Bereich des Insiderhandels und der Ad-hoc-Publizität nach sich zog, sondern darüber hinaus das Verkaufsprospektgesetz und auch das Börsengesetz novellierte, an verschiedenen Stellen Ermächtigungen für das Bundesministerium der Finanzen, durch Rechtsverordnung Konkretisierungen vorzunehmen,[36] wovon u.a. mit der WpAIV Gebrauch gemacht wurde[37]. Wenn eine derartige Delegation nicht schon als Einzug des Lamfalussy-Verfahrens auf nationaler Ebene gesehen wird, so kommt diese Technik dem angesprochenen Verfahren im Ergebnis doch relativ nahe.[38]

II) Die Rolle der BaFin

Damit jedoch nicht genug: In Betracht zu ziehen ist auch, dass die potentiellen Normadressaten des Insiderhandelsverbots und der Ad-hoc-Publizität der Rechtsansicht der BaFin, die diese im Emittentenleitfaden niedergelegt hat, erhebliche Bedeutung beimessen werden.

---

35 *Sethe,* Anlegerschutz im Recht der Vermögensverwaltung, S. 452 ff.

36 Siehe beispielsweise § 10 Abs. 4 S. 1, § 15 Abs. 7 S. 1, § 15 a Abs. 5 S. 1.

37 Wertpapierhandelsanzeige- und Insiderverzeichnisverordnung (WpAIV) vom 13.12.2004, BGBl. I, S. 3376, abrufbar unter http://www.bafin.de/verordnungen/wpaiv.htm (18.6.2005).

38 Darauf weist auch *Ziemons* NZG 2004, 537, 537 hin; ebenso *Schwintek,* Das Anlegerschutzverbesserungsgesetz, S. 10, der in den Verordnungsermächtigungen ein dem Lamfalussy-Verfahren entsprechendes flexibles Instrumentarium auf nationaler Ebene sieht; siehe überdies *Kuthe* in Kuthe/Rückert/Sickinger, Compliance-Handbuch Kapitalmarktrecht, S. 34.

1) Der Emittentenleitfaden als Rechtsquelle?

Von Relevanz ist für die Bedeutung des Emittentenleitfadens insbesondere, in welcher Art und Weise die von der BaFin darin angestellten Überlegungen für den Emittenten rechtlich einzuordnen sind bzw. zugespitzt formuliert, inwieweit sie für ihn bindend sind. Rechtlich geht es daher im Kern, zu dem man nur durch einen Exkurs in das öffentliche Recht vordringen kann, um die Außenwirkung des Emittentenleitfadens.

Festzuhalten ist zunächst, dass die BaFin laut § 1 Abs. 1 Finanzdienstleistungsaufsichtsgesetz (FinDAG) eine bundesunmittelbare, rechtsfähige Anstalt des öffentlichen Rechts ist, die gem. § 2 FinDAG der Rechts- und Fachaufsicht des Bundesministeriums der Finanzen untersteht. Kraft ihrer rechtlichen Verselbstständigung ist eine rechtsfähige Anstalt berechtigt und verpflichtet, die ihr obliegenden Aufgaben eigenverantwortlich wahrzunehmen,[39] was zwangsläufig auch den Erlass von Verwaltungsvorschriften beinhaltet, der ohne spezialgesetzliche Ermächtigung möglich ist, vielmehr auf der Befugnis zur Leitung eines Geschäftsbereichs beruht.[40] Verwaltungsvorschriften sind generell-abstrakte Anordnungen einer Behörde an nachgeordnete Behörden oder eines Vorgesetzten an die ihm unterstellten Verwaltungsbediensteten.[41] In dieses Bild fügt sich der Emittentenleitfaden der BaFin grundsätzlich unumwunden ein, obwohl die in- und ausländischen Emittenten als Adressat der Darstellungen genannt werden, dies jedoch fast im selben Atemzug dadurch relativiert wird, dass der Emittentenleitfaden die Verwaltungspraxis der BaFin u.a. hinsichtlich der Rechtsmaterie des Insiderhandels und der Ad-hoc-Publizität erläutern soll.[42] Daraus ist zu schließen, dass der Emittentenleitfaden eine veröffentlichte Verwaltungsvorschrift darstellt, wobei zu beachten ist, dass die Veröffentlichung nicht Wirksamkeitsvoraussetzung ist, höchstens im Rahmen der Außenwirksamkeit eine Rolle zu spielen vermag[43].

Höchst strittig und infolgedessen noch nicht vollumfänglich geklärt sind im Bereich der Verwaltungsvorschriften die etwaige Grundlage und die Reichweite

39 *Maurer*, Allgemeines Verwaltungsrecht, § 23 Rn 49; siehe auch *Wolff*, Allgemeines Verwaltungsrecht, 12. Kapitel Rn 43 sowie *Koch/Rubel/Heselhaus*, Allgemeines Verwaltungsrecht, S. 63; ausführlich zur Anstalt *Papier* in Erichsen/Ehlers, Allgemeines Verwaltungsrecht, § 41 Rn 27 ff.

40 BVerwG Urt. v. 9.6.1983 – 2 C 34.80 E 67, 222, 229; *Maurer*, Allgemeines Verwaltungsrecht, § 24 Rn 33; *Ossenbühl* in Erichsen/Ehlers, Allgemeines Verwaltungsrecht, § 6 Rn 55.

41 *Maurer*, Allgemeines Verwaltungsrecht, § 24 Rn 1; *Detterbeck*, Allgemeines Verwaltungsrecht, Rn 852; *Wolff*, Allgemeines Verwaltungsrecht, 5. Kapitel Rn 21; *Ossenbühl* in Erichsen/Ehlers, Allgemeines Verwaltungsrecht, § 6 Rn 31.

42 Emittentenleitfaden der BaFin vom 15.7.2005, S. 12.

43 *Maurer*, Allgemeines Verwaltungsrecht, § 24 Rn 36.

einer Außenwirkung.[44] Dies hängt nicht nur von der Frage der Veröffentlichung, sondern auch ganz entscheidend von der Art der Verwaltungsvorschrift ab. Beim Emittentenleitfaden der BaFin ist von den vier Kategorien, in die üblicherweise die Verwaltungsvorschriften unterteilt werden,[45] vorrangig die Einordnung als gesetzesauslegende bzw. norminterpretierende Verwaltungsvorschrift in Betracht zu ziehen. Diese Art von Verwaltungsvorschrift enthält Bestimmungen für die Auslegung und Anwendung von Rechtsnormen, insbesondere bei Vorliegen unbestimmter Rechtsbegriffe, und gewährleistet somit die einheitliche Anwendung von Gesetzen.[46] Anwendungsunsicherheiten, die mit neuen Gesetzen oftmals einhergehen, können auf diesem Wege reduziert werden.[47] Das Selbstverständnis des Emittentenleitfadens geht dahin, dass dieser nicht den Anspruch erhebt, ein juristischer Kommentar zu sein, sondern vielmehr einen Einstieg für die Rechtsmaterie ausgewählter Gebiete von neu eingeführten oder veränderten Teilen des WpHG darstellen möchte und hierfür –was im Ergebnis entscheidend sein dürfte- die oben bereits angeführte Verwaltungspraxis transparent machen will,[48] was jedoch auch bedeutet, dass er für diese Verwaltungspraxis die maßgebliche Grundlage ist. Es liegt somit nahe, von einer norminterpretierenden Verwaltungsvorschrift auszugehen.[49] Aufgrund dessen, dass der BaFin in den entscheidenden und behandelten Gebieten des Emittentenleitfadens aus dem WpHG kein Ermessen eingeräumt wurde, muss die Qualifizierung als ermessenslenkende Verwaltungsvorschrift[50] letztlich ebenso ausscheiden[51] wie

---

44 Statt vieler dazu *Koch/Rubel/Heselhaus,* Allgemeines Verwaltungsrecht, S. 127 ff.; *Ipsen,* Allgemeines Verwaltungsrecht, Rn 149 ff.

45 Dazu *Maurer*, Allgemeines Verwaltungsrecht, § 24 Rn 8 ff.; siehe auch *Detterbeck*, Allgemeines Verwaltungsrecht, Rn 855; *Ossenbühl* in Erichsen/Ehlers, Allgemeines Verwaltungsrecht, § 6 Rn 32 ff.; im Rahmen der Arbeit wird wegen offensichtlicher Nichteinschlägigkeit die Spielart der Organisations- und Dienstvorschriften per se ausgeklammert. Zu beachten ist auch, dass die sich etablierende fünfte Spielart der normkonkretisierenden Verwaltungsvorschriften, die aufgrund der vorliegend nicht gegebenen, aber notwendigen Voraussetzung eines der Verwaltung eingeräumten Beurteilungsspielraums (BVerwG Urt. v. 28.10.1998 – 8 C 16.96 E 107, 338, 341), keine Erörterung erfährt.

46 *Maurer*, Allgemeines Verwaltungsrecht, § 24 Rn 9; *Detterbeck*, Allgemeines Verwaltungsrecht, Rn 857; *Wolff*, Allgemeines Verwaltungsrecht, 5. Kapitel Rn 23.

47 *Wolff*, Allgemeines Verwaltungsrecht, 5. Kapitel Rn 23.

48 Emittentenleitfaden der BaFin vom 15.7.2005, S. 12.

49 Ebenso *Claussen/Florian* AG 2005, 745, 747, die bei der Bestimmung der rechtlichen Natur zunächst jedoch auch abwegige Gedanken wie die Einordnung als Corporate Governance Kodex für Emittenten äußern; weiterhin *Merkner/Sustmann* NZG 2005, 729, 730; ohne Stellungnahme hingegen *Grothaus* ZBB 2005, 62, 68, der den Rechtscharakter des Emittentenleitfadens ohne nähere Betrachtung pauschal als unklar bezeichnet.

50 Dazu im Einzelnen *Maurer*, Allgemeines Verwaltungsrecht, § 24 Rn 10; *Detterbeck*, Allgemeines Verwaltungsrecht, Rn 860; *Wolff*, Allgemeines Verwaltungsrecht, 5. Kapitel Rn 24.

die Einordnung als gesetzesvertretende Verwaltungsvorschrift,[52] da das für letztere Kategorie nötige Fehlen gesetzlicher Regelungen für bestimmte, normbedürftige Bereiche im Falle der vom Emittentenleitfaden erfassten Materie aus dem WpHG nicht ersichtlich ist. Durch diese Kombination aus positiver Bestimmung und negativer Abgrenzung zu anderen Arten von Verwaltungsvorschriften wird deutlich, dass der Emittentenleitfaden zur Auslegung und Anwendung von Normen des WpHG gedacht ist.

Für die Frage des Entstehens der Außenwirkung[53] gibt die eben erfolgte Einstufung nach der Art der Verwaltungsvorschrift einen entscheidenden Wink; schließlich ist die rechtliche Außenwirkung nur zu bejahen, wenn erstens eine tatsächliche Wirkung nach außen vorhanden ist, und zweitens die Verwaltung noch Raum für eigene Gestaltung hat.[54] Während die tatsächliche Wirkung nach außen im Rahmen von norminterpretierenden Verwaltungsvorschriften, vorliegend also auch dem Emittentenleitfaden, noch bejaht werden kann, fehlt in diesem Zusammenhang für den absoluten Regelfall der eigene Beurteilungsspielraum der Behörde, über dessen Brücke eine rechtliche Außenwirkung im Rahmen der norminterpretierenden Verwaltungsvorschriften nur angenommen werden könnte.[55] Zwar finden sich auch im WpHG wenig bestimmte Rechtsbegriffe wie beispielsweise das „erhebliche Kursbeeinflussungspotential" des § 13[56], jedoch ist dadurch nicht generell anzunehmen, dass der BaFin ein Beurteilungsspielraum zugestanden werden muss. Vielmehr ist gerade die Rechtsprechung bei der Annahme eines solchen Spielraums überaus restriktiv, lässt sie dies doch nur zu, soweit besondere Gründe zur Rechtfertigung vorliegen und die Gründe sich auch aus der jeweiligen gesetzlichen Regelung entnehmen lassen.[57] Es ist

---

51 Insbesondere in den §§ 4 ff. WpHG, die die Aufgaben und Befugnisse der BaFin regeln, ist die Einräumung eines Ermessens nicht ersichtlich.

52 Genauer dazu *Maurer*, Allgemeines Verwaltungsrecht, § 24 Rn 11.

53 Strittig ist, wie die rechtliche Außenwirkung dogmatisch zu begründen ist: Ohne dies näher aufgreifen zu wollen, sei darauf hingewiesen, dass überwiegend die Außenwirkung über die Verwaltungspraxis und den Gleichheitssatz hergestellt wird (dazu wiederum ausführlich Maurer, Allgemeines Verwaltungsrecht, § 24 Rn 20 ff.).

54 *Maurer*, Allgemeines Verwaltungsrecht, § 24 Rn 27.

55 *Maurer*, Allgemeines Verwaltungsrecht, § 24 Rn 29; *Ossenbühl* in Erichsen/Ehlers, Allgemeines Verwaltungsrecht, § 6 Rn 47; allgemein zu den Fällen, in denen eine Außenwirkung überhaupt in Betracht kommt, auch *Detterbeck*, Allgemeines Verwaltungsrecht, Rn 870 ff.

56 Paragraphen ohne Gesetzesangabe sind durchweg solche des Wertpapierhandelsgesetzes (WpHG).

57 Siehe BVerwG Urt. v. 25.11.1993 – 3 C 38.91 E 94, 307, 309; BVerwG Urt. v. 21.12.1995 – 3 C 24.94 E 100, 221, 225; noch enger bei Grundrechtseinschränkungen BVerfG Beschl. v. 8.7.1982 – 2 BvR 1187/80 E 61, 82, 111; BVerfG Beschl. v. 17.4.1991 – 1 BvR 419/81, 213/83 E 84, 34, 49 f.; grundsätzlich wird ein Beurteilungsspielraum nur bei Prüfungsentscheidungen und ähnlichen Sachverhalten angenommen,

nicht ersichtlich, dass diese engen Voraussetzungen im Falle des Emittentenleitfadens erfüllt sind, vielmehr gibt die BaFin lediglich vor, dass praktische Hilfestellungen für den Umgang mit den Vorschriften des WpHG gegeben werden sollen.[58] Wenn Verwaltungsvorschriften das Gesetz jedoch nur zutreffend auslegen, kommt ihnen bereits aus dem Grund keine eigene Bedeutung zu, da sie ohnehin nur das bestimmen, was gesetzlich bereits festgelegt ist, so dass der Rückgriff auf die Verwaltungsvorschriften überflüssig ist, höchstens einen Argumentationsgewinn gegenüber der Behörde darstellt.[59] Aus diesem Grund kann insbesondere nicht die teilweise geäußerte Ansicht überzeugen, bei ständiger, also eingeschliffener Verwaltungspraxis würde der Emittentenleitfaden über Art. 3 Abs. 1 GG Außenwirkung entfalten.[60] An der ausschließlichen Maßgeblichkeit des Gesetzes und der lediglich norminterpretierenden Funktion des Emittentenleitfadens kann schließlich auch die mehrjährige Existenz oder Übung des Emittentenleitfadens keine Änderung herbeiführen. Daher ist die Außenwirkung des Emittentenleitfadens zu verneinen.

2) Die Befugnisse der BaFin

Dennoch ist zu beachten, dass Emittenten vor dem Hintergrund der der BaFin gem. § 4 Abs. 1 übertragenen Aufgabe der Aufsicht nach den Vorschriften des WpHG die Einschätzungen im Emittentenleitfaden – obwohl rechtlich unverbindlich – nicht vollkommen unberücksichtigt lassen werden. Die Aufsicht umfasst neben der Bankenaufsicht schließlich auch die Marktaufsicht, in deren Bereich die Bekämpfung von Insidergeschäften und die Kontrolle der Ad-hoc-Publizität fallen.[61] Das Gesetz überträgt der BaFin in § 4 Abs. 1 die Aufgabe, etwaige Missstände zu beseitigen oder bereits zu verhindern. Die dafür nötigen Anordnungen, die vom Erlass von Rechtsverordnungen[62] und schlichtem Verwaltungshandeln bis hin zur Befugnis zum Erlass von Verwaltungsakten reichen,[63] darf die BaFin ebenfalls treffen. Neben speziellen Ermächtigungsgrundlagen kann auch diejenige des § 4 die rechtliche Grundlage zum Einschreiten

---

ausführlich auch *Maurer*, Allgemeines Verwaltungsrecht, § 7 Rn 37 ff.; *Wolff*, Allgemeines Verwaltungsrecht, 6. Kapitel Rn 33.

58 Emittentenleitfaden der BaFin vom 15.7.2005, S. 12.

59 *Maurer*, Allgemeines Verwaltungsrecht, § 24 Rn 29;

60 So aber *Merkner/Sustmann* NZG 2005, 729, 730; siehe auch *Claussen/Florian* AG 2005, 745, 747, die annehmen, der Emittentenleitfaden würde durch jahrelange Übung zum Gewohnheitsrecht.

61 Zur entsprechenden Rechtslage vor AnSVG bereits Schwark/*Beck* KMRK § 4 Rn 2; *Dreyling* in Assmann/Schneider, 3. Aufl., § 4 Rn 3; siehe auch *Kümpel* Bank- und Kapitalmarktrecht Rn 18.87, 18.105; zur unveränderten Fortgeltung dieser Aussage nach AnSVG siehe *Dreyling* in Assmann/Schneider, § 4 Rn 3.

62 Dies ist jedoch nur bei ausdrücklicher gesetzlicher Ermächtigung denkbar.

63 Siehe *Dreyling* in Assmann/Schneider, § 4 Rn 12; Schwark/*Beck* KMRK § 4 Rn 14.

gegen individuelle Regelwidrigkeiten bieten, sofern keine ausdrückliche Ermächtigung existiert und dies nicht mit höherrangigem Recht[64] in Widerspruch steht.[65]

3) Rückschlüsse für die Bedeutung des Emittentenleitfadens

Aufgrund dieser Bedeutung der BaFin für die Praxis ist der zur Schaffung von Rechtssicherheit und –transparenz für die Emittenten mit einem rechtserklärenden, Beispiele aufführenden Ansatz arbeitende Emittentenleitfaden breiter Raum in der folgenden Ausarbeitung zu gewähren. Zwar sind die rechtlichen Vorgaben ausschließlich in den Normen des WpHG verankert, ohne dass ein Rückgriff auf den Emittentenleitfaden nötig wäre, jedoch vermag letzterer aus der Sicht der Emittenten als norminterpretierende Verwaltungsvorschrift gerade bei Rechtsunsicherheiten durch die veränderten oder neu eingeführten Normen des WpHG im Einzelfall zu helfen. Die Kenntnis des Emittentenleitfadens macht damit die Ausübung der angesprochenen Befugnisse der BaFin kalkulierbarer.

---

64 Zu denken ist insbesondere daran, dass der Erlass von Rechtsverordnungen einer konkreten formell-gesetzlichen Rechtsgrundlage bedarf, was direkt aus Art. 80 Abs. 1 GG zu schließen ist. Dazu *Bryde* in von Münch/Kunig, GG, Art. 80 Rn 3; *Brenner* in v.Mangoldt/Klein/Starck, GG, Art. 80 Rn 24.

65 *Dreyling* in Assmann/Schneider, § 4 Rn 12.

C. Gang der Untersuchung und deren Ziele

I) Konzeptioneller Aufbau der Arbeit

Die herausgehobene Bedeutung von Insiderhandelsverbot und Ad-hoc-Publizität zur Erreichung der Abarbeitung des Reformbedarfs im Anschluss an die Krise der Finanzmärkte haben den Richtliniengeber und den deutschen Gesetzgeber veranlasst, das umfangreiche, bereits aufgezeigte Geflecht von legislatorischen Vorgaben zu schaffen. Im Rahmen der vorliegenden Arbeit wird aufzuzeigen sein, in welchem Maße das AnSVG die beiden Rechtsinstitute, die nach erstmaliger gesetzlicher Festlegung durch das WpHG im Jahre 1994 durch Rechtsprechung und Literatur bereits zu einem Punkt der relativen Klarheit hinsichtlich ihrer Geltung weiterentwickelt wurden,[66] Veränderungen erfahren haben. Ein derart umfassender Blick wurde bislang auf das Verbot von Insidergeschäften und auf die Ad-hoc-Publizität noch nicht gelegt, lediglich Teilaspekte hat die rechtswissenschaftliche Literatur aufgegriffen. Die Arbeit wird dabei jedoch nicht nur die Konsistenz der verschiedenen Regelungen in abstrakter Art und Weise erörtern, sondern will die abstrakt gewonnenen Erkenntnisse insbesondere in konkrete Fälle transponieren. Nach Entfaltung der jeweils entscheidenden Merkmale der beiden Institute wird also anhand besonders problematischer Konstellationen die Reichweite der Neuregelungen aufgezeigt werden. Dies verspricht zum einen Erkenntnisse, inwieweit sich die insiderrechtlichen Problemstellungen dieser praktisch relevanten Fälle mit dem AnSVG gewandelt haben und bietet zum anderen die Möglichkeit, das allgemeine Verständnis auf seine Praktikabilität zu überprüfen und unter Zuhilfenahme des Einzelfalls weiterzuentwickeln. Daher werden in einem letzten Schritt in positivistischer Art und Weise konkrete Veränderungsvorschläge hinsichtlich der insiderrechtlichen Normen der §§ 12-15 unterbreitet. Die bislang exisitierenden wissenschaftlichen Beiträge verharren, wenn sie überhaupt zu diesem Punkt vordringen, in negativer Kritik des bestehenden Rechts.

Aufgrund der gehobenen Bedeutung des Emittentenleitfadens wird dieser trotz mangelnder Qualifikation als rechtlich verbindliches Regelwerk neben den gesetzlichen Vorgaben in besonderem Maße in der vorliegenden Ausarbeitung Berücksichtigung finden. Dies geschieht wiederum vor dem Hintergrund, dass die Ausführungen nicht nur einen rechtstheoretischen Ansatz verfolgen, sondern darüber hinaus eine wichtige Verständnis- und Auslegungshilfe für die Praxis darstellen sollen. Dies macht die Einbeziehung des Emittentenleitfadens als originär an die in- und ausländischen Emittenten gerichtetes Werk nahezu unum-

66 Diesen Befund stützt *Dreyling* Der Konzern 2005, 1, 3, der beispielsweise darauf hinweist, dass der Markt gerade zu einigermaßen sinnreichen Ad-hoc-Meldungen „erzogen“ worden sei.

gänglich. Zudem ist der Kreis der Untersuchung des Insiderhandelsverbots und der Ad-hoc-Publizität für eine umfängliche Auswertung der maßgeblichen Aspekte derart weit zu ziehen.

Im Blickfeld wird dabei immer die durch die permanenten Gesetzgebungsaktivitäten, die auf dem Gebiet des Aktien- und auch Kapitalmarktrechts die Literatur bereits vor einigen Jahren dazu bewegten, insoweit von einer „Reform in Permanenz" zu sprechen,[67] geschürte Befürchtung eines „regulatorischen Overkills", insbesondere auch durch die exzessive Handhabung des Lamfalussy-Verfahrens,[68] zu behalten sein. In das Bild dieser Befürchtungen fügt sich überdies die Ablehnung der Europäischen Verfassung durch die Bürger Frankreichs und der Niederlande sowie die Ablehnung der Iren hinsichtlich des neuerlichen Versuchs der Verabschiedung überarbeiteter europäischer Verträge nahtlos ein, da dies als Symbolisierung für die Ablehnung der jetzigen Politik, also auch der Gesetzgebung, der Europäischen Union von Seiten ihrer Bevölkerung begriffen werden kann.[69] Hintergrund für die in der Rechtswissenschaft geäußerten Bedenken ausufernder Gesetzgebung ist hingegen, dass nicht nur fehlendes Anlegervertrauen die Märkte schwächen kann, sondern auch ein zu enges rechtliches Korsett für Unternehmen aufgrund damit einhergehend steigender Kosten zur Einhaltung dieser Vorgaben ein Marktversagen zu provozieren geeignet ist. So entstehen beispielsweise direkte Kosten durch die Vorschriften zur Ad-hoc-Publizität aufgrund der Erstellung der Information in der vorgeschriebenen Art und Weise und ihrer Veröffentlichung. Diesen Abläufen sind jeweils umfangreiche personelle und organisatorische Voraussetzungen immanent.[70] Prominentes Vorbild für einen ganz ähnlichen Konflikt ist in Deutschland die Porsche AG, die nach der Einführung einer Pflicht zur Erbringung von Quartalsberichten im M-DAX im Jahr 2001 durch die Deutsche Börse AG dies zunächst auf dem Rechtsweg zu verhindern suchte, bei sich abzeichnender Abweisung durch das zuständige Verwaltungsgericht die Klage jedoch zurückzog und gleichzeitig die Listung im M-DAX aufgab, was jedoch aufgrund der starken Marktposition in diesem besonderen Fall eher als Schwächung des M-DAX und nicht als eine solche der Porsche AG zu betrachten ist. Vor diesem Hintergrund wird also auch zu überprüfen sein, inwieweit die Neuregelungen eine ausgewogene Auflösung des Spannungsverhältnisses zwischen Rückgewinnung bzw. Stärkung des Anlegervertrauens durch neue Anforderungen an die Emittenten und dem Interesse

---

67 *Seibert* AG 2002, 417; *Spindler* NJW 2004, 3449; *Weber* NJW 2004, 3674; *Weber* in Grundmann u.a., Anleger- und Funktionsschutz durch Kapitalmarktrecht, S. 1, 1.

68 Zu diesen Befürchtungen siehe *Dreyling* Der Konzern 2005, 1, 1; *Weber* NJW 2004, 3674, 3674; *Harrer/Vaupel* Börsen-Zeitung, Ausgabe 193 vom 6.10.2004, S. 2.

69 Ähnlich *Claussen/Florian* AG 2005, 745, 747.

70 Dazu auch *Büche,* Die Pflicht zur Ad-hoc-Publizität als Baustein eines integeren Finanzmarktes, S. 33 f.

der Emittenten, von unverhältnismäßig hohen Anforderungen und somit Kosten verschont zu bleiben, darstellen. Den mit dem AnSVG verfolgten Zielen würde im Ergebnis ein „Bärendienst“ erwiesen, zwängen die Gesetzesänderungen aufgrund überbordender Anforderungen die Gesellschaft zum Rückzug vom Kapitalmarkt oder auch nur auf Märkte mit geringerer Transparenz.

II) Methodischer Aufbau der Untersuchung von Insiderhandelsverbot und Ad-hoc-Publizität

Die Arbeit gliedert sich in vier Teile, die weitere Verästelungen vorzuweisen haben.

Der erste Teil ist sinnlogisch dafür reserviert, eine kurze Einführung in die zu behandelnde Thematik zu geben und das Ziel und den Gang der Untersuchung zu konkretisieren.

Anschließend wird im zweiten Teil das Verbot von Insidergeschäften in den Fokus des Interesses gerückt. Hierfür werden zunächst die entscheidenden Begrifflichkeiten des Verbots von Insidergeschäften nach § 14 mitsamt den notwenigen Definitionen des Insiderpapiers nach § 12 und derjenigen der Insiderinformation nach § 13 unter Zuhilfenahme der entscheidenden Rechtsquellen, welche das Lamfalussy-Verfahren und die nationale Umsetzung hervorgebracht haben, aufgefächert. Dabei widmen sich die Ausführungen insbesondere auch der Rechtslage vor AnSVG, um die jeweiligen Änderungen und den damit einhergehenden Bedeutungswandel sichtbar zu machen bzw. gegebenenfalls die Fortgeltung bisherigen Rechts herauszustreichen. Mit diesem abstrakten Wissen wird sodann die Beleuchtung verschiedener Einzelfälle angegangen, wodurch der quasi vergeistigte Grundansatz und die ihm grundsätzlich entnommenen allgemeinen Feststellungen auf ein breiteres Legitmationsfundament gestellt werden können. Namentlich werden insiderrechtliche Probleme bei M&A-Transaktionen, Aktienoptionsprogrammen und Restrukturierungen untersucht. Dabei werden im Detail insbesondere Auswege aus der rigiden Einschlägigkeit des Insiderhandelsverbots, in concreto insbesondere des Verwendungsverbots nach § 14 Abs. 1 Nr. 1, gewiesen. Diese Ergebnisse werden sodann für die Herausarbeitung allgemeingültiger Lösungsmodelle benutzt. In diesem Zusammenhang wird auch auf die Bedeutung von Compliance-Maßnahmen zur Verhinderung insiderrechtlicher Konflikte einzugehen sein.

Der dritte Teil der vorliegenden Untersuchung ist anschließend der Durchleuchtung der Ad-hoc-Publizität nach § 15 gewidmet. Sie wird unter dem Blickwinkel, dass sie einen wichtigen Teilaspekt des Insiderhandelsverbots, nämlich die präventive Seite der Verhinderung von Insiderhandel durch Schaffung von Öffentlichkeit, darstellt, untersucht werden. Wiederum wird dabei der Normtext vergleichbar zum Vorgehen im zweiten Teil zunächst ausführlich ausgebreitet und untersucht, inwieweit er sich in abstrakter Weise zur vor AnSVG geltenden Rechtslage verändert hat und welche Bedeutung ihm nun innewohnt. Die Untersuchung kann dabei mitunter auf Vorarbeiten des zweiten Teils zurückgreifen, soweit diese, wie beispielsweise die Definition der Insiderinformation, im Rahmen der Ad-hoc-Publizität ebenfalls von Bedeutung sind. Es wird zu zeigen sein, dass insbesondere der neue Befreiungstatbestand des § 15 Abs. 3 für Emittenten als Quelle von Problemen angesehen werden kann, währenddessen die Neueinführung der speziellen Ad-hoc-Publizitätspflicht aus § 15 Abs. 1 S. 3 im Ergebnis unproblematischer erscheinen wird. In einem nächsten Schritt wird dann erneut die Bedeutung der abstrakt umschriebenen Veränderungen an praktisch relevanten Fällen aufgezeigt, vor allem wiederum im Rahmen von M&A-Transaktionen. Daneben ist jedoch auch die gewandelte Bedeutung der Ad-hoc-Publizität im konzernrechtlichen Umfeld gesondert zu untersuchen. In einem letzten Schritt werden dann wiederum die Ergebnisse der besonderen Fälle mit dem abstrakt dargelegten Verständnis in einer Rückkoppelung abgeglichen und die Bedeutung für das allgemeine Verständnis aufgezeigt.

Der Schlußteil dieser Arbeit dient zunächst dazu, die Ergebnisse der vorangegangenen Untersuchung zusammenzuführen. Dies ist notwendig, da das Zusammenspiel von Insiderhandelsverbot und Ad-hoc-Publizität zwar im Laufe der Bearbeitung verschiedentlich aufgezeigt werden wird, doch beide Komplexe aufgrund des getrennten Ansatzes dennoch vergleichsweise unabhängig nebeneinanderstehen. Um dies zu beheben, werden im Schlussteil das neue Insiderrecht und die neue Ad-hoc-Publizität in toto einer Bewertung zugeführt. Dabei wird auch ihr Nutzen vor dem Hintergrund der Rückgewinnung bzw. Schaffung von Anlegervertrauen zu berücksichtigen sein. Dies beinhaltet insbesondere eine Antwort auf die Frage, welches die Vor- bzw. Nachteile der Neuregelungen sind. Eine derartige Betrachtung wird überdies nicht ohne einen abschließenden Blick auf die tatsächliche Hilfestellung durch den Emittentenleitfaden der BaFin auskommen können. Soweit die mit dem AnSVG veränderten Normen Widersprüche, Unklarheiten oder Lücken aufweisen, sollen abschließend konkrete Verbesserungsvorschläge zur Umgestaltung des geltenden Rechts unterbreitet werden.

Teil 2: Insiderhandel nach AnSVG

A. Überblick über das veränderte Insiderrecht

I) Einleitung

Insiderrechtliche Vorschriften gerieten in Deutschland im Vergleich zu den USA, die bereits 1934 in Sec. 10 b des Securities Exchange Act eine entsprechende Verbotsregelung einführten,[71] relativ spät in den Fokus des gesetzgeberischen Interesses. Nach einer im Jahre 1970 beginnenden Phase der freiwilligen Selbstkontrolle[72] war erst durch den Erlass der EG-Insiderrichtlinie im November 1989[73] der Weg frei für eine Kodifikation auf deutscher Ebene. Die Einführung des Wertpapierhandelsgesetzes ist für die Entwicklung des Insiderrechts hierzulande daher als Meilenstein zu erachten,[74] standen doch bis dato keinerlei Sanktionsmöglichkeiten zur Ahndung von Insiderdelikten zur Verfügung.[75] Die Ausformung des Institutes des Insiderhandelsverbotes hat durch das AnSVG veränderte Konturen angenommen. Zunächst gilt es, den Blick vor diesem Hintergrund auf die für die vorliegende Untersuchung relevanten Normen zu werfen. Erst wenn beantwortet ist, wie die einzelnen Normen nach neuer Rechtslage zu verstehen sind, kann sich in den nächsten Abschnitten der Frage zugewendet werden, vor welchen Problemen diese Gesetzesinterpretation den Rechtsanwender in ausgewählten Einzelfällen im Gegensatz zur alten Regelung des Insiderrechts stellt, um anschließend in einem letzten Schritt konsistente Lösungsansät-

---

71 Schwark/*Schwark* KMRK vor § 12 Rn 1; *Hazen,* The Law of Securities Regulation, S. 409 ff.; *Loss/Seligman,* Fundamentals of Securities Regulation, S. 675 ff.

72 Dazu *Kümpel* Bank- und Kapitalmarktrecht Rn 16.51; *Assmann* in Assmann/Schneider, vor § 12 Rn 5; *Lenenbach* Kapitalmarkt- und Börsenrecht Rn 10.20; kritisch zur Selbstregulierung aufgrund fehlender Schlagkraft in Bezug auf Untersuchung und Ahndung von Insiderverstößen *Schwark,* Anlegerschutz durch Wirtschaftsrecht, S. 233; zum Scheitern der freiwilligen Selbstregeln *Hopt* in Baetge, Insiderrecht und Ad-hoc-Publizität, S. 15; krit. zur Selbstregulierung als „Geburtsstunde des deutschen Insiderrechts" *Hoeren* ZBB 1993, 112, 112, der zu Recht darauf hinweist, dass bereits seit 1908 entsprechende bankinterne Regelungen diskutiert wurden.

73 Richtlinie 89/592/EWG, ABl. L 334 vom 18.11.1989, S. 30.

74 Siehe nur *Hopt* ZHR 159 (1995), 135, 135: „Das Wertpapierhandelsgesetz ist als Grundgesetz des deutschen Kapitalmarktrechts konzipiert."; *Frisch* in Derleder u.a., Hdb. zum deutschen und europäsichen Bankrecht, § 46 Rn 1 sowie *Leis/Nowak,* Ad-hoc-Publizität nach § 15 WpHG, S. 8: „...neue Ära in der rechtlichen Ordnung des Kapitalmarkts...".

75 Dazu Schwark/*Schwark* KMRK vor § 12 Rn 6; *Schäfer* in Marsch-Barner/Schäfer, Hdb. börsennotierte AG, § 13 Rn 1; *Pfister* ZGR 1981, 318, 318 ff.; siehe auch *Hopt/Will,* Europäisches Insiderrecht, S. 19 ff., die früh Insidergeschäfte in Deutschland aufzeigten.

ze für ausgewählte Sonderfälle zu entfalten und diese in einer Art Rückkoppelung wiederum für das allgemeine Verständnis des § 14 fruchtbar zu machen.

II) Insiderpapiere

Anknüpfungspunkt für den Verstoß gegen das Insiderhandelsverbot sind die in § 12 definierten Insiderpapiere. Nur diese Insiderpapiere sind „taugliche Tatobjekte".[76] Die Abkehr vom Begriff der Wertpapiere hin zu den Finanzinstrumenten ist nicht nur eine auffällige, sondern auch eine wichtige Veränderung des § 12. Die Neufassung bewirkt eine graduelle Erweiterung des Kreises der Insiderpapiere, der vormals nur die Wertpapiere, bestimmte Rechte und Terminkontrakte umfasste,[77] auf alle Finanzinstrumente, die der Definition des § 2 Abs. 2 b unterfallen. Danach sind Finanzinstrumente nunmehr die in § 2 überaus detailliert beschriebenen Wertpapiere (§ 2 Abs. 1), Geldmarktinstrumente (§ 2 Abs. 1a), Derivate (§ 2 Abs. 2) sowie Rechte auf Zeichnung von Wertpapieren.

Zur Schaffung eines lückenlosen Anlegerschutzes wurde in § 12 S. 1 Nr. 3 festgesetzt, dass Insiderpapiere auch solche Finanzinstrumente sind, deren Preis unmittelbar oder mittelbar von Finanzinstrumenten nach Nr. 1 oder Nr. 2 abhängt. Damit können auch außerbörslich gehandelte Instrumente als Insiderpapiere gelten, wenn deren Preis wenigstens mittelbar von Finanzinstrumenten abhängt, die börsenzugelassen oder in den Freiverkehr[78] einbezogen sind.[79] Praktisch relevant dürfte dies für Optionen auf Aktien werden, so dass auf diese Neuerung bei der insiderrechtlichen Untersuchung von Aktienoptionsprogrammen ausführlich zurückzukommen sein wird.[80]

Ebenso wie im WpHG a.F. sind auch in § 12 S. 2 n.F. diejenigen Fälle einbezogen, in denen erst der Antrag auf Zulassung oder Einbeziehung zum Handel an einem organisierten Markt, in den geregelten Markt oder Freiverkehr gestellt

---

76 *Koch* DB 2005, 267, 267.

77 Zur vormaligen Rechtslage siehe § 12 a.F., dazu Schwark/*Schwark* KMRK § 12 Rn 2 ff.; *Lenenbach* Kapitalmarkt- und Börsenrecht Rn 10.24 ff.; *Assmann* in Assmann/Schneider, 3. Aufl., § 12 Rn 2 ff.; *Kümpel* Bank- und Kapitalmarktrecht Rn 16.74 ff.

78 Im Gegensatz zu den europarechtlichen Vorgaben wird das Insiderhandelsverbot weiterhin auf den Freiverkehr erstreckt. Dadurch wird in jedem Marktsegment an einer deutschen Börse einer drohenden Übervorteilung durch Insiderwissen vorgebeugt und das Vertrauen in den deutschen Kapitalmarkt gestärkt, siehe nur *Schäfer* in Schäfer/Hamann, 2. Aufl., § 12 Rn 8.

79 *Bürgers* BKR 2004, 424, 424; *Ziemons* NZG 2004, 537, 538; *Koch* DB 2005, 267, 267; zur bisherigen Rechtslage ausführlich OLG Karlsruhe Urt. v. 4.2.2004 - 3 Ws 195/03 AG 2004, 512 ff. = wistra 2004, 192 ff. mit Anm. *Sauer* = WuB I G 6, § 14 WpHG 1.05, 203 mit Anm. *Eichelberger*.

80 Siehe vor allem Teil 2, C.II)3)b)aa).

oder öffentlich angekündigt wurde. Damit behält der deutsche Gesetzgeber nicht nur seine bisherige Regelung bei, sondern geht sogar noch über die Erfordernisse der MMR hinaus, die in Art. 9 Abs. 1 lediglich die tatsächlich beantragte Zulassung erfasst. Der Grund für die deutsche Regelung ist für die beiden von § 12 S. 2 erfassten Konstellationen nach wie vor in der Vorverlagerung des Anlegerschutzes in das Vorfeld der Börsennotierung zu sehen, da bereits in diesem frühen Zeitpunkt ein Anreiz zur Verwendung von Insiderinformationen vorliegt.[81]

III) Die Insiderinformation

1) Die begriffliche Ausgestaltung der Insiderinformation (§ 13)

Mit der Neufassung des Wertpapierhandelsgesetzes durch das AnSVG hat der deutsche Gesetzgeber zum einen die bis dato in § 13 verortete Differenzierung zwischen Primär- und Sekundärinsider auf der Tatbestandsseite aufgegeben,[82] zum anderen in Gefolgschaft zu Art. 1 MMR den zentralen Begriff der Insiderinformation unter Abkehr von der Insidertatsache eingeführt. Die Insiderinformation wird in § 13 Abs. 1 unter semantischer Veränderung der europarechtlichen Vorgaben, welche im einzelnen bei dem jeweiligen Merkmal noch in den Fokus zu nehmen sein werden, als konkrete Information über nicht öffentlich bekannte Umstände, die sich auf einen oder mehrere Emittenten von Insiderpapieren oder auf die Insiderpapiere selbst beziehen und geeignet sind, im Falle ihres öffentlichen Bekanntwerdens den Börsen- oder Marktpreis der Insiderpapiere erheblich zu beeinflussen, definiert.

Anknüpfend an diese Definition gilt es nunmehr das Verständnis der einzelnen Voraussetzungen aufzufächern, um die Grundlage für tiefergehende Betrachtungen zu schaffen.

a) Umstände im Sinne von § 13 Abs. 1

Zunächst wird deutlich, dass das Gesetz im Gegensatz zur Rechtslage vor AnSVG nicht mehr an den Begriff der Tatsache anknüpft, sondern nunmehr der „Umstand" zum Dreh- und Angelpunkt für die Insiderinformation gemacht wird. Die früher nötige Ausfüllung des Begriffs der Tatsache ist somit entfallen. Jedoch steht der Rechtsanwender nun vor der Frage, was ein „Umstand" im Sinne von § 13 Abs. 1 ist. Das sprachlich natürliche Verständnis zugrundelegend ist

---

81 Siehe RegBegr. BT-Drucks. 15/3174, S. 33, die jedoch fälschlicherweise auf den Terminus des „Ausnutzens", der vor dem AnSVG galt, abstellt; dazu auch *Schäfer* in Schäfer/Hamann, 2. Aufl., § 12 Rn 17.

82 Siehe *Spindler* NJW 2004, 3449, 3451; *Ziemons* NZG 2004, 537, 538; *Kuthe* ZIP 2004, 883, 884.

der Begriff denkbar weit. Der Gesetzgeber führt infolgedessen zur Einschlägigkeit von § 13 Abs. 1 auch aus, dass unter den Begriff des Umstandes auch überprüfbare Werturteile und Prognosen fallen.[83] Weiterhin wird der Begriff der Insiderinformation hierdurch auch für Empfehlungen,[84] streng am Wort behaftet sogar für Gerüchte geöffnet. Dies bestätigt auch ein Blick in den Emittentenleitfaden der BaFin, die darin ausführt, dass zum einen alle der äußeren Wahrnehmung zugänglichen Geschehnisse oder Zustände der Außenwelt und des menschlichen Innenlebens, zum anderen Werturteile, Meinungsäußerungen, Einschätzungen, Prognosen und Gerüchte vom Begriff des Umstands erfasst werden.[85] In der Literatur wird dies weitestgehend als erhebliche Erweiterung der Insiderinformation im Vergleich zur früheren Insidertatsache angesehen.[86] Inwieweit diese Einschätzung zutrifft oder zu relativieren ist, wird im Folgenden der genaueren Untersuchung zuzuführen sein. Eine aussagekräftige Betrachtung, ob tatsächlich erhebliche Erweiterungen mit dem Inkrafttreten des AnSVG in den Gesetzestext Eingang gefunden haben, kann erst angestellt werden, wenn beleuchtet wurde, wie die neben dem Umstand zusätzlichen Merkmale nach neuer Rechtslage zu verstehen sind. Die Trennung des Merkmals „Umstand" und der weiteren in § 13 Abs. 1 genannten Kriterien wird nicht nur vom Gesetzgeber, sondern auch in der Literatur bislang nicht scharf genug durchgeführt, was jedoch einen klaren Blick auf das Verständnis der einzelnen Merkmale versperrt.[87] Jedenfalls für die Voraussetzung des Umstandes kann aber festgehalten werden, dass sie alle denkbaren Zustände oder Geschehnisse erfasst.[88]

b) Die Konkretheit der Information

aa) Europarechtliche Entwicklungslinien und deren Umsetzung

In welchen Fällen eine Information als „konkret" zu gelten hat, beantwortet der deutsche Gesetzgeber nur indirekt durch Verweis auf die Begriffsbestimmung,

---

83 RegBegr., BT-Drucks. 15/3174, S. 33; dazu auch *Holzborn/Israel* WM 2004, 1948, 1951; *Bürgers* BKR 2004, 424, 424.

84 Siehe dazu *Spindler* NJW 2004, 3449, 3450 f.; *Koch* DB 2005, 267, 268;

85 Siehe Emittentenleitfaden der Bafin vom 15.7.2005, S. 19.

86 *Diekmann/Sustmann* NZG 2004, 929, 931; *Rodewald/Tüxen* BB 2004, 2249, 2249; *Ziemons* NZG 2004, 537, 538; *Spindler* NJW 2004, 3449, 3450 f.; krit. jedoch *Grothaus* ZBB 2005, 62, 62 f.; a.A. (zu Recht) *Koch* DB 2005, 267, 268.

87 Zur fehlenden Differenzierung sei nur exemplarisch auf RegBegr., BT-Drucks. 15/3174, S. 33 f. verwiesen, insoweit zu undifferenziert auch *Bürgers* BKR 2004, 424, 424 f.; *Diekmann/Sustmann* NZG 2004, 929, 930 f.; zur Rechtslage vor AnSVG unklar *Lücker,* Straftatbestand des Missbrauchs von Insiderinformationen, S. 50 ff.; ebenso *Tippach* Insider-Handelsverbot, S. 89, der bei der Ausfüllung des Merkmals „präzise" eine nachvollziehbare Kursreaktion in seine Betrachtungen miteinfließen lässt.

88 Ebenso *Assmann* in Assmann/Schneider, § 13 Rn 6: „keine selektive Bedeutung".

die auf europäischer Ebene erfolgt ist.[89] Nach Art. 1 Abs. 1 RL 2003/124/EG sollen „präzise" Informationen über Umstände dann vorliegen, wenn damit Informationen über Umstände oder Ereignisse gemeint sind, die bereits existieren oder eingetreten sind oder bei denen man vernünftigerweise davon ausgehen kann, dass sie in Zukunft existieren bzw. eintreten werden. Der in der Richtlinie zum Ausdruck kommende Zukunftsbezug ist vom deutschen Gesetzgeber in § 13 Abs. 1 S. 3 ausdrücklich hervorgehoben worden. Dadurch, dass der Gesetzgeber selbst ausführt, dass § 13 Abs. 1 S. 1 die Richtlinienbestimmung, insbesondere unter ausdrücklichem Bezug auf das Merkmal präzise, umsetzt und zu § 13 Abs. 1 S. 3 der klarstellende Charakter hervorgehoben wird,[90] wird deutlich gemacht, dass § 13 Abs. 1 S. 3 lediglich deklaratorischen Charakter hat und auch die darin beschriebene Konstellation bereits von § 13 Abs. 1 S. 1 erfasst sein soll. Daraus wird insbesondere auch deutlich, dass die sprachliche Abweichung durch den deutschen Gesetzgeber durch Einführung des Merkmals konkret anstatt präzise zu keinerlei inhaltlicher Abweichung von der Richtlinie führt. Darüber hinaus wäre eine Abkehr von Relevanz im Vergleich zu den einschlägigen Richtlinien, insbesondere also der Durchführungsrichtlinie 2003/124/EG, durch die Vorgabe eines relativ engen rechtlichen Korsetts nicht möglich gewesen. Der Handlungsspielraum der Mitgliedstaaten ist bei der Umsetzung einer Richtlinie schließlich in dem Sinne beengt, dass hinter dem durch die Richtlinie vorgegebenen Standard auf keinen Fall zurückgeblieben werden darf.[91] Schließlich ist zu bedenken, dass bei Verstößen gegen die Vorgaben einer Richtlinie ein durch die Kommission oder einen anderen Mitgliedsstaat initiiertes Vertragsverletzungsverfahren gem. Art. 226 EGV bzw. Art. 227 EGV droht.[92] Auch vor diesem Hintergrund ist die enge richtliniengetreue Umsetzung durch den deutschen Gesetzgeber zu sehen, wobei semantische Veränderungen vorliegend für die inhaltliche Bedeutung keine Rolle spielen.

Trotz der Definition in der Durchführungsrichtlinie kann diese aufgrund ihrer Allgemeinheit nicht als abschließender Maßstab für jeden Einzelfall angesehen werden. Vielmehr müssen auch die genannten Begriffe erst noch ausgefüllt werden, damit der Rechtsanwender eine Vorstellung von dem Anwendungsbereich der insiderrechtlichen Normen erfährt. Zunächst ist zu konstatieren, dass der Begriff „präzise" auf europäischer Ebene nicht unbekannt ist. Bereits in Art. 1

---

89 Siehe RegBegr., BT-Drucks. 15/3174, S. 33.

90 Siehe RegBegr., BT-Drucks. 15/3174, S. 33 f.

91 Ausführlich zur Richtlinie Streinz/*Schroeder*, EUV/EGV, Art. 249 Rn 66 ff.

92 Streinz/*Schroeder*, EUV/EGV, Art. 249 Rn 79; zum Vertragsverletzungsverfahren *Streinz*, Europarecht, Rn 578 ff.; Streinz/*Ehricke*, EUV/EGV, Art. 226 Rn 1 ff., Art. 227 Rn 1 ff.; *Herdegen*, Europarecht, § 10 Rn 4 ff.

Nr. 1 EG-Insiderrichtlinie[93] wird die Insiderinformation als „präzise Information" bezeichnet. Der deutsche Gesetzgeber hatte sich bei Umsetzung der damaligen Richtlinie jedoch für die Einführung des Merkmals der Tatsache entschieden und somit den ursprünglichen Begriff, von seiner grammatikalischen Bedeutung besehen, verengt.[94] In Deutschland kann somit hinsichtlich der Ausfüllung des Begriffs „präzise" bzw. nach deutscher Diktion „konkret" nicht direkt auf Erfahrungswerte zur Rechtslage vor AnSVG zurückgegriffen werden. Allerdings ist zu beachten, dass die „Tatsache" in Umsetzung der EG-Insiderrichtlinie anstelle der „präzisen Information" Eingang in den Gesetzestext des Wertpapierhandelsgesetzes alter Fassung gefunden hatte, mithin dieser Begriff zur Eingrenzung der europarechtlichen Insiderinformation verwendet wurde. Im Zweifelsfall ist er überdies ohnehin im Lichte der Richtlinie auszulegen.[95] Die bisherige Tatsache kann somit im Ergebnis Anhaltspunkte für das Verständnis der entscheidenden Begrifflichkeiten liefern und möglicherweise auch im neuen Recht fruchtbar gemacht werden.

bb) Eine Annäherung über den Begriff der Tatsache des § 13 Abs. 1 a.F.

Dem bisher verwendeten Terminus „Tatsache" war im Gegensatz zum Umstand, der über die zusätzlichen Merkmale, insbesondere durch die Konkretheit, auszufüllen ist, per se eine Begrenzung in dem Sinne immanent, als dass Tatsachen im Sinne von § 13 Abs. 1 a.F. grundsätzlich nur der äußeren Wahrnehmung zugängliche Geschehnisse oder Zustände der Außenwelt und des menschlichen Innenlebens waren.[96]

Ausgehend von dieser Umgrenzung musste die lapidare Feststellung des damaligen Gesetzgebers, die v.a. interessierenden, weil kritischen Kategorien der Prognosen, Werturteile oder Planungen komme keine Tatsachenqualität zu,[97] als

93 Richtlinie 89/592/EWG zur Koordinierung der Vorschriften betreffend Insidergeschäfte, ABl. L 334 vom 18.11.1989, S. 30.

94 Dazu Schwark/*Schwark* KMRK § 13 Rn 28; *Pananis* WM 1997, 460, 462; siehe bereits *Assmann* in Assmann/Schneider, 3. Aufl., § 13 Rn 32; ansatzweise *Lenenbach* Kapitalmarkt- und Börsenrecht Rn 10.29.

95 *Tippach,* Insider-Handelsverbot, S. 86; siehe auch BGH Urt. v. 6.11.2003 – 1 StR 24/03 DB 2004, 64 - Scalping; dazu auch *Fleischer* DB 2004, 51.

96 *Assmann* in Assmann/Schneider, 3. Aufl., § 13 Rn 33a; *Lenenbach* Kapitalmarkt- und Börsenrecht Rn 10.29; *Schäfer* in Schäfer § 13 Rn 38; *Wittich* AG 1997, 1, 2; ähnlich mit Vergleich der Definition der Tatsache im Strafrecht Schwark/*Schwark* KMRK § 13 Rn 29 ff.; als Beispiel für eine versuchte, aber im Ergebnis unzulängliche Ausfüllung der Tatsache mag *Claussen* DB 1994, 27, 30 dienen, der zur Ausfüllung die Frage aufwirft, was als präzise zu verstehen ist, obwohl dieser Begriff in der RL 89/592/EWG verwendet wird und die Tatsache gerade diesen Begriff umsetzen soll.

97 RegBegr., BT-Drucks. 12/6679, S. 46; ebenso Schwark/*Schwark* KMRK § 13 Rn 29 ff.

nicht unproblematisch angesehen werden. Ein derartiges Verständnis hätte sicherlich nicht mit der im Verhältnis relativen Weite der europarechtlichen Vorgaben in Einklang gestanden, denn dann wäre nicht nur eine grammatikalische, sondern auch eine inhaltliche Verengung der europarechtlichen Normen anzunehmen gewesen.[98] Der Standpunkt der herrschenden Meinung war daher zu Recht ein anderer. Bei einem entsprechenden „Tatsachenkern" wurden nämlich auch Prognosen, Werturteile und Planungen bei Erfüllung der übrigen Merkmale als Insidertatsache angesehen und darüber hinaus sogar reine Werturteile, die also jeglichen verifizierbaren Teil vermissen ließen, unter den Begriff der Insidertatsache gefasst, soweit der Verkehr das Werturteil, etwa bei überlegener Sachkunde des Abgebenden, als Tatsache behandelte.[99] Paradigmatisch wurde hierfür das Vorstandsmitglied, das sich über Chancen und Risiken der Ertragsentwicklung seines Unternehmens äußert („Die Ertragslage des Konzerns ist gut"), angeführt.[100] Darüber hinaus ist auch der Umstand, dass jemand eine bestimmte Meinung oder Ansicht vertritt oder ein bestimmtes Werturteil geäußert hat, als solcher eine Tatsache.[101]

Fraglich war bereits nach alter Rechtslage, inwieweit Gerüchte als Insidertatsache zu betrachten waren. Hier bestand das Problem der sehr diffizilen Grenzziehung zwischen relevanter Insiderinformation im Sinne der EG-Insiderrichtlinie und bloßer, allerdings zulässiger Spekulation.[102] Unstreitig war insoweit, dass Gerüchte durchaus einen Tatsachenkern aufweisen können, der bei Erfüllung der weiteren Voraussetzungen als Insidertatsache anzusehen war.[103] Hingegen wurde es unterschiedlich beurteilt, ob Gerüchte selbst unter die „Tatsache" zu fallen vermochten. In der Literatur wurde dies teilweise deswegen verneint, weil die Qualität als „Tatsache" einen objektiv zuverlässigen Grad der Aussage verlan-

---

98 Siehe dazu *Pananis* WM 1997, 460, 462, der darin eine unzulässige Verengung sieht.

99 *Pananis* WM 1997, 460, 462; *Assmann* in Assmann/Schneider, 3. Aufl., § 13 Rn 33f; *Kümpel,* Wertpapierhandelsgesetz, S. 53; *Lenenbach* Kapitalmarkt- und Börsenrecht Rn 10.29; *Schneider/Burgard* in Achleitner/Bassen, Investor Relations am Neuen Markt, S. 353, 358 f.; *Irmen* in BuB, Rn 7/711; *Pananis,* Insidertatsache und Primärinsider, S. 75; *Caspari* in Baetge, Insiderrecht und Ad-hoc-Publizität, S. 68; *Federlein,* Informationsflüsse in der Aktiengesellschaft, S. 35 f.; *Hopt* in Bankrechts-Handbuch § 107 Rn 21; a.A. *Fischer,* Insiderrecht und Kapitalmarktkommunikation, S. 106.

100 *Caspari* in Baetge, Insiderrecht und Ad-hoc-Publizität, S. 68; *Federlein,* Informationsflüsse in der Aktiengesellschaft, S. 35 f.; *Lenenbach* Kapitalmarkt- und Börsenrecht Rn 10.29; *Pananis* WM 1997, 460, 462; *Happ* JZ 1994, 240, 242.

101 *Assmann* in Assmann/Schneider, 3. Aufl., § 13 Rn 33f, 37; *Irmen* in BuB Rn 7/711; *Schäfer* in Schäfer § 13 Rn 39; siehe auch *Dreyling/Schäfer,* Insiderrecht und Ad-hoc-Publizität, Rn 63.

102 *Hopt* ZGR 1991, 17, 30; *Federlein,* Informationsflüsse in der Aktiengesellschaft, S. 37.

103 *Assmann* in Assmann/Schneider, 3. Aufl., § 13 Rn 34a; siehe auch Hessischer VGH Beschl. v. 16.3.1998 – 8 TZ 98/98 AG 1998, 436 mit Anm. *Assmann.*

ge.[104] Gegen diese Ansicht hatte die h.M. Bedenken, weil das Gerücht regelmäßig Informationen über der äußeren Wahrnehmung zugängliche Geschehnisse oder Zustände enthält und damit zum Teil auch den Charakter einer Tatsache in sich birgt.[105] Entscheidend war also, ob das Gerücht eine Information enthielt, die einen dem Wahrheitsbeweis zugänglichen Tatsachenkern vorweisen konnte.[106] Auch dieses gerüchteweise erlangte Wissen führt nämlich zu Informationsungleichgewichten unter den Anlegern und ist geeignet, das Vertrauen der Anleger in ihre Chancengleichheit und damit die Funktionsfähigkeit des Kapitalmarktes nachhaltig zu beeinträchtigen.[107] An einem verifizierbaren Teil[108] mangelte es hingegen bloßen Gerüchten, die somit den Begriff der Tatsache nicht erfüllten.[109] Diese Gerüchte seien unbedenklich, für das börsliche Geschehen überdies sogar unverzichtbar, da die Börse von ihnen „lebe" und ihr anderenfalls etwas Wesentliches entzogen würde.[110]

cc) Relevanz der bisherigen Ausformung der Tatsache für das neue Recht

Fraglich ist nunmehr, welche Relevanz die bisherige Ausformung des Begriffs der „Tatsache" nach § 13 a.F. im neuen Recht hat bzw. überhaupt haben kann. Das gesetzgeberische Umfeld zeigt dabei einen eindeutigen Befund: Die Insiderinformation wurde unter Abkehr von der Insidertatsache eingeführt.[111] Es ist also festzuhalten, dass die früher durch die „Tatsache" vorgenommene Eingrenzung nunmehr durch das Merkmal „konkret" zu bewerkstelligen ist.[112] Dennoch nimmt die BaFin bei der Umschreibung der konkreten Information über Um-

---

104 *Claussen* DB 1994, 27, 30; *Assmann* in Assmann/Schneider, Erstaufl., § 13 Rn 34; *Soesters,* Die Insiderhandelsverbote des Wertpapierhandelsgesetzes, S. 139 ff.; *Immenga* ZBB 1995, 197, 201.

105 *Assmann* in Assmann/Schneider, 3. Aufl., § 13 Rn 34a; *Gehrt,* Die neue Ad-hoc-Publizität, S. 122 f.; *Federlein,* Informationsflüsse in der Aktiengesellschaft, S. 38; Schwark/*Schwark* KMRK § 13 Rn 31.

106 Siehe auch Hessischer VGH Beschl. v. 16.3.1998 – 8 TZ 98/98 AG 1998, 436, 436; *Federlein,* Informationsflüsse in der Aktiengesellschaft, S. 38; *Assmann* in Assmann/Schneider, 3. Aufl., § 13 Rn 34a; Schwark/*Schwark* KMRK § 13 Rn 31.

107 *Federlein,* Informationsflüsse in der Aktiengesellschaft, S. 37.

108 Dazu statt vieler *Assmann* in Assmann/Schneider, 3. Aufl., § 13 Rn 33a; *Wittich* AG 1997, 1, 2.

109 *Assmann* in Assmann/Schneider, 3. Aufl., § 13 Rn 34a; *Immenga* ZBB 1995, 197, 201; im Ergebnis ebenso Hessischer VGH Beschl. v. 16.3.1998 – 8 TZ 98/98 AG 1998, 436, 436.

110 Siehe *Tippach* Insider-Handelsverbot, S. 87.

111 RegBegr., BT-Drucks. 15/3174, S. 33.

112 Ähnlich *Koch* DB 2005, 267, 268.

stände den Begriff der Tatsache wieder auf.[113] Dies ist zumindest missverständlich, da man daraus den Schluss ziehen könnte, dass dadurch das Verständnis des Tatsachenbegriffs in das Merkmal der Konkretheit transportiert werden sollte. Jedoch wird dem von der BaFin verwendeten Begriff der Tatsache nicht dieselbe Bedeutung zukommen können, wie es früher der Fall war; und dies obwohl die BaFin explizit auf die bisherige Rechtsprechung und Literatur rekurriert.[114] Hierfür sprechen zwei Gründe: Zum einen würde das Merkmal „konkret" trotz Einführung durch den Gesetzgeber zum großen Teil sinnentleert, da die dadurch angestrebte Eingrenzung dann wieder in den Begriff der Tatsache verlagert würde. Zum anderen zeigt der sprachliche Aufbau der maßgeblichen Passage des Emittentenleitfadens, dass die dort erwähnte Tatsache nicht im Sinne der insiderrechtlichen Tatsache vor AnSVG verstanden werden kann, da die insiderrechtliche Tatsache nach bisherigem Verständnis bereits Werturteile, Meinungsäußerungen, Einschätzungen, Prognosen und Gerüchte umfasste,[115] diese aber im Emittentenleitfaden neben dem dort verwendeten Begriff der Tatsache aufgeführt werden.[116] An dem Verständnis der Tatsache nach bisher herrschender Meinung kann die BaFin auch nicht rütteln, wenn sie für das von ihr verwendete Verständnis der Tatsache gleichsam als Legitimation die bisherige Rechtsprechung und Literatur anführt. Immerhin ist der Emittentenleitfaden rechtlich als unverbindlich einzustufen. Es ist daher festzuhalten, dass das Verständnis der insiderrechtlichen Tatsache in § 13 a.F. im Insiderrecht nach AnSVG nicht in verbindlicher Art und Weise fortleben kann.

Inwieweit jedoch auf die bisherigen Ansichten hinsichtlich der Insidertatsache als Auslegungshilfe zurückzugreifen ist, wird noch zu zeigen sein.

dd) Ausfüllung der Konkretheit

Trotz verschiedener Erwägungen konnte die Frage, was unter „konkret" zu verstehen ist, bislang keiner befriedigenden Antwort zugeführt werden. Die Beantwortung muss daher unter Rückbesinnung der eingangs genannten Definition der „präzisen" Information erfolgen, die damit Umstände oder Ereignisse meint, die bereits existieren oder eingetreten sind oder bei denen man vernünftigerweise davon ausgehen kann, dass sie in Zukunft existieren bzw. eintreten werden.[117]

---

113 Siehe Emittentenleitfaden der Bafin vom 15.7.2005, S. 19; ebenso *Assmann* in Assmann/Schneider, § 13 Rn 11 ff., der sich zur Ausfüllung der konkreten Information sehr stark an den Begriff der Tatsache anlehnt.

114 Emittentenleitfaden der Bafin vom 15.7.2005, S. 19.

115 Siehe Teil 2, A.III)1)b)bb).

116 Siehe Emittentenleitfaden der Bafin vom 15.7.2005, S. 19.

117 Siehe Teil 2, A.III)1)b)aa) sowie wiederum Art. 1 Abs. 1 Richtlinie 2003/124/EG, auf die der deutsche Gesetzgeber explizit Bezug nimmt, RegBegr., BT-Drucks. 15/3174, S. 33.

Für die Annäherung an die Bedeutung gab der Entwurf zum Emittentenleitfaden der BaFin wichtige Hinweise, wenn er ausführte, dass die „Umstände" bestimmbar und von einer gewissen Seriösität sein müssten.[118] Bei der Bewertung eines Umstandes als Insiderinformation sollte daher zu untersuchen sein, ob sich der Umstand auf eine Grundlage stützt, die vernünftigerweise als realistisch angesehen werden kann oder realistisch werden könnte.[119] Keine Probleme bereiten demnach diejenigen Umstände, die bereits eingetreten sind. Sie sind nicht nur bestimmbar, sondern bereits bestimmt und ihre Seriösität ist aufgrund des bereits erfolgten Eintritts nicht in Frage zu stellen. Zu hinterfragen wird jedoch wiederum sein, wie es sich mit Prognosen, Werturteilen und Planungen, aber auch Gerüchten verhält.

Unstrittig ist, dass bloße Gerüchte nicht den Begriff der Insiderinformation zu erfüllen vermögen.[120] Hierzu werden beispielsweise Gerüchte über Sondierungsgespräche über eine mögliche M&A Transaktion in einem noch frühen, ungewissen Stadium zu zählen sein.[121] Eine derartige Sichtweise für bloße Gerüchte ist bereits in den Empfehlungen der CESR[122] angelegt. Die Ausklammerung ist im Hinblick auf die grundsätzlichen Erweiterungen, die das WpHG durch das AnSVG erfahren hat, als sinnvoll anzusehen.[123] Ansonsten würde die Weitergabe von bloßem „Börsentratsch" für jedermann – denn auch die Sekundärinsider werden nunmehr vom Verbot des § 14 Abs. 1 Nr. 2 erfasst – wenigstens eine zu ahndende Ordnungswidrigkeit nach § 39 Abs. 2 Nr. 3 darstellen.[124] Unter Vorgriff auf die Ausführungen zur Ad-hoc-Publizität ist bereits an dieser Stelle zu erwähnen, dass mit der Ausklammerung von bloßen Gerüchten auch die Ad-hoc-Publizitätspflicht dieser Gerüchte, sofern sie den Emittenten unmittelbar betreffen, entfällt, was dem Ziel der Verbesserung der Markttransparenz durch die Neuregelungen durch das AnSVG[125] zuträglich ist, weil nicht jedes Gerücht tatsächlich der Veröffentlichung zuzuführen ist.

---

118 Entwurf zum Emittentenleitfaden vom 22.12.2004, S. 15.

119 Entwurf zum Emittentenleitfaden vom 22.12.2004, S. 15.

120 Dies wird bereits in der RegBegr., BT-Drucks. 15/3174, S. 34 deutlich; ebenso *Spindler* NJW 2004, 3449, 3450; *Koch* DB 2005, 267, 268; *Holzborn/Israel* WM 2004, 1948, 1951; *Federlein,* Informationsflüsse in der Aktiengesellschaft, S. 37 f.; *Schäfer* in Schäfer/Hamann, 2. Aufl., § 13 Rn 16; *Rückert* in Kuthe/Rückert/Sickinger, Compliance-Handbuch Kapitalmarktrecht, S. 77; dem Gerücht an sich den Charakter als Insiderinformation absprechend hingegen *Diekmann/Sustmann* NZG 2004, 929, 930.

121 Siehe nur *Koch* DB 2005, 267, 268.

122 CESR's Advice on Level 2 Implementing Measure für the proposed Market Abuse Directive, December 2002 (CESR/02-287b), Rn 20; siehe auch *Cahn* Der Konzern 2005, 5, 7.

123 So auch *Cahn* Der Konzern 2005, 5, 7.

124 *Cahn* Der Konzern 2005, 5, 7.

125 Zu den mit dem AnSVG verbundenen Zielen siehe u.a. Teil 1, A.

Sollten sich die Gerüchte jedoch auf Umstände stützen, die durchaus als realistisch angesehen werden können, ist die Einschlägigkeit von § 13 Abs. 1 bei Vorliegen der sonstigen Voraussetzungen zu bejahen. Insofern ist die Rechtslage in Zukunft ähnlich zu der Situation vor AnSVG, nach der man derartigen Gerüchten Tatsachenqualität zugesprochen hätte.[126]

Ebenso wie bei den Gerüchten, gilt es auch im Falle der Prognosen, Werturteile und Planungen im Einzelfall zu erforschen, inwieweit sie als konkret bezeichnet werden können. Schon im Gesetzesentwurf wird ausgeführt, dass „überprüfbare Werturteile und Prognosen" eine Insiderinformation darstellen können.[127] Daran wird kritisiert, dass der Zusatz „überprüfbar" keinen Erkenntnisgewinn hinsichtlich der Ausfüllung der Insiderinformation bringt, da unklar ist, welche Werturteile und Prognosen nun erfasst sein sollen.[128] Schließlich seien Werturteile stets mit subjektiven Einstellungen, Wertschätzungen oder gar Vorurteilen vermischt, die schwerlich der Verifizierung zugänglich seien.[129] Dasselbe habe für Prognosen zu gelten, da auch sie regelmäßig auf Annahmen gestützt werden, die bei Zugrundelegung des objektiven Ex-ante-Maßstabes nicht überprüft werden könnten.[130] Diese Erwägungen sind jedoch mehreren Angriffspunkten ausgesetzt.

Zunächst ist anzubringen, dass die Annahme, dass Werturteile und Prognosen keiner Verifizierung zugänglich sind, im Ergebnis zu kurz greift. Bereits nach bisherigem Recht wurden sie unter anderem dann als Tatsachen angesehen, wenn ein entsprechender Tatsachenkern vorlag.[131] In diesen Fällen war es nicht einmal nötig, sie dadurch künstlich unter den Begriff zu fassen, weil der Verkehr das Urteil als Tatsache behandelt.[132] Dieser Tatsachenkern bildete quasi die Basis für das Werturteil oder die Prognose, wodurch auch letztere Tatsachenqualität erlangten.[133] Zwar ist die Ausfüllung des Merkmals der Tatsache nach neuem Recht nicht mehr nötig; sollte jedoch in Entsprechung zum alten Recht ein Tat-

126 Siehe Teil 2, A.III)1)b)bb); im Ergebnis ebenso *Schäfer* in Schäfer/Hamann, 2. Aufl., § 13 Rn 16; anders aber *Assmann* in Assmann/Schneider, § 13 Rn 17 unter Anführung der Begründung des Regierungsentwurfs des AnSVG, der jedoch anders als von ihm angenommen nicht pauschal Gerüchten die nötige Konkretheit abspricht, sondern sich nur auf bloße Gerüchte bezieht.

127 RegBegr., BT-Drucks. 15/3174, S. 33.

128 *Grothaus* ZBB 2005, 62, 62.

129 *Grothaus* ZBB 2005, 62, 62 f.; differenzierend, aber bei subjektiven Wertungen die Eröffnung des Anwendungsbereich von § 13 ebenfalls verneinend *Bürgers* BKR 2004, 424, 424; *Assmann* in Assmann/Schneider, § 13 Rn 13; ebenso bereits *Assmann* in Assmann/Schneider, 3. Aufl., § 13 Rn 33f.

130 *Grothaus* ZBB 2005, 62, 63.

131 Siehe Teil 2, A.III)1)b)bb).

132 Hierzu wiederum Teil 2, A.III)1)b)bb).

133 Siehe auch *Lücker*, Straftatbestand des Missbrauchs von Insiderinformationen, S. 53.

sachenkern vorliegen, wird dies für die Überprüfbarkeit im Sinne der Gesetzesbegründung ebenfalls auszureichen haben. Dieser Rückgriff auf das Merkmal des Tatsachenkerns, der – es sei nochmals erwähnt – durch das neue Recht nicht vorausgesetzt ist, kann für den Rechtsanwender jedoch eine hilfreiche Auslegungshilfe darstellen. Die Subsumtion hat sich in Zukunft jedoch nur noch an dem Merkmal konkret zu orientieren, was bedeutet, dass eine gewisse Bestimmbarkeit und Seriösität zu berücksichtigen sind. Dies ist bei denjenigen Werturteilen und Prognosen, die bereits nach altem Recht einen Tatsachenkern vorweisen konnten, somit zu bejahen. Da der in diesem Sinne verstandene Begriff der Tatsache jedoch eine Teilmenge des Merkmals der konkreten Information über Umstände darstellt, muss der Einwand mangelnder Überprüfbarkeit bereits zum Teil als widerlegt angesehen werden.

Darüber hinaus können aber auch Werturteile und Prognosen erfasst sein, die keinen Tatsachenkern aufweisen. Bislang bedurfte es diesbezüglich des oben bereits angebrachten Kunstgriffs, dass der Verkehr diese Werturteile und Prognosen gleichwertig zu Tatsachen behandelte.[134] Nunmehr ist der Prüfungsmaßstab auch für diese Umstände lediglich am neuen Recht auszurichten, was zur Folge hat, dass es zu einer Entscheidung des Einzelfalls kommt, inwieweit die Konkretheit zu bejahen ist. Sollte sich also eine realistische Grundlage herauskristallisieren, die zwar zugegebenermaßen oftmals, aber nicht zwingend gleichbedeutend mit einem Tatsachenkern sein wird, wird es nahe liegen, eine konkrete Information über einen Umstand als Bestandteil des Merkmals der Insiderinformation anzunehmen. So weist zwar die oben bereits angeführte Aussage eines Vorstandsmitglieds „Die Ertragslage des Konzerns ist gut“ in sich keinen abgrenzbaren Tatsachenkern auf, wurde jedoch bereits bisher u.U. als Insidertatsache angesehen. Eine solche Aussage eines Vorstandsmitglieds wird man in Zukunft den Charakter als Insiderinformation unproblematischer beimessen können, ohne diesbezüglich in Erklärungsnöte zu geraten. Der Verzicht auf das Merkmal Tatsache beinhaltet schließlich gerade die Abkehr vom Erfordernis eines Tatsachenkerns in der Aussage selbst. Die genannte Aussage ist aber sicherlich überprüfbar, so dass der angesprochene Kunstgriff zur alten Rechtslage mithin überflüssig geworden ist.[135] Dabei sollte man aber nicht übersehen, dass es für rein subjektive Wertungen dennoch weiterhin die Regel sein wird, dass sie nicht den Charakter als Insiderinformation erlangen, da ihnen oftmals die Überprüfbarkeit fehlt.[136]

---

134 Dazu Teil 2, A.III)1)b)bb).

135 Anders aber *Assmann* in Assmann/Schneider, § 13 Rn 13, was seinen Grund darin hat, dass von ihm die bisher zum Begriff „Tatsache“ geltende Linie im Merkmal der konkreten Information fortgeschrieben wird.

136 Im Ergebnis ebenso *Bürgers* BKR 2004, 424, 424.

Festzuhalten ist an dieser Stelle somit zunächst, dass die in der Literatur geäußerte Annahme, „überprüfbare Werturteile und Prognosen“ können nicht als Insiderinformation gelten, da sie einer derartigen Überprüfung gar nicht zugänglich seien, bislang nicht gestützt werden konnte. Fraglich ist jedoch, ob eine Ex-ante-Betrachtung an diesem Ergebnis etwas zu ändern vermag[137] oder ob sich nicht vielmehr die obigen Ausführungen bereits auf eine Ex-ante-Beurteilung beziehen.

Zuzugestehen ist, dass die Ex-ante-Betrachtung in der Tat maßgeblich sein muss, da anderenfalls die Einschätzung, ob eine Insiderinformation vorliegt, durch nachträglich eintretende Umstände beeinflusst würde und möglicherweise straf- bzw. bußgeldbewehrt wäre, obwohl dies aus der Warte des Normadressaten zum Zeitpunkt der Einschätzung nicht absehbar war.[138] Jedoch ist es nicht einleuchtend, warum aus der Ex-ante-Sicht Werturteile und Prognosen, die einen – in der Diktion vor den Änderungen durch das AnSVG bleibend – Tatsachenkern aufweisen, nicht der Verifizierung zugänglich sein sollten. Wenigstens dieser Tatsachenkern, der sich mit dem Werturteil oder der Prognose vermischt, führt dazu, dass das Werturteil oder die Prognose an sich durch Vorliegen dieses Kerns auch ex-ante bestimmbar ist und darüber hinaus auch die Seriösität geprüft werden kann.

Im Übrigen müsste man, verstünde man die vom Gesetzgeber angeführte „Überprüfbarkeit“ im Sinne einer strengen Verifizierung den Begriff der Insidertatsache wohl tatsächlich auf die eben angeführten Werturteile und Prognosen mit Tatsachenkern verkürzen. Jedenfalls in dieser Hinsicht könnte die an der Einbeziehung von Prognosen und Werturteilen zweifelnde Ansicht somit durchgreifen.[139] Dem kann man jedoch wiederum entgegenhalten, dass der Begriff der Tatsache von der h.M. bereits bislang unter Verkehrsgesichtspunkten sogar auf reine Werturteile erweitert wurde. Eine Verengung durch den Wandel von der Insidertatsache hin zur Insiderinformation war jedoch nicht beabsichtigt.[140] Der vorliegend sogenannte Kunstgriff, mit dem reine Werturteile als Insidertatsache qualifiziert wurden, wurde vollzogen, obwohl der deutsche Gesetzgeber mit dem Merkmal der Tatsache den Begriff der präzisen Information aus der Richtlinie 89/592/EWG umsetzen wollte.[141] Die Gegebenheit, dass jedenfalls in dieser

---

137 Dies suggeriert jedenfalls *Grothaus* ZBB 2005, 62, 63, der allerdings eine explizite Begründung hierfür vermissen lässt.

138 Insoweit richtig *Grothaus* ZBB 2005, 62, 63; vgl. dazu auch Erwägungsgrund 1 der RL 2003/124/EG; a.A. *Tippach* Insider-Handelsverbot, S. 89, dessen Ausführungen aber schon deshalb nicht überzeugen können, da bereits hier Aspekte des Kursbeeinflussungspotentials Berücksichtigung finden.

139 *Grothaus* ZBB 2005, 62, 63.

140 Dies wird insbesondere in BT-Drucks. 15/3174, S. 33 deutlich.

141 Siehe RegBegr. (2. FMFG), BT-Drucks. 12/6679, S. 34.

Hinsicht die Richtlinienkonformität nicht in Frage gestellt wurde,[142] spricht dafür, dass der nationale Begriff sich im Rahmen der Vorgaben der EG-Insiderrichtlinie hielt. Das Merkmal „präzise“ wurde in der MMR wiederum aufgegriffen und durch das AnSVG als „konkret“ in Deutschland Gesetzestext. Obwohl sich der Wortlaut der europarechtlichen Grundlagen somit nicht verändert hat, will die oben angeführte Ansicht den Begriff der konkreten Information über einen Umstand nun aber im Gegensatz zur Tatsache faktisch verengen. Gesetzeshistorisch betrachtet ist dies jedenfalls nicht haltbar.

Es bleibt daher festzuhalten, dass die vom Gesetzgeber genannte Überprüfbarkeit nicht im Sinne einer strengen Verifizierung zu verstehen ist, die nur bei entsprechendem Tatsachenkern möglich ist. Es spricht nichts dagegen, dass Werturteile und Prognosen auch ohne einen solchen Kern ex-ante überprüfbar sind und somit die Qualität als Insiderinformation erlangen können. Der Einwand, Werturteile und Prognosen seien per se nicht überprüfbar und seien deswegen auszuscheiden, schlägt ohne Not die Tür zur Anwendung des Insiderrechts in toto zu. Dies hätte also eine Verneinung der Überprüfung in jedem Falle zur Folge, obwohl die Frage der Überprüfbarkeit ganz offensichtlich Bestandteil der Qualifikation als Insiderinformation zu sein hat. Vielmehr bleibt es bei dem Befund, dass es von einer Entscheidung des Einzelfalls abhängt, ob das Merkmal der „konkreten Information über Umstände“ erfüllt ist.

Anhand letztgenannten Maßstabs sind auch Planungen, welche als Absichten, Pläne und Vorhaben zu verstehen sind, zu beurteilen,[143] wobei gerade bei diesen und den Prognosen die Besonderheiten des § 13 Abs. 1 S. 3 zu beachten sind. Insbesondere Prognosen und Planungen werden demnach den dort verankerten Zukunftsbezug aufweisen, der allerdings durchaus auch bei Gerüchten und Werturteilen vorhanden sein kann. Die Definition vom Merkmal präzise in der entsprechenden Durchführungsrichtlinie zeigt aber, dass auch diese Aspekte im Rahmen der Begriffsbestimmung erfasst sind. In Anknüpfung an den Richtliniengeber wird auch vom deutschen Gesetzgeber in § 13 Abs. 1 S. 3[144] festgehalten, dass eine hinreichende Wahrscheinlichkeit des Eintritts in der Zukunft nötig ist.[145] Während die spezifischen Probleme, die hiermit einhergehen können, erst nach grundsätzlicher Auffächerung der einzelnen Begriffe erörtert werden können, muss hier bereits festgehalten werden, dass ein Zukunftsbezug der Annahme einer konkreten Information und den eben angebrachten Ausführungen prin-

---

142 Hinsichtlich anderer Aspekte ist dies jedoch der Fall gewesen, siehe BGH Urt. v. 6.11.2003 – 1 StR 24/03 DB 2004, 64 - Scalping; dazu u.a. *Fleischer* DB 2004, 51.

143 Ähnlich schon zur Rechtslage vor AnSVG *Assmann* in Assmann/Schneider, 3. Aufl., § 13 Rn 36; siehe auch *Federlein,* Informationsflüsse in der Aktiengesellschaft, S. 38 f.

144 Diese Norm hat nach der hier vertretenen Auffassung nur klarstellenden Charakter; siehe dazu Teil 2, A.III)1)b)aa).

145 Art. 1 Abs. 1 Richtlinie 2003/124/EG; RegBegr. BT-Drucks. 15/3174, S. 33 f.

zipiell keinen Abbruch tut, sofern nur konkrete Anhaltspunkte vorliegen, die den Eintritt des Umstandes voraussehbar erscheinen lassen.[146] Einige Stimmen in der Literatur bringen hingegen für Prognosen an, dass im Falle des Zukunftsbezugs nicht die Prognose selbst, sondern das ihr zugrunde liegende Ereignis als Insiderinformation zu gelten hätte.[147] Sie verkennen dabei jedoch, dass die Prognose dieses zukünftige Ereignis in sich aufnimmt und dadurch selbst zur Insiderinformation wird.

ee) Ergebnis unter Abgleich mit dem Begriff der Tatsache nach § 13 Abs. 1 a.F.

Nach Erörterung der Konkretheit kann festgehalten werden, dass die Stimmen, die von einer erheblichen Erweiterung des Tatbestandes des § 13 im Vergleich zur vormaligen Rechtslage ausgehen,[148] jedenfalls in Bezug auf dieses Merkmal zu relativieren sind. Die Funktion der Eingrenzung, die vormals dem Begriff der Tatsache immanent war, erfüllt nunmehr nämlich zu einem nicht unerheblichen Teil das Merkmal „konkret". Die sich oberflächlich betrachtet dennoch ergebende Erweiterung durch die Einführung des Begriffs des „Umstandes" stellt sich bei Lichte betrachtet für Prognosen, Werturteile und Planungen aufgrund der Begrenzung durch die Konkretheit im Vergleich zur vormals geforderten „Tatsache" somit lediglich als gesetzliche Klarstellung bzw. Verschiebung des Prüfungsinhalts der herrschenden Meinung dar.[149] Lediglich aus Sicht des Gesetzgebers, der vor AnSVG den Schluss der Ausgrenzung von Prognosen, Werturteilen und Planungen vertrat,[150] ist daher eine erhebliche Erweiterung des Anwendungsbereichs des § 13 gegeben.

Vor diesem Hintergrund sind die Ausführungen der BaFin im Emittentenleitfaden inhaltlich unrichtig, wenn darin niedergelegt wird, die konkrete Information beinhalte zum einen den von der Rechtsprechung und Literatur ausgeformten Begriff der Tatsache, zum anderen aber auch überprüfbare Werturteile, Einschätzungen, Absichten, Prognosen und Gerüchte.[151] Letztere wurden schließ-

---

146 Emittentenleitfaden der BaFin vom 15.7.2005, S. 19; ähnlich auch *Brandi/Süßmann* AG 2004, 642, 643.

147 So v.a. *Grothaus* ZBB 2005, 62, 63.

148 So *Diekmann/Sustmann* NZG 2004, 929, 931; *Rodewald/Tüxen* BB 2004, 2249, 2249; *Spindler* NJW 2004, 3449, 3450 f. im Anschluss an die RegBegr., BT-Drucks. 15/3174, S. 33; zur Erweiterung des Anwendungsbereichs siehe auch *Ziemons* NZG 2004, 537, 538.

149 Richtigerweise ebenso *Koch* DB 2005, 267, 268; siehe auch *Schäfer* in Schäfer/Hamann, 2. Aufl., § 13 Rn 11 ff.; fälschlicherweise unter Verkennung der bisherigen h.M. jedoch *Bürgers* BKR 2004, 424, 425; *Weber* NJW 2004, 3674, 3676.

150 Siehe dazu RegBegr., 2.FMFG, BT-Drucks. 12/6679, S. 46.

151 Emittentenleitfaden der BaFin vom 15.7.2005, S. 19, 20.

lich bereits bisher abweichend von der Sicht des vormaligen Gesetzgebers[152] unter gewissen Voraussetzungen als Tatsache angesehen.[153] Im Ergebnis führt diese Ungenauigkeit – auch in Ermangelung rechtlicher Verbindlichkeit des Leitfadens – jedoch zu keinen abweichenden Ergebnissen.

Unverändert bleibt hingegen, dass auch das Merkmal „konkret" wie schon zuvor die „Tatsache" nicht für jede denkbare Konstellation allgemeingültig ausgefüllt werden kann. Hier ist in Abhängigkeit zu den jeweils vorliegenden tatsächlichen Gegebenheiten somit eine Einzelfallentscheidung zu treffen, bei der sich aber das Verständnis der Tatsache gem. § 13 a.F. im Sinne der vor AnSVG h.M. als nützlich erweisen kann. Einen weiteren Anhaltspunkt zur Weite des Merkmals „konkret" kann ferner die Vergleichsbildung mit der nicht abschließenden Regelung des § 13 Abs. 1 S. 4 bieten, in der insbesondere das sog. Frontrunning[154] geregelt ist,[155] wonach das Wissen um bestimmte Kundenaufträge als Insiderinformation zu erblicken ist[156] und somit jedenfalls auch konkret ist. Hilfreich erscheint aber vor allem neben der Definition von konkret bzw. präzise in Art. 1 Abs. 1 RL 2003/124/EG auch die noch im Entwurf zum Emittentenleitfaden aufgenommene Formulierung, die die Anforderung aufstellte, die Umstände müssten bestimmbar und von einer gewissen Seriösität sein. Zwar sind sowohl die Bestimmbarkeit als auch die Seriösität dehnbare Begriffe, doch geben beide im Zusammenspiel dem Rechtsanwender eine Vorstellung vom tatsächlichen Anwendungsbereich der Konkretheit.

Einer Absage wird man dagegen Versuchen erteilen müssen, die die konkrete Information derart ausgefüllt wissen wollen, dass hier die Kursspezifität der Information zu prüfen ist.[157] Auch wenn diese Frage eine andere als diejenige der

---

152 RegBegr., 2.FMFG, BT-Drucks. 12/6679, S. 46.

153 Dies erkennend *Koch* DB 2005, 267, 268; verkennend hingegen *Leuering/Simon* NJW-Spezial 2004, 271, 271; den Charakter eines Gerüchts als Insiderinformation sogar im neuen Recht fälschlicherweise verneinend *Schwintek*, Das Anlegerschutzverbesserungsgesetz, S. 19 f.

154 Darunter ist ein Vor-, Mit- oder Gegenlaufen zu verstehen, bei welchem in Kenntnis von Art oder Umfang einer Order, Papiere durch den Wertpapierhändler erworben oder veräußert werden, bevor die Order öffentlich bekannt wird. Siehe dazu *Assmann* in Assmann/Schneider, § 13 Rn 70 ff.; Schwark/*Schwark* KMRK § 14 Rn 24; *Dreyling/Schäfer*, Insiderrecht und Ad-hoc-Publizität, Rn 164; ebenso *Schwintek*, Das Anlegerschutzverbesserungsgesetz, S. 23.

155 *Ziemons* NZG 2004, 537, 538 weist zu Recht darauf hin, dass der Gesetzeswortlaut auch das Wissen Privater um Verkaufsabsichten Dritter erfasst. Jedoch ergibt sich aus der Gesetzesbegründung BT-Drucks. 15/3174, S. 34 und Art. 1 Nr. 1 Unterabs. 3 MMR, dass nur das Frontrunning von § 13 Abs. 1 S. 4 Nr. 1 geregelt werden sollte.

156 Zur Relevanz bei der Auslegung des Merkmals konkret siehe *Spindler* NJW 2004, 3449, 3451; ähnlich, aber nicht in dieser Deutlichkeit *Diekmann/Sustmann* NZG 2004, 929, 931.

157 So *Assmann* in Assmann/Schneider, § 13 Rn 8.

Kurserheblichkeit ist,[158] so kann doch keine Information kurserheblich sein, ohne gleichzeitig derart spezifisch zu sein, um eine Aussage über die Kursrelevanz für ein Insiderpapier zu erlauben. Damit ist die Prüfung der Kursspezifität jedoch als überflüssig anzusehen.

c) Mangelnde öffentliche Bekanntheit

Eine Insiderinformation liegt nur in den Fällen vor, in denen der Umstand nicht öffentlich bekannt ist. Für das Verständnis dieses Merkmals geben sowohl die MMR mit ihren Durchführungsrichtlinien als auch die deutsche Gesetzesbegründung keinen Aufschluss.[159] Dieses Merkmal war jedoch bereits in § 13 a.F. enthalten. Die Nichtausfüllung in den Grundlagen zum AnSVG lässt den Rückschluss zu, dass die bisherige Ausfüllung dieses Merkmals fortgelten soll. Nach dem Regierungsentwurf zum Zweiten Finanzmarktförderungsgesetz sollte eine Tatsache öffentlich bekannt sein, wenn es einer unbestimmten Anzahl von Personen möglich ist, von ihr Kenntnis zu nehmen.[160] Diese Begriffsumschreibung gibt in zweierlei Hinsicht Aufschluss. Zum einen wird deutlich, dass sich der negativen Formulierung im Gesetz idealiter über die positive Bestimmung der öffentlichen Bekanntheit zu nähern ist.[161] Zum anderen wird damit der ansonsten mitunter diskussionsbedürftig gewordenen Frage, ob eine tatsächliche Kenntnisnahme nötig erscheint, eine klare Absage erteilt. Es reicht nämlich die Möglichkeit zur Kenntnisnahme aus.[162]

Einen Beitrag zur Erhellung der bereits bisher strittigen Frage, ob dem breiten Anlegerpublikum die Möglichkeit zur Kenntnisnahme gewährt werden muss oder ob die Schaffung einer Bereichsöffentlichkeit, bei der einer unbestimmten Zahl von lediglich „direkten Marktteilnehmern“ iSv professionellen Anlegern

---

158 Dies hebt *Assmann* in Assmann/Schneider, § 13 Rn 8 explizit hervor.

159 Eine nähere Ausformung ist weder in den europäischen noch in den deutschen Vorgaben zu finden. Diese verwenden jeweils nur den Begriff der öffentlichen Bekanntheit ohne Erläuterung, siehe Erwägungsgrund 16 und Art. 1 MMR sowie Art. 1 Abs. 2 RL 2003/124/EG; siehe auch RegBegr., BT-Drucks. 15/3174, S. 33 f.

160 RegBegr., BT-Drucks. 12/6679, S. 46; dazu *Wittich* AG 1997, 1, 3; *Hopt* in Bankrechts-Handbuch § 107 Rn 22.

161 Ohne dies explizit zum Ausdruck zu bringen, wird auch in der Literatur derart verfahren, siehe Schwark/*Schwark* KMRK § 13 Rn 37; *Assmann* in Assmann/Schneider, § 13 Rn 31 ff.; *Hopt* in Bankrechts-Handbuch § 107 Rn 22; siehe auch *Lenenbach* Kapitalmarkt- und Börsenrecht, Rn 10.33.

162 Dies war bereits die ganz h.M. zur Rechtslage vor AnSVG. Statt vieler siehe bereits *Hopt* ZGR 1991, 17, 29 f.; *Leis/Nowak*, Ad-hoc-Publizität nach § 15 WpHG, S. 124; die Grundlage schuf wiederum der Gesetzgeber durch die RegBegr., BT-Drucks. 12/6679, S. 46.

Gelegenheit zur Kenntnisnahme gegeben zu werden braucht,[163] ausreichend ist, kann diese Aussage indes nicht liefern. Die bislang h.M. hat die aufgeworfene Frage im Sinne der Bereichsöffentlichkeit beantwortet. Dafür wurde unter anderem das Argument angeführt, es reiche aus, wenn der professionelle Interessenwahrer des Anlegers Kenntnis erlangt hat.[164] Im Gegenzug wurde jedoch kritisiert, dass diese Auffassung davon ausgehe, dass jeder Anleger einen professionellen Interessenwahrer hat, was gerade nicht zwingend ist.[165] Die Vertreter der h.M. konnten sich weiterhin auf die Gesetzesbegründung zum Zweiten Finanzmarktförderungsgesetz stützen, die neben der bereits angebrachten Aussage ausführt, dass nicht das breite Anlegerpublikum, sondern die Markteilnehmer Adressat der Publikation über allgemein zugängliche Informationssysteme seien, denn diese werden die Information in ihre Disposition einfließen lassen, was zur Folge hat, dass sich die Information in dem Börsen- oder Marktpreis niederschlägt.[166] Hiergegen wird zwar vorgebracht, dass sich eine derartige Argumentationsweise bedenklich den von Henry Manne vorgebrachten Effizienzerwägungen[167] gegen das Insiderhandelsverbot annähert.[168]

Dennoch sprechen die besseren Gründe für die herrschende Meinung. Das Genügenlassen der Bereichsöffentlichkeit sei danach nämlich nur der Einsicht geschuldet, dass keine noch so aufwendige Information des breiten Anlegerpublikums je eine informationelle Gleichbehandlung bewirken kann.[169] Daran knüpft das zeitliche Argument an: Der Versuch, das breite Anlegerpublikum zu informieren, erhöht nämlich zum einen durch den dafür nötigen – im Vergleich zur Herstellung der Bereichsöffentlichkeit – längeren Zeitraum die Gefahr des Insiderhandels, wenn man nicht den Handel bis zur vollumfänglichen Information aussetzen will. Zum anderen ist auch fraglich, welches Massenmedium in concreto zur Erreichung des breiten Anlegerpublikums zu wählen ist, da diese ange-

---

163 Zum Begriff der Bereichöffentlichkeit siehe *Immenga* ZBB 1995, 197, 201 f.; *Happ* JZ 1994, 240, 243; *Lücker,* Straftatbestand des Missbrauchs von Insiderinformationen, S. 57; *Federlein,* Informationsflüsse in der Aktiengesellschaft, S. 41 f.; *Tippach* Insider-Handelsverbot. S. 81; *Lenenbach* Kapitalmarkt- und Börsenrecht, Rn 10.33; Schwark/*Schwark* KMRK § 13 Rn 37 f.; *Assmann* in Assmann/Schneider, § 13 Rn 34.

164 Diese Argumentation verfolgt v.a. *Tippach* Insider-Handelsverbot, S. 81.

165 *Lücker,* Straftatbestand des Missbrauchs von Insiderinformationen, S. 58; ablehnend gegenüber der Bereichsöffentlichkeit *Schrödermeier/Wallach* EuZW 1990, 122, 123; ebenso *Elster,* Europäisches Kapitalmarktrecht, S. 74 ff.

166 Siehe RegBegr., BT-Drucks 12/6679, S. 46; der Konzeption zustimmend *Assmann* AG 1994, 237, 242.

167 Siehe Teil 1, A; grundlegend dazu *Manne,* Insider Trading and the Stock Market, 1966.

168 Eingehend *Lücker,* Straftatbestand des Missbrauchs von Insiderinformationen, S. 58 f.

169 Hierzu vor allem *Assmann* AG 1994, 237, 242; *Federlein,* Informationsflüsse in der Aktiengesellschaft, S. 42; *v. Klitzing,* Die Ad-hoc-Publizität, S. 99 f.

fangen mit dem Fernsehen bis hin zur Wochenzeitung sehr unterschiedliche Reaktionszeiten aufweisen.[170]

Der Gesetzgeber und sich ihm anschließend die herrschende Meinung haben bisher mit der Konzeption der Bereichsöffentlichkeit die Funktionsfähigkeit der Wertpapiermärkte aufgrund tatsächlicher Erwägungen mithin in einen Kompromiss mit dem Ziel der Schaffung der informationellen Gleichbehandlung der Anleger eingestellt.

Fraglich ist, ob dies im neuen Recht noch haltbar ist. Immerhin wurde das Anlegerschutzverbesserungsgesetz mit dem Ziel erlassen, das Vertrauen der Anleger durch eine Erhöhung der Transparenz der Kapitalmärkte wiederherzustellen.[171] Für das Verständnis nach AnSVG kann sich insbesondere der Emittentenleitfaden der BaFin wiederum als nützlich erweisen. Dieser spricht jedoch in ein und demselben Absatz von einem „breiten Anlegerpublikum“ und nimmt gleichfalls auf die sog. „Bereichsöffentlichkeit“ Bezug.[172] Zunächst wird somit mehr Verwirrung gestiftet, als dass der Emittentenleitfaden eine echte Hilfe für den bereits im Namen aufgenommenen primären Adressatenkreis ist. Der Rekurs auf das „breite Anlegerpublikum“ und die damit gestiftete Unsicherheit wird jedoch durch die Aussage, dass eine Information nicht über die Medien veröffentlicht werden muss, sondern ein allgemein zugängliches Informationsverbreitungssystem ausreicht,[173] entschärft. Die Veröffentlichung in einem nur in bestimmten Kreisen einschlägigen Börseninformationsdienst oder Newsboard soll den Anforderungen indes nicht genügen.[174] Trotz verwirrender Begriffsverwendung hat damit die BaFin inhaltlich die bereits bisher h.M. zur Bereichsöffentlichkeit niedergelegt bzw. wollte dies tun. Danach ist keine Verbreitung in Massenmedien erforderlich, sondern es reicht aus, wenn Informationen über elektronisch betriebene Informationssysteme übermittelt werden, die in Finanzkreisen weit verbreitet sind.[175] Dazu zählen insbesondere Börsenpflichtblätter oder der Bundesanzeiger, aber auch die Veröffentlichungssysteme für Ad-hoc-Mitteilungen, die

---

170 Schwark/*Schwark* KMRK § 13 Rn 37; *Kümpel* Bank- und Kapitalmarktrecht Rn 16.104; *Assmann* in Assmann/Schneider, § 13 Rn 35; *Federlein,* Informationsflüsse in der Aktiengesellschaft, S. 41 f.; zum Teilaspekt der Unsicherheit hinsichtlich unterschiedlicher Massenmedien siehe auch *Lücker,* Straftatbestand des Missbrauchs von Insiderinformationen, S. 56 f.; die öffentliche Bekanntheit erst nach Ablauf einer bestimmten Frist nach Weitergabe der Insiderinformation an die Massenmedien vertretend *Claussen* ZBB 1992, 267, 276; *Grunewald* ZBB 1990, 128, 132.

171 RegBegr., BT-Drucks. 15/3174, S. 26.

172 Emittentenleitfaden der BaFin vom 15.7.2005, S. 20 f.

173 Emittentenleitfaden der BaFin vom 15.7.2005, S. 20 f.

174 Emittentenleitfaden der BaFin vom 15.7.2005, S. 21.

175 *Federlein,* Informationsflüsse in der Aktiengesellschaft, S. 41 f.; *Hopt* in Bankrechts-Handbuch § 107 Rn 22; Schwark/*Schwark* KMRK § 13 Rn 38; *Lenenbach* Kapitalmarkt- und Börsenrecht, Rn 10.33.

im Internet abrufbar sind.[176] Fraglich ist, ob die BaFin mit der Ausgrenzung von nur in bestimmten Kreisen einschlägigen Börseninformationsdiensten an der bisher anerkannten ausreichenden Schaffung der Bereichsöffentlichkeit durch die angeführten Systeme in ihrer Verwaltungspraxis etwas ändern will. Eine derartige Änderung ist indes nicht angezeigt, da nur solche Informationssysteme, bei denen nicht einmal die Möglichkeit zur Kenntnisnahme mangels Zugangs besteht, die informationelle Chancengleichheit konterkarieren und damit keine öffentliche Bekanntheit iSd Norm herbeiführen können.

Die bisher mit der Bereichsöffentlichkeit gefundene Balance zwischen der Funktionsfähigkeit der Wertpapiermärkte und der Herstellung der informationellen Chancengleichheit ist damit auch im Recht nach AnSVG als sinnvoll einzustufen.

Dieser Befund wird aus dem bereits angebrachten Grund, dass der Gesetzgeber explizit keine neuen Vorgaben für die Ausfüllung des Merkmals gemacht hat, als auch aus einem Vergleich zwischen den Zielen des AnSVG und des Zweiten Finanzmarktförderungsgesetzes, welches bislang die maßgeblichen Auslegungshilfen für die „öffentliche Bekanntheit" vorgab, gestützt. Danach ist nämlich zu konstatieren, dass auch das Zweite Finanzmarktförderungsgesetz ganz ähnliche Ziele wie das AnSVG, das namentlich das Vertrauen der Anleger in den Kapitalmarkt zurückgewinnen will,[177] verfolgte: Zur Stärkung der internationalen Wettbewerbsfähigkeit durch Verbesserung der Funktionsfähigkeit des Finanzmarktes Deutschland gehörte, wie schon dem damaligen Gesetzgeber ins Bewusstsein gerückt war, das Vertrauen der Anleger, welches insbesondere darauf beruht, dass sie gleichbehandelt und gegen die unrechtmäßige Verwendung einer Information geschützt werden.[178]

Eine Zusammenschau der angebrachten Aspekte führt somit zu dem Ergebnis, dass auch weiterhin an dem Konzept der Bereichsöffentlichkeit mitsamt der bisherigen inhaltlichen Ausfüllung festzuhalten ist.[179] Insbesondere die bisherige Beurteilung in den praktisch relevanten Fällen der Kundgabe während der Hauptversammlung, bei der es an der allgemeinen Zugänglichkeit mangelt, sowie der Mitteilung von Informationen in einer Pressekonfererenz, bei der trotz der allgemeinen Zugänglichkeit im Zeitpunkt der Kundgabe nicht für einen un-

176 Siehe Schwark/*Schwark* KMRK § 13 Rn 38; *Kümpel* Bank- und Kapitalmarktrecht Rn 16.103; *Lenenbach* Kapitalmarkt- und Börsenrecht, Rn 10.33; *Schäfer* in Schäfer § 13 Rn 48.

177 Siehe RegBegr., BT-Drucks. 15/3174, S. 26.

178 RegBegr., BT-Drucks. 12/6679, S. 33.

179 Ebenso statt vieler *Assmann* AG 2006, 261, 264 sowie *Assmann* in Assmann/Schneider, § 13 Rn 31 ff.

begrenzten Personenkreis die Möglichkeit der Kenntnisnahme besteht, bleibt unverändert.[180]

Für die oben angeführten Gerüchte, Prognosen, Werturteile oder Planungen, die allesamt einen subjektiven Teil aufweisen und deren Einbeziehung durch die damit angeblich erhebliche Erweiterung des Tatbestandes des Insiderhandelsverbotes auf gewisse Vorbehalte gestoßen ist,[181] bringt das Erfordernis der öffentlichen Bekanntheit eine weitere Einschränkung: Zwar ist auch weiterhin beispielsweise denkbar, dass eine Äußerung als solche eine Insiderinformation im Sinne eines Gerüchts darstellen kann, jedoch ist die Einschlägigkeit des Insiderhandelsverbots nicht gleichsam automatisch eröffnet, wenn beispielsweise Gerüchte an der Börse im Sinne des Maßstabs der Bereichsöffentlichkeit bereits bekannt sind. Diese Einschränkung ist insbesondere für denjenigen, der die Äußerung abgibt, von erheblicher Relevanz, immerhin droht bei öffentlicher Bekanntheit ihres Inhaltes bzw. ihrer inhaltlichen Grundlagen kein Konflikt mit dem Weitergabeverbot des § 14 Abs. 1 Nr. 2, da allenfalls erst der Umstand der Äußerung nunmehr eine Insiderinformation darstellen kann, die vom Äußernden jedoch nicht weitergegeben werden kann. Im Ergebnis wird damit jedenfalls zum Teil dasjenige Ergebnis erzielt, welches nach der Vorstellung des Gesetzgebers des Zweiten Finanzmarktförderungsgesetzes bereits bei Bestimmung der Tatsache nach § 13 a.F. zu verorten war. Demnach musste die Tatsache im Sinne von § 13 a.F. nämlich ganz regelmäßig bereits dann verneint werden, sobald ausschließlich subjektive Elemente in Frage standen.[182]

Es ist somit festzustellen, dass das Merkmal der öffentlichen Bekanntheit ähnlich seiner vormals geltenden Bedeutung im neuen Recht ebenfalls die Funktion der Einschränkung in entsprechender Art und Weise erfüllen kann.

d) Bezug zum Emittenten oder Insiderpapieren

Nach § 13 Abs. 1 liegt nur dann eine Insiderinformation vor, wenn Umstände vorliegen, die sich auf einen oder mehrere Emittenten von Insiderpapieren oder auf die Insiderpapiere selbst beziehen. Zur Erforschung des Verständnisses dieses Merkmals bietet sich zunächst wieder ein Rückgriff auf die europarechtlichen Grundlagen an. Zunächst wird dadurch klar, dass der deutsche Gesetzgeber bei der Umsetzung von Art. 1 Nr. 1 MMR den Zusatz „direkt oder indirekt" für die Qualifizierung des Bezugs nicht übernommen hat. Lediglich in der Begrün-

---

180 Ebenso *Schäfer* in Schäfer/Hamann, 2. Aufl., § 13 Rn 33 ff.; *Assmann* in Assmann/Schneider, § 13 Rn 39 f.; zu den genannten Konstellationen siehe bereits *Federlein,* Informationsflüsse in der Aktiengesellschaft, S. 43 f.; *Hopt* in Bankrechts-Handbuch § 107 Rn 22.

181 Siehe Teil 2, A.III)1)b).

182 Siehe Teil 2, A.III)1)b)bb).

dung wird deutlich, dass auch in Deutschland sowohl der direkte als auch der indirekte Bezug als ausreichend erachtet wird, da explizit auch die mittelbare Betroffenheit angeführt wird.[183] Eine nähere Ausformung dieser Begrifflichkeit, die man eigentlich in der hierfür extra erlassenen Durchführungsrichtlinie 2003/124/EG vermuten sollte, findet sich dort indes nicht.[184] Rückschlüsse über die Weite des Verständnisses lassen sich nur aus Erwägungsgrund 14 in Zusammenschau mit Erwägungsgrund 16 MMR ziehen. Danach müssen beispielsweise auch terroristische Anschläge mitunter als Insiderinformation angesehen werden, da sogar derartige Aktivitäten den nötigen Bezug zum Emittenten aufweisen. Die sich hiermit ergebende Weite der relevanten Umstände macht deutlich, dass die Begrifflichkeit tatsächlich keine Bedeutung für eine Einschränkung des weiten Begriffs der Umstände hat.

Ein derartiges Verständnis der insoweit unveränderten Norm des § 13 liegt im Übrigen ganz auf der Linie der bereits herrschenden Meinung vor Inkrafttreten des AnSVG, die insbesondere auch die Konsequenz der Einbeziehung von allgemeinen Marktdaten, die mithin von nur mittelbarer Relevanz für den Emittenten oder dessen Insiderpapiere waren, zog.[185] Dadurch waren sogar unternehmens- und marktferne politische Ereignisse oder Naturkatastrophen umfasst.[186] Insbesondere *Tippach* versuchte sich an einer Ausfüllung des Merkmals des Bezugs zum Emittenten, indem er Marktdaten zum Teil nicht unter diese Begrifflichkeit subsumieren wollte, soweit sie in ihrer Kursauswirkung nicht auf einen festumrissenen Kreis von Wertpapieren spezifizierbar sind; die Information primär also nur die Stimmung am Markt, mithin potentiell die gesamte Kursentwicklung beeinflusst.[187] Dies ist jedoch überzeugendermaßen auf breite Ablehnung gestoßen, da mit einer derartigen Sichtweise wiederum ein letztlich nicht ganz präzise zu erfassendes Merkmal eingeführt würde.[188] Eine Eingrenzung

---

183 RegBegr., BT-Drucks. 15/3174, S. 33.

184 Der für die Begriffsbestimmung von Merkmalen der Insiderinformation insoweit maßgebliche Art. 1 RL 2003/124/EG behandelt nur die Merkmale „präzise" und „Kursbeeinflussungspotential".

185 *Kümpel* Bank- und Kapitalmarktrecht Rn 16.85 ff.; Schwark/*Schwark* KMRK § 13 Rn 42; *Assmann* in Assmann/Schneider, 3. Aufl., § 13 Rn 51 ff.; *Assmann* ZGR 1994, 494, 513; *Caspari* ZGR 1994, 530, 540; *Immenga* ZBB 1995, 197, 202; *Lücker,* Straftatbestand des Missbrauchs von Insiderinformationen, S. 63; *Elster,* Europäisches Kapitalmarktrecht, S. 78 f.; *Fischer,* Insiderrecht und Kapitalmarktkommunikation, S. 116 f.; faktisch ebenso *Süßmann* AG 1997, 63, 64.

186 Statt vieler siehe wiederum *Kümpel* Bank- und Kapitalmarktrecht Rn 16.87.

187 *Tippach* WM 1993, 1269, 1271, 1274; ganz ähnlich *Pananis,* Insidertatsache und Primärinsider, S. 88 ff., der herausstellt, dass die Information sich auf einen festumrissenen Kreis von Papieren oder aber die Unternehmen einer bestimmten Branche beziehen muss.

188 *Kümpel* Bank- und Kapitalmarktrecht Rn 16.88; *Assmann* AG 1994, 237, 243; *Assmann* in Assmann/Schneider, 3. Aufl., § 13 Rn 53; *Hopt* in Bankrechts-Handbuch § 107 Rn

sollte daher sinnvollerweise nicht über den Bezug zum Emittenten oder Insiderpapieren geschehen, sondern hatte und hat über die Eignung zur erheblichen Kursbeeinflussung zu erfolgen.[189] Dies wird gegenwärtig dadurch deutlich, dass sowohl der Gesetzgeber als auch die BaFin bei der Bestimmung der Begrifflichkeit jeweils auch das Kursbeeinflussungspotential als Merkmal in die Betrachtung mit einstellen.[190]

Es ist daher anzunehmen, dass die ganz h.M. fortgilt, so dass faktisch damit dem Merkmal keine eigenständige Bedeutung zukommt. Der Grund liegt darin, dass bei Vorliegen der noch zu erörternden Eignung zur erheblichen Kursbeeinflussung jedenfalls auch der genannte Bezug im Sinne der herrschenden Meinung anzunehmen ist.[191]

e) Eignung zur erheblichen Kursbeeinflussung

Ein wichtiges Korrektiv zur Umgrenzung des Anwendungsbereichs des § 13 und somit des straf- bzw. bußgeldbewehrten Insiderhandelsverbots stellt die Eignung zur erheblichen Kursbeeinflussung dar, womit verhindert werden kann, dass jeder Umstand, der zu einer irgendwie gearteten - also auch geringfügigen – Preisbewegung führen kann, als Insiderinformation zu bewerten ist.[192] Anderenfalls käme es zu einer zu starken Beeinträchtigung des Wertpapierhandels, da Personen mit Kenntnis von vertraulichen Informationen, also in aller Regel pro-

---

23; *Kümpel* WM 1994, 2137, 2139; *Immenga* ZBB 1995, 197, 202; *Matusche*, Insider und Insidertatsachen im Wertpapierhandelsgesetz in Herrmann/Berger/Wackerbarth, Deutsches und Internationales Bank- und Wirtschaftsrecht im Wandel, S. 100, 113 f.

189 Dazu vor AnSVG *Assmann* AG 1994, 237, 242 f.; *ders.* ZGR 1994, 494, 513 f.; Schwark/*Schwark* KMRK § 13 Rn 41 ff.; *Becker*, Das neue Wertpapierhandelsgesetz, 1995, S. 65; *Kümpel* Bank- und Kapitalmarktrecht Rn 16.88; *Federlein*, Informationsflüsse in der Aktiengesellschaft, S. 48; ähnlich schon *Hopt* ZGR 1991, 17, 31; nach AnSVG: *Assmann* in Assmann/Schneider, § 13 Rn 46.

190 Siehe RegBegr., BT-Drucks. 15/3174, S. 33; Emittentenleitfaden der BaFin vom 15.7.2005, S. 21.

191 Siehe dazu bereits Schwark/*Schwark* KMRK § 13 Rn 42; *Assmann* AG 1994, 237, 242 f.; im Ergebnis wohl ebenso RegBegr., BT-Drucks. 12/6679, S. 46; *Kümpel* Bank- und Kapitalmarktrecht Rn 16.88; *Becker*, Das neue Wertpapierhandelsgesetz, 1995, S. 65.

192 Siehe dazu Emittentenleitfaden der BaFin vom 15.7.2005, S. 22; die gleiche Funktion kam dem Merkmal bereits bisher zu, vgl. *Assmann* in Assmann/Schneider, 3. Aufl., § 13 Rn 62; *Kümpel* Bank- und Kapitalmarktrecht Rn 16.107.

fessionelle Marktteilnehmer, nicht mehr auf den Märkten tätig werden könnten.[193]

Zur Bestimmung der Eignung zur erheblichen Kursbeeinflussung ist nach wie vor eine Einschätzung respektive Prognose im jeweiligen Einzelfall notwendig.[194] Eine tatsächliche Veränderung des Preises eines Insiderpapiers nach Bekanntwerden der Insiderinformation ist daher gerade nicht erforderlich.[195] Welche Anforderungen, sowohl inhaltlicher Art als auch hinsichtlich des Anknüpfungspunktes, in concreto an diese Einschätzung/Prognose zu stellen sind, wird nachfolgend aufzuschlüsseln sein.

aa) Die Sicht des verständigen Anlegers versus Schwellenwerte

Nach Diktion der Durchführungsrichtlinie ist eine Insiderinformation dann geeignet den Kurs von Finanzinstrumenten oder den Kurs damit verbundener derivativer Finanzinstrumente erheblich zu beeinflussen, wenn eine Information gemeint ist, die ein verständiger Anleger wahrscheinlich als Teil der Grundlage seiner Anlageentscheidung nutzen würde.[196] Diese Vorgabe ist im deutschen Recht fast wortgleich in § 13 Abs. 1 S. 2 wiederzufinden. Klarstellend hat der Gesetzgeber in der Begründung hierzu ausgeführt, dass dieser subjektive Ansatz einen Verzicht auf bestimmte Schwellenwerte bedeutet.[197]

Die Relevanz dessen wird vor dem Hintergrund der Meinungslage zum Recht vor AnSVG deutlich. Grundsätzlich standen sich damals – ohne Berücksichtigung von Nuancen – zwei Ansichten gegenüber: Auf der einen Seite wollte beispielsweise *Cahn* bei der Frage des erheblichen Kursbeeinflussungspotentials den rational handelnden Anleger zum Maßstab machen,[198] auf der anderen Seite vertrat insbesondere *Claussen* die Verwendung fixer Prozentsätze.[199]

---

193 Schwark/*Schwark* KMRK § 13 Rn 43; *Assmann* in Assmann/Schneider, 3. Aufl., § 13 Rn 62.

194 Emittentenleitfaden der BaFin vom 15.7.2005, S. 22; *Koch* DB 2005, 267, 267, der zu Recht auf das Problem, hierbei griffige Kriterien zu entwickeln, hinweist; bisher schon *Assmann* in Assmann/Schneider, 3. Aufl., § 13 Rn 64; *Lenenbach* Kapitalmarkt- und Börsenrecht Rn 10.37; Schwark/*Schwark* KMRK § 13 Rn 45; *Federlein*, Informationsflüsse in der Aktiengesellschaft, S. 49; siehe auch *Loesche*, Eignung zur erheblichen Kursbeeinflussung, S. 95 f.

195 Siehe Emittentenleitfaden der BaFin vom 15.7.2005, S. 22; zuvor statt vieler: *Federlein*, Informationsflüsse in der Aktiengesellschaft, S. 49.

196 Siehe Art. 1 Abs. 2 RL 2003/124/EG.

197 RegBegr., BT-Drucks. 15/3174, S. 34.

198 *Cahn* ZHR 162 (1998), 1, 18; vorher noch ähnlich *Kümpel* WM 1996, 653, 656; *Wölk* AG 1997, 73, 79; *Weimann* DStR 1998, 1556, 1558; anders, aber ebenfalls unter Verzicht auf bestimmte Schwellenwerte *Dreyling/Schäfer*, Insiderrecht und Ad-hoc-

Auf letzteren Ansatz stützte sich im Prinzip auch die überwiegende Ansicht, die ebenfalls mit Schwellenwerten iSv Prozentsätzen arbeitete; diesen Ansatz aber in dem Sinne weiterentwickelte, dass der Grenzwert jeweils in Zusammenschau mit den Umständen des Einzelfalls und den Besonderheiten des jeweiligen Insiderpapiers Geltung beanspruchte, mithin unter Umständen Abweichungen von dem Fixwert möglich waren bzw. der Fixwert nur als Richtwert zu verstehen war.[200] Dieser Wert wurde in der Regel bei einer Kursveränderung in Höhe von 5 % verortet.[201] Achillesferse dieser Ansicht war bislang, dass sie zwar auf dem Papier eine trennscharfe Unterscheidung zwischen erheblichen und unerheblichen Kursabweichungen ermöglichte, aber de facto durch die oben erwähnte Einbeziehung der Situation des Einzelfalls häufig von diesem Wert, der zunächst sogar höchst umstritten war[202], abweichen musste.

Fraglich ist nun, wie der Gesetzgeber zu verstehen ist, wenn er zu § 13 Abs. 1 S. 2 und dem darin aufgenommenen subjektiven Ansatz und einhergehendem Verzicht auf bestimmte Schwellenwerte ausführt, dass dies „wie auch im bereits geltenden Recht“[203] gültig sei. Im geltenden Recht wurden bestimmte Schwellenwerte nämlich, wie ausgeführt, wenigstens als Richtwerte herangezogen. Ganz überwiegend wird der Gesetzgeber jedoch in dem Sinne verstanden, dass auf die Festlegung einer Grenze ausdrücklich verzichtet wird.[204] Dem ist zuzustimmen. Fraglich ist jedoch, ob die bislang verwendeten Schwellenwerte nicht

---

Publizität, Rn 79 ff., wonach die Einschätzung des rational handelnden professionellen Investors entscheidend sei.

199 *Claussen* ZBB 1992, 267, 278; *ders.* DB 1994, 27, 30; *Assmann* AG 1994, 237, 244; *ders.* ZGR 1994, 494, 514 f.; *Immenga* ZBB 1995, 197, 203; *Hopt* ZHR 159 (1995), 135, 154 f.; vorsichtiger hingegen *Weber* BB 1995, 157, 164, der i.E. aber auch bestimmte Schwellenwerte anführt; krit. zu starren Grenzen hingegen *Peltzer* ZIP 1994, 746, 749.

200 *Lenenbach* Kapitalmarkt- und Börsenrecht Rn 10.38; *Assmann* in Assmann/Schneider, 3. Aufl., § 13 Rn 72; *Kümpel* Bank- und Kapitalmarktrecht Rn 16.118; *Ehricke* in Hopt/Voigt, Prospekt- und Kapitalmarktinformationshaftung, S. 261 ff.; *Elster,* Europäisches Kapitalmarktrecht, S. 83 f.

201 *Kümpel* Bank- und Kapitalmarktrecht Rn 16.116 ff.; *Lenenbach* Kapitalmarkt- und Börsenrecht Rn 10.38; *Assmann* in Assmann/Schneider, 3. Aufl., § 13 Rn 72; ebenso für Aktien *Caspari* ZGR 1994, 530, 541; krit. zur 5%-Schwelle *Loesche,* Eignung zur erheblichen Kursbeeinflussung, S. 142 ff.

202 Siehe *Assmann* in Assmann/Schneider, 3. Aufl., § 13 Rn 69; *ders.* AG 1994, 237, 244 (5%); *Caspari* ZGR 1994, 530, 540 f.; *Weber* BB 1995, 157, 164 (5 bzw. 10%); *Becker,* Das neue Wertpapierhandelsgesetz, 1995, S. 65 f. (2%); *Claussen* ZBB 1992, 267, 278 (15%).

203 RegBegr., BT-Drucks. 15/3174, S. 34.

204 *Diekmann/Sustmann* NZG 2004, 929, 930; *Holzborn/Israel* WM 2004, 1948, 1951; *Spindler* NJW 2004, 3449, 3451; *Bürgers* BKR 2004, 424, 425; *Koch* DB 2005, 267, 267; *Brandi/Süßmann* AG 2004, 642, 642.

weiterhin wenigstens als Indiz nützlich sein können. Dies könnte deshalb verlockend sein, weil man auf dem Standpunkt stehen könnte, auf diesem Wege würde ein Zugewinn an Rechtssicherheit erlangt. Infolge dessen gibt *Spindler* auch zu bedenken, dass dieses Mehr an Rechtssicherheit durch objektivierte starre Grenzen erreicht worden wäre, verkennt aber nicht, dass im neuen Recht auf Marktschwellen ausdrücklich verzichtet wurde und geht insbesondere auch nicht so weit, die Einführung objektivierter Grenzen zu fordern bzw. diese in der Funktion eines Indizes fruchtbar zu machen.[205] Im Ergebnis wäre mit der Heranziehung eines bestimmten Prozentsatzes als bloßen Richtwert auch nichts gewonnen: Auch weiterhin müsste eine Einzelfallentscheidung getroffen werden, die oftmals zu einem Abweichen vom Richtwert führen könnte. Dies hätte nur eine Aushöhlung des vorgegebenen Richtwerts zur Folge, der dann für den Rechtsanwender nicht einmal mehr einen zuverlässigen Anhaltspunkt bieten könnte. Aufgrund des dadurch nur eingeschränkten Wertes für die Bestimmung des Merkmals der erheblichen Kursbeeinflussung ist auf Schwellenwerte im Recht nach AnSVG in Gänze zu verzichten.

bb) Konkretisierung des Maßstabs des verständigen Anlegers?

Der verständige Anleger ist nunmehr Dreh- und Angelpunkt der Prüfung der Eignung zur erheblichen Kursbeeinflussung. Bevor jedoch das Vorgehen hinsichtlich der Ermittlung derjenigen Fälle, in denen die Kursbeeinflussung aus der Sicht dieses Anlegers zu bejahen ist, betrachtet werden kann, muss hinterfragt werden, welche Personen überhaupt „verständige Anleger" sind, mithin, ob der Begriff nicht der weiteren Ausfüllung bedarf, um verständlich zu sein.

Die Umgrenzung des Anforderungsprofils an den verständigen Anleger kann in einem ersten Schritt durch Bezug zu den Extremen des völlig unerfahrenen, also unbedarften Anlegers auf der einen Seite und des professionellen Anlegers auf der anderen Seite erfolgen.[206] Vor dem Hintergrund der mit dem AnSVG verbundenen Ziele, insbesondere das Vertrauen der Anleger in den Finanzplatz zurückzugewinnen (und dies bei breiten Bevölkerungsschichten),[207] kann richtigerweise nicht nur das Verständnis des Profis maßgeblich sein. Aber auch der unbedarfte Anleger wäre für unsere heutige Gesellschaft, in der das Prinzip der Privatautonomie gilt, der falsche Anknüpfungspunkt, da die Maßgeblichkeit seiner Einschätzung die zwischen Anlegerschutz und Funktionsfähigkeit des Mark-

---

205 *Spindler* NJW 2004, 3449, 3451; für eine zukünftig fortbestehende Indizwirkung aber *Steck/Schmitz* Finanz Betrieb 2005, 187, 188.

206 Siehe *Assmann* in Assmann/Schneider, § 13 Rn 57; zur ähnlich gelagerten Problematik im Falle der Haftung aufgrund Verkaufsprospekts *Fleischer* BKR 2004, 339, 343; *ders.*, Gutachten zum 64. Deutschen Juristentag, F 42 ff.

207 RegBegr. BT-Drucks. 15/3174, S. 26.

tes gefundene Balance[208] zu einseitig in Richtung des Anlegerschutzes verschieben würde und einen überzogenen Protektionismus gegenüber dem Anlegerpublikum bedeuten würde. Richtigerweise rekurriert das Gesetz in § 13 Abs. 1 S. 2 in Umsetzung von Art. 1 Abs. 2 RL 2003/124/EG daher auf den verständigen Anleger.

Fraglich ist, ob dieser Erkenntnisgewinn bereits eine sichere Handhabung bzw. Ausfüllung des verständigen Anlegers zulässt. Ganz offensichtlich wird dies in der Literatur vielfach nicht so gesehen: Strittig ist, ob der verständige Anleger ein „durchschnittlich verständiger Anleger" oder vielmehr ein „verständiger, börsenkundiger Anleger" sein muss.[209] Diejenigen die den Durchschnittsanleger in Anlehnung an den „reasonable man" der Vereinigten Staaten zur weiteren Ausfüllung heranziehen, belegen ihre Ansicht damit, dass die Feststellung der Kursbeeinflussung auf einer hypothetischen Marktreaktion beruhe, für die naturgemäß nur ein fiktiver Durchschnittsanleger als Repräsentant des am Markt vertretenen durchschnittlichen Anlegerpublikums in Betracht komme.[210] Andere sehen das Problem dieser Ansicht in der Unfähigkeit einen verbindlichen Standard festzulegen und verstehen den verständigen daher als börsenkundigen, d.h. mit den Marktgegebenheiten und –gesetzlichkeiten vertrauten Anleger.[211] Hiermit sei insbesondere auch dem Erfordernis tatbestandlicher Bestimmtheit Rechnung getragen.[212] Der letztgenannten Ansicht ist darin zuzustimmen, dass durch das Merkmal „durchschnittlich" im Ergebnis nichts gewonnen ist, da dieser Begriff noch immer unklar ist. Je nach Ansatzpunkt könnten beispielsweise auf diesem Wege überzogene Maßstäbe zur Bestimmung des Anforderungsprofils herangezogen werden. Diese Kritik gilt jedoch sinngemäß auch für den „börsenkundigen, verständigen Anleger". Schließlich ist unklar, inwieweit dieser mit den Marktgegebenheiten und –gesetzen vertraut sein muss, u.U. könnte sogar je nach gewähltem Ansatzpunkt der börsenkundige gleich dem durchschnittlichen Anleger sein.

---

208 Eine ähnliche Balance war bereits bei der Frage der öffentlichen Bekanntheit zu finden, siehe dazu Teil 2, A.III)1)c).

209 *Spindler* NJW 2004, 3449, 3451; ausführlich dazu *Assmann* in Assmann/Schneider, § 13 Rn 57.

210 *Dickersbach,* Das neue Insiderrecht, S. 93; *Irmen* in BuB Rn 7/718; *Pananis,* Insidertatsache und Primärinsider, S. 112 ff.; ebenso *Matusche,* Insider und Insidertatsachen im Wertpapierhandelsgesetz in Herrmann/Berger/Wackerbarth, Deutsches und Internationales Bank- und Wirtschaftsrecht im Wandel, S. 100, 114; siehe auch *Caspari* ZGR 1994, 530, 540.

211 *Assmann* in Assmann/Schneider, § 13 Rn 58; i.E. ebenso *Gehrt,* Die neue Ad-hoc-Publizität, S. 162; *Loesche,* Eignung zur erheblichen Kursbeeinflussung, S. 118 ff., 130 ff., 137; *Kümpel* WM 1996, 653, 655.

212 So vor allem *Assmann* in Assmann/Schneider, § 13 Rn 58.

All diese Konkretisierungsversuche offenbaren den Kern des Problems: Die Ausfüllung des „verständigen Anlegers“ soll durch Begriffe erfolgen, die per se ebenfalls nicht eindeutig verständlich sind. Dieser Reflex ist bei der juristischen Arbeit oftmals zu beobachten, verspricht man sich zunächst doch einen erheblichen Erkenntnisgewinn. Derartige flankierende Maßnahmen machen aber nur selten Sinn, da das eigentliche Problem lediglich in ein anderes Merkmal transferiert wird.

Der Richtliniengeber tat also gut daran im Sinne eines „Weniger ist oftmals Mehr“ nur mit dem Merkmal des verständigen Anlegers zu arbeiten. Erwägungsgrund 1 RL 2003/124/EG führt aus, dass verständige Investoren solche sind, die ihre Anlageentscheidung auf Informationen stützen, die ihnen vorab zur Verfügung stehen.[213] Desweiteren wird dort ausgeführt, dass die Prüfung aus der Sicht eines solchen Investors auch die möglichen Auswirkungen der Information in Betracht ziehen sollte, insbesondere unter Berücksichtigung der Gesamttätigkeit des Emittenten, der Verlässlichkeit der Informationsquelle und sonstiger Marktvariablen, die das entsprechende Finanzinstrument oder unter den gegebenen Umständen damit verbundene derivative Finanzinstrumente beeinflussen dürften. Diese Erwägungen geben wichtige Rückschlüsse für die inhaltliche Ausformung des verständigen Anlegers. Da die Prüfung des Kursbeeinflussungspotentials aus seiner Sicht zu erfolgen hat, muss davon ausgegangen werden, dass der als Maßstab herangezogene verständige Anleger die in der Richtlinie beispielhaft aufgeführten Punkte verstehen können muss.[214]

Bei der Auslegung des vorliegend in Rede stehenden Merkmals kann überdies der Emittentenleitfaden der BaFin hilfreich sein. Darin ist vom „verständigen Anleger, der zum Zeitpunkt seines Handelns alle verfügbaren Informationen kennt“ und für den die Information einen „Kauf- oder Verkaufsanreiz“ gibt und somit ein „lohnendes“ Geschäft versprechen würde, die Rede.[215] Dies setzt ebenfalls die Fähigkeit des Verstehens und weiterhin diejenige der - jedenfalls grundsätzlich - richtigen und rationalen[216] Bewertung voraus.

Zusammen mit der Abgrenzung zum unbedarften und professionellen Anleger ergibt sich dadurch ein handhabbarer Begriff vom verständigen Anleger, der bereits in sich stimmig ist und keiner weiteren Ausfüllung durch wenig zur Klärung beitragende Merkmale bedarf. Die Auseinandersetzung, inwieweit ein

---

213 Dies findet sich fast wortgleich in der RegBegr., BT-Drucks. 15/3174, S. 34.

214 Ähnlich *Veil* ZBB 2006, 162, 163, der herausstellt, dass ein verständiger Anleger über die rechtlichen Verhältnisse an Kapitalmärkten und die Transaktionsbedingungen informiert ist.

215 Emittentenleitfaden der BaFin vom 15.7.2005, S. 22.

216 Zum Erfordernis der Rationalität des verständigen Anlegers siehe auch *Veil* ZBB 2006, 162, 163.

durchschnittlicher oder börsenkundiger, verständiger Anleger relevant ist, ist daher als nicht zielführend anzusehen.

cc) Die 2-Schritt-Prüfung der BaFin unter besonderer Berücksichtigung des Ermittlungsmaßstabs

Trotz mangelnder Normqualität des Emittentenleitfadens[217] ist aufgrund der erheblichen praktischen Relevanz und der Beachtung, die dieser bei den betroffenen Emittenten erfährt, für die Frage der konkreten Ermittlung des Kursbeeinflussungspotentials dem Leitfaden eine ganz maßgebliche Bedeutung beizumessen. Aus diesem Grunde soll auch im Rahmen dieser Arbeit der von der BaFin gewählte Ansatz verfolgt, gleichzeitig aber der kritischen Prüfung unterzogen werden.

(1) Schritt 1: Der singuläre Umstand

Zunächst ist entsprechend der von der BaFin vorgeschlagenen Vorgehensweise zu betrachten, ob der Umstand für sich allein betrachtet Kursbeeinflussungspotential aufweist.[218] Diese Betrachtung kann zwar nur nachträglich angestellt werden, ist jedoch aus der Ex-ante-Sicht durchzuführen, also ist auf den Zeitpunkt des Handelns des Insiders abzustellen.[219] Ausnahmslos ist hieran jedoch nicht festzuhalten: Ex-post-Informationen können nämlich zur Überprüfung der Annahme genutzt werden, dass die Ex-ante-Information kurserheblich war.[220] So können nach Bekanntwerden der Insiderinformation tatsächlich eingetretene erhebliche Veränderungen des Börsen- und Marktpreises als Indiz für das Kursbeeinflussungspotentials des betreffenden Umstands dienen.[221] Jedoch sollen diese Erkenntnisse nicht dazu verwendet werden, Maßnahmen gegen eine Person zu ergreifen, die vernünftige Schlussfolgerungen aus den Ex-ante-Informationen gezogen hat.[222] Eine andere Sichtweise wäre, wie bereits zum bisherigen Recht gegen eine Beurteilung ex-post ausgeführt wurde, mit dem Bestimmtheitsgebot aus Art. 103 Abs. 2 GG auch deshalb nicht vereinbar, da die tatsächliche Kursbildung von einer Vielzahl unterschiedlicher Faktoren abhängt,

---

217 Ausführlich Teil 1, B.II).

218 Emittentenleitfaden der BaFin vom 15.7.2005, S. 23.

219 Siehe hierzu Erwägungsgrund 1 RL 2003/124/EG; ebenso wiederum Emittentenleitfaden der BaFin vom 15.7.2005, S. 23; dazu auch *Grothaus* ZBB 2005, 62, 63; die exante Betrachtung entsprach auch bereits der bisher ganz h.M. Schwark/*Schwark* KMRK § 13 Rn 45; *Assmann* in Assmann/Schneider, 3. Aufl., § 13 Rn 65b; *Hopt* in Bankrechts-Handbuch § 107 Rn 24; *Kümpel* Bank- und Kapitalmarktrecht Rn 16.113.

220 Siehe Erwägungsgrund 2 RL 2003/124/EG; Emittentenleitfaden der BaFin vom 15.7.2005, S. 22.

221 Emittentenleitfaden der BaFin vom 15.7.2005, S. 22.

222 Erwägungsgrund 2 RL 2003/124/EG.

so dass ex-post keine hinreichend sichere Einordnung eines Umstandes als kursbeeinflussend erfolgen kann.[223] Derartige Bedenken bestehen jedoch nicht, wenn wie oben ausgeführt, ex-post vorliegenden Informationen lediglich Indizfunktion zukommt und dieses Indiz logische Rückschlüsse aus Informationen ex-ante nicht überspielen darf.

Umstände, die anhand dieser Prüfung als kursbeeinflussend in erheblichem Maße anzusehen sind, sind beispielsweise Übernahmeangebote, bedeutsame Erfindungen oder auch Dividendenänderungen.[224]

(2) Schritt 2: Die Besonderheiten des Einzelfalls

Unentbehrlich ist jedoch die Bezugnahme zu den Besonderheiten des jeweiligen Einzelfalls. Die Fülle der möglichen kursbeeinflussenden Umstände macht es unumgänglich, sich von einer isolierten Betrachtung des Umstandes zu lösen und die konkreten Gegebenheiten mit einzustellen. Schematische Aussagen, welcher Umstand in jedem Fall kursbeeinflussend ist, sind gerade nicht möglich; vielmehr kann das entsprechende Potential in Abhängigkeit zu vorliegenden oder absehbaren konkreten Umständen des Einzelfalls erheblich erhöht oder vermindert sein.[225] Beispielhaft ist daran zu denken, dass ein erheblicher Verlust im Geschäftsjahr eingefahren wird, jedoch bereits frühzeitig und laufend der Markt über einen erwarteten Verlust in einer derartigen Höhe informiert wurde, so dass kein bzw. kaum mehr Kursbeeinflussungspotential besteht, da der Markt die Informationen bereits verarbeitet hat.[226]

dd) Fazit

Die signifikanteste Veränderung im Rahmen der Eignung zu erheblichen Kursbeeinflussung ist in der Zuwendung zum Maßstab des verständigen Anlegers zu sehen. Dieses bedingt, dass die vormals verwendeten Schwellenwerte, kam ihnen mitunter auch nur die Funktion eines Richtwerts zu, nicht mehr gelten und auch nicht sinnvoll im aktuellen Recht eingesetzt werden können.

Die Aspekte, die nunmehr von der BaFin explizit in eine 2-Schritt-Prüfung eingebracht werden, weichen jedoch nicht erheblich von der Rechtslage vor AnSVG ab, da die maßgeblichen Parameter, wie die nötige Einzelfallbetrach-

---

223 *Kümpel* Bank- und Kapitalmarktrecht Rn 16.112; vgl. auch *Kümpel* WM 1994, 2137, 2140.

224 Dazu und zu weiteren Beispielen siehe Emittentenleitfaden der BaFin vom 15.7.2005, S. 23, 43 f.

225 Siehe Emittentenleitfaden der BaFin vom 15.7.2005, S. 23.

226 Emittentenleitfaden der BaFin vom 15.7.2005, S. 23; zur Rechtslage vor AnSVG ebenso *Kümpel* Bank- und Kapitalmarktrecht Rn 16.119; *Fürhoff/Wölk* WM 1997, 449, 455.

tung oder die u.U. bestehende Indizwirkung von ex-post eingetretenen Informationen, auch bisher zu berücksichtigen waren.[227] Die Neuerungen durch die 2-Schritt-Prüfung beschränken sich mithin auf die nun erfolgte – aber eigentlich unnötige – explizite Erwähnung hinsichtlich des systematischen Vorgehens. Diese Systematik ist indes nicht derart strikt, dass die Verneinung auf Stufe 1 den Prüfungseinstieg auf Stufe 2 verhindert. Vielmehr ist es denkbar, dass Informationen, die auf Stufe 1 durch das Raster fallen, in einer Gesamtschau der Besonderheiten des Einzelfalles letztendlich die für die Insiderinformation geforderte Eignung zur erheblichen Kursbeeinflussung vorweisen.

Insbesondere die bereits bisher erforderliche diffizile Beurteilung der Kursbeeinflussung von Insiderinformationen in der Form von Meinungen, Gerüchten oder Prognosen dürfte durch das AnSVG nicht grundlegend gewechselt haben. Nach wie vor[228] ist für die Einschätzung des Kursbeeinflussungspotentials in diesen Konstellationen die Quelle der Information – rührt sie beispielsweise von einem Vorstandsmitglied oder lediglich einem Angestellten –, die Genauigkeit der Information – ist sie nur von allgemeiner Art oder weist sie eine derartige Präzision auf, dass Einzelheiten ersichtlich sind – sowie die Einordnung in die Verfassung der Märkte im Allgemeinen und des Segments der betroffenen Firma im Besonderen[229] von ganz entscheidender Bedeutung.

2) Zukünftige Umstände als Gegenstand einer Insiderinformation nach § 13 Abs. 1 S. 3

Bislang vernachlässigt wurde die Regelung des § 13 Abs. 1 S. 3, die der Klarstellung[230] dient, dass auch zukünftige Umstände als Insiderinformation in Betracht kommen. Gerade Absichten, Pläne, Vorhaben und auch Gerüchte beziehen sich in der Regel auf zukünftige Umstände. Die Norm des § 13 Abs. 1 S. 3 verlangt vor diesem Hintergrund, dass zukünftige Umstände eine hinreichende Eintrittswahrscheinlichkeit aufweisen müssen. Dafür sei das Vorliegen konkreter Anhaltspunkte nötig, die den Eintritt des Umstandes als voraussehbar er-

---

227 Siehe nur Schwark/*Schwark* KMRK § 13 Rn 43 ff., *Kümpel* Bank- und Kapitalmarktrecht Rn 16.113 ff.

228 Dazu Schwark/*Schwark* KMRK § 13 Rn 50 f.; *Schneider/Burgard* ZIP 1999, 381, 385; *Dreyling/Schäfer*, Insiderrecht und Ad-hoc-Publizität, Rn 76.

229 Zu dieser Vorgehensweise bei der Ermittlung des Tatbestands siehe Emittentenleitfaden der BaFin vom 15.7.2005, S. 20.

230 Jedenfalls nach hier vertretener Auffassung hat § 13 Abs. 1 S. 3 lediglich diese Funktion, da die europarechtlichen Vorgaben den Zukunftsbezug bereits über das Merkmal präzise erfassen, welches durch den deutschen Gesetzgeber durch die Konkretheit in § 13 Abs. 1 S. 1 umgesetzt wurde, dazu Teil 2, A.III)1)b)aa).

scheinen lassen.[231] In Abgrenzung hierzu sei aber gerade nicht eine mit an Sicherheit grenzende Wahrscheinlichkeit erforderlich.[232] Die Subsumtion im Hinblick auf dieses Merkmal dürfte in der Praxis mithin keine Schwierigkeiten bereiten. Sollte beispielsweise ein Vorhaben derart auf den Weg gebracht worden sein, dass der Realisierung keine unumgänglichen Hürden mehr entgegenstehen und der Wille zur Verwirklichung ernsthaft hervortritt, wird eine hinreichende Eintrittswahrscheinlichkeit in Bezug auf die Verwirklichung des Gesamtprojektes anzunehmen sein.

Vor den Änderungen durch das AnSVG wurden die zukünftigen Umstände selbst nicht unter den Begriff der Insidertatsache subsumiert; vielmehr kamen die diesen Umständen zugrundeliegenden Pläne und Absichten als Insidertatsache in Betracht.[233] Vorhaben, zu deren Umsetzung beispielsweise mehrstufige Entscheidungsprozesse notwendig sind, wurden nicht als Insidertatsache angesehen, jedoch konnten die einzelnen Schritte auf dem Weg zur Erreichung des Vorhabens sehr wohl eine Insidertatsache sein.[234] Die Wahrscheinlichkeit des Eintritts spielte für die Annahme einer Insidertatsache im bisherigen Recht infolge dessen keine Rolle.[235] Die entsprechende Selektion zur Eindämmung des Anwendungsbereichs erfolgte auf der Stufe der Kurserheblichkeit.[236]

Nach neuem Recht sind nunmehr jedoch zwei Anknüpfungspunkte für die Qualifikation als Insiderinformation gem. § 13 Abs. 1 denkbar. Zum einen kann das angestrebte Ergebnis der Planung oder des mehrstufigen Entscheidungsprozesses, z.B. die Kapitalerhöhung oder Übernahme, als künftiger Umstand verstanden werden. Dies hätte zur Folge, dass die Prüfung für das Vorliegen einer Insiderinformation sich auf das Kursbeeinflussungspotential und auf die hinrei-

---

231 RegBegr., BT-Drucks. 15/3174, S. 34; Emittentenleitfaden der BaFin vom 15.7.2005, S. 20; eine Wahrscheinlichkeit iSv § 13 Abs. 1 S. 3 ab einer Eintrittswahrscheinlichkeit von über 50% bejahend BGH NZG 2008, 300; zu Recht kritisch Anm. *Wilsing/von der Linden* EWiR 2008, 317, da absolute Zahlen nur vordergründig eine sichere Handhabe ermöglichen; für ein hohes Maß an Wahrscheinlichkeit plädierend *Gimnich*, Insiderhandelsverbot und Unternehmensakquisitionen, S. 62.

232 Emittentenleitfaden der BaFin vom 15.7.2005, S. 20.

233 Schwark/*Schwark* KMRK § 13 WpHG Rn 32; *Cahn* Der Konzern 2005, 5, 6; *Federlein*, Informationsflüsse in der Aktiengesellschaft, S. 38; siehe auch *Dreyling/Schäfer*, Insiderrecht und Ad-hoc-Publizität, Rn 63.

234 *Cahn* Der Konzern 2005, 5, 6; Schwark/*Schwark* KMRK § 13 WpHG Rn 33; *Assmann* in Assmann/Schneider, 3. Aufl., § 13 Rn 36a; *Federlein*, Informationsflüsse in der Aktiengesellschaft, S. 39 f.; davon geht auch Art. 3 Abs. 1 b) RL 2003/124/EG aus.

235 *Lenenbach* Kapitalmarkt- und Börsenrecht Rn 10.29; *Assmann* in Assmann/Schneider, 3. Aufl., § 13 Rn 33d, 34a; siehe auch Hessischer VGH Beschl. v. 16.3.1998 – 8 TZ 98/98 AG 1998, 436, 436.

236 Schwark/*Schwark* KMRK § 13 WpHG Rn 33 mwN; *Federlein*, Informationsflüsse in der Aktiengesellschaft, S. 40.

chende Wahrscheinlichkeit nach § 13 Abs. 1 S. 3 erstrecken würde.[237] Zum anderen könnte man, wie es vor dem Inkrafttreten des AnSVG praktiziert wurde, auf die bereits verwirklichten Zwischenschritte oder die bereits existierenden Pläne auf dem Weg zur Realisierung des Vorhabens als gegenwärtige Umstände iSv § 13 Abs. 1 S. 1 abstellen, was zur Folge hätte, dass bei der Beurteilung, ob eine Insiderinformation vorliegt, allein das Merkmal der Kurserheblichkeit entscheidend wäre.[238] Dies hätte zur Konsequenz, dass bezüglich eines Vorhabens die Anwendbarkeit der Vorschriften über das Insiderhandelsverbot je nach dem gewählten Ansatzpunkt Geltung beanspruchen würden und damit die Gefahr der Beliebigkeit hinsichtlich der Gesetzesgeltung einhergehen und somit mitunter Rechtsunsicherheit entstehen könnte. Zur Auflösung dieser Konfliktlage gilt es, das Augenmerk auf das Zusammenspiel der Merkmale Kursbeeinflussungspotential und hinreichende Eintrittswahrscheinlichkeit zu legen.

Namentlich *Cahn* geht davon aus, dass das Kursbeeinflussungspotential nach § 13 Abs. 1 S. 1 erst dann vorliegt, wenn eine Information hinreichend wahrscheinlich im Sinne von § 13 Abs. 1 S. 1, 3 ist und vice versa.[239] Damit bestünden im Hinblick auf die Neueinführung der hinreichenden Wahrscheinlichkeit des zukünftigen Eintritts keinerlei Abstimmungsprobleme. Fraglich ist aber, ob man dieser Linie uneingeschränkt zustimmen kann. Richtig ist sicherlich, dass ein verständiger Anleger Informationen in Bezug auf zukünftige Umstände erst dann in seine Anlageentscheidung einstellen wird und diesen Informationen damit Kursbeeinflussungspotential zukommt, wenn ihr tatsächlicher Eintritt auch hinreichend wahrscheinlich ist. Im Gegenzug ist aber gerade nicht jeder unbedeutende Umstand, dessen Eintritt zwar hinreichend wahrscheinlich ist, tatsächlich auch als kurserheblich zu betrachten. Die Abhängigkeit beider Merkmale ist somit nicht gegenseitig, sondern von einseitiger Natur.

Streng genommen kann diese Abhängigkeit nur für ein- und denselben Umstand, der sich dann jedoch auf zwei unterschiedliche Zeitpunkte bezieht, eine Rolle spielen. Für das Verhältnis zwischen einem gegenwärtigen Umstand im Sinne von § 13 Abs. 1 S. 1 und einem zukünftigen Umstand im Sinne von § 13 Abs. 1 S. 1, 3 lässt sich dennoch das angeführte Abhängigkeitsverhältnis aufrechterhalten. Immerhin ist es kaum denkbar, dass hinsichtlich des zukünftigen Gesamtvorhabens die nötige hinreichende Eintrittswahrscheinlichkeit sowie entsprechendes Kursbeeinflussungspotential vorliegen, ohne dass auch dem Zwischenstadium aus der Sicht des verständigen Anlegers Kursbeeinflussungspotential zukommt. Umgekehrt wird man bei Bejahung des Zwischenstadiums als Insiderinformation aus der ex-ante-Sicht davon ausgehen müssen, dass das zu-

237 *Cahn* Der Konzern 2005, 5, 6.

238 *Cahn* Der Konzern 2005, 5, 6.

239 Siehe *Cahn* Der Konzern 2005, 5, 6; a.A., allerdings ohne nähere Begründung *Assmann* in Assmann/Schneider, § 13 Rn 24.

künftige Endvorhaben derart wahrscheinlich und auch kurserheblich ist, dass die Anforderungen aus § 13 Abs. 1 S. 1, 3 an die Insiderinformation gegeben sind. Im Ergebnis führt dieses Zusammenspiel dazu, dass die Situation derartig gestaffelter Prozesse nicht anhand unterschiedlicher Maßstäbe zu beurteilen ist. Hinsichtlich ihres Vorliegens herrscht durch die jeweilige Prüfung der Kursbeeinflussung Gleichlauf, so dass unabhängig von der Subsumtion unter S. 1 oder S. 3 das Ergebnis nicht divergieren wird. Rechtsunsicherheit besteht durch die Neueinführung des S. 3 mithin nicht. Schließlich ist in jedem Fall das Vorliegen des nötigen Kursbeeinflussungspotentials erforderlich. Die fehlende gegenseitige Abhängigkeit von hinreichender Eintrittswahrscheinlichkeit und Kursbeeinflussungspotential schadet insoweit nicht.

3) Bloße Gerüchte versus Informationen über zukünftige Umstände

Die eben angestellten Überlegungen zum Zusammenspiel der insiderrechtlichen Voraussetzungen liefern jedoch noch keine Antwort auf die Frage, wann eine Information eine solche über zukünftige Umstände im Sinne von § 13 Abs. 1 S. 1, 3 ist und in welchen Fällen in Abgrenzung dazu ein bloßes Gerücht vorliegt. Die Problematik der Unsicherheit hinsichtlich der Abgrenzung erwächst daraus, dass zukünftigen anders als gegenwärtigen Umständen ein Rest an Unkalkulierbarkeit immanent ist. Diese Ungewissheit führt dazu, dass man mitunter geneigt ist, zukünftige, aber dennoch insiderrechtlich eigentlich relevante Umstände vorschnell als bloße Gerüchte abzutun. Die Grenzziehung kann damit nicht nur erhebliche Schwierigkeiten bereiten, sie ist überdies aufgrund der verschärften Sanktionsmöglichkeiten bei insiderrechtlichen Verstößen[240] auch von nicht unerheblicher Relevanz.

Fraglich ist also, über welches Merkmal die Abgrenzung sinnvollerweise zu erfolgen hat: Naheliegend erscheint, die (entsprechend ihres europarechtlichen Ursprungs eigentlich zur Konkretheit gehörende) Eintrittswahrscheinlichkeit des § 13 Abs. 1 S. 3 heranzuziehen, jedoch sind auch die Kurserheblichkeit iSv § 13 Abs. 1 S. 1 und das Merkmal der konkreten Information in § 13 Abs. 1 S. 1 durchaus denkbar.

In letzterem Zusammenhang wird das Problem in den Empfehlungen der CESR erörtert,[241] was im Ergebnis jedenfalls im Vergleich zur Eintrittswahrscheinlichkeit nicht weiter überrascht, da auch die Aspekte der Eintrittswahrscheinlichkeit

240 Dies ist nicht im Hinblick auf den Straf- bzw. Bußgeldrahmen der §§ 38, 39 WpHG zu sehen, sondern beispielsweise vor dem Hintergrund der Versuchsstrafbarkeit nach § 38 Abs. 3 und der Strafbarkeit für leichtfertiges Handeln nach § 38 Abs. 4. Siehe auch die Erwägungen unter Teil 2, A.III)1)b)dd).

241 Siehe CESR`s Advice on Level 2 Implementation Measures for the proposed Market Abuse Directive, Dec. 2002 (CESR/02-287b), Rn 19 f.

zukünftiger Umstände anders als im bundesdeutschen Rechtsraum nicht künstlich getrennt werden, sondern unter dem Oberpunkt der Konkretheit erörtert werden. Insbesondere *Cahn* verfolgt diese Linie, wenn er meint, dass eine Abgrenzung nur über die Konkretheit erfolgen könne.[242] Bei deren Betrachtung sei nach der Genauigkeit des Inhalts und der Zuverlässigkeit der Informationsquelle zu fragen, wobei jedoch nicht die fehlende Trennschärfe dieser Vorgehensweise verkannt wird.[243]

Für eine andere Abgrenzungsvariante wird man anführen können, dass bei Gerüchten die Kurserheblichkeit oftmals in Frage stehen könne[244]. Grundsätzlich dürfte nämlich kein verständiger Anleger gem. § 13 Abs. 1 S. 2 einem Gerücht trauen.[245] Die theoretische Richtigkeit dieses Ansatzes wird dabei in der Literatur nicht in Frage gestellt, doch wird zu Bedenken gegeben, dass sich die Wirklichkeit anders darstelle, da Märkte schließlich auf Gerüchte reagierten.[246] Der verständige Anleger müsste diese Tatsache mit in seine Überlegungen einfließen lassen, so dass er davon ausgehen kann, dass auch Gerüchte kurserheblich sein können.[247] Hiergegen könnte jedoch wieder angebracht werden, dass vorliegend gerade bloße Gerüchte in Frage stehen und ob ein verständiger Anleger davon ausgehen muss, dass solche Gerüchte am Markt verarbeitet werden, wohl bezweifelt werden darf, es aber dennoch letztendlich nicht außerhalb des Möglichen liegt.

Der Gesetzgeber will mit der Aussage, dass bloße Gerüchte nicht für die Eintrittswahrscheinlichkeit iSv § 13 Abs. 1 S. 3 ausreichend sind, die Abgrenzung offenbar über diesen Begriff vollziehen.[248] Dem hält *Cahn* wiederum entgegen, dieser Ansatz könnte bereits deswegen nicht überzeugen, weil Gerüchte sich auch auf vermeintlich bereits eingetretene Umstände beziehen könnten und somit § 13 Abs. 1 S. 3 nicht in allen Fällen einschlägig sei.[249]

Fraglich ist jedoch, inwieweit es überhaupt notwendig ist, die Abgrenzung auf eines der genannten Merkmale zu beschränken. Mangelnde Trennschärfe wird man im Ergebnis allen Lösungsansätzen wenigstens zum Teil vorwerfen können

242 *Cahn* Der Konzern 2005, 5, 7.

243 *Cahn* Der Konzern 2005, 5, 7; *ders.* ZHR 162 (1998), 1, 14 ff.

244 So wohl zu § 13 Abs. 1 a.F. *Assmann* in Assmann/Schneider, 3. Aufl., § 13 Rn 34a, b.

245 Zu den Anforderungen an den verständigen Anleger siehe ausführlich oben Teil 2, A.III)1)e); so auch die Grundannahme von *Gimnich,* Insiderhandelsverbot und Unternehmensakquisitionen, S. 75.

246 *Cahn* Der Konzern 2005, 5, 7; zu dieser Einschätzung siehe bereits *Assmann* in Assmann/Schneider, 3. Aufl., § 13 Rn 34b.

247 *Cahn* Der Konzern 2005, 5, 7; zum Verhalten der Anleger aus der Sicht der ökonomischen Forschung siehe *Fleischer/Schmolke* AG 2007, 841, 843.

248 Siehe RegBegr., BT-Drucks. 15/3174, S. 34.

249 *Cahn* Der Konzern 2005, 5, 7.

und auch müssen. Immerhin hängt die Qualifikation als Insiderinformation immer sehr stark von den Gegebenheiten des Einzelfalles ab. Überdies ist es sowieso notwendig, dass bei der Prüfung als Insiderinformation alle Stufen durchlaufen werden, in jedem Fall die Konkretheit und das Kursbeeinflussungspotential, ggf. auch die Eintrittswahrscheinlichkeit. Dadurch kann im Ergebnis verhindert werden, dass jedes noch so unseriöse Gerücht als Insiderinformation anzusehen ist und insbesondere auch, dass Informationen über zukünftige Umstände mit bloßen Gerüchten verwechselt werden. Die Frage der genauen Verankerung der besagten Abgrenzung hat daher hinter eine einzelfallbezogene Subsumtion der entscheidenden Merkmale zurückzutreten.

4) Die Regelbeispiele des § 13 Abs. 1 S. 4

a) Überblick

In § 13 Abs. 1 S. 4 bedient sich der Gesetzgeber nunmehr der Regelungstechnik der Regelbeispiele. Abweichend von anderen Normen, in denen diese Technik angewandt wird, ist der Katalog mit lediglich zwei Nummern jedoch sehr übersichtlich gehalten.[250] Darüber hinaus kommt diesen Regelbeispielen, obwohl sie für die strafrechtliche Norm des § 38 von Bedeutung sind, nicht dieselbe Funktion als Strafzumessungsregel wie üblicherweise im Strafrecht[251] zu, da in § 13 Abs. 1 S. 4 keine Aussagen über die Höhe einer etwaigen Sanktion getroffen werden und an das Vorliegen eines derartigen Regelbeispiels auch anderweitig keine über den üblichen Rahmen hinausgehenden Rechtsfolgen geknüpft sind. Vielmehr wird man im Rahmen von § 13 Abs. 1 annehmen müssen, dass für den Gesetzgeber jedenfalls für die gesetzliche Regelung des § 13 Abs. 1 S. 4 Nr. 1 die Klarstellungsfunktion im Vordergrund stand.[252] *Spindler* spricht insoweit bereits nicht mehr von Regelbeispielen, sondern führt zu Recht den Begriff „Beispielsfälle" an,[253] der untechnischer zu verstehen ist.

Dennoch können die Beispiele für den Rechtsanwender in dem Sinne hilfreich sein, dass sie einen gesetzlichen Anhaltspunkt für das Verständnis des nach AnSVG neu gefassten § 13 vermitteln. Neben der aus Art. 1 Nr. 1 S. 2 MMR

250 Man denke im Gegensatz dazu nur an das Paradebeispiel für Regelbeispiele: § 243 Abs. 1 StGB.

251 BGH Urt. v. 21.4.1970 – 1 StR 45/70 St 23, 254, 256 f.; BGH Urt. v. 3.4.1975 – 4 StR 62/75 St 26, 104, 105; BGH Beschl. vom 13. 8. 1970 - 4 StR 276/70 NJW 1970, 2120, 2120; *Schröder* in FS Mezger, 1954, S. 415, 427; *Wessels* in FS Maurach, 1972, S. 295, 298 ff.; Schönke/Schröder/*Stree* vor §§ 38 ff., Rn 44; a.A. *Calliess* NJW 1998, 929 ff.; zum Streit siehe auch *Gropp* JuS 1999, 1041, 1047 f.

252 Siehe Wortlaut der RegBegr., BT-Drucks. 15/3174, S. 34; ebenso *Diekmann/Sustmann* NZG 2004, 929, 931; *Koch* DB 2005, 267, 268;

253 Siehe *Spindler* NJW 2004, 3449, 3451.

stammenden Definition der Insiderinformation für Derivate in § 13 Abs. 1 S. 4 Nr. 2 ist insbesondere die Regelung des § 13 Abs. 1 S. 4 Nr. 1 von Interesse.

b) Frontrunning

Das eben Festgestellte bezüglich des Anhaltspunktes gilt dabei insbesondere für § 13 Abs. 1 S. 4 Nr. 1. Hierunter fällt das sog. Frontrunning[254], was sich jedoch aus dem Gesetzestext freilich nicht ohne weiteres ergibt. Letzterer spricht in der betreffenden Norm nur von „Aufträgen von anderen Personen über den Kauf oder Verkauf von Finanzinstrumenten".[255] Erst der Blick in die Gesetzesbegründung gibt Aufschluss darüber, dass mit der Formulierung des § 13 Abs. 1 S. 4 Nr. 1 die Fälle des Frontrunning, also des Vor-, Mit- oder Gegenlaufens durch einen Wertpapierhändler, mithin einer „Person, die mit der Ausführung von Aufträgen (eines Kunden) betreffend Finanzinstrumenten beauftragt ist",[256] gemeint sind.[257] Aus diesem Grund halten einige Stimmen in der Literatur den Wortlaut für entschieden zu weit.[258] So wird insbesondere dargelegt, dass bei ausschließlicher Lektüre des Gesetzestextes auch das Wissen Privater um Verkaufsabsichten, z.B. dasjenige von einem Aktionär über die Verkaufsabsichten seiner Ehefrau hinsichtlich ihres Aktienpakets, hierunter subsumiert werden könnte.[259] Wie aufgezeigt, steht diesem Verständnis jedoch gerade die Gesetzesbegründung entgegen. In der Rechtspraxis wird daher ein derartiges Verhalten nicht unter § 13 Abs. 1 S. 4 Nr. 1 subsumiert werden, jedoch können sich für den Rechtsanwender – eigentlich leicht zu verhindernde – Irritationen ergeben.[260]

Derartige Missverständnisse hätten grundsätzlich durch den Emittentenleitfaden von Seiten der BaFin ausgeräumt werden können. Zunächst geraten dort auch tatsächlich nur die „Eigengeschäfte von Wertpapierdienstleistungsunternehmen" in den Fokus des Interesses.[261] Jedoch wird auch dargelegt, dass Nr. 1 die Fälle, in denen sich „jemand an Wertpapiergeschäfte eines Dritten anhängt, weil er

---

254 Hierunter versteht man die Vornahme von Eigengeschäften durch ein Wertpapierdienstleistungsunternehmen in Kenntnis von Kundenaufträgen, statt vieler *Schwintek*, Das Anlegerschutzverbesserungsgesetz, S. 23; *Schlüter* Wertpapierhandelsrecht, S. 119 f.

255 Krit. dazu *Koch* DB 2005, 267, 268; ebenso bereits *Ziemons* NZG 2004, 537, 538.

256 Siehe Art. 1 Nr. 1 S. 3 MMR.

257 Siehe RegBegr., BT-Drucks. 15/3174, S. 34 mit Verweis auf Art. 1 Nr. 1 S. 3 MMR.

258 Siehe insbesondere wiederum *Koch* DB 2005, 267, 268; *Ziemons* NZG 2004, 537, 538; im Ergebnis ebenso *Wilhelm*, Kapitalgesellschaftsrecht, Rn 743.

259 *Ziemons* NZG 2004, 537, 538; *Spindler* NJW 2004, 3449, 3451 mit Fn 27; im Ergebnis ebenso *Schäfer* in Schäfer/Hamann, 2. Aufl., § 13 Rn 28, wenn er auf die mangelnde Einschränkung des Adressatenkreises hinweist.

260 Aus diesem Grund regte *Ziemons* NZG 2004, 537, 538 bereits zum RegE eine Präzisierung des Wortlauts an.

261 Emittentenleitfaden der BaFin vom 15.7.2005, S. 23 f.

aufgrund konkreter Umstände den Schluss zieht, dieser handele aufgrund von Insiderinformationen", umfasse.[262] Sollte man dieser Ansicht folgen, würden somit auch die oben aufgezeigten privaten Geschäfte unter Nr. 1 fallen. Unklar ist, ob die BaFin nunmehr bereits das erste Opfer der sprachlichen Weite des Gesetzestextes ist oder ob sie die Vorgaben des Gesetzgebers und dessen Motivation erkannt hat, aber dennoch eine andere Regelung für angemessen hält. Letzteres muss vor dem Hintergrund, dass die BaFin nicht die Kompetenz hat, sich über die Ausführungen und den Willen des Gesetzgebers zu stellen,[263] grundsätzlich ausgeschieden werden. Fraglich ist also, welchen Erkenntnisgewinn der Rechtsanwender aus den Äußerungen der BaFin ziehen kann. Keinesfalls wird man, wie es die Formulierung der BaFin faktisch vorschlägt, das Wissen um private Transaktionen unter Nr. 1 subsumieren dürfen, da dies eindeutig dem Willen des Gesetzgebers widerspräche. Man wird daher unterstellen müssen, dass die BaFin hinsichtlich ihrer Ausführungen in Bezug auf das Regelbeispiel Nr. 1 lediglich von den Fällen des Frontrunning spricht.

Dass darüber hinaus auch das private Wissen um Wertpapiergeschäfte als Insiderinformation gelten kann, muss indes unstreitig sein. Allerdings ist dies direkt unter § 13 Abs. 1 S. 1 zu fassen, ohne das Regelbeispiel in § 13 Abs. 1 S. 4 bemühen zu müssen und zu können.

Festzuhalten bleibt, dass das Regelbeispiel der Nr. 1 an sich mehr Verwirrung stiftet als es zur Erhellung der Sachlage beiträgt. Die Überflüssigkeit der darin festgehaltenen Regelung wird insbesondere dann deutlich, wenn man sich vor Augen führt das bereits vor den Änderungen durch das AnSVG das Frontrunning de lege lata den Verbotstatbestand des § 14 Abs. 1 Nr. 1 a.F. zu erfüllen vermochte. Legislatorische Aktivitäten wären vor diesem Hintergrund nicht ausdrücklich nötig gewesen, die dennoch erfolgte Regelung kann man darauf zurückführen, dass das Frontrunning auch in Art. 1 Nr. 1 S. 3 MMR aufgenommen wurde und der deutsche Gesetzgeber dies umzusetzen gedachte.[264]

5) Abschließende Erwägungen hinsichtlich des Begriffs Insiderinformation

Festzuhalten bleibt, dass die Rechtsfindung im Bereich des § 13 durch die Veränderungen des AnSVG nicht unbedingt einfacher geworden ist. So müssen Literatur, Rechtsprechung und nicht zuletzt die Normadressaten insbesondere durch Abschaffung des Begriffs der Tatsache umdenken. Anknüpfungspunkt ist statt dessen nunmehr die Voraussetzung des Umstandes. Allerdings konnte gezeigt werden, dass diesem Merkmal keinerlei Begrenzungsfunktion immanent

262 Emittentenleitfaden der BaFin vom 15.7.2005, S. 24.

263 Siehe Teil 1, B.II).

264 Siehe RegBegr., BT-Drucks. 15/3174, S. 34.

ist, da vielmehr alle denkbaren Geschehnisse und Zustände darunter subsumiert werden können. Erst durch die zusätzlichen Erfordernisse der mangelnden öffentlichen Bekanntheit, des Kursbeeinflussungspotentials, des Bezugs zum Emittenten und der Konkretheit der Information über die erwähnten Umstände erhält die Definition der Insiderinformation in § 13 schärfere Konturen.

Vollkommen neu ist dabei nur das Erfordernis der Konkretheit, welches dadurch auch die größten Schwierigkeiten bei der Ermittlung seines Verständnisses bereitet. Trotz verschiedener oben bereits verfolgter Ansätze zur Ausfüllung dieses Merkmals ist tatsächlich die bereits in der Durchführungsrichtlinie 2003/124/EG genannte Definition der „präzisen" Information als entscheidender Maßstab anzusehen. Danach sind durch die Konkretheit Umstände oder Ereignisse erfasst, die bereits existieren oder eingetreten sind oder bei denen man vernünftigerweise davon ausgehen kann, dass sie in Zukunft existieren bzw. eintreten werden.[265] Alle weiteren Konkretisierungsversuche dieser Formel hatten das Problem, dass sie Begriffe einführen mussten, die keineswegs zu einer deutlicheren und somit leichter verständlicheren Definition führten. Daher können auch die von der BaFin im Entwurf zum Emittentenleitfaden noch genannten Kategorien der Bestimmbarkeit und Seriösität nur Anhaltspunkte für das Verständnis geben. Wichtig dürfte daher insbesondere die Tatsache sein, dass die Konkretheit mit dem Verständnis der h.M. vor AnSVG zum Merkmal der Tatsache weitestgehend übereinstimmt, so dass der Rechtsanwender sein vorheriges Wissen gewinnbringend bei der Auslegung der konkreten Information über Umstände anbringen kann.

Keine Veränderung hat hingegen die bereits vorher bekannte Voraussetzung der mangelnden öffentlichen Bekannheit erfahren, die trotz verwirrender Ausführungen der BaFin im Emittentenleitfaden immer dann anzunehmen ist, wenn die Bereichsöffentlichkeit noch nicht die Möglichkeit hatte, die jeweilige Information zur Kenntnis zu nehmen. Ebenfalls keine Veränderungen wurden beim nötigen Bezug zum Emittenten vorgenommen, dem faktisch aufgrund seiner Weite keinerlei Begrenzungsfunktion immanent ist. Lediglich der zentralen Voraussetzung des Kursbeeinflussungspotentials wurde ein anderes Verständnis als vor AnSVG zuteil, da nunmehr für dessen Ermittlung explizit der verständige Anleger der entscheidende Maßstab ist. Dies ist gleichzeitig mit der Abkehr von bestimmten Schwellenwerten, wie sie vor den Änderungen herangezogen wurden und die theoretisch trennscharf Klarheit über das Vorliegen des Kursbeeinflussungspotentials liefern konnten, verbunden. Zur Bestimmung des genannten Potentials bietet sich nunmehr eine Näherung aus dem Blickwinkel des verständigen Anlegers in Abgrenzung zum unerfahrenen und professionellen Anleger in

265 Siehe Art. 1 Abs. 1 Richtlinie 2003/124/EG, auf die der deutsche Gesetzgeber explizit Bezug nimmt, RegBegr., BT-Drucks. 15/3174, S. 33.

zwei Schritten an: Zunächst ist der singuläre Umstand auf das Kursbeeinflussungspotential hin zu untersuchen, anschließend gilt es, eine Bewertung unter Einordnung im jeweiligen Zusammenhang vorzunehmen.

Hinsichtlich des Begriffs der Insiderinformation ist angesichts dieser Änderungen festzustellen, dass die Rechtsfindung für den Anwender zunächst zwar schwieriger geworden ist, dies jedoch nicht an umfassenden Umwälzungen liegt, sondern vielmehr daran, dass sich durch die Einführung neuer Merkmale die Prüfung in einzelnen Punkten ver4schoben hat. Es ist zu erwarten, dass sich diese Unsicherheiten durch fortlaufende Rechtsanwendung und fortschreitende Ausleuchtung des Insiderrechts, wozu auch die vorliegende Arbeit dient, minimieren werden. Positiv hervorzuheben ist jedoch in jedem Fall, dass hinsichtlich verschiedener Punkte bereits jetzt Klarheit geschaffen wurde, so dass das Recht nach AnSVG einigen rechtlichen Streitigkeiten den Boden entzogen hat.
Eine Ausnahme stellt hingegen die Regelung in § 13 Abs. 1 S. 3 dar, die durch die Erfassung auch zukünftiger Umstände als Insiderinformation ein Novum im WpHG ist. Allerdings bereitet sie kaum Schwierigkeiten, da ihre Voraussetzungen klar sind. Immerhin liegt die hinreichende Eintrittswahrscheinlichkeit jedenfalls immer dann vor, wenn das ohnehin zu prüfende Kursbeeinflussungspotential bejaht wird.

Im Ergebnis tragen zwar die Gesetzesbegründung, der Emittentenleitfaden der BaFin und so mancher in der Hektik der Gesetzesänderung verfasste wissenschaftliche Beitrag nicht unbedingt zur Entwirrung der Lage um das Merkmal der Insiderinformation bei, letztendlich ändert sich für den Rechtsanwender in diesem Bereich jedoch wenig, so dass die Einführung des § 13 Abs. 1 S. 3 tatsächlich noch die größte Neuerung darstellen dürfte.

IV) Der Begriff des Insiders – Der persönliche Anwendungsbereich

Adressat des Insiderhandelsverbots des § 14 ist jedermann, soweit er Kenntnis von Insiderinformationen hat.[266] Dies ergibt sich nunmehr aus dem Wortlaut dieser Norm und demjenigen von § 13, der keine Differenzierung nach persönlichen Voraussetzungen mehr enthält, sondern nur noch an die Frage anknüpft, ob eine Insiderinformation vorliegt.[267] Darin kommt eine weitere Umstrukturierung des Wertpapierhandelsgesetzes, die auf die MMR und das AnSVG zurückzuführen ist, zum Ausdruck: Vor dem 30.10.2004[268] wurde schließlich bereits auf der

266 Siehe *Koch* DB 2005, 267, 268; *Cahn* Der Konzern 2005, 5, 11; *Ziemons* NZG 2004, 537, 538; dazu auch BT-Drucks. 15/3174, S. 26 f.

267 Siehe *Holzborn/Israel* WM 2004, 1948, 1951.

268 Dies ist gem. Art. 6 AnSVG der Tag des Inkrafttretens dieses Gesetzes, siehe BGBl. I 2004 Nr. 56, S. 2630.

Tatbestandsseite nach Primär- und Sekundärinsidern[269] differenziert.[270] Als Konsequenz hieraus gerieten, wie § 14 Abs. 2 a.F. offenbarte, Sekundärinsider nur mit dem Insiderhandelsverbot in Konflikt, wenn sie sich zum Ausnutzungsverbot des WpHG a.F. in Widerspruch setzten, nicht aber in den Fällen der Weitergabe oder Empfehlung.[271]

Soweit der Tatbestand verwirklicht war, hatte der vormalige Gesetzgeber bei der Festlegung des Strafrahmens auf eine Differenzierung nach dem Personenkreis verzichtet, da auch ein Sekundärinsider durch gezieltes Handeln die gleichen Gefahren wie ein Primärinsider für die Funktionsfähigkeit der geschützten Kapitalmärkte bewirken könne.[272] Diese Erwägung hatte zwar nur den Strafrahmen des bisherigen Ausnutzungsverbots im Sinn, jedoch hätte man sie auch schon im früheren Recht für die Anwendbarkeit der anderen Handlungsweisen des Insiderhandelsverbots auf Tatbestandsebene fruchtbar machen können: Immerhin gehört zur Funktionsfähigkeit des Kapitalmarktes untrennbar das Vertrauen der Anleger,[273] welches maßgeblich durch die Verhinderung des Insiderhandels beeinflusst wird, was aber auch die umfassende Vorbeugung gegen Weitergabe und Empfehlung von Insiderinformationen (bzw. Insidertatsachen nach alter Fassung) von Seiten des Sekundärinsiders beinhalten muss. Dieser Schluss wurde indes zur alten Rechtslage nicht gezogen, es ist aber davon auszugehen, dass derartige Erwägungen nunmehr Anlass für die Erweiterung auf der Tatbestandsseite waren.

Die angesprochene Nivellierung der Behandlung von Primär- und Sekundärinsider ist jedoch in der Literatur mitunter auf Kritik gestoßen: Die völlige Gleichstellung auf Tatbestandsebene stelle nämlich eine unnötige – weil von der MMR nicht geforderte – Verschärfung für den Sekundärinsider dar;[274] immerhin fordert die Richtlinie in deren Art. 2 für den Primärinsider, dass dieser über die In-

269 Der Begriff des Primärinsiders wurde bereits in § 13 Abs. 1 a.F. nach Organ-, Beteiligungs- und Berufsinsider aufgefächert, dazu statt vieler: *Assmann* in Assmann/Schneider, 3. Aufl., § 13 Rn 5 ff.; Sekundärinsider ist dagegen jeder andere, der gleich auf welchem Weg Kenntnis von Insiderinformationen erlangt.

270 Zur vormaligen Rechtslage siehe Schwark/*Schwark* KMRK § 13 Rn 1 ff.; *Assmann* in Assmann/Schneider, 3. Aufl., § 13 Rn 1 ff.; *Schäfer* in Marsch-Barner/Schäfer, Hdb. börsennotierte AG, § 13 Rn 33 ff.; *Schäfer* in Schäfer, § 13 Rn 4 ff.; *Kümpel* Bank- und Kapitalmarktrecht Rn 16.131 ff.

271 *Assmann/Cramer* in Assmann/Schneider, 3. Aufl., § 14 Rn 78; *Kümpel* Bank- und Kapitalmarktrecht Rn 16.145 ff.; *Schäfer* in Marsch-Barner/Schäfer, Hdb. börsennotierte AG, § 13 Rn 40; *Assmann*, AG 1994, 237, 240 f.

272 Siehe BT-Drucks. 12/6679, S. 57; dazu auch *Kümpel* Bank- und Kapitalmarktrecht Rn 16.150.

273 Dazu BT-Drucks. 12/6679, S. 33; *Merkt* Unternehmenspublizität, S. 296 f.; Schwark/*Schwark* KMRK vor § 12 Rn 8; *Hasselbach* NZG 2004, 1087, 1088.

274 *Ziemons* NZG 2004, 537, 538; *Diekmann/Sustmann* NZG 2004, 929, 932.

siderinformation „verfügen“ muss, während dessen bei Sekundärinsidern in Art. 4 MMR vorgegeben wird, dass diese daneben „wussten oder hätten wissen müssen, dass es sich um Insiderinformationen handelt“. Der Verzicht auf dieses subjektive Merkmal in der BRD in Bezug auf den Sekundärinsider mag bemängelt werden, jedoch hat sich der Gesetzgeber, wie der Wortlaut von § 13 und § 14 bereits zeigt, für den Verzicht subjektiver Komponenten in diesen Normen entschieden; beide Insidergruppen sogar ausdrücklich gleichstellen wollen.[275] Unabhängig davon, dass es den nationalen Gesetzgebern sehr wohl gestattet ist, die Vorgaben von Richtlinien verschärft umzusetzen, so lange sie nur nicht hinter deren Vorgaben zurückbleiben,[276] ist diese Verschärfung nur augenscheinlich eine solche. Sanktionen kommen nämlich auch weiterhin nicht ohne Erfüllung subjektiver Merkmale in Betracht; sowohl § 38 als auch § 39 verlangen schließlich vorsätzliches oder leichtfertiges Handeln. Damit setzt die strafrechtliche bzw. ordnungswidrigenkeitenrechtliche Verantwortlichkeit nach dem WpHG aber im Endeffekt voraus, dass man wusste oder hätte wissen müssen, dass man über eine Insiderinformation verfügt.[277] Im Ergebnis ist daher die rein objektive Bestimmung auf der Tatbestandsseite nicht mit Erwägungen, die sich scheinbar aufgrund des Textes der MMR aufdrängen, anzugreifen.

V) Die Abkehr vom Ausnutzen – Der Begriff der Verwendung im neu gefassten § 14 Abs. 1 Nr. 1

Die Kernvorschrift der insiderrechtlichen Normen ist das in § 14 Abs. 1 Nr. 1 niedergelegte Verbot, unter Verwendung einer Insiderinformation Insiderpapiere für eigene oder fremde Rechnung oder für einen anderen zu erwerben oder zu veräußern.[278] Unverändert zu fordern ist demnach, dass ein Erwerbs- oder Veräußerungsvorgang vorliegt, für den jeweils ein rechtsgeschäftliches Tätigwerden nötig ist, mithin die aktive Vornahme von Geschäften.[279] Auszuscheiden ist infolgedessen das bloße Abstandnehmen von diesen Geschäften, sei es auch aufgrund der Erlangung von Insiderinformationen, da die strafrechtliche Beweh-

---

275 BT-Drucks. 15/3174, S. 34.

276 Siehe bereits die Nachweise in Fn. 91.

277 Richtigerweise ebenso *Koch* DB 2005, 267, 268.

278 In diesem Sinne sprechen *Holzborn/Israel* WM 2004, 1948, 1951 zwar etwas missverständlich, jedoch im Kern richtig in Bezug auf Nr. 1 vom Verbot des „eigentlichen Insiderhandels“.

279 So schon bisher zu diesen, durch das AnSVG unverändert gebliebenen Merkmalen *Assmann/Cramer* in Assmann/Schneider, 3. Aufl., § 14 Rn 9, 31; *Lenenbach* Kapitalmarkt- und Börsenrecht Rn 10.49; *Fürhoff* AG 1998, 83, 86; *Hopt* in Bankrechts-Handbuch § 107 Rn 33; *Irmen* in BuB Rn 7/722; *Weimann* DStR 1998, 1556, 1559; ebenso nunmehr *Schäfer* in Schäfer/Hamann, 2. Aufl., § 14 Rn 14; *Fromm-Russenschuck/Banerjea* BB 2004, 2425, 2428; *Hasselbach* NZG 2004, 1087, 1091; *Assmann* in Assmann/Schneider, § 14 Rn 12 ff.

rung des Insiderhandelsverbots und die damit einhergehende Geltung des strafrechtlichen Analogieverbots dem entgegensteht.[280] In sonstigen Fragen ist die Beurteilung der Begriffe Erwerb und Veräußerung ebenfalls unverändert geblieben: So fallen auch das Pensionsgeschäft und die Wertpapierleihe hierunter, hingegen nicht Vererbung oder Schenkung von Wertpapieren, ebenso nicht die nur bedingte Übertragung, soweit der Eintritt oder das Ausbleiben der Bedingung noch an eine Willenserklärung des Vertragspartners geknüpft ist.[281] Verallgemeinerungsfähig lässt sich demnach festhalten, dass der Erwerb oder die Veräußerung bei solchen Vertragsgestaltungen zu bejahen ist, bei denen sichergestellt ist, dass der Insider den erwarteten Gewinn realisieren kann.[282]

Der eben beschriebene Erwerb bzw. die Veräußerung setzten gem. § 14 Abs. 1 Nr. 1 a.F. laut Gesetzestext voraus, dass das Merkmal des „Ausnutzens" erfüllt wurde. Dafür bedurfte es nach überwiegend vertretener Meinung zweierlei: Zum einen musste die Insiderinformation ursächlich für den Erwerb oder die Veräußerung sein und zum anderen musste eine Gewinnerzielungsabsicht im Sinne der Erlangung eines Sondervorteils durch den Täter, den dieser bei öffentlich bekannter Information nicht hätte erzielen können, vorliegen.[283] Mit Inkrafttreten des AnSVG am 30.10.2004[284] wurde der Tatbestand dahingehend verändert, dass es nun verboten ist, die Insiderinformationen zu verwenden. Die Regierungsbegründung führt zu diesem Merkmal aus, dass „der Täter, um den Tatbestand zu erfüllen, die Information in sein Handeln mit einfließen lassen" muss.[285] Damit wird nach einhelliger Ansicht nicht mehr der Erwerb oder die Veräußerung in der entsprechenden Absicht der Erlangung eines Sondervorteils gefordert.[286] Dies geschah vor dem Hintergrund, dass die Forderung eines absichtlichen Verstoßes zu erheblichen Beweisproblemen geführt hatte, denn diese

---

280 *Lenenbach* Kapitalmarkt- und Börsenrecht Rn 10.49; Schwark/*Schwark* KMRK § 14 Rn 8; *Zitzewitz,* Stock Options, S. 247; *Frisch* in Derleder u.a., Hdb. zum deutschen und europäischen Kapitalmarktrechts, § 46 Rn 46; ebenso zur Rechtslage nach AnSVG *Assmann* in Assmann/Schneider, § 14 Rn 16; a.A., aber aufgrund des Verstoßes gegen das Analogieverbot gerade nicht überzeugend *Claussen* ZBB 1992, 267, 281.

281 Statt vieler zur aktuellen Rechtslage Emittentenleitfaden der BaFin vom 15.7.2005, S. 25 sowie *Assmann* in Assmann/Schneider, § 14 Rn 15, 18; zum Meinungsstand vor AnSVG ausführlich *Assmann/Cramer* in Assmann/Schneider, 3. Aufl., § 14 Rn 6 ff.

282 Statt vieler *Assmann* in Assmann/Schneider, § 14 Rn 18.

283 Schwark/*Schwark* KMRK § 14 Rn 13; *Assmann/Cramer* in Assmann/Schneider, 3. Aufl., § 14 Rn 23 ff.; *Irmen* in BuB, Rn 7/725; vgl. auch *Spindler* NJW 2004, 3449, 3451 sowie *Cahn* Der Konzern 2005, 5, 8.

284 Siehe Art. 6 AnSVG, BGBl. I 2004 Nr. 56, S. 2630.

285 BT-Drucks. 15/3174, S. 34.

286 Siehe BT-Drucks. 15/3174, S. 34, wonach die subjektive Seite erst in der Strafzumessung zu berücksichtigen sei; dazu auch *Brandi/Süßmann* AG 2004, 642, 643; *Bürgers* BKR 2004, 424, 425; *Assmann* in Assmann/Schneider, § 14 Rn 23.

Absicht galt es bisher nachzuweisen.[287] Außerdem wurde dieses Merkmal als Alleinstellungsmerkmal interpretiert, was zur Straflosigkeit des Täters bei Hinzutreten von weiteren, kaum zu widerlegenden Motiven führte.[288] Daher sieht der Gesetzgeber die Berücksichtigung des Zwecks des Handelns besser bei der Straf- bzw. Bußgeldzumessung verortet.[289]

Fraglich ist indes, ob auch der Ursächlichkeitszusammenhang aufgegeben werden sollte. Der Wortlaut der Regierungsbegründung spricht von einem „Einfließenlassen" der Information in das Handeln des Täters,[290] was per se für das Erfordernis eines Ursächlichkeitszusammenhangs spricht.[291] Denn wenn der Täter die Information in sein Handeln mit einfließen lässt, dann ist diese Information wenigstens mitursächlich für seine Verhaltensweise.

Gegen das Verständnis von § 14 Abs. 1 Nr. 1 „unter Verwendung" als bloße Kenntnis ohne Ursachenzusammenhang spricht überdies auch, dass laut Erwägungsgrund 19 MMR und durch Art. 1 Abs. 1 Unterabs. 3 MMR gegen das sog. Frontrunning vorgegangen werden sollte. Bei Verzicht auf das Merkmal des Ursachenzusammenhangs könnte jedoch kein Wertpapierdienstleister, der bereits Kundenaufträge in Bezug auf ein Wertpapier ausgeführt hat, weitere Aufträge hinsichtlich dieses Wertpapiers vornehmen, selbst wenn diese weiteren Geschäfte von dem Insiderwissen um die vorangegangenen unbeeinflusst gewesen wären, da er dann automatisch gegen § 14 verstoßen würde.[292] Dies würde das erklärte Ziel des Vorgehens gegen das Frontrunning weit über Soll erfüllen und hätte eine bedenkliche Ausweitung des Anwendungsbereichs des Insiderhandelsverbots zur Folge.[293] Letztendlich wird daher auch in der Literatur ganz überwiegend ein Ursachenzusammenhang für alle denkbaren Fallkonstellationen gefordert.[294]

Die Veränderung des Tatbestandsmerkmals „Ausnutzen" hin zum „Verwenden" ist dennoch trotz Beibehaltung des Merkmals des Ursächlichkeitszusammen-

---

287 Vgl. dazu *Cahn* Der Konzern 2005, 5, 9; *Brandi/Süßmann* AG 2004, 642, 643; BT-Drucks. 15/3174, S. 34; *Grothaus* ZBB 2005, 62, 63; *Bürgers* BKR 2004, 424, 425.

288 BT-Drucks. 15/3174, S. 34; *Fromm-Russenschuck/Banerjea* BB 2004, 2425, 2426; *Kuthe* ZIP 2004, 883, 884; *Bürgers* BKR 2004, 424, 425; *Koch* DB 2005, 267, 269.

289 BT-Drucks. 15/3174, S. 34; dazu siehe *Koch* DB 2005, 267, 269; *Diekmann/Sustmann* NZG 2004, 929, 931; *Kuthe* ZIP 2004, 883, 884.

290 BT-Drucks. 15/3174, S. 34.

291 Ebenso *Ziemons* NZG 2004, 537, 539; zur Erforderlichkeit eines Ursachenzusammenhangs siehe auch *Assmann* in Assmann/Schneider, § 14 Rn 25.

292 *Cahn* Der Konzern 2005, 5, 9; ebenso *Schwintek*, Das Anlegerschutzverbesserungsgesetz, S. 24 f.

293 Siehe auch *Cahn* Der Konzern 2005, 5, 8 f.;

294 Dazu *Cahn* Der Konzern 2005, 5, 9; ebenso *Koch* DB 2005, 267, 269; *DAV-Stellungnahme* NZG 2004, 703, 704; so wohl auch *Bürgers* BKR 2004, 424, 425; im Ergebnis ebenso *Wilhelm*, Kapitalgesellschaftsrecht, Rn 748 f.

hangs im Sinne einer wenigstens vorliegenden gewissen Mitursächlichkeit[295] aufgrund der Streichung der bisher geforderten Absicht[296] vielmehr als eine bloße Veränderung der Begrifflichkeit.

In den folgenden Abschnitten gilt es daher, näher zu beleuchten, wann ein Handeln noch im Einklang mit dem Gesetz steht und wann dessen Grenzen überschritten wurden bzw. anders ausgedrückt, in welchen Fällen das Handeln für § 14 als *neutral* im Sinne des Verneinens eines Ursächlichkeitszusammenhangs anzusehen ist.[297] Keine Schwierigkeiten werden hierbei die Fälle der Erfüllung *rechtlicher* Verbindlichkeiten bereiten; bereits der Gesetzgeber gibt ihren neutralen Charakter für die Beurteilung im Zusammenhang mit dem Insiderhandelsverbot vor.[298] In einer Grauzone bewegen sich hingegen die Fälle, in denen die Insiderinformation *praktisch* keinen Einfluss auf die Handlungsweise hatte.[299] Zu denken ist an Geschäfte, die der Insider auch ohne Kenntnis von der Insiderinformation getätigt hätte.[300] Inwieweit hierfür überhaupt verallgemeinerungsfähige Kriterien zur Beurteilung der denkbaren Konstellationen entwickelt werden können wird anhand ausgewählter Einzelfälle zu untersuchen sein.
Im Sinne des aufgezeigten Verständnisses des Merkmals der Verwendung wird besonderes Augenmerk auf die Konsequenzen für den M&A-Bereich zu legen sein. Aufgrund seiner praktischen Bedeutung ist es für den Rechtsanwender, auch vor dem Hintergrund der aus §§ 38, 39 drohenden Sanktionen, unerlässlich, die Vielzahl offener Fragen einer alltagstauglichen Lösung zuzuführen.

---

295 Vgl. nur *Hammen* WM 2004, 1753, 1760; DAV-Stellungnahme NZG 2004, 703, 704; *Bürgers* BKR 2004, 424, 425.

296 Die Streichung des Ausnutzens und somit der subjektiven Komponente aus dem ursprünglichen Vorschlag der Kommission geschah dem Bericht des Ausschusses für Wirtschaft und Währung des Europäischen Parlaments vom 27.2.2002, A5-0069/2002 (endg), S. 25 zufolge, um im Verwaltungsverfahren die bloße Verwendung einer Insiderinformation ahnden zu können. Siehe dazu *Ziemons* NZG 2004, 537, 539.

297 Eine Klarstellung regte bereits die *DAV*-Stellungnahme NZG 2004, 703, 704 an; siehe auch *Weber* NJW 2004, 3674, 3676, der erhebliche Irritationen befürchtet. Diese Frage als eines der größten Probleme des neuen Rechts herausstellend *Spindler* NJW 2004, 3449, 3451 sowie anschließend *Claussen/Florian* AG 2005, 745, 751; der jedoch im Rahmen von § 14 die Abgrenzung von „neutral" zu „zweckgeleitet" als entscheidend ansieht, was zumindest missverständlich ist, da der Zweck bei der Beurteilung der Einschlägigkeit der Norm gerade keine Rolle mehr spielen soll.

298 BT-Drucks. 15/3174, S. 34.

299 Diese Differenzierung zwischen „rechtlich" und „praktisch" ist auf *Koch* DB 2005, 267, 269 zurückzuführen.

300 Siehe *Kuthe* ZIP 2004, 883, 884.

VI) Die Vorfeldtatbestände des § 14 Abs. 1 Nr. 2 und Nr. 3

1) Die unbefugte Weitergabe

Ausweislich der Regierungsbegründung zu § 14 Abs. 1 Nr. 2 entspricht das darin niedergelegte Weitergabeverbot demjenigen vor Inkrafttreten des AnSVG;[301] umfasst mithin das Verbot, „einem anderen eine Insiderinformation unbefugt mitzuteilen oder zugänglich zu machen", womit einerseits die unmittelbare Weitergabe von § 14 Abs. 1 Nr. 2 erfasst wird, andererseits aber auch Konstellationen, in denen nur die Voraussetzungen für eine Kenntniserlangung durch einen Dritten geschaffen werden.[302]

Hiermit wird bezweckt, die Zahl der potentiellen Insider möglichst gering zu halten, um auf diesem Wege auch präventiv das Risiko der Verwendung von Insiderinformationen zu minimieren.[303] Auf der anderen Seite besteht das praktische Bedürfnis, dass Insiderinformationen in bestimmten Grenzen bei unternehmerischen und betrieblichen Vorgängen weitergegeben werden müssen.[304] Der entsprechende Ausgleich zwischen diesen beiden Polen wird nach wie vor über das Merkmal „unbefugt" zu bewerkstelligen sein. Die Bestimmung dieses Merkmals gehört danach auch zukünftig zu einer der schwierigsten Fragen des Insiderrechts, sind doch die unterschiedlichsten Konstellationen – vom betriebsinternen Informationsfluss bis hin zur Weitergabe an unternehmensexterne Dritte[305] - denkbar, in denen diese Fragestellung relevant wird. Fraglich ist jedoch, ob vor dem veränderten Umfeld, in dem sich das Weitergabeverbot nunmehr bewegt, sich nicht Veränderungen bei seiner Behandlung im Einzelfall ergeben können. Hierauf wird im Rahmen der nachfolgenden Untersuchung, insbesondere für die Weitergabe von Insiderinformationen bei M&A-Transaktionen, noch einzugehen sein; aber auch bei der rechtlichen Bewertung des neuen § 15 Abs. 1 S. 4, der ausdrücklich auf das Weitergabeverbot Bezug nimmt.

---

301 BT-Drucks. 15/3174, S. 34.

302 Siehe Emittentenleitfaden der BaFin vom 15.7.2005, S. 31; ebenso zur alten Rechtslage statt vieler *Assmann/Cramer* in Assmann/Schneider, 3. Aufl., § 14 Rn 42 f.

303 Ebenso zu § 14 Abs. 1 Nr. 2 a.F. *Kümpel* Bank- und Kapitalmarktrecht Rn 16.179 ff.; Schwark/*Schwark* KMRK § 14 Rn 25; *Süßmann* AG 1999, 162, 163; *Assmann* ZGR 1994, 494, 520; *Caspari* ZGR 1994, 530, 545; siehe auch *Assmann* AG 1994, 237, 256; Emittentenleitfaden der BaFin vom 15.7.2005, S. 31; dieses Ziel zuletzt explizit hervorhebend EuGH Urt. v. 22.11.2005 – Rs. C-384/02 WM 2006, 612, 615.

304 Siehe bereits *Kümpel* Bank- und Kapitalmarktrecht Rn 16.188; *Süßmann* AG 1999, 162, 162.

305 Vgl. dazu nur Emittentenleitfaden der BaFin vom 15.7.2005, S. 31.

2) Empfehlung und Verleitung nach AnSVG

Abgesehen von der sprachlichen Anpassung auf die Insiderinformation ist das Empfehlungsverbot an sich durch das AnSVG unverändert geblieben[306] und ist weiterhin in § 14 Abs. 1 Nr. 3 verortet; erfüllt überdies als sog. Vorfeldtatbestand auch weiterhin den Zweck, die Verbreitung von Insiderinformationen bereits in einem frühen Stadium zu verhindern.[307] Vor diesem Hintergrund ist unter einer Empfehlung nach wie vor unter Anlehnung an das kartellrechtliche Empfehlungsverbot eine Erklärung zu verstehen, durch die ein bestimmtes Verhalten als für den Adressaten vorteilhaft dargestellt und ihm die Verwirklichung dieses Verhaltens angeraten wird.[308] Im Blickfeld dieser Variante ist somit die Abgabe eines „Tipps“ an einen Dritten ohne Verschaffung der Kenntnis von den zugrundeliegenden Insiderinformationen.[309]

Diese eine mögliche Lücke im Geflecht der Insiderhandelsnormen schließende[310] Variante erfasste nach herrschender Ansicht solche Empfehlungen nicht, die beinhalteten, den Erwerb oder die Veräußerung zu unterlassen.[311] Demnach konnte beispielsweise ein Kreditinstitut einen Kunden vor dem Verkauf oder dem Erwerb von Insiderpapieren warnen, ohne gegen das Empfehlungsverbot zu verstoßen.[312] Diese Ansicht traf zu Recht auf Bedenken, da je nach Ausdrucksweise quasi versteckt Empfehlungen abgegeben werden konnten: So wird ein kundiger Anleger eine Warnung seiner Bank vor der Veräußerung von Papieren sehr wohl als Empfehlung zum Zuerwerb des betreffenden Wertes verstehen bzw. umgekehrt eine Warnung vor einem Zuerwerb als Aufforderung zur ra-

---

306 Dies zeigt auch ein sprachlicher Vergleich von Art. 3 b) der Richtlinie 89/592/EWG über Insidergeschäfte mit dem in der MMR auch hinsichtlich der Nummerierung gleichgebliebenden Artikel.

307 Siehe Emittentenleitfaden der BaFin vom 15.7.2005, S. 31.

308 Dazu Schwark/*Schwark* KMRK § 14 Rn 51; *Kümpel* Bank- und Kapitalmarktrecht Rn 16.208; *Schäfer* in Schäfer/Hamann, 2. Aufl., § 14 Rn 34; *Assmann* in Assmann/Schneider, § 14 Rn 118 f.; zur kartellrechtlichen Definition siehe *Sauter* in Immenga/Mestmäcker, GWB, 3. Aufl, § 23 Rn 14 ff.

309 *Schäfer* in Marsch-Barner/Schäfer, Hdb. börsennotierte AG, § 13 Rn 51; Schwark/*Schwark* KMRK § 14 Rn 50; *Assmann* in Assmann/Schneider, § 14 Rn 119.

310 Siehe *Assmann* in Assmann/Schneider, § 14 Rn 118.

311 Schwark/*Schwark* KMRK § 14 Rn 51; *Assmann* in Assmann/Schneider, § 14 Rn 122; *Schäfer* in Schäfer § 14 Rn 26; *Irmen* in BuB, Rn 7/750; *Assmann* WM 1996, 1337, 1352; *Lücker*, Straftatbestand des Missbrauchs von Insiderinformationen, S. 115 f.; *Elster*, Europäisches Kapitalmarktrecht, S. 110 f.; *Becker*, Das neue Wertpapierhandelsgesetz, 1995, S. 56; a.A. hingegen *Cahn* ZHR 162 (1998), 1, 44.

312 Siehe wiederum Schwark/*Schwark* KMRK § 14 Rn 51; *Assmann* in Assmann/Schneider, § 14 Rn 122; *Irmen* in BuB, Rn 7/750; *Assmann* WM 1996, 1337, 1352; ähnlich *Lücker*, Straftatbestand des Missbrauchs von Insiderinformationen, S. 115 f.; *Becker*, Das neue Wertpapierhandelsgesetz, 1995, S. 56.

schen Veräußerung eines bereits vorhandenen Bestandes des betreffenden Papiers interpretieren können.[313] Diese Überlegungen setzten sich jedoch über den klaren Wortlaut der Norm des § 14 Abs. 1 Nr. 3 a.F. hinweg, der explizit nur die Empfehlung zum Erwerb oder zur Veräußerung erfasste.[314] Zwar mochte die Situation durchaus als unbefriedigend empfunden werden, jedoch konnte der Gesetzeswortlaut nicht ausgeblendet werden, insbesondere nicht vor dem Hintergrund der strafrechtlichen Relevanz des § 14 Abs. 1 Nr. 3 a.F.[315] Aufgrund dessen, dass sich der Wortlaut des Empfehlungsverbots nicht geändert hat, muss angenommen werden, dass diese Einschätzung fortzugelten hat.

Es darf jedoch nicht übersehen werden, dass Nr. 3 um die Variante des Verleitens ergänzt wurde. Danach ist es verboten, „...einen anderen auf sonstige Weise ...zu verleiten“. Ein solches Verleiten zum Erwerb oder zur Veräußerung von Insiderpapieren setzt voraus, dass eine Beeinflussung des Willens des anderen durch beliebige Mittel vorgenommen wird.[316] Da ein Verleiten auch durch eine Empfehlung erfolgen kann, ist die Empfehlung ein spezieller Unterfall des Verleitens als Mittel der Willensbeeinflussung;[317] anders gewendet: das Verleiten ist der nunmehr alles erfassende Überbegriff, da jede denkbare Willensbeeinflussung hierunter fällt.

Bei konsequenter Anwendung des Verleitens wird man zu dem Ergebnis kommen müssen, dass die eben aufgezeigten, bisher ausgeklammerten Fälle, in denen zu einem Unterlassen geraten wird, nunmehr als Verleiten angesehen werden müssen: Schließlich kann auch auf diese Weise ein Dritter dadurch in seinem Willen beeinflusst werden, Insiderpapiere zu kaufen (bei dem Rat zur Unterlassung eines Verkaufs) bzw. zu verkaufen (bei dem Rat zur Unterlassung

---

313 *Elster*, Europäisches Kapitalmarktrecht, S. 111; *Dreyling/Schäfer*, Insiderrecht und Ad-hoc-Publizität, Rn 138 ff.; siehe auch *Cahn* ZHR 162 (1998), 1, 44.

314 *Assmann/Cramer* in Assmann/Schneider, 3. Aufl., § 14 Rn 72; *Becker*, Das neue Wertpapierhandelsgesetz, 1995, S. 56; *Kümpel* Bank- und Kapitalmarktrecht Rn 16.209; zur a.A. wiederum *Cahn* ZHR 162 (1998), 1, 44.

315 Bei Normen des Strafrechts ist schließlich jede Rechtsanwendung ausgeschlossen, die über den Inhalt dieser Normen hinausgeht (siehe BVerfG Beschl. v. 23.10.1985 – 1 BvR 1053/82 E 71, 108, 115; *Schmidt-Aßmann* in Maunz-Dürig, Bd. VI, Lieferung 30, Dez. 1992, Art. 103 Rn 226); der Wortsinn stellt vielmehr die äußerste Grenze möglicher Auslegung dar (BVerfG Beschl. v. 19.12.1991 – 2 BvR 836/85 NVwZ-RR 1992, 521, 522; Schönke/Schröder/*Eser* § 1 Rn 37).

316 BT-Drucks. 15/3174, S. 34.

317 BT-Drucks. 15/3174, S. 34; dazu *Koch* DB 2005, 267, 268; *Schwintek*, Das Anlegerschutzverbesserungsgesetz, S. 27; *Schäfer* in Schäfer/Hamann, 2. Aufl., § 14 Rn 33; *Gimnich*, Insiderhandelsverbot und Unternehmensakquisitionen, S. 162; *Diekmann/Sustmann* NZG 2004, 929, 932, die darauf hinweisen, dass das Verleiten dogmatisch ein besonders geregelter Fall der mittelbaren Täterschaft ist.

eines Zuerwerbs).[318] Somit hängt die Strafbarkeit nicht mehr von der Geschicklichkeit der Formulierung ab, da auch eine indirekte Willensbeeinflussung nunmehr von der in Rede stehenden Norm erfasst wird. Zu Recht weist *Assmann* jedoch darauf hin, dass versteckte Ratschläge derartiger Äußerungen mit weiteren Mitteln verbunden werden müssen, um ein Verleiten anzunehmen.[319] Dafür dürfte allerdings bereits ein Augenzwinkern des Insiders bei Abgabe des Rates ausreichen.

Die neue Struktur des § 14 Abs. 1 Nr. 3 wirft hingegen noch eine weitere Frage auf: Welchen Zweck kann das Empfehlungsverbot nach AnSVG überhaupt noch erfüllen? Bereits die Regierungsbegründung weist zutreffend darauf hin, dass die Empfehlung ein spezieller Unterfall des Verleitens als Mittel der Willensbeeinflussung ist, da ein Verleiten auch durch eine Empfehlung erfolgen kann.[320] Dies bedeutet jedoch auch, das in jedem Fall der Empfehlung auch ein Verleiten angenommen werden muss, was das Empfehlungsverbot überflüssig erscheinen lässt, insbesondere weil in §§ 38, 39 an einen Verstoß gegen das Empfehlungsverbot auch keine besonderen Folgen geknüpft werden. Der deutsche Gesetzgeber war sich, wie die bereits zitierten Stellen der Regierungsbegründung verdeutlichen, über dieses Verhältnis im Klaren, hat jedoch lediglich die Vorgaben der MMR umgesetzt. Zwar wäre eine mutigere Formulierung unter ausschließlicher Verwendung des Verleitens wünschenswert gewesen, jedoch schadet die Aufnahme der Empfehlung in § 14 Abs. 1 Nr. 3 auch weiterhin nicht, kann durch die bisherigen Erkenntnisse vielleicht sogar einen Beitrag zum Verständnis der Norm liefern. Auf der anderen Seite muss aber auch deutlich sein, dass das normierte Empfehlungsverbot im Prinzip überflüssig ist; der Rechtsanwender wird dies mit Wohlwollen aufnehmen – sind doch nun bisher bekannte Abgrenzungsfragen hinsichtlich des Empfehlungsverbots durch Einführung des Verleitens hinfällig.

VII) Safe Harbor: Rückkaufprogramme und Stabilisierungsmaßnahmen

1) Regelungstechnik „Safe Harbor“

Zum regulatorischen Bouquet der MMR gehört, worauf bereits an anderer Stelle hingewiesen wurde, u.a. die Verordnung 2273/2003, hier nur Ausnahme-VO genannt. Sie legt Ausnahmeregelungen von den Verboten der MMR und somit auch dem Insiderhandelsverbot für Rückkaufprogramme und Stabilisierungsmaßnahmen fest und findet über § 14 Abs. 2 ihren Weg auch explizit in das

318 Zu Recht *Cahn* Der Konzern 2005, 5, 12; ebenso bereits vor AnSVG *ders.* ZHR 162 (1998), 1, 44; a.A. hingegen *Schäfer* in Schäfer/Hamann, 2. Aufl., § 14 Rn 32 f.

319 *Assmann* in Assmann/Schneider, § 14 Rn 128.

320 BT-Drucks. 15/3174, S. 34.

Wertpapierhandelsgesetz. Auch wenn weder der Titel noch der Text der Verordnung, ebenfalls nicht in seiner englischen Fassung, die Regelungstechnik des „Safe Harbor“ ausdrücklich benennen, so kann die Ausnahme-VO doch aufgrund des ihr zugrundeliegenden Konzepts als „Safe Harbor-Verordnung“ bezeichnet werden.[321] Diese aus dem angloamerikanischen Rechtsraum entstammende Übung hat für den Rechtsanwender durch Niederlegung zulässiger Verhaltensweisen die Schaffung eines solchen Bereichs, in dem die Einschlägigkeit der Verbote ohne Zweifel ausgeschlossen ist, mithin einen im Wortsinn „sicheren Hafen“, zur Folge.[322] Dieser für das deutsche Recht, in welches die Regelungen der MMR umzusetzen waren, eher ungewöhnliche doppelaktige Regelungsansatz, der nach Statuierung eines Verbots einzelne Bereichsausnahmen zulässt, ist dem Wunsch nach größerer Rechtssicherheit geschuldet.[323] Auf das Nichtvertrautsein mit dieser Art der Regelung dürfte schließlich das Aufkommen der Frage zurückzuführen sein, ob jenseits eines Safe Harbors weitere zulässige Handlungsweisen, im vorliegenden Zusammenhang also solche, die nicht gegen das Insiderhandelsverbot verstoßen, denkbar sind. Bereits bislang wurde dies ganz überwiegend bejaht, da ein Safe Harbor nur den Schutz bestimmter, hingegen nicht die Sanktionierung darüber hinaus gehender Maßnahmen zum Ziel hat.[324] Für den vorliegenden Bereich lässt die Ausnahme-VO an diesem Verständnis keine Zweifel mehr, wenn im dortigen Erwägungsgrund 2 ausgeführt wird: „Handel mit eigenen Aktien im Rahmen von Rückkaufprogrammen und Maßnahmen zur Stabilisierung des Kurses von Finanzinstrumenten sollten, auch wenn sie nicht in Einklang mit den für Artikel 8 der Richtlinie 2003/6/EG (MMR) erlassenen Durchführungsbestimmungen freigestellt erfolgen, nicht per se als Marktmissbrauch gewertet werden.“ Daraus wird zu Recht der Schluss

---

321 Siehe *Geber/zur Megede* BB 2005, 1861, die die Ausnahme-VO bereits im Titel derart benennen; nicht in dieser Deutlichkeit, aber im Ergebnis ebenso *Spindler* NJW 2004, 3449, 3452 f.; *Singhof/Weber* AG 2005, 549, 554 ff.; *Bürgers* BKR 2004, 424, 425; *Ziemons* NZG 2004, 537, 540; *Groß* in GS Bosch, 2006, S. 49.

322 *Meyer* AG 2004, 289, 292; siehe auch *Hopt/Waschkeit* in FS Lorenz, 2001, S. 147, 151 f.; *Fleischer* ZIP 2004, 685, 688 f. zum Safe Harbor beim Geschäftsleiterermessen.

323 Allgemein dazu *Fleischer* ZIP 2003, 2045, 2050; *ders.* ZIP 2004, 685, 688 f.; *ders.* ZHR 168 (2004), 673, 700 f.; *Lenzen* ZBB 2002, 279, 282: Ohne Safe Harbor würde das Gebot der Vorsicht zur Abstandnahme von sinnvollen Transaktionen zwingen.; siehe *Hopt/Waschkeit* in FS Lorenz, 2001, S. 147, 151, 164, der diesem für Deutschland ungewöhnlichen Regelungsansatz die Bekanntheit und Bewährtheit in Großbritannien und den USA gegenüber stellt; zum Themenkomplex auch *Hopt/Baum* in Hopt/Rudolph/Baum, Börsenreform, S. 441 f., die diesen doppelaktigen Regelungsansätzen deren Bedeutung für die Weiterentwicklung des Rechts zugute halten.

324 Zur Diskussion im Rahmen von § 20a WpHG bereits Schwark/*Schwark* KMRK § 20a Rn 35, 38; *Leppert/Stürwald* ZBB 2004, 302, 306; *Vogel* WM 2003, 2437, 2442 f.; *Schäfer* in Schäfer/Hamann, 2. Aufl., § 14 Rn 102; siehe auch *Ekkenga* WM 2002, 317, 318.

gezogen, dass all diejenigen Konstellationen, die nicht unter die Ausnahme-VO fallen, auch weiterhin einer Einzelfallprüfung bedürfen, sie aber gerade nicht per se unzulässig sind.[325]

2) Die Regelung des § 14 Abs. 2 in der Fassung der Ausnahme-VO

a) Das Verhältnis des § 14 Abs. 2 zur europarechtlichen Ausnahme-VO

In § 14 Abs. 2 hat der Gesetzgeber für den vorliegend interessierenden Bereich des Insiderhandels die Safe Harbor-Regelung implementiert, indem ausdrücklich auf die Ausnahme-VO Bezug genommen wird. Dies war freilich nicht erforderlich, da Verordnungen des europäischen Gesetzgebers in den Mitgliedstaaten unmittelbar Geltung beanspruchen.[326] Überdies muss die Umsetzung einer Verordnung durch nationale Gesetzgebungsakte sogar als unzulässig angesehen werden, da durch eine solche Umsetzung der Adressat über den Gemeinschaftsrechtscharakter der einschlägigen Regelung getäuscht und zusätzlich das Auslegungsmonopol des EuGH unterminiert würde.[327] Damit soll jedoch lediglich ein Verbot nationaler Parallelgesetzgebung, aber kein Normwiederholungsverbot festgelegt werden. Eine ausnahmsweise erfolgende Bereinigung von Seiten des nationalen Gesetzgebers durch den Erlass eines zusammenhängenden Gesetzeswerkes inklusive etwaig nötiger punktueller Normwiederholungen ist insbesondere in Fällen des Zusammentreffens einer ganzen Reihe gemeinschaftlicher, einzelstaatlicher und regionaler Vorschriften hinsichtlich eines Regelungssystems möglich.[328] Jedenfalls eine verbotene Umsetzung kann in § 14 Abs. 2 S. 1 nicht erblickt werden, da auf die Ausnahme-VO explizit Bezug genommen wird. Vielmehr wird man S. 1 als bloß deklaratorische Regelung betrachten müssen, die aufgrund der mit der MMR einhergehenden Vorschriftendichte zulässig zum Zwecke besserer Übersichtlichkeit die wesentliche Aussage der Ausnahme-VO enthält, hinsichtlich der zu erfüllenden Voraussetzungen aber auf ebendiese Verordnung verweist. Durch die Regelung des § 14 Abs. 2 S. 2 zur entsprechen-

325 *Groß* in GS Bosch, 2006, S. 49, 53; *Ziemons* NZG 2004, 537, 540; *Singhof/Weber* AG 2005, 549, 555, die darauf hinweisen, dass der Wunsch nach Konkretisierung durch einige Marktteilnehmer durch CESR explizit aufgegriffen wurde, dazu CESR Feedback Statement on CESR's advice on Level 2 Implementing Measures for the proposed Market Abuse Directive (CESR/02-287b), Rn 121; im Ergebnis ebenso bereits *Meyer* AG 2004, 289, 292, 295; Emittentenleitfaden der BaFin vom 15.7.2005, S. 30.

326 Statt vieler *Streinz*, Europarecht, Rn 426, 429; *Herdegen*, Europarecht, § 9 Rn 34; in Bezug auf die Ausnahme-VO siehe auch *Assmann* in Assmann/Schneider, § 14 Rn 212.

327 Siehe EuGH, Rs. 34/73, *Variola*, Slg. 1973, S. 981 Rn 9 ff.; Streinz/*Schroeder*, EUV/EGV, Art. 249 EGV Rn 58; siehe auch *Streinz* ZLR 2000, 803, 807.

328 Streinz/*Schroeder*, EUV/EGV, Art. 249 EGV Rn 65; EuGH, Rs. 272/83, *Kommission/Italien*, Slg. 1985, 1057 Rn 27; *Streinz*, Europarecht, Rn 431.

den Geltung der Ausnahme-VO auch für den Bereich des Freiverkehrs, die zur Vermeidung etwaiger Wertungswidersprüche erfolgte,[329] erhält die Vorschrift jedoch eigene Bedeutung, ist dementsprechend rechtstechnisch nicht vollständig als bedeutungslos zu bezeichnen. An der Maßgeblichkeit der Ausnahme-VO für die inhaltliche Ausgestaltung der Ausnahmen ändert dies allerdings nichts.

Ungeachtet der Frage der Bedeutung der deutschen Regelung des § 14 Abs. 2 im Verhältnis zur Ausnahme-VO ist die Grundaussage des Safe Harbor – jedenfalls soweit dies an dieser Stelle bereits eingeschätzt werden kann – von allgemeiner Relevanz, denn sie enthält in positivistischer Art und Weise die Aussage, dass der Handel mit eigenen Aktien im Rahmen von Rückkaufprogrammen unter bestimmten Umständen aus wirtschaftlichen Gründen zulässig sein kann und daher nicht bereits als solcher als Marktmissbrauch zu betrachten ist.[330] Welche Voraussetzungen en detail erfüllt werden müssen, ist folgend zu klären.

b) Ausnahmekonstellationen im Rahmen von Rückkaufprogrammen

aa) Begriffsbestimmung „Rückkaufprogramm"

Ein Rückkaufprogramm ist in der Diktion von Art. 2 Nr. 3 Ausnahme-VO der Handel mit eigenen Aktien gem. Art. 19-24 der Richtlinie 77/91/EWG[331]. Die zunächst naheliegende Vermutung, aus diesem Verweis lasse sich in abstrakter Weise eine Definition für den Handel in eigenen Aktien gewinnen, stellt aber einen Trugschluss dar, denn die in Bezug genommenen Artikel der Richtlinie 77/91/EWG nennen nur die Voraussetzungen, unter denen der Erwerb eigener Aktien durch eine Aktiengesellschaft zulässig ist. Auf der Suche nach Ausfüllung des „Handels in eigenen Aktien" stößt man daher fast unausweichlich auf die Norm des § 71 Abs. 1 Nr. 8 S. 2 AktG, der zufolge beim Rückerwerb eigener Aktien als Zweck der Handel in eigenen Aktien ausgeschlossen ist. Mit dieser Ausnahme von der ansonsten gegebenen Zulässigkeit des Rückerwerbs bei einem entsprechenden Ermächtigungsbeschluss bezweckte der Gesetzgeber, Geschäfte der Gesellschaft in eigenen Aktien mit Gewinnerzielungsabsicht zu un-

---

329 BT-Drucks. 15/3174, S. 34; *Koch* DB 2005, 267, 269; *Bürgers* BKR 2004, 424, 425; dazu auch *Schäfer* in Schäfer/Hamann, 2. Aufl., § 14 Rn 114.

330 Ebenso bereits Erwägungsgrund 33 MMR.

331 Zweite Richtlinie 77/91/EWG des Rates vom 13. Dezember 1976 zur Koordinierung der Schutzbestimmungen, die in den Mitgliedstaaten den Gesellschaften im Sinne des Artikels 58 Absatz 2 des Vertrages im Interesse der Gesellschafter sowie Dritter für die Gründung der Aktiengesellschaft sowie für die Erhaltung und Änderung ihres Kapitals vorgeschrieben sind, um diese Bestimmungen gleichwertig zu gestalten, ABl. L 26 vom 31.01.1977, S. 1.

terbinden,[332] so dass der Handel in eigenen Aktien iSd aktienrechtlichen Bestimmung trotz zahlreicher, vorliegend aber nicht zu vertiefender Kritik an diesem Tatbestandsmerkmal[333] als Kauf und Verkauf mit Gewinnerzielungsabsicht verstanden werden muss. Dem § 71 Abs. 1 Nr. 8 S. 2 AktG kommt somit insbesondere Bedeutung für die Abgrenzung zwischen § 71 Abs. 1 Nr. 7 und § 71 Abs. 1 Nr. 8 zu, da hieraus deutlich wird, dass der Handel in eigenen Aktien ein Vorrecht der in Nr. 7 genannten Berechtigten unter Einhaltung der danach zu fordernden Voraussetzungen ist.[334] Ob die derartig anhand ihrer späteren Funktion ausgeformte Begrifflichkeit „Handel in eigenen Aktien" ohne Brüche auch für § 14 Abs. 2 und die Ausnahme-VO Bedeutung erlangen kann, darf bezweifelt werden. Bereits das Regelungskonzept von § 71 Abs. 1 Nr. 8 S. 2 AktG unterscheidet sich signifikant von demjenigen der Ausnahme-VO; einerseits soll nämlich der Handel mit eigenen Aktien gerade begrenzt und somit unterbunden werden, auf der anderen Seite steht die Safe Harbor-Regelung der Ausnahme-VO, die die positive Festlegung von rechtlich unbedenklichen Verhaltensweisen u.a. für das deutsche WpHG zum Ziel hat. Dies bedingt zwar noch nicht per se eine Unübertragbarkeit des aktienrechtlichen Verständnisses vom „Handel in eigenen Aktien", jedoch folgt aus dem Charakter als Safe Harbor und dem damit verbundenen Ziel, nur unproblematische Fälle in der Verordnung niederzulegen, dass die Ausnahme-VO in toto erheblich enger zu verstehen ist als die Norm des § 71 Abs. 1 Nr. 8 AktG, was die Vergleichbarkeit beider Regelungskomplexe bereits erheblich relativiert. Die grundsätzliche Enge der Ausnahme-VO verdeutlicht insbesondere Art. 3 Ausnahme-VO, der als Zweck für den Rückerwerb die Herabsetzung des Kapitals des Emittenten oder die Erfüllung von Verpflichtungen der Gesellschaft zulässt.[335] Tatsächlich sprechen die Ausnahme-VO und das WpHG zwar vom Handel mit eigenen Aktien, meinen somit aber etwas anderes als § 71 Abs. 1 Nr. 8 S. 2 AktG.[336] Dieses qualitativ andere Verständnis kann mit den Kategorien des § 71 Abs. 1 Nr. 8 S. 2 AktG belegt werden, denn weder der Verkauf noch eine etwaige Gewinnerzielungsabsicht spielen in der Ausnahme-VO eine Rolle. Trotz der somit nicht synchron verlaufenden Begriff-

---

332 BT-Drucks. 13/9712 (KonTraG), S. 13, in der dies wörtlich derart ausgeführt wird: „Damit scheidet ein fortlaufender Kauf und Verkauf eigener Aktien und der Versuch, Trading-Gewinne zu machen, als Zweck aus."; dieses Verständnis ist auch bei *Huber* in FS Kropff, 1997, S. 101, 120 ff. zu finden; siehe überdies *Hüffer* § 71 AktG Rn 19i; *Singhof/Weber* AG 2005, 549, 554; *Schäfer* in Marsch-Barner/Schäfer, Hdb. börsennotierte AG, § 47 Rn 21.

333 Dazu ausführlich MünchKommAktG/*Oechsler* § 71 Rn 192 ff.; *Claussen* DB 1998, 177, 180; *Kraft/Altvater* NZG 1998, 448, 450; *Wiese* DStR 1999, 187, 189.

334 MünchKommAktG/*Oechsler* § 71 Rn 193; *Hüffer* § 71 AktG Rn 19i; *Singhof/Weber* AG 2005, 549, 554; so auch BT-Drucks. 13/9712, wenn darauf eingegangen wird, dass „Nr. 7 auch künftig ihre Berechtigung" hat.

335 *Schäfer* in Marsch-Barner/Schäfer, Hdb. börsennotierte AG, § 47 Rn 22.

336 Ebenso *Schäfer* in Schäfer/Hamann, 2. Aufl., § 14 Rn 105.

lichkeiten kann in gewissen Konstellationen die Einschlägigkeit des Aktiengesetzes und der Ausnahme-VO gegeben sein, der Regelfall dürfte dies indes nicht sein. Die aus diesem Grund zwar zu Recht als unglücklich bezeichnete Wortwahl in der Ausnahme-VO und somit auch im WpHG[337] wird in der folgenden näheren Betrachtung der einzelnen Voraussetzungen jedoch noch an Trennschärfe zur aktienrechtlichen Begrifflichkeit gewinnen können.

bb) Die Maßgeblichkeit der Zwecktrias zur Eröffnung des Safe Harbor

Die in Art. 3 Ausnahme-VO zu Tage tretende Zweckgebundenheit des Rückkaufprogrammes schränkt den vom Safe Harbor erfassten Bereich erheblich ein,[338] wenn dort gefordert wird, ein Rückkaufprogramm dürfe einzig und allein dem Zweck dienen, das Kapital eines Emittenten herabzusetzen, der Verpflichtung aus einem Schuldtitel, der in Beteiligungskaptial umgewandelt werden kann, oder der Verpflichtung aus Belegschaftsaktienprogrammen und anderen Formen der Zuteilung von Aktien an Mitarbeiter des Emittenten oder einer Tochtergesellschaft nachzukommen. Entsprechend der Regelungstechnik eines Safe Harbor, der nur unproblematische Fälle auszuklammern gedenkt, macht die Verordnung mit der Formulierung „einzig und allein" deutlich, dass keine über die genannten Zwecke hinausgehenden in den Anwendungsbereich der Ausnahme-VO fallen können. Auffällig an der Einschränkung in Art. 3 Ausnahme-VO ist überdies die an entsprechender Stelle noch zu vertiefende Divergenz zwischen den zur Erfüllung von Verpflichtungen zugelassenen Zwecken: Dort werden zum einen alle Schuldtitel, die in Beteiligungskapital umgewandelt werden können, mithin Wandel- oder Optionsschuldverschreibungen und zum anderen ausschließlich Belegschaftsaktienprogramme exklusive den Organen eines Unternehmens erfasst, obwohl die genannten Schuldverschreibungen auch im Rahmen von Aktienoptionsprogrammen für die Belegschaft und für Organmitglieder ihre Funktion erfüllen können.[339]

cc) Einzelanforderungen des Art. 19 Abs. 1 RL 77/91/EWG, deren Aufnahme in deutsches Recht und dadurch entstehenden Widersprüche hinsichtlich der Begrifflichkeit „Rückkaufprogramm"

Von gleicher Wichtigkeit zur Einhaltung eines zulässigen Zwecks sind die in den Art. 4-6 Ausnahme-VO niedergelegten Einzelvoraussetzungen, die insbe-

---

337 *Schäfer* in Marsch-Barner/Schäfer, Hdb. börsennotierte AG, § 47 Rn 22; *Singhof/Weber* AG 2005, 549, 554; zur problematischen Begriffsbestimmung siehe auch *Leppert/Stürwald* ZBB 2004, 302, 305 f.

338 Siehe *Kuthe* ZIP 2004, 883, 884: „Diese Verordnung stellt eine Reihe von engen Voraussetzungen auf."

339 Ausführlich dazu unten Teil 2, C.

sondere durch die Verweise auf Artikel 19 Richtlinie 77/91/EWG und Art. 20 Richtlinie 93/22/EWG[340] eine nicht zu unterschätzende Dichte erlangen. Gerade die von Art. 4 Abs. 1 Ausnahme-VO in Bezug genommenen Voraussetzungen in Art. 19 RL 77/91/EWG enthalten ein umfangreiches Konglomerat an zu beachtenden Anforderungen, in concreto sind dies:

- die Genehmigung zum Rückerwerb muss von der Hauptversammlung erteilt werden, wobei die Einzelheiten des vorgesehenen Erwerbs, insbesondere die Höchstzahl der zu erwerbenden Aktien, die Geltungsdauer der Genehmigung, die 18 Monate nicht überschreiten darf, und bei entgeltlichem Erwerb der niedrigste und höchste Gegenwert festzulegen sind,

- der Nennbetrag oder bei Stückaktien der rechnerische Wert der erworbenen Aktien einschließlich solcher Aktien, die die Gesellschaft bereits früher erworben hat und noch hält, darf nicht mehr als 10% des Grundkapitals betragen,

- das Nettoaktivvermögen aufgrund des Erwerbs darf nicht unter die in Art. 15 Abs. 1 lit. a) der Richtlinie genannten Grenzen sinken, d.h. Grundkapital und gebundene Rücklage dürfen nicht angegriffen werden und

- die Aktien müssen voll eingezahlt sein.

Mit der Nennung dieser Voraussetzungen soll es vorliegend jedoch sein Bewenden haben, da eine vertiefte Auseinandersetzung nicht zielführend erscheint, immerhin sind ebendiese Kriterien des Artikel 19 RL 77/91/EWG im deutschen Recht in § 71 Abs. 1 Nr. 8, Abs. 2 AktG wiederzufinden, der bereits ausreichend Beachtung in der wissenschaftlichen Literatur gefunden hat.[341] Die Bezugnahme auf § 71 Abs. 1 Nr. 8 AktG mag auf den ersten Blick verwundern, wurde doch in den obigen Ausführungen der Unterschied zwischen der Begrifflichkeit „Handel in eigenen Aktien" in § 71 Abs. 1 Nr. 8 S. 2 AktG und derjenigen in der Ausnahme-VO ausführlich begründet. Wenn nun aber § 71 Abs. 1 Nr. 8 AktG auf Art. 19 RL 77/91/EWG beruht, wird man sich fragen, wie dann die Begründung des unterschiedlichen Verständnisses der Begrifflichkeit „Handel mit eigenen Aktien" noch haltbar sein kann. Letzteres erscheint nämlich gerade vor dem Hintergrund, dass die Ausnahme-VO ein Rückkaufprogramm als Handel mit eigenen Aktien gemäß den Artikeln 19 bis 24 RL 77/91/EWG definiert, überaus widersprüchlich. Entgegen des ersten Anscheins ist die verfolgte Linie der Trennung beider Komplexe dennoch durchhaltbar. Eine § 71 Abs. 1 Nr. 8 S. 2 AktG entsprechende Aussage ist in RL 77/91/EWG nämlich gerade nicht zu fin-

340 Richtlinie 93/22/EWG des Rates vom 10. Mai 1993 über Wertpapierdienstleistungen, ABl. L 141 vom 11.6.1993, S. 27.

341 Statt vieler: MünchKommAktG/*Oechsler* § 71 Rn 169 ff.

den. Die Ausnahme-VO und die Norm des § 71 Abs. 1 Nr. 8 stimmen somit nur insoweit überein, wie die Vorgaben der Richtlinie aufgenommen werden. Darüber hinausgehende Regelungen können jedoch zu Divergenzen führen.

dd) Transparenzanforderungen

(1) Präventive Bekanntgabepflichten

Art. 4 Abs. 2 Ausnahme-VO legt bereits im Vorfeld des Rückkaufprogrammes, quasi als Grundvoraussetzung zur Vermeidung von Marktmissbrauch, mit den zu erfüllenden Bekanntgabepflichten über Zweck des Programms, maximalen Kaufpreis, maximal zu erwerbender Aktienstückzahl und Zeitraum, für den das Programm genehmigt wurde, Einzelheiten zu dessen späterer, rechtlich zulässiger Durchführung fest, die allesamt angemessen bekanntzugeben sind.

(a) Angemessenheit der Bekanntgabe: Ausformung bis zum 20.01.2007 und deren Ausgestaltungsdefizite

Per definitionem von Art. 2 Nr. 5 Ausnahme-VO war bis zum 20.01.2007 von der Angemessenheit der Bekanntgabe in den Fällen der Bekanntgabe von Informationen gem. Art. 102 Abs. 1 und Art. 103 RL 2001/34/EG[342] auszugehen, wofür gem. Art. 102 Abs. 1 „die zu machenden Informationen in einer oder mehreren Zeitungen mit einer Verbreitung im gesamten Staatsgebiet oder weiter Verbreitung in dem oder den betroffenen Mitgliedstaaten veröffentlicht werden mussten oder dem Publikum entweder in schriftlicher Form in den durch Anzeigen in einer oder mehreren Zeitungen mit einer Verbreitung im gesamten Staatsgebiet oder weiter Verbreitung in dem (den) genannten Staat(en) angegebenen Orten oder durch andere von den zuständigen Stellen anerkannte gleichwertige Mittel zugänglich gemacht werden" musste. Von letzterer Möglichkeit hatte der deutsche Gesetzgeber keinen Gebrauch gemacht und dies obwohl nicht nur durch Bezugnahme auf die RL 2001/34/EG ihm diese Möglichkeit eingeräumt wurde, sondern vielmehr auch Erwägungsgrund 6 Ausnahme-VO ausführt, dass „die Mitgliedstaaten zu diesem Zweck (Anm.: der Schaffung von Transparenz) offiziell Mechansimen für die Bekanntgabe der nach dieser Verordnung offen zu legenden Informationen bestimmen können". Auf deutscher Ebene wurde der eingeräumte Spielraum nicht einmal erkannt, denn in der Be-

342 Richtlinie 2001/34/EG des Europäischen Parlaments und des Rates vom 28. Mai 2001 über die Zulassung von Wertpapieren zur amtlichen Börsennotierung und über die hinsichtlich dieser Wertpapiere zu veröffentlichenden Informationen, ABl. L 184 vom 6.7.2001 S. 1 (berichtigte Fassung ABl. L 217 vom 11.8.2001 S. 18).

gründung zur MaKonV[343] führte man aus, dass Kursstabilisierungsmaßnahmen und Aktienrückkaufprogramme in der Ausnahme-VO einem Safe Harbor zugeordnet werden, so dass dieser Regelungsbereich dem nationalen Gesetz- und Verordnungsgeber entzogen sei.[344] Zwar bestand auch bis zum 20.01.2007 hinsichtlich der Ausfüllung der Angemessenheit durch das Unterlassen der Nutzung des eingeräumten Spielraums keine Unsicherheit im deutschen Recht, da gem. Art. 102 Abs. 1 RL 2001/34/EG jedenfalls die Bekanntgabe in einer oder mehreren Zeitungen mit Verbreitungsgrad im gesamten Staatsgebiet – dies dürfte im Ergebnis den bislang üblichen sog. Börsenpflichtblättern[345] entsprechen – den Anforderungen und somit auch der Ausnahme-VO genügte.[346] Dennoch hatte der deutsche Gesetz- bzw. Verordnungsgeber eine Chance zur Vereinheitlichung mit den Regeln zur Ad-hoc-Publizität verstreichen lassen, für die eine Veröffentlichung über Börsenpflichtblätter gerade nicht mehr erforderlich, sondern gem. § 5 WpAIV vielmehr die Veröffentlichung über ein weit verbreitetes elektronisch betriebenes Informationsverbreitungssystem sowie leicht auffindbar auf der Internetseite des Emittenten notwendig, aber auch ausreichend ist[347]. Gerade aufgrund der Tatsache, dass im Regelfall Rückkaufprogramme ein derartiges Volumen haben werden, dass die Voraussetzungen der Insiderinformation, insbesondere das nötige Kursbeeinflussungspotential, vorliegen werden und demnach über den nach der WpAIV vorgesehenen Weg veröffentlicht werden müssen, wäre es schon bislang wünschenswert gewesen, für die aufgrund der Ausnahme-VO bekanntzumachenden Informationen den gleichen Weg vorzusehen.[348] Immerhin dürften die Veröffentlichung nach WpHG und WpAIV und die Bekanntgabe nach der Ausnahme-VO inhaltlich nicht allzu stark divergieren. Zudem sollen beide den Kapitalmarkt und somit dasselbe Publikum erreichen; durch Versäumnisse auf deutscher Ebene jedenfalls bis zum 20.01.2007 jedoch auf unterschiedlichen Wegen. Damit mangelte es an einer Unifizierung mit einem echten Zuwachs an Transparenz, während zwischen den veröffentlichungspflichtigen Insiderinformationen und den Einzelheiten im Sinne der Ausnahme-VO jedenfalls ein Gleichlauf bei den europäischen Grundlagen noch festgestellt werden konnte, da sowohl Art. 2 Abs. 1 der Durchführungs-RL 2003/124/EG als

---

343 Verordnung zur Konkretisierung des Verbots der Marktmanipulation vom 1.3.2005, BGBl. I, S. 515.

344 Begründung zur MaKonV, S. 1, abrufbar unter http://www.bafin.de/verordnungen/makonv_beg.pdf (18.1.06).

345 Die Qualifizierung als Börsenpflichtblatt richtet sich nach §§ 31 Abs. 4 BörsG, 70 BörsZulV.

346 Ebenso *Geber/zur Megede* BB 2005, 1861, 1862.

347 Ausführlich dazu unten Teil 3, A.II)3).

348 Im Ergebnis ebenso *Schäfer* in Schäfer/Hamann, 2. Aufl., § 14 Rn 119, der ausführt, die BaFin vertrete die Auffassung analoger Anwendung von § 5 WpAIV, ohne die Quelle dieser Erkenntnis offenzulegen.

auch Art. 2 Nr. 5 Ausnahme-VO auf Art. 102 Abs. 1 und Art. 103 RL 2001/34/EG Bezug nahmen. Anders als im Fall der Aunahme-VO hat der deutsche Gesetzgeber die nötige Veröffentlichung von Insiderinformationen gem. § 15 Abs. 7 zulässig delegiert und der Verordnungsgeber mit den Regeln der WpAIV richtlinienkonforme Anforderungen geschaffen.[349] Aufgrund dessen, dass jedoch weder in der Begründung zur WpAIV[350] ausdrücklich auf die Ausnahme-VO Bezug genommen wird, noch bei Erlass der MaKonV der zustehende Raum zur Festsetzung eines zum Börsenpflichtblatt gleichwertigen Mittels aus Sicht des deutschen Verordnungsgebers erkannt wurde, wird man allein aufgrund der Sinnhaftigkeit gleicher Veröffentlichungswege solche nicht annehmen können.[351]

Trotz der damit im deutschen Recht Einzug gehaltenen Unterschiede mochte man dem Emittenten flankierend zur zwingenden Nutzung der Börsenpflichtblätter im Sinne einer stringenten, retrograden Veröffentlichungspolitik die Nutzung seiner eigenen Homepage als weiteres Medium inklusive einer entsprechenden Verlinkung zu der nötigen Ad-hoc-Mitteilung anraten,[352] da er seinen Anlegern, die von der Ad-hoc-Mitteilung „Rückkaufprogramm" Kenntnis erlangt haben, eine womöglich mühselige Suche nach der Information im Sinne der Ausnahme-VO in den einschlägigen Börsenpflichtblättern ersparen konnte. Ein wohlinformierter Anleger ist schließlich auch für die Gesellschaft in deren eigenen Interesse nicht unwichtig, da ein solcher seine Entscheidungen auf eine breite Informationsbasis stellen kann und somit die Gefahr von Fehleinschätzungen vermieden wird. Im Ergebnis bot es sich bereits bislang an, in § 4 WpAIV die Abgabe eines Hinweises auf die inhaltlich ähnliche Bekanntmachung im Sinne der Ausnahme-VO aufzunehmen.

(b) Angemessenheit der Bekanntgabe: Auswirkungen der Transparenzrichtlinie

Bewegung in dieses bisher unglückliche Zusammenspiel der regulatorischen Grundlagen hat die Transparenzrichtlinie 2004/109/EG[353], deren Art. 32 Nr. 6 die bislang maßgeblich zur beschriebenen Diskrepanz beitragenden Artt. 102 und 103 RL 2001/34/EG im Gleichlauf zur Umsetzungsfrist dieser Richtlinie am

---

349 Ausführlich dazu unten Teil 3, A.II)3).

350 Abrufbar unter http://www.bafin.de/verordnungen/wpaiv_beg.pdf (18.1.06).

351 Anders, trotz zuvor richtig erkannter Verneinung durch den deutschen Verordnungsgeber in der MaKonV offenbar *Singhof/Weber* AG 2005, 549, 556 mit Fn. 89.

352 Ähnlich *Geber/zur Megede* BB 2005, 1861, 1862: „freiwillige Maßnahme".

353 Richtlinie 2004/109/EG des Europäischen Parlaments und des Rates vom 15.12.2004 zur Harmonisierung der Transparenzanforderungen in Bezug auf Informationen über Emittenten, deren Wertpapiere zum Handel auf einem geregelten Markt zugelassen sind, und zur Änderung der Richtlinie 2001/34/EG, ABl. L 390 vom 31.12.2004, S. 38 (folgend nur TransparenzRL).

20.1.2007 streicht. Dies hatte naturgemäß auf die rund ein Jahr vor der TransparenzRL erlassene Ausnahme-VO, die bei der Definition der angemessenen Bekanntgabe bislang einen Verweis auf besagte Artikel der RL 2001/34/EG enthielt, erhebliche Auswirkungen.[354]

Inhaltlich traten damit seit dem 20.01.2007 aufgrund von Art. 32 S. 2 TransparenzRL deren Artikel an die Stelle der weggefallenen Regelungen.[355] Zwar meint *Groß*, es biete sich in Bezug auf die Ausnahme-VO die Anwendung der Veröffentlichungsbestimmungen des Art. 14 ProspektRL[356] an,[357] jedoch muss aufgrund des ausdrücklichen Wortlauts der TransparenzRL inhaltlich die Heranziehung letzterer Richtlinie außer Frage stehen. Fraglich ist nunmehr, welche Auswirkungen diese Substitution hat. Von Relevanz ist Art. 21 TransparenzRL, der fordert, dass der Herkunftsmitgliedstaat sicherstellt, dass ein Emittent „die vorgeschriebenen Informationen[358] in einer Form bekannt gibt, die in nicht diskriminierender Weise einen schnellen Zugang zu ihnen gewährleistet und sie dem amtlich bestellten System zur Verfügung stellt". Ferner heißt es darin, dass „der Emittent auf Medien zurückgreifen muss, bei denen vernünftigerweise davon ausgegangen werden kann, dass sie die Informationen tatsächlich an die Öffentlichkeit in der gesamten Gemeinschaft weiterleiten". Im Vergleich zu Art. 102 Abs. 1 RL 2001/34/EG kann der TransparenzRL damit keine ausdrückliche Festlegung auf ein Medium entnommen werden. Das zur Umsetzung der TransparenzRL dienende sog. Transparenzrichtlinie-Umsetzungsgesetz (TUG)[359], trifft ebenfalls keine Regelungen im Hinblick auf die Modalitäten einer nötigen Bekanntgabe von Einzelheiten im Sinne der Ausnahme-VO. Letzteres ist vor dem Hintergrund wesentlicher Änderungen der verfahrensrechtlichen Anforderungen im WpHG sowie in der WpAIV[360] durch das TUG zu bedauern. Dennoch war im Ergebnis nicht davon auszugehen, dass der deutsche Gesetz-

---

354 Anders als *Singhof/Weber* AG 2005, 549, 556 und *Geber/zur Megede* BB 2005, 1861, 1862 f. dies bereits erkennend *Leppert/Stürwald* ZBB 2004, 302, 306; siehe auch *Groß* in GS Bosch, 2006, S. 49, 54 mit Fn. 31.

355 Wörtlich gilt gem. Art. 32 S. 2 TransparenzRL: „Die Verweise auf die aufgehobenen Bestimmungen werden als Verweise auf die Bestimmungen dieser Richtlinie abgefasst."

356 Richtlinie 2003/71/EG des Europäischen Parlaments und des Rates vom 4. November 2003 betreffend den Prospekt, der beim öffentlichen Angebot von Wertpapieren oder bei deren Zulassung zum Handel zu veröffentlichen ist, und zur Änderung der Richtlinie 2001/34/EG (Text von Bedeutung für den EWR), ABl. L 345 vom 31.12.2003, S. 64.

357 Siehe *Groß* in GS Bosch, 2006, S. 49, 54 mit Fn. 31, der jedoch auch meint, nach der Streichung sei die Rechtslage „ein wenig unklar".

358 Laut Legaldefinition in Art. 2 Abs. 1 k) TransparenzRL sind dies u.a. die Informationen gem. Art. 6 MMR.

359 Siehe BGBl. 2007, Teil 1 Nr. 1, S. 10 ff.

360 Auf die Zulässigkeit der Änderung einer deutschen Verordnung durch ein Gesetz wird in Teil 3 unter A.II)3)b) zurückzukommen sein.

bzw. Verordnungsgeber nunmehr entsprechende Regelungen erlässt, da man in Deutschland nicht davon ausgeht, dass dem Nationalstaat Regelungsbefugnisse im Hinblick auf die Ausnahme-VO zustehen. Infolgedessen ist zur Ergründung des Verständnisses der angemessenen Bekanntgabe direkt die TransparenRL sowie die Durchführungsrichtlinie der Kommission[361] heranzuziehen. Wichtige Rückschlüsse können aber auch aus dem EHUG und dem TUG gezogen werden, obwohl sie nicht ausdrücklich die Bekanntgabeanforderungen der Ausnahme-VO präzisieren.

Augenscheinlich wird das Ergebnis der Lektüre von Art. 21 TransparenzRL dahin gehen, dass nur die elektronische Veröffentlichung bzw. Bekanntgabe mit den dort genannten Anforderungen in Gleichlauf zu bringen ist.[362] Immerhin wird von Art. 21 Abs. 1 TransparenzRL der schnelle, diskriminierungsfreie Zugang zu vorgeschriebenen Informationen in der gesamten Gemeinschaft gefordert. Dies wird unzweifelhaft in effektiver Art und Weise durch Nutzung elektronischer Medien bewerkstelligt werden können, dennoch ist die ausschließliche Veröffentlichung mittels elektronischer Medien nur das Fernziel besagter Richtlinie.[363] Dies offenbart Erwägungsgrund 8 S. 2 TransparenzRL, der ausführt, dass die Richtlinie keine Auswirkungen darauf haben sollte, inwieweit dem Emittenten nach dem nationalen Recht zusätzlich die Veröffentlichung der gesamten Informationen oder von Teilen in Zeitungen vorgeschrieben wird. Eine vollständige Abkehr von der komplementären Printveröffentlichung ist damit im Ergebnis nicht notwendig, nach Ansicht des Europäischen Parlaments aus technischen und praktischen Gründen zur angestrebten größtmöglichen Reichweite der Informationen überdies gar nicht ausreichend.[364] Aufschlussreich für die Ermittlung der zukünftigen Anforderungen an die Bekanntgabe im Sinne der Ausnahme-VO sind weiterhin die Umsetzungen der TransparenzRL im EHUG und im TUG.

Trotz fehlender Ergänzung der europarechtlichen Bestimmungen hinsichtlich der Ausnahme-VO erscheint zunächst ein Seitenblick auf das EHUG lohnenswert. Darin wird schließlich für das Handels-, Genossenschafts- und Partnerschaftsregister die komplette Abkehr von Printmedien propagiert und überdies

---

361 Richtlinie 2007/14/EG der Kommission vom 08.03.2007 mit Durchführungsbestimmungen zu bestimmten Vorschriften der Richtlinie 2004/109/EG zur Harmonisierung der Transparenzanforderungen in Bezug auf Informationen über Emittenten, deren Wertpapiere zum Handel auf einem geregelten Markt zugelassen sind, ABl. L 69/27 v. 09.03.2007.

362 Ebenso *Spindler* WM 2006, 109, 111.

363 Anders hingegen *Dauner-Lieb* DStR 2004, 361, 366, die darin das kurzfristige Ziel der TransparenzRL sieht.

364 Siehe Stellungnahme des Europäischen Parlaments, erste Lesung, 25.2.2004, Dokument A5-0079/2004, S. 97.

ein ausschließlich elektronisch geführtes Unternehmensregister eingeführt.[365] Tatsächlich wird man die Nutzung des Internets zur schnellen Veröffentlichung bzw. Bekanntgabe nicht ernsthaft in Frage stellen können, so dass keine Stimmen in der Literatur existieren, die an der Nutzung der neuen Medien in diesem Zusammenhang Zweifel äußerten. Vielmehr konzentriert man sich auf die Frage, ob nicht eine Komplementarität der klassischen Printmedien und der elektronischen Medien aufgrund der immer noch bestehenden „digitalen Kluft" zunächst vorzugswürdig sei.[366] Diese Bedenken teilte der Gesetzgeber offenbar nicht.

Von größerem Interesse als die Neuregelungen des EHUG muss jedoch die mit dem TUG einhergehende Umgestaltung der verfahrensrechtlichen Anforderungen an die Veröffentlichung nach § 15 Abs. 1 in der WpAIV sein, da die bekanntzugebenden Informationen im Sinne der Ausnahme-VO oftmals den Charakter einer Insiderinformationen aufweisen werden, so dass für die Anforderungen an die Ausnahme-VO wichtige Rückschlüsse gezogen werden können. § 3a WpAIV legt nunmehr fest, dass Insiderinformationen durch Medien veröffentlicht werden, zu denen auch solche gehören, die die Information so rasch und so zeitgleich wie möglich in allen Mitgliedstaaten der Europäischen Union aktiv verbreiten. Soweit man in dieser Aussage das Erfordernis der Schnelligkeit der Informationsverbreitung in den Vordergrund gerückt sieht, mag man meinen, es reichen elektronische Medien zur Erfüllung der Voraussetzungen des § 3a WpAIV aus. Allerdings würde dies nicht die Formulierung erklären, wonach zu diesen Medien „auch solche" mit rascher und zeitgleicher Informationsverbreitung gehören müssen. Tatsächlich geht der gesetzgeberische Wille dahin, dass Medien im Sinne von § 3a WpAIV ein Bündel unterschiedlicher Medienarten ist, zu dem mindestens ein elektronisch betriebenes Informationsverbreitungssystem, ein News Provider, Nachrichtenagenturen, die wichtigsten Printmedien auf nationaler und europäischer Ebene und entsprechende wichtige Internetseiten für den Finanzmarkt zu verstehen seien. Dieses Verständnis kann richtigerweise aus der europäischen Vorgabe des Art. 12 Nr. 3 des Entwurfs der

---

365 Siehe BT-Drucks. 16/690, S. 1; dazu *Spindler* WM 2006, 109, 109 f.; *Noack*, Vortrag anlässlich der 4. Tagung „Berufspolitik" des Deutschen Notarvereins, abgedr. in notar 2005, 14 ff.; siehe auch *Spindler/Kramski* NZG 2005, 746, 749; desweiteren *Meyding/Bödeker* BB 2006, 1009, 1010 f.

366 Ausführlich zur Diskussion *Spindler* WM 2006, 109, 109 ff.; *Dauner-Lieb* DStR 2004, 361; kaum überraschender Widerstand gegen das EHUG kommt vom Bundesverband Deutscher Zeitungsverleger e.V. (BDZV), siehe dessen Stellungnahme vom 22.8.2005, abrufbar unter http://www.bdzv.de/positionen+M5cedbe48c7c.html (27.1.2006); ein Ende der komplementären Veröffentlichung aufgrund von Kosten- und Handhabungsproblemen prognostizierend *Noack*, Arbeitspapier vom 11.10.2004, S. 30, abrufbar unter www.jura.uni-duesseldorf.de/dozenten/noack/ (14.7.2006); zum Themenkomplex zeitlich bereits vor der TransparenzRL *Zöllner* NZG 2003, 354.

Durchführungsrichtlinie der Europäischen Kommission abgelesen werden, wonach die vorgeschriebenen Informationen den Medien in ihrer Gesamtheit zu übermitteln sind. Ohne die Änderungen für die Ad-hoc-Publizitätspflicht bewerten zu wollen, kann doch festgehalten werden, dass jedenfalls die Vorgaben der TransparenzRL und ihrer Durchführungsrichtlinie auch im Rahmen der angemessenen Bekanntgabe im Sinne der Ausnahme-VO zu beachten ist. Dies bedeutet somit für Emittenten, die in den Genuss des Safe Harbor der Ausnahme-VO gelangen möchten, dass seit dem 20.1.2007 nicht nur eine Bekanntgabe in Printmedien erforderlich ist, sondern überdies wenigstens ein elektronisches Medium, welches auf aktive Verbreitung der Information in der gesamten (europäischen) Gemeinschaft angelegt ist, zu wählen ist. Im Ergebnis bietet es sich daher für den Emittenten an, das genannte Medienbündel zu ergreifen. Dann kann dem Emittenten schwerlich eine im Hinblick auf die TransparenzRL defizitäre Politik der angemessenen Bekanntgabe vorgeworfen werden.

Faktisch wird damit zur Ad-hoc-Publizitätspflicht weitestgehend Gleichlauf hergestellt, doch ist dem Gesetz- bzw. Verordnungsgeber weiterhin dringend anzuraten, die nationale Rechtslage in zweierlei Hinsicht zu überarbeiten. Zum einen sollte in § 4 WpAIV die Möglichkeit eines Querverweises auf die ähnliche Bekanntmachungspflicht nach den Normen der Ausnahme-VO verankert werden, was eine sinnvolle Vernetzung beider Mitteilungen zur Folge hätte. Zum anderen muss auch im Hinblick auf die Modalitäten einer angemessenen Bekanntgabe endlich Rechtssicherheit geschaffen werden. Bis dato wird nunmehr der beste Rat an die betroffenen Emittenten sein, sich an den Veröffentlichungsvoraussetzungen der WpAIV zu orientieren.

(c) Tatbestandliche Ungenauigkeiten des Art. 4 Abs. 2 Ausnahme-VO

Doch nicht nur die mangelnde Abstimmung durch den deutschen Gesetzgeber, auch die europäische Ausnahme-VO bereitet aufgrund ihres unklaren Wortlauts teilweise Kopfzerbrechen. So ist beispielsweise fraglich, welchen Bezugspunkt die nach Art. 4 Abs. 2 Ausnahme-VO bekanntzugebenden Angaben aufweisen. Dort wird lediglich ausgeführt, dass vor Beginn des Handels im Sinne der Ausnahme-VO alle Einzelheiten des nach Art. 19 Abs. 1 RL 77/91/EWG genehmigten Programmes angemessen bekannt zu geben sind. Dies umfasst insbesondere die bereits genannten Angaben aus Art. 4 Abs. 2 S. 2 Ausnahme-VO, mithin den Zweck des Programmes nach Art. 3 Ausnahme-VO, den maximalen Kaufpreis und weitere Angaben. Die konkrete Ausgestaltung dieser Angaben hängt jedoch entscheidend davon ab, ob man den Hauptversammlungsbeschluss, der im deutschen Recht gem. § 71 Abs. 1 Nr. 8 AktG zu erteilen ist, oder den vom Vorstand gefassten Beschluss zur tatsächlichen Einziehung der eigenen Aktien als Anknüpfungspunkt wählt.[367] *Singhof/Weber* suchen die Lösung durch Rückbesinnung auf eines der maßgeblichen Ziele der Ausnahme-VO, nämlich die Schaffung größtmöglicher Transparenz, zu finden und meinen daher, man solle die jeweils konkretere Information, also jedenfalls hinsichtlich der Aktienstückzahl und dem Zeitraum die Maßgaben des Vorstandsbeschlusses, bezüglich der Festsetzungen über den Kaufpreis hingegen diejenigen der Hauptversammlung bekanntgeben.[368] Mit dem Wortlaut der Ausnahme-VO ist dies jedenfalls in Übereinstimmung zu bringen, immerhin spricht Art. 4 Abs. 2 von der Bekanntgabe aller Einzelheiten des Programmes, was nicht nur die grundsätzliche Ermächtigung durch die Hauptversammlung, sondern zwingend auch die tatsächlichen Festsetzungen des Vorstandes auf der Grundlage dieser Ermächtigung umfassen muss. Auch ist darin zuzustimmen, dass zur Schaffung größtmöglicher Transparenz die Bekanntgabe der jeweils konkreteren Information zu erfolgen hat. Allerdings stößt die Mischung aus Festsetzungen des Hauptversammlungs- und des Vorstandsbeschlusses hinsichtlich des Zieles der Schaffung von Transparenz, die nicht nur den Aspekt der größtmöglichen, sondern auch der bestmöglichen Transparenz zu berücksichtigen haben wird, auf Bedenken, da eine derartig hybride Zusammenstellung in den Augen des Anlegers eher für verwirrig denn für Klarheit sorgen könnte. Überdies dürfte aber ohnehin der Beschluss des Vorstandes in toto der konkretere sein. Dies zeigt sich u.a. auch in der gleichsam prophylaktischen Einholung des entsprechenden Hauptversammlungsbeschlusses zugunsten einer möglichen, aber gerade nicht zwingenden Umsetzung durch den Vorstand einer AG, so dass letztlich auch nur der Inhalt des tatsächlich zur Ausführung kommenden Beschlusses nach Art. 4 Abs. 2 Ausnahme-VO bekanntzugeben ist.

Offen ist weiterhin die Frage der Behandlung von Derivaten hinsichtlich der Bekanntgabepflichten, da Art. 4 Ausnahme-VO für die Abwicklung des Rückkaufs über Derivate keine Aussage trifft. In einer Zusammenschau mit Art. 5 Abs. 1 S. 3 Ausnahme-VO, der die inhaltlich gleichen Handelsbedingungen für Derivate wie Art. 5 Abs. 1 S. 1 Ausnahme-VO für Aktien bestimmt, muss davon ausgegangen werden, dass auch im Fall des Handels in Derivaten diese in die Bekanntgabepflichten einzubeziehen sind. Nur ein derartiges Verständnis kann Übereinstimmung mit dem Ziel des Entgegenwirkens gegen Marktmissbrauch durch Schaffung von Transparenz herstellen.[369]

Zu beachten ist weiterhin, dass etwaige nachträgliche Veränderungen des Rückkaufprogrammes entsprechend – sprich angemessen – bekannt zu geben sind. Für die Eröffnung des Safe Harbor hat dies bei Einhaltung der Voraussetzungen,

367 Dies erkennen auch *Singhof/Weber* AG 2005, 549, 556.
368 *Singhof/Weber* AG 2005, 549, 556.
369 Ebenso Singhof/Weber AG 2005, 549, 556.

vor allem bei Unterbleiben von nicht in der Ausnahme-VO vorgesehenen Zweckänderungen, in aller Regel keine Auswirkungen.

(2) Beobachtung und Erfassung aller Transaktionen

Art. 4 Abs. 3 Ausnahme-VO legt fest, dass der Emittent die entsprechenden Mechanismen zur Erfüllung seiner im Zusammenhang mit Rückkaufprogrammen entstehenden Meldepflichten vorhalten muss, ohne diese Meldepflichten jedoch inhaltlich näher zu bestimmen. In Bezug auf Rückkaufprogramme existiert im deutschen Recht in § 71 Abs. 3 S. 3 AktG eine Meldepflicht an die BaFin bei einem Ermächtigungsbeschluss gem. § 71 Abs. 1 Nr. 8 AktG. Derartige Pflichten stellen für den Emittenten mithin keine echte Neuerung dar, da er ähnliche Meldepflichten bereits bisher zu erfüllen hatte. Die Mechanismen zur Erfüllung dieser Pflicht sind auf Seiten des Emittenten nunmehr derart zu modifizieren, dass sie überdies die Erfassung aller mit Rückkaufprogrammen zusammenhängenden Transaktionen einschließlich der in Art. 20 Abs. 1 RL 93/22/EWG[370] genannten Informationen gewährleisten, zu denen u.a. die Bezeichnung und die Zahl der erworbenen bzw. veräußerten Instrumente, Datum und Uhrzeit des Abschlusses sowie der Kurs, zu dem das Geschäft abgeschlossen wurde, gehören.

(3) Bekanntmachungspflichten im Anschluss an die Transaktionsdurchführung

Als nachträgliche Bekanntmachtungspflicht wird dem Emittenten eine solche spätestens am Ende des siebten Handelstages im Anschluss an jede Transaktion aufgebürdet. An der Formulierung des Art. 4 Abs. 4 Ausnahme-VO verwundert einzig die Divergenz zur Bekanntmachung nach Abs. 2 desselben Artikels, der explizit eine „angemessene Bekanntgabe" fordert. Teilweise wird in der Nichtnennung der Angemessenheit ein bewusster Verzicht auf die aus der Definition des Art. 2 Nr. 5 Ausnahme-VO resultierenden Anforderungen gesehen. Mit erheblichem Begründungsaufwand wird insbesondere versucht darzulegen, dass aufgrund der relativen Langsamkeit der Printmedien bei einer „angemessenen Bekanntgabe" faktisch nur die Transaktionen bis zum sechsten Handelstag erfasst werden könnten und somit der Informationsgehalt der Bekanntgabe geringer sei.[371] Dies dürfte zwar im Ergebnis zutreffen, allerdings ist nicht ersichtlich, warum alle Transaktionen bis einschließlich des siebten Handelstags nach dem ersten Geschäft zwingend gemeinsam bekanntzugeben sind. Immerhin können sich Rückkaufprogramme über erheblich längere Zeiträume erstrecken, so dass eine gesplittete Bekanntgabe ohnehin notwendig wird. Auch spricht Art. 4 Abs. 4 Ausnahme-VO nicht davon, dass alle Transaktionen einer Phase von sieben

370 Richtlinie 93/22/EWG des Rates vom 10. Mai 1993 über Wertpapierdienstleistungen, ABl. L 141 vom 11.6.1993, S. 27.

371 *Geber/zur Megede* BB 2005, 1861, 1863.

Tagen gebündelt bekanntzugeben sind, sondern nur, dass sie überhaupt bekannt gegeben werden. Im Ergebnis ist damit nicht einzusehen, welcher sachliche Grund für eine Divergenz der Art der Bekanntgabe vor und nach der Transaktion sprechen könnte. Allein die Fülle von Daten, die nach der Transaktion bekanntgegeben werden müsste, kann sicherlich nicht die Abkehr von den normalen Medien in Anlegerkreisen rechtfertigen. Überdies ist der Argumentation, die den Printmedien für die nachträgliche Bekanntgabe die nötige Eignung abspricht und somit keine „angemessene Bekanntgabe" als Voraussetzung von Art. 4 Abs. 4 Ausnahme-VO fordert, nunmehr endgültig der Boden entzogen, da Artt. 102 und 103 RL 2001/34/EG gestrichen wurden. Eine Pflicht zur Bekanntmachung in überregionalen Zeitungen wird zwar auch trotz der TransparenzRL fortbestehen, jedoch wird hiermit der Umschwung auf die elektronischen Medien konsequent weiterverfolgt, die nunmehr wenigstens als komplementärer Veröffentlichungsweg anzusehen sind. Bereits bislang sprach mangels ersichtlicher Gründe für eine Differenzierung der Bekanntgabe in Art. 4 AusnahmeVO im Ergebnis einiges für ein Redaktionsversehen, wenn in Art. 4 Abs. 4 AusnahmeVO nicht von „angemessener Bekanntgabe" die Rede ist.[372] Gegenteilige Argumentationslinien können durch die nachträglichen indirekten Änderungen im Gepäck der TransparenzRL in Zukunft nicht mehr überzeugen, kamen im Übrigen aber bereits bislang zu dem spätestens ab dem 20.1.2007 als richtig anzusehenden Ergebnis, dass wenigstens die komplementäre Nutzung eines elektronischen Mediums für die Bekanntgabe im Sinne von Art. 4 Abs. 4 Ausnahme-VO nötig ist.[373]

ee) Handelsbedingungen

Art. 5 Ausnahme-VO legt darüber hinaus en detail die Bedingungen fest, zu denen der Kauf der Aktien im Rahmen des Rückkaufprogrammes zu erfolgen hat, z.B. werden Aussagen zum Höchstkurs oder maximalen Umfang eines Aktienrückkaufs getroffen. Von nicht unerheblicher Importanz ist der diesen Regeln zugrundeliegende Gedanke: Der Emittent darf die für das Rückkaufprogramm nötigen Geschäfte nicht auf eine Art und Weise ausführen, die nicht unerhebliche Folgen für die Preisbildung am Markt hat. Ähnlich zu einem sonstigen anonymen Erwerb über die Börse könnte auf diesem Wege schließlich der Eindruck einer Belebung der Nachfrage am Markt generiert, mithin also eine nachteilige Beeinflussung der Marktmechanismen bewirkt werden.[374] So darf

---

372 *Singhof/Weber* AG 2005, 549, 558; *Leppert/Stürwald* ZBB 2004, 302, 306 f.

373 *Geber/zur Megede* BB 2005, 1861, 1863.

374 Aufführlich zum ökonomischen Hintergrund und den Gefahren des Rückerwerbs eigener Aktien *Kopp*, Erwerb eigener Aktien, S. 85 ff., 96 ff.; *Peltzer* WM 1998, 322, 326 f.; MünchKommAktG/*Oechsler* § 71 Rn 18 ff., insbes. Rn 25; *Lutter* in Kölner Komm zum AktG § 71 Rn 12.

der Emittent mit seinen Kauforders insbesondere nicht den Preis des zuletzt getätigten unabhängigen Börsengeschäfts bzw. des höchsten unabhängigen Angebots übersteigen und weiterhin grundsätzlich nicht mehr als 25% des durchschnittlichen täglichen Aktienumsatzes erwerben, wobei sich in Ausnahmefällen diese Schwelle auf 50% erhöhen kann. Letzteres soll laut Art. 5 Abs. 3 Ausnahme-VO in Fällen außerordentlich niedriger Liquidität auf dem relevanten Markt zulässig sein, allerdings vermisst man in der Ausnahme-VO eine Aussage darüber, wann dies der Fall ist.[375] Rückschlüsse aus dem deutschen Recht, welches in § 31 WpÜG iVm § 5 Abs. 4 WpÜG-AngebotsVO fehlende Liquidität annimmt, wenn innerhalb von drei Monaten vor Veröffentlichung der Absicht zur Abgabe eines solchen Angebots an weniger als einem Drittel der Börsentage Kurse festgestellt wurden und nacheinander mehrere festgestellte Kurse um mehr als 5% voneinander abweichen, dürften nur bedingt tauglich sein. Schließlich ist die wertpapierübernahmerechtliche Grundkonstellation eine von der Ausnahme-VO grundverschiedene, da es im WpÜG um die Bemessung des Wertes einer Aktie zur Festlegung einer Gegenleistung geht,[376] während dessen im Rahmen der Ausnahme-VO eine Betrachtung des Marktes zur Festsetzung von maximalen Grenzwerten für Aktienrückkäufe erfolgt. Bereits diese Divergenz relativiert die Sinnhaftigkeit eines Transfers der genannten Kriterien in erheblichem Maße, entwertet sie überdies derart, dass sogar bei der Heranziehung als Indiz Zurückhaltung und Vorsicht anzumahnen ist.[377] Aussagen zur Liquidität wird man daher nicht in allgemeingültiger Art und Weise, sondern immer nur unter Beachtung der Besonderheiten des Einzelfalls, insbesondere also unter Orientierung am Umfang der tatsächlich vollzogenen Transaktionen in der betreffenden Aktie in einem bestimmten Zeitraum, treffen können.

Ein Überschreiten des regulären Schwellenwertes von 25% erfordert gem. Art. 5 Abs. 3 Ausnahme-VO überdies eine Mitteilung an die zuständige Behörde, in Deutschland die BaFin, sowie eine angemessene Bekanntgabe[378].

ff) Einschränkungen

Weitere Einschränkungen, die zur Erreichung des sicheren Hafens der Ausnahme-VO notwendig sind, werden in Art. 6 ebendieser Verordnung niedergelegt.

---

375 Ein Hinweis auf dieses Problem, jedoch keine Auseinandersetzung findet sich bei *Leppert/Stürwald* ZBB 2004, 302, 307.

376 Schwark/*Noack* KMRK § 31 WpÜG Rn 16; *Kremer/Oesterhaus* in Kölner Komm zum WpÜG, Anh. § 31 Rn 17 ff.; *Krause* in Assmann/Pötzsch/Schneider § 31 WpÜG Rn 47 ff.

377 Tendenziell ebenfalls gegen eine Übertragung *Geber/zur Megede* BB 2005, 1861, 1864; *Singhof/Weber* AG 2005, 549, 560 mit Fn 122.

378 Zum Verständnis der angemessenen Bekanntgabe gilt das unter Teil 2, A.VII)2)b)dd)(1) Gesagte.

Dort wird u.a. festgelegt, dass der Emittent während des Rückkaufprogrammes vom Verkauf eigener Aktien und auch während sogenannter „geschlossener Zeiträume“ vom Handel absieht. Letztere werden, wie aus Erwägungsgrund 10 Ausnahme-VO hervorgeht, als Zeiträume verstanden, in denen sämtliche Transaktionen untersagt sind. Allerdings richtet sich die konkrete Ausgestaltung des geschlossenen Zeitraums nach dem Recht des jeweiligen Mitgliedstaates, siehe Art. 6 Abs. 1 b) Ausnahme-VO. Im deutschen Recht kann diese Einschränkung damit keine Relevanz gewinnen, da der Gesetzgeber hierzulande keine entsprechenden Vorschriften erlassen hat, lediglich aus der Gesetzesbegründung zum KonTraG kann die Empfehlung abgelesen werden, „eigene Aktien nur in bestimmten Zeiträumen anzukaufen oder zu veräußern, in denen auch die übrigen Marktteilnehmer aktuelle Unternehmenszahlen haben“.[379]

Von Bedeutung ist daher erst wieder Art. 6 Abs. 1 c) Ausnahme-VO, wonach der Emittent während des Rückkaufprogrammes vom Handel abzusehen hat, soweit ein Beschluss zum Aufschub der Bekanntgabe von Insiderinformationen gem. Art. 6 Abs. 2 MMR (§ 15 Abs. 3 WpHG) existiert. Der Sinn dieser Regelung dürfte sich dem Rechtsanwender nicht ohne weiteres erschließen. Immerhin legt diese Bestimmung eine Selbstverständlichkeit nieder, nämlich das Unterlassen etwaiger Tätigkeiten auf dem Aktienmarkt mit Insiderinformationen. Der Grund für die Aufnahme dieser Aussage in die Ausnahme-VO dürfte daher lediglich klarstellender Natur sein. Immerhin sollen vom Safe Harbor lediglich solche Geschäfte erfasst werden, die unproblematisch keine Berührungspunkte mit dem Insiderhandelsverbot aufweisen können, was im Falle der Kenntnis um Insiderinformationen, seien sie auch berechtigt zurückgehalten worden, gerade nicht angenommen werden kann. Zwar mag man im Detail die Richtigkeit der Enge des Art. 6 Abs. 1 c) Ausnahme-VO für fragwürdig halten,[380] dennoch fügt sie sich in das Bild „Safe Harbor“ und der dazu herangezogenen Regelungstechnik – unabhängig wie man zu ihr stehen mag – nahtlos ein, da auch durch die Einschränkung nur unproblematische Fälle dem Anwendungsbereich des Insiderhandelsverbots entzogen werden. So wird beispielsweise in der intrikaten Konstellation, in der aufgrund eines angestrebten Unternehmenskaufs zur Verhinderung von dessen Gefährdung die Veröffentlichung berechtigt aufgeschoben wird und dennoch ein Tätigwerden auf dem Aktienmarkt zur Bedienung eines Mitarbeiteroptionsprogrammes nötig ist, keineswegs der Safe Harbor eröffnet sein.[381] Die Konsistenz der Ausnahme-VO im Einzelnen wird daher durch diesen Ansatz nicht anzugreifen sein, jedoch zeigt sich wiederum, dass die Krux

379 BT-Drucks. 13/9712, S. 14; zur fehlenden Regelung eines „geschlossenen Zeitraums“ siehe *Singhof/Weber* AG 2005, 549, 560; *Leppert/Stürwald* ZBB 2004, 302, 307; *Geber/zur Megede* BB 2005, 1861, 1864.

380 *Singhof/Weber* AG 2005, 549, 561.

381 Ebenso, allerdings die Sinnhaftigkeit anzweifelnd *Singhof/Weber* AG 2005, 549, 561.

der Ausnahme-VO eine erheblich grundsätzlichere ist. Es wurde nämlich auf eine angloamerikanische Regelungstechnik zurückgegriffen, die jedenfalls im derzeitigen Recht wenig bis gar keinen Sinn macht, denn wieso sollte man dem Rechtsanwender die Aufgabe auferlegen, ein weiteres Regelungswerk zur Subsumtion einzelner Sachverhalte heranzuziehen, wenn diese Fälle im Ergebnis derart unproblematisch sind, dass sie auch bei Subsumtion unter die Verbotstatbestände des WpHG nicht von diesen erfasst werden können? Mit der durch den Safe Harbor angeblich geschaffenen Rechtssicherheit, jedenfalls soweit im Einzelfall der sichere Hafen erreicht wird, kann dies wohl kaum begründet werden, immerhin bieten bereits die wertpapierhandelsrechtlichen Vorschriften zum Insiderhandelsverbot, soweit ihre Einschlägigkeit verneint werden muss, und die Tatsache, dass sie nicht im Belieben irgendeiner Institution oder Einzelperson stehen, sondern ihre Geltung in einem Rechtsstaat entfalten, ausreichend Klarheit, aber auch Sicherheit für den Rechtsanwender und Normadressaten. Die bei Erreichung des sicheren Hafens bestehende Rechtssicherheit dürfte daher im Ergebnis lediglich eine gefühlte Sicherheit sein.

Schließlich enthalten Art. 6 Abs. 2 und Abs. 3 Rückausnahmen von den in Abs. 1 hinsichtlich der Einschlägigkeit des Safe Harbor getroffenen Einschränkungen. Auch diese Rückausnahmen stützen im Ergebnis die grundsätzliche Kritik an der „Safe Harbor-Verordnung“, da die dortigen Festlegungen bereits aus dem allgemeinen Verständnis des Verbotstatbestandes des § 14 WpHG gewonnen werden können. In concreto werden Maßnahmen wie die Errichtung von Chinese Walls bei Wertpapierhäusern[382] oder Kreditinstituten sowie die Durchführung eines „programmierten Rückkaufprogramms“, mithin eines solchen, das zum Zeitpunkt der Bekanntgabe bereits präzise Festlegungen zu seiner inhaltlichen Ausgestaltung enthält,[383] und darüber hinaus die Beauftragung eines unabhängigen Wertpapierhauses oder Kreditinstitutes zur Durchführung des Programmes als Ausnahme von der Ausnahme in den Text der Verordnung aufgenommen.[384] Damit wird inhaltlich richtig umschrieben, in welchen Fällen Marktmissbrauch mangels Relevanz von Insiderwissen für die Transaktionen nicht in Frage kommt. Stellt man diese Festlegungen in einen größeren Zusammenhang ein, wird jedoch ihr geringer Abstraktionsgrad deutlich, denn warum sollten bei-

---

382 Zum Begriff des Wertpapierhauses siehe *Leppert/Stürwald* ZBB 2004, 302, 308.

383 Siehe Legaldefinition in Art. 2 Nr. 4 Ausnahme-VO. Danach müssen Termine und Menge der Wertpapiere, die während der Laufzeit gehandelt werden sollen, zuvor festgelegt werden. Unklar ist jedoch, in welcher Einheit, Euro oder Aktienstückzahl, die Menge zu bestimmen ist, dazu auch *Singhof/Weber* AG 2005, 549, 561.

384 Näher dazu *Singhof/Weber* AG 2005, 549, 561 f.; *Geber/zur Megede* BB 2005, 1861, 1864.

spielsweise Chinese Walls[385] bei anderen als den genannten Unternehmen nicht eine äquivalente Wirkung erzielen können.

3) Fazit

Festzuhalten bleibt, dass der in der Ausnahme-VO für Rückkaufprogramme niedergelegte Safe Harbor in tatbestandlicher Hinsicht verschiedenste Probleme zur Folge hat[386]. Bereits die Bestimmung des Begriffs Rückkaufprogramm als Handel mit eigenen Aktien in Art. 2 Nr. 3 Ausnahme-VO wird jedenfalls den deutschen Rechtsanwender fast reflexartig an die Norm des § 71 Abs. 1 Nr. 8 S. 2 AktG denken lassen, ohne dass indes das aktienrechtliche Verständnis fruchtbar gemacht werden kann. Der Grund hierfür ist in dem Regelungsansatz des Safe Harbor zu suchen, der nur völlig unproblematische Fälle erfassen will und somit per se ein sehr enges Verständnis vom Handel mit eigenen Aktien hat.

Noch kritischer sind jedoch die aufgestellten Transparenzanforderungen, gerade in präventiver Hinsicht, zu sehen. Diese Bekanntmachungspflichten ähneln im Ergebnis nämlich denjenigen aus der Ad-hoc-Publizität, die mitunter im Falle eines Rückkaufprogrammes durch den Emittenten ebenfalls erfüllt werden müssen. Trotz der Ähnlichkeit müssen de lege lata zwei verschiedene Veröffentlichungs- bzw. Bekanntmachungswege beschritten werden. Der Grund liegt vor allem darin, dass in Deutschland auf nationaler Ebene davon ausgegangen wurde, dass im Anwendungsbereich der Ausnahme-VO keinerlei Regelungsbefugnisse bestehen. Die Fehlerhaftigkeit dieser Annahme konnte aufgrund des Verweises von Art. 2 Nr. 5 Ausnahme-VO auf Art. 102 Abs. 1 RL 2001/34/EG offenbart werden. Letztgenannter Artikel räumte den staatlichen Stellen schließlich die Festlegung von Veröffentlichungswegen ein, solange diese zu den dort genannten Mitteln gleichwertig sind. Bereits bisher war dem Gesetzgeber daher dringend anzuraten, auf diesem Gebiet tätig zu werden und für die Ausnahme-VO einen Bekanntmachungsweg entsprechend der Ad-hoc-Publizität zu installieren. Zudem sollte in § 4 WpAIV die Ad-hoc-Mitteilung für die Zusatzinformation, dass auch eine Bekanntmachung nach Art. 4 Abs. 2 Ausnahme-VO vorgenommen wurde, zur sinnvollen Vernetzung beider Informationen geöffnet werden. Dieses Versäumnis, welches auch im Zuge der Umsetzung der TransparenzRL nicht nachgeholt wurde, gilt es auszumerzen. Darüber hinaus ist Rechtssicherheit durch verbindliche Festlegung der zu nutzenden Medien für die Bekanntgabe nach Art. 4 Ausnahme-VO zu schaffen. Der TransparenzRL mitsamt

---

385 Ausführlich zu dieser Informationsabschottung und deren Hilfe bei der Lösung von Insiderproblemen siehe unten Teil 2, B.VI).

386 Dies übersieht *Schäfer* in Marsch-Barner/Schäfer, Hdb. börsennotierte AG, § 13 Rn 8, wenn er den Safe Harbor als Teil einer insgesamt erheblich vereinfachten Struktur des neuen Insiderrechts begreift.

ihrer Durchführungsrichtlinie kann man die Komplementarität von elektronischen und klassischen Medien nicht ohne weiteres entnehmen. In dieser Hinsicht liefert erst das TUG für den Rechtsanwender wichtige Anhaltspunkte. Derart aufwendige Auslegungsarbeit kann aber durch eine klare Regelung per se vermieden werden. Bis zum Erlass einer solchen Regelung hat sich der Rechtsanwender wohl oder übel an den Anforderungen des § 3a WpAIV zu orientieren.

Im Gegensatz zu den Unklarheiten hinsichtlich der angemessenen Bekanntgabe wirken die sonstigen tatbestandlichen Ungenauigkeiten der Ausnahme-VO fast banal. Beispielsweise ist der Anknüpfungspunkt für die Bekanntmachungspflichten aus Art. 4 Abs. 2 Ausnahme-VO nicht eindeutig. So kommen sowohl der Hauptversammlungsbeschluss als auch derjenige des Vorstands grundsätzlich hierfür in Betracht. Im Ergebnis wird wohl letzterer als Anknüpfungspunkt zu wählen sein, da dieser Beschluss auch tatsächlich zur Ausführung gelangt. Neben vielen weiteren Ungenauigkeiten ist überdies das Redaktionsversehen in Art. 4 Abs. 4 Ausnahme-VO hervorzuheben, dessen Wortlaut nur von Bekanntgabe spricht, tatsächlich damit aber die angemessene Bekanntgabe gemeint sein muss. Zu kritisieren ist auch der Ansatz, Handelsbedingungen zunächst en detail festzulegen, dann jedoch diese Anforderungen bei Vorliegen des äußerst unklaren Merkmals der „außerordentlich niedrigen Liquidität“ wieder abzusenken. Gerade diesen letzten Schritt wird man als überflüssig ansehen müssen, da auf diesem Wege die Einfachheit des Safe Harbor und der damit verfolgte Ansatz, nur unproblematische Fälle zu erfassen, konterkariert wird.

Die Krux der Ausnahme-VO wird auf der Grundlage der eben aufgezeigten maßgeblichen Defizite im Rahmen von Rückkaufprogrammen bereits allzudeutlich: Sie hält nicht das, was man sich von ihr verspricht. So ist die mit der Schaffung eines Safe Harbor grundsätzlich angestrebte Rechtssicherheit nur sehr bedingt eingekehrt.[387] Die detaillerte Auseinandersetzung hat zunächst gezeigt, dass in Einzelfällen das Verständnis der Ausnahme-VO und damit die Frage ihres Anwendungsbereichs nicht immer deutlich sind. Weiterhin hält sich die Relevanz des Safe Harbor in Grenzen, da die Artikel der Ausnahme-VO von sehr geringer Reichweite sind. Beispielsweise wird ausschließlich die Informationsabschottung innerhalb von Wertpapierhäusern oder Kreditinstituten in Art. 6 Abs. 2 Ausnahme-VO aufgenommen, obwohl derartige Informationssperren sicherlich auch bei anderen Unternehmen dieselben Effekte herbeiführen können, der Anwendungsbereich der Ausnahme-VO dann dennoch nicht eröffnet ist.

---

387 Ähnlich *Singhof/Weber* AG 2005, 549, 566, der das Anliegen zusätzlicher Rechtssicherheit durch zahlreiche Auslegungsprobleme und handwerkliche Defizite gemindert sieht; siehe auch *Weber* NZG 2004, 23, 27, der bei der Analyse des Safe Harbor im Hinblick auf § 20a WpHG „viel Überflüssiges und Rätselhaftes“ ausgemacht hat.

Widerstand muss sich im Ergebnis aber vor allem gegen die Ausfüllung der Regelungstechnik Safe Harbor, wie sie im Fall der Ausnahme-VO vorgenommen wurde, regen. Die Analyse konnte keineswegs die Sinnhaftigkeit der Ausnahme-VO als Safe Harbor aufzeigen. Vielmehr muss festgestellt werden, dass ein zwölf Artikel zuzüglich Erwägungsgründe starkes Regelungswerk geschaffen wurde, um positiv festzustellen, dass bestimmte, völlig unproblematische Fälle nicht unter das Insiderhandelsverbot fallen. Dieser Ansatz ist bereits aus dem Grunde ambivalent, da offensichtlich dem Rechtsanwender die Subsumtion unter die Normen des WpHG nicht zugetraut oder zugemutet werden soll, andererseits diesem aber die Lektüre und Auslegung einer – weit von dem Punkt auch nur relativer Klarheit entfernten – zusätzlichen Verordnung aufgebürdet wird.

Dabei zeigen die umfänglichen Ausführungen zur Art und Weise der Bekanntmachungspflicht in der Ausnahme-VO jedenfalls eines: Bei ausreichender Transparenz für den Kapitalmarkt begegnen Rückkaufprogramme keinen durchgreifenden Bedenken. Allerdings hätte es hierfür ebenfalls nicht der Ausnahme-VO bedurft, denn dieselbe Grundaussage, jedoch in allgemeingültiger Art, beinhaltet per se bereits das Insiderhandelsverbot ergänzt um die Ad-hoc-Publizitätspflicht. Letztlich kann der Safe Harbor daher die diesem Regelungsansatz zugetragenen Aufgaben in der derzeitigen Ausgestaltung nicht effektiv bewältigen.

VIII) Sanktionsmechanismen bei Verstößen gegen § 14 Abs. 1

Der Vollständigkeit halber sei abschließend zur allgemeinen Betrachtung des Insiderrechts der Blick auf die Rechtsfolgen bei Nichtbeachtung des Insiderhandelsverbotes gelenkt. Das Wissen um die drohenden Sanktionen ist zum einen für die weitere Arbeit von Bedeutung, da mit diesem Wissen im Hinterkopf die Notwendigkeit und Relevanz von Verhaltensweisen, die nicht mit den Verboten des § 14 Abs. 1 in Konflikt geraten, verständlicher ist.[388] Zum anderen ist an dieser Stelle eine Verschiebung einer wichtigen Differenzierung vom Tatbestand hin zur Rechtsfolgenseite zu verdeutlichen. Die Unterscheidung zwischen Primär- und Sekundärinsidern ist nämlich trotz der Nichterwähnung in der oben vollzogenen Auffächerung des Insiderrechts auch im Recht nach AnSVG nicht gänzlich aufgehoben, findet sie sich doch auf besagter Rechtsfolgenseite wieder.[389] Richtigerweise nimmt der Gesetzgeber die Differenzierung nunmehr an

388 Ausgeklammert werden an dieser Stelle hingegen zivilrechtliche Haftungsrisiken, die jedoch bei Relevanz im jeweiligen Zusammenhang in den Fokus des Interesses gerückt werden.

389 *Schäfer* in Marsch-Barner/Schäfer, Hdb. börsennotierte AG, § 13 Rn 42; *Bürger* BKR 2004, 424, 425; *Diekmann/Sustmann* NZG 2004, 929, 931 f.; *von Falkenhausen/Widder* BB 2005, 225, 226; *Holzborn/Israel* WM 2004, 1948, 1951; *Koch* DB 2005, 267, 268; *Spindler* NJW 2004, 3449, 3451; *Cahn* Der Konzern 2005, 5, 11.

dieser Stelle vor und hat sie nicht vollkommen entfallen lassen, da bei der Erfüllung eines der zusätzlichen Merkmale der Blankettstrafnorm[390] des § 38 Abs. 1 Nr. 2 a-d[391], mithin bei den Primärinsidern, im Vergleich zu den Sekundärinsidern ein anderer Unrechtsgehalt vorliegt.[392] Zwar stellen Verstöße gegen das Verwendungsverbot sowohl für Primär- als auch für Sekundärinsider gem. § 38 Abs. 1 Nr. 1 eine Straftat dar, jedoch ist die vorsätzliche Nichtbeachtung des Weitergabe- oder des Empfehlungsverbotes für den Primärinsider gem. § 38 Abs. 1 Nr. 2 iVm § 39 Abs. 2 Nr. 3 oder Nr. 4 eine Straftat, während dessen der Sekundärinsider bei vorsätzlicher und leichtfertiger Handlungsweise gem. § 39 Abs. 2 Nr. 3 oder Nr. 4 „nur" ordnungswidrig handelt, was für den Primärinsider nur im Falle leichtfertigen Handelns ebenfalls gilt.

Hervorzuheben ist überdies § 38 Abs. 3, der in den Fällen des § 38 Abs. 1 – also auch bei Verstößen gegen das Verwendungsverbot durch Sekundärinsider – eine Versuchsstrafbarkeit einführt. Dies ist, wie der Gesetzgeber ausführt, vor dem Hintergrund geschehen, dass auch der versuchte Insiderhandel das Vertrauen in den Kapitalmarkt erschüttern und damit die Funktionsfähigkeit gefährden kann.[393] Weiterhin werden das Weitergabe- sowie das Empfehlungsverbot in die Versuchsstrafbarkeit einbezogen, was im Vergleich mit der MMR eine nicht unerhebliche Erweiterung durch den deutschen Gesetzgeber darstellt.[394] Immerhin sind Ausführungen zur Versuchsstrafbarkeit nur in Art. 2 MMR zu finden, der jedoch ausschließlich das Verwendungsverbot – oder in der Diktion der MMR „Nutzungsverbot" – behandelt. Ob dem deutschen Gesetzgeber diese Verschärfung überhaupt bewusst war, darf aufgrund dessen, dass sich bezüglich einer Erweiterung keine Andeutung findet, überdies der Gesetzgeber zur Einführung von § 38 Abs. 3 sogar nur ausführt, dass hiermit die das Verwendungsverbot betreffenden Art. 2 Abs. 1 S. 1 MMR und Art. 14 MMR umgesetzt würden,[395]

---

390 Die §§ 38, 39 werden als Blanketttatbestände bezeichnet, da sie auf die Verbots- und Gebotsnormen des WpHG verweisen und nur im Zusammenhang mit diesen den gesetzlichen Tatbestand ausformen, siehe *Vogel* in Assmann/Schneider, vor § 38 Rn 7; Schwark/*Zimmer* KMRK § 38 Rn 3.

391 Hingewiesen sei an dieser Stelle auf die auf Erwägungsgrund 14 und Art. 2 Abs. 1 Unterabs. 2 d MMR beruhende Neueinführung des § 38 Abs. 1 Nr. 2 d) (dazu *Schäfer* in Marsch-Barner/Schäfer, Hdb. börsennotierte AG, § 13 Rn 42), der auch diejenigen als Primärinsider ansieht, die auf Grund der Vorbereitung oder Begehung einer Straftat über Insiderinformationen verfügt, womit insbesondere Delikte nach den §§ 242 ff. StGB und §§ 201 ff. StGB gemeint sind (siehe BT-Drucks. 15/3174, S. 40). Diese Regelung ist vor dem Hintergrund des im Gegensatz zum Sekundärinsider vorliegenden höheren Unrechtsgehalts bei diesen Tätern als stringent zu bezeichnen.

392 Siehe BT-Drucks. 15/3174, S. 40; dazu *Holzborn/Israel* WM 2004, 1948, 1951; *Diekmann/Sustmann* NZG 2004, 929, 932; dazu auch *Kuthe* ZIP 2004, 883, 884.

393 BT-Drucks. 15/3174, S. 40; dazu *Bürgers* BKR 2004, 424, 425.

394 Siehe *Cahn* Der Konzern 2005, 5, 12.

395 BT-Drucks. 15/3174, S. 40.

mit Fug und Recht bezweifelt werden, ist de lege lata aber hinzunehmen. Strafrechtliche Konsequenzen sind somit beispielsweise auch bei der schriftlichen Weitergabe, die ihren Empfänger nicht erreicht, etwa wenn eine E-mail mit Insiderinformationen nicht ankommt oder vom Empfänger erst dann zur Kenntnis genommen wird, wenn die Information bereits öffentlich bekannt geworden ist, zu befürchten.[396] Im Ergebnis kann die Norm sich durchaus als sinnvolle Ergänzung der Strafbarkeit aus § 38 Abs. 1 entpuppen, entfaltet hierdurch das strafrechtliche Verbot doch eine noch weitergehende Abschreckungswirkung.[397] Sinnbildhaft steht sie aber auch für die energischen Bestrebungen des Gesetzgebers, das Anlegervertrauen durch erweiterte strafrechtliche Sanktionsmechanismen zurückzugewinnen, auch wenn im Einzelfall die zielgerichtete Intention bezweifelt werden kann. Die genannten Veränderungen führen nämlich zu Erweiterungen im Sanktionskatalog, obwohl von § 38 Abs. 1 als abstraktem Gefährdungsdelikt[398] bereits eine Vielzahl von Handlungen dem Anwendungsbereich der Norm unterworfen wird.

IX) Fazit

Die bisherigen Ausführungen konnten aufzeigen, dass das Recht nach AnSVG jedenfalls den maßgeblichen Bezugspunkt der insiderrechtlichen Vorschriften im Wortlaut umfangreich erneuert hat, wenn nunmehr in § 13 die sog. Insiderinformation verankert wurde. Allerdings geht mit der damit verbundenen Abkehr von der Insidertatsache keineswegs eine inhaltlich umwälzende Neujustierung einher. Vielmehr schreibt die Insiderinformation bei Subsumtion unter teilweise neu eingeführte Voraussetzungen im Ergebnis die bislang herrschende Meinung zur Ausgestaltung der Insidertatsache fest. Ein wirklich neuer Aspekt ist daher nur, dass Insiderinformationen sich im Recht nach AnSVG nunmehr auch auf zukünftige Umstände beziehen können, was § 13 Abs. 1 S. 3 verdeutlicht. Überdies schafft das neue Insiderrecht durch kleine Veränderungen einen Schutz vor Insiderhandel, der wenigstens im Vergleich zur Rechtslage vor AnSVG weniger Lücken aufweist. Dazu gehört u.a. auch, dass die in § 12 geregelten Insiderpapiere nunmehr zweifelsohne auch außerbörslich gehandelte Papiere sein können. Zudem hervorzuheben ist in § 13 der Wegfall der dort bislang aufgestellten persönlichen Anforderungen, für die sich der Begriff des Primärinsiders eingeschliffen hatte. In Zusammenschau mit dem Verbot von Insidergeschäften in §

396 Zu diesen Beispielen siehe *Cahn* Der Konzern 2005, 5, 12.

397 Im Ergebnis ebenso *Sethe* ZBB 2006, 243, 244, der die Versuchsstrafbarkeit nicht nur für verfassungsgemäß, sondern überdies auch generell für stimmig hält, da lediglich die Weitergabe durch den Primärinsider aufgrund des höheren Unrechtsgehalts mit Strafe bedroht ist.

398 Statt vieler zur Rechtslage vor AnSVG: Schwark/*Zimmer* KMRK § 38 Rn 4; nach AnSVG *Sethe* ZBB 2006, 243, 244; *Vogel* in Assmann/Schneider, § 38 Rn 2.

14, welches seine Einschlägigkeit nicht mehr von der Qualifikation als Primär- oder Sekundärinsider abhängig macht, ist dies eine maßgebliche Erweiterung des neuen Insiderrechts, da nun nunmehr jede Person dem Verbot von Insidergeschäften zuwider handeln kann, soweit nur eine Insiderinformation gem. § 13 vorliegt und eine der in § 14 missbilligten Verhaltensweisen vollzogen wird. Lediglich bei den zu verhängenden Sanktionen ist aufgrund des unterschiedlichen Unrechtsgehalts der Tatbegehung durch Primär- oder Sekundärinsider diese Differenzierung weiterhin aktuell. Die Relevanz der genannten Differenzierung zeigt sich in § 38 überdies bei der eingeführten Versuchsstrafbarkeit nach § 38 Abs. 3, welche für Primärinsider für alle von § 14 Abs. 1 missbilligten Verhaltensweisen in Betracht kommt, während für Sekundärinsider nur eine Versuchsstrafbarkeit im Hinblick auf § 14 Abs. 1 Nr. 1 existiert.

Von hoher Relevanz ist daneben die konkrete Ausgestaltung der von § 14 Abs. 1 erfassten Verhaltensweisen. So wurde in § 14 Abs. 1 Nr. 3 das Empfehlungsverbot um das Verleiten zum Erwerb oder zur Veräußerung von Insiderpapieren ergänzt, worunter die Beeinflussung des Willens des anderen durch beliebige Mittel zu verstehen ist. Dies erfasst auch das bisherige und weiterhin fortbestehende Empfehlungsverbot. Damit ist letzteres eigentlich überflüssig geworden, dennoch ist seine Nennung im neuen § 14 Abs. 1 Nr. 3 als unschädlich einzustufen. Die relevanteste Änderung des neuen Insiderrechts ist jedoch in der Abkehr vom Begriff des Ausnutzens in § 14 Abs. 1 Nr. 1 a.F. und gleichzeitiger Einführung des Verwendens im neuen § 14 Abs. 1 Nr. 1 zu sehen. Es konnte bereits aufgezeigt werden, dass aufgrund verschiedener Aspekte damit bewusst auf die Absicht, einen Sondervorteil zu ziehen, verzichtet wurde. Nunmehr ist allein entscheidend, inwieweit ein Ursächlichkeitszusammenhang zwischen Insiderinformation und dem Erwerb oder der Veräußerung von Insiderpapieren besteht. Aufgrunddessen, dass die Filterfunktion des subjektiven Merkmals nunmehr komplett entfällt, kann bereits an dieser Stelle trotz relativer Abstraktheit der bisherigen Ausführungen eine erhebliche Erweiterung von § 14 Abs. 1 Nr. 1 festgestellt werden. Die tatsächliche Bedeutung gilt es sogleich in bestimmten Konstellationen durchzuspielen, so dass gleichzeitig eine Überprüfung der Praxistauglichkeit vorgenommen werden kann. Dabei wird besonderes Augenmerk darauf zu legen sein, in welchen Fällen die Einschlägigkeit des Verwendungsverbots tatsächlich notwendig ist und welche Mechanismen existieren, um eine formale Einschlägigkeit dennoch zu hindern.

Ein derartiger Praxisabgleich ist überdies mit den sonstigen bereits genannten Merkmalen ebenfalls durchzuführen. Dabei wird u.a. auch die Unbefugtheit gem. § 14 Abs. 1 Nr. 2 trotz unveränderten Normtextes nach AnSVG auf den Prüfstand gestellt, da möglicherweise die sonstigen Veränderungen auf sein Verständnis Auswirkungen zeitigen. Ausgeblendet werden soll hingegen zunächst der in der Ausnahme-VO für gewisse Konstellationen verankerte Safe

Harbor. Nicht nur seine generelle Sinnhaftigkeit durfte bezweifelt werden, gerade auch die dargelegten tatbestandlichen Ungenauigkeiten würden ohne zusätzlichen Erkenntnisgewinn die weitere Abhandlung nur unnötig verkomplizieren.

B. Auswirkungen der Änderungen des Insiderhandelsverbots auf den M&A-Bereich

I) Überblick

Konsolidierungsbedarf und die Aussicht auf erhebliche Synergieeffekte treiben Unternehmen und deren Entscheider ständig an, Fusionsmöglichkeiten zu prüfen und im Falle positiver Aussichten auch durchzuführen. Zukünftig werden etliche Unternehmen vor die Frage gestellt sein, welche Maßnahmen sie vor dem Hintergrund des veränderten Verbots des Insiderhandels noch ergreifen dürfen und wo der Bereich anfängt, in dem sie sich mit dem Gesetz in Widerspruch setzen. Die Veränderungen durch das AnSVG machen es daher nötig, den M&A-Bereich mitsamt der hierfür so wichtigen due diligence näher zu beleuchten. Schließlich entstehen bei M&A-Transaktionen typischerweise insiderrechtliche Konflikte, so dass von den 1450 von der BaFin durchgeführten Insideranalysen im Jahr 2005 75 % auf M&A-Transaktionen entfielen.[399] Ziel dieses Abschnitts ist es daher, die durch den Gesetzgeber geschaffene Lage vor diesem Hintergrund zu analysieren und deren Schwächen bzw. Lücken zu offenbaren. Dabei sollen, soweit es im Rahmen einer wissenschaftlichen Ausarbeitung generell überhaupt möglich ist, die Bedürfnisse der Praxis nicht aus den Augen verloren werden.

II) Reichweite der Untersuchung

Bevor sich der sedes materiae zu widmen ist, gilt es einen Gedankenschritt vorzuschalten. Unternehmensübernahmen können schließlich auf unterschiedliche Art und Weise durchgeführt werden, was für die Reichweite der folgenden Untersuchung aufgrund nur begrenzter Geltung der insiderrechtlichen Vorschriften von erheblicher Relevanz ist.

Im Grundsatz bieten sich zwei Arten von Übernahmen an, wenn das Unternehmen in der Rechtsform einer Gesellschaft betrieben wird: Zum einen kommt die Abwicklung mittels „share deal" in Betracht, bei dem die Gesellschaftsanteile erworben werden;[400] zum anderen ist es auch möglich, den Inbegriff des Unternehmens, welcher sich aus Sachen, Rechten und sonstigen Gütern (beispielsweise Geschäfts- und Kundenbeziehungen, good will) zusammensetzt, zu erwerben, wobei dann die einzelnen Vermögensgegenstände des Unternehmens übertragen

399 Siehe Jahresbericht 2005 der BaFin, S. 155.

400 *Berger* in Jauernig § 453 BGB Rn 12; *Elser* DStR 2002, 1827, 1827; Bamberger/Roth/*Faust* § 453 BGB Rn 21; vgl. auch *Kort* in Ebenroth/Boujong/Joost § 343 HGB Rn 25; *Klein-Blenkers* NZG 2003, 903, 903; *Weitnauer* NJW 2002, 2511, 2512.

werden, sog. „asset deal“.[401] Ein derartiger asset deal lässt sich durch eine präakquisitorische Umstrukturierung (z.B. Formwechsel) der Zielgesellschaft mit anschließender Veräußerung des aus der Umstrukturierung entstandenen Einzelunternehmens bzw. der Anteile an der Personengesellschaft darstellen.[402]

Für die vorliegende Untersuchung ist diese Differenzierung insoweit bedeutend, als dass bereits durch den Titel eine Einschränkung auf insiderrechtlich konfliktträchtige Konstellationen vorgegeben wird. Diese sind lediglich beim „share deal“ denkbar, da hier Gesellschaftsanteile gekauft bzw. verkauft werden und diese Anteile als Insiderpapiere im Sinne von § 12 einzustufen sind.[403] Grundlegend anders ist die Situation beim „asset deal“, in dessen Rahmen gerade keine Insiderpapiere erworben, sondern die Einzelwirtschaftsgüter eines Unternehmens an den Erwerber übertragen werden. Es ist daher nicht denkbar, dass der Erwerb eines Unternehmens im Wege des „asset deal“ mit dem Verbot des Insiderhandels, wie es in § 14 normiert ist, in Konflikt geraten kann.[404] Nachfolgende Darstellung hat also immer die Situation des „share deal“ vor Augen.

III) Außerbörslicher versus börslicher Handel im M&A-Bereich

Verkompliziert wird die angestrebte Untersuchung dadurch, dass der eben angesprochene „share deal“ ebenfalls grundsätzlich auf zwei Arten vollzogen werden kann: Zum einen kann sich der Erwerbsinteressent entscheiden, Aktien in einem sog. face-to-face Geschäft zu erwerben. Darunter sind Transaktionen zu verstehen, die unmittelbar zwischen den Parteien auf einem außerbörslichen (*OTC – Over The Counter*) Markt erfolgen.[405] Zum anderen ist für die Abwicklung eines share deal natürlich auch der Weg über die Börse denkbar.

Zunächst drängt sich daher die Frage auf, wie der außerbörsliche und börsliche Handel zu unterscheiden sind. Vorliegend soll der Begriff der Börse über das maßgebliche Kriterium der Systemgebundenheit im Sinne der Zentralisierung

---

401 Dazu insbesondere wiederum *Berger* in Jauernig § 453 BGB Rn 12; vgl. aber auch *Huber/Faust* Schuldrechtsmodernisierung 2002, 3. Teil, Kapitel 16, I. Rn 4; Bamberger/Roth/*Faust* § 453 BGB Rn 21; *Hopt* in Baumbach/Hopt HGB Einleitung vor § 1 Rn 44; *Kort* in Ebenroth/Boujong/Joost § 343 HGB Rn 25; *Klein-Blenkers* NZG 2003, 903, 903; *Weitnauer* NJW 2002, 2511, 2512; *Elser* DStR 2002, 1827, 1827; *Kiethe* NZG 1999, 976, 978.

402 Vgl. nur *Elser* DStR 2002, 1827, 1827.

403 Ausführlich zum Verständnis des Insiderpapiers iSv § 12 siehe Teil 2, A.II).

404 So auch *Grothaus* ZBB 2005, 62, 64. Dies ist nicht mit der Einschlägigkeit der Ad-hoc-Publizitätspflicht zu verwechseln, die trotz Akquisition mittels asset deal beispielsweise für eine börsennotierte Käufergesellschaft eingreifen kann, ausführlich zu diesen Problemen in Teil 3, B.

405 *Assmann* in Assmann/Schneider, § 14 Rn 42; *Cahn* Der Konzern 2005, 5, 7 f.; dazu auch *Hammen* WM 2004, 1753 ff.

der Geschäftsabschlüsse in einem System einer Abgrenzung zum außerbörslichen Bereich zugeführt werden. Dies ist inzwischen als h.M. anzusehen, können doch nur auf diese Art und Weise technologische Fortschritte Berücksichtigung finden.[406] Diejenigen, die weiterhin vor allem am überkommenen Merkmal der Ortsgebundenheit des börslichen Handels festhalten und somit beispielsweise den Xetra-Handel als außerbörslich bezeichnen,[407] tragen der notwendigen Weiterentwicklung der Börse in einem sich verändernden Umfeld nicht ausreichend Rechnung. Daher wird im Rahmen der vorliegenden Arbeit der Handel über Xetra, der alsbald noch eine Rolle spielen soll,[408] als börslich betrachtet.[409]

Entscheidungsrelevant für die Weichenstellung „börsliche versus außerbörsliche Abwicklung" von Unternehmensübernahmen ist, welche Vor- bzw. Nachteile sich mit der jeweiligen Wahl verbinden; den Erwerbsinteressenten wird also insbesondere eine an marktwirtschaftlichen Grundsätzen orientierte Kosten-Nutzen-Rechnung interessieren. Maßgeblich für diese Überlegungen ist insbesondere die Größe des Aktienpakets.

Beachtenswert ist auf der einen Seite der sog. Pakethandel, bei dem, als Sonderform von Großtransaktionen, Gegenstand der Veräußerung eine Menge von Aktien ist, die für den Erwerb einer mehrheitlichen oder minderheitlichen Kontrolle hinreichen,[410] mithin der Investor strategische Interessen mit dem Erwerb verbindet.[411] Diese Art des Geschäfts muss vom sog. Blockhandel (Block Trade) abgegrenzt werden, unter dem man Transaktionen nicht-kontrollrelevanter Beteiligungen an einem Unternehmen versteht.[412] Ohne bereits an dieser Stelle die Abgrenzung in concreto weiterverfolgen zu wollen, ist für das Verständnis wichtig und muss mithin festgehalten werden, dass Paket- und Blockhandel in

---

406 *Beck* WM 1998, 417, 418; *Kümpel* WM 1990, 45, 47; *Franke* in Assmann/Schütze, Hdb Kapitalanlagerecht, 2. Aufl., § 2 Rn 10 ff.; Schwark/*Beck* KMRK § 1 BörsG Rn 2; siehe auch BT-Drucks. 11/4177, S. 10; ausführlich zum Einfluss von Informationstechnologie auf die Organisation von Wertpapiermärkten *Picot/Bortenlänger/Röhrl,* Börsen im Wandel, 1996.

407 *Claussen,* Bank- und Börsenrecht, § 9 Rn 213.

408 Dazu Teil 2, B.V).

409 Siehe dazu auch das Selbstverständnis der Deutsche Börse Group unter http://deutsche-boerse.com (2.10.2005); *Beck* WM 1998, 417, 418; *Hammen* WM 2004, 1753, 1759; *Lenenbach* Kapitalmarkt- und Börsenrecht Rn 3.48; *Hopt/Baum* in Hopt/Rudolph/Baum, Börsenreform, S. 429 ff.

410 *Hammen* WM 2004, 1753, 1755; *Liersch,* Blockhandel, S. 30; *Schlitt/Schäfer* AG 2004, 346, 347; *Gerke,* Börsenlexikon, S. 30 zu „Aktienpaket".

411 *Schlitt/Schäfer* AG 2004, 346, 347; *Liersch,* Blockhandel, S. 30 f.; *Schmidt-Diemitz* DB 1996, 1809, 1810; vgl. auch *Assmann* in Assmann/Schneider, § 14 Rn 167 f.

412 Siehe *Hammen* WM 2004, 1753, 1755; *Liersch,* Blockhandel, S. 30 f.; ebenso *Schlitt/Schäfer* AG 2004, 346, 347; anders hingegen *Wastl* NZG 2000, 505, 506, der Pakethandel und Blockhandel eher als Synonyme versteht.

dem Sinne eine Gemeinsamkeit haben, dass der in ihrem Rahmen gehandelte Umfang von Aktien erheblich über den üblichen Zahlen im normalen Börsenverkehr liegt. Hieraus ergibt sich für die börsliche Erledigung dieser Geschäfte jedoch ein schwerwiegendes Problem: Gerade aufgrund der Größe der Aufträge würden im allgemeinen Börsenhandel Teilausführungen notwendig, die den Preis in unerwünschter Weise nach oben oder unten beeinflussen würden (market impact).[413] Diese adversen Preiseffekte hängen entscheidend von der zeitlichen Komponente ab, die beim Verkauf der Beteiligung im Zuge eines Block Trades im Allgemeinen auf einen Tag, oftmals sogar wenige Stunden beschränkt wird, um dadurch die genannten negativen Preiseffekte weitestmöglich zu vermeiden.[414] Aufgrund des größeren Volumens beim Pakethandel ist die Situation hinsichtlich der eben beschriebenen Effekte bei diesem sogar noch in verschärfter Form vorzufinden. Zur gänzlichen Vermeidung eines derartigen Risikos bietet somit die außerbörsliche Abwicklung zunächst klare Vorteile.

Nicht übersehen werden darf jedoch, dass an der Frankfurter Wertpapierbörse für größere Orders mit dem Xetra XXL[415] eine eigens geschaffene Handelsplattform zur Verfügung steht.[416] Diese ist vergleichbar mit dem „upstairs market"[417] an der New York Stock Exchange. Zielsetzung dieses Konzepts ist der effizientere, transparentere und kostengünstigere Handel mit großen Aktienblöcken als im OTC-Handel durch Verwendung eines geschlossenen Orderbuchs, welches die angesprochenen negativen Preiseffekte ausschließen soll, und durch Konzentration der Liquidität auf Xetra XXL, wodurch die Suchkosten der Teilnehmer im Vergleich zum OTC reduziert würden.[418]

Zu konstatieren ist jedoch, dass der außerbörsliche Handel aufgrund der erhöhten Diskretion[419] auch weiterhin in nicht unerheblichem Umfang praktiziert wird. Eine wichtige Rolle für die Wahl der Abwicklung der Geschäfte im außerbörslichen Bereich spielt dabei auch die Möglichkeit der Kostenreduzierung durch Umgehung der Börse, namentlich im Bereich der Provisionen, der Trans-

---

413 *Hopt/Baum* in Hopt/Rudolph/Baum, Börsenreform, S. 431; *Schlitt/Schäfer* AG 2004, 346, 347; *Hammen* WM 2004, 1753, 1756; *Wastl* NZG 2000, 905, 913.

414 *Stenzel,* Außerbörslicher Aktienhandel, Teilbd. I, S. 45; *Schlitt/Schäfer* AG 2004, 346, 346.

415 Eingeführt am 2.3.2001; die Rechtsgrundlage findet sich in § 41 Abs. 2 S. 2 FWB BörsO.

416 Dazu *Hammen* WM 2004, 1753, 1756; *Schlitt/Schäfer* AG 2004, 346, 347.

417 Zum Ablauf des Handels an diesem Markt vgl. *Stenzel,* Außerbörslicher Aktienhandel, Teilbd. I, S. 48.

418 Siehe Informationen der Deutsche Börse Group, abrufbar unter http://deutsche-boerse.com (2.10.2005); dazu auch *Lenenbach* Kapitalmarkt- und Börsenrecht, Rn 3.48.

419 Vgl. dazu *Wastl* NZG 2000, 505, 513; zum Befund der erhöhten Diskretion *Liersch,* Blockhandel, S. 140; zum Ausbleiben des Erfolgs von Xetra XXL siehe bereits *Neubacher* Börsen-Zeitung v. 14.6.2002.

aktionssteuern,[420] der an die Börse abzuführenden Gebühren[421] oder auch der Kosten der Sicherung gegen Transaktionsrisiken.[422]

Auf das Problem der Zersplitterung des Marktes durch die Schaffung des Handelssegments Xetra XXL, welches sich zwar hinsichtlich der Preisfeststellung an die im Hauptmarkt ermittelten Preise anlehnt, jedoch ihrerseits die Preise im Hauptmarkt nicht zu beeinflussen vermag,[423] sei hier zunächst nur hingewiesen; es ist aber später wieder aufzugreifen.[424]

Der eingangs angesprochene Vergleich der Vor- und Nachteile zwischen dem börslichen und dem außerbörslichen Handel wird in der Praxis bislang mit dem Ergebnis einer überwiegenden Zuwendung zur außerbörslichen Abwicklung dieser Geschäfte angestellt.

Im Sinne einer Orientierung dieser Arbeit an den tatsächlichen Gepflogenheiten soll die Untersuchung mit der Beleuchtung der außerbörslichen Handelsaktivitäten im M&A-Bereich nach due diligence beginnen. Dies soll jedoch nicht den Eindruck erwecken, dass sich die grundlegenden insiderrechtlichen Probleme im börslichen Bereich neu stellen werden. Wie noch zu zeigen sein wird, wird oftmals auf die gefundenen Ergebnisse zurückgegriffen werden können. Inwieweit im Detail Korrekturen aufgrund der Besonderheiten beim börslichen Handel vorzunehmen sind, ist eigens zu erörtern.

IV) Die Konformität der due diligence im Rahmen von M&A-Transaktionen mit dem Verbot des Insiderhandels bei face-to-face Geschäften

1) Geltung des Insiderrechts im Rahmen von face-to-face Geschäften

Zweifel hinsichtlich der Anwendbarkeit des WpHG auf face-to-face Geschäfte könnten daraus erwachsen, dass das Gesetz in § 1 auf den „Handel" mit Finanzinstrumenten beschränkt ist, was nach alter und neuer Rechtslage gleichermaßen

---

420 Zu Transaktionssteuern und ihren Auswirkungen auf die Börsenplätze siehe *Stenzel,* Außerbörslicher Aktienhandel, Teilbd. I, S. 119.

421 Berechnet werden 2 Basispunkte Gebühren bis maximal 1000 €, siehe *Schlüter,* Börsenhandelsrecht, S. 535 mit Fn. 835.

422 Ausführlich zu den einzelnen Punkten *Stenzel,* Außerbörslicher Aktienhandel, Teilbd. I, S. 101 ff.; allgemeiner dazu auch *Schlitt/Schäfer* AG 2004, 346, 347.

423 *Schlitt/Schäfer* AG 2004, 346, 347; Schwark/*Beck* KMRK § 24 BörsG Rn 19; *Hammen* AG 2001, 549, 561; *Liersch,* Blockhandel, S. 139 f.

424 Siehe Teil 2, B.V).

gilt.[425] Vor Inkrafttreten des AnSVG wurde daher teilweise bereits vertreten, dass in dem Wortlaut des § 1 durch den deutschen Gesetzgeber ein stillschweigendes Gebrauchmachen von der Ermächtigung des Art. 2 Abs. 3 S. 2 der Insiderrichtlinie 89/592/EWG lag, eine Ausnahme für solche Transaktionen vorzusehen, die ohne Einschaltung eines Berufshändlers erfolgten, weil hier kein „Handel" im juristischen Sinne vorliege.[426] Die Frage nach der Zulässigkeit einer derartigen Auslegung ist aber durch Art. 9 MMR hinfällig, wonach die Richtlinie für jedes zum Handel auf einem geregelten Markt zugelassene Finanzinstrument gilt, „unabhängig davon, ob das Geschäft selbst tatsächlich auf diesem Markt getätigt wird oder nicht". Grundsätzliche Bedenken hinsichtlich der Anwendbarkeit des Insiderrechts bestehen somit nicht.

2) Die due diligence in der deutschen Rechtswirklichkeit

Der zentrale Punkt für die Entstehung kapitalmarktrechtlicher Schwierigkeiten liegt in der im Rahmen von M&A-Transaktionen durchgeführten sog. due diligence. Hinter diesem aus dem US-amerikanischem Recht stammenden Begriff ist die vorbereitende, gründliche Prüfung des oder der beteiligten Unternehmen im Rahmen von Unternehmenskauf und Pakethandel, aber auch Börseneinführung, Fusion und Sanierung, zu verstehen.[427] Das vorwiegende Ziel ist dabei die Durchleuchtung des Zielunternehmens in wirtschaftlicher, finanzieller, rechtlicher und steuerlicher Hinsicht.[428] Dementsprechend sind die Hauptaufgaben in der Gewährleistungsfunktion, Risikoermittlungsfunktion, Wertermittlungsfunktion und Dokumentations- und Beweissicherungsfunktion zu sehen.[429] Die Bedeutung der ersten Funktion relativiert sich im deutschen Recht im Gegensatz

---

425 *Cahn* Der Konzern 2005, 5, 8; zur Beurteilung des Problems vor dem AnSVG auch *Assmann/Cramer* in Assmann/Schneider, 3. Aufl., § 14 Rn 28; *Hammen* WM 2004, 1753, 1753 ff.

426 So *Hammen* WM 2004, 1753, 1759; a.A. *Assmann/Cramer* in Assmann/Schneider, 3. Aufl., § 14 Rn 28; *Irmen* in BuB Rn 7/729; *Assmann* AG 1994, 237, 248 f.

427 Siehe *Körber* NZG 2002, 263, 263, der darauf hinweist, dass der Begriff ursprünglich einen haftungsrechtlichen Verhaltensstandard beschrieb; dazu auch *Werner* ZIP 2000, 989, 989 f.; zum heutigen Verständnis u.a. *Wegmann/Koch* DStR 2000, 1027, 1027; *Loges* DB 1997, 965, 965.

428 *Körber* NZG 2002, 263, 264; *Rittmeister* NZG 2004, 1032, 1032; *Stoffels* ZHR 165 (2001), 362, 363; *Hasselbach* NZG 2004, 1087, 1087; dazu und zu sonstigen mit der due diligence verbundenen Nebenzwecken *Krüger/Kalbfleisch* DStR 1999, 174, 175 ff.; *Schanz,* Börseneinführung, S. 239; *Fleischer/Körber* BB 2001, 841, 841 ff.

429 *Körber* NZG 2002, 263, 264; *Fleischer/Körber* BB 2001, 841, 842; *Kiethe* NZG 1999, 976, 977 f.; *Rittmeister* NZG 2004, 1032, 1032; ausführlich *Eggenberger,* Voraussetzungen und Folgen einer due diligence Prüfung, S. 55 ff. sowie *Kusche,* Zulässigkeit der Durchführung einer due diligence, S. 33 ff.

zur US-amerikanischen Rechtsordnung, in der der „caveat emptor“[430]-Grundsatz gilt, dadurch, dass in Deutschland dem Erwerber das Mängelrisiko grundsätzlich gerade nicht auferlegt wird.[431] Dennoch ist die Relevanz der due diligence im deutschen Rechtskreis, nicht zuletzt wegen der verbleibenden Funktionen, nicht zu unterschätzen; sie führt sogar zu der Feststellung, dass die due diligence auch hierzulande klar auf dem Vormarsch ist.[432] Die gleich noch zu erörternden kapitalmarktrechtlichen Schwierigkeiten können also nicht derart gelöst werden, dass man die due diligence als Ganzes in Frage stellt oder sie als überflüssig abtut; dies ginge klar an den Gepflogenheiten der Praxis vorbei.[433] Vielmehr muss ein Ausgleich mit den Normen des Insiderrechts gefunden werden, um die in Betracht kommenden Konflikte mit dem Weitergabeverbot des § 14 Abs. 1 Nr. 2 und mit dem Verbot der Verwendung von Insiderinformationen nach § 14 Abs. 1 Nr. 1 einer praxistauglichen Lösung zuzuführen.

3) Das Weitergabeverbot und die Offenlegung von Insiderinformationen durch den Emittenten im Rahmen des Erwerbs vom Emittenten

Grundvoraussetzung für eine due diligence-Prüfung ist, dass dem möglichen Erwerbsinteressenten Informationen über das Unternehmen offengelegt werden. Über die Zulässigkeit und die Voraussetzungen aus aktienrechtlicher Sicht an die in § 93 Abs. 1 S. 3 AktG normierte Verschwiegenheitspflicht im Spannungsfeld zur Offenlegung von Informationen durch eine due diligence ist viel geschrieben worden.[434] Dies soll vorliegend nicht nochmals vertieft aufgegriffen

430 Wörtlich übersetzt: Ausschluss der Gewährleistung.

431 Siehe dazu *Rittmeister* NZG 2004, 1032, 1032; *Körber* NZG 2002, 263, 264, MüKoBGB/*Westermann* § 453 Rn 58 ff.; ebenso *Westermann* ZHR 169 (2005), 248, 264; ausführlich *Fleischer*, Informationsasymmetrie im Vertragsrecht, 2001, S. 821 ff., 899 ff.

432 *Körber* NZG 2002, 263, 264, *Marten/Köhler*, Finanz Betrieb 1999, 337, 342, wonach der Verbreitungsgrad zwischen 47,37% für die environmental due diligence bis hin zu 93,53% für die financial due diligence liegt; auf *Marten/Köhler* bezugnehmend auch *Fleischer/Körber* BB 2001, 841, 846; zum Verbreitungsgrad siehe auch *Berens/Strauch* WPg 2002, 511, 516 ff., nach deren Studie eine due diligence jedenfalls bei börsennotierten Aktiengesellschaften in über 80% der Fälle durchgeführt wurde, der Verbreitungsgrad der einzelnen Form der due diligence aber stark zwischen 43,6% (environmental) und 94,7% (financial & tax) divergiert.

433 Ähnlich *Kiethe* NZG 1999, 976, 981.

434 Siehe dazu *Stoffels* ZHR 165 (2001), 362, 371 ff.; *Körber* NZG 2002, 263, 266 f.; *Kiethe* NZG 1999, 976, 978 f.; *Bihr* BB 1998, 1198, 1198 f.; *Fleischer* ZIP 2002, 651, 651 f.; *Linker/Zinger* NZG 2002, 497, 499 f.; *Ziegler* DStR 2000, 249, 252 f.; *Schroeder* DB 1997, 2161, 2161 ff.; *Zumbansen/Lachner* BB 2006, 613; *Kusche*, Zulässigkeit der Durchführung einer due diligence, S. 85 ff.; allgemein zur Schweigepflicht *Mertens* in Kölner Komm § 93 Rn 75 ff.; MünchKommAktG/*Hefermehl/Spindler* § 93 Rn 43 ff., insbes. Rn 63.

werden. Zwar wird teilweise § 93 Abs. 1 S. 3 AktG als ganz maßgebliche Richtschnur für die Frage der insiderrechtlichen Zulässigkeit der Weitergabe von Informationen herangezogen,[435] doch soll im Rahmen dieser Ausarbeitung primär die insiderrechtliche Dimension der Weitergabe beleuchtet und diese nicht gleichsam akzessorisch zu den Fragen des Aktienrechts behandelt werden. Allerdings ist damit nicht ausgeschlossen, dass auf Erkenntnisse, die bei der Diskussion von § 93 Abs. 1 S. 3 AktG gewonnen wurden, zurückgegriffen wird. Eine allzu weite Anknüpfung an das Aktienrecht kann indes bereits vor dem Hintergrund der unterschiedlichen Funktionen der Normen des Aktiengesetzes und des Wertpapierhandelsgesetzes nicht überzeugen: So schützt § 93 AktG die Geschäftssphäre des Unternehmens,[436] während im Insiderrecht deutlich der Funktionenschutz des Kapitalmarktes im Vordergrund steht.[437]

Die Betrachtung nähert sich daher unter insiderrechtlichem Blickwinkel den spezifischen Problemen zunächst unter Ausblendung besonderer Konstellationen wie der Einschaltung von Beratern und konzentriert sich auf den einfachsten Grundfall, der Weitergabe von Insiderinformationen an den Käufer durch den Emittenten im Rahmen des Erwerbs von letzterem.

a) Allgemeine Konkretisierung der „Unbefugtheit"

Ein Verstoß gegen § 14 Abs. 1 Nr. 2 kann dem Vorstand der Zielgesellschaft bei Weitergabe von Informationen im Rahmen einer due diligence aber nur dann vorgeworfen werden, wenn die Weitergabe „unbefugt" im Sinne der Norm geschieht. Die Konkretisierung dieses Merkmals im Rahmen des Themenkomplexes „due diligence" kann jedoch erst erfolgen, wenn hinterfragt ist, in welcher Art und Weise es vor dem Inkrafttreten des AnSVG zu verstehen war und ob sich insoweit Änderungen ergeben haben.

Zur Konkretisierung der Unbefugtheit bedurfte es bislang der Abwägung zwischen den Zielen des Insiderrechts, nämlich die Zahl möglicher Insider präventiv auf ein Minimum zu beschränken, um die Erzielung von Sondervorteilen zu unterbinden[438], und den Funktionserfordernissen rechtlicher und wirtschaftlicher Institutionen.[439] Als Abwägungsgrundlage konnte hierfür bisher auf Art. 3 a) der

---

435 Siehe Schwark/*Schwark*, KMRK, § 14 Rn 41.

436 *Mertens* in Kölner Komm zum AktG, § 93 Rn 75 ff.; MünchKommAktG/*Hefermehl/Spindler* § 93 Rn 43 ff.

437 Richtige Differenzierung insofern bei *Tippach,* Insider-Handelsverbot, S. 79; zum Funktionenschutz des Insiderrechts bereits oben Teil 1, A.

438 *Assmann/Cramer* in Assmann/Schneider, 3. Aufl., § 14 Rn 48; *Kümpel* Bank- und Kapitalmarktrecht Rn 16.193; *Caspari* ZGR 1994, 530, 545; siehe auch *Assmann* AG 1994, 237, 247.

439 *Assmann/Cramer* in Assmann/Schneider, 3. Aufl., § 14 Rn 48; *Irmen* in BuB Rn 7/735; *Schäfer* in Schäfer § 14 Rn 21; *Singhof* ZGR 2001, 146, 153; siehe auch Schwark/

EG-Insiderrichtlinie zurückgegriffen werden, wonach keine Verletzung des Weitergabeverbots vorliegen soll, wenn Informationen an Dritte weitergegeben werden und dies im normalen Rahmen der Ausübung einer Arbeit, eines Berufs oder einer Aufgabe erfolgt.[440] Diese Abwägungsgrundlage wurde vom EuGH in jüngerer Vergangenheit dahingehend konkretisiert, dass die Weitergabe einer Insiderinformation nur dann gerechtfertigt ist, wenn sie für die Ausübung einer Arbeit oder eines Berufes oder die Erfüllung einer Aufgabe unerlässlich ist und den Grundsatz der Verhältnismäßigkeit beachtet, da jede zusätzliche Weitergabe die Gefahr vergrößern kann, dass Insiderinformationen in einer den Zielen der Richtlinie zuwiderlaufenden Art und Weise ausgenutzt werden.[441] Diese eher restriktive Interpretation entspricht im Ergebnis der bereits bislang im Rahmen der Befugnis im deutschen Recht angestellten Abwägung, die anders als die in der Tendenz offene und somit weitgehendere Abwägungsgrundlage der EG-Insiderrechtlinie die Gefahren der Weitergabe bereits deutlich herausstellte.

Dieses Verständnis des Merkmals unbefugt hat sich auch in Art. 3 a) MMR nicht geändert. Daran anschließend hat der deutsche Gesetzgeber zum Ausdruck gebracht, dass die jetzige Nr. 2 der Norm des § 14 Abs. 1 Nr. 2 a.F. entspricht.[442] Der Emittentenleitfaden der BaFin lässt keine andere Deutungsweise zu.[443]

Dennoch finden sich in der Literatur nach AnSVG Stimmen, die das Merkmal unbefugt nunmehr anders ausgestalten möchten. Ehe sich diesen Erwägungen zu widmen ist, sei vorausgeschickt, dass derartige Meinungen teilweise auch zum alten Recht vertreten wurden. Demnach sollte die Befugnis als Ergebnis der Abwägung bereits beim Vorliegen von vernünftigen Gründen gegeben sein, sofern der Informationsempfänger einer gesetzlichen oder vertraglichen Verschwiegenheitspflicht unterlag.[444] Dies wurde jedoch zum einen dem präventiven Zweck des Weitergabeverbots des § 14 Abs. 1 Nr. 2 nicht gerecht, der darin zu sehen war und ist, die Weitergabe sensiblen Wissens möglichst weitgehend einzuschränken, um Verstößen gegen das Insiderhandelsverbot bereits auf die-

---

Schwark KMRK § 14 Rn 31; *Schäfer* in Marsch-Barner/Schäfer, Hdb. börsennotierte AG, § 13 Rn 49; *Frisch* in Derleder u.a., Hdb. zum deutschen und europäischen Kapitalmarktrecht, § 46 Rn 48; siehe auch *Stoffels* ZHR 165 (2001), 362, 380; fälschlicherweise ausschließlich auf das Unternehmensinteresse abstellend *Borsch* DB 2005, 2175, 2176.

440 Siehe dazu Art. 3 a) der EG-Insiderrichtlinie; *Assmann* in Assmann/Schneider, § 14 Rn 73; insbesondere den Charakter als Abwägungsgrundlage hervorhebend *Liekefett,* Due diligence bei M&A-Transaktionen, S. 171.

441 EuGH Urt. v. 22.11.2005 – Rs. C-384/02 WM 2006, 612, 615.

442 BT-Drucks. 15/3174, S. 34.

443 Emittentenleitfaden der BaFin vom 15.7.2005, S. 31 f.

444 So aber *Götz* DB 1995, 1949, 1950; ablehnend Schwark/*Schwark* KMRK § 14 Rn 32; weiterhin ablehnend *Assmann* in Assmann/Schneider, § 14 Rn 75; ebenso Emittentenleitfaden der BaFin vom 15.7.2005, S. 31.

sem Wege entgegenzuwirken.[445] Ebenso wie bei der diametralen Ansicht, die Befugnis zur Weitergabe sei nur bei zwingender Erforderlichkeit zu bejahen,[446] wurde der Abwägungsmaßstab mithin zu sehr in eine Richtung verschoben. Zum anderen führte das Erfordernis einer gesetzlichen oder vertraglichen Verschwiegenheitspflicht zu keiner effektiveren Gewährleistung des insiderrechtlichen Weitergabeverbots, da jedenfalls der Primärinsider als Informationsempfänger bereits der nach § 14 Abs. 1 Nr. 2 strafbewehrten Pflicht zur Verschwiegenheit unterlag und eine zusätzliche vertragliche Verschwiegenheitspflicht insoweit bereits vor AnSVG als überflüssig anzusehen war.[447]

Trotz dieser Erwägungen meinen *Rodewald/Tüxen,* dass mit der Neufassung des WpHG an Berufsträger alle Informationen weitergegeben werden können, da diese gesetzlich zur Verschwiegenheit verpflichtet sind, und darüber hinaus die Weitergabe auch an Dritte ohne insiderrechtliche Konsequenzen erfolgen könne, sofern diese im Rahmen einer Vereinbarung zur Verschwiegenheit verpflichtet sind.[448] Eine Begründung für diese Ansicht lassen die Autoren vermissen. Ein derartiges Verständnis von § 14 Abs. 1 Nr. 2 widerspricht jedoch nicht nur der oben bereits angeführten Gesetzesbegründung, sondern ist ohnehin auch weiterhin nicht mit dem bereits angebrachten telos der Vorschrift in Einklang zu bringen, denn das in § 14 normierte Verbot von Insidergeschäften gebietet eine möglichst eingeschränkte Informationsweitergabe. Letztere wäre aber gerade nicht mehr gewährleistet, wenn die vertragliche Vereinbarung einer Verschwiegenheitspflicht ausreichte, um nicht mit § 14 Abs. 1 Nr. 2 in Konflikt zu geraten. Aber auch die oben bereits angeführte Erwägung, dass die vertragliche Verschwiegenheitspflicht für die Gewährleistung der Verschwiegenheit nicht notwendig ist, weil bereits der Informationsempfänger ebenfalls den Beschränkungen des § 14 Abs. 1 Nr. 2 unterliegt, gewinnt nach geänderter Rechtslage zusätzlich an Gewicht. Auf Tatbestandsseite ist die Differenzierung zwischen Primär- und Sekundärinsider nämlich aufgehoben,[449] so dass nun jedermann, der gleichwie Kenntnis von einer Insiderinformation erlangt hat, Adressat des insider-

---

445 Siehe bereits oben unter Teil 2, A.VI)1); vgl. Schwark/*Schwark* KMRK § 14 Rn 32; *Kümpel* Bank- und Kapitalmarktrecht Rn 16.180 ff.; *Assmann* AG 1994, 237, 256.

446 Zu diesem Ansatz siehe *Assmann* AG 1994, 237, 247; *Lücker,* Straftatbestand des Missbrauchs von Insiderinformationen, S. 111 ff., 113; ablehnend jedoch bereits *Assmann/Cramer* in Assmann/Schneider, 3. Aufl., § 14 Rn 48a.

447 *Assmann/Cramer* in Assmann/Schneider, 3. Aufl., § 14 Rn 48b; Schwark/*Schwark* KMRK § 14 Rn 32; *Schmidt-Diemitz* DB 1996, 1809, 1810; *Schäfer* in Schäfer § 14 Rn 20; ebenfalls gegen die Notwendigkeit einer vertraglichen Verschwiegenheitsvereinbarung *Ziegler* DStR 2000, 249, 253.

448 Dazu *Rodewald/Tüxen* BB 2004, 2149, 2252.

449 Statt vieler: *Spindler* NJW 2004, 3449, 3451; *Ziemons* NZG 2004, 537, 538; *Kuthe* ZIP 2004, 883, 884.

rechtlichen Weitergabeverbots ist.[450] Die Verschwiegenheit über insiderrechtliche Vorgänge ist somit bereits eigenständig durch 14 Abs. 1 Nr. 2 gesichert.[451]

Einzig das Bestreben um einheitliche Auslegung von § 15 Abs. 1 S. 4 und § 14 Abs. 1 Nr. 2 könnte daher für das angeführte Verständnis noch eingreifen.[452] Immerhin lässt die spezielle Ad-hoc-Publizitätspflicht des § 15 Abs. 1 S. 4 eine befugte Weitergabe zu und knüpft daran nicht die Konsequenz der Veröffentlichung, soweit nur eine rechtliche Verpflichtung zur Vertraulichkeit besteht. Ohne an dieser Stelle den Ausführungen über den grundsätzlichen Sinn des § 15 Abs. 1 S. 4 vorgreifen zu wollen, ist doch fraglich, inwieweit überhaupt Rückschlüsse aus § 15 Abs. 1 S. 4 auf § 14 Abs. 1 Nr. 2 gezogen werden können. Vielmehr müssen für das Verständnis des Weitergabeverbots die bereits genannten Erwägungen hochgehalten werden, so dass ebensogut, wenn nicht sogar eher davon ausgegangen werden kann, dass sich das Verständnis des § 15 Abs. 1 S. 4 an dasjenige des Weitergabeverbots anlehnt als umgekehrt.[453]

Es bleibt also festzuhalten, dass hinsichtlich der allgemeinen Auslegung und dem Verständnis der „Unbefugtheit" keine Änderung zur vormaligen Rechtslage eingetreten sind. Dabei muss beachtet werden, dass die Ergebnisse der nötigen Abwägung stark von den Umständen des Einzelfalls abhängen.[454] Für die weitere Untersuchung wird daher insbesondere der bisherige Meinungsstand zur Weitergabe von Informationen im Rahmen einer due diligence zu berücksichtigen sein.

b) Das Merkmal „unbefugt" vor dem Hintergrund der due diligence

Anknüpfend an den Wortlaut des Art. 3 a) MMR ist also zu hinterfragen, was unter der dort angeführten Begrifflichkeit des „normalen Rahmens der Ausübung ihrer Arbeit oder ihres Berufes oder der Erfüllung ihrer Aufgaben" zu verstehen ist. Die Frage ist also, ob die Vorstandsmitglieder der Zielgesellschaft in diesem Rahmen tätig werden, wenn sie dem Erwerbsinteressenten zur Durchführung einer due diligence Informationen zukommen lassen, ob die Weitergabe

---

450 Vgl. *Diekmann/Sustmann* NZG 2004, 929, 932; *von Falkenhausen/Widder* BB 2005, 225, 226.

451 *Von Falkenhausen/Widder* BB 2005, 225, 226.

452 Dies diskutierend, aber im Ergebnis (zu Recht) ablehnend *von Falkenhausen/Widder* BB 2005, 225, 227; siehe auch *Schäfer* in Schäfer/Hamann, 2. Aufl., § 14 Rn 28; hingegen von einem derartigen Abhängigkeitsverhältnis von § 14 Abs. 1 Nr. 2 zu § 15 Abs. 1 S. 3 tatsächlich ausgehend *Krämer* in Hadding/Hopt/Schimansky, Internes und externes Rating, Band 24, S. 3, 19.

453 Ebenso *Assmann* in Assmann/Schneider, § 14 Rn 76; siehe auch *Bergmann/Drees* StraFo 2005, 364, 368.

454 Siehe auch Schwark/*Schwark* KMRK § 14 Rn 32; *Assmann* AG 1997, 50, 55; *Hopt* in Bankrechts-Handbuch § 107 Rn 41.

also befugt oder unbefugt erfolgt. Bei der Konkretisierung des „normalen Rahmens“ ist der vorwiegende Schutzzweck des Insiderrechts, namentlich die Aufrechterhaltung der Funktionsfähigkeit der Märkte, zu berücksichtigen.[455] Grundsätzlich ist es nach § 14 Abs. 1 Nr. 2 untersagt, Insiderinformationen mit dem Erwerber zu teilen, um bereits präventiv zu verhindern, dass diese Informationen verwendet werden und das Anlegerpublikum oder andere Aktionäre aufgrund eines Wissensvorsprungs einer Person ungleich behandelt werden und damit gegen den Grundsatz der informationellen Chancengleichheit verstoßen wird.[456] Würde nun einem erwerbsinteressierten Unternehmen eine due diligence gestattet, erhielte dieses durch die dadurch erfolgende Offenlegung von umfangreichen Informationen über die Zielgesellschaft einen Wissensvorsprung vor dem gemeinen Anleger.

Ob man annehmen muss, dass dessen Vertrauen in die Funktionsfähigkeit der Märkte erschüttert ist, hängt jedoch entscheidend von der Größe des Aktienpakets ab. Bei Aktienpaketen von erheblichem Volumen sind verschiedene Aspekte zu beachten:

- Zum einen ist für derartige Unternehmen als Erwerber im Gegensatz zum Anleger die Beteiligung regelmäßig vielmehr als eine bloße Anlagebeteiligung, es ist eine solche von unternehmerischer Art.[457] Das Informationsbedürfnis des Erwerbsinteressenten ist damit ungleich höher.[458] Widersprüchlich zeigt sich zu diesem Punkt hingegen *Banerjea,* der zunächst berücksichtigen möchte, inwieweit der Erwerber einen unternehmerischen Beitrag leistet, beispielsweise in der Form, seine Erfahrung und sein Wissen über ein Mandat im Aufsichtsrat einzubringen; in einem weiteren Schritt aber die Differenzierung zwischen unternehmerischer und finanzieller Beteiligung auch aufgrund damit einhergehender Abgrenzungsschwierigkeiten und weiterhin aufgrund eines aus dem Aktienrecht zu entnehmenden Leitbilds, dass alle Aktionäre als Unternehmer anzusehen seien, nivellieren möchte.[459] Dabei wird jedoch verkannt, dass gerade die Größe des Aktienpakets ein Indikator dafür ist, inwieweit sich ein Investor auch unternehmerisch einbringen will und wird. Daher kann bei der Frage der Weitergabe von Informationen die Differenzierung nach unternehmerischer und bloßer finanzieller Beteiligung sehr wohl sinnvoll sein.

---

455 *Kiethe* NZG 1999, 976, 980; *Stoffels* ZHR 165 (2001), 362, 380.

456 *Schlitt/Schäfer* AG 2004, 346, 354; *Schmidt-Diemitz* DB 1996, 1809, 1812; *Lenenbach* ZIP 2003, 243, 244; *Kümpel* Bank- und Kapitalmarktrecht Rn 16.184.

457 *Stoffels* ZHR 165 (2001), 362, 380; *Schroeder* DB 1997, 2161, 2165; *Kiethe* NZG 1999, 976, 980; *Süßmann* AG 1999, 162, 168; *Hasselbach* NZG 2004, 1087, 1088.

458 *Stoffels* ZHR 165 (2001), 362, 380.

459 *Banerjea* ZIP 2003, 1730, 1731, 1736 f.

- Im Übrigen ist die umfassende Information des möglichen Erwerbers gerade auch im Interesse der Zielgesellschaft, denn dadurch wird erst eine Einschätzung der mit dem Aufkauf verbundenen Risiken möglich, was dazu führt, dass ein wohlinformierter Erwerber, der eine unternehmerische und nicht nur eine bloße Finanzbeteiligung anstrebt, sich in der Regel später nicht aufgrund von bis dato unbekannten Informationen zu schädlichen Korrekturmaßnahmen für das erworbene Unternehmen veranlasst sieht.[460] Dies bedeutet, dass es zum anderen also im Eigeninteresse der Zielgesellschaft liegt, den Erwerbsinteressenten u.U. umfassend informieren zu können. Wäre die Untersuchung des Zielunternehmens vor dem Kauf nicht mehr möglich, würde dies somit nicht nur zu einer Gefährdung der Arbeitsplätze und möglicherweise sogar der Geschäftspartner des Erwerbsinteressenten führen, sondern auch zu einer solchen Gefährdung der Zielgesellschaft in toto.[461] Der Aspekt der Risikoabschätzung durch den Erwerber bringt jedoch noch einen weiteren Vorteil, denn nunmehr wird der Erwerber beim Kauf nicht auf Risikoabschläge bestehen, die im gegenteiligen Fall zu einer Erhöhung der Kapitalkosten der Gesellschaft führen würden.[462]

Ganz ähnlich scheint dies die BaFin zu sehen, die sowohl das wirtschaftliche Interesse des Emittenten als auch dasjenige des Erwerbers als Rechtfertigung für die erhöhte Transparenz anführt.[463] Inhaltlich ist dies deckungsgleich mit den zuvor angestellten Überlegungen.

Als entscheidend für die Beantwortung der Frage hinsichtlich der Zulässigkeit der Weitergabe muss nunmehr also gelten, in welchen Fällen von einer Beteiligung von unternehmerischer Art gesprochen werden kann. Anders ausgedrückt wirft diese Frage nichts anderes auf, als das Problem der Abgrenzung zwischen Paket- und Blockhandel entsprechend des oben angeführten Verständnisses beider Begriffe.[464]

Ein Indiz für einen Paketerwerb stellt zunächst der für das Anteilspaket gezahlte Preis dar, wenn sich dieser erheblich von dem aktuellen Kurswert unterscheidet, da der vom Erwerber hingenommene Aufschlag neben der Tatsache, dass bei börslicher Ausführung der sog. market impact zu einer Verteuerung führen wür-

---

460 *Cahn* Der Konzern 2005, 5, 8; *Irmen* in BuB Rn 7/737; *Hasselbach* NZG 2004, 1087, 1088; *Banerjea* ZIP 2003, 1730, 1731; ebenso bereits *Assmann/Cramer* in Assmann/Schneider, 3. Aufl., § 14 Rn 88b.

461 *Eggenberger,* Voraussetzungen und Folgen einer due diligence Prüfung, S. 316.

462 Ausführlich *Banerjea* ZIP 2003, 1730, 1730 f.

463 Emittentenleitfaden der BaFin vom 15.7.2005, S. 31.

464 Siehe Teil 2, B.III).

de, vor allem die besondere strategische Bedeutung der Beteiligung repräsentiert.[465]

Anhaltspunkte zur Abgrenzung des Pakethandels vom Blockhandel sucht die Literatur zumeist in Prozentpunkten ausgedrückten Schwellenwerten. So wird vertreten, dass mit Blick auf §§ 29 Abs. 2, 30 WpÜG ab einem Erwerb von 30 % der Stimmrechte der Zielgesellschaft eine unternehmerische Beteiligung nahezu immer anzunehmen ist,[466] im Falle des Erwerbs von 5 % bis 29,9 % regelmäßig ebenfalls eine umfassende Information zulässig sein soll[467], hingegen beim Erwerb von Beteiligungen unter 5 % eine unternehmerische Beteiligung grundsätzlich verneint werden muss.[468] Letztere Schwelle rührt daher, dass das Aktiengesetz verschiedentlich die Stellung von Aktionären schützt, soweit nicht ein Mehrheitsaktionär existiert, der 95 % der Aktien hält. So können weder eine Eingliederung gem. § 320 AktG noch ein Squeeze-Out gem. § 327a AktG vollzogen werden, wenn der Mehrheitsaktionär nicht Eigentümer von 95 % des Grundkapitals ist. Damit kann jedoch auch ein einziger Aktionär mit einer Beteiligung von 5 % am Grundkapital maßgeblich Einfluss auf die Geschicke einer Aktiengesellschaft nehmen.[469] Während infolgedessen die prinzipielle Sinnhaftigkeit der Höhe der genannten Schwellen nicht in Frage steht, gehen die Meinungen darüber auseinander, ob die Werte als feste Grenzen zu verstehen sind. Für eine feste Grenze spricht zunächst, dass bei Zuwiderhandlung gegen das Weitergabeverbot strafrechtliche Konsequenzen drohen, so dass unter Berücksichtigung rechtsstaatlicher Aspekte diese Art der Ermittlung der unternehmerischen Beteiligung angezeigt sein könnte.[470]

Dadurch würde aber die Berücksichtigung von Einzelfällen aus dem Auge verloren werden. Starre Grenzen vermögen nicht alle möglicherweise auftretenden Konstellationen adäquat zu erfassen, sie sind vielmehr als Anhaltspunkt für das

---

465 *Assmann* in Assmann/Schneider, § 14 Rn 168; *Liersch*, Blockhandel, S. 30; *Banerjea* ZIP 2003, 1730, 1734.

466 Statt vieler *Hasselbach* NZG 2004, 1087, 1089.

467 *Hasselbach* NZG 2004, 1087, 1089; *Assmann* in Assmann/Schneider, § 14 Rn 168; *Müller* NJW 2000, 3452, 3456; im Ergebnis ebenso *Schroeder* DB 1997, 2161, 2165.

468 Wiederum *Hasselbach* NZG 2004, 1087, 1089; *Assmann* in Assmann/Schneider, § 14 Rn 168; *Eggenberger*, Voraussetzungen und Folgen einer due diligence Prüfung, S. 319 f.; *Süßmann* AG 1999, 162, 168.

469 Gem. § 135 Abs. 1 S. 3 AktG spielt die 5 %-Schwelle hinsichtlich einer Beteiligung am Grundkapital durch ein Kreditinstitut an einer anderen Gesellschaft für erstgenanntes Institut auch bei der Ausübung von eigenen und fremden Stimmrechten aufgrund dann vorhandener Einflusskumulation eine Rolle. Dies stützt die Annahme der verstärkten Einflussmöglichkeit ab einer Beteiligung von 5 % des Grundkapitals.

470 *Eggenberger*, Voraussetzungen und Folgen einer due diligence Prüfung, S. 319; ähnlich hierzu hatte früher auch eine Ansicht bei der Bestimmung des Kursbeeinflussungspotentials den Rückgriff auf feste Werte vertreten, dazu Teil 2, A.III)1)e).

Vorliegen von unternehmerischen Beteiligungen heranzuziehen.[471] Die Richtigkeit dieser Erwägungen wird dann offenbar, wenn der Kapitalisierungsgrad von Aktiengesellschaften divergiert oder auch der Anteil des Streubesitzes unterschiedlich hoch ist, mithin unterschiedliche Prozentsätze nötig sind, damit unternehmerisch Einfluss genommen werden kann.[472] Dennoch wird die Indizwirkung der 5 %-Schwelle nicht in Abrede gestellt werden können, immerhin kommt ihr auch für die Norm des § 21 Abs. 1 WpHG Bedeutung zu, die in Verbindung mit der Veröffentlichungspflicht nach § 25 WpHG eine Art „Konzerneingangskontrolle“ durch Offenlegung der Aktionärsstrukur und der Beherrschungsverhältnisse bezweckt.[473] Dies zeigt, dass diese Normen des WpHG ab einer Größenordnung von 5 % offensichtlich auch von einer sich verfestigenden Absicht zu unternehmerischer Machtausübung und somit Engagement ausgehen. Die mit dem TUG erfolgte Einführung der Absenkung der Mitteilungspflichten nach § 21 Abs. 1 WpHG durch Einführung einer zusätzlichen Meldeschwelle bei 3 % kann die beschriebene Bedeutung der Indizwirkung der 5 %-Schwelle im Ergebnis nicht konterkarieren, da die 3 %-Schwelle ausweislich der Erwägungen zu ihrer Einführung lediglich dazu dienen soll, ein unbemerktes „Anschleichen“ an Emittenten zu verhindern[474]. Diese Änderung verdeutlicht, dass in der Praxis auch Beteiligungen unterhalb von 5 % durch die damit verbundene faktische Einflussnahme als bedeutsam bzw. abhängig von der jeweiligen Sichtweise als bedrohlich angesehen werden. Letztendlich stützt dies jedoch nur die Annahme eines bloßen Indizcharakters der 5 %-Schwelle, kann aber nicht die generelle Herabsenkung dieser Indizwirkung auf 3 % begründen, da auch weiterhin eingeräumte besondere Rechtspositionen, gerade im Aktienrecht, regelmäßig erst ab einer Beteiligung von 5 % in Betracht zu ziehen sind.

Festzuhalten bleibt, dass eine Weitergabe dann befugt sein muss, wenn der geplante Erwerb viel mehr als ein bloßes Finanzinvestment darstellt. Für die Beurteilung der Frage, wann dies der Fall ist, kann entsprechend der Bestimmung des erheblichen Kursbeeinflussungspotentials im Rahmen der Insiderinformation nicht auf feste Schwellenwerte zurückgegriffen werden, allerdings stellen sie in dem Sinne ein wichtiges Indiz dar, dass ab einer Beteiligung von 5 % von einem Pakethandel zu sprechen sein wird,[475] jedoch Gegenstand des Blockhandels auch

---

471 Überzeugend *Schmidt-Diemitz* DB 1996, 1809, 1810; ebenso *Hasselbach* NZG 2004, 1087, 1089 f.

472 Siehe auch *Schmidt-Diemitz* DB 1996, 1809, 1810; ähnliche Erwägungen bei *Banerjea* ZIP 2003, 1730, 1734.

473 Schwark/*Schwark* KMRK vor § 21 WpHG Rn 2; anders hingegen *Liekefett,* Due diligence bei M&A-Transaktionen, S. 178 ff., der für die ausschließliche Maßgeblichkeit der (allzu) hohen 30 %-Schwelle eintritt.

474 Siehe BT-Drucks. 16/2498, S. 28.

475 Ebenso *Liersch,* Blockhandel, S. 30; *Assmann* in Assmann/Schneider, § 14 Rn 168; zweifelnd an der 5%-Grenze hingegen *Schäfer* in Schäfer/Hamann, 2. Aufl., § 14 Rn

Beteiligungen in einer Größenordnung bis zu 10% sein können.[476] Lediglich bei dem Erwerb von Stimmrechten ab den gesetzlichen Meldeschwellen iSv § 29 Abs. 2, 30 WpÜG, mithin beim Kontrollerwerb, wird die Indizfunktion hinsichtlich eines unternehmerischen Interesses derart stark, dass hier ohne Umschweife eine Weitergabe als befugt angesehen werden kann.[477]

Aus diesen Gründen kann die Informationsweitergabe der Zielgesellschaft an den Erwerbsinteressenten im Rahmen einer due diligence in gewissen Konstellationen im Sinne von § 14 Abs. 1 Nr. 2 als befugt anzusehen sein. Hierfür spricht im Übrigen noch eine weitere Erwägung: Könnte dem Informationsbedürfnis nicht entsprochen werden, würde der Markt für Unternehmenskäufe bestenfalls nur beschädigt, schlimmstenfalls aber angesichts des Verbreitungsgrades der due diligence und ihrer Bedeutung zu großen Teilen zum Erliegen kommen.[478]

c) Feinsteuerung durch Ausformung von Einzelanforderungen

Mit dem eben gefundenen Ergebnis ist aber bisher nur etwas zur generellen Zulässigkeit der due diligence mit dem Insiderhandelsverbot bei dem Bestreben um unternehmerischen Einfluss auf die Zielgesellschaft gesagt, nicht jedoch, welche Voraussetzungen darüber hinaus in concreto erforderlich sind, damit die insiderrechtliche Unbedenklichkeit angenommen werden kann. Wie auch im Rahmen der in dieser Arbeit nicht zu vertiefenden Frage, wann die Verschwiegenheitspflicht des § 93 Abs. 1 S. 3 AktG einschlägig ist,[479] ist dies auch hier keine „Alles-oder-Nichts"-Entscheidung,[480] vielmehr sind verschiedene Einzelfaktoren zu berücksichtigen, die sich schlagwortartig mit „wer will was, wann und wie" zusammenfassen lassen.[481] Voraussetzung für die Zulässigkeit der Informationsweitergabe ist selbstverständlich, dass sich die Erwerbsabsicht nicht mehr in einem frühen Stadium des Interesses befindet, sondern sich bereits hinreichend

---

76, jedoch aufgrund der Annahme, dass Erwägungsgrund 29 MMR für die befugte Weitergabe eine Grenze von 30% vorgebe.

476 Dazu *Schlitt/Schäfer* AG 2004, 346, 346, der aber auch darauf hinweist, dass noch größere Aktienpakete gelegentlich Gegenstand von Block Trades waren.

477 So auch richtigerweise der Emittentenleitfaden der BaFin vom 15.7.2005, S. 31; siehe *Schäfer* in Schäfer/Hamann, 2. Aufl., § 14 Rn 76.

478 So auch *Kiethe* NZG 1999, 976, 980; *Rittmeister* NZG 2004, 1032, 1035; *Süßmann* AG 1999, 162, 169; siehe auch *Stoffels* ZHR 165 (2001), 362, 380.

479 In jüngerer Vergangenheit dazu ausführlich *Böttcher,* Due diligence als Verkehrssitte; *Liekefett,* Due diligence bei M&A-Transaktionen.

480 Siehe *Müller* NJW 2000, 3452, 3454; *Körber* NZG 2002, 263, 270; *Fleischer* ZIP 2002, 651, 652; *Hemeling* ZHR 169 (2005), 274, 280.

481 Wiederum *Körber* NZG 2002, 263, 270; *Müller* NJW 2000, 3452, 3454; dazu aber auch *Mertens* AG 1997, 541, 544; *Stoffels* ZHR 165 (2001), 362, 365 f.; anders aber *Sethe* ZBB 2006, 243, 252, der pauschal im Falle des Erwerbs eines Aktienpakets dem Interessierten Insiderinformationen überlassen möchte.

konkretisiert hat[482] und vom Erwerbsinteressenten in einem „letter of intent“ auch manifestiert wurde.[483] Zumindest die Eckpunkte des geplanten Beteiligungserwerbs sollten daher in dem „letter of intent“ bereits festgehalten worden sein.[484] Je höher nämlich der in den Verhandlungen erzielte und im „letter of intent“ niedergelegte Fortschritt ist, desto eher ist es auch gerechtfertigt, dem Verhandlungspartner Einsicht in vertrauliche Betriebsdaten zu gestatten.[485] Dies hat gerade für Insiderinformationen zu gelten, die naturgemäß nur einem möglichst kleinen Personenkreis zugänglich gemacht werden sollten, damit das präventive Ziel des § 14 Abs. 1 Nr. 2 auch tatsächlich erreicht werden kann.

Die Befugnis zur Weitergabe muss auch davon abhängen, an welchen Personenkreis die Informationen weitergegeben werden und welche Gefahr der widerrechtlichen Verwendung damit einhergeht.[486] Anknüpfend an das Stadium der Verhandlungen und den Personenkreis sind auch Art und Umfang der zulässigerweise offen zu legenden Informationen zu filtern, etwa in der Weise, dass die Informationen nur in einem „data room“ zur Verfügung gestellt werden.[487] Sollte die Missbrauchsgefahr trotz Ergreifens dieser Vorsichtsmaßnahmen noch erhöht sein, kann auch die Einschaltung eines unabhängigen Dritten angezeigt sein, der dem Erwerbsinteressenten nur die Ergebnisse der „Durchleuchtung“ in einem kurzen due diligence-Report mitteilt.[488] Insiderrechtliche Bedenken bestehen bei Einhaltung dieser Voraussetzungen somit aufgrund der Unverändertheit des § 14 Abs. 1 Nr. 2 nach Inkrafttreten des AnSVG auch weiterhin nicht.

Erleichterungen erfahren diese Grundsätze dann, wenn sich die Zielgesellschaft in der Krise befindet und der Erwerb durch eine andere Gesellschaft die einzige Möglichkeit zum Erhalt der wirtschaftlichen Existenz bedeutet. In einer solchen Konstellation ist anzunehmen, dass der normale Rahmen der Ausübung des Berufs, also die Tätigkeit des Vorstands der Zielgesellschaft, erst recht die Weitergabe von Informationen an den potentiellen Sanierer umfasst. Das Merkmal

---

482 In Übereinstimmung hierzu spricht der Emittentenleitfaden der BaFin vom 15.7.2005, S. 31 von einer „konkreten Erwerbsabsicht“.

483 Siehe *Körber* NZG 2002, 263, 270; *Mertens* AG 1997, 541, 546; *Müller* NJW 2000, 3452, 3455.

484 Zu Recht *Müller* NJW 2000, 3452, 3455.

485 *Jahn,* Der Letter of Intent, S. 185; *Mertens* AG 1997, 541, 544; siehe auch *Schroeder* DB 1997, 2161, 2163.

486 *Körber* NZG 2002, 263, 270; *Fleischer* ZIP 2002, 651, 652; vgl. auch *Mertens* AG 1997, 541, 544.

487 Siehe *Körber* NZG 2002, 263, 271; *Müller* NJW 2000, 3452, 3453 f.; siehe auch *Lutter* ZIP 1997, 613, 617, wenn auch speziell im Hinblick auf § 93 Abs. 1 S. 2 AktG.

488 *Ziemons* AG 1999, 492, 494; *Lutter* ZIP 1997, 613, 618; *Fleischer* ZIP 2002, 651, 652; *Stoffels* ZHR 165 (2001), 362, 377; dazu auch *Kiethe* NZG 1999, 976, 979, der durch eine derartige Zwischenschaltung Dritter den Informationsgehalt der Prüfung derart gemindert sieht, dass sie für den Erwerbsinteressenten unattraktiv würde.

„unbefugt" ist somit in derartigen Konstellationen unter Berücksichtigung der entsprechenden Besonderheiten zu verstehen.

Es bleibt mithin festzuhalten, dass unter den genannten Voraussetzungen die Weitergabe von Insiderinformationen ausschließlich an den Erwerbsinteressenten, der eine unternehmerische Beteiligung anstrebt, durch die Zielgesellschaft nicht dem Weitergabeverbot des § 14 Abs. 1 Nr. 2 WpHG unterfällt. Die Verneinung dieses Verbotstatbestandes hat im Falle der Krise der Zielgesellschaft noch geringere Anforderungen zur Folge.

4) Berücksichtigung von Aufklärungspflichten nach § 311 Abs. 2 BGB im Rahmen der Informationsweitergabe beim Erwerb von der Zielgesellschaft

a) Notwendigkeit des Rückschlusses aus der Aufklärungspflicht bei Gleichlauf der entscheidenden Merkmale?

Die eben angestellten Erwägungen beschränkten sich auf eine Analyse des WpHG und den darin geschaffenen systemimmanenten Möglichkeiten zur Weitergabe von Insiderinformationen im Rahmen einer due diligence. Gänzlich unberücksichtigt ist bislang geblieben, ob etwaige Aufklärungspflichten in den angesprochenen Fällen eine Rolle spielen können. Schließlich ist zu beachten, dass der Veräußerer mit dem Erwerbsinteressenten in dem Sinne in Verbindung steht, dass die Einschlägigkeit der culpa in contrahendo (cic) begründet wird.

Überwiegend wird in diesen Fällen aufgrund der im Rahmen der cic gem. § 311 Abs. 2 BGB begründeten Aufklärungs- und Schutzpflichten die Weitergabe von Insiderinformationen als zulässig erachtet,[489] mithin ein Rückschluss aus der zivilrechtlichen Norm für das Kapitalmarktrecht gezogen. Daran ist richtig, dass für jede Vertragspartei trotz Verfolgung entgegengesetzter Interessen die Pflicht besteht, den anderen Teil über solche Umstände aufzuklären, die den Vertragszweck des anderen vereiteln können und daher für seinen Entschluss von wesentlicher Bedeutung sind, sofern dieser die Mitteilung nach der Verkehrsauffassung erwarten darf.[490] Die Entscheidung, ob die Voraussetzungen hierfür vorliegen, hängt maßgeblich vom Einzelfall ab, insbesondere von der überlegenen Sachkunde einer Partei, der Intensität der Verhandlungen, aber auch von einer durch das entstandene Vertrauensverhältnis begründeten Erwartungshaltung des

---

489 Dazu bereits *Schäfer* in Schäfer § 14 Rn 63; *Assmann* AG 1997, 50, 56; *Süßmann* AG 1999, 162, 164, 168; *Schmidt-Diemitz* DB 1996, 1809, 1810 f.

490 *Schlitt/Schäfer* AG 2004, 346, 351; *Schmidt-Diemitz* DB 1996, 1809, 1811, 1813; siehe auch *Wastl* NZG 2000, 505, 510; allgemein siehe auch Erman/*Kindl* § 311 BGB Rn 29; Bamberger/Roth/*Grüneberg* § 311 BGB Rn 70 ff.; MüKoBGB/*Emmerich* § 311 Rn 94 ff.

Käufers.[491] Wenigstens im Fall des Unternehmenskaufs im Sinne des Pakethandels soll aufgrund des unternehmerischen Engagements daher eine Aufklärungspflicht angenommen werden.[492] Schließlich gilt es zu beachten, dass das in Frage stehende Anteilsbündel mehr als die Summe der wirtschaftlichen Einzelwerte der zum Paket gehörenden Aktien ist.[493] Die Zulässigkeit der Informationsweitergabe soll demnach direkt über die aus der cic resultierenden Pflichten abgeleitet werden können. Dagegen wird teilweise pauschal vorgebracht, dass die Frage des Bestehens von Aufklärungspflichten kein taugliches Kriterium für die Befugnis der Informationsweitergabe nach WpHG darstellt.[494]

Beide Ansätze übersehen jedoch einen entscheidenden Punkt: Die jeweils angeführten Kriterien, einmal diejenigen bei der systemimmanenten Betrachtung nach WpHG, andererseits die zur Beantwortung der Frage, wann eine Aufklärungspflicht nach cic vorliegt, sind im Kern sehr ähnlich, so dass für den absoluten Regelfall Gleichlauf zwischen diesen beiden Ansätzen herrschen wird.[495] Sollte sich also beispielsweise ein großes Telekommunikationsunternehmen zur Übernahme der Mehrheit bei einer Aktiengesellschaft, die Mobilfunkgeräte herstellt, entscheiden und bereits mit dem Zielobjekt in Kontakt getreten sein, insbesondere einen sog. „letter of intent" unterzeichnet haben, wird bei einem derartigen hohen und verfestigten Interesse sowohl nach den Kriterien des WpHG die Befugnis zur Weitergabe angenommen werden müssen, als auch eine Aufklärungspflicht aus cic, aus der nach einer Auffassung der Rückschluss eben dieser Befugnis gezogen werden könne.

Für den praktischen Regelfall bedarf es somit des überwiegend vertretenen Rückschlusses gerade nicht.

b) Fälle des Auseinanderfallens von Aufklärungspflicht aus cic und kapitalmarktrechtlicher Bestimmung der Weitergabebefugnis

Offen bleibt, wie die theoretisch aufgrund der relativen Weite von Aufklärungspflichten und der dagegen stehenden relativen Enge hinsichtlich der Möglichkeit

491 Vgl. zu den Kriterien Bamberger/Roth/*Grüneberg* § 311 BGB Rn 71 ff.; MüKoBGB/*Emmerich* § 311 Rn 99 ff.; zu Aufklärungspflichten bei überlegener Sachkunde siehe auch BGH Urt. v. 20.2.1967 – III ZR 134/65 Z 47, 207, 210 f.; BGH Urt. v. 13.7.1983 – VIII ZR 142/82 NJW 1983, 2493, 2494.

492 *Schlitt/Schäfer* AG 2004, 346, 351; *Assmann* AG 1997, 50, 56; *Süßmann* AG 1999, 162, 168 f.; vgl. auch *Assmann* in Assmann/Schneider, § 14 Rn 166.

493 *Assmann* in Assmann/Schneider, § 14 Rn 168; *Schmidt-Diemitz* DB 1996, 1809, 1810.

494 Siehe *Eggenberger,* Voraussetzungen und Folgen einer due diligence Prüfung, S. 317 f.

495 Zu demselben Ergebnis kommt *Assmann* in Assmann/Schneider, § 14 Rn 166, der die Aufklärungspflicht jedoch als berücksichtigungsfähigen Umstand im Rahmen der Gesamtabwägung beim Merkmal der Befugtheit ansieht. Dazu auch *Schmidt-Diemitz* DB 1996, 1809, 1810 f.

der Weitergabe von Insiderinformationen[496] denkbaren Konstellationen, in denen der aufgezeigte Gleichlauf verneint werden muss, zu behandeln sind. Man denke hier beispielsweise daran, dass das erwerbsinteressierte Unternehmen bereits einige Zeit mit dem Zielobjekt in Kontakt ist und auch bereits Gespräche über den Erwerb geführt hat, seinen Erwerbswillen aber trotz des relativ weit fortgeschrittenen Stadiums nicht in einem letter of intent niedergelegt hat. In einer derartigen Konstellation wird es hinsichtlich der unterschiedlichen Ansichten zum Schwur kommen.

Eine Beschränkung der Befolgung der Aufklärungspflichten aus der cic gem. § 311 Abs. 2 BGB auf Fälle, in denen auch das Weitergabeverbot nicht einschlägig ist, also die Befugnis zur Weitergabe anzunehmen wäre,[497] kann jedoch auch in dieser Situation nicht überzeugen, da viele Geschäfte dadurch in unverhältnismäßiger Weise behindert würden.[498] Außerdem erscheint es nicht angemessen, den Verkäufer von seinen Aufklärungspflichten in dem Maße, wie das Insiderhandelsverbot es gebietet, freizustellen, da hierdurch dem Vertragspartner haftungsrechtliche Ansprüche zugunsten eines strafbewehrten Insiderhandelsverbots genommen werden, welches die Risiken des Käufers jedoch nicht in adäquater Weise zu kompensieren vermag.[499] Die Annahme von Aufklärungspflichten darf somit nicht durch die kapitalmarktrechtlichen Vorschriften eingegrenzt werden.

Dies würde jedoch bedeuten, dass man dem Verkäufer eine Aufklärungspflicht aufbürdet, gleichzeitig bei Informationsweitergabe das Insiderhandelsverbot eingreift. Der Adressat dieser beiden Pflichten kann sich somit gar nicht rechtstreu verhalten,[500] so dass man geneigt sein könnte, in dieser speziellen Situation der überwiegenden Meinung die Gefolgschaft nicht zu verweigern und Rückschlüsse aus der Einschlägigkeit der cic auf die insiderrechtliche Weitergabebefugnis zu ziehen. Diese partielle Durchbrechung der oben getätigten Aussage, dass eine Kollisionslage nicht bestünde, erscheint diesbezüglich geboten, dürfte aber tatsächlich äußerst selten vorkommen. Immerhin erfasst § 14 Abs. 1 Nr. 2 sowohl die Weitergabe positiver als auch negativer Informationen, während die cic ausschließlich die mangelhafte oder auch unzutreffende Aufklärung, mithin die Vorenthaltung negativer Informationen, zum Anknüpfungspunkt für

---

496 Dies gebietet schon der Schutzzweck von § 14 Abs. 1 Nr. 2, dessen Ziel es ist, den Kreis der Personen, die Kenntnis von einer Insidertatsache haben, möglichst klein zu halten. Dazu nur Schwark/*Schwark* KMRK § 14 Rn 25.

497 Dies vertritt jedoch im Ergebnis *Hasselbach* NZG 2004, 1087, 1090 f.; *Weimann* DStR 1998, 1556, 1560 f.; *Kaiser* WM 1997, 1557, 1559.

498 *Süßmann* AG 1999, 162, 164; anders aber *Kaiser* WM 1997, 1557, 1559.

499 Im Ergebnis wohl ebenso *Süßmann* AG 1999, 162, 164; *Schmidt-Diemitz* DB 1996, 1809, 1811.

500 Siehe auch *Schmidt-Diemitz* DB 1996, 1809, 1811.

haftungsrechtliche Konsequenzen macht.[501] Somit ist der Rückschluss per se auf diese negativen Informationen und nur in der eingangs beschriebenen Ausnahmekonstellation zuzulassen. Zwar bestehen hinsichtlich der Weitergabe von negativen Informationen insiderrechtliche Bedenken, doch muss angesichts des Bestehens von zivilrechtlichen Aufklärungspflichten ausnahmsweise auf die präventive Funktion des § 14 Abs. 1 Nr. 2 im Hinblick auf § 14 Abs. 1 Nr. 1 verzichtet werden. Dies erscheint insbesondere vor dem Hintergrund, dass negative Insiderinformationen in bedenklicher Art und Weise nur beim Drücken des Preises eingesetzt werden können, hinnehmbar. Schließlich wird die genannte bedenkliche Konstellation auch nachträglich relativ leicht aufzudecken sein, da bereits der Vergleich zwischen Marktpreis und tatsächlichem Kaufpreis den zuständigen Stellen Anhaltspunkte für insiderrechtliches Fehlverhalten liefern kann.

Die Weitergabebefugnis von Negativfaktoren reicht daher ausnahmsweise weiter als diejenige von positiven Informationen,[502] so dass auch diesbezüglich eine sinnvolle Abstimmung zwischen der aus der cic resultierenden Aufklärungspflicht und der Befugnis zur Weitergabe hergestellt werden kann.

c) Ergebnis

Bei Existenz von Aufklärungspflichten aufgrund des vorvertraglichen Bandes zwischen den Parteien besteht demnach in aller Regel keine Kollisionslage mit den Normen des Insiderhandelsverbots, da zwischen Aufklärungspflicht und befugter Weitergabe überwiegend Gleichlauf herrschen wird. Nur in eng begrenzten Ausnahmefällen ist ein Auseinanderfallen denkbar. Dann kann und darf die bestehende Aufklärungspflicht aus cic aufgrund deren haftungsrechtlichen Relevanz nicht dem § 14 Abs. 1 Nr. 2 hintangestellt werden.

5) Informationsweitergabe bei Personenverschiedenheit zwischen Zielgesellschaft und Veräußerer

Ist der Veräußerer von der Zielgesellschaft personenverschieden, drängt sich ebenfalls die Frage auf, ob an den Erwerbsinteressenten Insiderinformationen weitergegeben werden dürfen. Dabei ist zu differenzieren: Die Weitergabe der Information durch die Zielgesellschaft an den Veräußerer bzw. direkt an den dritten Erwerbsinteressenten und diejenige durch den Veräußerer an den Erwerbsinteressenten.

---

501 Statt vieler MüKoBGB/*Emmerich* § 311 Rn 94 ff.

502 Ebenso bereits *Schmidt-Diemitz* DB 1996, 1809, 1811, der annimmt, dass in dem „normalen Rahmen der Geschäftsausübung“ auch die Offenlegung nach allgemeinen vertragsrechtlichen Grundsätzen fällt.

a) *Weitergabe durch die Zielgesellschaft*

Eine Weitergabe von Informationen an den Veräußerer durch die Zielgesellschaft wird von Teilen der Literatur deswegen für unzulässig gehalten, weil es dadurch zu einer Ungleichbehandlung der Aktionäre der AG komme.[503] Die gegenteilige Auffassung lässt eine Weitergabe in den Fällen zu, wenn eine „unternehmerische Beteiligung“ als Ziel des Verkaufs in Rede steht.[504] Letztere Ansicht ist insbesondere aufgrund des oben ebenfalls angeführten Grundes des Eigeninteresses der Zielgesellschaft an einer komplikationsfreien Transaktion, der auch hier Platz greift, der Vorzug zu geben.[505] Die diesbezüglich grundlegende Beurteilung der oben bereits aufgezeigten wirtschaftlichen Interessen ändert sich durch die Zwischenschaltung eines Dritten nämlich nicht.[506] In diesen Konstellationen ist insbesondere der Anknüpfungspunkt für die Weitergabe, wie er in Art. 3 a MMR niedergelegt ist, eingehalten; immerhin kommt es primär auf das Interesse des Insiders selbst, nicht auf dasjenige des Empfängers an.[507] Für die direkte Information des Erwerbsinteressenten bei Veräußerungsabsicht durch eine dritte Person ändern sich die angesprochenen Leitlinien zur Beurteilung der Befugnis der Informationsweitergabe ebenfalls nicht.

b) *Veräußerer informiert den Erwerbsinteressenten*

Nicht nur die Weitergabe von Insiderkenntnissen an den dritten Veräußerer, sondern auch die Weiterleitung von Informationen an den Erwerbsinteressenten durch den Veräußerer muss als insiderrechtlich unbedenklich gelten, da auch hier die obige Argumentation hinsichtlich des wirtschaftlichen Eigeninteresses der Zielgesellschaft verfängt. Schließlich ist die zweite Weitergabe nur eine Folge von derjenigen an den Veräußerer durch die Zielgesellschaft.

Ohne Mitwirkung der Zielgesellschaft wird der von dieser verschiedene Veräußerer primär lediglich im Besitz von Informationen sein, die aus seiner Stellung als Aktionär herrühren.[508] Sollte es sich dabei um eine Insiderinformation handeln, stellt sich ebenfalls die Frage, ob er mit dem Erwerbsinteressenten seine Kenntnis teilen darf. Hier ergeben sich indes keine abweichenden Bewertungen zu den bisher besprochenen Fällen, da die Qualität der Weitergabe keine andere

---

503 So zum Recht vor AnSVG *Schäfer* in Schäfer § 14 Rn 64; *Weimann* DStR 1998, 1556, 1560 f.

504 *Assmann* AG 1997, 50, 56; *Süßmann* AG 1999, 162, 168 f.

505 Ausführlich hinsichtlich der Gründe siehe Teil 2, B.IV)3)b); siehe auch *Hasselbach* NZG 2004, 1087, 1090.

506 Speziell zu dieser Konstellation vgl. *Süßmann* AG 1999, 162, 169.

507 *Hasselbach* NZG 2004, 1087, 1090.

508 Hasselbach, NZG 2004, 1087, 1091.

ist. Es spricht überdies nichts dagegen, auch an dieser Stelle Art. 3 a MMR zugunsten des Veräußernden in die Argumentation einzubeziehen.[509]

Praktisch häufig wird jedoch auch eine Konstellation vorliegen, in der der Veräußerer des Aktienpakets aufgrund dessen Größe im Aufsichtsrat der AG tätig ist und bereits auf diesem Weg Insiderinformationen zu seiner Kenntnis gelangen. Die kapitalmarktrechtlichen Wertungen verändern sich durch diese Besonderheit jedoch nicht, vielmehr wird das Aufsichtsratsmitglied besonderes Augenmerk auf die vorliegend nicht zu erörternden Fragen aktienrechtlicher Zulässigkeit der Informationsweitergabe, speziell vor dem Hintergrund der Verschwiegenheitspflicht zu richten haben. Diese könnten eine Einschränkung trotz insiderrechtlicher Zulässigkeit gebieten, was sich indes aufgrund der unterschiedlichen Zielrichtungen der aktienrechtlichen Verschwiegenheitspflicht und des kapitalmarktrechtlichen Weitergabeverbots nicht als Widerspruch darstellt.[510]

Zu beachten ist überdies, dass der Veräußerer anders als die Zielgesellschaft mit dem Erwerbsinteressenten in einer die cic begründenden Art und Weise in Verbindung steht. Wie bereits ausgeführt, wird überwiegend in diesen Fällen aufgrund der im Rahmen der cic gem. § 311 Abs. 2 BGB begründeten Aufklärungs- und Schutzpflichten die Weitergabe von Insiderinformationen als zulässig erachtet.[511] Hinsichtlich der Voraussetzungen für das Entstehen einer derartigen Pflicht gilt das oben bereits Gesagte.[512] Allerdings bedarf es nach der vorliegend vertretenen Auffassung des Rückschlusses aus der Aufklärungspflicht in aller Regel nicht, da gleichzeitig die befugte Weitergabe angenommen werden kann und muss.[513] Bei Vorliegen der entsprechenden Voraussetzungen ist daher auch für einen von der Zielgesellschaft verschiedenen Aktionär von einer Befugnis zur Offenlegung seines Insiderwissens gegenüber dem potentiellen Käufer auszugehen.[514]

---

509 Vgl. bereits *Schmidt-Diemitz* DB 1996, 1809, 1810, allerdings zu Art. 3 a) EG-Insiderrichtlinie.

510 Siehe Teil 2, B.IV)3).

511 *Assmann* AG 1997, 50, 56; *Süßmann* AG 1999, 162, 168; *Schmidt-Diemitz* DB 1996, 1809, 1810 f.

512 Siehe Teil 2, B.IV)4).

513 Siehe Teil 2, B.IV)4)c).

514 Schwark/*Schwark* KMRK § 14 Rn 41; *Schmidt-Diemitz* DB 1996, 1809, 1810; *Stoffels* ZHR 165 (2001), 362, 380; vgl. *Hopt* in Bankrechts-Handbuch § 107 Rn 61; *Irmen* in BuB Rn 7/736; überdies *Assmann* in Assmann/Schneider, § 14 Rn 164, 166.

6) Fazit zur Relevanz des Weitergabeverbots bei außerbörslichen Transaktionen

Festzuhalten bleibt, dass das Weitergabeverbot im Rahmen von M&A-Transaktionen, die außerbörslich abgewickelt werden sollen, keiner grundsätzlichen Neubeurteilung im Recht nach AnSVG zugeführt werden muss. Die bereits vor dem AnSVG existenten und nunmehr teilweise wieder aufgegriffenen Bestrebungen, die Befugnis zur Weitergabe insbesondere bei bloßer Existenz von vertraglichen Verschwiegenheitsverpflichtungen anzunehmen, können auch weiterhin nicht überzeugen. Sie setzen sich bereits mit dem Sinn und Zweck des § 14 Abs. 1 Nr. 2 in Widerspruch, da bei Ausreichenlassen einer vertraglichen Verschwiegenheitsverpflichtung die präventive Minimierung der Insider auf ein absolutes Mindestmaß konterkariert würde. Für die Zulässigkeit einer due diligence bei außerbörslichen M&A-Transaktionen, in deren Rahmen auch Insiderinformationen weitergegeben werden dürfen, bedeutet dies, dass die Befugnis gem. § 14 Abs. 1 Nr. 2 entscheidend vom Eigeninteresse der Zielgesellschaft an der Transaktion sowie von der Art der angestrebten Beteiligung abhängt. Stellt sich letztere als bloßes Finanzinvestment dar, so dass lediglich ein Blockhandel in Rede steht, ist die Befugnis zur Weitergabe von Insiderinformationen zu verneinen. Bei Beteiligungen mit unternehmerischem Charakter, die per Pakethandel angestrebt werden, ist zudem das Vorliegen eines letter of intent sowie sonstiger Vorsichtsmaßnahmen, die die Preisgabe von sensiblen Informationen an Konkurrenten hindern, zu fordern. Nur dann wird die Befugnis zur Weitergabe von Insiderinformationen im Rahmen einer umfassenden due diligence anzunehmen sein, anderenfalls wird man vor dem Hintergrund des Insiderrechts allenfalls eingeschränkte due diligence-Prüfungen zulassen können, bei denen Insiderinformationen keine Rolle spielen.

Im Gegensatz zur überwiegend vertretenen Ansicht, die zur Bestimmung des befugten Kreises im Sinne von § 14 Abs. 1 Nr. 2 einen Rückschluss aus der nach § 311 Abs. 2 BGB resultierenden Aufklärungspflicht ziehen will, ist ein solcher nach vorliegend vertretenem Verständnis ganz regelmäßig aufgrund der Übereinstimmung zwischen der befugten Weitergabe und dem Vorliegen einer Aufklärungspflicht nicht nötig. Nur in den seltenen Fällen des Auseinanderfallens von Aufklärungspflicht und Weitergabebefugnis ist der überwiegenden Ansicht zu folgen.

7) Die Verwendung der durch eine due diligence gewonnenen Insiderinformationen bei face-to-face Geschäften

a) Die grundsätzliche Einschlägigkeit des Insiderhandelsverbots

Bis zu der Neuregelung des WpHG durch das AnSVG war anerkannt, dass der Erwerber einer Beteiligung die vorher durch die due diligence gefundenen Ergebnisse bei ebendiesem Erwerb jedenfalls dann nicht im Sinne von § 14 Abs. 1 Nr. 1 a.F. ausnutzt, wenn der ursprüngliche Plan unverändert weiterverfolgt wird,[515] was auch die Interpretation des Gesetzgebers war.[516] Richtigerweise handelte der Insider in diesen Konstellationen nicht in der zu missbilligenden Absicht, sich einen Vorteil auf Kosten der Chancengleichheit zu verschaffen. Ein Konflikt mit der betreffenden Norm vor AnSVG war weiterhin zu verneinen, wenn nach Kenntniserlangung vom geplanten Beteiligungserwerb Abstand genommen wird, da in diesen Fällen das Wissen bereits nicht zum Erwerb oder zur Veräußerung führte.[517] Eine andere Beurteilung war jedoch in den Fällen angezeigt, in denen der Erwerber durch die due diligence Informationen erlangte, die ihn dazu veranlassten, den geplanten Beteiligungserwerb auszuweiten, denn nun wurde Insiderwissen ausgenutzt.[518]

Hingegen konnte von einem Ausnutzen von Insidertatsachen nach altem Recht keine Rede sein, wenn sich die Insidertatsache für die jeweils wissende Vertragspartei an sich positiv bei der Preisbildung auswirken würde und trotzdem nicht offenbart wurde. So nutzte der Verkäufer, der von positiven Tatsachen von seinem Unternehmen Kenntnis hat und diese nicht offenlegt, ebensowenig dieses Wissen iSv § 14 Abs. 1 a.F. aus, wie der Käufer, der trotz negativer Insidertatsachen diese nicht benützt, um den Preis zu drücken.[519] Hier kann man aufgrund der mangelnden Erheblichkeit der Insidertatsache zu Lasten der unwissenden Vertragspartei nicht von einem Ausnutzen sprechen. Dogmatisch genau scheitert das Ausnutzen dann am mangelnden Ursachenzusammenhang zwischen Kenntnis und Vornahme des Geschäfts durch den Insider. In beiden Konstellationen handelt die Person zwar in der Kenntnis von Insiderinformationen, jedoch kann man beim Verschweigen von Umständen, die die eigene Position

---

515 Einhellige Meinung, siehe Schwark/*Schwark* KMRK § 14 Rn 17; *Assmann/Cramer* in Assmann/Schneider, 3. Aufl., § 14 Rn 31; *Hopt* in Bankrechts-Handbuch § 107 Rn 61; *Lenenbach* Kapitalmarkt- und Börsenrecht Rn 10.50.

516 Siehe RegBegr. 2.FMFG, BT-Drucks. 12/6679, S. 47.

517 Statt vieler *Assmann/Cramer* in Assmann/Schneider, 3. Aufl., § 14 Rn 31; *Claussen/Florian* AG 2005, 745, 752: „Nichtstun ist nicht strafbar."

518 RegBegr. 2.FMFG, BT-Drucks. 12/6679, S. 47; *Hopt* in Bankrechts-Handbuch § 107 Rn 61; *Assmann/Cramer* in Assmann/Schneider, 3. Aufl., § 14 Rn 31.

519 Hierzu *Schmidt-Diemitz* DB 1996, 1809, 1810, 1812.

gegenüber dem Geschäftspartner eigentlich verbessern würden, nicht davon ausgehen, dass diese ursächlich geworden sind. Vielmehr müsste hier bei lebensnaher Betrachtung gerade vom Gegenteil ausgegangen werden. Eine Anwendung des § 14 war somit nicht angezeigt.

Es gilt nunmehr zu überprüfen, ob diese Auffächerung des „Ausnutzens" aufgrund Ersetzung durch das „Verwenden"[520] derart fortgelten kann.

Zur Erinnerung sei nochmals erwähnt, dass mit der Abschaffung des Ausnutzens auch die damit verbundene Gewinnerzielungsabsicht für die Erfüllung des Tatbestandes des § 14 Abs. 1 Nr. 1 nicht mehr zu fordern ist. Vielmehr ist für ein Verwenden ausreichend, dass der Täter die Information lediglich miteinfließen lässt.[521] Trotz der Erkenntnis der grundlegenden Änderung des Tatbestandes gibt es Stimmen in der Literatur, die zur Einschlägigkeit des § 14 Abs. 1 Nr. 1 bei Erwerb von Papieren nach vorheriger due diligence vertreten, dass eine Änderung zur bisherigen Rechtslage nicht existiert.[522] Problematisch erscheint dabei insbesondere der Ansatz, auf den diese Erwägung teilweise gestützt wird. Es wird dahingehend argumentiert, dass auch die Verwendung von Insiderinformationen vielmehr als der bloße Besitz dieser Informationen zu sein hat.[523] Dabei wird offenbar versucht, der nötigen Kausalität ein über das allgemeine Verständnis im WpHG und in anderen Rechtsgebieten wie beispielsweise dem Strafrecht[524] qualitativ anderes Verständnis im Rahmen des § 14 Abs. 1 Nr. 1 beizumessen, was auf Notwendigkeiten und Gepflogenheiten der Praxis hinsichtlich der due diligence und auf eine ansonsten angeblich vorliegende rechtsstaatswidrige Beweislastumkehr im Rahmen des strafbewehrten Insiderhandelsverbots (§ 38 Abs. 1 Nr. 1) zurückgeführt wird.[525] Insbesondere wird darauf hingewiesen, dass die rechtlich grundsätzlich zulässige due diligence nur zur Er-

---

520 Siehe dazu schon oben Teil 2, A.V).

521 Siehe wiederum Teil 2, A.V).

522 Vor allem *Fromm-Russenschuck/Banerjea* BB 2004, 2425 ff.; *Assmann* in Assmann/Schneider, § 14 Rn 27; siehe auch *Hasselbach* NZG 2004, 1087, 1091 f. sowie *Schneider* DB 2005, 2678, 2678 ff., der auch unter dem Regime des „Ausnutzens" (fälschlicherweise) bereits die Kausalität verneinen wollte, wenigstens insofern also konsequent ist.

523 *Fromm-Russenschuck/Banerjea* BB 2004, 2425, 2426; im Ergebnis ebenso *Schäfer* in Schäfer/Hamann, 2. Aufl., § 14 Rn 6 ff. sowie *Schneider* DB 2005, 2678, 2678 f.

524 Zur Kausalität im strafrechtlichen Kontext statt vieler Schönke/Schröder/*Stree* vor §§ 13 ff. Rn 71 ff.

525 *Fromm-Russenschuck/Banerjea* BB 2004, 2425, 2427; ähnlich *Hemeling* ZHR 169 (2005), 274, 284 f., der die Annahme der Kausalität als „in der Praxis schlichtweg nicht tragbar" ansieht, „da damit alle Erwerber „kriminalisiert" würden"; siehe ebenfalls *Hasselbach* NZG 2004, 1087, 1091 f., der jedoch nur mit der Bedeutung der due diligence argumentiert.

mittlung von Risikofaktoren bei der Zielgesellschaft verwendet werde, um diese im Rahmen des abzuschließenden Kaufvertrags berücksichtigen zu können.[526]

Soweit eine Argumentation über die Gepflogenheiten der Praxis angestrebt wird, wird verkannt, dass das Recht sich grundsätzlich nicht nach dem in der Praxis geltenden Usus zu richten hat, sondern es vielmehr auch gestalten und damit gerade vom herkömmlichen Gebrauch abweichen kann. Ansonsten wäre eine Weiterentwicklung des Rechts, obwohl es bei evidenten Missbräuchen dringend angezeigt wäre, von vornherein ausgeschlossen.

Auch führt das grundsätzliche Vorliegen der Kausalität in der hier behandelten Konstellation nicht dazu, dass es zu einer Beweislastumkehr kommt. Es ist auch weiterhin für den Richter die Prüfung des Einzelfalls entscheidend. Dabei wird er zu beachten haben, dass der Erwerb zwar auf der zuvor getroffenen Kaufentscheidung basiert, jedoch auch, dass es nur schwerlich vorstellbar ist, dass die Ergebnisse der due diligence-Prüfung nicht in das Handeln miteinfließen. Die besagte due diligence dient schließlich gerade dazu, die Annahmen, die zur Grundlage der Kaufentscheidung wurden, zu bestätigen, u.U. erst zu schaffen.[527]

Mitunter wird für die generelle Zulässigkeit einer due diligence ohne späteren Konflikt mit dem Insiderhandelsverbot bei tatsächlichem Erwerb von Aktien auch die Grundausrichtung der MMR angeführt, die als Teilaspekt der Verwirklichung des Aktionsplans für Finanzdienstleistungen darauf ausgerichtet sei, die Risikokapitalmärkte zu stärken und nicht durch ein Verbot der due diligence diesen eine Schwächung zuzuführen, da nunmehr u.a. Risikokapitalgesellschaften dieses Instrument im Rahmen ihres Investments nicht mehr nutzen könnten.[528] Eine derartige Argumentation kann jedoch im Ergebnis nicht verfangen, da bereits einer der maßgeblichen Aspekte der MMR, die Rückgewinnung von Anlegervertrauen, nicht mit den zuvor getroffenen Aussagen in Einklang gebracht werden kann.

Die Ansicht, welche im Ergebnis die alte Rechtslage auf der Grundlage der genannten Überlegungen fortgelten lässt, hat sicherlich die Bedürfnisse der Praxis auf ihrer Seite,[529] jedoch verkennt sie die dargelegten grundsätzlichen Änderun-

---

526 *Hasselbach* NZG 2004, 1087, 1092; im Ergebnis ebenso *Schwintek*, Das Anlegerschutzverbesserungsgesetz, S. 23.

527 *Diekmann/Sustmann* NZG 2004, 929, 931; *Ziemons* NZG 2004, 537, 539 f.; *Koch* DB 2005, 267, 269; *Grothaus* ZBB 2005, 62, 63; *Klawitter* in Habersack/Mülbert/Schlitt, Unternehmensfinanzierung am Kapitalmarkt, § 25 Rn 29; in diese Richtung auch *Weber* NJW 2004, 3674, 3676.

528 Siehe *Schneider* DB 2005, 2678, 2679.

529 So auch *Koch* DB 2005, 267, 269; unsubstantiiert für die Beibehaltung der bisherigen Gepflogenheiten hingegen *Fromm-Russenschuck/Banerjea* BB 2005, 2425, 2428, wenn sie lapidar darauf verweisen, dass der Gesetzgeber weitreichende Veränderungen von den internationalen Gepflogenheiten „sicherlich nicht gewollt“ hätte.

gen in der Norm des § 14 und ist daher nicht haltbar. Festzuhalten bleibt somit, dass nunmehr nach durchgeführter due diligence bei Vollzug des Erwerbsentschlusses regelmäßig von einem Verwenden im insiderrechtlichen Sinn auszugehen ist.[530]

b) Ausnahmen

Die eben erfolgte Geißelung der in der Literatur vertretenen Ansicht soll aber noch nicht besagen, dass im Ergebnis nicht zur vormaligen Rechtslage ähnliche Ergebnisse erzielt werden könnten. Dies bedarf jedoch der näheren Untersuchung und kann zweifelsohne nicht allein über den Ansatz der Kausalität bewerkstelligt werden. Den Problemen der Praxis, die sich einer due diligence aufgrund der damit verbundenen insiderrechtlichen Konsequenzen trotz der wichtigen Funktionen[531] nunmehr grundsätzlich nicht mehr in dem Umfang wie zuvor bedienen kann, wird aber auch in der folgenden Ausarbeitung ausreichend Gewicht beigemessen. Entgegen bisherigen Ausführungen in der Literatur werden dabei jedoch keine Subsumtionsversuche unter Merkmale vorgenommen, die die rechtlichen Probleme offensichtlich nicht bewältigen können. Erforderlich ist vielmehr eine tiefere Auseinandersetzung unter Einbeziehung des Sinn und Zwecks des Insiderhandelsverbots.

aa) Das Prinzip der „Waffengleichheit" aufgrund gleichen Kenntnisstands

(1) Die „Waffengleichheit" als Regulativ im bisherigem Recht beim „Ausnutzen"

Nach dem oben Gesagten kommt es bei den sog. face-to-face Geschäften, bei denen Insiderinformationen aus einer due diligence über den Emittenten in der Regel eine Rolle spielen, zu Konflikten mit dem gesetzlich statuierten Verbot des Insiderhandels.[532] Das noch vor den Änderungen durch das AnSVG geforderte Ausnutzen sollte bei face-to-face Geschäften jedoch nicht vorliegen, wenn beide Vertragspartner Kenntnis von der Insidertatsache hatten.[533] Insofern konnte der Insider seinen Wissensvorsprung nicht mit dem Ziel nutzbar machen, für sich oder einen anderen einen wirtschaftlichen Vorteil zu erlangen, der als Ver-

---

530 Zu unzweifelhaft insiderrechtlich irrelevanten Verhaltensweisen sogleich unter Teil 2, B.IV)7)b)aa)(2)(a).

531 Dazu Teil 2, B.IV)2).

532 Schwark/*Schwark* KMRK § 14 Rn 23; *Assmann* in Assmann/Schneider, § 14 Rn 42; siehe auch *Hammen* WM 2004, 1753, 1759 f.

533 So die ganz hM; vgl. nur *Assmann* AG 1994, 237, 246; Schwark/*Schwark* KMRK § 14 Rn 23; *Kümpel* Bank- und Kapitalmarktrecht, Rn 16.163; DAV-Stellungnahme NZG 2004, 703, 704; im Ergebnis ebenso RegBegr. 2. FMFG BT-Drucks. 12/6679, S. 47.

stoß gegen den Grundsatz der Chancengleichheit am Wertpapiermarkt angesehen und missbilligt wird.[534] Bei gleichem Kenntnisstand ist nämlich davon auszugehen, dass nur dasjenige Ergebnis erzielt wird, das auch nach öffentlicher Bekanntgabe der Information erlangt werden könnte.[535] Ein irgendwie beabsichtigter und vom Ausnutzen explizit geforderter Sondervorteil konnte somit per se nicht gezogen werden.

Im Falle einer nur einseitigen Kenntnis einer Insidertatsache sollte dagegen nach bisherigem Recht ein Verstoß gegen das Ausnutzungsverbot in Betracht kommen.[536] Da jedoch regelmäßig ein Käufer als unternehmensexterne Person nicht zum Kreis derjenigen gehört, die über sensibles Wissen der Zielgesellschaft verfügen, war und ist die Möglichkeit der befugten Weitergabe von Insiderwissen um so wichtiger. Mithin kam eine Ausnahme aufgrund „Waffengleichheit" im Sinne eines gleichen Kenntnisstands in aller Regel nur in der Situation des Paketerwerbs, also bei einer angestrebten unternehmerischen Beteiligung, in Betracht. Im Gleichlauf zur befugten Weitergabe konnte der Verkäufer regelmäßig auch die negativen Informationen über die Zielgesellschaft mitteilen und damit seiner aus cic resultierenden Aufklärungspflicht nachkommen.[537] Letztere Pflicht und die hieraus erwachsene Möglichkeit weiterer zivilrechtlicher Sanktionen kann jedoch nur als weiteres Druckmittel auf die über Insiderinformationen verfügende Vertragspartei gegen Ausnutzung dieser Informationen gesehen werden. Auch ohne diese Pflicht sollte man nämlich davon ausgehen können, dass das Verbot des Insiderhandels mit seinen im WpHG geregelten Konsequenzen einen ausreichenden Anreiz zur Befolgung des Gesetzes darstellt.

(2) Fortgeltung dieses Regulativs trotz Einführung des „Verwendens"?

(a) Filterung von tatsächlich konfliktträchtigen face-to-face Geschäften

Ehe sich der Frage zuzuwenden ist, inwieweit das Korrektiv der Waffengleichheit auch unter dem Regime des Verwendens fortbestehen kann, müssen die tatsächlich konfliktträchtigen von den insiderrechtlich auch weiterhin unproblematischen Fällen abgeschieden werden.

Allgemein ist festzuhalten, dass bezüglich derjenigen Konstellationen von face-to-face Geschäften, die schon vor dem Paradigmenwechsel vom Ausnutzen zum

534 *Kümpel* Bank- und Kapitalmarktrecht Rn 16.163; *Assmann* AG 1994, 237, 246; siehe auch RegBegr. 2. FMFG, BT-Drucks. 12/6679, S. 47.

535 *Schmidt-Diemitz* DB 1996, 1809, 1811.

536 *Assmann/Cramer* in Assmann/Schneider, 3. Aufl., § 14 Rn 28; *Fürhoff* AG 1998, 83, 87; *Hopt* in Bankrechts-Handbuch § 107 Rn 34; *Schmidt-Diemitz* DB 1996, 1809, 1811; vgl. auch *Kümpel* Bank- und Kapitalmarktrecht Rn 16.163.

537 Ausführlich zum Verhältnis von cic zu § 14 Abs. 1 S. 2 siehe oben Teil 2, B.IV)4).

Verwenden mit der damaligen Gesetzeslage nicht in Einklang standen, es keiner Neubewertung bedarf. Durch das AnSVG wurde der Tatbestand des § 14 Abs. 1 schließlich ausgeweitet, so dass diejenigen Verhaltensweisen nunmehr erst recht gegen das Insiderhandelsverbot verstoßen. Namentlich ist das der Fall, wenn eine Vertragspartei einen Wissensvorsprung hat und trotzdem mit diesem Wissen Geschäfte abschließt.

Kritisch hinterfragt werden muss, ob die Sichtweise hinsichtlich des „Ausnutzens" bezüglich der übrigen face-to-face Geschäfte unter veränderter Rechtslage durchgehalten werden kann.

Bislang wurde eine Reihe von Fällen nicht als Verstoß gegen § 14 gewertet, weil es am Ausnutzen iS einer Absicht der Erlangung eines wirtschaftlichen Sondervorteils fehlen sollte. Das nunmehr eingeführte Merkmal des Verwendens verzichtet im Gegensatz zum Ausnutzen allerdings auf die Absicht, sich einen Sondervorteil zu verschaffen und lässt Ursächlichkeit zwischen dem Erwerb und der Kenntnis ausreichen.[538]

Infolgedessen können hierüber nur noch problemlos diejenigen Geschäfte ausgeschieden werden, bei denen das Insiderwissen nicht ursächlich geworden ist. Dies ist jedenfalls dann der Fall, wenn sich der Erwerber zeitlich gesehen schon vor Kenntniserlangung rechtlich verbindlich verpflichtet hat, den Kauf durchzuführen.[539] Dann ist das Geschäft gänzlich unbeeinflusst von möglichem Insiderwissen zustande gekommen. Nach diesem Zeitpunkt eingetretener Kenntnisgewinn von Insiderinformationen vermag die jeweilige Partei höchstens noch in dem Geschäftsabschluss bestärken oder je nach Sichtweise auch verunsichern, hat aber rechtlich gesehen keine Auswirkungen auf das Zustandekommen des Vertrages und ist somit auch nicht im Sinne des Insiderhandelsverbotes von Relevanz. Keine für § 14 relevanten Transaktionen sind auch darin zu sehen, dass der Erwerber das Wissen von negativen Umständen nicht zur Preisreduzierung oder der Veräußerer positive Informationen nicht zur Preissteigerung verwendet. Hier fehlt es gerade an der Ursächlichkeit dieses Wissens für die Vornahme des Geschäfts.[540]

Nach dem Erhalt von Insiderinformationen durch eine due diligence ist überdies die bloße Abstandnahme von der Durchführung der Transaktion, jedoch bereits in Ermangelung eines Erwerbs oder einer Veräußerung, per se insiderrechtlich irrelevant.

---

538 Dazu schon oben Teil 2, A.V).

539 Siehe dazu nur Emittentenleitfaden der BaFin vom 15.7.2005, S. 26.

540 Siehe Teil 2, B.IV)7)a).

(b) *Sonderfall: Gleicher Kenntnisstand der Vertragsparteien*

(aa) *Die Rechtslage unter dem Blickwinkel des Schutzzwecks des Insiderhandelsverbots*

Problematischer erscheint die Neubewertung der nach altem Recht vom Verbot ausgeklammerten Konstellationen, in denen die Parteien über den gleichen Kenntnisstand hinsichtlich etwaiger Insiderinformationen verfügen, also mithin dann, wenn der gleiche Kenntnisstand mittels befugter Weitergabe im Rahmen eines Paketerwerbs zunächst per due diligence hergestellt wurde. In diesen Fällen ist bei genauer Subsumtion unter den geänderten § 14 Abs. 1 Nr. 1 davon auszugehen, dass sowohl Erwerber als auch Veräußerer im face-to-face Geschäft gegen die genannte Norm verstoßen, weil sie Kenntnis von der Insiderinformation haben und diese bei dem Geschäft nach realitätsnaher Betrachtung wenigstens mitursächlich geworden ist. Zwar wird dies teilweise bezweifelt,[541] doch wird hierüber der Kausalität wiederum ein Verständnis beigemessen, welches sich in speziellen Konstellationen, augenscheinlich je nach Bedarf, vom allgemeingültigen Verständnis löst und insbesondere vor dem AnSVG ebenfalls nicht vertreten wurde.[542] Der Wortlaut der Norm lässt jedoch zunächst keine andere Deutung der Lage zu, als einen Ursachenzusammenhang tatsächlich anzunehmen. Eine derartige Interpretation vertrat, wenigstens im Ergebnis, auch ursprünglich die BaFin, die für Paketerwerbe unterhalb der Kontrollschwelle aus § 29 WpÜG keine Ausnahme anerkannte, auch wenn dieser Erwerb möglicherweise im Interesse der betroffenen Gesellschaft lag.[543]

Der Wortlaut der europarechtlichen Wurzeln ist hinsichtlich der aufgeworfenen Frage oberflächlich besehen von zwiespältiger Natur, da Art. 2 Abs. 1 MMR die „Nutzung“ von Insiderinformationen verbietet und in Erwägungsgrund 18 MMR von einem „Ausnutzen“ die Rede ist. Der Wortlaut der jetzigen Richtlinie entspricht damit eher der alten deutschen Gesetzeslage, die nur ein Handeln mit Wissensvorsprung verboten hat. Dies könnte augenscheinlich den Schluss nahe legen, der Richtlinie wohnt ein § 14 Abs. 1 Nr. 1 a.F. vergleichbares Verständnis inne.

Allerdings zeigen sowohl Art. 2 Abs. 3 MMR als auch Erwägungsgrund 30 MMR im Umkehrschluss, dass alle Handlungen im Besitz der Insiderinformation mit Ausnahme von hierin festgelegten Fällen als „Nutzung“ im Sinne der MMR verstanden werden müssen.[544] Die Erwägung, dass der Richtliniengeber

541 So beispielsweise wenig überzeugend *Schäfer* in Schäfer/Hamann, 2. Aufl., § 14 Rn 9.

542 Zum Verständnis der Kausalität siehe bereits Teil 2, B.IV)7)a).

543 Siehe Entwurf zum Emittentenleitfaden der BaFin, S. 24.

544 *Ziemons* NZG 2004, 537, 539; zu diesem Verständnis siehe ausführlich bereits Teil 2, B.IV)7)a).

mit dem Begriff des „Nutzens“ anderes meint als das früher in Deutschland geltende Merkmal des „Ausnutzens“, wird durch einen Blick in die Entstehungsgeschichte des Richtlinienartikels gefestigt: Der ursprüngliche Vorschlag der Kommission rekurrierte noch auf das „Ausnutzen“, was das Europäische Parlament zunächst in der Weise abändern wollte, dass das „Verwenden“ zum Anknüpfungspunkt der Ahndung im Bereich von Insiderverstößen gemacht werden sollte, um eine auf einen Zweck oder Vorsatz verweisende Komponente zu streichen.[545] Zwar hat der Begriff des Verwendens keinen Eingang in die MMR gefunden, jedoch wurde auch nicht das Ausnutzen Bestandteil des Textes, vielmehr ist von einem Nutzen die Rede,[546] wobei deutlich zum Ausdruck gebracht wird, dass bei diesem Nutzen auf die subjektive Komponente verzichtet wird.[547] Es bleibt somit bei dem Befund, dass die Begriffe des Nutzens und des Ausnutzens nicht gleichgesetzt werden können. Gleichzeitig heißt dies aber auch, dass der Wortlaut es nicht zulässt, dass ein Paketerwerb nach due diligence bei gleichem Kenntnisstand mit § 14 Abs. 1 Nr. 1 ohne weiteres konform gehen kann, da nicht mehr entsprechend zum früheren Recht das subjektive Korrektiv zu fordern ist.

Für die derzeitigen Möglichkeiten der Durchführung einer due diligence bei M&A-Transaktionen sagt dies per se jedoch noch nichts. Anderenfalls würde der oben beschriebene Zweck des Schutzes der Funktionsfähigkeit der institutionalisierten Märkte durch das Insiderrecht vorschnell aus dem Auge verloren. Dieser Aspekt stand bislang im Vordergrund der primär marktbezogenen Regelung des § 14.[548] Bereits die Insiderrichtlinie hob in Erwägungsgrund 3 hervor, dass in erster Linie eine effiziente Erfüllung der Aufgaben des Marktes inklusive seines reibungslosen Funktionierens gewährleistet werden soll,[549] was sich auch in der Gesetzesbegründung zum 2. FMFG niedergeschlagen hatte.[550] Ein effizienter Kapitalmarkt, der dieses Ziel erreichen will, ist zwar untrennbar mit den Interessen der Anleger, informationell gleich behandelt zu werden, verbun-

---

545 Siehe Bericht des Ausschusses für Wirtschaft und Währung des Europäischen Parlaments vom 27.2.2002, A5-0069/2002, S. 26; abrufbar unter http://www4.europarl.eu.int/registre/recherche/NoticeDetaillee.cfm?docid=2528&doclang=DE (30.5.2005).

546 Siehe MMR, genauer: Richtlinie 2003/6/EG des Europäischen Parlaments und des Rates vom 28. Januar 2003 über Insider-Geschäfte und Marktmanipulation (Marktmissbrauch), Art. 2 Abs 1.

547 Siehe Teil 2, A.V) und der in diesem Absatz angeführte Umkehrschluss.

548 Vgl. *Kümpel* Bank- und Kapitalmarktrecht Rn 16.58; *Schmidt-Diemitz* DB 1996, 1809, 1811; Erwägungsgründe 3 und 4 der früheren EG-Insiderrichtlinie; RegBegr. 2. FMFG, BT-Drucks. 12/6679, S. 33; *Assmann* in Assmann/Schneider, vor § 12 Rn 49.

549 Siehe Erwägungsgrund 3 EG-Insiderrichtlinie.

550 RegBegr. 2. FMFG BT-Drucks. 12/6679, S. 33.

den.[551] Funktionenschutz und Individualschutz sind jedoch nur zwei Seiten derselben Medaille, wobei der Funktionenschutz bislang Priorität genoss.[552]

Die Beibehaltung dieser Prioritätensetzung ergibt sich bereits aus der MMR, deren Erwägungsgrund 12 ausführt, dass das Ziel der Vorschriften zur Bekämpfung von Insider-Geschäften darin liege, die Integrität der Finanzmärkte der Gemeinschaft sicherzustellen und das Vertrauen der Anleger dieser Märkte zu stärken. Das Vertrauen der Anleger ist neben praxisorientierten Rahmenbedingungen für einen innovativen und international wettbewerbsfähigen Finanzmarkt wiederum eine Grundvoraussetzung hierfür, primär soll jedoch weiterhin die Stärkung des Kapitalmarktes herbeigeführt werden.[553]

In Anbetracht dessen war und ist nicht einsichtig, warum dieses Ziel in den Fällen, in denen die Vertragsparteien über denselben Wissensstand verfügen, nunmehr gefährdet sein sollte. Das AnSVG und die MMR stellen prinzipiell nur ein Verhalten unter Strafe, bei dem eine Person ein Wertpapiergeschäft mit einem Wissensvorsprung tätigt.[554]

Diese Kehrtwende hat nunmehr auch die BaFin vollzogen, die inzwischen explizit die Schutzrichtung der Strafnorm in ihre Betrachtung mit einstellt und der Ansicht ist, dass bei einem Paketerwerb nach due diligence mit gleichem Kenntnisstand das Schutzgut des Insiderrechts, nämlich das Vertrauen der Öffentlichkeit in die Integrität und die Funktionsfähigkeit des Kapitalmarktes nicht betroffen ist.[555]

(bb) Rechtlicher Anknüpfungspunkt für das vorangestellte Verständnis

Bislang unbenannt geblieben ist, auf welchem rechtlichen Wege dieser richtigen Ansicht zur Geltung verholfen werden kann. Zu denken ist insoweit an eine teleologische Reduktion der Norm im Hinblick auf das Merkmal des Verwendens. Die teleologische Interpretation, die den Gesetzeszweck, die immanente Teleologie des Gesetzes ermittelt, fragt nach Sinn und Tragweite der gesetzlichen Re-

551 Schwark/*Schwark* KMRK vor § 12 Rn 8; siehe auch *Merkt* Unternehmenspublizität, S. 296 ff.; Erwägungsgründe 4 ff. EG-Insiderrichtlinie.

552 *Hopt* in Bankrechts-Handbuch § 107 Rn 4; vgl. auch Schwark/*Schwark* KMRK vor § 12 Rn 8; *Assmann* AG 1994, 196, 203 f.

553 BT-Drucks. 15/3174, S. 26.

554 So *Brandi/Süßmann* AG 2004, 642, 645; im Ergebnis ebenso *Schwintek*, Das Anlegerschutzverbesserungsgesetz, S. 26; dies zeigt überdies auch Erwägungsgrund 29 MMR.

555 Emittentenleitfaden der BaFin vom 15.7.2005, S. 27, der inzwischen explizit auch auf Erwägungsgrund 3 EG-Insiderrichtlinie und wenigstens inhaltlich auf Erwägungsgrund 12 MMR rekurriert, tatsächlich aber Erwägungsgrund 13 MMR anführt.

gelung im Hinblick auf das konkret zu lösende Sachproblem.[556] Eine teleologische Reduktion kann vor allem dann zur Anwendung kommen, wenn der Gesetzeszweck lediglich bezüglich einzelner Sachverhaltsgruppen, die an sich vom abstrakt-begrifflichen Gesetzestatbestand mit umfasst sind, nicht mehr erreicht wird.[557]

Die Durchdringung des nationalen Rechts im Wege der Umsetzung von Richtlinien verkompliziert jedoch die Auslegung und damit auch die teleologische Reduktion deutscher Normen.[558] Hier ist der Grundsatz der richtlinienkonformen Auslegung zu beachten, d.h. die europäische Norm ist nicht im Wege systematischer Auslegung in die jeweilige mitgliedstaatliche Rechtsordnung zu integrieren; es ist vielmehr die europarechtliche Grundlage zu beachten, so dass sie von dieser Grundlage her in allen Mitgliedstaaten der EG als ursprungsgleiches Recht erhalten bleibt.[559] Dies geht aus der Verpflichtung der Mitgliedstaaten hervor, im Rahmen ihrer nationalen Rechtsordnung alle erforderlichen Maßnahmen zu ergreifen, um die vollständige Wirksamkeit der Richtlinie entsprechend ihrer Zielsetzung zu gewährleisten.[560] Darüber hinaus wird aus Art. 10 EGV ein umfassendes Prinzip zur gemeinschaftskonformen Auslegung nationalen Rechts abgeleitet, also ein an Sinn und Zweck des gesamten EU-Rechts ausgerichtetes Verständnis nationaler Normen.[561] Es konnte bereits aufgezeigt werden, dass der Wortlaut der Richtlinie nur die Deutung zulässt, dass durch Wegfall des subjektiven Elements in der hier besprochenen Konstellation ein Verstoß gegen die insiderrechtlichen Vorschriften anzunehmen ist. Allerdings konnte auch aufgezeigt werden, dass der Sinn und Zweck der Richtlinie dies nicht erfordert.

Überdies könnte man die Erwägungsgründe 28 und 29 MMR zum Ausgangspunkt weiterer Überlegungen und somit für eine teleologische Reduktion fruchtbar machen: Nach vorzugswürdiger Ansicht[562] kommt darin eine Ausnahme im

---

556 Siehe nur *Engisch*, Einführung in das juristische Denken, S. 88 ff.; *Larenz*, Methodenlehre der Rechtswissenschaft, S. 328 ff.; dazu auch MüKoBGB/*Säcker* Einleitung Rn 128.

557 MüKoBGB/*Säcker* Einleitung Rn 129; *Larenz*, Methodenlehre der Rechtswissenschaft, S. 391 ff.; dazu auch *Zippelius*, Juristische Methodenlehre, S. 70 f.; ausführlich *Brandenburg*, Die teleologische Reduktion, 1983.

558 Vgl. MüKoBGB/*Säcker* Einleitung Rn 131.

559 MüKoBGB/*Säcker* Einleitung Rn 131 mwN in FN 351; siehe Staudinger/*Coing/Honsell* (2004), Einl. zum BGB, Rn 198; *Lutter* JZ 1992, 593, 604 f.; siehe auch *Meyer* Jura 1994, 455; ausführlich *Ehricke* RabelsZ 59 (1995), 598.

560 EuGH Urt. v. 10.4.1984 – Rs 14/83 NJW 1984, 2021, 2022; Staudinger/*Coing/Honsell* (2004), Einl. zum BGB, Rn 198 mit FN 287.

561 Staudinger/*Coing/Honsell* (2004), Einl. zum BGB, Rn 198; *Behrens* EuZW 1994, 289, 289; siehe auch *Ehricke* RabelsZ 59 (1995), 598, 603 f.

562 Dazu ausführlich Teil 2, B.IV)7)b)bb).

Bereich des öffentlichen Übernahmeangebots zum Ausdruck, die sich dadurch rechtfertigt, dass der Informationsrückstand der Aktionäre der Zielgesellschaft durch die Vorkehrungen des Übernahmerechts zu ihrem Schutz neutralisiert wird.[563] Noch weniger ist jedoch eine auf ungleichem Zugang zu Informationen beruhende Beeinträchtigung des Vertrauens in die Kapitalmärkte zu befürchten, wenn beide Parteien über den gleichen Informationsstand verfügen.[564]

Aufgrund dessen, dass der am Ziel des Rechtsaktes orientierten Auslegung im europäischen Recht in der Regel eine vorrangige Stellung zukommt,[565] was seinen tieferen, normtheoretischen Grund in der Zweckorientierung der europäischen Grundlagen im Hinblick auf die Schaffung und das Funktionieren eines europaweiten Binnenmarktes hat,[566] bleibt festzuhalten, dass der Schutzzweck des Insiderrechts ein Eingreifen im Rahmen des Paketerwerbs bei gleichem Kenntnisstand nicht erfordert. Das Anlegervertrauen erschütternde Sondervorteile kann keine Vertragspartei erzielen. Zwar kann der einzelne Anleger ein Interesse daran haben, möglichst viele Informationen zu erhalten, jedoch ist dies nicht über das Verbot des Insiderhandels zu bewerkstelligen. Hier geht es nur darum, zu verhindern, dass eine Person mit Sonderwissen dies zu ihrem Vorteil fruchtbar macht. Ein primärer Individualschutz durch die entsprechenden Normen in dem Sinne, dass die Vertragspartner ihr Wissen dem Anleger zu offenbaren haben, ist daher abzulehnen.

In Fällen, in denen die Lage sich derart darstellt, sollte sich das Recht zurückziehen; eine teleologische Reduktion des Anwendungsbereiches der Norm ist somit angezeigt.[567]

Zu demselben Ergebnis kommen einige Stimmen in der Literatur über einen anderen Ansatzpunkt, wenn sie in dem Wortlaut der Richtlinie[568] das Zugeständnis

---

563 *Cahn* Der Konzern 2005, 5, 11; *Fromm-Russenschuck/Banerjea* BB 2004, 2425, 2427; siehe auch *Diekmann/Sustmann* NZG 2004, 929, 931.

564 Vgl. hierzu auch *Cahn* Der Konzern 2005, 5, 11; ähnlich *Grothaus* ZBB 2005, 62, 64; im Ergebnis ebenso *Koch* DB 2005, 267, 269; *Gimnich*, Insiderhandelsverbot und Unternehmensakquisitionen, S. 180.

565 Siehe bereits EuGH, Rs. 67/74, *Carmelo Angelo Bonsignore*, Slg. 1975, S. 297 Rn 5 ff. zur Auslegung der Richtlinie 64/221; EuGH, Rs. 43/75, *Gabrielle Defrenne*, Slg. 1976, S. 455, Rn 4 ff. zu Art. 119 EWGV; *Tippach* WM 1993, 1269, 1272; *Bleckmann* RIW 1987, 929, 930.

566 *Tippach* WM 1993, 1269, 1272; *Streinz*, Europarecht, Rn 570: „...besondere Gewichtung der systematischen und teleologischen Methode."

567 Dafür spricht sich auch *Cahn* Der Konzern 2005, 5, 11 aus; ebenso *Fromm-Russenschuck/Banerjea* BB 2004, 2425, 2427; *Koch* DB 2005, 267, 269; *Schwintek*, Das Anlegerschutzverbesserungsgesetz, S. 26; *Kümpel/Veil*, Wertpapierhandelsgesetz, S. 68 f.; ähnlich *Diekmann/Sustmann* NZG 2004, 929, 931; anders hinsichtlich des rechtlichen Anknüpfungspunktes, im Ergebnis aber weitestgehend identisch zur vorliegend vertretenen Linie *Assmann* in Assmann/Schneider, § 14 Rn 27 f.

eines weiten Spielraums sehen,[569] so dass die eben angestellten Überlegungen hinsichtlich des Verständnisses der Richtlinie als weithin überflüssig angesehen werden und nunmehr lediglich systemimmanent, d.h. auf das nationale, vorliegend mithin das deutsche Recht beschränkt, das Verständnis erforscht werden könnte. Auf diesem Weg ist das Ergebnis jedoch kein divergierendes, denn auch das deutsche Recht erfordert nach seinem Sinn und Zweck nicht die Einschlägigkeit des Insiderhandelsverbots bei face-to-face Geschäften in der Form eines Paketerwerbs bei gleichem Kenntnisstand der beteiligten Parteien.

(3) Abgleich mit der typischen Situation des Paketerwerbs – Irrelevanz der Waffengleichheit?

Im Zusammenhang mit dem hier vertretenen Verständnis des § 14 Abs. 1 verdient auch Beachtung, auf welche Art und Weise sich Paketerwerbe im sog. face-to-face Bereich in der Praxis abspielen. In der Regel tritt der Käufer, motiviert durch die Absicht seine Beteiligung auszubauen oder eine solche erstmals zu erwerben, an den Verkäufer heran.[570] Daraus wird versucht, eine Argumentation aufzubauen, die die teleologische Reduktion überflüssig machen könnte, würde sie tatsächlich durchgreifen. So wird teilweise vertreten, dass der Verkäufer nicht unter Verwendung einer Insiderinformation an den Markt geht, sondern sich lediglich auf die Offerte des Käufers einlässt, wobei das Insiderwissen jedenfalls in dieser Konstellation des Paketerwerbs keine Rolle spielen soll, da nicht dieses Wissen, sondern die erstrebte Kontrollmehrheit durch die Käuferseite für die Preisverhandlungen entscheidend sei.[571] Sollten nunmehr die Vorschriften zum Insiderhandel Anwendung finden, würde dies für den Verkäufer angeblich einem Veräußerungsverbot gleichkommen, was den Schluss zulasse, dass ein Paketverkäufer in dem genannten Fall die ihm bekannten Insiderinformationen nicht verwende.[572]

Der Wortlaut der Vorschrift gibt ein derartiges Verständnis jedoch nicht her, denn auch in der eben beschriebenen Situation ist davon auszugehen, dass der Verkäufer für sein Aktienpaket einen bestimmten Preis fordert, eben weil er genaue Informationen innehat, so dass hier sehr wohl ein Verwenden vorliegt.

Faktisch wird auf diesem Wege mit der eben erfolgten Argumentation daher eine weitere Ausnahme von der Anwendung des § 14 Abs. 1 Nr. 1 gefordert, die jedoch aus dem Wortlaut nicht herausgelesen werden kann. Auch der Argumentationsstrang über eine teleologische Reduktion erscheint für die genannte Kon-

568 Art. 2 Abs. 1 MMR: „Nutzen“; Erwägungsgrund 18 MMR: „Ausnutzen“.
569 *Grothaus* ZBB 2005, 62, 64; *Hammen* WM 2004, 1753, 1760.
570 *Hammen* WM 2004, 1753, 1760.
571 *Hammen* WM 2004, 1753, 1760.
572 *Hammen* WM 2004, 1753, 1760.

stellation verwehrt, da nicht ersichtlich ist, warum der Schutzzweck des Insiderhandelsverbots bei einseitiger Kenntnis von Insiderinformationen im Rahmen von face-to-face Geschäften nicht einschlägig sein sollte.

Auch ein Quasi-Veräußerungsverbot trifft den Verkäufer nicht, denn immerhin hat er die Möglichkeit einen rechtlich zulässigen Weg zu wählen, indem er dem Käufer die Insiderinformationen offenbart und auf diese Weise für einen gleichen Kenntnisstand und somit Verkaufsverhandlungen auf gleicher Augenhöhe sorgt. Diese befugte Weitergabe iSv § 14 Abs. 1 Nr. 2 eröffnet sich ihm schließlich beim Paketerwerb.

Die Erwägungen hinsichtlich einer weiteren Einschränkung des Anwendungsbereichs des „Verwendens von Insiderinformationen" sind mithin nicht vonnöten; auch in der „typischen" Situation des Paketverkaufs ist ein Konflikt mit dem Verbot von Insidergeschäften nach § 14 nicht automatisch vorprogrammiert. Die aufgezeigte Argumentation für den „typischen" Paketverkauf, der vor allem als „Kunstgriff" *Hammens* anzusehen ist, kann somit nicht mit dem geltenden Recht in Einklang gebracht werden.

bb) Sachverhalte im Sinne der §§ 29 ff. WpÜG

Fußend auf Erwägungsgrund 29 MMR, der besagt, dass der Zugang zu Insiderinformationen über eine andere Gesellschaft und die Verwendung dieser Informationen bei einem öffentlichen Übernahmeangebot mit dem Ziel, die Kontrolle über dieses Unternehmen zu erwerben oder einen Zusammenschluss mit ihm vorzuschlagen, als solche nicht als Insidergeschäfte gelten sollten, liegt die Annahme nahe, dass hiermit eine weitere Ausnahme von der rigiden Einschlägigkeit des Verbots des Insiderhandels für M&A-Transaktionen nach zuvor erfolgter due diligence gelte.

(1) Interpretation der BaFin

Die BaFin, die nach ihrem Selbstverständnis „praktische Hilfestellung für den Umgang mit den geänderten bzw. neuen Vorschriften des Wertpapierhandelsrechts bieten" will[573] und dies rechtlich auch nur kann,[574] hat indes hinsichtlich der Interpretation von Erwägungsgrund 29 MMR eine Kehrtwende vollzogen: Zunächst hat sie darin eine Ausnahmebestimmung für das Verwenden von Insiderinformationen bei Unternehmensübernahmen, bei denen ein öffentliches Übernahmeangebot mit dem Ziel des Kontrollerwerbs oder des Zusammen-

573 Emittentenleitfaden der BaFin vom 15.7.2005, S. 12.

574 Zum Charakter des Emittentenleitfadens als norminterpretierende Verwaltungsvorschrift ohne Außenwirkung siehe ausführlich oben unter Teil 1, B.II).

schlusses zweier Unternehmen in Rede steht, gesehen.[575] Diese Sichtweise hat sich nunmehr diametral verändert: Erwägungsgrund 29 MMR beinhalte demnach keine Ausnahmebestimmung für das Übernahmerecht, sondern habe lediglich zum Ziel, den Informationsaustausch zwischen Bietergesellschaft und Emittent und die Durchführung von Übernahmeverfahren nach Maßgabe der EU-Übernahmerichtlinie (2004/25/EG) nicht durch die Harmonisierung des Insiderrechts zu beeinträchtigen.[576] Dies sei jedoch auch nach geänderter Rechtslage gewährleistet: Zielgesellschaften könnten wie bisher Informationen, auch Insiderinformationen, im Rahmen einer due diligence an den Bieter weitergeben[577] und dieser dürfe diese Informationen zur Vorbereitung seines öffentlichen Übernahmeangebots nutzen.[578] Die tatsächliche Abgabe eines öffentlichen Übernahmeangebots, in welchem Insiderinformationen verwendet würden, sei jedoch erst möglich, wenn der Emittent eine entsprechende Ad-hoc-Mitteilung nach § 15 WpHG veröffentlicht habe.[579]

(2) Rechtliche Bewertung der Ansicht der BaFin

Mit der eben aufgezeigten Ansicht verfolgt die BaFin zwar nunmehr eine klare Linie, fraglich ist jedoch, ob sich diese auch in die bestehende Rechtslage widerspruchslos einfügt.

(a) Kompetenzrechtliche Bedenken

Zunächst gilt es, diese Auffassung vor dem rechtlichen Kompetenzgefüge zu hinterfragen. Wie bereits ausgeführt, kommt dem Emittentenleitfaden als norminterpretierende Verwaltungsvorschrift die Aufgabe zu, Bestimmungen für die Auslegung und Anwendung von Rechtsnormen niederzulegen, um Anwendungsunsicherheiten bei neuen Gesetzen zu reduzieren, aber nicht, diesen Anwendungsbereich in eigenem Ermessen erst auszugestalten.[580] Anders gewendet bedeutet dies, dass die BaFin den Willen des Gesetzgebers nur erläutern darf, ihn jedoch weder abändern kann noch darf. Die eben wiedergegebene Interpretation der BaFin müsste mithin mit dem Gesetzeswortlaut, wie er durch den Willen des Gesetzesgebers ausgeformt wurde, in Einklang zu bringen sein. Dem Gesetzeswortlaut selbst ist eine Einschränkung des Verwendungsverbots auf öffentliche Übernahmeangebote, die auf den Kontrollerwerb gerichtet sind

575 Entwurf des Emittentenleitfadens vom 22.12.2004, S. 24.
576 Emittentenleitfaden der BaFin vom 15.7.2005, S. 28.
577 Zur Möglichkeit der Weitergabe von Insiderinformationen siehe ausführlich oben Teil 2, B.IV)3).
578 Emittentenleitfaden der BaFin vom 15.7.2005, S. 28.
579 Emittentenleitfaden der BaFin vom 15.7.2005, S. 28.
580 Ausführlich Teil 1, B.II)1).

(§§ 29 ff. WpÜG), ebensowenig zu entnehmen wie der Gesetzesbegründung, die dies jedenfalls nicht direkt anspricht. Jedoch können aus der Gesetzesbegründung Rückschlüsse über den Willen des Gesetzgebers gezogen werden, wenn dieser ausführt, dass mit Art. 1 AnSVG die MMR umgesetzt werden soll.[581] In dieser Richtlinie ist in Erwägungsgrund 29 nun jedoch eine Ausnahmeregelung für das Verwendungsverbot von Insiderinformationen für öffentliche Übernahmeangebote niedergelegt, die das Ziel verfolgen, die Kontrolle über dieses Unternehmen zu erwerben oder einen Zusammenschluss mit ihm vorzuschlagen. Nun könnte man argumentieren, dass die Erwägungsgründe nicht die gleiche Normqualität wie die in Artikeln niedergelegten Richtlinienbestimmungen haben. Infolgedessen könnte man die Erwägungsgründe nur als Anhaltspunkt für die Auslegung ansehen[582], auf die der nationale Gesetzgeber hätte Bezug nehmen müssen, um sie für die Erforschung des Verständnisses der Bestimmungen des AnSVG fruchtbar zu machen.[583] Allerdings wird man dem entgegenhalten können und müssen, dass die Bedeutung der Erwägungsgründe über die bloße Hilfestellung zur historischen Auslegung hinausgewachsen ist.[584] Sie geben vielmehr ähnlich der Präambel in deutschen Gesetzen den Willen und die Beweggründe des europäischen Richtliniengebers wieder, so dass sich aus ihnen insbesondere die Teleologie einer Regelung ergibt und sie zu besonderen Auslegungsmitteln macht.[585] Die Erwägungsgründe sind daher auf jeden Fall im Rahmen einer richtlinienkonformen Auslegung des § 14 zu berücksichtigen, was per se auf eine Ausnahme schließen lässt.[586]

Dieser Wille zur Regelung einer Ausnahme wird insbesondere dann deutlich, wenn man den Entstehungsprozess der MMR beachtet: Demnach hatte das Europäische Parlament den Vorschlag unterbreitet, in Art. 2 Abs. 5 MMR eine Ausnahme für die Verwendung von Insiderinformationen im Zuge der genann-

---

581 Siehe BT-Drucks. 15/3174, S. 26; dazu *Fromm-Russenschuck/Banerjea* BB 2004, 2425, 2427, die darauf hinweisen, dass der Gesetzgeber insbesondere nicht die Verschärfung der Richtlinie andachte, sondern nur die nunmehr „erforderlichen" Änderungen vorgenommen hat.

582 So explizit für die Erwägungsgründe im Hinblick auf die Auslegung der MMR und des AnSVG *Brandi/Süßmann* AG 2004, 642, 646.

583 So *Grothaus* ZBB 2005, 62, 64; a.A. für Erwägungsgrund 29 MMR, jedoch ohne Begründung *Hasselbach* NZG 2004, 1087, 1089.

584 So in Bezug auf die MMR *Ziemons* NZG 2004, 537, 539.

585 Siehe *Lutter* JZ 1992, 593, 600; *Teichmann* ZGR 2002, 383, 405; zur Bedeutung im Rahmen der europäischen Rechtsprechung siehe EuGH, Rs.124/79, *van Walsum,* Slg. 1980, S. 813, Rn. 9; EuGH, Rs. 152/79, *Lee,* Slg. 1980, S. 1495, Rn. 12.

586 Siehe *Fromm-Russenschuck/Banerjea* BB 2004, 2425, 2427; im Ergebnis ebenso *Diekmann/Sustmann* NZG 2004, 929, 931; *Koch* DB 2005, 267, 269; *Hasselbach* NZG 2004, 1087, 1089; eine derartige Auslegungsmöglichkeit anerkennend, jedoch nicht als zwingend erachtend *Steck/Schmitz* Finanz Betrieb 2005, 187, 189.

ten Übernahmen zu verankern,[587] was der Rat nur deswegen abgelehnt hat, weil diese Ausnahme bereits in Erwägungsgrund 29 niedergelegt sei.[588] Konsequenterweise folgt hieraus, dass der europäische Richtliniengeber diese Ausnahme mit der MMR regeln wollte und sie somit auch im deutschen Wertpapierhandelsrecht zu beachten ist.[589] Flankierend kann auch Erwägungsgrund 28 MMR herangezogen werden: Danach sind die Mitgliedstaaten durch die MMR nicht gehindert, Maßnahmen zum Schutz von Inhabern stimmrechtstragender Aktien für den Fall eines öffentlichen Übernahmeangebots oder anderer Kontrollsituationen zu erlassen. Eben eine solche Lösung findet sich bereits in den Regelungen des WpÜG.[590] Vor diesem Hintergrund stößt die geäußerte Ansicht der BaFin, die Erwägungsgrund 29 bereits grundsätzlich den Charakter als Ausnahmebestimmung abspricht, auf erhebliche Bedenken.

(b) Inhaltliche Defizite in der Konzeption der BaFin

Überdies ist der Weg der BaFin auch inhaltlich zumindest fragwürdig. Immerhin könnte eine Ausnahme für die Einschlägigkeit der insiderrechtlichen Vorschriften im Rahmen von Unternehmensübernahmen bereits dadurch gerechtfertigt werden, dass der Informationsrückstand der Aktionäre der Zielgesellschaft durch die Vorkehrungen des Übernahmerechts zu ihrem Schutz neutralisiert wird.[591] Diesen Informationsrückstand möchte die BaFin nunmehr offensichtlich durch eine vor Abgabe des öffentlichen, auf den Kontrollerwerb gerichteten Übernahmeangebots nötige Ad-hoc-Mitteilung nach § 15 beheben.

Dies stößt jedoch auf Bedenken: Zunächst muss bewusst sein, dass es hier nicht um die Insiderinformation „Abgabe eines öffentlichen Übernahmeangebots mit dem Ziel des Kontrollerwerbs" geht, sondern zur Behebung des Informationsrückstands nur die Veröffentlichung der Insiderinformationen, die der Bieter von der Zielgesellschaft im Rahmen der due diligence erhalten hat und zur Grundla-

---

587 Standpunkt des Europäischen Parlaments (1.Lesung) am 14.3.2002, ABl. C 47 E vom 27.2.2003, S. 511, 518.

588 Siehe Gemeinsamer Standpunkt (EG) Nr. 50/2002 des Rates am 19.7.2002, ABl. C 228 E vom 25.9.2002, S. 19, 31; auf diese Erwägung weist zu Recht *Ziemons* NZG 2004, 537, 539 hin.

589 Im Ergebnis ebenso *Ziemons* NZG 2004, 537, 539.

590 *Ziemons* NZG 2004, 537, 539; *Fromm-Russenschuck/Banerjea* BB 2004, 2425, 2427.

591 *Cahn* Der Konzern 2005, 5, 11; im Ergebnis ebenso *Schäfer* in Schäfer/Hamann, 2. Aufl., § 14 Rn 7; ähnlich bereits vor AnSVG *Streißle* BKR 2003, 788, 795; siehe auch *Fromm-Russenschuck/Banerjea* BB 2004, 2425, 2427, die jedoch den sehr weitgehenden Schluss ziehen, dass der Kaufentschluss auch erst nach due diligence gefasst werden kann, was jedoch im Ergebnis auf ein oben bereits abgelehntes weites Kausalitätsverständnis gründet.

ge seines Angebots macht, Abhilfe schaffen kann.[592] Konsequenz wäre jedoch die zwingend vorgeschriebene Veröffentlichung umfangreicher, sensibler Unternehmensdaten der Zielgesellschaft, mehr noch: die zwingende, weil nach § 39 Abs.2 bußgeldbewehrte, Veröffentlichung von Insiderinformationen iSd WpHG. Zwar müssen derartige Informationen eigentlich ohnehin umgehend veröffentlicht werden, doch besteht die Möglichkeit der Befreiung von dieser Pflicht nach § 15 Abs. 3. Im Ergebnis werden von der durch die BaFin angeregten Veröffentlichung somit all diejenigen Fallgestaltungen erfasst, für die bislang eine Befreiung nach § 15 Abs. 3 bestand.[593] Solche Befreiungstatbestände aufgrund eines berechtigten Interesses werden insbesondere bei Neuentwicklungen von Produkten, Patenten, Erfindungen anerkannt, bis der Emittent die erforderlichen Maßnahmen ergriffen hat, seine Rechte abzusichern.[594] Wenn nun im Falle des öffentlichen Übernahmeangebots mit dem Ziel des Kontrollerwerbs eine Ad-hoc-Mitteilung nötig ist, bedeutet dies, dass die Abwägung zwischen den Interessen des Emittenten gegenüber denjenigen des Kapitalmarktes, die bei der Feststellung des berechtigten Interesses iSv § 15 Abs. 3 nötig ist,[595] zuungunsten der Zielgesellschaft ausfällt. Die Konsequenz ist, dass die Zielgesellschaft dem Kapitalmarkt, somit aber auch ihren Wettbewerbern, diese sensiblen Daten offenbaren müsste, um den kapitalmarktrechtlichen Anforderungen gerecht zu werden.[596]

Während die Veröffentlichung, wie sie der BaFin vorschwebt, für das Verbot der unbefugten Weitergabe nach Ansicht ebendieser BaFin keine Auswirkungen haben dürfte - wird doch ausdrücklich die Zulässigkeit der Weitergabe im Rahmen einer due diligence zur Absicherung einer konkreten Erwerbsabsicht bei einem Kontrollerwerb angenommen -[597], findet die Frage, wie die Veröffentlichung von sensiblen Informationen durch eine Ad-hoc-Mitteilung mit den aktienrechtlichen Vorgaben zu vereinbaren ist, keine Beantwortung im Emittentenleitfaden.

Grundsätzlich kommt dem Vorstand nach §§ 76, 77 AktG eine umfassende Geschäftsführungs- und Leitungsfunktion zu, die auch die Entscheidung über die Zulassung oder Verweigerung einer due diligence umfasst.[598] Jedoch setzt ins-

---

592 Zum Befund, dass hier tatsächlich Insiderinformationen aus dem Unternehmen veröffentlicht werden sollen, siehe auch *Merkner/Sustmann* NZG 2005, 729, 733.

593 *Merkner/Sustmann* NZG 2005, 729, 733.

594 Emittentenleitfaden der BaFin vom 15.7.2005, S. 55.

595 Siehe wiederum Emittentenleitfaden der BaFin vom 15.7.2005, S. 55; ausführlich zur Abwägung später in Teil 3 unter A.II)4)b)aa).

596 *Merkner/Sustmann* NZG 2005, 729, 733.

597 Siehe Emittentenleitfaden der BaFin vom 15.7.2005, S. 31.

598 Zu dieser überwiegenden Ansicht siehe *Körber* NZG 2002, 263, 268; *Böttcher*, Due diligence als Verkehrssitte, S. 85.

besondere § 93 Abs. 1 S. 3 AktG der Informationsweitergabe eine explizite gesellschaftsrechtliche Grenze, wonach Vorstandsmitglieder verpflichtet sind, über vertrauliche Angaben und Geheimnisse der Gesellschaft, die ihnen durch die Tätigkeit im Vorstand bekannt geworden sind, Stillschweigen zu bewahren.[599] Beispielhaft nennt § 93 Abs. 1 S. 3 AktG Betriebs- und Geschäftsgeheimnisse, verallgemeinerungsfähig ist zu sagen, dass Geheimnisse der Gesellschaft Tatsachen mit Bezug zur Gesellschaft sind, die nicht allgemein bekannt sind und nach dem Willen der Gesellschaft nicht weiter verbreitet werden sollen.[600] Die Entscheidung über die Zulassung einer due diligence steht im pflichtgemäßen Ermessen des Vorstands, der nach wohl vorherrschender Auffassung die Geheimhaltungspflicht als nur einen Posten einer umfassenden, am objektiven Gesellschaftsinteresse orientierten Abwägung zu berücksichtigen hat.[601] In diese Abwägung ist beispielsweise auch einzustellen, ob Informationen an einen potentiellen oder gar aktuellen Wettbewerber gegeben würden.[602] Während dieser letzte Aspekt bislang insbesondere nur dann relevant wurde, wenn der Bieter zugleich im Wettbewerb mit der Zielgesellschaft stand, müsste der Vorstand von besagter Zielgesellschaft als Folge der Konzeption der BaFin nunmehr bereits bei jedweder due diligence, gleichwohl es sich um keinen Wettbewerber als Erwerbsinteressenten handelt, diese Betrachtung mit einstellen, so dass im Ergebnis keine Zielgesellschaft mehr besagte Geheimnisse im Sinne der Norm im Rahmen einer due diligence preisgeben dürfte.[603] Da es bei der due diligence jedoch gerade darum geht, nicht öffentlich bekannte Umstände, insbesondere Risiken, zu ergründen, ist offensichtlich, dass das Ziel der due diligence in aller Regel auch die Erkundung solcher Informationen ist, die als Gesellschaftsgeheimnisse oder vertrauliche Angaben einzustufen sind.[604] Konsequenz aus der Veröffentlichungspflicht nach § 15 wäre somit, dass der Vorstand der Zielgesellschaft bereits in dem Sinne vorsorglich tätig werden muss, dass die Weitergabe von Gesellschaftsgeheimnissen aufgrund des aufgezeigten aktienrechtlichen Hinter-

599 Statt vieler *Körber* NZG 2002, 263, 266; MünchKommAktG/*Hefermehl/Spindler* § 93 Rn 43 ff.

600 *Hopt* in GroßkommAktG, § 93 Rn 191 ff.; *Hüffer* § 93 AktG Rn 7; *Mertens* in Kölner Komm, § 93 Rn 75 ff. bzw. § 116 Rn 43 ff.; *Hefermehl/Spindler* in MünchKommAktG, § 93 Rn 46.

601 So *Körber* NZG 2002, 263, 269; *Mertens* AG 1997, 541, 544 ff.; *Schroeder* DB 1997, 2161, 2162 f.; *Müller* NJW 2000, 3452, 3453 f.; dazu auch *Roschmann/Frey* AG 1996, 449, 451 f.; *Treek* in FS Fikentscher, 1998, S. 434, 451 ff.; *Oppenländer* GmbHR 2000, 535, 536; für einen regelmäßig klaren Vorrang des Geheimhaltungsinteresses hingegen *Lutter* ZIP 1997, 613, 617.

602 Dazu *Körber* NZG 2002, 263, 270; *Mertens* AG 1997, 541, 544.

603 So auch *Merkner/Sustmann* NZG 2005, 729, 733; insbesondere das virulente Haftungsrisiko aus § 93 Abs. 2 AktG dürfte den Vorstand abschrecken, Informationen weiterzugeben.

604 *Körber* NZG 2002, 263, 266.

grunds nicht mehr zugelassen wird. Damit kann die due diligence jedoch nicht mehr vollumfänglich ihre Aufgaben erfüllen, was in letzter Konsequenz bedeutet, dass der Bieter sich nach dem Kauf mangels vorheriger gründlicher Durchleuchtung des Unternehmens zu mitunter erheblichen, auch nachteiligen Korrekturen veranlasst sehen könnte.[605]

Vertieft man den Gedankengang der BaFin, durch die Ad-hoc-Mitteilung den Informationsrückstand der Aktionäre aufheben zu wollen, unter Rückbesinnung auf dieses Ziel in eine andere Richtung, wird man sich fragen müssen, ob § 15 diese Aufgabe überhaupt leisten kann. Immerhin erhält der Bieter eine Vielzahl von Informationen, die bei der Verarbeitung des öffentlichen Übernahmeangebots mit dem Ziel des Kontrollerwerbs Berücksichtigung finden, die ebenfalls nicht öffentlich bekannt sein dürften, aber auch gerade nicht zwingend Insiderinformationen darstellen. Diese Informationen kann und darf die Zielgesellschaft nicht zum Inhalt einer Ad-hoc-Mitteilung machen.[606] Dieses Informationsungleichgewicht ist im Rahmen des Angebotsverfahrens jedoch durch die Stellungnahmen von Vorstand und Aufsichtsrat gem. § 34 WpÜG iVm § 27 WpÜG, der eine Ausprägung des in § 3 Abs. 2 WpÜG verankerten Transparenzgebotes darstellt, auszugleichen.[607] Die Stellungnahme bildet das Gegenstück zur Angebotsunterlage des Bieters, wirkt damit einer einseitigen Informationspolitik des Bieters entgegen und schafft für die Angebotsinteressenten durch Rede und Gegenrede eine ausgewogene Entscheidungsgrundlage.[608] Dann muss mit Fug und Recht jedoch auch gefragt werden, warum dieser Schutz nicht ausreichend bzw. sogar effektiver ist,[609] denn hierdurch wird Transparenz über alle denkbaren Informationen geschaffen, was das Wertpapierhandelsrecht nur für Insiderinformationen leisten kann.

Zu guter letzt muss ein weiterer Gedanke der Lösung der BaFin entgegenstehen: Sollte die Möglichkeit zur Abgabe eines öffentlichen Übernahmeangebots mit dem Ziel des Kontrollerwerbs in der Tat von der Erfüllung der Ad-hoc-Publizitätspflicht nach § 15 abhängen, wäre der Zielgesellschaft nämlich mitunter die Möglichkeit zu erheblichen Verzögerungen der Transaktion eingeräumt. Aus dem Emittentenleitfaden der BaFin ist nämlich nicht ersichtlich, welcher

605 Ähnliches galt bereits bei der Befugnis zur Weitergabe, siehe Teil 2, B.IV)3)b).

606 Dies zeigt bereits die Norm des § 15 Abs. 2. Zur Haftung für falsche Kapitalmarktinformation siehe zuletzt BGH Urt. v. 9.5.2005 – II ZR 287/02 NJW 2005, 2450 mit Anm. *Hutter/Stürwald* NJW 2005, 2428; zum Thema auch *Fleischer* DB 2004, 2031; *Körner* NJW 2004, 3386; *Leisch* ZIP 2004, 1573; *Gerber* DStR 2004, 1793.

607 Siehe *Merkner/Sustmann* NZG 2005, 729, 733; *Krause/Pötzsch* in Assmann/Pötzsch/Schneider, WpÜG, § 27 Rn 4; *Fleischer/Kalss,* Das neue WpÜG, S. 95 f.; *Hirte* in Kölner Komm zum WpÜG, § 27 Rn 2.

608 *Krause/Pötzsch* in Assmann/Pötzsch/Schneider, WpÜG, § 27 Rn 4; *Fleischer/Kalss,* Das neue WpÜG, S. 95 f.; siehe auch *Hirte* in Kölner Komm zum WpÜG, § 27 Rn 2.

609 Ähnlich *Fromm-Russenschuck/Banerjea* BB 2004, 2425, 2427.

Emittent der Ad-hoc-Publizitätspflicht nachkommen muss, damit ein öffentliches Übernahmeangebot abgegeben werden kann. Soweit der Erwerbsinteressent ad-hoc-verpflichtet ist, ergeben sich zwar keine Probleme, doch ist es nicht zwingend, dass die angestrebte Transaktion für diesen das nötige Kursbeeinflussungspotential aufweist. Man denke insofern nur an einen Globel Player, der eine vergleichsweise kleine börsennotierte Gesellschaft erwirbt. Soweit dann nur die Zielgesellschaft gem. § 15 Abs. 1 zur Veröffentlichung verpflichtet ist, besteht das genannte Potential zu erheblichen Verzögerungen der Transaktion. Zwar wird die Zielgesellschaft, hat sie bereits eine due diligence gestattet, wenig Interesse an der Verhinderung bzw. Verzögerung des Kontrollerwerbs haben, doch sind Fallgestaltungen denkbar, in denen sich die zunächst positive Bewertung der Übernahme in einem kurzen Zeitfenster ändern kann, beispielsweise wenn sich nunmehr herausstellt, dass weitreichende Umstrukturierungen der Zielgesellschaft geplant sind, die mit erheblichen Arbeitsplatzverlusten einhergehen.

(3) Ergebnis zur Ausnahme nach §§ 29 ff. WpÜG

Im Ergebnis bleibt festzuhalten, dass die BaFin mit dem von ihr vorgeschlagenen Weg, einen Verstoß gegen das insiderrechtliche Verwendungsverbot zu vermeiden, nicht nur kompetenzrechtlich die ihr zugewiesenen Aufgaben erheblich überschritten hat, sondern auch inhaltlich keineswegs überzeugen kann, da es letztendlich nicht gelungen ist, ein stimmiges System aufzuzeigen, welches die aus einer Ad-hoc-Pflicht resultierenden Folgen in toto adäquat verarbeitet. Entscheidend ist vor allem, dass kaum einsichtig ist, warum zur Beseitigung eines Informationsvorsprungs der Hebel über das WpHG gewählt werden soll, während dessen mit den übernahmerechtlichen Vorschriften, insbesondere mit § 34 WpÜG iVm § 27 WpÜG, ein erheblich effizienteres Mittel zur Einebnung von Informationsvorsprüngen zur Verfügung steht. Daher ist ohne Einschränkungen für den Bereich der öffentlichen Übernahmeangebote mit dem Ziel des Kontrollerwerbs eine Ausnahme vom insiderrechtlichen Verwendungsverbot anzunehmen.

Einzig könnte man diesem Ansatz entgegenhalten, dass es seiner nicht nötig ist, da bei Paketerwerben von der Größenordnung des von §§ 29 ff. WpÜG erfassten Bereichs bereits die Befugnis zur Weitergabe von Insiderinformationen regelmäßig vorliegt und bei einem auf diese Weise geschaffenen gleichen Kenntnisstand die Einschlägigkeit des Verwendungsverbots ebenfalls auszuscheiden hat.[610] Faktisch mag dies im Regelfall richtig sein, doch ändert dies keineswegs etwas an den angestellten rechtlichen Überlegungen, so dass eine weitere Aus-

---

610 Auf dieser Linie befindet sich auch der Emittentenleitfaden der BaFin vom 15.7.2005, S. 28.

nahme von der grundsätzlichen Einschlägigkeit des Verwendungsverbots bei Sachverhalten im Sinne der §§ 29 ff. WpÜG anzunehmen ist. Eigenständige Bedeutung kann dieser Ausnahme beispielsweise in Konstellationen zukommen, in denen der potentielle Erwerber bereits Kenntnis von Insiderinformationen aufgrund eines Aufsichtsratsposten hat, diese gegenüber dem Veräußerer eines Pakets aber nicht offenlegt, so dass die erstbeschriebene „Waffengleichheit" die Einschlägigkeit des Insiderhandelsverbots nicht hindern könnte.

cc) Fester Erwerbsentschluss mit Vorbehalt der Abstandnahme

(1) Aufriss

Fraglich ist indes, ob es nicht trotz der Einführung des Merkmals „Verwenden" über die bereits beschriebenen Ausnahmen hinaus Konstellationen gibt, bei denen trotz der Weite des neuen § 14 Abs. 1 Nr. 1 ein ebendieses Verwenden von Insiderinformationen nicht vorliegt. Wie bereits ausgeführt, wird es schwer zu leugnen sein, dass die Erkenntnisse einer due diligence nicht mit in die Erwerbsentscheidung einfließen.[611] Dabei lag den bisherigen Ausführungen jedoch der übliche Gang der Verhandlungen hinsichtlich eines Unternehmenserwerbs zugrunde, bei dem vor Durchführung der due diligence die Erwerbsabsicht zwar bereits in einem letter of intent manifestiert wurde, jedoch noch kein fester Erwerbsentschluss vorliegt.[612]

(2) Eröffnung einer Ausnahme durch Manifestation des festen Erwerbsentschlusses

Der Erwerbsinteressent könnte vor dem Hintergrund der Änderungen durch das AnSVG aber geneigt sein, zukünftig einen anderen Ablauf zu wählen. Würde bereits vor der Durchführung ein fester Erwerbsentschluss niedergelegt, der lediglich mit einem Vorbehalt der Abstandnahme versehen ist, könnten die vom insiderrechtlichen Handelsverbot drohenden Konsequenzen möglicherweise vermieden werden.[613] Ist der Vorbehalt der Abstandnahme derart ausgestaltet,

---

611 Siehe Teil 2, B.IV)7)a); a.A. aber *Assmann* in Assmann/Schneider, § 14 Rn 45, der den zuvor gefassten Erwerbsentschluss durch eine Bekräftigung aufgrund der Ergebnisse der due diligence nicht in schädlicher Art und Weise beeinflusst sieht.

612 Statt vieler *Körber* NZG 2002, 263, 270.

613 Siehe zu diesem Gedanken auch *Cahn* Der Konzern 2005, 5, 10; *Ziemons* NZG 2004, 537, 539; ähnliche Erwägungen sind auch bei *Hasselbach* NZG 2004, 1087, 1092 sowie bei *Claussen/Florian* AG 2005, 745, 752 zu finden; vorsichtig in diese Richtung *Klawitter* in Habersack/Mülbert/Schlitt, Unternehmensfinanzierung am Kapitalmarkt, § 25 Rn 29; den Gedanken ebenfalls streifend *Gimnich,* Insiderhandelsverbot und Unternehmensakquisitionen, S. 174.

dass der Erwerbsinteressent bei Kenntniserlangung negativer Umstände sich von dem geplanten Erwerb zurückziehen kann, dann sind die durch die due diligence gewonnen positiven Ergebnisse im Falle des tatsächlichen Erwerbs nicht ursächlich für diesen, denn der Erwerb hätte auch ohne die Erlangung positiven Wissens aufgrund der vorher eingegangenen Verpflichtung stattgefunden.[614] Dieselbe Grundüberlegung hat bereits Eingang in Art. 2 Abs. 3 MMR gefunden, wonach Art. 2 MMR mitsamt dem niedergelegten Insiderhandelsverbot keine Anwendung finden soll, wenn die rechtliche Verpflichtung bereits vor Erhalt der Insiderinformationen durch die betreffende Person abgeschlossen wurde. Die BaFin führt hierzu aus, dass eine Einschlägigkeit von § 14 Abs. 1 Nr. 1 dann abzulehnen ist, wenn beispielsweise gegenüber der Bank eine Dauer-Order zum regelmäßigen Kauf erteilt wird und erst nach Ordererteilung von der Insiderinformation Kenntnis erlangt wird oder wenn sich jemand zum Erwerb bestimmter Aktien wirksam verpflichtet, aber noch vor dem tatsächlichen Erwerb Kenntnis von Insiderinformationen erhält.[615] Vor diesem Hintergrund muss auch der feste Erwerbsentschluss verbunden mit dem Vorbehalt der Abstandnahme als insiderrechtlich unbedenklich gelten. Ebenso wirft die Konstellation, in der tatsächlich negative Informationen offengelegt werden und der Erwerbsinteressent aufgrund dessen von dem Erwerb Abstand nimmt, keine Bedenken im Hinblick auf § 14 Abs. 1 Nr. 1 auf, denn Erwerb und Veräußerung im Sinne der Norm setzen einen rechtsgeschäftlichen Vorgang voraus, der gerade in der aktiven Vornahme von Geschäften besteht.[616] Eine Ausdehnung auf das bloße Abstandnehmen von diesen Geschäften ist aufgrund der strafrechtlichen Bewehrung des Insiderhandelsverbots und der damit einhergehenden Geltung des strafrechtlichen Analogieverbots nicht vertretbar.[617] Im Hinblick auf § 14 fällt die Beurteilung allerdings anders aus, wenn eine bestehende Beteiligung aufgrund der nun erlangten negativen Informationen abgebaut wird, denn dann werden Insiderpapiere unter Verwendung von Insiderinformationen veräußert.[618]

---

614 *Cahn* Der Konzern 2005, 5, 10.

615 Emittentenleitfaden der BaFin vom 15.7.2005, S. 26; siehe auch *Koch* DB 2005, 267, 269; *Ziemons* NZG 2004, 537, 539, die sich aus Gründen der Klarheit jedoch eine Aufnahme in das Gesetz gewünscht hätte. Zwingend notwendig erscheint dies aufgrund der derzeitigen Konkretisierung im Emittentenleitfaden der BaFin, auch wenn dieser rechtlich unverbindlich ist, allerdings nicht.

616 So schon zur bisherigen, durch das AnSVG aufgrund der Nichtänderung der hier entscheidenden Merkmale gleichen Rechtslage *Assmann/Cramer* in Assmann/Schneider, 3. Aufl., § 14 Rn 31 mit Rn 9; *Lenenbach* Kapitalmarkt- und Börsenrecht Rn 10.49; siehe auch *Hasselbach* NZG 2004, 1087, 1091; *Schäfer* in Schäfer § 14 Rn 6; *Hopt* in Bankrechts-Handbuch § 107 Rn 33; *Irmen* in BuB Rn 7/722; ausführlich oben Teil 2, A.V).

617 *Assmann* in Assmann/Schneider, § 14 Rn 16; *Lenenbach* Kapitalmarkt- und Börsenrecht Rn 10.49; Schwark/*Schwark* KMRK § 14 Rn 8; a.A., aber aufgrund Verstoßes gegen Analogieverbot gerade nicht überzeugend *Claussen* ZBB 1992, 267, 281.

618 *Cahn* Der Konzern 2005, 5, 10; *Hasselbach* NZG 2004, 1087, 1091.

(3) Verfehlung der praktischen Bedürfnisse?

Fraglich ist jedoch, ob die eben aufgezeigte Vorgehensweise sich durchzusetzen vermag.

Zwar dürfte der Erwerbsinteressent bei dieser Vorgehensweise nicht mit dem Verbot des Insiderhandels in Konflikt geraten, doch würde gleichwohl (wenigstens zum Teil) die „Katze im Sack" gekauft. Die due diligence dient in der Praxis nämlich nicht nur zur Abschätzung und Erlangung negativer Informationen, sondern sie soll dem Erwerbsinteressenten ein umfassendes Bild vom Unternehmen liefern.[619] So will der Erwerbsinteressent im Vorfeld regelmäßig erforschen wie der Kundenstamm des Zielunternehmens aussieht, welches Potential die Produktpalette bietet und auf welcher Art und Weise diese mit der eigenen abzustimmen ist, wie die Finanzlage en detail aussieht, inwieweit gewerbliche Schutzrechte für die Produkte des Unternehmens bestehen, wie sich die Markt- und Konkurrenzanalyse unter Berücksichtigung des Blickwinkels des Zielunternehmens darstellt, in welchem Umfang im Allgemeinen Synergieeffekte in Betracht kommen, Marketing- und Vertrieb strukturiert wird, etc. Dies zeigt, dass gerade auch positive Aspekte beleuchtet werden und zur Kenntnis des Erwerbsinteressenten gelangen sollen. Auf diese Funktion müsste im Falle der Festlegung des festen Erwerbsentschlusses mit Vorbehalt der Abstandnahme bei Erlangung negativer Informationen verzichtet werden.

(4) Ausgestaltung des Vorbehalts, insbesondere Anknüpfungspunkt der Festlegung negativer Informationen

Einen Ausweg könnte man darin erblicken, dass der Erwerbsinteressent vorher den Begriff der „negativen Information" durch Festlegung eines bestimmten Katalogs von aus seiner Sicht negativen Umständen ausfüllt. Je umfangreicher ein derartiger Katalog ist und je weiter die in ihm enthaltenen Umstände reichen, desto geringer stellt sich die Gefahr für den Erwerbsinteressenten dar, das Unternehmen trotz Festlegung des festen Erwerbsentschlusses kaufen zu müssen. Der Erwerbsinteressent würde den festgelegten Vorbehalt optimal zu seinen Gunsten nutzen.

Bei Praktizierung der vorgeschlagenen Vorgehensweise stellt sich daran anschließend nun in rechtlicher Hinsicht die Problematik einer Definitions- und Abgrenzungsfrage der positiven von den negativen Aspekten. Nimmt man beispielsweise an, dass der Erwerbsinteressent seinen festen Entschluss zum Erwerb in der Annahme niederlegt, durch den Kauf würden sich weitreichende

619 Siehe Teil 2, B.IV)2), insbesondere ist in diesem Zusammenhang auch an die u.a. positiv ausgerichtete Wertermittlungsfunktion zu denken.

Synergieeffekte einstellen, ist dies in Wirklichkeit aber nicht der Fall, müsste dies für den Erwerbsinteressenten als negative Information gewertet werden, obwohl das per due diligence durchleuchtete Unternehmen möglicherweise wirtschaftlich durchaus erfolgreich ist, also in positivem Licht erscheint. Es wird jedoch unstreitig sein müssen, dass dem Erwerbsinteressenten in letzter Konsequenz nicht völlig die Definition von positiv und negativ überlassen werden kann,[620] weil damit die Geltung der insiderrechtlichen Vorschriften quasi im Belieben des potentiellen Normadressaten stünde. Dieser könnte je nach Definition versuchen, die durch das AnSVG eingeführte Weite des § 14 Abs. 1 Nr. 1 zu umgehen. Dies widerspräche dem Willen des Gesetzgebers, dass Ausnahmen nur in eng begrenzten Fällen zugelassen werden sollen.[621] Vor diesem Hintergrund muss es abgelehnt werden, dem Erwerbsinteressenten die angesprochene Definitionsfrage zu überlassen.

Andererseits kann keinesfalls auf eine allgemeingültige Definition zur Auflösung der bestehenden Problematik zurückgegriffen werden, da auf diese Weise die Vielzahl von Besonderheiten und die Unterschiede jedes Einzelfalls nicht berücksichtigt werden können.

Haltbar wäre die Ansicht, dass die negativen Umstände seitens des Erwerbsinteressenten in einem Katalog formuliert werden, nur dann, wenn feststeht, dass hinsichtlich des Vorliegens eines dieser Umstände aus dem Katalog kein Einschätzungs- und Beurteilungsspielraum beim Erwerbsinteressenten verbleibt, die Umstände also objektiv nachvollziehbar sind. Eine derartige Lösung scheint auch *Koch* anzustreben, wenn er eine Ausnahme vom Verbot des Insiderhandels in Fällen fordert, in denen die Information zumindest „praktisch" keinen Einfluss haben kann, da das Handeln nach wirtschaftlichen Grundsätzen mit der negativen Insiderinformation nicht erklärbar ist.[622] Die objektive Nachvollziehbarkeit bedingt es allerdings, dass die nachteiligen Umstände zuvor bereits nicht nur generalklauselartig niedergelegt worden sind, sondern bereits konkretisierend mit einigen Indikatoren umrissen wurden.[623] Für die Festlegung eines derartigen Nachteils bieten sich in Prozentpunkten ausgedrückte Schwellenwerte bezüglich des Umsatzes oder Gewinns, von bestehenden Verbindlichkeiten, etc. im Vergleich zu einer vorher definierten Erwartung an. Zu der objektiven Nach-

---

620 Vgl. zur ähnlich gelagerten Problematik der MAC („material-adverse-change")-Klauseln *Hirte* in Kölner Komm zum WpÜG, § 18 Rn 47 mit Rn 42; *Schlitt/Schäfer* AG 2004, 346, 349; *Hasselbach/Wirtz* BB 2005, 842; *Lange* NZG 2005, 454; *Busch* WM 2001, 1277. Die Erkenntnisse hieraus können nach *Hirte* entsprechend für eine Bedingung im Rahmen der due diligence übertragen werden.

621 Siehe bereits Teil 2, A.V); außerdem zu den Ausnahmen des Paket- und Kontrollerwerbs Emittentenleitfaden der BaFin vom 15.7.2005, S. 27 f.

622 *Koch* DB 2005, 267, 269.

623 Ähnlich zum WpÜG *Hasselbach/Wirtz* BB 2005, 842, 843 f.

vollziehbarkeit hat überdies eine Art Missbrauchskontrolle zu zählen, so dass nicht jeder erdenkbare Umstand in Abhängigkeit von der Geschicklichkeit der Formulierung bei der Aufnahme in dem genannten Katalog als negativ angesehen werden kann, sondern sein negativer Charakter auch objektiv nicht als nur unerheblich angesehen werden muss.

Die Sichtweise der objektiven Nachvollziehbarkeit des zuvor niedergelegten „Negativkatalogs" nähert sich stark derjenigen einer verständigen dritten Person an, welche sich auch zur Problemlösung anböte. Bei Anwendung dieses Ansatzes wäre das Problem der Beliebigkeit hinsichtlich der Geltung des Rechts ebenfalls einer Lösung zugeführt. Dann wird zwar weiterhin vom Erwerbsinteressenten ein Katalog mit seinem Erwartungshorizont ausgefertigt, die endgültige Beurteilung, inwieweit diese Umstände eingetreten sind, läge aber in der Hand eines verständigen Dritten, der seine Beurteilung unter Berücksichtigung des zuvor vom Erwerbsinteressenten erstellten Kataloges fällt. Der Erwerbsinteressent könnte damit nicht willkürlich vorgeben, welche Informationen als positiv oder negativ zu werten sind. Dies vergrößert jedoch für den Erwerbsinteressenten das bereits beschriebene Bewertungsrisiko hinsichtlich des Zielunternehmens, denn wenn der verständige Dritte die Informationen trotz des „Negativkatalogs" nicht als negativ erachtet, hat der Erwerbsinteressent aufgrund der vorherigen Niederlegung seines festen Erwerbswillens das Geschäft auch durchzuführen.

Die Problematik hinsichtlich des Anknüpfungspunktes für eine Definition findet auch bei *Hasselbach* in ähnlicher Form Eingang. Unabhängig von der Tatsache, dass er hinsichtlich der Zulässigkeit der due diligence entgegen des Gesetzeswortlauts und der zugehörigen Gesetzesbegründung ein sehr weites Verständnis vertritt, diskutiert er, welche Voraussetzungen für einen Kaufentschluss vorliegen müssen, damit ein Verstoß gegen das Insiderhandelsverbot verneint werden kann.[624] Es wird angedacht, dass jedenfalls dann, wenn die Insiderinformation keine *wesentliche* Abweichung von den Parametern des ursprünglichen Entschlusses herbeiführt, sich also in dessen Rahmen und damit quasi in der „Bedingung des Üblichen" bewegt, und nicht von einer *faktischen Neuvornahme* des Entschlusses ausgegangen werden muss, ein Verstoß gegen das Insiderhandelsverbot verneint werden kann.[625] Abgesehen davon, dass ein derartiges Verständnis mit der neu geschaffenen Gesetzeslage, wonach grundsätzlich ausnahmslos alle Transaktionen in Kenntnis von Insiderinformationen ohne das Vorliegen subjektiver Voraussetzungen nunmehr unter den Verbotstatbestand fallen, also auch solche die u.U. nicht als *wesentlich* erachtet werden können, nicht im Einklang steht, verwirft *Hasselbach* seinen Ansatz faktisch selbst. Er verkennt nämlich nicht, dass diese Auffassung mit nicht unerheblichen Abgrenzungsschwie-

624 Ausführlich *Hasselbach* NZG 2004, 1087, 1092.

625 Zu diesem Ansatzpunkt soweit ersichtlich nur *Hasselbach* NZG 2004, 1087, 1092.

rigkeiten zu kämpfen hätte,[626] die aus der Unbestimmtheit der von ihm verwendeten Begriffe resultieren.

Zu untersuchen bleibt mithin, ob derartige Unsicherheiten auch für den festen Erwerbsentschluss mit Vorbehalt der Abstandnahme Platz greifen oder ob sich trotz Bedenken dieser Weg als echte Alternative für Erwerbsinteressenten an einem Unternehmen offenbart.

(5) Abschließende Erwägungen unter Berücksichtigung des Zwecks der due diligence

Zunächst ist festzuhalten, dass die eben aufgezeigte Gestaltungsmöglichkeit des Vorbehalts der Abstandnahme, soweit dieser nicht entsprechend des Verständnisses *Hasselbachs* ausgefüllt wird, als legitimer Weg angesehen werden muss. Insbesondere kann kein Verstoß gegen insiderrechtliche Vorschriften angenommen werden, da die positiven Aspekte bei der vom Erwerbsinteressenten durchgeführten Durchleuchtung für den Erwerb keine Rolle spielen. Eine Umgehung der einschlägigen Vorschriften ist ebenfalls zu verneinen, da auch im Falle einer „normalen" due diligence, also einer solchen bei der noch kein fester Erwerbsentschluss besteht, bei der Erlangung negativer Informationen und der damit verbundenen Abstandnahme vom Erwerb ein Verstoß gegen § 14 zu verneinen ist.[627] Es bleibt jedoch zu bedenken, dass sich der Erwerbsinteressent auf diesen Weg trotzdem nur selten einlassen wird, denn oftmals soll die due diligence ihm gerade hinsichtlich seiner grundsätzlich gegebenen Kaufabsicht weitere Informationen verschaffen, die gerade auch von positiver Natur sind und ihn mit letzter Gewissheit erst zur Durchführung seiner Kaufabsicht bewegen werden. Desweiteren wäre der Maßstab eines verständigen Dritten für die Einschätzung hinsichtlich des negativen Charakters einer Information bzw. derjenige der objektiven Nachvollziehbarkeit mit engem Anerkenntniskreis des tatsächlichen Eintritts des Vorbehalts trotz eines zuvor von Seiten des Emittenten niedergelegten „Negativkatalogs" mit einer gewissen Unsicherheit belastet, was schlimmstenfalls zur Folge hat, dass der Interessent trotz subjektiv bestehender Nachteile den Erwerb durchzuführen hat. Den vorgeschlagenen Weg, der den Vorteil bringt, dass er sich mit dem Verbot des Insiderhandels in Einklang bringen lässt, wird daher vom Erwerbsinteressenten nur gewählt werden, wenn er sich auch schon ohne due diligence mit sehr großer Wahrscheinlichkeit hinsichtlich des Erwerbs sicher ist und auf diese Weise nur ein geringes Restrisiko ausscheiden

626 *Hasselbach* NZG 2004, 1087, 1092.
627 Siehe dazu Teil 2, A.V).

möchte.[628] In allen anderen Fällen kann diese Vorgehensweise dem der due diligence regelmäßig zukommenden Sinn und Zweck[629] nicht gerecht werden.

Überdies wird der beschriebenen Ausnahme tatsächlich aufgrund der regelmäßigen Einschlägigkeit der „Waffengleichheit" kaum eine Bedeutung zukommen können. Die Niederlegung eines festen Erwerbsentschlusses ohne Kenntnis eines Vertragspartners wird als ausschließlich theoretisches Konstrukt angesehen werden müssen. Soweit der Vertragspartner aber bekannt ist, ist die beschriebene Ausnahmekonstellation gleichzeitig entbehrlich, da der gleiche Kenntnisstand der Vertragsparteien bereits einen Verstoß gegen § 14 Abs. 1 Nr. 1 hindert.

8) Ergebnis hinsichtlich des Verwendungsverbots

Die due diligence im Rahmen von M&A-Transaktionen hat bei einer am Wortlaut behafteten Betrachtung des § 14 Abs. 1 Nr. 1 aufgrund der tatbestandlichen Ausweitung dieser Norm Restriktionen hinzunehmen. Durch Einführung des Verwendens können nunmehr lediglich Konstellationen, in denen die Kausalität des Insiderwissens für das spätere Geschäft in Abrede zu stellen ist, per se vom Anwendungsbereich des Insiderhandelsverbots ausgeschieden werden. Demnach ist § 14 Abs. 1 Nr. 1 generell nicht in Erwägung zu ziehen, wenn sich der Erwerbsinteressent bereits vor der due diligence rechtlich zum Erwerb verpflichtet hat. Überdies wird Insiderwissen nicht kausal sein, wenn der Veräußerer positives Wissen nicht offenbart oder der Erwerber negatives Insiderwissen gegenüber dem Veräußerer nicht zum Drücken des Preises einsetzt. Entgegen anderweitiger Tendenzen in der Literatur wird jedoch über das Merkmal der Kausalität nicht die Konstellation, in der per due diligence Insiderwissen erlangt und anschließend eine M&A-Transaktion durchgeführt wird, aus dem Anwendungsbereich des Verwendungsverbots ausgeschlossen werden können. Dies vermochte man nur über die bislang geltende Voraussetzung der Absicht, einen Sondervorteil zu erzielen, auszusondern. Ein solcher Vorteil konnte bei gleichem Wissensstand der beiden Vertragsparteien schließlich von keiner Seite gezogen werden. Der Wegfall des genannten Merkmals hat die grundsätzliche Einschlägigkeit des Insiderhandelsverbots aus § 14 Abs. 1 Nr. 1 und somit per se eine nicht unerhebliche und vor allem für die Praxis problematische Erweiterung zur Folge.

Dennoch konnte die tiefergehende Analyse verschiedene Ausnahmen von der rigiden Einschlägigkeit des Insiderhandelsverbots in der genannten Konstellation aufzeigen. Zum einen konnte dargelegt werden, dass Änderungen im Schutz-

---

628 Praktisch denkbar ist das Verfahren mit Bedingung außerdem in den Fällen der feindlichen Übernahme oder dann, wenn das Angebot unter Zeitdruck abgegeben wird, siehe *Hirte* in Kölner Komm zum WpÜG, § 18 Rn 47.

629 Dazu Teil 2, B.IV)2).

zweck des Insiderhandelsverbots, welches primär weiterhin die Funktionsfähigkeit der Kapitalmärkte gewährleisten soll, nicht beabsichtigt waren und demnach das Recht auch in den Fällen, in denen nicht die Gefahr der Beeinträchtigung dieses Schutzzweckes besteht, keine Anwendung findet. Namentlich der Fall ist dies bei dem angesprochenen gleichen Kenntnisstand der Vertragsparteien ohne Information des Kapitalmarktes, da trotz Exklusivwissens dieser Parteien eine insiderrechtlich zu missbilligende Übervorteilung nicht droht, da zwischen den entscheidenden Personen ein informationelles Gleichgewicht herrscht. Zum anderen sind als Ausnahme all diejenigen Fälle anzuerkennen, in denen ein öffentliches Übernahmeangebot mit dem Ziel des Kontrollerwerbs iSd §§ 29 ff. WpÜG abgegeben wird. Entgegen der Ansicht der BaFin bedarf es in diesen Konstellationen insbesondere nicht der Veröffentlichung gem. § 15 Abs. 1, ehe das Angebot tatsächlich abgegeben werden darf. Eine andere Deutungsweise würde nur den Willen des europäischen Richtliniengebers untergraben. Zudem überzeugt eine zuvor nötige Veröffentlichung gem. § 15 Abs. 1 auch inhaltlich nicht, da die Schutzvorkehrungen des Übernahmerechts für den Anleger eine bessere und umfassendere Informationsquelle garantieren. Immerhin sind bei Übernahmeangeboten im Sinne von § 29 WpÜG gem. § 34 WpÜG iVm § 10 WpÜG nicht nur die Entscheidung zur Abgabe eines Angebots, sondern gem. § 34 WpÜG iVm § 14 WpÜG auch die Angebotsunterlage zu veröffentlichen. Zusätzlich hat die Zielgesellschaft eine Stellungnahme durch ihre Organe abzugeben, die ebenfalls auf dem in § 14 WpÜG vorgesehenen Weg zu veröffentlichen ist, so dass das Anlegerpublikum hierdurch ausreichend informiert erscheint. Überdies würde die Forderung, der Ad-hoc-Publizitätspflicht zwingend vor dem Übernahmeverfahren nachzukommen, dazu führen, dass mitunter sensible Daten veröffentlicht werden müssen, ohne dass § 15 Abs. 3 dies hindern könnte, da anderenfalls eine Veröffentlichung als Voraussetzung für die Abgabe des öffentlichen Übernahmeangebotes gerade nicht stattgefunden hat. Zuzugeben ist hinsichtlich dieser Ausnahme, die im Kern aus Erwägungsgrund 29 MMR herrührt, nur, dass ihre tatsächliche Relevanz gering sein wird, da die erstgenannte Ausnahme der „Waffengleichheit" regelmäßig schon Platz greift. Überdies ist jedoch noch ein dritter Weg zur Vermeidung insiderrechtlicher Konsequenzen denkbar, indem vor der due diligence der Erwerbsinteressent seinen festen Erwerbsentschluss mit einem Vorbehalt der Abstandnahme bei negativen Ergebnissen aus der Durchleuchtung niederlegt. Dieser Ansatz kämpft jedoch, wie dargelegt, mit dem Problem, dass der Erwerbsinteressent in letzter Konsequenz nicht bestimmen können darf, welche Informationen als negativ oder positiv einzustufen sind. Wird diese Beurteilung jedoch durch eine von der potentiellen Erwerbergesellschaft verschiedene Person vorgenommen, ist das Ergebnis dieser Beurteilung trotz des zuvor durch den Erwerbsinteressenten niedergelegten Negativkatalogs zum Teil unsicher, so dass ein Berufen auf den Vorbehalt der Abstandnahme trotz subjektiven Bedürfnisses mitunter nicht möglich ist. Damit wird dieser Möglichkeit allenfalls untergeordnete Relevanz in der Praxis zukommen. Zudem wird regelmäßig die Einschlägigkeit der „Waffengleichheit" diese Ausnahmekonstellation entbehrlich machen.

Im Ergebnis bleibt festzuhalten, dass auch im neuen Recht Gestaltungsmöglichkeiten existieren, die der Durchführung der wichtigen due diligence bei M&A-Transaktionen nicht strafrechtliche Konsequenzen nachfolgen lassen. Vor diesem Hintergrund sind die in der Literatur mitunter anzutreffenden Bestrebungen, die Rechtslage vor AnSVG faktisch durch Verständniserweiterung der Kausalität fortleben zu lassen, geradezu ad absurdum geführt. Überdies gilt es zu beachten, dass die vorliegenden Aussagen nur zutreffen, soweit eine umfassende due diligence durchgeführt wird, bei der auch Insiderinformationen offenbart wurden. Eingeschränkte due diligence-Prüfungen, bei denen keine Insiderinformationen weitergegeben werden, können daher von der Praxis jedenfalls aus wertpapierhandelsrechtlicher Sicht auch weiterhin zur Risikoabschätzung herangezogen werden. Diese werden generell weniger Probleme im Hinblick auf die Einschlägigkeit des Insiderhandelsverbots bereiten.

9) Rückschlüsse aus dem Verbot der Verwendung auf das Weitergabeverbot

Die Verzahnung des Weitergabeverbots mit dem Verwendungsverbot wurde in den bisherigen Ausführungen kaum thematisiert. Dass diese beiden Tatbestände in der Rechtswirklichkeit nicht derart unabhängig nebeneinander stehen, zeigt schon die mögliche Einschlägigkeit der unterschiedlichen Varianten des § 14 Abs. 1 hinsichtlich ein- und derselben due diligence, einmal auf Seiten des Erwerbsinteressenten im Hinblick auf das Verwendungsverbot und einmal auf derjenigen der Zielgesellschaft im Hinblick auf Verwendungs- und auch Weitergabeverbot.[630]

Fraglich ist, ob die grundlegende Veränderung des Verwendungsverbots die Balance zwischen den beiden Varianten verändert hat, also namentlich, ob die Befugnis zur Weitergabe im Rahmen einer due diligence ebenfalls einzuschränken ist.

Als Anknüpfungspunkt für derartige Überlegungen mag ausgerechnet die Lage vor Inkrafttreten des AnSVG dienen. Es wurde nämlich vielfach vertreten, dass das Weitergabeverbot des § 14 Abs. 1 Nr. 2 für den die due diligence Gestattenden aus dem Grund nicht einschlägig sei, da den Erwerbsinteressenten das Ausnutzungsverbot des § 14 Abs. 1 Nr. 1 a.F. im Anschluss an die Durchführung

630 Zu den beiden Facetten siehe ausführlich die obigen Erwägungen in Teil 2 unter B.IV)3) sowie B.IV)7).

der due diligence ebenfalls nicht treffe.[631] Im Umkehrschluss wurde daher bislang gefolgert, dass auch die Weitergabe nicht unbefugt sein konnte, wenn schon ein späteres Ausnutzen verneint werden musste.[632]

Da nunmehr nur dann keine Verwendung von Insiderinformationen mehr vorliegen soll, wenn der Erwerb nach due diligence bei gleichem Kenntnisstand der Beteiligten durchgeführt wird, der Erwerb im Rahmen eines öffentlichen Übernahmeangebots mit dem Ziel des Kontrollerwerbs iSd §§ 29 ff. WpÜG erfolgt oder eine Gestaltung mit der Festlegung eines festen Erwerbsentschlusses gewählt wird,[633] kann dieser Umkehrschluss nicht mehr in toto überzeugen. Er hätte vielmehr eine Einschränkung des an anderer Stelle bereits ausführlich aufgezeigten Verständnisses der Befugtheit zur Folge, da das Verwenden im Vergleich zum Ausnutzen generell unzweifelhaft enger zu verstehen ist. Allerdings ist diese Feststellung kein rechtliches Argument gegen eine Einschränkung gestützt auf den genannten Rückschluss. Eine derartige Untermauerung wird jedoch auf anderem Wege gefunden werden können.

Wichtige Rückschlüsse zur Auflösung des Problemkreises der verschobenen Abhängigkeit verspricht ein Blick auf das Verfahren im Übernahmerecht. Regelmäßig wird sich der Erwerbsinteressent vor Abgabe eines öffentlichen Übernahmeangebots und damit verbundener Veröffentlichungspflicht nach § 10 Abs. 1 WpÜG ein Bild von der Zielgesellschaft machen wollen. Von einer Entscheidung iSv § 10 Abs. 1 S. 1 WpÜG kann dann keine Rede sein, solange Prüfungs- und Beratungsaktivitäten andauern, denn dann ist noch nicht einmal die Phase der Entscheidungsvorbereitung vorbei.[634] Sicher ist daher, dass eine bei der Zielgesellschaft durchgeführte due diligence noch nicht die Entscheidung darstellt, sondern lediglich deren Grundlage aufbereitet.[635] In diesem Stadium wurden jedoch bereits Insiderinformationen befugt weitergegeben, eine mögliche Verwendung dürfte regelmäßig aber vergleichsweise noch weit entfernt sein. Bis ein Konflikt mit dem Verwendungsverbot in Betracht kommt, hat der Erwerbsinteressent noch verschiedene Optionen: Sollte die due diligence negative Er-

---

631 *Körber* NZG 2002, 263, 267; *Rittmeister* NZG 2004, 1032, 1036; zur Konformität der due diligence mit dem Nutzungsverbot damals ausdrücklich, wenn auch ohne den genannten Rückschluss der Gesetzgeber in RegBegr. 2. FMFG BT-Drucks. 12/6679, S. 47.

632 *Eggenberger,* Voraussetzungen und Folgen einer due diligence Prüfung, S. 316; *Körber* NZG 2002, 263, 267; *Rittmeister* NZG 2004, 1032, 1036; *Schmidt-Diemitz* DB 1996, 1809, 1810; *Assmann* AG 1997, 50, 56; *Müller* NJW 2000, 3452, 3456; *Schroeder* DB 1997, 2161, 2165; a.A. *Weimann* DStR 1998, 1556, 1561.

633 Siehe Teil 2, B.IV)7)b)cc).

634 Schwark/*Noack* KMRK § 10 WpÜG Rn 6; *Hirte* in Kölner Komm zum WpÜG, § 10 Rn 26 ff.

635 *Hirte* in Kölner Komm zum WpÜG, § 10 Rn 26; Geibel/Süßmann/*Geibel* § 10 WpÜG Rn 7; *Walz (Riehmer)* in Haarmann/Schüppen § 10 WpÜG Rn 22.

kenntnisse offenbaren, kann er vom Erwerb Abstand nehmen, ohne dass dies im Hinblick auf § 14 Abs. 1 Nr. 1 bedenklich wäre oder für die Zielgesellschaft bei der Frage der befugten Weitergabe eine nachträgliche Veränderung der ursprünglichen Beurteilung zur Folge hätte. Im umgekehrten Fall der Bestärkung des Erwerbsentschlusses muss der Interessent ein nach neuer Rechtslage mit dem Verwendungsverbot nicht in Konflikt tretendes Vorgehen wählen. Für die Beurteilung der Weitergabebefugnis nach § 14 Abs. 1 Nr. 2 durch die Zielgesellschaft darf selbst ein von den gesetzlichen Vorgaben abweichendes Verhalten des Erwerbsinteressenten keine nachträgliche Veränderung hinsichtlich der ursprünglichen Beurteilung der Befugtheit nach sich ziehen; vielmehr muss die Zielgesellschaft sich darauf verlassen können, dass der Erwerbsinteressent ein Verhalten wählt, dass mit der Rechtslage im Einklang steht. Hierfür bieten sich nur die beschriebenen Konstellationen zur Vermeidung eines Konfliktes mit § 14 Abs. 1 Nr. 1 an. Lediglich aufgrund der vagen Möglichkeit, dass dies nicht berücksichtigt werden könnte, darf keine prophylaktische Einschränkung des Weitergabeverbots angenommen werden.

Es bleibt somit festzuhalten, dass der vor Inkrafttreten des AnSVG getätigte Umkehrschluss nicht in der bisherigen Form aufrechterhalten werden kann.[636] Dies ist im Grundsatz der zeitlich zunächst erfolgenden Weitergabe und der erst anschließend möglichen Verwendung geschuldet. Dies war durch die im Vergleich zur jetzigen Rechtslage andere Ausgestaltung der Norm mitsamt der daraus folgenden anderen und größeren Übereinstimmung hinsichtlicher der Einschlägigkeit beider Tatbestände nicht in den Fokus des Interesses gerückt, obwohl diese zeitliche Reihenfolge auch vor AnSVG den Umkehrschluss zumindest hätte entkräften können. Nunmehr muss aber auf jeden Fall gelten, dass die Zielgesellschaft bei Öffnung für den Erwerbsinteressenten nicht auch noch dessen Wahl des rechtlich richtigen Weges des Aktienerwerbs zu beachten hat, sondern vielmehr bei der Weitergabe von Insiderinformationen entsprechend der oben aufgezeigten Leitlinien vor allem die Ernsthaftigkeit des Erwerbs zu berücksichtigen ist, eine due diligence, die zur Offenlegung von Insiderinformationen führt, insbesondere erst dann gestattet wird, wenn ein „letter of intent“ unterschrieben vorliegt.[637] Zuzugeben ist jedoch auch, dass die Ausnahme der Waffengleichheit den bislang geführten Rückschluss in vielen Konstellationen auch weiterhin stützen könnte. Rechtlich gesehen ist er jedoch mehr denn je von zweifelhaftem Nutzen.

---

636 A.A. hingegen *Schäfer* in Schäfer/Hamann, 2. Aufl., § 14 Rn 71 unter Verkennung der maßgeblichen Erwägungen im Hinblick auf die dargelegte zeitliche Abfolge.

637 Zu letzterem Aspekt siehe *Körber* NZG 2002, 263, 270; *Mertens* AG 1997, 541, 546; *Müller* NJW 2000, 3452, 3455.

10) Die Pflicht des Vorstandes zur Durchführung einer due diligence

Überdies gänzlich unberücksichtigt ist bis dato geblieben, ob der Vorstand der erwerbsinteressierten Gesellschaft aufgrund der ihn treffenden Sorgfaltspflicht aus § 93 Abs. 1 AktG zur Durchführung einer due diligence verpflichtet ist. Dies wäre der Fall, wenn das Unterlassen der due diligence für diese Gesellschaft nachteilige Folgen hätte. In einer derartigen Lage würde kein Vorstand aufgrund des mit § 93 Abs. 2 AktG einhergehenden Haftungsrisikos auf eine due diligence verzichten. Dann hätte der Markt für Unternehmenskäufe jedoch eine nicht vollkommen bedeutungslose Einschränkung hinzunehmen: Immerhin würde in einem solchen Falle ein Unternehmenskauf vom Vorstand ohne due diligence nicht mehr veranlasst werden, bei Durchführung einer due diligence müsste der Erwerbsinteressent aber eine der beschriebenen Vorgehensweisen wählen,[638] um nicht mit dem Verbot des Insiderhandels in Konflikt zu geraten.

Allerdings ist die Frage des Ob der Durchführung einer due diligence für den Vorstand nicht in jedem Fall eindeutig zu beantworten. Auf der Grundlage der in § 93 Abs. 1 S. 2 AktG normierten business judgement rule wird für den Vorstand entscheidend sein, inwieweit er vernünftigerweise annehmen durfte, auf der Grundlage angemessener Information zum Wohle der Gesellschaft zu handeln. Neben Aspekten wie Garantieerklärungen durch die Zielgesellschaft und dem bereits vorhandenen Informationsniveau des Vorstands der Erwerbergesellschaft über die Zielgesellschaft, wird insbesondere auch entscheidend sein, ob das Wohl der Gesellschaft bei Unterlassen einer due diligence durch den Verlust von Gewährleistungsrechten bedroht ist.

a) Ausgangspunkt der Ermittlung einer Pflicht: Das geltende Gewährleistungsrecht

aa) Ausschluss der Rechte des Käufers nach § 442 BGB bei unterlassener due diligence?

Die Betrachtung des Problemkreises due diligence und die Auswirkungen auf die Sorgfaltspflicht aus § 93 Abs. 1 AktG sollen also damit beginnen, den Fokus auf das geltende Gewährleistungsrecht zu werfen. Für den Fall, dass dieses nachteilige Folgen bei Unterlassen einer due diligence nach sich zieht, wird ein Anknüpfungspunkt für die Sorgfaltspflichtverletzung aus dem Aktienrecht existieren. Es ist zunächst herauszustellen, dass anders als die US-amerikanische Rechtsordnung, in der der caveat emptor-Grundsatz gilt, im deutschen Recht der Käufer die Gefahr der Mangelhaftigkeit nicht trägt.[639] Zu hinterfragen ist aller-

---

638 Siehe Teil 2, B.IV)7)b).
639 Siehe bereits Teil 2, B.IV)2).

dings, welche Auswirkungen die Vorschrift des § 442 BGB[640] bei ihrer Einschlägigkeit hat. Demnach sind die Rechte des Käufers wegen eines Mangels u.a. in den Fällen beschnitten, in denen der Mangel aufgrund grober Fahrlässigkeit unbekannt geblieben ist.[641] Grobe Fahrlässigkeit wird üblicherweise angenommen, wenn die verkehrserforderliche Sorgfalt in besonders schwerem Maße verletzt wird, also bereits einfachste, ganz naheliegende Überlegungen nicht angestellt werden und das nicht beachtet wird, was im gegebenen Fall jedem einleuchten musste.[642] Zur Bestimmung ist auf die im Einzelfall erforderliche Sorgfalt abzustellen, d.h. auf das Mindestmaß an Information und Aufmerksamkeit.[643]

Es ist zu beachten, dass die Untersuchung des Kaufgegenstands grundsätzlich eine Obliegenheit des Käufers, aber keine Pflicht ist.[644] Damit § 442 BGB Einfluss auf die Rechte des Käufers haben kann, müsste also die Unterlassung einer due diligence als grob fahrlässiges Verhalten einzustufen sein. Hierfür sind verschiedene Anknüpfungspunkte denkbar. Zunächst ist anerkannt, dass grobe Fahrlässigkeit dann vorliegt, wenn der Käufer eine Prüfung unterlässt, obwohl augenfällige Mängel oder besondere Verdachtsmomente vorliegen.[645] Dies gilt ebenso für Situationen, in denen der Käufer besondere Sachkunde besitzt, die dem Verkäufer fehlt.[646] Beides dürfte beim klassischen Unternehmenskauf der Ausnahmefall bleiben. Als augenfällige Mängel oder Verdachtsmomente kom-

---

640 Zur dogmatischen Einordnung von § 460 S. 2 a.F. BGB als Vorgängernorm von § 442 BGB ausführlich *Fleischer,* Informationsasymmetrie im Vertragsrecht, 2001, S. 470 ff.

641 § 442 Abs. 1 S. 2 BGB; dazu nur Palandt/*Putzo* § 442 Rn 2, 10 ff.; MüKoBGB/*Westermann* § 442 Rn 8 ff.

642 Bamberger/Roth/*Faust* § 442 BGB Rn 19; Palandt/*Putzo* § 442 Rn 11; Palandt/*Heinrichs* § 277 Rn 5; MüKoBGB/*Westermann* § 442 Rn 8; BGH Urt. v. 11.5.1953 – IV ZR 170/52 Z 10, 14, 16; BGH Urt. v. 5.12.1983 – II ZR 252/82 Z 89, 153, 161; BGH Urt. v. 28.11.1979 – VIII ZR 302/78 NJW 1980, 777, 778.

643 Palandt/*Putzo* § 442 Rn 11; *Müller* NJW 2004, 2196, 2197; bereits zu § 460 a.F. BGB en detail *Köhler* JZ 1989, 761.

644 Bamberger/Roth/*Faust* § 442 BGB Rn 20; Palandt/*Putzo* § 442 Rn 13; *Müller* NJW 2004, 2196, 2197; vgl. auch *Fleischer/Körber* BB 2001, 841, 844; MüKoBGB/*Westermann* § 442 Rn 9.

645 *Müller* NJW 2004, 2196, 2197; *Fleischer/Körber* BB 2001, 841, 844; *Fleischer,* Informationsasymmetrie im Vertragsrecht, 2001, S. 479 f.; Staudinger/*Matusche-Beckmann* (2004), § 442 BGB Rn 32; siehe schon OLG Düsseldorf Urt. v. 29.5.1972 – 6 U 3/72 BB 1972, 857; MüKoBGB/*Westermann* § 442 Rn 9; RG Urt. v. 19.2.1931 – VI 389/30 Z 131, 343, 353.

646 *Fleischer/Körber* BB 2001, 841, 845; MüKoBGB/*Westermann* § 442 Rn 9; RG Urt. v. 19.2.1931 – VI 389/30 Z 131, 343, 354; Bamberger/Roth/*Faust* § 442 BGB Rn 20; Erman/*Grunewald* § 442 BGB Rn 11; LG Bielefeld Urt. v. 20.9.1988 – 23 O 101/88 NJW 1990, 1999; OLG Düsseldorf Urt. v. 29.5.1972 – 6 U 3/72 BB 1972, 857; ausführlich *Fleischer,* Informationsasymmetrie im Vertragsrecht, 2001, S. 480 f.

men höchstens Konstellationen in Betracht, in denen beispielsweise offensichtliche Verunreinigungen des Betriebsgeländes bestehen.[647] Auch die Fälle der besonderen Sachkunde des Käufers im Vergleich zu derjenigen des Verkäufers im Aufspüren von Unternehmensmängeln sind in der Regel zu verneinen, was bereits der Umstand offenbart, dass in der Regel externe Experten zur Durchführung der due diligence hinzugezogen werden.[648]

bb) Grobe Fahrlässigkeit nach § 442 Abs. 1 S. 2 BGB aufgrund Verkehrssitte?

Strittig ist, ob die Durchführung einer due diligence im Rahmen eines Unternehmenskaufs sich als Verkehrssitte herausgebildet hat, was bei Missachtung dessen die Annahme von grober Fahrlässigkeit nahe legt.[649] Eine Verkehrssitte setzt eine ständige und hinreichend verfestigte Übung voraus.[650] Mit Blick auf den inzwischen eingetretenen Grad der Verbreitung[651] der due diligence wird teilweise eine hinreichende Verfestigung dieser geschäftlichen Gepflogenheiten vertreten, die sich somit bereits zur Verkehrssitte verdichtet hätten.[652] Eine derartige Ansicht hätte zur Folge, dass Unternehmenskäufe nur noch durchgeführt würden, wenn zuvor mittels einer due diligence die betreffende Zielgesellschaft durchleuchtet worden wäre. Dies hätte vor dem Hintergrund der einengenden Tendenz hinsichtlich der Zulässigkeit der due diligence durch das Insiderhandelsverbot, die wie dargelegt vom Gesetzgeber beabsichtigt ist,[653] für den Markt für Unternehmenskäufe dessen Kanalisierung in nur noch wenige zulässige Formen zur Folge.

Unabhängig von der insiderrechtlichen Dimension muss die Annahme einer Verkehrssitte zur Durchführung einer due diligence bezweifelt werden. Die Annahme einer Verkehrssitte sieht sich gleich mehreren Bedenken ausgesetzt. Zum einen ist anzubringen, dass in vielen Fällen auf eine due diligence bisher noch

---

647 Siehe dazu *Müller* NJW 2004, 2196, 2197; *Fleischer/Körber* BB 2001, 841, 845.

648 *Fleischer/Körber* BB 2001, 841, 845; ebenso, allerdings ohne Begründung *Müller* NJW 2004, 2196, 2197; anders, allerdings aufgrund der Besonderheiten des Einzelfalls nicht generalisierbar OLG Hamburg Urt. v. 3.6.1994 – 11 U 90/92 WM 1994, 1378, 1387.

649 *Müller* NJW 2004, 2196, 2197; *Fleischer/Körber* BB 2001, 841, 845.

650 Palandt/*Heinrichs* § 133 Rn 21; RG Urt. v. 1.11.1901 – II 230/01 Z 49, 157, 162; siehe auch RG Urt. v. 10.1.1925 – I 106/24 Z 110, 47, 48; BGH Urt. v. 30.3.1990 – V ZR 113/89 NJW 1990, 1723, 1724; *Böttcher,* Due diligence als Verkehrssitte, S. 169 ff.; dazu auch *Fleischer/Körber* BB 2001, 841, 845.

651 Siehe Fn. 432.

652 *Berens/Schmitting/Strauch* in Berens/Brauner, Due diligence bei Unternehmensakquisition, S. 69, 109; *Böttcher,* Due diligence als Verkehrssitte, S. 171; im Ergebnis ebenso, jedoch ohne Begründung *Merkner/Sustmann* NZG 2005, 729, 732; offen noch *Merkt* BB 1995, 1041, 1047.

653 Siehe Teil 2, B.IV)7).

verzichtet wird.[654] Ein Geschäftsgebrauch, der überwiegend befolgt wird, häufig aber auch nicht, ist keine Verkehrssitte im Sinne des Gesetzes.[655] Demnach ist eine Verkehrssitte zur due diligence in Deutschland zu verneinen. Zum anderen muss der Annahme einer Verkehrssitte entgegengehalten werden, dass der Vorstand mit der Durchführung der due diligence in der Regel zwar seine Geschäftsleiterpflichten, die aus § 93 AktG resultieren, erfüllen will, ein nach außen wirkendes, durch die Rechtsordnung zu schützendes Vertrauen des Verkäufers auf die Erfüllung der Pflichten aus § 93 AktG jedoch nicht zu stützen ist, da besagte Norm nicht außenstehende Dritte schützen soll.[656] Desweiteren ist zu beachten, dass die Annahme einer Verkehrssitte zur Durchführung einer due diligence wenigstens für den Käufer einen generalisierbaren Kernbestand an Prüfpflichten voraussetzen müsste, damit zugunsten des Verkäufers § 442 BGB greifen könnte.[657] Ein derartiger Kern ist angesichts dessen, dass die due diligence von Fall zu Fall auf unterschiedlichsten Motivationslagen fußt, die sich in den mannigfaltigen Spielarten der due diligence wie der commercial due diligence, der financial due diligence, der legal due diligence, der tax due diligence, der environmental due diligence, etc widerspiegeln, schwerlich zu bestimmen.[658] Anders als in den Fällen, in denen die Rechtsprechung eine Verkehrssitte herausgebildet hat,[659] sind für die due diligence beim Unternehmenskauf nicht mit hinreichender Genauigkeit klar umrissene und einfach zu erfüllende Prüfhand-

---

654 Dies dokumentieren auch die Zahlen hinsichtlich der Verbreitung der due diligence, die abhängig von ihrer konkreten Ausgestaltung bei der environmental due diligence nur 47,37 % beträgt. Siehe bereits Teil 2, B.IV)2).

655 Palandt/*Heinrichs* § 133 Rn 21; *Fleischer/Körber* BB 2001, 841, 846; vgl. auch RG Urt. v. 17.2.1911 – II 211/10 Z 75, 338, 341; a.A. *Böttcher,* Due diligence als Verkehrssitte, S. 170 f.

656 Siehe *Fleischer/Körber* BB 2001, 841, 846; zum mangelnden Drittschutz des § 93 AktG vgl. BGH Urt. v. 9.7.1979 – II ZR 211/76 WM 1979, 853, 854 ff.; *Hüffer* § 93 AktG Rn 20; *Hopt* in Großkomm AktG § 93 Rn 492; zur § 93 AktG entsprechenden Vorschrift des § 43 Abs. 1 GmbHG BGH Urt. v. 13.4.1994 – II ZR 16/93 Z 125, 366, 375.

657 *Müller* NJW 2004, 2196, 2198; *Fleischer/Körber* BB 2001, 841, 846; *Westermann* ZHR 169 (2005), 248, 264.

658 Zu den möglichen Arten der due diligence vgl. im Überblick *Fleischer/Körber* BB 2001, 841, 841 mwN; *Werner* ZIP 2000, 989, 989; *Singhof/Weber* in Habersack/Mülbert/Schlitt, Unternehmensfinanzierung am Kapitalmarkt, § 3 Rn 15 ff.; ausführlich *Schanz,* Börseneinführung, S. 240 ff.; *Kusche,* Zulässigkeit der Durchführung einer due diligence, S. 39 ff.; *Böttcher,* Due diligence als Verkehrssitte, S. 30 ff.; *Krüger/Kalbfleisch* DStR 1999, 174, 175 ff.; *Wegmann/Koch* DStR 2000, 1027, 1029 ff.

659 Als Beispiel lässt sich der Autokauf anführen, bei dem die Rechtsprechung über einen längeren Zeitraum verschiedene Pflichten herausgestellt hat, vgl. OLG Köln Urt. v. 9.1.1973 – 9 U 155/72 NJW 1973, 903; OLG Köln Urt. v. 16.9.1991 – 2 U 51/91 NJW-RR 1992, 49; siehe dazu MüKoBGB/*Westermann* § 442 Rn 11.

lungen aufzustellen.[660] Ansätze, die der Meinung sind, einen Kernbestand an Punkten für Checklisten bei der due diligence isolieren zu können, machen dies sehr stark von der Spielart der due diligence abhängig.[661] Vordergründig könnte man somit doch klare Prüfaufgaben isolieren, doch kann eine derartige Argumentation aufgrund zweier Gründe nicht verfangen: Zum einen wird man in der Festlegung der Spielart der due diligence gleichzeitig bereits die erste Stufe der Festlegung von Prüfpflichten sehen müssen und zum anderen wird durch die Differenzierung deutlich, dass für die due diligence an sich kein generalisierbarer Kernbestand an Prüfpflichten herausgearbeitet werden kann. Eine Verkehrssitte zur due diligence ist nach alldem folglich abzulehnen, so dass auch bei Unterlassen der due diligence beim Unternehmenskauf von grober Fahrlässigkeit im Sinne von § 442 BGB nicht zu sprechen ist.[662]

Auch bei Durchführung einer due diligence und dem Übersehen von Mängeln ist dieses Ergebnis zur Vermeidung von Wertungswidersprüchen aufrecht zu erhalten. Anderenfalls würde man demjenigen, der überobligationsmäßige Anstrengungen unternimmt, also eine due diligence durchführt, im Gegensatz zu demjenigen, der von der Durchführung einer due diligence Abstand nimmt, unverhältnismäßig schlechter stellen.[663] Nur bei Fällen, in denen bei durchgeführter due diligence im Rahmen eines Unternehmenskaufes Fehler, die hätten auffallen müssen, übersehen werden, kann die Annahme von grober Fahrlässigkeit im Sinne von § 442 BGB durchgreifen.[664] Dies wäre natürlich nicht unter Rückgriff auf eine Verkehrssitte zu begründen sein, sondern wäre lediglich die Folge der konsequenten Anwendung der anerkannten Fallgruppen im Rahmen der Bestimmung der groben Fahrlässigkeit.[665]

cc) Zwischenergebnis zur Einschlägigkeit von § 442 BGB

Es bleibt festzuhalten, dass § 442 BGB für den absoluten Regelfall bei der due diligence im Rahmen eines Unternehmenskaufs nicht eingreifen wird, da die due diligence insbesondere nicht als Verkehrssitte erachtet werden kann. Der Gesellschaft droht mithin nicht der Verlust ihrer Gewährleistungsrechte. Jedenfalls das

---

660 *Fleischer/Körber* BB 2001, 841, 846; *Müller* NJW 2004, 2196, 2198; a.A. wiederum *Böttcher*, Due diligence als Verkehrssitte, S. 166 ff.

661 *Böttcher*, Due diligence als Verkehrssitte, S. 166 ff.

662 Ebenso *Müller* NJW 2004, 2196, 2198; *Loges* DB 1997, 965, 968; siehe auch *Böttcher*, Due diligence als Verkehrssitte, S. 172 ff., der trotz Annahme einer Verkehrssitte die Einschlägigkeit von § 442 Abs. 1 S. 2 BGB verneint, da es nicht angemessen sei, einzig aus dem Grund, potentielle Gewährleistungsansprüche gegenüber dem Veräußerer nicht zu verlieren, eine kostspielige due diligence durchführen zu müssen.

663 Überzeugend *Fleischer/Körber* BB 2001, 841, 848; *Müller* NJW 2004, 2196, 2199.

664 Palandt/*Putzo* § 442 Rn 13; *Müller* NJW 2004, 2196, 2199; ähnlich, in der Tendenz aber eher für die Bejahung von grober Fahrlässigkeit *Loges* DB 1997, 965, 968.

665 Siehe soeben Teil 2, B.IV)10)a)aa).

geltende Gewährleistungsrecht zwingt somit nicht zur Durchführung einer due diligence.

b) Folgerungen

Überdies kann die Ansicht, dass sich bisher keine Verkehrssitte zur due diligence beim Unternehmenskauf herausgebildet hat, durch die gewonnenen Ergebnisse bei Betrachtung des Insiderhandelsverbots noch gestützt werden. Die oben beschriebenen Ausnahmen vom Insiderhandelsverbot stellen aufgrund der konkreten Ausgestaltung und Enge für den Erwerbsinteressenten möglicherweise nur eine unattraktive Form der Abwicklung des Geschäfts dar. In Zukunft könnten Vorstände von erwerbsinteressierten Gesellschaften dazu neigen, auf die Durchführung einer teuren due diligence in Gänze zu verzichten. Dies hätte neben der Kostenersparnis den Vorteil der schon präventiven Vermeidung von Konflikten mit dem Insiderhandelsverbot. Risikoabschläge bei der Festsetzung des Preises des zu erwerbenden Anteils dürften dann aber ebenfalls der Regelfall werden.[666]

Sollte sich diese Erkenntnis auch in den Vorständen der Gesellschaften durchsetzen, hätte dies die Rückläufigkeit der due diligence zur Folge. Damit dürfte die Argumentation bezüglich der Annahme einer Verkehrssitte im Sinne von § 442 BGB für diejenigen Autoren, die eine solche bisher bejahen, schwieriger werden.

c) Ergebnis

Im Ergebnis bleibt festzuhalten, dass eine Pflicht zur Durchführung einer due diligence jedenfalls nicht über das bestehende Gewährleistungsrecht begründet werden kann. Dennoch wird für den Vorstand einer Gesellschaft das Haftungsrisiko aus § 93 Abs. 2 weiterhin virulent sein, da die gewährleistungsrechtlichen Überlegungen nicht den Maßstab des Handelns auf der Grundlage angemessener Information aus § 93 Abs. 1 S. 2 beiseite wischen können.[667] Die Ermittlung dieses Maßstabs ist jedoch eine Frage des Einzelfalls. Für den Vorstand einer erwerbsinteressierten Gesellschaft ist das Unterlassen der due diligence somit bei bereits ausreichendem Informationsniveau nicht in jedem Fall haftungsrelevant. Damit ist gleichfalls die Feststellung verbunden, dass der Markt für Unternehmenskäufe nicht nur in die aufgeführten Ausnahmen vom Verbot des Insiderhandels bei due diligence kanalisiert wird. Vielmehr besteht auch weiterhin (bei im Vorhinein ausreichendem Informationsniveau) die Möglichkeit des Un-

666 Siehe auch *Banerjea* ZIP 2003, 1730, 1730.

667 Im Ergebnis ebenso *Westermann* ZHR 169 (2005), 246, 266; ausführlich auch *Böttcher* NZG 2005, 49, 49 ff.

ternehmenskaufs ohne due diligence, was den Vorteil hat, dass ein Konflikt mit den (neuen engeren) insiderrechtlichen Vorschriften per se nicht bestehen kann.

Tatsächlich werden jedoch auch Vorstände, die sich bereits ausreichend informiert sehen, nicht selten den sicheren Weg über eine due diligence wählen, da die Folgen einer missglückten Transaktion nicht nur einen erheblichen Imageverlust bedeuten würden, sondern auch die nachträgliche Schadloshaltung durch Rückabwicklung einer Unternehmensübernahme aufgrund deren Komplexität eher von theoretischer Natur ist und zudem bei deren tatsächlichen Wahl nicht ohne erhebliche Kursverluste vonstatten gehen könnte.[668]

V) Insiderrechtliche Besonderheiten beim Handel im börslichen Bereich

Die Übertragung der für den außerbörslichen Bereich festgehaltenen Grundsätze auf diejenigen Geschäfte, die an der Börse abgewickelt werden, scheint zunächst außer Frage zu stehen. Augenscheinlich dürften schließlich keine Diskrepanzen bei dem Erwerb einer größeren Beteiligung in Aktien zwischen dem börslichen und außerbörslichen Bereich vorliegen, soweit nur das hiermit verbundene Ziel dasselbe ist. Dieses sinnlogische Ergebnis hat jedoch die rechtliche Bewährungsprobe noch vor sich. Entsprechend der oben gewählten Darstellung wird zunächst die (Un-)Gültigkeit dieser Aussage für das Weitergabe-, anschließend für das Verwendungsverbot zu zeigen sein.

1) Besonderheiten des Weitergabeverbots

a) Befugte Weitergabe aufgrund Risikoerwägungen

Bereits die Beurteilung des Weitergabeverbots scheint die eigentlich einfache und logische Übertragung der herausgestellten Grundsätze ins Wanken zu bringen. In der Literatur, die sich zumeist ausschließlich mit dem außerbörslichen Erwerb beschäftigt und nur selten börsliche Großtransaktionen in den Fokus nimmt, wird von einer der wenigen Stimmen aus letzterem Kreis vertreten, dass eine due diligence beim Erwerb im börsenrechtlichen Rahmen keinesfalls zugelassen werden dürfte, denn derjenige, der eine wesentliche Beteiligung über die Börse zusammenkaufen wolle, dürfe von der Gesellschaft keine besonderen Informationen beanspruchen, ergo die Gesellschaftsorgane diese auch nicht befugt weitergeben.[669] Der Grund solle darin liegen, dass eine Informationsweitergabe eine nicht angemessene Besserstellung gegenüber Käufern von wenigen Aktien darstelle, die regelmäßig auch vor ihrem Kauf die Gesellschaft vertieft durch-

---

668 Ähnlich *Körber* NZG 2002, 263, 269; den Imageschaden hervorhebend *Harbarth* ZIP 2005, 1898, 1905.

669 So vor allem *Süßmann* AG 1999, 162, 168; dazu auch *Hüffer* § 93 AktG Rn 8.

leuchten wollten.[670] Andere äußern sich nicht derart explizit, meinen aber, dass ein derartiges Bündel von Anteilen nicht über die Börse erworben werden könne – ohne jedoch explizit die Gründe hierfür zu nennen – bzw. ohnehin nicht zu Börsenkursen zustande komme.[671] Hieraus könnte der, zugegebenermaßen jedoch nicht zwingende, Rückschluss gezogen werden, dass die Vertreter letzterer Ansicht somit auch die Zulässigkeit der befugten Weitergabe von Insiderinformationen im Rahmen einer due diligence für die in diesem Abschnitt besprochenen Geschäfte in Zweifel ziehen.

Dem hält allen voran *Banerjea* zu Recht entgegen, dass gerade die angesprochene präventive Risikominimierung durch die due diligence für den potenziellen Großaktionär essentiell ist, da das Investment in nur eine Gesellschaft Diversifizierungsmöglichkeiten zur Risikominierung raubt und zudem die Korrektur derartiger Investitionen mit steigender Größe des Anteilspakets schwerer möglich ist, da auch die Veräußerung – soweit nicht ein Paketerwerber gefunden wurde – nicht ohne weiteres in einem kurzen Zeitraum ohne erhebliche nachteilige Folgen vollzogen werden kann.[672] Es ist nicht ersichtlich, warum diese Risiken im börslichen Bereich nunmehr ausgeblendet werden sollten. Vielmehr muss die Lösung darin gesehen werden, auch hier dem Erwerber eine due diligence bei Vorliegen der entsprechenden Anforderungen an die Befugnis zu gestatten, denn auf diesem Wege nähert sich sein Informationsniveau auch dem seiner Investition innewohnenden Risiko an.

Eine Gleichbehandlung von börslichem und außerbörslichem Bereich bei der Frage der Anerkenntnis einer befugten Weitergabe durch eine due diligence ist somit grundsätzlich angezeigt.

b) Xetra XXL

Diese Position wird seit dem 2.3.2001 durch einen weiteren Aspekt gestützt: An diesem Tag wurde der Xetra XXL an der FWB geschaffen, der einen effizienten, transparenten und kostengünstigen Handel mit großen Aktienblöcken über die Börse zum Ziel hat.[673] Die Erwägung, dass große Transaktionen nicht über die Börse möglich sind, kann somit spätestens seit diesem Tage nicht mehr überzeugen. Dies sagt per se jedoch noch nicht, dass in diesem Rahmen Insiderinformationen weitergegeben werden dürfen.

Hervorzuheben ist zunächst, dass im Xetra XXL zur Vermeidung negativer Preiseffekte mit einem geschlossenen Orderbuch gearbeitet wird. Dieses Risiko

---

670 *Süßmann* AG 1999, 162, 168.

671 Siehe bereits *Assmann/Cramer* in Assmann/Schneider, 3. Aufl., § 14 Rn 88e; *Assmann* AG 1997, 50, 56.

672 Siehe *Banerjea* ZIP 2003, 1730, 1734 f.

673 Dazu bereits oben Teil 2, B.III).

entfällt somit für den Erwerber. Dennoch ist im Hinblick auf die Beurteilung der mit der Beteiligung einhergehenden Risiken für den Erwerber im Vergleich zum außerbörslichen Bereich keine Abweichung gegeben. Dies kann wiederum die insiderrechtliche Zulässigkeit der due diligence im börslichen Bereich untermauern. Im Übrigen wäre es eine praxisfremde Annahme, ein Erwerbsinteressent würde sich auf den börslichen Markt, der im Gegensatz zum außerbörslichen Bereich bereits weniger Diskretion verspricht, begeben, wenn er den weiteren Nachteil des zwingenden Verzichts auf eine vertiefte Risikoanalyse des Erwerbsobjekts zu tragen hätte. Wenigstens für den Xetra XXL müsste *Süßmann* nunmehr von seiner dargelegten Ansicht abweichen; schließlich wird in diesem Rahmen eine Beteiligung von großem Maße auch nicht lapidar „zusammengekauft".

c) *Zwischenergebnis*

Festzuhalten bleibt, dass die virulenten Fragen des insiderrechtlichen Weitergabeverbots bei der Abwicklung großer Transaktionen von den im außerbörslichen Bereich geforderten Voraussetzungen nicht abweichen sollten. Vielmehr ist grundsätzlich von der Fortgeltung der bereits vor dem AnSVG gefundenen Grundsätze bei außerbörslichen Transaktionen auszugehen, was nach AnSVG keiner veränderten Einschätzung unterworfen werden muss.

d) *Die Anonymität an der Börse*

Zu hinterfragen ist jedoch, ob dieses Ergebnis aufgrund der Anonymität auf dem börslichen Parkett nicht postwendend relativiert werden muss. Gerade beim Handel in Xetra XXL, welcher als Plattform für große Beteiligungserwerbe geschaffen wurde, werden die Orders zwar in das Orderbuch aufgenommen, dadurch können sich die Marktteilnehmer jedoch noch nicht identifizieren, dies ist erst nach dem Zusammenführen (sog. „Matching")[674] von Aufträgen und aufgrund der in der Abwicklungsphase erteilten Handelsbestätigungen möglich.[675] Die Befugnis zur Weitergabe hat sich jedoch auch im börslichen Rahmen gleichbleibend an den oben bereits erarbeiteten Einzelpunkten zu orientieren: Es wird daher nicht möglich sein, ohne Verstoß gegen § 14 Abs. 1 Nr. 2 eine umfassende due diligence, bei der Insiderinformationen weitergegeben werden, ohne letter of intent, in dem die Eckpunkte des Beteiligungserwerbs Niederschlag gefunden haben, zuzulassen.[676] Zu den Eckpunkten haben dann aber regelmäßig auch die Höhe des geplanten Erwerbs und die Parteien dieses Erwerbs zu zäh-

---

674 Dazu *Beck* WM 1998, 417, 427; *Schlüter,* Börsenhandelsrecht, S. 535; *Groß,* Kapitalmarktrecht, § 12 BörsG Rn 3.

675 *Schlüter,* Börsenhandelsrecht, S. 535.

676 Siehe Teil 2, B.IV)3).

len; ein allzu vager letter of intent kann demgegenüber die nötige konkrete Erwerbsabsicht[677] nicht darlegen. Daraus ergibt sich für den börslichen Handel das eigentliche Dilemma: Eine ausreichend qualifizierte Erwerbsabsicht kann regelmäßig nicht belegt werden, denn der Erwerber ist mit dem potentiellen Verkäufer weder im Falle der Abwicklung über Xetra XXL noch über den „normalen" börslichen Handel zu keiner Zeit bereits persönlich in Kontakt getreten. Nun könnte man der Ansicht sein, dass der Erwerber dennoch gegenüber der von dem späteren Veräußerer verschiedenen Zielgesellschaft seine Erwerbsabsicht darlegen kann, jedoch wird dies regelmäßig nicht als letter of intent angesehen werden können. Ohne die rechtliche Einordnung des letter of intent näher beleuchten zu wollen,[678] kann als Grund für diese Annahme festgehalten werden, dass dieses Instrument zur Niederlegung umfangreicher Leistungsbeschreibungen, die zumeist später Inhalt des Vertrages werden, gerade durch eine der zukünftigen Vertragsparteien gegenüber dem designierten Kontrahenten dient.[679] Die Äußerung der Erwerbsabsicht gegenüber der Zielgesellschaft bei einem angestrebten, aber noch ungewissen späteren Kauf, wird nicht nur der Struktur eines letter of intent oder sonst einer zum letter of intent ähnlichen Gestaltungsform wie dem „Memorandum of Unterstanding"[680] nicht gerecht, sondern erreicht auch nicht den für die Gestattung einer due diligence nötigen Konkretisierungsgrad, so dass die Einschlägigkeit des § 14 Abs. 1 Nr. 2 nicht zu entfallen vermag. Sollten der Erwerbsinteressent und die Zielgesellschaft, die nicht Vertragspartei werden soll, dennoch einen von ihnen sog. letter of intent schließen, kann dieser somit nicht nur rechtlich nicht als ein solcher qualifiziert werden, sondern kann tatsächlich auch nicht die Wirkung entfalten, dass nunmehr Insiderinformationen befugt weitergegeben werden können. Dies wird deutlich, wenn man sich vor Augen führt, dass die Anerkennung eines solchen sog. letter of intent zwischen Erwerbsinteressent und Zielgesellschaft den Zugang zu Insiderinformationen zur Folge hätte, ohne dass anschließend – beispielsweise in Ermangelung veräußerungswilliger Aktionäre – überhaupt die Möglichkeit bestünde, eine unternehmerische Beteiligung aufzubauen. Dann dürfen derartige Vereinbarungen zwischen Zielgesellschaft und Erwerbsinteressent aber auch nicht zur Suspendierung des § 14 Abs. 1 Nr. 2 führen. Wertpapierhandelsrecht-

---

677 Dazu Emittentenleitfaden der BaFin vom 15.7.2005, S. 31.

678 Dazu v.a. *Jahn,* Der Letter of Intent sowie *Lutter,* Der Letter of Intent.

679 *Spill* DStR 1999, 1786, 1787; *Jahn,* Der Letter of Intent, S. 115 ff.; *Lutter,* Der Letter of Intent, S. 19 ff., 101 ff.; *Semler* in Hölters, Hdb. Unternehmens- und Beteiligungskauf, Kap. VI Rn 20; *Liekefett,* Due diligence bei M&A-Transaktionen, S. 239 f.

680 Darunter ist im Gegensatz zur klassischen einseitigen Erklärung des letter of intent ein durch zwei oder mehrere Parteien abgefasstes Dokument zu verstehen, dazu *Lutter,* Der Letter of Intent, S. 106 ff.; *Jahn,* Der Letter of Intent, S. 20 ff.; siehe auch *Semler* in Hölters, Hdb. Unternehmens- und Beteiligungskauf, Kap. VI Rn 19.

lich sind dann nur eingeschränkte due diligence-Prüfungen, bei denen keine Insiderinformationen weitergegeben werden, irrelevant.

e) Ergebnis

Festzuhalten bleibt somit, dass für die Annahme einer befugten Weitergabe potentieller Erwerber und potentieller Veräußerer bereits einander bekannt sein müssen, die Anonymität mithin aufgehoben ist. Die der Börse typische Mittlerfunktion[681] braucht diese daher jedoch nicht mehr zu erfüllen, so dass das Geschäft ebenfalls unter völligem Ausschluss der Börse im außerbörslichen Bereich vollzogen werden kann. Die Wahl zwischen diesen beiden Wegen fällt bislang eindeutig zugunsten der letzteren Vorgehensweise aus, was trotz Minimierung von Kosten durch Entfallen der Courtage des im außerbörslichen Bereichs nötigen Intermediärs wohl vor allem aufgrund der erhöhten Diskretion in Kauf genommen wird.[682]

2) Das eingeführte Verwendungsverbot im börslichen Bereich

Im Gegensatz zum Verbot der unbefugten Weitergabe nach § 14 Abs. 1 Nr. 2 hat das Verbot des § 14 Abs. 1 Nr. 1 umfangreiche Veränderungen erfahren, die bereits oben ausführlich Bestandteil der Abhandlung waren. Es hat sich jedoch herausgestellt, dass im außerbörslichen Bereich verschiedene Konstellationen existieren, in denen das Verwendungsverbot beim Kauf größerer Aktienpakete trotz vorangegangener due diligence und damit erfolgter Weitergabe von Insiderinformationen nicht zum Tragen kommt.

a) Insiderrechtliche Unbedenklichkeit von Paketerwerben aufgrund hergestellter Waffengleichheit?

Problematisch erscheint die Übertragung der gefundenen Ergebnisse für die im außerbörslichen Bereich vollzogenen Paketerwerbe auf die börsliche Abwicklung dieser Geschäfte. Bei den face-to-face Geschäften konnte dargelegt werden, dass bei gleichem Kenntnisstand der beiden Vertragsparteien keine Möglichkeit besteht, einen Wissensvorsprung mit dem Ziel nutzbar zu machen, für sich oder einen anderen einen wirtschaftlichen Vorteil zu erlangen, der als Verstoß gegen den Grundsatz der Chancengleichheit am Wertpapiermarkt angese-

---

681 Zur Begriffsdefinition der Börse *Kümpel* Bank- und Kapitalmarktrecht Rn 17.68: „...zugängliches Handelssystem, das in ihm Geschäftsabschlüsse zwischen den Handelsteilnehmern...ermöglicht."; zur ursprünglichen Definition, wonach „Börsen Einrichtungen für die regelmäßige Zusammenkunft von Kaufleuten am gleichen Ort zum Massenumsatz von Waren, Wertpapieren oder Devisen durch standardisierte Verträge" sind, *Groß* Kapitalmarktrecht, Vorbem. BörsG Rn 9.

682 Siehe Teil 2, B.III); dazu wiederum auch *Schlüter,* Börsenhandelsrecht, S. 535.

hen und aus diesem Grund missbilligt wird. Bei gleichem Kenntnisstand ist nämlich davon auszugehen, dass nur dasjenige Ergebnis erzielt wird, das auch nach öffentlicher Bekanntgabe der Information erlangt werden könnte.[683] Der Sinn und Zweck des Insiderhandelsverbots gebietet somit nicht die Einschlägigkeit von § 14 Abs. 1 Nr. 1, so dass sich das Recht in dieser Konstellation zurückzuziehen hat.

Für die Frage der Übertragbarkeit dieser Konstellation muss wiederum die beschriebene Anonymität an der Börse berücksichtigt werden. Situationen, in denen hinsichtlich des Kenntnisstandes der Parteien Waffengleichheit herrscht, dürften nur überaus selten vorliegen. Schließlich greift bereits auf einer früheren Stufe das insiderrechtliche Weitergabeverbot ein, das es dem Vorstand der Zielgesellschaft regelmäßig verbietet, eine Durchleuchtung und somit auch die Offenbarung von Insiderinformationen zuzulassen. Der Grund für dieses Verbot ist direkte Folge der Anonymität der börslichen Märkte, da der Erwerbsinteressent seine Erwerbsabsicht nicht hinreichend konkret nachweisen kann, insbesondere an einem letter of intent wird es fehlen.[684] Ohne rechtlich einwandfreie Möglichkeit zur Weitergabe wird der Erwerbsinteressent damit gar nicht in den Genuss von Insiderinformationen kommen, so dass Konflikte per se ausscheiden. Lediglich wenn der Vorstand der Zielgesellschaft gegen § 14 Abs. 1 Nr. 2 verstößt und frühzeitig Informationen weitergibt, wird zwischen den Parteien die angesprochene Waffengleichheit herrschen, so dass dieser vorgelagerte Verstoß gegen das Insiderrecht für den Erwerbsinteressenten die Verantwortlichkeit im Hinblick auf § 14 Abs. 1 Nr. 1 entfallen lässt.

Ohne vorangegangenen Verstoß gegen das insiderrechtliche Weitergabeverbot gem. § 14 Abs. 1 Nr. 2 ist es mithin nicht möglich, dass die Ausnahme der Waffengleichheit die rigide Einschlägigkeit des § 14 Abs. 1 Nr. 1 im börslichen Bereich verhindern kann.

b) Fester Erwerbsentschluss mit Vorbehalt der Abstandnahme

Ebensowenig Relevanz kommt der oben angedachten Variante zu, die vor Durchführung einer due diligence den Erwerbsentschluss rechtlich verbindlich niederlegt und mit einem Vorbehalt der Abstandnahme verknüpft. Dies ist per se nicht möglich, da die Anonymität der börslichen Märkte einen Vertragspartner vor dem Erwerb nicht erkennen lässt und der Erwerbsinteressent somit auch nicht in allgemeiner Art und Weise ohne Vertragspartner seinen Erwerbsentschluss niederlegen kann.

---

683 Zu diesem Erwägungen ausführlich oben Teil 2, B.IV)7)b)aa).

684 Siehe Teil 2, B.V)1)d); zur Anonymität an der Börse siehe auch *Assmann* in Assmann/Schneider, § 14 Rn 43.

c) *Die Abgabe eines öffentlichen Übernahmeangebotes zum Kontrollerwerb*

Sollte der Erwerbsinteressent bereits einseitig Kenntnis von Insiderinformationen haben und damit ein öffentliches Übernahmeangebot mit dem Ziel des Kontrollerwerbs betreiben wollen, ist nach dem an anderer Stelle Gesagten entgegen der Ansicht der BaFin kein Verstoß gegen das Verwendungsverbot anzunehmen, da die Schutzvorschriften des Übernahmerechts den Wissensvorsprung egalisieren. Grundsätzlich wird man die diesbezüglichen Erwägungen auch im börslichen Bereich fortschreiben können. Allerdings ist fraglich, ob dies überhaupt notwendig ist, da aufgrund der Veröffentlichung des Übernahmeangebots die jeweiligen Aktionäre ihre Aktien auch direkt dem Erwerbsinteressenten anbieten können. Die Mittlerfunktion der Börse ist insoweit irrelevant.

d) *Ergebnis*

Festzuhalten bleibt, dass die Besonderheit der Anonymität des börslichen Handels den im außerbörslichen Bereich erarbeiteten Ausnahmen vom Verwendungsverbot weitestgehend ihren Anwendungsbereich raubt bzw. einen Anwendungsbereich gar nicht erst eröffnet. So kann Waffengleichheit im Sinne eines gleichen Kenntnisstands der Vertragsparteien durch die Zielgesellschaft aufgrund der Regelung des § 14 Abs. 1 Nr. 2 ohne letter of intent, der zwischen den späteren Vertragsparteien geschlossen wird, gar nicht hergestellt werden, da eine umfassende due diligence dann noch nicht in Betracht kommt; ein letter of intent kann aufgrund des noch anonymen Vertragspartners indes nicht geschlossen werden. Damit scheidet ein Handeln mit Insiderinformationen per se weitestgehend aus. Einen rechtlich verbindlichen Erwerbsentschluss wird man überdies ebenfalls erst dann niederlegen können, wenn der Vertragspartner bekannt ist. Letzteres ist im börslichen Bereich zeitlich jedenfalls nicht ausreichend vor Erwerb der Papiere der Fall, so dass auch noch eine due diligence durchgeführt werden könnte und somit Insiderinformationen erlangt werden könnten. Für die Ausnahme der Abgabe eines öffentlichen Übernahmeangebots mit dem Ziel des Kontrollerwerbs haben diese zeitlichen Hindernisse im Hinblick auf die Durchführung einer due diligence entsprechend zu gelten. Allerdings kann diese auf Erwägungsgrund 29 MMR beruhende Ausnahme vom Verwendungsverbot bei einseitiger Kenntnis von Insiderinformationen helfen, einen Verstoß gegen § 14 Abs. 1 S. 1 zu vermeiden.

Anders gewendet lässt sich zusammenfassen, dass eine Person mit Wissen um Insiderinformationen im börslichen Bereich aufgrund der Unkenntnis vom späteren Gegenüber der Transaktion mit Ausnahme der Veröffentlichung der Insiderinformationen durch die Zielgesellschaft gem. § 15 Abs. 1 keine Gestaltungsmöglichkeit hat, einen Verstoß gegen § 14 Abs. 1 Nr. 1 bei Tätigkeit auf den Märkten zu verhindern. Im Ergebnis ist die börsliche Abwicklung des Geschäfts daher denkbar unwahrscheinlich.

VI) Chinese Walls und das Insiderhandelsverbot im M&A-Bereich

Es hat sich gezeigt, dass durch die ausweitende Grundtendenz der Regelungen zum Insiderhandelsverbot mannigfaltig Probleme entstehen. Zu untersuchen ist, welchen Beitrag sog. Chinese Walls zur Lösung dieser Schwierigkeiten erbringen können.

1) Bedeutung und Durchleuchtung der Begrifflichkeit „Chinese Wall"

Das Phänomen der Chinese Walls wird bislang v.a. vor dem Hintergrund der Zulässigkeit und der Gefahren von Informationsweitergaben innerhalb eines Unternehmens, vorwiegend in der Bankenbranche, diskutiert.[685] Es ist zu konstatieren, dass in diesen Zusammenhängen Chinese Walls trotz einiger Bedenken[686] in der Praxis weitgehend verbreitet sind.[687] Ihr primäres Ziel ist die Verhinderung des unkontrollierten Flusses sensibler Informationen in andere Vertraulichkeitsbereiche,[688] wodurch zum einen Problemen mit dem Insiderhandelsverbot[689] und zum anderen mitunter entstehenden Interessenskonflikten bereits im Vorfeld entgegengewirkt werden soll.[690] Diese Funktionen im Zusammenhang mit einer internen Abschottung von Unternehmensbereichen vermögen die Chinese Walls im M&A-Bereich ebenfalls zu erfüllen, denn dadurch kann sichergestellt werden, dass außer den mit den entsprechenden Vorgängen betrauten Mitarbeitern der Gesellschaft Insiderinformationen nicht zur Kenntnis von Mitarbeitern ge-

---

685 *Tippach* Insider-Handelsverbot, S. 231 ff.; *Eisele* WM 1993, 1021, 1022 ff.; *Hoffmann,* Rechtliche Schranken interner Informationsflüsse in Kreditinstituten, S. 148 ff.; *Hopt* in FS Beusch, 1993, S. 393, 404 f.; *Buck,* Wissen und juristische Person, S. 499 ff.; allgemeiner zu den Auswirkungen von M&A-Transaktionen auf den Aufbau und Ablauf in Bankbetrieben aus betriebswirtschaftlicher Sicht *Storck,* Mergers&Acquisitions, S. 179 ff.

686 Zu nennen ist beispielsweise, dass eine Trennung im Einzelfall aufgrund der geringen Größe des Unternehmens als nicht praktikabel anzusehen sei oder auch das faktische Verbot sozialer Kontakte zwischen den Mitarbeitern gegen Chinese Walls sprechen könnte; aufgeführt ist dies bei *Tippach* Insider-Handelsverbot, S. 236 mwN; siehe auch *Strebel,* Insidervergehen und Banken, 1990, S. 138.

687 Zu diesem Befund vgl. *Assmann* in Assmann/Schneider, § 14 Rn 93.

688 *Koller* in Assmann/Schneider, § 33 Rn 19 ff.; Schwark/*Schwark* KMRK § 33 Rn 14; *Schlüter,* Wertpapierhandelsrecht, S. 187 f.

689 Schwark/*Schwark* KMRK § 33 Rn 14; *Eisele* in Bankrechts-Handbuch § 109 Rn 65; *Irmen* in BuB Rn 7/826; *Buck,* Wissen und juristische Person, S. 504 ff.; *Kümpel* Bank- und Kapitalmarktrecht Rn 16.690 ff.

690 Schwark/*Schwark* KMRK § 33 Rn 14; *Irmen* in BuB Rn 7/826; siehe auch *McVea,* Financial conglomerates and the chinese wall, S. 122 ff.

langen, die für die angestrebten Transaktionen irrelevant sind. Die Konflikte auf der Ebene der Entscheidungsträger können mit diesem Instrument jedoch nicht behoben werden.

Die Schaffung von Vertraulichkeitsbereichen kann sich allerdings auch über rechtliche und organisatorische Einheiten hinweg erstrecken (sog. exklusive Chinese Walls).[691] Ein derartiges Verständnis ist nicht an der weitläufig ausschließlich anzutreffenden Idee der Chinese Wall als lediglich betriebsinterner Teil der Organisation behaftet, sondern entkleidet das Konstrukt Chinese Wall dahingehend, dass es zu seinem Kern als schlichte Vertraulichkeitsvereinbarung vordringt. Diese kann demnach auch von vertraglicher Natur zwischen zwei rechtlich voneinander verschiedenen Organisationen sein. Gerade dieser Spielart der Chinese Wall und deren Beitrag zur Konfliktbewältigung im Insiderrecht soll im Folgenden nachgegangen werden. Immerhin werden im Rahmen von M&A-Transaktionen in der Regel externe Berater eingeschaltet, deren Fachverstand für die Durchführung komplizierter due diligence Prüfungen wenigstens hilfreich, wenn nicht überdies notwendig sein dürfte.

2) Vermeidung insiderrechtlicher Probleme durch Einschaltung externer Berater

Konkret zu hinterfragen gilt es daher, inwieweit der externe Berater zur Lösung des Problems des Verstoßes gegen das Verwendungsverbot nach vorangegangener due diligence beitragen kann. Das Dilemma, in dem sich der Erwerbsinteressent befindet, rührt daher, dass es nur wenige Fallgestaltungen gibt, in denen er eine due diligence durchführen kann, ohne beim späteren Erwerb gegen das Verwendungsverbot des § 14 Abs. 1 Nr. 1 zu verstoßen. Exklusive Chinese Walls im Sinne der Schaffung von Vertraulichkeitsbereichen offenbaren hierbei möglicherweise einen Ausweg. Der Erwerbsinteressent könnte und würde nicht an Insiderinformationen gelangen, würde für die due diligence ein völlig abgeschirmter externer Berater, der keinerlei Überschneidungen mit dem Transaktionsteam aufweist, herangezogen.[692] Wie gleich zu zeigen sein wird, kommt dabei der konkreten Ausgestaltung jedoch entscheidende Bedeutung zu.

---

691 *Eisele* in Bankrechts-Handbuch § 109 Rn 82; ein derartiges Verständnis ist auch bei *Hasselbach* NZG 2004, 1087, 1092 anzutreffen; ebenso *Grothaus* ZBB 2005, 62, 64.

692 Einen derartigen Lösungsweg zeigt *Hasselbach* NZG 2004, 1087, 1092 auf; siehe auch *Grothaus* ZBB 2005, 62, 64.

a) *Erstellung eines due diligence-Reports unter Verarbeitung von Insiderinformationen*

Eine Ausgestaltung, bei der der externe Berater die Ergebnisse seiner Prüfung lediglich in einem abgekürzten due diligence-Report übermittelt,[693] so dass dem Erwerbsinteressenten schwerlich vorgeworfen werden könnte, dass er durch die due diligence direkt Insiderinformationen erlangt und diese später auch verwendet hat, ist nur augenscheinlich eine Lösung: Auch der abgekürzte due diligence-Report enthält nämlich zwangsläufig Insiderinformationen; schließlich geht er auch aus diesen hervor und bietet sie als ein Teil unter vielen in aufbereiteter Form dar. Durch den Report erhält der Erwerbsinteressent somit nur anders geartete Insiderinformationen, die diejenigen, die er eigentlich bei einer due diligence erhalten würde, verkürzt darstellen. Zwar kann ein derartiger due diligence-Report für Fälle, in denen ein Wettbewerber als Erwerber auftreten möchte, zur Geheimhaltung von detaillierten Insiderwissen im eigenen Interesse der Zielgesellschaft angezeigt bzw. schon aus Gründen mangelnder Befugtheit der Weitergabe iSv § 14 Abs. 1 Nr. 2 bei erhöhter Missbrauchsgefahr notwendig sein,[694] die mit § 14 Abs. 1 anvisierten Zwecke des Insiderhandelsverbots, vorrangig der Funktionenschutz, d.h. der Schutz des Ansehens und des Funktionierens der deutschen Kapitalmärkte sowie namentlich das Vertrauen der Anleger in die „gute Ordnung" derselben,[695] werden damit jedoch in der aufgeworfenen Konstellation nicht erreicht.

b) *Filterung von Insiderinformationen durch externe Berater*

Einen echten Ausweg würde hingegen ein derartiger Chinese Wall zwischen dem Erwerbsinteressenten und dem externen Berater bieten, der ausschließlich als Filter von Insiderinformationen dient. Dann könnten sämtliche von dem Zielunternehmen für die due diligence Prüfung zur Verfügung gestellten Unterlagen zunächst von dem externen Berater ohne Einschränkungen gesichtet werden. Auf der Stufe der Verarbeitung müsste dieser dann jedoch dafür Sorge tragen, dass Insiderinformationen den Erwerbsinteressenten nicht mehr erreichen, so dass letzterer mit den erhaltenen Informationen ohne insiderrechtliche Be-

---

693 Siehe *Körber* NZG 2002, 263, 271; *Müller* NJW 2000, 3452, 3455; *Schroeder* DB 1997, 2161, 2163; *Meincke* WM 1998, 749, 751; *Lutter* ZIP 1997, 613, 618.

694 Siehe schon Teil 2, B.IV)3)c); vgl. wiederum *Körber* NZG 2002, 263, 271; *Ziemons* AG 1999, 492, 494; *Fleischer* ZIP 2002, 651, 652; *Stoffels* ZHR 165 (2001), 362, 377; *Müller* NJW 2000, 3452, 3455.

695 Dazu bereits Teil 1, A; weiterhin *Assmann* in Assmann/Schneider, vor § 12 Rn 49; *Hopt* in Bankrechts-Handbuch § 107 Rn 4; Schwark/*Schwark* KMRK vor § 12 Rn 8; *Immenga* ZBB 1995, 197, 205; *Kaiser* WM 1997, 1557, 1559.

denken tätig werden kann.[696] Der erwerbsinteressierten Gesellschaft könnten dann alle erhaltenen, aber zur Vermeidung von Konflikten im Hinblick auf § 14 Abs. 1 gefilterten Informationen oder wiederum ein sog. due diligence-Report zugeleitet werden. Die Voraussetzungen an die Befugnis zur Weitergabe durch die Zielgesellschaft sind bei dem jeweiligen Vorgehen unverändert einzuhalten, jedoch böte sich für die erwerbsinteressierte Gesellschaft der Vorteil, der Möglichkeit eines etwaigen Verstoßes gegen § 14 Abs. 1 Nr. 1 durch ihren Vorstand bereits präventiv auf ein Minimum zu reduzieren. Das verbleibende Restrisiko der falschen Einschätzung hinsichtlich der erhaltenen Informationen als Insiderinformationen hat die Gesellschaft, in concreto deren handelndes Organ, jedoch weiterhin zu tragen, wenn es mit diesen Informationen auf dem Markt tätig wird, rechtlich die Informationen mithin verwendet und somit die Strafbarkeit nach § 38 Abs. 1 heraufbeschwört. Allerdings setzt diese Norm vorsätzliches Handeln oder nach § 38 Abs. 4 wenigstens Leichtfertigkeit voraus. Beides wird man bei der Einschaltung eines externen Beraters, der die Insiderinformationen filtern soll, nicht per se annehmen können. Vorsätzliches Handeln ist in diesen Fällen auch im Sinne eines dolus eventualis regelmäßig zu verneinen, denn mit der Formel der Rechtsprechung wäre es nötig, dass der Erfolg „gebilligt“ oder „billigend in Kauf genommen“ worden wäre[697]. Bei der Beauftragung eines Dritten zur Filterung von Insiderinformationen wird man jedoch nicht billigend in Kauf nehmen, derartige Informationen zu erhalten und diese später zu verwenden. Vielmehr wird darauf vertraut werden, dass Insiderinformationen nicht durch die Chinese Wall „externer Berater“ durchdringen. Aus diesem Grund kann auch der Leichtfertigkeitsvorwurf im Sinne einer Fahrlässigkeit mit einem besonderen Grad der Nachlässigkeit[698] im absoluten Regelfall nicht durchgreifen, so dass eine Strafbarkeit nach § 38 ebenfalls zu verneinen ist.

Die generelle Unbedenklichkeit der due diligence im Hinblick auf das Insiderhandelsverbot würde allerdings damit „erkauft“, dass mitunter wichtige Insiderinformationen nunmehr nicht mehr bis zum Erwerbsinteressenten vordringen, obwohl diese seine Entscheidung maßgeblich beeinflussen könnten. Ob diese Variante daher tatsächlich von den Unternehmen gewählt wird, erscheint zweifelhaft.

---

696 *Hasselbach* NZG 2004, 1087, 1092; *Grothaus* ZBB 2005, 62, 64; krit. zu einer derartig eingeschränkten due diligence *Streißle* BKR 2003, 788, 790, da dies zu einer „halbblinden“ Akquistion führe.

697 BGH Urt. v. 22.4.1955 – 5 StR 35/55 St 7, 363; zum umfangreichen, fortwährenden Streitstand zur Ausfüllung des dolus eventualis, insbes. im Hinblick auf die Abgrenzung zur bewussten Fahrlässigkeit siehe statt vieler Schönke/Schröder/*Cramer/Sternberg-Lieben* § 15 Rn 72 ff.

698 Schönke/Schröder/*Cramer/Sternberg-Lieben* § 15 Rn 106, 205; Lackner/*Kühl* § 15 StGB Rn 55

Überdies ist zu beachten, dass eine Strafbarkeit durchaus in einigen Konstellationen denkbar erscheint. Namentlich ist dies der Fall, wenn der externe Berater der erwerbsinteressierten Gesellschaft eine Warnung zukommen lässt, dass die Filterung aller Insiderinformationen nicht sichergestellt gewesen sei, so dass insbesondere die ansonsten eine Strafbarkeit hindernden hohen subjektiven Anforderungen erfüllt sein könnten. Für derartige Konstellationen könnte dem Erwerbsinteressent an einer weitergehenden Risikominimierung im Sinne einer Freistellung durch den den Fehler begehenden externen Berater gelegen sein. Während bei Verhängung einer Freiheitsstrafe dem Organmitglied nicht geholfen werden kann, dürfte es im Bereich des Möglichen liegen, wenigstens die drohende Geldstrafe durch entsprechende Vereinbarungen für eben diesen Fall abzufedern. Für die Frage, inwieweit sich derartige Abreden etablieren lassen, ist neben den damit einhergehenden strafrechtlichen Aspekten bei der Zahlung fremder Geldstrafen auch der zivilrechtliche Bestand dieser Abreden entscheidend.

Zunächst könnte die Übernahme einer Geldstrafe in strafrechtlicher Hinsicht als psychische Beihilfe zur Haupttat des § 38 Abs. 1 gewertet werden. Da eine solche Freistellungsvereinbarung nur in Fällen mit dem konkret geäußerten Verdacht von durchgelassenen Insiderinformationen eingreifen wird, wird durch die Vereinbarung nicht nur in allgemein umrissenen Konstellationen, sondern in konkreten Fällen eine Straftat gefördert, was regelmäßig den Anforderungen an eine Beihilfehandlung genügen dürfte.[699] Jedenfalls in denjenigen Fällen, in denen Leichtfertigkeit im Raume steht, scheidet die Bestrafung über die Beihilfe zu § 38 Abs. 1 jedoch aus, da gem. § 27 Abs. 1 StGB eine vorsätzlich begangene rechtswidrige Haupttat nötig ist.

Überdies ist in Betracht zu ziehen, dass eine Strafvereitelung gem. § 258 Abs. 2 StGB vorliegen könnte. Diesbezüglich hat jedoch die Rechtsprechung des Bundesgerichtshofs die straflose Möglichkeit der Geldstrafenübernahme eröffnet, als der Bundesgerichtshof im insoweit maßgeblichen Urteil vom 7.11.1990 das Ergebnis der Verneinung des Tatbestands der Strafvereitelung nach § 258 Abs. 2 StGB in einem ähnlichen Fall herausstrich.[700] Entscheidend sei insoweit, dass eine Vollstreckungsvereitelung nur derjenige begehen könne, der durch Störung der äußeren Abläufe bewirkt, dass eine gegen einen anderen verhängte Strafe oder Maßnahme ganz oder zum Teil mindestens für geraume Zeit nicht verwirklicht werden kann. Die persönliche Betroffenheit, welche weitgehend vom Wil-

699 Zur Einordnung der Übernahme einer Geldstrafe als Beihilfe allgemein *Kapp* NJW 1992, 2796, 2797; *Rehbinder* ZHR 148 (1984), 555, 564.

700 BGH Urt. v. 7.11.1990 – 2 StR 439/90 NStZ 1991, 486 = wistra 1991, 103 = NJW 1991, 990 = JZ 1991, 887.

len des Verurteilten abhängig sei, könne mit Vollstreckungsmaßnahmen gerade nicht durchgesetzt werden. Der Wortsinn der strafrechtlichen Norm schiebe einem weiteren Verständnis den Riegel vor. Überdies gelte es zu beachten, dass wenigstens solche rechtlichen Gestaltungen, bei denen der zu Bestrafende nach Durchführung der Vollstreckung das Geld von einem Dritten erhält, aufgrund des Wortlauts der Norm nicht erfasst sein können.[701] Diese Linie hat neben Zuspruch auch viel Kritik erfahren, so dass sich eine unübersichtliche Gemengelage in der Literatur gebildet hat.[702] Für die Praxis sind derartige Streitigkeiten jedoch irrelevant, da man sich insoweit ausschließlich an der Rechtsprechung orientieren wird, die die Geldstrafenübernahme faktisch erlaubt.

Überdies steht jedoch die Frage im Raum, ob die Zahlung einer Geldstrafe nicht als Untreue des zahlenden Dritten gegenüber dem seinerseits verpflichteten Vermögen anzusehen ist. Dies wird regelmäßig dann anzunehmen sein, wenn der Dritte als Vorstand einer Kapitalgesellschaft agiert und durch die Zahlung der Gesellschaft dieser im Vergleich mit der Geldstrafe nicht ein äquivalenter Vorteil erwächst.[703]

Bei Bejahung strafrechtlicher Bedenken ist überdies § 134 BGB auf der zivilrechtlichen Ebene zu beachten. Ebenso wie bei anderen Gesetzen muss auch das Strafrecht im Einzelfall die Voraussetzungen eines Verbotsgesetzes erfüllen.[704] Als Auslegungsregel für § 134 BGB gilt, dass ein Rechtsgeschäft im Allgemeinen dann nichtig ist, wenn sich ein gesetzliches Verbot gegen beide Vertragsparteien richtet.[705] Aufgrund dessen, dass die Strafvereitelung in der beschriebenen Konstellation der Übernahme einer Geldstrafe nach BGH jedoch nicht mehr in Betracht kommt, ist die Rechtsfolge des § 134 BGB zunächst nur aufgrund der

---

701 Zur insoweit noch aA zu § 257 StGB aF siehe bereits *Lehmann* GA 19, 784 ff.; vgl. auch *Dreher/Tröndle*, 44. Aufl., § 258 StGB Rn 9.

702 Siehe *Wodicka* in grds krit. Anm. zu BGH Urt. v. 7.11.1990 – 2 StR 439/90 NStZ 1991, 486, 487; *Geppert* in zust. Anm. zum genannten Urteil in JK 91, StGB § 258/7; *Mitsch* JA 1993, 304, 304 f.; LK-*Ruß* § 258 StGB Rn 24a; Schönke/Schröder/*Stree* § 258 Rn 28a; *Müller-Christmann* JuS 1992, 379, 382; Anm. *Krey* JZ 1991, 889; Lackner/*Kühl* § 258 StGB Rn 13; allgemein zum Vollstreckungsziel *Engels* Jura 1981, 581

703 Dazu BGH Urt. v. 7.11.1990 – 2 StR 439/90 NStZ 1991, 486, der im konkreten Fall die Bezahlung der Gerichts- und Anwaltskosten aufgrund einer entsprechenden Fürsorgepflicht nicht als Untreue ansah, hingegen die Erstattung der Geldstrafe den Tatbestand des § 266 StGB erfüllte; siehe auch *Kapp* NJW 1992, 2796, 2797.704 Siehe BGH Urt. v. 12.1.1970 – VII ZR 48/68 Z 53, 152, 157; MüKoBGB/*Mayer-Maly/Armbrüster* § 134 Rn 51; *Ahrens* in Prütting/Wegen/Weinreich § 134 Rn 61.

705 BGH Urt. v. 10.7.1991 – VIII ZR 296/90 Z 115, 123, 125; *Ahrens* in Prütting/Wegen/Weinreich § 134 Rn 20; Palandt/*Heinrichs* § 134 Rn 8.

Beihilfe zu einer vorsätzlichen Tat in Betracht zu ziehen.[706] In concreto führt die Erstattungsklausel, die nur bei angekündigter etwaiger Durchlässigkeit der externen Chinese Wall durch den Berater eingreift, dazu, dass sowohl der externe Berater als auch der Erwerbsinteressent die Verwendung von Insiderinformationen mangels Undurchlässigkeit des externen Chinese Wall in Kauf nehmen, mithin ein Verstoß gegen das Insiderrecht und eine Beihilfe hierzu die Folge sind. Dieser beiderseitige Verstoß gegen strafrechtliche Verbotsnormen hat das Durchgreifen der Rechtsfolge des § 134 BGB zur Folge.

Letztendlich stößt eine Risikominimierung im Sinne einer Vereinbarung der Übernahme ggf. anfallender Geldstrafen auf verschiedene rechtliche Bedenken, die sowohl von straf- als auch zivilrechtlicher Natur sind. Insbesondere aufgrund der Nichtigkeitsfolge des § 134 BGB kann eine Erstattungsvereinbarung keinen Bestand haben. Damit ist jedoch auch gesagt, dass sich der Vorstand der erwerbsinteressierten Gesellschaft auf die vorherige sorgfältige Arbeit durch den externen Berater verlassen muss, das Restrisiko, welches wohl eher von theoretischer Natur bleiben dürfte, jedoch selbst zu tragen hat.

3) Ergebnis

Die aufgezeigte Abschottung durch die Schaffung von Vertraulichkeitsbereichen ist im Ergebnis im außerbörslichen Bereich nicht zwingend notwendig, da in den Fällen, in denen die Weitergabe von Insiderinformationen an den Erwerbsinteressenten nach § 14 Abs.1 Nr. 2 befugt ist, regelmäßig die auf diesem Wege entstehende Waffengleichheit einen Verstoß gegen § 14 Abs. 1 Nr. 1 hindert. Vorteil einer Chinese Wall mit den beschriebenen Funktionen wäre jedoch die Schaffung größere Spielräume für den Erwerbsinteressenten, scil. in dem Sinne, dass auch die Frage der Höhe des geplanten Beteiligungserwerbs noch nachträglich ohne rechtliche Bedenken nach oben korrigiert werden kann. Im börslichen Bereich können durch derartige Chinese Walls die rechtlichen Schwierigkeiten hingegen nicht entschärft werden. Die dortige Anonymität bedingt eine Vorverlagerung der Problematik hin zur zeitlich vorangegangenen Weitergabe. Chinese Walls können jedoch erst auf der Stufe der Verwendung von Insiderinformationen Abhilfe schaffen, also dann, wenn die Weitergabe der Informationen rechtlich einwandfrei erfolgt ist.

Für die vorliegend einer intensiveren Untersuchung vorenthaltenen internen Chinese Walls können die gefundenen Ergebnisse ebenfalls in ähnlicher Form Geltung beanspruchen. Der nunmehr interne Filter würde schließlich bewirken, dass das Transaktionsteam eines M&A-Geschäfts im Ergebnis ohne Insiderinformationen handelt und diese mithin nicht verwenden kann. Es gilt jedoch wie-

706 Ebenso *Kapp* NJW 1992, 2796, 2797; *Rehbinder* ZHR 148 (1984), 555, 565 f.

derum, dass Chinese Walls nur dann Sinn machen, wenn der ursprüngliche Erwerbsplan ausgeweitet wird. Anderenfalls steht bereits die Einschlägigkeit der Waffengleichheit einem Verwenden im insiderrechtlich missbilligten Sinne entgegen. Die zusätzliche Installation eines Chinese Wall mit der dargelegten Filterungsfunktion von Insiderinformationen hätte nur den Verzicht auf für die Transaktion möglicherweise ganz maßgebliche Insiderinformationen zur Folge.

VII) Der Erwerbsentschluss als Anwendungsfall des Insiderhandelsverbots?

1) Der eigene Entschluss zu Erwerb oder Veräußerung, dessen Umsetzung und die Kenntnis von Erwerbsverhandlungen oder von der Durchführung einer due diligence im Feld insiderrechtlich relevanter Handlungen nach § 14 Abs. 1 Nr. 1

Jedwede Art von Geschäften beruht immer auch auf dem Entschluss einer Person, Anteile zu erwerben oder zu veräußern. Dennoch ist das Verbot des Insiderhandels nicht einschlägig, da der Erwerber nicht die von ihm erst selbst geschaffene Insiderinformation verwendet, sondern seine Beteiligungsabsicht lediglich ausführt.[707] Gleiches hat auf der anderen Seite für den Entschluss zur Veräußerung zu gelten.[708] Die MMR stellt in Erwägungsgrund 30 ausdrücklich klar, dass die Entscheidung der Person als notwendiger Bestandteil zur Transaktion von Finanzinstrumenten gesehen wird und nicht unter das Verbot des Insiderhandels fallen soll. Diese allgemeine Aussage gilt sowohl für börsliche als auch außerbörsliche Geschäfte.[709] Sie kann überdies auch aus Art. 2 Abs. 3 MMR gefolgert werden, da dass Insiderhandelsverbot danach keine Anwendung auf Geschäfte findet, die zur Erfüllung einer fällig gewordenen Verpflichtung getätigt wurden, soweit diese Verpflichtung vor Erhalt von Insiderinformationen eingegangen wurde. Würde man hingegen die vorliegend in Rede stehende Entscheidung als Insiderinformation qualifizieren, könnte es zu einer Verpflichtung im Sinne von Art. 2 Abs. 3 MMR gar nicht mehr kommen.

Unklar ist hingegen der genaue rechtliche Anknüpfungspunkt für die Verneinung von § 14 Abs. 1 Nr. 1, da Erwägungsgrund 30 nur sibyllinisch davon

---

707 Einhellige Meinung, dazu nur *Brandi/Süßmann* AG 2004, 642, 644; *Cahn* Der Konzern 2005, 5, 9; *Ziemons* NZG 2004, 537; 540; zur identischen Situation vor AnSVG: Schwark/*Schwark* KMRK § 14 Rn 16; *Hopt* in Bankrechts-Handbuch § 107 Rn 60; *Wastl* NZG 2000, 505, 511; *Hasselbach* in Picot/Mentz/Seydel, Die AG bei Unternehmenskauf und Restrukturierung, S. 224.

708 MMR vom 28.1.2003, Erwägungsgrund 30; siehe bereits *Wastl* NZG 2000, 505, 511; *Hopt* in Bankrechts-Handbuch § 107 Rn 60.

709 Für den außerbörslichen Bereich iSd Blockhandels hierzu *Schlitt/Schäfer* AG 2004, 346, 353.

spricht, „die Tatsache dieses Erwerbs oder dieser Veräußerung sollte als solche nicht als Verwendung von Insiderinformationen gelten". Während bereits im Rahmen des Ausnutzens als auch beim Verwenden das Fehlen des Kausalzusammenhangs vertreten[710] und somit bereits die grundsätzliche Eröffnung dieses Merkmals für die vorliegenden Fallgruppen in Abrede gestellt werden musste, erscheint die Annahme einer Ausnahme von der Einschlägigkeit des nunmehr maßgeblichen Verwendens ebenso naheliegend, da ein Kausalzusammenhang zwischen Entschluss und Erwerb bei enger Betrachtungsweise sicherlich grundsätzlich angenommen werden müsste. Unterschiedliche Ergebnisse bedingt diese Frage jedoch nicht und ist daher als irrelevant einzustufen.

Eine andere Auffassung als die Annahme der insiderrechtlichen Bedeutungslosigkeit des eigenen Entschlusses zum Erwerb ist hingegen nicht denkbar, da anderenfalls der Erwerb bedeutender Beteiligungen auf diesem Wege nicht nur erschwert, sondern sogar grundsätzlich unmöglich gemacht würde.[711] Auch bei dem Entschluss zu einem sukzessiven Aufbau einer Beteiligung an einem Unternehmen hat aus dem vorstehend genannten Grund für den Entschluss als solchen nichts anderes zu gelten.[712] Sofern im Schrifttum eine Ausnahme gefordert wird, wenn im Zuge des sukzessiven Aufbaus eines größeren Aktienpakets eine eingreifende Melde- und/oder Veröffentlichungspflicht, etwa aus § 21 WpHG, missachtet wird,[713] kann dem nicht zugestimmt werden, da dies für den Entschluss keine abweichende Beurteilung bedingt, vielmehr das Überschreiten der meldepflichtigen Beteiligungsschwelle für sich genommen bereits die Insiderinformation ist.[714] Der eigene Entschluss einer Partei kann also auch zur Rechtslage nach AnSVG nicht mit dem Verbot des Insiderhandels iSv § 14 Abs. 1 Nr. 1 in Konflikt geraten.

Nicht zu verwechseln ist damit die Situation, in der der Erwerbsinteressent infolge einer Insiderinformation, die er nach Entwicklung des Plans zur Übernahme des Unternehmens erlangt hat, Aktienkäufe vornimmt, die über den ursprünglichen Plan hinausgehen.[715] Bei diesen sog. „alongside-Käufen" bzw.

---

710 Stellvertretend für die neue Rechtslage *Cahn* Der Konzern 2005, 5, 10 und *Schäfer* in Marsch-Barner/Schäfer, Hdb. börsennotierte AG, § 13 Rn 54 sowie für die alte Rechtslage Schwark/*Schwark* KMRK § 14 Rn 16.

711 Insoweit zu Recht *Brandi/Süßmann* AG 2004, 642, 644.

712 Schon zur insoweit ebenfalls nicht veränderten alten Rechtslage *Hopt* in Bankrechts-Handbuch § 107 Rn 60; *Assmann/Cramer* in Assmann/Schneider, 3. Aufl., § 14 Rn 32; *Wastl* NZG 2000, 505, 511.

713 So *Wastl* NZG 2000, 505, 511; *Caspari* ZGR 1994, 530, 542 f.

714 *Assmann* in Assmann/Schneider, § 14 Rn 46.

715 Schwark/*Schwark* KMRK § 14 Rn 54; *Hopt* ZGR 2002, 333, 358 f.; *Hopt* in Bankrechts-Handbuch § 107 Rn 60.

„alongside-purchases“ [716] liegt unzweifelhaft ein Verstoß gegen das Insiderhandelsverbot vor.[717]

Ebenso wie der Erwerbsentschluss an sich für den Erwerbsinteressenten irrelevant ist, ist der Umstand, dass überhaupt Erwerbsverhandlungen durchgeführt werden oder die Tatsache der vollzogenen due diligence, für den Erwerbsinteressenten im Falle des tatsächlich später stattfindenden Erwerbs insiderrechtlich iSv § 14 Abs. 1 Nr. 1 nicht bedenklich und damit auch nicht unter die genannte Norm zu subsumieren. Der Erwerb erfolgt nämlich gerade nicht unter Verwendung dieser Informationen, ist also nicht kausal.[718] Etwas anderes gilt selbstverständlich für die durch die due diligence gewonnenen Ergebnisse.[719] Zwar kann der Erwerbsinteressent ob der Kenntnis von der Durchführung von Verhandlungen oder einer due diligence nicht gegen das Verbot aus Nr. 1 verstoßen, doch kommt auch diesen Informationen Insiderqualität zu, so dass im Falle der entsprechenden Handlungen von § 14 Abs. 1 Nr. 2 oder Nr. 3 diese Normen einschlägig sein können[720], ein Dritter bei Erwerb mit Kenntnis überdies auch gegen Nr. 1 verstoßen kann.[721]

2) Die Insiderinformation „Erwerbsentschluss“, ihre Weitergabe an und ihre Verwendung durch Dritte

a) Grundsätzliches

Ebenso wie die eben angesprochene Kenntnis von der Durchführung von Verhandlungen oder einer due diligence als Insiderinformation in Betracht kommt, kann auch dem Erwerbsentschluss an sich der Charakter als Insiderinformation zukommen, denn die dafür notwendigen Merkmale iSv § 13 Abs. 1 S. 1, insbesondere die Eignung zur Kursbeeinflussung bei öffentlichem Bekanntwerden, sind ab einem gewissen Umfang der Transaktion erfüllt.[722] Infolge dessen kann

---

716 Zum Begriff siehe *Hopt* in Bankrechts-Handbuch § 107 Rn 60; *Hasselbach* NZG 2004, 1087, 1091; *Assmann* in Assmann/Schneider, § 14 Rn 165.

717 *Hopt* in Bankrechts-Handbuch § 107 Rn 60; Schwark/*Schwark* KMRK § 14 Rn 54; *Assmann* in Assmann/Schneider, § 14 Rn 165; *Schäfer* in Schäfer/Hamann, 2. Aufl., § 14 Rn 69.

718 *Cahn* Der Konzern 2005, 5, 10.

719 Siehe ausführlich Teil 2, B.IV)7).

720 A.A., jedoch wenig überzeugend *Sethe* ZBB 2006, 243, 247 f., der ohne Not aufgrund des angeblich anderen und somit zwingenden Wortlauts der europarechtlichen Vorgaben deren Sinn und Zweck, nämlich die Limitierung des Zugangs zu Insiderinformationen, aus dem Auge verliert.

721 *Cahn* Der Konzern 2005, 5, 10; siehe *Schlitt/Schäfer* AG 2004, 346, 353 ff.

722 Davon gehen auch *Brandi/Süßmann* AG 2004, 642, 644 aus; ebenfalls *Cahn* Der Konzern 2005, 5, 9 f.; *Ziemons* NZG 2004, 537, 539; Schwark/*Schwark* KMRK § 14 Rn 16.

weiterhin ein Verstoß gegen § 14 Abs. 1 Nr. 2 in Betracht kommen,[723] sofern die Weitergabe unbefugt iSd Norm erfolgt.

Fraglich ist insbesondere, welche Auswirkungen diese Feststellung auf das warehousing und auf die white knights hat. Hinter beiden Begriffen verbergen sich Fälle, in denen die Information des Erwerbswillens hinsichtlich bestimmter Aktien weitergegeben wird.[724] Beim warehousing unterrichtet der Erwerbsinteressent andere Personen, etwa befreundete Aktionäre und Banken, über seine Beteiligungsabsicht, damit diese für ihn ebenfalls Aktien vor Veröffentlichung des öffentlichen Erwerbsangebotes erwerben und so als Verbündete bei der Übernahme dienen.[725] Die konträre Situation ist im Falle der white knights vorzufinden, bei denen die Zielgesellschaft die Information über das bevorstehende Übernahmenangebot, also den Erwerbswillen der interessierten Person, an ihr nahestehende Dritte zwecks Durchführung von Verteidigungskäufen und Einspringen als weißer Ritter weitergibt.[726]

Entscheidend für die Beantwortung der Frage, ob hier der Entschluss zum Erwerb als solcher mit dem Weitergabeverbot des § 14 Abs. 1 Nr. 2 in Konflikt geraten kann, ist das Verständnis der „Unbefugtheit". Hinsichtlich des allgemeinen Verständnisses dieses Merkmals wurde bereits oben dargelegt, dass das AnSVG die grundsätzlichen Koordinaten zu dessen Ergründung nicht verschoben hat.[727] Aufgrund dessen ist bezüglich der Problemkomplexe warehousing und white knights auch der Stand der Meinungen vor Inkrafttreten des AnSVG in die Bearbeitung einzubeziehen. In einem ersten Schritt wird daher jeweils die Lage hinsichtlich des Weitergabeverbots aufzugreifen sein, um darauf aufbauend die Konsequenzen für die Handlungsmöglichkeiten der informierten dritten Person durch Einführung des Verwendens in § 14 Abs. 1 Nr. 1 aufzuzeigen.

b) *Informationelle Voraussetzungen für die Ergreifung der Maßnahmen des warehousing und der white knights*

Während beim warehousing diejenige Partei, die diese Maßnahme zu ergreifen gedenkt, bereits im Besitz der Insiderinformation „Erwerbsentschluss" ist, gilt es in den Fällen der sog. white knights einen logischen Schritt vorzuschalten. Be-

---

723 Statt vieler *Cahn* Der Konzern 2005, 5, 9.

724 Dazu *Hopt* in Bankrechts-Handbuch § 107 Rn 60; *Assmann* in Assmann/Schneider, § 14 Rn 146 ff.; siehe auch *Assmann* ZGR 2002, 697, 706 f.; zum warehousing auch *Schacht*, Das Insiderhandelsverbot bei öffentlichen Übernahmeangeboten, S. 71 ff.

725 *Brandi/Süßmann* AG 2004, 642, 645; *Hopt* in Bankrechts-Handbuch § 107 Rn 60; *Hopt* in FS Heinsius 1991, S. 289, 297; *Assmann* WM 1996, 1337, 1355; Schwark/*Schwark* KMRK § 14 Rn 55.

726 *Hopt* in Bankrechts-Handbuch § 107 Rn 60; *Assmann* in Assmann/Schneider, § 14 Rn 150; *Hopt* in FS Lutter, 2000, S. 1361, 1383.

727 Siehe oben unter Teil 2, B.IV)3).

vor die Zielgesellschaft zu den Maßnahmen greifen kann, die sich hinter dem Begriff white knights verbergen, muss sie von der geplanten Übernahme überhaupt Kenntnis erlangen. Fraglich ist daher zunächst, ob der Erwerbsinteressent seinen Entschluss zum Erwerb gegenüber der Zielgesellschaft oder auch gegenüber deren Großaktionären mitteilen darf. Jedenfalls bis zu dem Zeitpunkt der Veröffentlichung der Entscheidung zur Abgabe eines öffentlichen Übernahmeangebots ist die Planung des entsprechenden Angebots als Insiderinformation anzusehen.[728] Während die tatsächliche spätere Entscheidung nach § 10 Abs. 1, 3 WpÜG zu veröffentlichen ist und somit den Charakter als Insiderinformation verliert,[729] ist fraglich, welche Kreise in dem frühen Stadium der Planung bereits informiert werden können, vor allem um deren Haltung zur Übernahme zu ermitteln. Bei der Beurteilung der Zulässigkeit der Weitergabe ist wiederum das Verständnis des Merkmals „unbefugt" zu berücksichtigen. Dieses ist, wie oben bereits ausgeführt, nicht einschlägig, wenn Informationen an Dritte weitergegeben werden und dies im normalen Rahmen der Ausübung einer Arbeit, eines Berufs oder einer Aufgabe erfolgt.[730] Allgemeiner gesagt gilt es, zwischen dem präventiven Ziel des Insiderhandelsverbots, die Erzielung von Sondervorteilen durch die Beschränkung der Zahl möglicher Insider auf ein Minimum zu unterbinden, und auf der anderen Seite den Funktionserfordernissen rechtlicher und wirtschaftlicher Institutionen abzuwägen.[731] Da Erfolg und Durchführung der übernahmerechtlichen Transaktion maßgeblich von den Vorstellungen der Zielgesellschaft und von Großaktionären dieser Gesellschaft beeinflusst werden, muss eine derartige Informationsweitergabe über den Erwerbsentschluss als zulässig angesehen werden.[732] Der Markt für Übernahmen erfordert geradezu die Möglichkeit, Sondierungen vorzunehmen, in denen ausgelotet werden kann, auf welche Unterstützung derartige Vorhaben bauen können oder womöglich auch, welcher Widerstand zu erwarten ist. Im Gegensatz dazu droht kein weitreichender Missbrauch durch dieses Vorgehen, da der Kreis der Insider weiterhin sehr klein gehalten ist, zudem die Information eines lediglich grundsätzlich bestehenden Kaufinteresses sicherlich weniger pikant ist als es beispielsweise Unternehmensinterna sind. Daher ist es dem Erwerbsinteressenten unbenommen, mit der Information „Planung eines Erwerbs" an die Zielgesellschaft heranzutreten. Eine Kontaktaufnahme ist daher möglich.

---

728 Siehe *Hasselbach* NZG 2004, 1087, 1093.

729 Zum Verhältnis von § 15 zu § 10 WpÜG und zur Einordnung letzterer Norm siehe ausführlich Teil 3, B.II)4)a).

730 Siehe oben Teil 2, B.IV)3)a); wiederum Art. 3 a) EG-Insiderrichtlinie.

731 Ausführlich dazu Teil 2, B.IV)3)a); wiederum *Irmen* in BuB Rn 7/735; *Schäfer* in Schäfer/Hamann, 2. Aufl., § 14 Rn 27; *Singhof* ZGR 2001, 146, 153; siehe auch Schwark/*Schwark* KMRK § 14 Rn 31.

732 So auch *Hasselbach* NZG 2004, 1087, 1093.

Probleme kann in diesem Bereich jedoch die die Zielgesellschaft durch Kenntniserlangung treffende Veröffentlichungspflicht bereiten, die jedoch im Verlauf der Arbeit erst an entsprechender Stelle wiederaufzugreifen ist.[733]

c) *Das warehousing im Spannungsfeld des Insiderhandelsverbots und übernahmerechtlicher Vorschriften*

Bei der Beurteilung der Konformität des warehousing mit § 14 Abs. 1 Nr. 2 ist entscheidend auf die Vorschrift des § 2 Abs. 5 WpÜG abzustellen. Letztere Norm definiert die gemeinsam handelnden Personen als solche, die ihr Verhalten im Hinblick auf den Erwerb von Wertpapieren der Zielgesellschaft auf der Grundlage einer Vereinbarung oder in sonstiger Weise abstimmen. Daraus kann der Rückschluss gezogen werden, dass eine Weiterleitung von Informationen, vorliegend also des Erwerbsentschlusses, an solche Personen als befugt anzusehen ist, die mit dem Bieter im Sinne der Vorschrift gemeinschaftlich handeln oder die dieser zum gemeinschaftlichen Handeln gewinnen möchte, unabhängig davon, ob die Angesprochenen das gemeinschaftliche Handeln ablehnen oder akzeptieren.[734] In diesen Konstellationen kann somit aufgrund der Regelung des § 2 Abs. 5 WpÜG mit seiner übernahmerechtlichen Sonderrolle die insiderrechtliche Norm nicht eingreifen;[735] über diesen Kreis hinausgehende Informationsweiterleitungen sind jedoch als unbefugt anzusehen.[736]

Fraglich ist indes nicht nur, ob die Weitergabe der Insiderinformation „Erwerbsentschluss" mit § 14 Abs. 1 Nr. 2 konform geht, sondern auch, inwiefern § 14 Abs. 1 Nr. 1 verletzt sein könnte. Dies ist nunmehr bei Tätigwerden auf dem Kapitalmarkt durch den informierten Dritten in Betracht zu ziehen. Es ist jedoch wiederum die Vorschrift des § 2 Abs. 5 WpÜG zu beachten, aus der sich ergibt, dass gemeinsames Handeln bei der Vorbereitung und Durchführung einer Unternehmensübernahme rechtlich anerkannt ist.[737] Bei gemeinschaftlichem Handeln erfolgt der spätere Erwerb der Aktien der Zielgesellschaft durch die unterrichtete Person ebenso wie durch den Bieter also nicht unter Verwendung von Insiderinformationen. Dieses Ergebnis mag bei stringenter Subsumtion auf den ersten Blick überraschen, da streng genommen die Kausalität der weitergegebenen Insiderinformation „Erwerbsentschluss" außer Frage stehen wird. Eine der-

---

733 Zu dem Abwehrpotential der Ad-hoc-Publizitätspflicht ausführlich unter Teil 3, B.III).

734 Schwark/*Schwark* KMRK § 14 Rn 57; *Assmann* in Assmann/Schneider, § 14 Rn 147; vgl auch *Hopt* in Bankrechts-Handbuch § 107 Rn 60.

735 *Assmann* ZGR 2002, 697, 705; die nötige Abstimmung erwähnend *Hopt* in Bankrechts-Handbuch § 107 Rn 60.

736 Schwark/*Schwark* KMRK § 14 Rn 57; *Assmann* in Assmann/Schneider, § 14 Rn 147; *Brandi/Süßmann* AG 2004, 642, 645.

737 Schwark/*Schwark* KMRK § 14 Rn 55; anders noch vor Einführung des WpÜG *Weimann* DStR 1998, 1556, 1559.

artig rigide Einschlägigkeit des Verwendungsverbots würde die übernahmerechtlich zugebilligte Sonderrolle jedoch vollständig konterkarieren. Immerhin könnte dann die dritte Person informiert werden, jedoch nicht auf den Märkten tätig werden. Die besondere Situation des warehousing ist infolgedessen in das Insiderrecht einzufügen, indem bei Einschlägigkeit des im WpÜG gebilligten Verhaltens das insiderrechtliche Verwendungsverbot suspendiert ist.[738] Zu demselben Ergebnis gelangen diejenigen, die annehmen, die informierte Person handele gleichfalls nur in Umsetzung der bereits getroffenen Beteiligungsabsicht und verwende daher keine Insiderinformationen.[739]

Andere Tätigkeiten auf den Märkten, also insbesondere Handlungen ausschließlich für eigene Rechnung der dritten Person, sind jedoch vom Anwendungsbereich des § 14 Abs. 1 Nr. 1 nicht ausgenommen, da in diesen Fällen kein Grund für die fortbestehende Privilegierung besteht.[740]

Grundvoraussetzung für die Nichtanwendbarkeit des Insiderrechts muss in diesen Konstellationen jedoch sein, dass die übernahmerechtlichen Vorschriften später auch eingehalten werden, insbesondere dass die informierte Person in der Angebotsunterlage gem. § 11 WpÜG als mit dem Bieter „gemeinschaftlich handelnd" benannt wird.[741]

Die Ansicht von *Brandi/Süßmann*, dass in diesen Fällen lediglich die Angebotsunterlage unvollständig sei und dies für die Ausnahme vom Insiderhandelsverbot keine Konsequenzen hat, stützt sich vor allem auf die Erwägung, dass beim Handel der Aktien der Zielgesellschaft im Freiverkehr und deren Aufkauf im Sinne des warehousing die Art des Aufkaufs mangels eines durchzuführenden Angebotsverfahrens nach WpÜG auch nicht öffentlich bekannt würde.[742] Daran ist zwar richtig, dass laut § 1 WpÜG ausschließlich der organisierte Markt erfasst wird, welcher gem. § 2 Abs. 7 WpÜG lediglich als amtlicher Markt und geregelter Markt zu verstehen ist, den Freiverkehr aber gerade nicht beinhaltet.[743] Der eben aufgezeigte Rückschluss ist hingegen alles andere als zwingend,

---

738 Ebenso *Assmann* in Assmann/Schneider, § 14 Rn 147.

739 *Brandi/Süßmann* AG 2004, 642, 645.

740 Schon zur alten Rechtslage Schwark/*Schwark* § 14 Rn 55; *Assmann* ZGR 2002, 697, 705; *Assmann/Cramer* in Assmann/Schneider, 3. Aufl., § 14 Rn 83b; enger hingegen noch *Assmann/Cramer* in Assmann/Schneider, 2. Aufl., § 14 Rn 84; zum Problemkreis siehe auch *Fleischer/Kalss,* Das neue WpÜG, S. 17.

741 *Assmann* in Assmann/Schneider, § 14 Rn 147; Schwark/*Schwark* KMRK § 14 Rn 55; *Assmann* ZGR 2002, 697, 705; *Schäfer* in Marsch-Barner/Schäfer, Hdb. börsennotierte AG, § 13 Rn 87; zu den Voraussetzungen aus § 2 WpÜG siehe nur *Steinmeyer/Häger* § 2 WpÜG Rn 13 ff.

742 So *Brandi/Süßmann* AG 2004, 642, 645.

743 *Assmann* in Assmann/Pötzsch/Schneider § 2 WpÜG Rn 141; Schwark/*Noack* KMRK §§ 1, 2 WpÜG Rn 49.

da die Annahme, dass der Gesetzgeber für den Freiverkehr hinsichtlich der Erforderlichkeit einer Angebotsunterlage eine Ausnahme machen wollte, im Übrigen aber die gesetzlichen Regelungen zu befolgen sind, mindestens genauso naheliegend ist.

Das Argument von *Brandi/Süßmann* kann jedoch bereits mit einem grundlegenderen Ansatz entkräftet werden. Vom Freiverkehr und der damit mangelnden Erforderlichkeit einer korrekten Angebotsunterlage aufgrund der Nichtanwendbarkeit des WpÜG kann nämlich nicht auf das Erfordernis der Angebotsunterlage und den Folgen bei Unvollständigkeit in den Fällen der Abwicklung über den organisierten Markt geschlossen werden, da das warehousing nur in den Fällen der Einschlägigkeit des WpÜG insiderrechtlich überhaupt als unbedenklich anzusehen ist. Ansonsten greifen die Vorschriften hinsichtlich des Verbots des Insiderhandels nämlich mit ihrer vollen Härte durch.[744] Dies übersehen *Brandi/Süßmann* offenbar, da sie bei der Zulässigkeit der Verwendung der Insiderinformationen nur damit argumentieren, dass der informierte Dritte wie der eigentlich Erwerbsinteressierte ausschließlich die bereits zuvor getroffene Beteiligungsabsicht umsetze, ohne die Besonderheiten des WpÜG explizit herauszustellen.

Es bleibt somit festzuhalten, dass die Weitergabe der Insiderinformation Erwerbsentschluss beim warehousing und die anschließende Verwendung nur dann als mit insiderrechtlichen Vorschriften vereinbar gelten können, wenn die diese Verhaltensweisen ermöglichenden übernahmerechtlichen Vorschriften eingehalten werden, was das Erfordernis einer regelkonformen Angebotsunterlage beinhaltet.

d) Die insiderrechtliche Zulässigkeit von white knights

Im konträren Fall der white knights könnte man versucht sein, wiederum Rückschlüsse aus konkreten übernahmerechtlichen Besonderheiten hinsichtlich der Befugtheit der Weitergabe der Insiderinformation „Erwerbsentschluss" anzustellen. Als Anknüpfungspunkt könnte § 33 WpÜG dienen, der zwar gem. § 33 Abs. 1 S. 1 WpÜG ein grundsätzliches Angebotsverhinderungsverbot für Handlungen vorsieht, die nicht auch ein ordentlicher und gewissenhafter Geschäftsleiter einer Gesellschaft vollzieht, die nicht von einem Übernahmeangebot betroffen ist, jedoch in § 33 Abs. 1 S. 2 WpÜG eine Ausnahme für die Suche nach einem konkurrierenden Angebot vorsieht, worin letztendlich die konkurrenzfördernde Grundhaltung des WpÜG zum Ausdruck kommt.[745] Allerdings darf nicht das zeitliche Fenster, in dem § 33 WpÜG Geltung beansprucht, ausgeblendet

---

744 Siehe nur Schwark/*Schwark* KMRK § 14 Rn 55, 57.

745 Zu diesem letzten Aspekt *Hasselbach* NZG 2004, 1087, 1094; siehe *Fleischer/Kalss*, Das neue WpÜG, S. 18.

werden. Die Norm stellt insoweit auf die „Veröffentlichung der Entscheidung zur Abgabe eines Angebots“ ab, mithin auf den Zeitpunkt der Veröffentlichung nach § 10 Abs. 3 WpÜG.[746] Beginnend mit diesem Zeitpunkt ist der Plan des Erwerbs, also der Erwerbsentschluss als solcher, aufgrund der angesprochenen Veröffentlichung jedoch keine Insiderinformation mehr.[747] Damit lässt sich aus dieser Situation direkt kein Rückschluss für die insiderrechtliche Weitergabebefugnis ziehen.

Allerdings bringt § 33 Abs. 1 S. 2 WpÜG gerade zum Ausdruck, dass die Suche nach einem weißen Ritter zulässig ist. In diesem Rahmen dürfen nach den Regeln des WpÜG auch Insiderinformationen, die der Bieter erlangt hat, an den konkurrierenden weißen Ritter gegeben werden, ohne das Verhinderungsverbot zu untergraben, es darf sogar unter Beachtung der sonstigen aktienrechtlichen Vorschriften eine due diligence zugelassen werden.[748] Wenn derartige weitgehende Einblicke während der grundsätzlichen Geltung des Verhinderungsverbots des § 33 Abs. 1 S. 1 WpÜG zugelassen werden, muss erst recht die bloße Mitteilung über die Planung an entsprechend interessierte Unternehmen als zulässig erachtet werden. Dieses Ergebnis kann und darf bei nicht vorliegender Gefährdung der Interessen des Anlegerpublikums ausschließlich auf der Grundlage wertpapierrechtlicher Regelungen nicht konterkariert werden.[749]

Das Ergebnis der Zulässigkeit der Weitergabe von Insiderwissen um ein bevorstehendes Übernahmeangebot könnte im Übrigen bereits ausschließlich aus § 14 Abs. 1 Nr. 2 heraus gefunden werden. Bei der nötigen Abwägung im Rahmen des Merkmals der Befugnis ist das Interesse der Funktionsfähigkeit eines Übernahmemarktes, welche durch mehrere konkurrierende Bieter gesteigert wird, einzustellen, so dass die Weitergabe an einen „weißen Ritter“ als befugt anzusehen ist.[750]

---

746 *Krause/Pötzsch* in Assmann/Pötzsch/Schneider § 33 WpÜG Rn 62; Schwark/*Noack* KMRK § 33 WpÜG Rn 4; *Hirte* in Kölner Komm zum WpÜG § 33 Rn 32; zu Vorwirkungen *Ekkenga*, FS Kümpel, 2003, S. 95, 101 f.

747 Auf die Frage, inwieweit die Veröffentlichung nach § 10 Abs. 3 WpÜG auch zur Rechtslage nach AnSVG den Charakter einer Information als Insiderinformation beseitigt, ist an entsprechender Stelle ausführlich einzugehen, Teil 3, B.II)4).

748 Siehe *Krause/Pötzsch* in Assmann/Pötzsch/Schneider § 33 WpÜG Rn 163 ff., 170; *Maier-Reimer* ZHR 165 (2001), 258, 264; *Fleischer* ZIP 2002, 651, 652 ff.; *Hirte* in Kölner Komm zum WpÜG § 33 Rn 74 ff.

749 Anders hingegen noch *Assmann/Cramer* in Assmann/Schneider, 2. Aufl., § 14 Rn 88; krit. dazu bereits *Fleischer/Kalss,* Das neue WpÜG, S. 18 aufgrund der konkurrenzfördernden Grundhaltung des WpÜG.

750 *Assmann* in Assmann/Schneider, § 14 Rn 150; *Schacht,* Das Insiderhandelsverbot bei öffentlichen Übernahmeangeboten, S. 84 f., 170; *Assmann* ZGR 2002, 697, 706 f.; Schwark/*Schwark* KMRK § 14 Rn 58; *Hopt* ZGR 2002, 333, 357.

Die Verteidigung im üblichen Rahmen, also auch die Vorbereitung der Verteidigung zusammen mit Aktionären und Banken und die Suche nach einem weißen Ritter und die damit einhergehende nötige Informationsweitergabe sind also nach wie vor möglich.[751] Über dieses Maß hinausgehende Handlungsweisen, insbesondere die Suche nach Verbündeten im Verteidigungskampf, die die Wertpapiere lediglich aufkaufen, um die Erfolgschancen des geplanten Angebots des Bieters zu vermindern, stoßen im Hinblick auf das dargelegte Verständnis der Befugtheit auf rechtliche Bedenken, sind überdies ebenfalls mit § 33 WpÜG nicht vereinbar.[752]

Problematisch stellt sich die Situation des weißen Ritters auch im Hinblick auf die Norm des § 14 Abs. 1 Nr. 1 dar, da der weiße Ritter mit Kenntnis der Insiderinformation „Erwerbsentschluss" auf den entsprechenden Märkten tätig wird. Während es bei Geltung des Ausnutzens im Rahmen der Norm des § 14 Abs. 1 Nr. 1 a.F. wenigstens noch möglich erschien, zu argumentieren, dass der weiße Ritter keine Kenntnis von der Insidertatsache ausnutze, sondern einen eigenen Plan ausführe,[753] dürfte dieser Weg nunmehr vollends versperrt sein. Bei konsequenter Anwendung des Begriffs des Verwendens nach hier erfolgter Auffächerung des Verständnisses kann es kein anderes Ergebnis als die Annahme eines derartigen Verstoßes gegen das Insiderhandelsverbot aus § 14 Abs. 1 Nr. 1 geben. Der Grund liegt darin, dass es undenkbar erscheint, dass der Erwerbsentschluss des Bieters nicht wenigstens mitursächlich für die Entfaltung der Initiative auf Seiten des weißen Ritters ist, vielmehr ist dieser Situation geradezu immanent, dass letzterer tätig wird, weil der Bieter den Erwerb ins Auge gefasst hat. Die Besonderheiten des WpÜG gebieten jedoch entsprechend zum warehousing auch in der vorliegenden Konstellation die Verneinung der Einschlägigkeit des Insiderhandelsverbots. Zum einen wird dies daraus deutlich, dass § 33 Abs. 1 S. 2 WpÜG ausdrücklich die Suche nach einem konkurrierenden Anbieter während des zeitlichen Geltungsrahmens der Norm zulässt, so dass erst recht im Vorfeld der Geltung des § 33 Abs. 1 WpÜG die Suche und der daraus folgende logisch nächste Schritt, nämlich das Tätigwerden des weißen Ritters zuzulassen ist.[754] Zum anderen gebietet dies auch eine Gleichbehandlung im Sinne der Herstellung einer Art „Waffengleichheit" in Übernahmeverfahren,

---

751 Zur Lage vor AnSVG *Hopt* in Bankrechts-Handbuch § 107 Rn 60.

752 *Assmann* in Assmann/Schneider, § 14 Rn 150.

753 So Schwark/*Schwark* KMRK § 14 Rn 56; a.A. hingegen noch *Assmann/Cramer* in Assmann/Schneider, 2. Aufl., § 14 Rn 88.

754 Schwark/*Schwark* KMRK § 14 Rn 56; *Assmann* ZGR 2002, 697, 706 f.; *Hopt* ZGR 2002, 333, 357 f.; ebenso *Assmann* in Assmann/Schneider, § 14 Rn 152; a.A. wiederum noch *Assmann/Cramer* in Assmann/Schneider, 2. Aufl., § 14 Rn 88.

damit der weiße Ritter im Gegensatz zu der mit dem Bieter gemeinschaftlich handelnden Person nicht benachteiligt wird.[755]

Eine Ausnahme von der Einschlägigkeit des § 14 Abs. 1 Nr. 1 ist jedoch nicht in den Fällen angezeigt, in denen der Konkurrent ohne Übernahmeabsicht handelt, also vielmehr lediglich auf steigende Kurse nach Bekanntwerden der Insiderinformation „Erwerbsentschluss“ spekuliert, um sie anschließend wieder zu veräußern, was indes bereits vor den Verschiebungen durch das AnSVG unter die Norm zu subsumieren war.[756] Entsprechend zur Lage beim warehousing ist und bleibt also Voraussetzung für die insiderrechtliche Zulässigkeit im Hinblick auf § 14 Abs. 1 Nr. 1, dass sich die informierten Dritten auch tatsächlich der Aufgaben annehmen, zu deren Erfüllung sie eingeschaltet werden. Anderenfalls kann eine insiderrechtliche Privilegierung auf der Grundlage übernahmerechtlicher Besonderheiten keine Rechtfertigung finden.

Bereits zur alten Rechtslage wurde die Einschlägigkeit des Insiderhandelsverbots insbesondere auch in den Konstellationen angenommen, in denen der weiße Ritter entgegen dem Angebotsvereitelungsverbot gem. § 33 Abs. 1 S. 1 WpÜG ausschließlich die Erfolgsaussichten des Bieters zu verringern gedachte, indem er die Zahl der übernahmefähigen Papiere verminderte.[757] Inwieweit dieses Argument jedoch zur Rechtslage vor AnSVG wirklich stichhaltig war, hat bislang keine nähere Erörterung erfahren und wird es wohl in Zukunft aufgrund der Abschaffung des Ausnutzens auch nicht mehr. Hingewiesen sei an dieser Stelle jedoch darauf, dass das Ausnutzen nach einhelliger Meinung voraussetzte, dass der Insider seinen Wissensvorsprung bewusst mit dem Ziel einsetzte, für sich oder einen anderen einen wirtschaftlichen Vorteil zu erzielen, der als Verstoß gegen den Grundsatz der Chancengleichheit angesehen und missbilligt wurde.[758] Bei einer reinen Verhinderungstaktik kann jedoch nicht ohne weiteres davon ausgegangen werden, dass der Verhindernde einen Vorteil erlangt. Allenfalls mittelbare Vorteile, wie das Blocken des externen, sprich durch Fusionen erreichten Wachstums eines Konkurrenten und die damit einhergehende Absicherung der eigenen Marktanteile, könnten in Betracht gezogen werden, allerdings ist nicht ersichtlich, inwieweit dadurch die Chancengleichheit der Anleger tangiert würde. Derartige Überlegungen sind im insiderrechtlichen Rahmen nach AnSVG nunmehr obsolet geworden, da das geschilderte subjektive Element

---

755 Statt vieler *Assmann* in Assmann/Schneider, § 14 Rn 152.

756 Siehe nur Schwark/*Schwark* KMRK § 14 Rn 56; *Assmann* in Assmann/Schneider, § 14 Rn 152.

757 Schwark/*Schwark* KMRK § 14 Rn 56; *Assmann/Cramer* in Assmann/Schneider, 3. Aufl., § 14 Rn 84d.

758 BT-Drucks. 12/6679, S. 47; *Kümpel* Bank- und Kapitalmarktrecht Rn 16.163; Schwark/*Schwark* KMRK § 14 Rn 12; *Assmann* AG 1994, 237, 246; *Caspari* ZGR 1994, 530, 542; *Hopt* ZGR 1991, 17, 42; *Schäfer* in Schäfer § 14 Rn 11.

ausdrücklich beseitigt wurde.[759] Das zuvor somit zweifelhafte Ergebnis für die Angebotsvereitelung ist somit nun unumstößliche Realität geworden. Im Ergebnis stimmen auf diesem Wege die bereits vormals zu diesem Punkt vertretene Ansicht und die derzeitige Rechtslage überein.

e) Ergebnis

Die sich hinter den Begriffen warehousing und white knights verbergenden Fälle können also insoweit mit dem Insiderhandelsverbot des § 14 Abs. 1 vereinbart werden, wie ihre ordnungsgemäße Durchführung es erfordert. Vor allem die Frage der möglichen Weitergabe der Insiderinformation „Erwerbsentschluss" durch die erwerbsinteressierte Gesellschaft sowie die Verwendung dieser Information durch den informierten Dritten sind insiderrechtlich nicht zu missbilligen. Dies ist vor allem aus den übernahmerechtlichen Vorschriften, die beide Vorgehensweisen ausdrücklich erlauben, zu folgern, weiterhin jedoch auch auf die Notwendigkeit für die Funktionsfähigkeit eines Marktes der Übernahmen zurückzuführen. Jedenfalls die insider- und übernahmerechtlichen Vorschriften sind daher aufeinander abzustimmen, da der Funktionenschutz des Kapitalmarktes durch das Insiderrecht[760] und die grundlegenden Ziele des WpÜG, vorwiegend die Schaffung eines transparenten, fairen und geordneten Übernahmeverfahrens,[761] im Kern sehr ähnlich sind. Dies hat in concreto die Zulassung des warehousing und der white knights auch in insiderrechtlicher Hinsicht zur Folge, wenn das Vorgehen durch das WpÜG explizit zugelassen ist. Trotz einiger darauf hindeutender Ansätze in der Literatur hat sich die Rechtslage durch das AnSVG auch im Hinblick auf § 14 Abs. 1 Nr. 1 in dem vorstehend untersuchten Bereich im Ergebnis nicht geändert, da die einzelnen Tatbestandsmerkmale insofern von untergeordneter Bedeutung sind, vielmehr das Insiderrecht aufgrund der Zulässigkeit nach dem Übernahmerecht diesbezüglich generell suspendiert ist.

Für Handlungen mit anderen Insiderinformationen als derjenigen des Erwerbsentschlusses gelten jedoch die im Rahmen dieser Arbeit bereits ausführlich dargestellten Leitlinien.

---

759 Siehe Teil 2, A.V).

760 Siehe bereits Teil 1, A.

761 Siehe Schwark/*Noack* KMRK Einl. WpÜG Rn 9; *Pötzsch* in Assmann/Pötzsch/Schneider, Einl. WpÜG Rn 44.

VIII) Das Verhinderungspotential von § 14 Abs. 1 bei M&A-Transaktionen

1) Abwehrmöglichkeiten des neuen Insiderrechts bei feindlichen Übernahmen

Wird von einer möglichen Zielgesellschaft ein Übernahmeversuch als feindlich eingestuft, bietet sich zu dessen Abwehr u.a. die Suche nach einem „weißen Ritter“ an. Diesbezüglich wurde bereits ausgeführt, dass die Weitergabe der Insiderinformation „Erwerbsentschluss einer anderen Gesellschaft“ nicht auf Bedenken im Hinblick auf § 14 Abs. 1 Nr. 2 stößt und überdies der weiße Ritter diese Information bei einem späteren Erwerb auch nicht in insiderrechtlich zu missbilligender Art und Weise verwendet. Darüber hinaus kann an den weißen Ritter auch substantielles Insiderwissen aus der Zielgesellschaft weitergegeben werden, wenn die entsprechenden Voraussetzungen[762] erfüllt sind. Hinsichtlich der Einschlägigkeit des Verwendungsverbots gelten dann die oben bereits aufgezeigten Ausnahmen bei der Abwicklung von M&A-Transaktionen.[763]

Interessanter ist jedoch, inwieweit der Zielgesellschaft aus dem neuen Insiderrecht eine zusätzliche Abwehrmöglichkeit einer feindlichen Übernahme erwächst. Insiderrechtliche Probleme können für den zeitlich zuerst auftretenen und als feindlich eingestuften Erwerbsinteressenten dann entstehen, wenn die Zielgesellschaft diesem bewusst Insiderinformationen zukommen lässt, so dass dieser den geplanten Erwerb nicht mehr durchzuführen vermag, ohne gegen § 14 Abs. 1 Nr. 1 zu verstoßen.[764] Die Situation für den Erwerbsinteressenten ist dann aber keine andere, als wenn er beispielsweise im Wege der due diligence Insiderinformationen erlangt hätte. Es bieten sich die oben genannten bereits ausführlich behandelten Möglichkeiten zur Verhinderung eines Konflikts mit dem Verwendungsverbot entsprechend an. Allerdings ist die Einschränkung zu beachten, dass die Gestaltungsmöglichkeit des festen Erwerbsentschlusses mit einem Vorbehalt der Abstandnahme in der Regel keinen Ausweg darstellt, da hierbei der Erwerbsinteressent vor Erlangung der Insiderinformationen bewusst den festen Erwerbsentschluss festlegen muss,[765] ihm aber bei der Lancierung von Insiderwissen durch die Zielgesellschaft die Insiderinformation eher unverhofft zugeht. Dennoch verbleibt für den Erwerbsinteressenten die Möglichkeit, ein öffentliches Übernahmeangebot mit dem Ziel des Kontrollerwerbs zu wäh-

762 Ausführlich dazu bereits Teil 2, B.IV)3).

763 Siehe Teil 2, B.IV)7).

764 Das Problem aufwerfend *Hasselbach* NZG 2004, 1087, 1094; der jedoch aufgrund zu engen Verständnisses von § 14 Abs. 1 Nr. 1, bei dessen Ausfüllung er sich zu stark an der Situation vor den Veränderungen des AnSVG orientiert, einen Konflikt mit dem Verwendungsverbot verneint.

765 Zu dieser Gestaltung ausführlich B.IV)7)b)cc).

len und somit insiderrechtlichen Problemen sicher aus dem Weg zu gehen. Die Ausnahme der Waffengleichheit kann indes nur zu seinen Gunsten eingreifen, wenn er von der Zielgesellschaft selbst erwerben will. Festzuhalten bleibt somit, dass das neue Insiderrecht der Zielgesellschaft zwar die Möglichkeit eröffnet, den potentiellen Erwerber durch Zuspielen von Insiderinformationen in rechtliche Konflikte mit § 14 Abs. 1 Nr. 1 zu bringen, dieser aber auf jeden Fall eine Vorgehensweise wählen kann, die nicht mit § 14 Abs. 1 Nr. 1 in Widerspruch steht. Überdies dürfte diese Abwehrmöglichkeit von der Zielgesellschaft tatsächlich nicht gewählt werden, da überaus fraglich ist, ob eine Informationsweitergabe zu dem genannten Zweck von § 14 Abs. 1 Nr. 2 gedeckt ist.

2) Konsequenzen des versuchten, aber gescheiterten Auf- bzw. Ausbaus einer Beteiligung unternehmerischer Art

Besondere Probleme – die in der Literatur bislang eher eine stiefmütterliche Behandlung erfahren haben –[766] können entstehen, sollte ein Unternehmen eine Beteiligung unternehmerischer Art aufbauen wollen, es letztendlich aber dann doch mit diesem Vorhaben scheitert. Zwar kann die Insiderinformation „angestrebte Beteiligung", sollte sie aufgrund rechtlich einwandfreien Aufschubs zunächst nicht publik gemacht worden sein,[767] trotz weiterhin unterbliebener Veröffentlichung nicht mehr Anknüpfungspunkt insiderrechtlicher Folgen sein, da sie ihren Charakter als Insiderinformation mit Scheitern des Vorhabens in Ermangelung fortbestehenden Kursbeeinflussungspotentials aus der Sicht eines verständigen Anlegers verloren hat. Doch können dem Unternehmen im Zuge seines urprünglichen Plans aufgrund einer bereits durchgeführten due diligence Insiderinformationen zugeflossen sein. Rechtliche Probleme resultieren hieraus immer dann, wenn das Unternehmen bereits vor der versuchten Übernahme Aktien der ehemaligen Zielgesellschaft hielt und diese nun verkaufen möchte. Entsprechend des oben aufgezeigten Verständnisses des Verwendens wird es schwerlich möglich sein, darin kein gegen § 14 Abs. 1 Nr. 1 verstoßendes Verhalten zu erblikken. Auch die aufgezeigten Ausnahmen[768] von der Einschlägigkeit des Verwendungsverbots können in einer derartigen Konstellation kaum adäquat weiterhelfen, da beispielsweise ein fester Veräußerungsentschluss im Hinblick auf die bereits vor due diligence gehaltenen Aktien aufgrund vorher gegenläufiger Absicht bezüglich des Erwerbs wenig wahrscheinlich ist. Überdies würde eine derartige Gestaltung der erwerbsinteressierten Gesellschaft wichtige Spielräume hinsichtlich der Beurteilung der Sinnhaftigkeit und der Aufrechterhaltung ihres bereits vor der due diligence bestehenden Investments rauben.

---

766 Einzig *Spindler* NJW 2004, 3449, 3451 mit Fn. 37 äußert sich kurz zu dieser Problematik.

767 Zum nach § 15 Abs. 3 möglichen Aufschub siehe Teil 3, A.II)4), B.II)2) sowie B.III)2).

768 Siehe Teil 2, B.IV)7)b).

Allenfalls die Herstellung gleichen Kenntnisstands zwischen Veräußerer und Erwerber durch Weitergabe der erlangten Insiderinformationen über die ehemalige Zielgesellschaft könnte dem Unternehmen aus der Bredouille helfen. Dies setzt allerdings den Verkauf einer bereits in den Händen liegenden unternehmerischen Beteiligung voraus.[769] Allerdings ist auch denkbar, dass diese Ausnahme nicht eingreift, wenn zwischen ehemaliger Zielgesellschaft und dem interessierten Unternehmen eine Verschwiegenheitsvereinbarung geschlossen wurde. Damit hätte der Versuch des Aufbaus bzw. der Ausweitung einer Beteiligung unternehmerischer Art für ein Unternehmen jedoch überaus weitreichende Konsequenzen: Für die bereits gehaltenen Aktien bestünde faktisch ein Veräußerungsverbot. Diese Folgen hatte wohl auch *Spindler* vor Augen, wenn er ausführt, die Leitlinie bei einer versuchten Übernahme sollte nicht sein, dass der Erwerber seine Aktien später nicht mehr abstoßen kann, ohne gegen § 14 zu verstoßen.[770] Wenigstens für die öffentliche Übernahme solle Erwägungsgrund 29 MMR ein derartiges Verständnis nahelegen.[771] Soweit die Zielsetzung der Verhinderung eines faktischen Veräußerungsverbots noch auf Zustimmung stoßen mag, erscheint die Begründung mit Erwägungsgrund 29 MMR auf einem brüchigen Fundament zu stehen. Immerhin ist darin nur davon die Rede, dass „die Verwendung dieser Informationen bei einem öffentlichen Übernahmeangebot mit dem Ziel, die Kontrolle über dieses Unternehmen zu erwerben oder einen Zusammenschluss mit ihm vorzuschlagen", nicht als Insidergeschäft angesehen werden sollten. Die Situation, dass der Aufbau der Beteiligung bzw. die Übernahme abgebrochen wurde, wird damit nicht in den Fokus genommen. Auch kann aus Erwägungsgrund 29 MMR nicht ein Gedanke isoliert werden, der die Zulässigkeit der späteren Veräußerung gestatten könnte, da ausschließlich eine Situation angesprochen wird, die bei einem öffentlichen Übernahmeangebot mit dem Ziel des Kontrollerwerbs eintritt, aber gerade nicht bei Transaktionen, die mit einer Übernahme in keinem Zusammenhang mehr stehen.

Es kristallisiert sich somit heraus, dass die Veröffentlichung und somit die Aufhebung der Qualität als Insiderinformation der einzige Weg sein wird, insiderrechtlichen Konflikten wirksam vorzubeugen. Bereits aufgrund entsprechender Verschwiegenheitsvereinbarungen wird jedoch ausschließlich die ehemalige Zielgesellschaft dazu in der Lage sein, die bislang berechtigt zurückgehaltenen Insiderinformationen publik zu machen. Für das Unternehmen, welches ursprünglich den Auf- oder Ausbau einer unternehmerischen Beteiligung angestrebt hatte, hat dies eine Phase des Abwartens und Stillhaltens zur Folge.

Da diese Konsequenz für eine wirtschaftlich ausgerichtete Organisation untragbar ist, wird man den umfangreichen Anforderungen an eine M&A-Transaktion

769 Siehe Teil 2, B.IV)3)b).
770 *Spindler* NJW 2004, 3449, 3451 mit Fn. 37.
771 *Spindler* NJW 2004, 3449, 3451 mit Fn. 37.

bereits im Vorfeld einen weiteren Aspekt zufügen müssen, will man auch für den Fall des Scheiterns weiterhin handlungsfähig bleiben, gleichsam also die Fäden in der Hand behalten möchte. In concreto könnte die wirksame Abschottung durch Chinese Walls an Bedeutung gewinnen. Als wirksamste Art dürfte sich wiederum die Filterung von Insiderinformationen durch einen externen Berater herausstellen.[772] Durch Chinese Walls kann ein Unternehmen daher sicherstellen, dass es auch nach dem gescheiterten Vorhaben eines Auf- bzw. Ausbaus einer unternehmerischen Beteiligung in Bezug auf die bisher gehaltenen Aktien seinen Dispositionsspielraum nicht verliert.

IX) Übernahmerechtliche Sondergestaltung: Management Buy-Out

Eine besondere Form des Unternehmenskaufs stellt das sog. Management Buy-Out dar. Dahinter verbirgt sich eine aus dem anglo-amerikanischen Rechtsraum[773] stammende Gestaltung, bei der das Management einer Gesellschaft einen wesentlichen Prozentsatz der Gesellschaftsanteile erwirbt,[774] mithin die Geschicke der Gesellschaft nicht nur aufgrund seiner Organstellung in die Hand nimmt.

1) Einschlägigkeit der insiderrechtlichen Verbote

Augenscheinlich liegt es nahe, die Konstellation des Management Buy-Out entsprechend dem Erwerb von Aktien durch externe Bieter zwecks Übernahme zu behandeln. Immerhin sind die Abwicklung und insbesondere das Ziel der Transaktion, nämlich die Übernahme eines Gesellschaftsanteils in nicht unwesentlicher Höhe, unabhängig von der jeweiligen Motivationslage identisch, so dass eine zu den Feststellungen im Bereich der „herkömmlichen" Übernahmeangebote entsprechende Geltung des Insiderrechts naheliegt. Allerdings hätte damit die Besonderheit, dass das Management der Zielgesellschaft zugleich der Erwerbsinteressent bzw. Bieter ist, keine Beachtung gefunden. Hieraus resultiert schließlich der entscheidende Unterschied zur herkömmlichen Situation bei einem externen Erwerbsinteressenten: Letzterer ist bei schriftlicher Fixierung seines Erwerbsinteresses in einem letter of intent noch nicht im Besitz von Insiderinfor-

---

772 Zu Chinese Walls und ihrem Beitrag zur Verhinderung insiderrechtlicher Konflikte siehe Teil 2, B.VI).

773 Zur Entwicklung des Management Buy-Out ausführlich *Otto* in Assmann/Schütze, Hdb Kapitalanlagerecht, 2. Aufl., § 26 Rn 7 ff.

774 *Fürhoff* AG 1998, 83, 86; Schwark/*Schwark* KMRK § 14 Rn 59; *Otto* in Assmann/Schütze, Hdb Kapitalanlagerecht, 2. Aufl., § 26 Rn 1; siehe auch *Assmann* in Assmann/Schneider, § 14 Rn 170; *Hölters* in Hölters, Hdb. Unternehmens- und Beteiligungskauf, Kap. I Rn 53; *Rhein,* Der Interessenkonflikt der Manager beim Management Buy-Out, S. 3 f.; *Doralt,* Management Buy-Out, S. 18 ff.

mationen, vielmehr bedingt der letter of intent erst die Möglichkeit, dass Insiderinformationen an ihn weitergegeben werden können.[775] Dagegen ist das Management per se aufgrund der Tatsache, dass es die Gesellschaft gem. § 76 Abs. 1 AktG unter eigener Verantwortung zu leiten hat,[776] als über sämtliche Geschehnisse und somit auch hinsichtlich aller Insiderinformationen unterrichtet bzw. wissend anzusehen.[777] Dies schränkt den Spielraum des Managements bereits im Voraus erheblich ein, denn während der externe Erwerbsinteressent sogar auf die due diligence komplett verzichten oder durch Einschaltung eines Beraters die durch die due diligence gewonnenen Ergebnisse derart filtern kann, dass ein Verstoß gegen das Insiderhandelsverbot in Form des Verwendungsverbots nicht droht,[778] ist dem Management dieser Spielraum verwehrt.

Aufgrund dessen, dass das Management, noch ehe es überhaupt an einen Erwerb denken kann, über alle Insiderinformationen verfügt, ist es bei wortlautgetreuer Anwendung des neuen Rechts undenkbar, dass diese Informationen für den Erwerbsentschluss nicht kausal werden und somit bei späterem Tätigwerden auf den Märkten ein Verwenden nicht vorliegen solle. So führt beispielsweise *Schäfer* aus, dass selbst bei europarechtskonformer Auslegung des AnSVG vor dem Hintergrund des Wortlauts von Erwägungsgrund 29 MMR nicht angenommen werden könne, dass Insiderinformationen der Zielgesellschaft von dem den Buy-Out betreibenden Management verwertet werden dürften.[779]

Bereits im bisherigen Recht, welches im Vergleich zum Verwenden mit dem Merkmal des Ausnutzens größere Spielräume beließ, wurde einhellig vertreten, dass das spätere Handeln in Kenntnis der Informationen grundsätzlich das Merkmal des Ausnutzens, mithin auch den Tatbestand des § 14 Abs. 1 Nr. 1 a.F. erfüllte.[780] Diese Situation wurde richtigerweise mit derjenigen verglichen, in der ein Paketerwerber nach Erhalt von positiven Informationen im Rahmen des Erwerbs anschließend weitere Aktien zuerwirbt, so dass ebenfalls ein Ausnutzen vorlag.[781] Der Verzicht auf das subjektive Erfordernis beim Merkmal des Verwendens führt somit zu keiner abweichenden Beurteilung. Die nunmehr entscheidende Komponente des Verwendens, die Kausalität, ist nämlich zwei-

775 Siehe Teil 2, B.IV)3).

776 Zur Eigenverantwortlichkeit des § 76 AktG statt vieler MünchKommAktG/*Hefermehl/Spindler* § 76 Rn 21 ff.

777 Siehe bereits *Fürhoff* AG 1998, 83, 87; *Schäfer* in Marsch-Barner/Schäfer, Hdb. börsennotierte AG, § 13 Rn 76; Schwark/*Schwark* KMRK § 14 Rn 59.

778 Ausführlich siehe Teil 2, B.VI)2).

779 *Schäfer* in Marsch-Barner/Schäfer, Hdb. börsennotierte AG, § 13 Rn 76.

780 *Fürhoff* AG 1998, 83, 87; *Assmann/Cramer* in Assmann/Schneider, 3. Aufl., § 14 Rn 88g; dazu auch Schwark/*Schwark* KMRK § 14 Rn 59 f.; *Schäfer* in Marsch-Barner/Schäfer, Hdb. börsennotierte AG, § 13 Rn 76; ähnlich *Rhein,* Der Interessenkonflikt der Manager beim Management Buy-Out, S. 230.

781 Siehe *Fürhoff* AG 1998, 83, 87.

felsohne erfüllt. Grundsätzlich beansprucht damit das Insiderrecht in Fällen des Management Buy-Outs nach wie vor Geltung.

2) Vermeidungsstrategien zur insiderrechtlichen Konfliktbewältigung des Managements beim Buy-Out

Diese Feststellung bedingt es, dass Ausnahmen vom Insiderhandelsverbot für das Management weiterhin ungebrochene Relevanz besitzen, soweit sie das Resultat rechtlich einwandfreier Vermeidungsstrategien sind. Zur Geltung derartiger Freiräume lohnt ein Blick in das bereits zum Verwendungsverbot bei dritten Erwerbern Ausgeführte. Zunächst erscheint auch an dieser Stelle die Differenzierung zwischen außerbörslichen und börslichen Erwerb tunlich, wobei entsprechend der oben festgestellten Relevanz dieser beiden Erwerbsmöglichkeiten der außerbörsliche Markt wiederum zuerst Beachtung erfahren soll.

a) Ausnahmen von der Einschlägigkeit des § 14 Abs. 1 im außerbörslichen Bereich

Es hat sich herausgestellt, dass dem externen Erwerber eine Vielzahl von Möglichkeiten offen steht, Konflikte mit dem Verwendungsverbot bei dem Paketerwerb über den außerbörslichen Markt zu vermeiden. Beim Management Buy-Out wird das erwerbende Management ein Interesse daran haben, eben eine solche Konstellation zu ergreifen. Ebenso wie dem Management per se nicht die Unterlassung einer due diligence oder die Installation von Chinese Walls weiterhilft, kann auch durch die Niederlegung eines festen Erwerbsentschlusses, von dem später nur beim Vorliegen einer eng definierten negativen Information abgewichen werden kann,[782] das Management nicht näher an das Ziel der Vermeidung von Konflikten mit dem Verwendungsverbot gelangen. Der Grund liegt in der Besonderheit, dass das Management bereits im Vorhinein von allen Insiderinformationen Kenntnis hat und daher der Erwerbsentschluss nie unter Ausklammerung von diesen Informationen gefasst werden kann.

In Betracht kommt jedoch weiterhin die Ausnahme aufgrund des Prinzips der „Waffengleichheit".[783] Dahinter verbirgt sich eine Ausnahme von der Einschlägigkeit des Verwendungsverbots für die Fälle, in denen die Vertragsparteien hinsichtlich der Insiderinformationen den gleichen Kenntnisstand vorweisen können. In derartigen Fällen droht keine Übervorteilung des gemeinen Anlegers, da nur dasjenige Ergebnis erzielt werden kann, welches auch bei öffentlicher Bekanntheit der Insiderinformationen Bestandteil des endgültigen Vertrages werden könnte. Der Unterschied zwischen alter und neuer Rechtslage besteht in

782 Zur näheren Ausgestaltung siehe Teil 2, B.IV)7)b)cc).

783 Ausführlich siehe Teil 2, B.IV)7)b)aa).

diesem Punkt nicht im Ergebnis, sondern im Anknüpfungspunkt: Während vormals das Merkmal des Ausnutzens, welches die Erzielung eines Sondervorteils voraussetzte, entscheidend war, führt nunmehr eine teleologische Reduktion zu diesem Ergebnis.[784] Neuralgischer Punkt ist in dieser Konstellation mithin nicht, inwieweit § 14 Abs. 1 Nr. 1 dem wirtschaftlich angestrebten Ergebnis entgegensteht, sondern vielmehr die Herstellung der –etwas martialisch klingenden – Waffengleichheit. Dies ist jedoch primär eine Frage der Befugnis der Weitergabe gem. § 14 Abs. 1 Nr. 2. Letztere Norm hat indes keine Veränderungen erfahren, so dass die diesbezüglich herausgebildete Ansicht unzweifelhaft fortzugelten hat. Richtigerweise wurde demnach bereits bislang die Weitergabe von Informationen an die Anteilseigner bei Verhandlungen zwischen dem Management und diesen Eignern grundsätzlich als befugt angesehen, wenn die allgemeinen Anforderungen an die Befugtheit der Weitergabe beachtet wurden.[785]

Die Umgehung insiderrechtlicher Probleme durch Veröffentlichung aller Insiderinformationen würde zwar über die angesprochene Waffengleichheit hinaus sogar die sog. Bereichsöffentlichkeit[786] herstellen, dürfte im absoluten Regelfall allerdings nach wie vor keine tragbare Alternative darstellen. Die unkritische und ungefilterte Veröffentlichung von Insiderinformationen könnte Wettbewerbsvorteile gegenüber Konkurrenten negieren[787] und ist daher nicht nur aufgrund wirtschaftlicher sondern auch aufgrund rechtlicher Aspekte, insbesondere im Hinblick auf die aktienrechtliche Verschwiegenheitsverpflichtung,[788] in aller Regel unzulässig. Die Aussage *Schäfers*, dass bei einer Entscheidung lediglich aufgrund öffentlich bekannter Informationen, die Abgabe des Übernahmeangebotes für das Management insiderrechtlich nicht zu beanstanden ist,[789] ist im Ergebnis eine Selbstverständlichkeit, allerdings ist aufgrund der vorhergehenden Ausführungen eine derartige Situation praktisch völlig undenkbar.

Bleibt zu fragen, inwieweit die Schutzmechansimen des WpÜG im Falle ihrer Einschlägigkeit nicht nur bei den Paketerwerben durch externe Erwerbsinteressenten, sondern auch beim Buy-Out durch das Management über die insiderrechtlichen Probleme hinweghelfen können. Grundsätzlich kann weiterhin ange-

---

784 Dazu wiederum Teil 2, B.IV)7)b)aa)(2)(b); speziell zum Management Buy-Out *Fürhoff* AG 1998, 83, 87.

785 *Fürhoff* AG 1998, 83, 87 f.; *Assmann/Cramer* in Assmann/Schneider, 3. Aufl., § 14 Rn 88g; Schwark/*Schwark* KMRK § 14 Rn 60; weiterhin in diesem Sinne *Assmann* in Assmann/Schneider, § 14 Rn 171.

786 Dazu Teil 2, A.III)1)c).

787 Ebenso bereits bisher *Fürhoff* AG 1998, 83, 87 f.; dazu auch *Adams* AG 1989, 333, 337, der zur Vermeidung unangemessener Vorteile durch das erwerbende Management eine generelle Veröffentlichung des Kaufangebots inklusive einer unabhängigen Bewertung desselben vorschlägt.

788 *Rhein*, Der Interessenkonflikt der Manager beim Management Buy-Out, S. 229.

789 *Schäfer* in Marsch-Barner/Schäfer, Hdb. börsennotierte AG, § 13 Rn 77.

bracht werden, dass der Informationsrückstand der Aktionäre der Zielgesellschaft durch die Vorkehrungen des Übernahmerechts zu ihrem Schutz neutralisiert wird.[790] Auf den ersten Blick dürfte es daher keine Erwägungen geben, die gegen eine unveränderte Fortgeltung dieser Ausnahme sprechen.[791] Allerdings könnten Bedenken vor dem Hintergrund von § 27 WpÜG, der eine Stellungnahme des Vorstands und Aufsichtsrats der Zielgesellschaft vorschreibt, entstehen, da nunmehr das Management eine Stellungnahme abgibt, gleichzeitig jedoch auch als Bieter tätig wird. Die Gefahr einer einseitigen Stellungnahme ist dann nicht von der Hand zu weisen. Für einen derartigen Fall der Interessenskollision sieht das Gesetz keine explizite Regelung vor, naheliegend könnte jedoch sein, dass man die übernahmerechtlichen Schutzmechansimen in derartigen Situationen nicht mehr als ausreichend erachten will, die insiderrechtlichen Normen zu überspielen. Der Gesetzgeber hat Regelungen für dieses Problem bislang nicht getroffen, so dass nicht unmittelbar ersichtlich ist, welche Lösung er sich vorstellen bzw. präferieren würde. Bislang kann den europäischen und deutschen Materialien lediglich entnommen werden, dass eine Ausnahme bei Einschlägigkeit übernahmerechtlicher Vorschriften iSd §§ 29 ff. WpÜG anzunehmen ist.[792] Ein derartiges Ergebnis erscheint trotz der Manipulationsgefahr durch das Management überdies aufgrund der diesem drohenden Haftung bei fehlerhaften Stellungnahmen durchhaltbar:[793] Neben der aktienrechtlichen Binnenhaftung aus § 93 Abs. 2 AktG, ggf. in Verbindung mit § 116 AktG, und heranzuziehenden prospekthaftungsrechtlichen Grundsätzen, dürfte insbesondere auch die zivilrechtliche Haftung gegenüber den Wertpapierinhabern aus § 823 Abs. 2 BGB aufgrund der dem § 27 WpÜG zuzusprechenden Schutzgesetzqualität, der gerade im Kontext eines fairen Verfahrensablaufs ganz wesentlich der Information und Meinungsbildung der Wertpapierinhaber dient, und u.U. der Schadensersatzanspruch aus § 826 BGB eine ausreichende Disziplinierungsfunktion des Managements hin zu rechtlich ordnungsgemäßen Stellungnahmen bewirken. Überdies besteht ein gewisser Schutz dadurch, dass gem. § 27 WpÜG beide Verwaltungsorgane Adressat der Pflicht zur Stellungnahme nach dieser Norm sind.

Festzuhalten bleibt, dass im außerbörslichen Bereich somit sowohl bei face-to-face Geschäften mit gleichem Kenntnisstand als auch bei Einschlägigkeit der

---

790 *Cahn* Der Konzern 2005, 5, 11; siehe auch *Fromm-Russenschuck/Banerjea* BB 2004, 2425, 2427.

791 Ebenso *Schäfer* in Schäfer/Hamann, 2. Aufl., § 14 Rn 86.

792 Siehe Teil 2, B.IV)7)b)bb).

793 Zu haftungsrechtlichen Anspruchsgrundlagen allgemein siehe Schwark/*Noack* KMRK § 27 WpÜG Rn 33 ff.; dazu auch mit Abweichung im Detail *Hirte* in Kölner Komm zum WpÜG § 27 Rn 27; *Röh* in Haarmann/Schüppen § 27 WpÜG Rn 82 ff.; Geibel/Süßmann/*Grobys/Schwennicke* § 27 WpÜG Rn 45 ff.; insbesondere zur Prospekthaftung MünchKommAktG/*Wackerbarth* § 27 WpÜG Rn 16.

übernahmerechtlichen Vorschriften gem. §§ 29 ff. WpÜG dem bietenden Management beim Buy-Out über insiderrechtliche Probleme hinweggeholfen werden.

b) Insiderrechtliche Gesichtspunkte beim Management Buy-Out über die Börse

Durchaus fraglich erscheint jedoch, ob dies auch im börslichen Bereich Geltung beanspruchen kann. Diesbezüglich gilt, dass die Anonymität der börslichen Märkte in aller Regel bereits die Befugnis zur Weitergabe von Insiderinformationen hindert, so dass für erwerbsinteressierte Personen Konflikte mit dem Verwendungsverbot grundsätzlich nicht in Betracht kommen.

Diese Erwägung kann für das Management Buy-Out indes nicht durchgreifen, da der Erwerbsinteressent in diesen Fällen das Management ist, welches bereits im Besitz von Insiderinformationen ist. Für die börsliche Abwicklung erleichtert dies die Rechtslage aber keineswegs. Das Grundproblem besteht nämlich darin, dass das Management Insiderinformationen in jedem Fall verwenden würde und dies nur verhindern kann, wenn eine der besagten Ausnahmen ergriffen wird. Ein fester Erwerbsentschluss hilft hier aufgrund der zeitlich bereits früher erlangten Insiderinformationen jedoch ebenfalls in keinem Fall und Waffengleichheit kann überdies aufgrund der bereits genannten Anonymität nicht hergestellt werden. Anders gewendet ist die Börse für die Fälle, in denen der gleiche Kenntnisstand hergestellt werden kann, entbehrlich. Diese Entbehrlichkeit greift auch für den Fall eines öffentlichen Übernahmeangebotes mit dem Ziel des Kontrollerwerbs ein, da hier die Mittlerfunktion nicht benötigt wird. Sollte die Anonymität mithin noch nicht aufgehoben worden sein und will das Management die Unternehmensanteile an der Börse erwerben wollen, existiert nur noch die Möglichkeit die Insiderinformationen zuvor zu veröffentlichen.[794] Dies dürfte aufgrund der oben angesprochenen Bedenken regelmäßig jedoch nicht möglich sein. Damit wird die börsliche Abwicklung eines Management Buy-Outs aber denkbar unwahrscheinlich.

3) Ergebnis

Festzuhalten bleibt, dass das Insiderrecht die möglichen Handlungsformen des Managements beim Buy-Out erheblich einschränkt. Die Tatsache, dass das Management per se im Besitz von Insiderinformationen ist, macht es nämlich undenkbar, präventive Maßnahmen zu ergreifen, die dies verhindern könnten. Grundsätzlich liegt damit mit jeder späteren Handlung ein Verwenden im Sinne des § 14 Abs. 1 Nr. 1 vor. Der Bereich denkbarer Ausnahmen beschränkt sich somit per se auf nachgelagerte Handlungsformen, die zur Vermeidung eines derartigen Verstoßes ergriffen werden können. Diese sind jedoch zu allem Übel

---

794 Ebenso bereits Schwark/*Schwark* KMRK § 14 Rn 60; *Fürhoff* AG 1998, 83, 88.

für das Management stark eingeschränkt. So ist es nur im außerbörslichen Bereich möglich bzw. sinnvoll, Waffengleichheit herzustellen oder ein öffentliches Übernahmeangebot mit dem Ziel des Kontrollerwerbs zu unterbreiten, so dass insiderrechtlich unbedenklich gehandelt werden kann. Die beiden letztgenannten Varianten sind im börslichen Bereich aufgrund der dortigen Anonymität jedoch keine denkbaren Lösungswege. Ähnlich der Situation bei einem externen Erwerber stellt sich auch für das Management die Abwicklung des Buy-Out außerhalb der Börse damit erheblich attraktiver als der börsliche Vollzug der Transaktion dar.

4) Das typische Management Buy-Out

Die abstrakte Darstellung der insiderrechtlichen Problematik gilt es nunmehr durch einen Blick auf die typischen Konstellationen beim Management Buy-Out zu komplettieren. Die Schärfe der insiderrechtlichen Probleme hängt schließlich entscheidend von der praktischen Relevanz ab. Zwei Anknüpfungspunkte könnten die theoretischen Aussagen relativieren: Zum einen ist der Anwendungsbereich des Insiderrechts, der nicht die Anteile jeder Aktiengesellschaft erfassen kann, in den Vordergrund zu rücken, zum anderen aber auch die regelmäßig gewählte Finanzierung des Management Buy-Outs.

a) Praktische Erwägungen vor dem Hintergrund der Organisationsstruktur der betroffenen Unternehmen

Ersterer Grund ist in dem Sinne zu verstehen, dass das Insiderhandelsverbot nicht jedweden Handel von Unternehmensanteilen erfasst. Auf den Wortlaut des § 12 verkürzt sind Insiderpapiere nur solche Finanzinstrumente mit Zulassung zum Handel an einer inländischen Börse, darüber hinaus jedoch auch diejenigen, die in den geregelten Markt oder Freiverkehr einbezogen sind; weiterhin solche Finanzinstrumente mit Zulassung zum Handel an einem organisierten Markt in einem Mitgliedstaat der Europäischen Union oder einem anderen Vertragsstaat des Abkommens über den Europäischen Wirtschaftsraum inklusive aller Finanzinstrumente, deren Preis unmittelbar oder mittelbar von den bisher genannten Finanzinstrumenten abhängt.[795] In einer Vielzahl der Fälle, in denen das Management den Buy-Out vollzieht, werden die Anteile des jeweiligen Unternehmens jedoch nicht entsprechend handelbar sein. Schließlich sind oftmals gerade mittelständische, geschlossene Unternehmen betroffen, bei denen Nachfolgeprobleme auf Seiten der Eigner das Buy-Out zugunsten fachkundiger Führungskräf-

795 Zum Begriff des Insiderpapiers siehe Teil 2, A.II).

te als attraktive Gestaltungsmöglichkeit darstellen lassen.[796] Insiderrechtliche Probleme sind bei diesen geschlossenen Gesellschaften per se nicht möglich.

b) Beweggründe des Management Buy-Outs und ihre Konsequenzen für das Insiderrecht bei börsennotierten Aktiengesellschaften

Die zuletzt getroffene Aussage schließt natürlich die Möglichkeit eines Management Buy-Outs bei börsennotierten Aktiengesellschaften, mithin bei solchen, die in den Anwendungsbereich der insiderrechtlichen Vorschriften kraft ihrer Organisation zu fallen vermögen, nicht aus. Wie auch bei geschlossenen Unternehmen dürften mannigfaltige Motive, wie beispielsweise der Wunsch der Manager zu mehr Selbstständigkeit und unternehmerischer Gestaltungsfreiheit Triebfeder für das Handeln sein, insbesondere wird aber kein Manager ohne Aussicht auf wirtschaftliche Vorteile ein derartiges Vorgehen anstreben.[797] Beim Management Buy-Out besteht nunmehr die Gefahr, dass gerade die letztgenannten wirtschaftlichen Vorteile durch die Verwendung von Insiderwissen gewonnen werden. Auf der anderen Seite ist die Motivation zu sehen, dass das Ziel unternehmerische Gestaltungsfreiheit durch Kontrollerlangung über die Zielgesellschaft bei Lösung etwaiger Nachfolgeprobleme ist. Dies setzt zwangsläufig voraus, dass eine vollständige oder eine derart umfangreiche Übernahme, bei der keine Sperrminoritäten bestehen, angestrebt wird. Damit sind die ganz überwiegenden Fälle jedoch solche, bei denen gerade auch die übernahmerechtlichen Schwellen überschritten werden, so dass auch der Schutz des Übernahmerechts zu greifen vermag. Insiderrechtlich bestehen jedoch bei Wahl des Weges über §§ 29 ff. WpÜG ebenso wie bei der Herstellung der Waffengleichheit zwischen den Vertragspartnern keine Bedenken hinsichtlich einer Transaktion. Typischerweise wird demnach ein Übernahmeangebot unterbreitet werden, zwingende Voraussetzung ist dies indes nicht.[798]

Schäfer geht davon aus, dass das Ziel eines Management Buy-Out regelmäßig die völlige Übernahme der Gesellschaft sein wird, also immer wenigstens ein Übernahmeangebot mit dem Ziel des Erreichens der für ein Squeeze-Out gem. §§ 327a ff. AktG maßgeblichen Grenze von 95 % der Aktien. Dies sei eine Notwendigkeit der regelmäßig bereits zwangsläufig gewählten Finanzierungs-

---

796 *Fleischer* AG 1996, 494, 498; *Picot* in Picot, Unternehmenskauf und Restrukturierung, S. 19; zum Befund der Betroffenheit kleinerer Unternehmen siehe auch *Adams* AG 1989, 333, 336; *Schäfer* in Marsch-Barner/Schäfer, Hdb. börsennotierte AG, § 13 Rn 73.

797 Zum Schaden und Nutzen von Management Buy-Outs ausführlich bereits *Adams* AG 1989, 333, 336 f.; siehe auch *Fürhoff* AG 1998, 83, 86.

798 So aber *Schäfer* in Marsch-Barner/Schäfer, Hdb. börsennotierte AG, § 13 Rn 74, der *Fürhoff* AG 1998, 83, 86 ff. und *Assmann/Cramer* in Assmann/Schneider, 3. Aufl., § 14 Rn 88g vorhält, diese Notwendigkeit zu übersehen.

maßnahme „Leveraged Buy-Out", bei der die Aktiva der Gesellschaft zur Finanzierung des Erwerbs der Anteile genutzt werden.[799]

c) Finanzierungsbedingte Besonderheiten des Leveraged-Buy-Out

In den Fokus ist überdies abschließend die typische Finanzierung der Management Buy-Outs zu nehmen. Gerade der Wert börsennotierter Unternehmen wird die Manager, die im Regelfall nicht über ausreichendes Eigenkapital verfügen dürften, dazu zwingen, fremdes Kapital von Investoren oder Kreditgebern zur Finanzierung aufzunehmen,[800] wobei die Absicherung der Erwerbsfinanzierung dann typischerweise durch das Vermögen der zu erwerbenden Gesellschaft erfolgt, sog. „Leveraged-Buy-Out".[801] Für die Verzinsung und die Tilgung des Kaufpreises muss anschließend auf die liquiden Mittel der übernommenen Gesellschaft zurückgegriffen werden, was die Erhöhung des Verschuldungsgrades der Zielgesellschaft zur Folge hat.[802] Der Name dieser Finanzierungstechnik hat seine Ursprünge in dem englischen Begriff „lever" (dt.: Hebel), mit dem die Hebelwirkung des Fremdkapitaleinsatzes zum Ausdruck gebracht wird.[803] Die betriebswirtschaftlichen Hintergründe,[804] insbesondere die ökonomische Sinnhaftigkeit dieses Vorgehens, sollen und dürfen in der vorliegenden Arbeit ausgeklammert bleiben, da nicht diese, sondern ausschließlich die aufgezeigten Besonderheiten dieser Finanzierungsform Erkenntnisgewinn versprechen.

Inwieweit die genannten Ausnahmen vom Insiderhandelsverbot nämlich überhaupt Einschlägigkeit beanspruchen, hängt schließlich entscheidend davon ab, inwieweit der „Leveraged-Buy-Out" überhaupt mit sonstigen Vorschriften des Gesetzes in Einklang zu bringen ist. Aktienrechtlich ist dies vor dem Hintergrund des § 57 Abs. 1 S. 1 AktG und des § 71a Abs. 1 S. 1 AktG überaus fragwürdig. Während insbesondere letztere Norm vor einem Jahrzehnt noch als „ter-

---

799 Dazu wiederum *Schäfer* in Marsch-Barner/Schäfer, Hdb. börsennotierte AG, § 13 Rn 74.

800 *Picot* in Picot, Unternehmenskauf und Restrukturierung, S. 19; *Fleischer* AG 1996, 494, 498.

801 Wiederum *Picot* in Picot, Unternehmenskauf und Restrukturierung, S. 19; *Becker* DStR 1998, 1429, 1429 f.; *Adams* AG 1989, 333, 336; *Lutter/Wahlers* AG 1989, 1, 1 ff.; *Fleischer* AG 1996, 494, 494; MünchKommAktG/*Oechsler* § 71a Rn 2; siehe auch *Ganter* in Bankrechts-Handbuch § 90 Rn 383; *Kußmaul/Pfirmann/Tcherveniachki* DB 2005, 2533, 2533 ff.; *Steinbeck* WM 1999, 885, 885 f.

802 *Fleischer* AG 1996, 494, 497; *Becker* DStR 1998, 1429, 1429.

803 Dies ist in der Betriebswirtschaftslehre als sog. „Leverage-Effekt" bekannt, siehe dazu nur *Schierenbeck*, Grundzüge der Betriebswirtschaftslehre, S. 65 ff.; *Gerke*, Börsenlexikon, S. 507.

804 Insbesondere zu der sog. „Leverage-Chance" *Perridon/Steiner*, Finanzwirtschaft der Unternehmung, S. 445; vgl. bereits *Engels* in Handwörterbuch der Finanzwirtschaft, 1976 zum Stichwort „Leverage-Effekt".

ra incognita“ bezeichnet wurde,[805] kann nunmehr festgestellt werden, dass Fälle des hier in Rede stehenden Leveraged-Buy-Out die regelmäßige Einschlägigkeit beider Vorschriften begründen.[806] Dies begründet sich darin, dass durch § 57 AktG als zentraler aktienrechtlicher Vorschrift zur Wahrung des Grundsatzes der Kapitalerhaltung[807] jede Leistung aus dem Vermögen der Aktiengesellschaft, die an einen Aktionär erbracht wird – mit Ausnahme der ordnungsgemäßen Ausschüttung des Bilanzgewinns, bei Vorliegen einer speziellen gesetzlichen Regelung oder bei Zustandekommen unter drittgleichen Bedingungen – erfasst wird.[808] Darunter fällt bereits die Bestellung von Sicherheiten, da die Aktiengesellschaft hier das Risiko der Insolvenz zugunsten eines Aktionärs übernimmt, was sie sich im Falle der Betroffenheit eines Dritten regelmäßig nicht aufbürden würde.[809] Dies erfasst auch die im Falle des Leveraged-Buy-Out praktizierte Absicherung, so dass bereits § 57 Abs. 1 S. 1 AktG der Zulässigkeit aus aktienrechtlicher Sicht entgegensteht.[810] Überdies ist die rechtliche Unbedenklichkeit des Leveraged-Buy-Out aufgrund der Norm des § 71a Abs. 1 S. 1 AktG fraglich.[811] Zwar bestanden anfänglich insbesondere aufgrund des Wortlauts „zum Zwecke des Erwerbs“ Unsicherheiten bezüglich der zeitlichen Geltung, doch wird nunmehr zweifellos ein weites Normverständnis zur bestmöglichen Erreichung des durch § 71a AktG intendierten Vermögensschutzes zugrundegelegt und somit auch eine Finanzierung nach Erwerb erfasst.[812] Weiterhin hat der Gesetzgeber mit § 71d S. 4 AktG deutlich die „Umgehungsfestigkeit“ des § 71a AktG zum Ausdruck gebracht. Damit wird die dem Leveraged-Buy-Out typische zeitliche Abfolge der Finanzierung, bei der zunächst von den Käufern ungesicherte Schuldscheine und erst nach dem Abschluss des förmlichen Erwerbs

805 So namentlich *Fleischer* AG 1996, 494, 494.

806 Siehe vor allem *Becker* DStR 1998, 1429, 1430 ff.; *Fleischer* AG 1996, 494 ff.

807 MünchKommAktG/*Bayer* § 57 Rn 1; *Henze* in GroßkommAktG § 57 Rn 4.

808 MünchKommAktG/*Bayer* § 57 Rn 7; *Hüffer* § 57 AktG Rn 2; *Henze* in GroßkommAktG § 57 Rn 9; *Lutter* in Kölner Komm zum AktG § 57 Rn 5; *Wiesner* in MünchHdbAG § 16 Rn 1, 42; BGH Urt. v. 26.3.1984 – II ZR 171/83 Z 90, 381, 386 f.; OLG Frankfurt am Main Urt. v. 30.11.1995 – 6 U 192/91 AG 1996, 324, 325.

809 MünchKommAktG/*Bayer* § 57 Rn 84; *Henze* in GroßkommAktG § 57 Rn 51; *Lutter/Wahlers* AG 1989, 1, 9; *Bayer* in FS Lutter, 2000, S. 1011, 1025 f.; *Schön* ZHR 159 (1995), 351, 369 f.; *Bastuck* WM 2000, 1091, 1097; siehe auch OLG Hamburg Urt. v. 23.5.1980 – 11 U 117/79 AG 1980, 275, 278.

810 Im Ergebnis ebenso *Becker* DStR 1998, 1429, 1430 f., 1434;

811 *Becker* DStR 1998, 1429, 1430; *Fleischer* AG 1996, 494, 507; *Lutter/Wahlers* AG 1989, 1, 9; MünchKommAktG/*Oechsler* § 71a Rn 2, Rn 26 ff.

812 MünchKommAktG/*Oechsler* § 71a Rn 4, 27; *Fleischer* AG 1996, 494, 501; *Hüffer* § 71a AktG Rn 3; *Lutter* in Kölner Komm zum AktG § 71a Rn 6; *Lutter/Wahlers* AG 1989, 1, 9; a.A. hingegen *Otto* DB 1989, 1389, 1395.

die Gesellschaft zur Bestätigung, Bürgschaft oder Besicherung veranlasst wird,[813] zweifelsohne erfasst.

Die Einschlägigkeit dieser aktienrechtlichen Normen kann indes auch die Gestaltungsform des öffentlichen Übernahmeangebots mit dem Ziel des Kontrollerwerbs nicht hindern. Überdies kann die Übernahme der vollständigen Kontrolle und damit denkbarer legitimierender Beschlüsse der Hauptversammlung gerade die Einschlägigkeit der zwingenden und satzungsfesten Norm des § 57 AktG[814] nicht beiseite wischen.

Im Hinblick auf die Kapitalerhaltungsregeln ist jedoch festzustellen, dass ein mehrstufiges Erwerbsmodell, bei dem nach dem Anteilserwerb eine erwerbende Gesellschaft das erworbene Unternehmen auf sich verschmilzt, um dann die neu aufgenommenen Aktiva zur Besicherung der aus dem Erwerb entstandenen Verbindlichkeiten einzusetzen, als rechtlich unbedenklich einzustufen ist, da in Verschmelzungsfällen der durch das Umwandlungsgesetz gewährte Rechtsschutz, insbesondere die Prüfung der Verschmelzung nach § 9 UmwG mit einem Schwerpunkt bei der Frage der Angemessenheit des Umtauschverhältnisses sowie der im Falle der Mischverschmelzung mit seinem Barabfindungsrecht eingreifende § 29 UmwG,[815] als ausreichend erachtet wird.[816] Tatsächlich ist daher der Leveraged-Buy-Out mit den Vorschriften des Aktiengesetzes in Einklang zu bringen, so dass die finanzierungsbedingten Besonderheiten hinsichtlich der Gültigkeit der insiderrechtlichen Aussagen keine Veränderung bedingen.

d) Ergebnis

Die angestellten Überlegungen zur praktischen Einschlägigkeit von Management Buy-Outs offenbaren die geringe Relevanz der insiderrechtlichen Vorschriften für diese Transaktionen. Begründet ist dies vor allem in der Seltenheit der Börsennotierung der Zielgesellschaft. Daneben spielt der Wunsch nach weitgehender Kontrolle eine nicht unerhebliche Rolle, der dazu führt, dass in der Konsequenz die übernahmerechtlichen Schutzmechanismen eingreifen und das Insiderrecht insoweit entbehrlich wird. Finanzierungsbedingte Besonderheiten sind indes nur für die Einschlägigkeit der aktienrechtlichen Vorschriften nach § 57 AktG und § 71a AktG von Interesse, zwingen aber nicht zu einer insider-

---

813 Statt vieler hierzu *Becker* DStR 1998, 1429, 1430.

814 Dazu näher MünchKommAktG/*Bayer* § 57 Rn 4; *Henze* in GroßkommAktG § 57 Rn 6; *Lutter* in Kölner Komm zum AktG § 57 Rn 11 jeweils mwN.

815 Zu Einzelheiten *Kallmeyer* Umwandlungsgesetz § 9 Rn 12, 22; § 29 Rn 18 ff.; *Lutter*, Umwandlungsgesetz, Bd. I, § 9 Rn 10 ff.; § 29 Rn 17 ff.; siehe auch *Becker* DStR 1998, 1429, 1434.

816 *Becker* DStR 1998, 1429, 1433 f.; speziell im Hinblick auf § 71a Abs. 1 AktG *Fleischer* AG 1996, 494, 505; MünchKommAktG/*Oechsler* § 71a Rn 21;

rechtlichen Neubewertung der grundsätzlich zulässigen Gestaltungsformen des Management Buy-Outs.

X) Fazit

Die Übertragung des allgemein aufgefächerten neuen Insiderrechts auf die praktisch relevante Konstellation der M&A-Transaktionen konnte nochmals die Veränderungen verdeutlichen und gleichzeitig das zuvor bereits dargelegte Verständnis der wesentlichen Begrifflichkeiten bestätigen. So bereitet die Anwendung der veränderten Normen größtenteils keinerlei Schwierigkeiten.

Lediglich die Einschlägigkeit des Verwendens bereits bei Vorliegen von bloßer Kausalität zwischen der Erlangung einer Insiderinformation und dem späteren Handeln verkompliziert die Abwicklung von M&A-Geschäften erheblich. Das Kernproblem besteht darin, dass die bei M&A-Transaktionen übliche due diligence dem Erwerbsinteressenten Insiderinformationen offenbart, die in jedem Fall Eingang in die Handlungen des Erwerbsinteressenten finden, für sein Handeln mithin wenigstens mitursächlich sind. Zur Vermeidung der daraus resultierenden insiderrechtlichen Konsequenzen bieten sich – zunächst ohne Berücksichtigung von Nuancen – zwei Wege an. Entweder müssten Insiderinformationen per se gemieden werden oder es muss eine Vorgehensweise gewählt werden, bei der ein Durchgreifen des Insiderhandelsverbots in Ermangelung der Einschlägigkeit seines Schutzzweckes nicht vonnöten ist.

Die denkbar einfachste Gestaltung, um den sicheren erstgenannten Weg einzuschlagen, ist der vollständige Verzicht auf eine due diligence vor Erwerb von Beteiligungen unternehmerischer Art. Ein derartiges Vorgehen ist zwar in Ermangelung einer Pflicht zur due diligence möglich, jedoch wenig ratsam. Immerhin geht mit dem Verzicht auf Insiderinformationen auch derjenige auf sonstige relevante Informationen einher. Daher bietet sich die Installation einer externen Chinese Wall in der Form eines dritten Beraters an, der alle Insiderinformationen filtert und der erwerbsinteressierten Gesellschaft nur alle sonstigen Informationen zukommen lässt. Auf diesem Wege müsste der Erwerbsinteressent insbesondere nicht vollständig auf die wichtigen Informationen aus der due diligence verzichten und könnte anschließend dennoch die entsprechenden Papiere erwerben. Für den Fall, dass der Erwerbsinteressent hinsichtlich seines Vorhabens bereits sehr sicher ist und nur noch ein Restrisiko durch die due diligence ausscheiden möchte, ist überdies die Niederlegung des festen Erwerbsentschlusses mit einem engen Vorbehalt der Abstandnahme bei Vorliegen negativer Gründe vor der Durchführung der due diligence naheliegend. In diesen Fällen wären positive Informationen nicht kausal und die Abstandnahme bei Offenbarung von negativen Aspekten ist insiderrechtlich nicht missbilligt, da darin kein Erwerb und keine Veräußerung im Sinne der aktiven Vornahme von Geschäften zu sehen ist. Daneben kann die Einschlägigkeit des Insiderrechts gemieden werden, wenn die Abwicklung der Transaktion nicht mittels share deal vorgenommen wird, sondern ein asset deal gewählt wird. Dies ist im Falle der Organisation der Zielgesellschaft als Aktiengesellschaft allerdings erst nach präakquisitorischer Umstrukturierung möglich. Eine derartige Umgehung des Anwendungsbereichs des Insiderhandelsverbots wird indes per se nur selten der Fall sein. Lediglich für das Management Buy-Out, welches typischerweise bei kleineren und damit regelmäßig geschlossenen Gesellschaften vollzogen wird, dürfte diese Ausnahme von der Einschlägigkeit des Insiderrechts praktische Relevanz haben.

Weiterhin gibt es Gestaltungsformen, in denen das Insiderhandelsverbot des § 14 Abs. 1 Nr. 1 grundsätzlich einschlägig ist, sein Schutzzweck es aber nicht erfordert, die eigentliche Verwendung von Insiderinformationen zu sanktionieren. Dies ist zum einen der Fall, wenn der Weg über ein öffentliches Übernahmeangebot mit dem Ziel des Kontrollerwerbs gewählt wird, da in diesen Fällen die Schutzmechanismen des WpÜG eine Übervorteilung hindern. Zum anderen kommt ein Verstoß gegen § 14 Abs. 1 Nr. 1 nicht in Betracht, wenn zwischen den Vertragsparteien hinsichtlich des Insiderwissens der gleiche Kenntnisstand herrscht. Dann kann keine Partei einen zu missbilligenden Sondervorteil erzielen, da nur dasjenige Ergebnis ausgehandelt werden kann, welches auch bei öffentlicher Bekanntheit der Insiderinformation erreicht würde. Problematisch an den beiden letztgenannten Ausnahmen ist jedoch, dass sie für den Rechtsanwender nicht ohne weiteres, sondern erst nach ausführlicher Gesetzesauslegung ersichtlich sind. Man wird daher anmahnen müssen, dass der Gesetzgeber zur Schaffung von Rechtsklarheit tätig werden und wenigstens diese beiden Ausnahmen von der Einschlägigkeit des § 14 Abs. 1 Nr. 1 in der Norm des § 14 verankern sollte. Notwendig ist dies allerdings nicht, da auch die derzeitige Ausgestaltung des verschärften § 14 Abs. 1 Nr. 1 eine due diligence vor Durchführung einer M&A-Transaktion nicht hindert.

Die Tatsache, dass im Regelfall der Erwerbsinteressent von Insiderinformationen keine Kenntnis hat, streicht insbesondere die Bedeutung der Möglichkeit zur befugten Weitergabe heraus. Das Verständnis dieses Merkmals soll nach dem Willen des Gesetzgebers demjenigen von § 14 Abs. 1 Nr. 2 a.F. entsprechen. Vor diesem Hintergrund konnte aufgezeigt werden, dass Bestrebungen, die Befugtheit der Weitergabe bereits bei Vorliegen einer vertraglichen Verschwiegenheitspflicht zuzulassen, keineswegs überzeugen. Diese Ansicht konnte insbesondere dem präventiven Charakter der möglichst weitgehenden Einschränkung des Insiderkreises nicht gerecht werden. Aber auch die Verengung des § 14 Abs. 1 Nr. 1 auf das Verwenden hatte keine Auswirkungen auf das Weitergabeverbot nach § 14 Abs. 1 Nr. 2. Bislang getätigte Rückschlusse, die bei Nichtvorliegen des Ausnutzens auch eine Weitergabe als befugt ansahen, konnten bereits vor AnSVG nicht überzeugen, da sie die zeitlich logische Reihenfolge durcheinanderwarfen. Immerhin findet erst die Weitergabe von Insiderinformationen statt und danach kommt ein Ausnutzen bzw. nunmehr ein Verwenden in Betracht. Damit ist es jedoch erforderlich, dass die befugte Weitergabe selbstständig ausgelegt wird. Inwieweit anschließend ein rechtlich einwandfreier Weg beim Handeln mit diesen Insiderinformationen gewählt wird, muss unberücksichtigt bleiben.

Diese unveränderte Fortgeltung des § 14 Abs. 1 Nr. 2 hat für den M&A-Bereich eine indirekte Einschränkung der gegen § 14 Abs. 1 Nr. 1 verstoßenden Verhaltensweisen zur Folge, da ohne zuvor erfolgende Weitergabe von Informationen Erwerbsinteressenten oftmals nicht im Besitz solcher Informationen sein werden, außer sie sind beispielsweise im Aufsichtsrat der Zielgesellschaft vertreten. Ein Verstoß gegen das Verwendungsverbot wird daher grundsätzlich nicht bei börslichen Erwerben in Betracht zu ziehen sein, da aufgrund der Anonymität des börslichen Sektors die späteren Vertragsparteien noch nicht hinreichend konkretisiert sind und dadurch der Erwerbsentschluss noch nicht gefestigt niedergelegt werden kann, so dass Insiderinformationen befugt weitergegeben werden dürften. Daneben kommt eine Weitergabe per se nicht in den Fällen des Blockhandels in Betracht, da sich diese Transaktionen als reines Finanzinvestment darstellen und somit tiefgehende unternehmerische Einblicke in die Zielgesellschaft nicht befugt sind.

Die Auffächerung der befugten Weitergabe und des Verwendens lässt es im Ergebnis wahrscheinlich werden, dass bei angestrebten unternehmerischen Beteiligungen zunächst befugt Insiderinformationen weitergegeben werden und der dadurch hergestellte gleiche Kenntnisstand der Vertragsparteien auch ohne Veröffentlichung der Insiderinformationen nach § 15 Abs. 1 die Einschlägigkeit des Verwendungsverbots hindert. Die sonstigen Ausnahmen werden daher eher von untergeordneter Bedeutung bleiben. Allerdings gilt es zu beachten, dass ein umsichtiger Vorstand einer erwerbsinteressierten Gesellschaft dazu neigen könnte, dennoch einen externen Berater zur vollständigen Filterung von Insiderinformationen bei der due diligence einzusetzen. Auf diese Weise könnte nämlich sichergestellt werden, dass im Falle des Scheiterns der angestrebten Beteiligung, die bereits erworbenen Aktien auch weiterhin ohne etwaigen Verstoß gegen das Verwendungsverbot wieder veräußert werden können.

Festzuhalten bleibt somit, dass die Rechtsanwender sich gerade auch bei M&A-Transaktionen auf ein geändertes rechtliches Umfeld einstellen müssen, welches durch Einführung des Verwendens in § 14 Abs. 1 Nr. 1 verschärfte Anforderungen aufstellt. Letztendlich existieren aber auch weiterhin unterschiedliche Gestaltungsmöglichkeiten, die auf jeden Fall die Einschlägigkeit der insiderrechtlichen Verbote verhindern und gleichzeitig die Interessen der Protagonisten einer M&A-Transaktion wahren. Die durch das AnSVG neu eingeführten Restriktionen im Bereich des Insiderhandelsverbots werden daher keinesfalls zu einem

Kollabieren des überaus wichtigen M&A-Marktes führen, sondern nur zu einer Kanalisierung der anzutreffenden Verhaltensweisen in die genannten Bahnen.

Trotz einiger Schwächen, die das Insiderhandelsverbot nach § 14 Abs. 1 aufweist, kann festgestellt werden, dass es sich im Ganzen betrachtet jedenfalls für die spezifischen Konstellationen bei M&A-Transaktionen als praxistauglich erweist.

C. Aktienoptionsprogramme

I) Stock options[817] in der deutschen Rechtswirklichkeit

Vermehrt in den Fokus des rechtlichen Interesses sind in jüngerer Vergangenheit die im Hinblick auf ihre Auflegung und Gestaltung durch das KonTraG im Mai 1998 vereinfachten Aktienoptionsprogramme („stock option program") gerückt. Dies ist primär als Folge der Diskussion um die letztendlich vom Bundesgerichtshof negativ beschiedene Frage der Zulässigkeit derartiger erfolgsabhängiger Vergütungssysteme für Aufsichtsratsmitglieder anzusehen.[818] Erheblich weniger Beachtung haben hingegen die Koordinatenverschiebungen im Wertpapierhandelsgesetz, welche durch das AnSVG erfolgten, und die damit einhergehenden Auswirkungen auf Optionsprogramme gefunden.[819] Dies ist insbesondere vor dem Hintergrund verwunderlich, dass die insiderrechtliche Dimension der stock options trotz der Entscheidung des Bundesgerichtshofs, wodurch begünstigtes Organ letztlich nur der Vorstand ist, von ungebrochener Relevanz ist. Immerhin sind derartige Programme wenigstens in den DAX-Unternehmen zur Vergütung des Vorstands üblich.[820] Der Deutsche Corporate Governance Kodex empfiehlt in Ziffer 4.2.3 sogar explizit die Einführung variabler Vergütungskomponenten als Bestandteil der Gesamtvergütung von Vorstandsmitgliedern. Dem liegt der Gedanke zugrunde, die Leistung der Vorstandsmitglieder an dem Unternehmenserfolg messen zu wollen und überdies eine Anreizfunktion zu schaffen, welche die stärkere Beachtung des shareholder value zum Gegenstand

817 Der Begriff der „stock options" soll in der vorliegenden Bearbeitung nicht, wie es teilweise in der Literatur zu finden ist (namentlich Schwark/*Schwark* KMRK § 14 Rn 19), auf die Auflegung durch § 192 Abs. 2 Nr. 3 AktG reduziert werden, sondern einem weiteren Verständnis im Sinne von Aktienoptionen, gleich welcher Ausgestaltung, folgen (so auch Assmann AG 1997, 50, 58).

818 Zur maßgeblichen Gerichtsentscheidung siehe BGH Urt. v. 16.2.2004 – II ZR 316/02 DStR 2004, 652 = NZG 2004, 376 = BB 2004, 621 = DB 2004, 696 mit Anm. *Wiechers*; aus der Lit. dazu *Goette* DStR 2005, 561, 561 f.; *Habersack* ZGR 2004, 721; *Meyer/Ludwig* ZIP 2004, 940; *Vetter* AG 2004, 234; *Paefgen* WM 2004, 1169; *Peltzer* NZG 2004, 509.

819 Am Rande wird dies lediglich von *Grothaus* ZBB 2005, 62, 64 behandelt. Ausführlich hingegen nur *Klasen* AG 2006, 24.

820 So auch die Einschätzung von *Ringleb* in Ringleb/Kremer/Lutter/v.Werder Rn 717: „...wenn nicht gar in allen Gesellschaften..."; *Peltzer*, Deutsche Corporate Governance, Rn 102: „...seit ca. 1999 in fast allen DAX-Gesellschaften eingeführten Stock Options..."; siehe auch *Klasen* AG 2006, 24, 24, die darauf hinweist, dass trotz der in den letzten Jahren verstärkten Kritik vor allem in Großunternehmen weiterhin Optionsprogramme aufgelegt werden.

hat.[821] Aufgrund dieser Anreizfunktion spricht man auch von sog. Incentivierungsprogrammen.[822] In concreto wird bei den stock options dem Begünstigten die Kaufberechtigung eingeräumt, zu einem späteren Zeitpunkt Aktien der Gesellschaft zu kaufen, wobei der Ankaufspreis derart bemessen sein muss, dass der Begünstigte motiviert wird, auf eine Kurssteigerung der Aktien der Gesellschaft hinzuwirken, damit die Option „ins Geld kommt", d.h. dass während der Ausübungsperiode der Börsenkurs über dem Bezugskurs liegt, und so die Option mit Gewinn ausgeübt werden kann.[823]

Die These der ungebrochenen Relevanz derartiger Vergütungssysteme bestätigt sich insbesondere durch einen Blick in die Tagespresse, da jedenfalls die größten „Deals" wie beispielsweise diejenigen bei der Deutschen Börse auch in diesem Medium zur Kenntnis genommen werden.[824] Zudem spielt auch das vorliegend besonders interessierende Verbot des Insiderhandels mehr als nur eine theoretische Rolle bei Aktienoptionsprogrammen. Dies hat sich in jüngerer Vergangenheit beispielsweise im Fall des damaligen EADS-Chefs Noel Forgeard gezeigt, der unter dem Verdacht steht, beim Handel mit Aktienoptionen bereits von den Schwierigkeiten bei der Tochter Airbus im Hinblick auf die Auslieferung von Flugzeugen gewusst zu haben.[825] In diesem Fall trat die insiderrechtliche Problematik für Vorstandsmitglieder, die als Mitglied des Geschäftsführungsorgans regelmäßig über Insiderinformationen verfügen und denen überdies als sog. Primärinsider[826] die schärferen strafrechtlichen Sanktionen des § 38 Abs. 1 drohen, nahezu paradigmatisch zu Tage. Die entstehenden insiderrechtlichen Konflikte wurden vor einigen Jahren immerhin noch als derart groß eingestuft, dass sie eine Rolle bei der Entscheidung gegen die Einführung von Opti-

---

821 MünchKommAktG/*Hefermehl/Spindler* § 87 Rn 27; *Spindler* DStR 2004, 36, 41; *Klasen* AG 2006, 24, 24, 30; allgemein auch Ziffer 4.2.3 Deutscher Corporate Governance Kodex in der Fassung der Bekanntmachung vom 24.7.2006; dazu *Peltzer*, Deutsche Corporate Governance, Rn 84 f., 117 ff.; *Ringleb* in Ringleb/Kremer/Lutter/v.Werder Rn 717 ff.; ausführlich zur Motivationslage bei der Auflegung von Aktienoptionsplänen *Jäger* DStR 1999, 28, 28.

822 *Feddersen/Pohl* AG 2001, 26, 26; *Kessler/Babel* in Kessler/Sauter, Hdb. Stock Options, Rn 86.

823 *Peltzer*, Deutsche Corporate Governance, Rn 133; siehe auch *Kessler/Babel* in Kessler/Sauter, Hdb. Stock Options, Rn 86; *Sautner/Weber* BB 2005, 2735, 2735.

824 Handelsblatt vom 30.5.2005, S. 17.

825 Siehe u.a. Handelsblatt vom 16./17./18.6.2006, S. 1, 2.

826 Zur Eigenschaft des Primärinsiders siehe bereits vor den Änderungen durch das AnSVG *Fürhoff* AG 1998, 83, 84; MünchKommAktG/*Hefermehl/Spindler* § 87 Rn 37; *Assmann/Cramer* in Assmann/Schneider, 3. Aufl., § 14 Rn 88h; Schwark/*Schwark* KMRK § 14 Rn 19; siehe auch *Baums* in FS Claussen, 1997, S. 3, 45; *Schaefer* NZG 1999, 531, 534; *Schneider* ZIP 1996, 1769, 1775; *von Rosen/Helm* AG 1996, 434, 439.

onsprogrammen spielten.[827] Durch die veränderten Vorzeichen im Bereich des Insiderrechts als Resultat des AnSVG besteht die Gefahr des Wiederauflebens dieser Konflikte, da aus der Sicht der Unternehmen mit den Veränderungen einhergehende Unsicherheiten und Unklarheiten verstärkt worden sein dürften. Dies gilt es en detail zu untersuchen. Dabei soll das Augenmerk auch auf Vermeidungsstrategien gelegt werden, die bereits den für Unternehmen und Vorstand schädigenden Verdacht des Insiderhandels abzuwenden helfen.

II) Aktienoptionsprogramme für Vorstandsmitglieder aus insiderrechtlicher Sicht

1) Einleitung

Zur sachgerechten Erfassung und Bewertung der mit Aktienoptionsprogrammen einhergehenden insiderrechtlichen Veränderungen und Problemstellungen bietet sich nach Umgrenzung der Formen der Umsetzung von Optionsprogrammen eine Betrachtung anhand der einzelnen Stufen, die typischerweise durchlaufen werden, an. Zu unterscheiden sind die Einführung eines Aktienoptionsprogrammes, die Beschaffung und Unterlegung der Optionen, die vertragliche Vereinbarung über deren Gewährung, ihre Zuteilung, die Ausübung der Optionen und die abschließende Veräußerung der Aktien. Diese chronologische Vorgehensweise entspricht im Großen und Ganzen der bislang in der Literatur vorzufindenden Methode zur Erfassung der insiderrechtlichen Dimension der Mitarbeiteroptionsprogramme, was überdies den wünschenswerten Nebeneffekt der guten Vergleichbarkeit der Ergebnisse vor und nach AnSVG zur Folge hat. Ehe jedoch die bislang vertretenen Ansichten nachzuzeichnen sind, um sich im entscheidenden Schritt der heutigen Rechtslage zuwenden zu können, bedarf es aufgrund der inzwischen mannigfaltigen Möglichkeiten zur Umsetzung von Aktienoptionsprogrammen zunächst der Auffächerung der in Frage stehenden Formen.

2) Formen der Umsetzung von Aktienoptionsprogrammen

a) Echte versus virtuelle Eigenkapitalinstrumente und die Reichweite der Geltung des Insiderrechts

Eine erste Weichenstellung für die Beantwortung der Frage, in welchen Formen die Umsetzung von Aktienoptionsprogrammen in Deutschland praktiziert wird und welche Auswirkungen dies für die insiderrechtliche Problematik hat, gibt die Abgrenzung zwischen den sog. echten und virtuellen Eigenkapitalinstrumen-

---

827 Siehe DAI-Studie „Aktienoptionspläne für Führungskräfte in Deutschland", 1.5.1998, S. 15, abrufbar unter www.dai.de (13.12.2005).

ten vor.[828] Diese Differenzierung lässt zwar die konkrete Ausgestaltung des Optionsprogrammes zunächst außer Acht, jedoch ist sie bei den Kapitalmaßnahmen im Aktiengesetz in allgemeiner Art und Weise wenigstens indirekt verankert, wenn die dortigen Vorschriften ausschließlich die echten Eigenkapitalinstrumente aufgreifen. Zu diesen verschiedenen Arten von Kapitalmaßnahmen der Aktiengesellschaft zählen die Fälle der Kapitalerhöhung, unabhängig, ob insoweit eine reguläre gem. §§ 182 ff. AktG, bedingte gem. §§ 192 ff. AktG oder der Weg über das genehmigte Kapital gem. §§ 202 ff. AktG gewählt wird, sowie der Rückerwerb eigener Aktien gem. §§ 71 ff. AktG. Charakteristikum der Nutzung echter Eigenkapitalinstrumente zur Bedienung von Aktienoptionsprogrammen ist, dass letzteres Programm damit unmittelbar auf die Kapitalstruktur des Unternehmens Auswirkungen hat.[829]

Virtuelle Eigenkapitalinstrumente weisen hingegen einen völlig anderen Ansatzpunkt auf, sind jedoch gleichfalls für ein variables Vergütungssystem mit langfristiger Anreizwirkung geeignet und rechtlich zulässig.[830] Kreiert werden regelmäßig sog. Stock Appreciation Rights (SAR) oder Phantom Stocks, die sich zwar ebenfalls an die Unternehmensentwicklung anlehnen, jedoch lediglich schuldrechtliche Nachbildungen von Optionsrechten bzw. Aktien darstellen.[831] Charakteristikum dieser virtuellen Eigenkapitalinstrumente ist die bare Abgeltung der Begünstigten an der Unternehmenswertsteigerung im Gegensatz zur Einräumung einer Kaptialbeteiligung bei den bereits genannten echten Kapitalinstrumenten, so dass bei virtuellen Instrumenten auch die gesellschaftsrechtlichen Beteiligungsverhältnisse unverändert bleiben.[832] Ohne die Besonderheiten dieser virtuellen Systeme weiter vertiefen zu wollen und zu müssen, ist für den insiderrechtlichen Blickwinkel der entscheidende Punkt bereits gefallen, wenn herausgestellt wurde, dass diese Programme ausschließlich mittels Barzahlung ohne jeglichen Handel in Aktien bedient werden. Damit wird jedoch zu keinem

---

828 Übersichtlich zu dieser Differenzierung im Kontext der Stock Options *Kessler/Babel* in Kessler/Sauter, Hdb. Stock Options, S. 39, Tabelle 10.

829 Statt vieler *Feddersen/Pohl* AG 2001, 26, 27.

830 Zu „virtuellen Aktienoptionsprogrammen" ausführlich MünchKommAktG/*Fuchs* § 192 Rn 85; *Feddersen/Pohl* AG 2001, 26, 28; *Feddersen* ZHR 161 (1997), 269, 285 f.; *Suchan/Baumunk* in Kessler/Sauter, Hdb. Stock Options, Rn 680 ff.; *Kessler/Suchan* ibid. Rn 777 ff.; MünchKommAktG/*Hefermehl/Spindler* § 87 Rn 36; *Martens* in FS Ulmer, 2003, S. 399, 402 ff.; siehe auch *Merkt/Göthel,* US-amerikanisches Gesellschaftsrecht, Rn 623; *Baums* in FS Claussen, 1997, S. 3, 6; *König,* Aktienbasierte Vergütungssysteme, S. 40.

831 Statt vieler wiederum *Feddersen/Pohl* AG 2001, 26, 28; MünchKommAktG/*Fuchs* § 192 Rn 85.

832 *Suchan/Baumunk* in Kessler/Sauter, Hdb. Stock Options, Rn 680; *Schmidbauer* DStR 2000, 1487, 1487; *Friedrichsen,* Aktienoptionsprogramme für Führungskräfte, S. 14; siehe auch MünchKommAktG/*Hefermehl/Spindler* § 87 Rn 36; MünchKommAktG/*Fuchs* § 192 Rn 85 f.

Zeitpunkt ein Insiderpapier im Sinne von § 12 S. 1 gehandelt. Sowohl die im Recht vor AnSVG erforderlichen Wertpapiere im Sinne von § 12 Abs. 1 a.F. iVm § 2 Abs. 1 a.F. als auch die nunmehr zur Eröffnung des Anwendungsbereichs des Insiderhandelsverbots nötigen Finanzinstrumente liegen bei rein virtuellen Programmen nämlich nicht vor. Zu Recht klammert mithin auch die BaFin die Phantom Stocks und SAR weiterhin aus dem Kreis der Insiderpapiere aus.[833]

Mangels eines bestehenden Konflikts im Rahmen virtueller Aktienoptionsprogramme sind daher im Verlauf der Arbeit ausschließlich die realen Programme unter dem Blickwinkel des AnSVG zu betrachten.

b) Ausgestaltungsformen von Aktienoptionsprogrammen

Die Betrachtung der insiderrechtlichen Problemstellungen soll jedoch nicht ohne einen Blick auf die üblichen Formen von Aktienoptionsprogrammen begonnen werden. Schließlich kann die konkret gewählte Ausgestaltungsform Einfluss auf den Untersuchungsgegenstand haben. Daher ist es notwendig, kurz die einschlägigen Begrifflichkeiten zu klären. Diese werden im Laufe der Ausarbeitung an entsprechender Stelle aufzugreifen sein.

Die Möglichkeit zur Begebung reiner Aktienoptionen (naked warrents) eröffnete sich für die Unternehmen erst mit dem KonTraG im Jahre 1998 und ergibt sich insbesondere aus der mit diesem Gesetz eingeführten Vorschrift des § 192 Abs. 2 Nr. 3 AktG zur bedingten Kapitalerhöhung.[834] Ein etwaig denkbarer Rückschluss, dass nackte Optionen lediglich durch eine bedingte Kapitalerhöhung unterlegt werden können, müsste jedoch wie bereits die durch das KonTraG ebenfalls eingeführte Vorschrift des § 71 Abs. 1 Nr. 8 AktG, die lediglich den Rückerwerb eigener Aktien zum Zwecke des Handels mit diesen verbietet,[835] zeigt, als verfehlt angesehen werden.[836] Technisch präzise werden bei reinen oder „nackten“ Aktienoptionen bzw. bei den „Bezugsrechten“ in der Terminologie des Aktiengesetzes nach § 192 Abs. 2 Nr. 3 selbstständige, nicht mit einer Schuldverschreibung verbundene Optionsscheine auf den Bezug einer bestimm-

---

833 Emittentenleitfaden der BaFin vom 15.7.2005, S. 18; zuvor bereits *Dietborn* in Kessler/Sauter, Hdb. Stock Options, Rn 847; *Casper* WM 1999, 363, 369; *Feddersen* ZHR 161 (1997), 269, 285.

834 *Jäger* DStR 1999, 28, 30; *Esterer/Härteis* DB 1999, 2073, 2073; MünchKommAktG/*Fuchs* § 192 Rn 62 ff.; *Hüffer* § 192 AktG Rn 16; *Frey* in GroßkommAktG § 192 Rn 6, 93 ff.

835 Dazu BT-Drucks. 13/9712, S. 13.

836 Siehe *Kessler/Babel* in Kessler/Sauter, Hdb. Stock Options, S. 39 Tabelle 10.

ten Anzahl von Aktien zu einem zukünftigen Zeitpunkt und innerhalb einer vorgegebenen Ausübungsfrist ausgegeben.[837]

Aktienoptionsprogramme konnten und können trotz der rechtlichen Anerkennung der reinen Aktienoptionen weiterhin im Rahmen einer Wandelanleihe (convertible bonds) installiert werden. Tatsächlich ist diese Möglichkeit in der Praxis rückläufig, sie wird aber zu einem Teil weiterhin praktiziert.[838] Die restriktive Heranziehung der Wandelanleihe resultiert vor allem aus ihrer „Kompliziertheit" und dem empfundenen „rechtlichen Aufwand und der geringen Transparenz" der zu fassenden Beschlüsse.[839] Dies ist auf die Doppelnatur der Wandelanleihe zurückzuführen, die neben dem Gläubigerrecht auch auf den Mitgliedschaftserwerb ausgerichtet ist.[840] In concreto hat der Gläubiger einer Wandelanleihe, zu deren Begründung das Vorstandsmitglied als Gläubiger zunächst in Vorleistung treten muss, das Recht, statt Rückzahlung des Darlehens eine bestimmte Zahl von Aktien zu verlangen, so dass nach vollzogenem Umtausch die Gläubigerstellung erlischt, nunmehr der ehemalige Gläubiger aber Aktionär ist.[841]

Die für Aktienoptionsprogramme ebenfalls taugliche Optionsanleihe (warrent bonds) weist eine ähnliche Doppelnatur wie die Wandelanleihe auf, jedoch sind die beiden Teile rechtlich in einem größeren Maße verselbstständigt. Zunächst ist eine solche Anleihe nämlich eine Obligation, die ein Recht auf Rückzahlung und Verzinsung gewährt, zusätzlich aber das Bezugsrecht des Gläubigers verbrieft.[842] Die Unabhängigkeit dieser Teile offenbart sich in der Möglichkeit, das Bezugs- bzw. Optionsrecht in einem eigenen Optionsschein zu verbriefen, der dann gesondert übertragbar ist.[843]

---

837 *Feddersen/Pohl* AG 2001, 26, 27; MünchKommAktG/*Fuchs* § 192 Rn 38; *Fuchs* AG 1995, 433, 433 f.; *Lutter* in Kölner Komm zum AktG § 221 Rn 185; *Zitzewitz,* Stock Options, S. 80; zu „naked warrents" als Mittel der Kapitalbeschaffung siehe ausführlich *Schlitt/Löschner* BKR 2002, 150.

838 Nach *Feddersen/Pohl* AG 2001, 26, 28 wurde im Jahr 2000 dieser Weg nur in 21 % der untersuchten Fälle eingeschlagen; nicht ersichtlich ist daher, worauf *Assmann* in Assmann/Schneider, § 14 Rn 174 die Annahme stützen, Aktienoptionen würden typischerweise als Wandel- oder Optionsanleihen aufgelegt.

839 So namentlich die Ausführungen in BR-Drucks. 872/97 (KonTraG) vom 7.11.1997, S. 61.

840 *Hueck/Windbichler,* Gesellschaftsrecht, § 29 Rn 6; *K.Schmidt,* Gesellschaftsrecht, S. 779; *Eisenhardt,* Gesellschaftsrecht, S. 290.

841 *Hueck/Windbichler,* Gesellschaftsrecht, § 29 Rn 7; *Feddersen/Pohl* AG 2001, 26, 27; *Lutter* in Kölner Komm zum AktG § 221 Rn 92; siehe auch *Kübler/Assmann,* Gesellschaftsrecht, S. 244.

842 *Hueck/Windbichler,* Gesellschaftsrecht, § 29 Rn 7; *Feddersen/Pohl* AG 2001, 26, 27.

843 *K.Schmidt,* Gesellschaftsrecht, S. 779; *Hueck/Windbichler,* Gesellschaftsrecht, § 29 Rn 7; *Grunewald,* Gesellschaftsrecht, S. 302.

3) Chronologie eines Aktienoptionsprogrammes unter insiderrechtlicher Betrachtung

a) Einführung des Aktienoptionsprogrammes

Die Ebene der Einführung des Aktienoptionsprogrammes, also der Begebungsplan mitsamt den hierfür nötigen Entscheidungen der verschiedenen Gremien, beschwor nach bislang getroffener Einschätzung unzweifelhaft keine Konfliktsituation mit dem Insiderhandelsverbot herauf.[844] Dies konnte insiderrechtlich anhand verschiedener Anknüpfungspunkte begründet werden. Zunächst können die Aufstellung des Plans inklusive der entsprechenden Beschlussfassungen mangels eines relevanten Erwerbs- oder Veräußerungsvorgangs kein Insiderhandelsverbot begründen.[845] Überdies konnte das Insiderhandelsverbot nach § 14 a.F. in diesem frühen Stadium nicht eingreifen, da es seines Bezugspunktes entbehrte: Für die Einschlägigkeit war schließlich das Vorliegen eines Insiderpapiers nach § 12 Abs. 1 S. 1 Nr. 1 a.F. nötig, das nur Wertpapiere umfasste, die an einer inländischen Börse zum Handel zugelassen oder in den geregelten Markt oder in den Freiverkehr einbezogen sind; eben dies ist bei den Optionsrechten im Zeitpunkt der Beschlussfassung über die Einführung eines Aktienoptionsprogrammes noch nicht erfüllt.[846] Ohne die Besonderheiten des sogleich näher aufzunehmenden Fadens „Insiderpapier" vorwegnehmen zu müssen, kann auf der Stufe der Einführung eines Aktienoptionsprogrammes nach wie vor AnSVG keine insiderrechtlich relevante Transaktion gesehen werden, so dass jedenfalls diesbezüglich Veränderungen nicht eingetreten sind.[847]

b) Schaffung bzw. Beschaffung und Unterlegung der Optionen von Unternehmensseite

Neben der Aufstellung des Plans mitsamt der Beschlussfassung ist von Unternehmensseite zudem die eigentliche Schaffung bzw. Beschaffung der Optionen

---

844 *Fürhoff* AG 1998, 83, 84; *Assmann/Cramer* in Assmann/Schneider, 3. Aufl., § 14 Rn 88i; Schwark/*Schwark* KMRK § 14 Rn 19; *Dietborn* in Kessler/Sauter, Hdb. Stock Options Rn 827 ff.; *Zitzewitz,* Stock Options, S. 238 ff.

845 *Dietborn* in Kessler/Sauter, Hdb. Stock Options Rn 828; *Fürhoff* AG 1998, 83, 84; *Lotze,* Die insiderrechtliche Beurteilung von Aktienoptionsplänen, S. 30.

846 *Dietborn* in Kessler/Sauter, Hdb. Stock Options Rn 828; *Fürhoff* AG 1998, 83, 84; *Casper* WM 1999, 363, 364; *Assmann/Cramer* in Assmann/Schneider, 3. Aufl., § 14 Rn 88i; *Friederichsen,* Aktienoptionsprogramme für Führungskräfte, S. 246 f.; Schwark/*Schwark* KMRK § 14 Rn 19; *Spenner,* Aktienoptionen als Bestandteil der Vergütung von Vorstandsmitgliedern, S. 227.

847 Im Ergebnis ebenso Emittentenleitfaden der BaFin vom 15.7.2005, S. 30 sowie *Assmann* in Assmann/Schneider, § 14 Rn 174.

und ihre Unterlegung mit Aktien zu bewerkstelligen. Auch diese Vorgänge können für die handelnden Personen möglicherweise einen Widerstreit mit dem Insiderhandelsverbot bedeuten, insbesondere aufgrund dessen, dass unter Umständen die nunmehr entfaltete Tätigkeit als Erwerbs- oder Veräußerungsvorgang anzusehen sein wird.

aa) Schaffung neuer bzw. Beschaffung existierender Optionen

Zunächst ist zu beachten, dass sich verschiedene Vorgehensweisen anbieten, um die nötigen Optionen für das Aktienoptionsprogramm aufzubringen. Zum einen können diese neu geschaffen werden. Dies hatte bislang zur Folge, dass die Optionen bis zur Zuteilung an die Vorstandsmitglieder und möglicherweise auch darüber hinaus mangels börslicher Zulassung oder Einführung in den Freiverkehr nicht als Insiderpapiere iSv § 12 Abs. 1 S. 1 Nr. 1 a.F. anzusehen waren.[848] Allerdings konnten auch bereits existierende, fremde Optionen zur Bedienung des Aktienoptionsprogrammes beschafft werden, die bei entsprechender Zulassung zum börslichen Handel als Insiderpapiere zu qualifizieren waren und somit der Regelung des Insiderhandelsverbots unterfallen konnten.[849] In Betracht kamen nach bisherigem Recht dafür zwei Ansatzpunkte, nämlich einmal die quasi direkte Qualifikation als Insiderpapier über § 12 Abs. 1 S. 1 Nr. 1 a.F. und somit auch den Wertpapierbegriff des § 2 Abs. 1 Nr. 1 a.F. oder zum anderen diejenige über § 12 Abs. 2 Nr. 1 a.F. als Derivate bei Beachtung des zusätzlichen Erfordernisses der Börsennotierung der in Bezug genommenen Aktien. Bei den im Zuge der Installation von Aktienoptionsprogrammen geschaffenen Optionsrechten war regelmäßig bereits die Einschlägigkeit des § 12 Abs. 1 a.F. anzunehmen, handelte es sich doch um Wertpapiere im Sinne von § 2 Abs. 1 Nr. 1 a.F., die bei Zulassung zum börslichen Handel im Sinne von § 12 Abs. 1 S. 1 Nr. 1, 2 a.F. oder bei Einbeziehung in den Freiverkehr Insiderpapierqualität erlangten.[850] Der Rückgriff auf § 12 Abs. 2 a.F. und den darin aufgeführten Derivaten war somit im Falle der Optionen nicht nötig. Für die Frage der Einschlägigkeit des Insiderhandelsverbots war der Weg, über den die Qualifikation des Insiderpapiers erfolgte, jedoch nicht entscheidend. Als ganz maßgeblicher Punkt stellte

848 *Assmann/Cramer* in Assmann/Schneider, 3. Aufl., § 14 Rn 88i; *Casper* WM 1999, 363, 364; *Feddersen* ZHR 161 (1997), 269, 288 f.; *Fürhoff* AG 1998, 83, 84; *Assmann* AG 1997, 50, 58; MünchKommAktG/*Oechsler* § 71 Rn 229; *Zitzewitz,* Stock Options, S. 240; im Ergebnis ebenso *Schneider* ZIP 1996, 1769, 1775.

849 *Assmann/Cramer* in Assmann/Schneider, 3. Aufl., § 14 Rn 88j; *Dietborn* in Kessler/Sauter, Hdb. Stock Options, Rn 828; Schwark/*Schwark* KMRK § 14 Rn 20, § 12 Rn 9; *Casper* WM 1999, 363, 364.

850 Dazu *Assmann/Cramer* in Assmann/Schneider, 3. Aufl., § 14 Rn 6a; Schwark/*Schwark* KMRK § 12 Rn 9; zum Insiderpapier als solchem auch *Kümpel* Bank- und Kapitalmarktrecht Rn 16.74; *Hopt* in Bankrechts-Handbuch § 107 Rn 29.

sich vielmehr heraus, wann von einem Ausnutzen gesprochen werden konnte. Leitlinie war diesbezüglich, dass bei der Beschaffung dieser Optionen vor AnSVG nicht die Gefahr bestand, sich mit § 14 a.F. in Widerspruch zu setzen, da lediglich der zuvor gefasste Plan vollzogen und nicht unter Ausnutzung von Insiderwissen gehandelt wurde.[851] Ein derartiges Verständnis konnte zurückgehend auf die Regierungsbegründung zum Zweiten Finanzmarktförderungsgesetz, die in der Umsetzung einer eigenen unternehmerischen Entscheidung als solche kein Ausnutzen von Insiderwissen sah, sofern nicht die Entscheidung durch anderweitig erlangtes Insiderwissen beeinflusst wurde, als unstreitig angesehen werden.[852]

Beide bei der Beschaffung der Optionen für das handelnde Unternehmen zur Vermeidung insiderrechtlicher Verstöße maßgeblichen Korrektive, zum einen das Insiderpapier und zum anderen die nach § 14 Abs. 1 Nr. 1 untersagte Handlung, haben mit dem AnSVG erhebliche Veränderungen erfahren. Zwar werden auch weiterhin die börsenzugelassenen Optionen vom Anwendungsbereich des § 12 S. 1 Nr. 1, 2 erfasst, jedoch stellt § 12 S. 1 Nr. 3 dadurch, dass nunmehr auch diejenigen Finanzinstrumente in den Anwendungsbereich der Norm fallen, deren Preis unmittelbar oder mittelbar von Finanzinstrumenten nach § 12 S. 1 Nr. 1 oder Nr. 2 abhängt, eine nicht unerhebliche Erweiterung dar. Diese Veränderung hat letztendlich die Einbeziehung von Optionen unabhängig von der Börsennotierung oder Einbeziehung in den Freiverkehr zur Folge hat. Sie sind nunmehr in jedem Fall über die Norm des § 2 Abs. 2b als Finanzinstrumente zu qualifzieren, unabhängig davon, ob dies über den Begriff des Wertpapiers gem. § 2 Abs. 1, des Derivates im Sinne von § 2 Abs. 2 oder über die in § 2 Abs. 2b genannten Rechte auf Zeichnung von Wertpapieren geschieht. Die Zwecksetzung der letztendlich entscheidenden Veränderung des § 12 Abs. 1 Nr. 3 erschließt sich aus den europarechtlichen Grundlagen dieser Norm. Art. 9 S. 2 MMR soll nach Vorstellung des Richtliniengebers größtmöglichen Schutz für börsengehandelte Papiere vor Marktmanipulation und Insiderhandel schaffen und dies vor allem auch im Hinblick auf Geschäfte, die nicht unmittelbar auf den üblichen Märkten stattfinden, aber Auswirkungen auf die börsengehandelten

851 Schwark/*Schwark* KMRK § 14 Rn 20, Rn 16; *Dietborn* in Kessler/Sauter, Hdb. Stock Options, Rn 828; *Assmann/Cramer* in Assmann/Schneider, 3. Aufl., § 14 Rn 88j; im Ergebnis ebenso *Assmann* AG 1997, 50, 58; *Lotze,* Die insiderrechtliche Beurteilung von Aktienoptionsplänen, S. 51.

852 BT-Drucks. 12/6679, S. 47; *Assmann/Cramer* in Assmann/Schneider, 3. Aufl., § 14 Rn 27a; *Zitzewitz,* Stock Options, S. 242 f.; *Cahn* ZHR 162 (1998), 1, 18 f.; *Caspari* ZGR 1994, 530, 542; vorsichtiger bei der Heranziehung dessen hingegen *Fürhoff* AG 1998, 83, 84.

Finanzinstrumente aus § 12 S. 1 Nr. 1, 2 haben.[853] Durch die beschriebene partielle Einbeziehung des außerbörslichen Handels wird eine Strafbarkeitslücke geschlossen, die bereits zur Rechtslage vor AnSVG Gegenstand der Kontroverse vor deutschen Gerichten war. Im konkreten Fall waren die Handelnden, die unter Ausnutzung ihrer Kenntnis von negativen Insidertatsachen Optionen auf den Erwerb von Aktien veräußert hatten, in Ermangelung des Vorliegens eines Insiderpapiers vom Vorwurf des Verstoßes gegen das Insiderhandelsverbot nach altem Recht freizusprechen.[854] Auch konnte im betreffenden Fall der Verkauf von Optionen auf Aktien nicht als Veräußerungsgeschäft bezüglich dieser Aktien angesehen werden, da dies nur möglich ist, wenn der Vertrag derart sicher ausgestaltet ist, dass dessen Durchführung nur noch im Willen des Insiders steht.[855]

Für die Installation von Optionsprogrammen durch Unternehmen haben die Veränderungen des AnSVG zur Folge, dass die an Vorstände auszugebenden Optionsrechte oder –scheine auf Aktien der Gesellschaft eine breitere Reibungsfläche mit dem Verbot des Insiderhandels aufweisen, da neben den Fällen, in denen sie bereits an einer Börse gehandelt werden, sogar die mittelbare Preisabhängigkeit in Bezug auf bereits börsengehandelte oder in den Freiverkehr einbezogene Aktien als ausreichend anzusehen ist.[856] Insiderrechtlich per se irrelevant sind damit nur diejenigen Fälle, in denen eine Option noch erst geschaffen werden muss und/oder das Finanzinstrument, auf das sich die Option bezieht, noch nicht existiert.[857]

Trotz dieser Erweiterung darf nicht übersehen werden, dass die Beschaffung existierender Optionen durch das Unternehmen, welches diese ausgeben möchte, nicht per se unter die insiderrechtlichen Normen fallen kann. Immerhin ist die Beschaffung lediglich die unmittelbare Konsequenz aus der Beschlussfassung zur Einführung eines Aktienoptionsprogrammes, so dass das eine ohne das andere gar nicht denkbar ist. Zu Recht wurde infolge dessen bereits bislang ein Verstoß gegen das Insiderhandelsverbot mangels Ausnutzens verneint. Nunmehr könnte vor dem Hintergrund der Zuwendung des Gesetzes zum Verwenden in § 14 Abs. 1 Nr. 1 die Beibehaltung dieser Wertung ins Wanken geraten sein. Der Blick in die Erwägungsgründe der Marktmissbrauchsrichtlinie, insbesondere Erwägungsgrund 30 MMR, hat jedoch, wie bereits an anderer Stelle ausführlich dargelegt wurde, die insiderrechtliche Irrelevanz des Erwerbsentschlusses als

853 Siehe dazu Begründung der Kommission KOM/2001/281/FINAL vom 30.5.2001, S. 9 f.; abrufbar unter http://europa.eu.int/eur-lex/lex/LexUriServ/site/de/com/2001/com2001_0281de01.pdf.

854 OLG Karlsruhe Beschl. vom 4.2.2004 – 3 Ws 195/03 NZG 2004, 377.

855 Wiederum OLG Karlsruhe Beschl. vom 4.2.2004 – 3 Ws 195/03 NZG 2004, 377.

856 Siehe auch Emittentenleitfaden der BaFin vom 15.7.2005, S. 17.

857 Ebenso *Assmann* in Assmann/Schneider, § 14 Rn 174.

Insiderinformation für denjenigen, der diesen Entschluss fasst, gezeigt.[858] In der Beschaffung der Optionen ist somit nur die Ausführung des vorangegangenen Beschlusses, nicht jedoch ein Verwenden im Sinne des § 14 Abs. 1 Nr. 1 zu sehen, so dass sich in dieser Hinsicht der ein Aktienoptionsprogramm auflegende Emittent auf veränderte Anforderungen nicht einzustellen braucht.

Allerdings wird der Emittent penibel Sorge dafür tragen müssen, dass nicht sonstige Insiderinformationen bei der Beschaffung existierender Optionen im Besitz der handelnden Personen sind, da ansonsten ein Verwenden schwerlich verneint werden kann. Bei lebensnaher Betrachtung ist nämlich davon auszugehen, dass die Kenntnis von Insiderinformationen immer auch die Handlungsweise wenigstens mitursächlich beeinflussen wird.

bb) Die Optionsunterlegung als insiderrechtlich relevantes Verhalten

(1) Leitlinien der europäischen MMR und des deutschen WpHG

Noch stärker in den Fokus der insiderrechtlichen Überlegungen ist überdies das Insiderpapier „Aktie" zu rücken, da die Optionen entsprechend mit Aktien unterlegt werden müssen. Grundsätzlich kommen dabei für die Unterlegung mittels echter Eigenkapitalinstrumente die oben bereits erwähnten Gestaltungsmodelle in Betracht: Zum einen können Aktien aus einer Kapitalerhöhung zur Deckung der Bezugsrechte dienen, zum anderen ist aber auch der Rückerwerb eigener Aktien denkbar.[859] Im Falle der Kapitalerhöhung wird regelmäßig eine bedingte nach §§ 192 ff. AktG gewählt werden. Im Gegensatz zur unflexiblen regulären Kapitalerhöhung nach §§ 182 ff. AktG, die trotz der Ungewissheit über die tatsächliche Ausübung der Optionen durch die Begünstigten auf einen bestimmten Betrag lauten muss,[860] und der unpraktikablen Lösung über das genehmigte Kapital gem. §§ 202 ff. AktG, bei der insbesondere die fünfjährige Ermächtigungsfrist eine Einengung des Gestaltungsspielraums darstellt,[861] wird die bedingte Kapitalerhöhung schließlich der Ungewissheit über den tatsächlichen Umfang der Ausübung der Bezugsrechte gerecht.[862] Gerade diese Ungewissheit hat je-

858 Ausführlich Teil 2, B.VII)1).

859 Ausführlich statt vieler *Zitzewitz,* Stock Options, S. 75 ff.

860 *Baums* FS Claussen 1997, S. 3, 34; *Kau/Leverenz* BB 1998, 2269, 2273; *Zitzewitz,* Stock Options, S. 76; *Wiedemann* in GroßkommAktG § 182 Rn 55; *König,* Aktienbasierte Vergütungssysteme, S. 109; siehe auch *Portner* DStR 1997, 786, 786.

861 Im Einzelnen hierzu *Zitzewitz,* Stock Options, S. 77; *Hüffer* ZHR 161 (1997), 214, 221; *Portner* DStR 1997, 786, 787; *Schaefer* NZG 1999, 531, 534; ausführlich zur Frist *Hirte* in GroßkommAktG § 202 Rn 142 ff.

862 *Hueck/Windbichler,* Gesellschaftsrecht, § 29 Rn 18; *Zitzewitz,* Stock Options, S. 77; *König,* Aktienbasierte Vergütungssysteme, S. 107 f.; zur „bedarfsabhängigen Kapitalbe-

doch zur Folge, dass eine Tätigkeit auf dem Aktienmarkt noch nicht zu verzeichnen sein wird, sondern es bei den entsprechenden Beschlüssen zunächst sein Bewenden hat. Ein ähnliches Vorgehen wird auch im Rahmen des Rückerwerbs eigener Aktien vollzogen werden, immerhin sind hier nach § 71 Abs. 1 Nr. 8 AktG Beschlüsse möglich, die noch in 18 Monaten zum Erwerb ermächtigen. Es ist davon auszugehen, dass sich diese Zeitspanne in Zukunft noch erheblich verlängern wird, da der Vorschlag der Kommission zur Änderung der Zweiten gesellschaftsrechtlichen Richtlinie 77/91/EWG vom 13.12.1976 die Frist des Art. 19 Abs. 1 auf fünf Jahre anheben will.[863] Aus den Ermächtigungsbeschlüssen resultieren damit zunächst keinerlei für das Insiderhandelsverbot relevante Transaktionen.

Letztendlich ist dies aber keine Lösung des denkbaren juristischen Konflikts mit dem Verbot des Insiderhandels, sondern nur eine zeitliche Verschiebung. Spätestens im Zeitpunkt der Ausübung der Aktienoptionen durch den Berechtigten müssen die jeweiligen Aktien zur Verfügung stehen. Insiderrechtlich ist einzig das Vorgehen über den Rückkauf bereits zum Handel zugelassener Aktien durch die Verantwortlichen des Unternehmens problematisch. Die Auflösung insiderrechtlicher Bedenken in Bezug auf diese Vorgehensweise zur Optionsunterlegung konnte bislang jedoch beim Merkmal des Ausnutzens verortet werden, welches - zurückgehend auf die Regierungsbegründung zum Zweiten Finanzmarktförderungsgesetz - nicht bei der Umsetzung einer eigenen unternehmerischen Entscheidung, sofern nicht die Entscheidung durch anderweitig erlangtes Insiderwissen beeinflusst ist, vorliegen sollte.[864] Eben eine solche Situation konnte im Falle des Rückerwerbs eigener Aktien – ebenso wie beim bereits erwähnten Erwerb fremder Optionen – zur Bedienung eines zuvor ausgestalteten und beschlossenen Aktienoptionsprogrammes angenommen werden, so dass die Einschlägigkeit von § 14 Abs. 1 Nr. 1 a.F. verneint werden musste. Im Übrigen hatte die Insidertatsache „Rückerwerb eigener Aktien“ selbst bereits aus dem Grunde als Anknüpfungspunkt für das Insiderhandelsverbot auszuscheiden, da die Ausübung der Ermächtigung nach § 71 Abs. 1 Nr. 8 als mit der Eignung zur Kursbeeinflussung ausgestattete Tatsache gem. § 15 a.F. zu veröffentlichen

---

schaffung“ über die bedingte Kapitalerhöhung siehe *Winneke,* Schuldrechtliche Vereinbarungen über Kapitalbeschaffungsmaßnahmen in GmbH und AG, S. 201 ff.

863 Vorläufiger Text für eine Richtlinie des Europäischen Parlaments und des Rates zur Änderung der Richtlinie 77/91/EWG des Rates in Bezug auf die Gründung von Aktiengesellschaften und die Erhaltung und Änderung ihres Kapitals vom 13.7.2006, 2004/0256 (COD); noch zum Kommissionsvorschlag siehe *Oechsler* ZHR 170 (2006), 72, 79 ff.

864 BT-Drucks. 12/6679, S. 47; *Assmann/Cramer* in Assmann/Schneider, 3. Aufl., § 14 Rn 27a; *Zitzewitz,* Stock Options, S. 242 f.; vorsichtiger bei der Heranziehung dessen hingegen *Fürhoff* AG 1998, 83, 84;

war,[865] so dass der für die Aktienoptionen nötige Beschaffungsvorgang nicht in Konflikt mit dem Insiderhandelsverbot in der Ausgestaltung vor AnSVG trat.

Da die entscheidende Wertung, wie Art. 2 Abs. 3 MMR und Erwägungsgrund 30 MMR zeigen, bei der Umsetzung zuvor getroffener Entscheidungen auch weiterhin fortgilt,[866] hat sich an den insiderrechtlichen Problemen im Hinblick auf die Insiderinformation „Rückerwerb eigener Aktien" auch für die Unterlegung der Optionen keine Veränderung eingestellt. Die Kenntnis sonstiger Insiderinformationen wird die Einschlägigkeit des § 14 Abs. 1 Nr. 1 hingegen regelmäßig begründen. Aus diesem Grund bietet es sich an, gegenüber einer Bank oder sonstigen Dritten eine rechtlich verbindliche Verpflichtung zum Erwerb einzugehen. Sollte zum Zeitpunkt dieser Verpflichtung keine Insiderinformation vorgelegen haben, schaden später eintretende Insiderinformationen dem Emittenten keinesfalls; Konflikte bei der beauftragten Person sind hierdurch indes nicht ausgeschlossen.[867]

(2) Verdichtung der Materie durch die Ausnahme-VO

Verkompliziert wird die Rechtsfindung bei der Frage der Einschlägigkeit des Insiderhandelsverbots durch die Ausnahme-VO[868]. Durch Erlass dieser Verordnung wurde die in Art. 8 MMR eingeräumte Möglichkeit der Schaffung eines Safe Harbor für Rückkaufprogramme und Kursstabilisierungsmaßnahmen genutzt.[869] Die dortigen Aspekte sind mithin auch für die vorliegende Konstellation der Optionsunterlegung zu berücksichtigen, soweit letztere durch den Rückkauf eigener Aktien vollzogen werden soll.

Die in der Ausnahme-VO niedergelegten Konstellationen, in denen die Einschlägigkeit der Vorschriften der MMR suspendiert ist, kommen gem. Art. 3 Ausnahme-VO „einzig und allein" in Betracht, um das Kapital des Emittenten herabzusetzen, dem Emitteten die Möglichkeit zur Erfüllung von Verpflichtungen aus Schuldtiteln, die in Beteiligungskapital umgewandelt werden können, zu geben oder den Verpflichtungen aus Belegschaftsaktienoptionsprogrammen und anderen Formen der Zuteilung von Aktien an Mitarbeiter des Emittenten oder

865 MünchKommAktG/*Oechsler* § 71 Rn 293; *Kraft/Altvater* NZG 1998, 448, 450 f.; *v.Rosen/Helm* AG 1996, 434, 440.; *Schockenhoff/Wagner* AG 1999, 548, 556.

866 Siehe Teil 2, B.VII)1).

867 Siehe Emittentenleitfaden der BaFin vom 15.7.2005, S. 30.

868 Verordnung 2273/2003 der Kommission vom 22.12.2003 zur Durchführung der Richtlinie 2003/6/EG des Europäischen Parlaments und des Rates – Ausnahmeregelungen für Rückkaufprogramme und Kursstabilisierungsmaßnahmen; entsprechend der oben eingeführten Begrifflichkeit aufgrund besserer Lesbarkeit in der vorliegenden Arbeit nur „Ausnahme-VO" genannt.

869 Ausführlich zu Charakter und Inhalt dieses Safe Harbor bereits oben Teil 2, A.VII).

seiner Tochtergesellschaft nachzukommen.[870] Im Rahmen der insiderrechtlichen Betrachtung der Aktienoptionsprogramme sind die beiden letzteren Zwecke ausschließlich interessant, da die zweite Ausnahme Wandel- oder Optionsanleihen erfasst, während die dritte für die naked warrents bedeutsam erscheint.[871] Auf den ersten Blick hat der europäische Gesetzgeber somit eine weite Ausnahme von der Einschlägigkeit des Insiderhandelsverbots für den Rückerwerb eigener Aktien zur Bedienung von Optionsprogrammen geschaffen.

Fraglich ist allerdings, ob die Ausnahme-VO tatsächlich die gewünschte Klarheit für die vorliegende Konstellation herstellen kann. Zunächst ist entsprechend der obigen Ausführungen in das Gedächtnis zu rufen, dass die Ausnahme-VO als Gesamtgebilde für den Rechtsanwender bereits wenig hilfreich erscheint, da ihre tatsächliche Notwendigkeit nicht aufgezeigt werden konnte. Die in der Verordnung aufgenommenen Konstellationen konnten allesamt bereits durch richtlinienkonformes Verständnis des Verwendens aus dem Anwendungsbereich des Insiderhandelsverbots ausgeschieden werden. Die dennoch getroffene Regelung wird man nur mit der Absicht der europäischen Institutionen erklären können, für den Rechtsanwender durch einen Safe Harbor größtmögliche Klarheit bezüglich des Anwendungsbereichs der grundsätzlich bestehenden Verbote schaffen zu wollen. Allerdings kann der Safe Harbor diese Funktion lediglich auf dem Papier erfüllen.[872] Doch nicht nur die Frage der grundsätzlichen Notwendigkeit der Ausnahme-VO, sondern auch der erheblich eingeschränkte Anwendungsbereich war Ansatzpunkt für (insoweit berechtigte) Kritik.[873] Dieser Befund wird bei genauerer Betrachtung der für stock options relevanten Passagen der Ausnahme-VO gestützt. So werden alle Wandel- oder Optionsanleihen unabhängig von der begünstigten Person erfasst, da in Art. 3 a) Ausnahme-VO die Zwecksetzung zur Bedienung von Schuldtiteln, die in Beteiligungskapital umgewandelt werden können, anerkannt ist. Hinsichtlich der sog. naked warrents stellt sich die Situation hingegen derart dar, dass diese für Vorstandsmitglieder bereits durch die Eingrenzung auf der Ebene der Zwecksetzung nicht vom Safe Harbor als unbedenklich eingestuft werden. Dies resultiert daraus, dass Art. 3 b) Ausnahme-VO nur von der Belegschaft bzw. Mitarbeitern spricht. Die Gründe für eine derartige Einschränkung liegen weitestgehend im Dunkeln, sind aber wiederum in dem Streben nach Klarheit zu vermuten, so dass nur die vollkommen unproblematischen Fälle ausgeklammert werden sollten[874]. Die zur Erreichung größtmöglicher Klarheit eingesetzten Maßnahmen sind bisweilen jedoch eher

---

870 Ausführlich dazu Teil 2, A.VII)2)b)bb).

871 *Singhof/Weber* AG 2005, 549, 555.

872 Ausführlich Teil 2, A.VII)3).

873 Siehe *Singhof/Weber* AG 2005, 549, 555.

874 *Singhof/Weber* AG 2005, 549, 555; CESR Market Abuse Consultation, Feedback Statement (CESR/02-287b), Ziffer 121, abrufbar unter www.cesr-eu.org (13.12.2005).

kontraproduktiv, was an der eben aufgezeigten Differenzierung verdeutlicht werden konnte.

Der Erkenntnisgewinn der Verordnung ist durch den aufgeführten Punkt letztendlich zusätzlich herabgesetzt. Es gilt daher weiterhin, dass die Ausnahme-VO in ihrer derzeitigen Ausgestaltung als Safe Harbor nicht überzeugen kann, da der Rechtsanwender eine weitere Rechtsquelle zu ergründen hat, die nur Fälle erfasst, die bei stringenter Anwendung der entsprechenden Voraussetzungen des § 14 Abs. 1 überhaupt nicht in dessen Verbotsbereich fallen. Auch für die vorliegend interessierenden Aktienoptionsprogramme verkompliziert die Ausnahme-VO nur die Rechtslage.

Die Fragwürdigkeit des Sinns des derzeitigen Wortlauts der Ausnahme-VO führt überdies bereits derart weit, dass in der Literatur entgegen deren Wortlaut in Art. 3 b) Ausnahme-VO – und somit letztendlich nicht überzeugend – die Öffnung für den von § 71 Abs. 1 Nr. 8 S. 5 AktG iVm § 193 Abs. 2 Nr. 4 AktG erfassten Personenkreis, mithin auch für Vorstandsmitglieder, vertreten wird.[875] Insbesondere diese von *Singhof/Weber* praktizierte Heranziehung der aktienrechtlichen Normen kann für die Frage einer erweiternden Auslegung der europarechtlichen Ausnahme-VO per se nicht durchdringen, so dass sich trotz Widersprüchlichkeit die Ausnahme-VO „beim Wort nehmen“ lassen muss.

Im Ergebnis kann somit nach der hier vertretenen Auffassung auf die Ausnahme-VO im Rahmen der Aktienoptionsprogramme verzichtet werden. Dies hat zur Folge, dass entsprechend des aus MMR und WpHG bereits gefilterten Verständnisses des Verbots aus § 14 Abs. 1 die Optionsunterlegung durch Rückkauf eigener Aktien im Hinblick auf die Insiderinformation „Aktienoptionsprogramm“ nicht relevant wird, bei Einfluss sonstiger Insiderinformationen allerdings rechtliche Probleme entstehen können. Der verwirrende Safe Harbor stützt dieses Ergebnis wenigstens mittelbar, da er verdeutlicht, dass es Gestaltungsmöglichkeiten geben muss, in denen die Optionsunterlegung keinen Verstoß gegen das Insiderhandelsverbot darstellt.

c) Vertragliche Vereinbarung über die Gewährung von Optionen

aa) Die Filterfunktion insiderrechtlicher Merkmale im bisherigen Recht

Die Zuteilung der Optionen an den Begünstigten setzt eine vertragliche Vereinbarung mit diesem zu den im Aktienoptionsprogramm vorgesehenen Bedingungen voraus, die bereits im Anstellungsvertrag niedergelegt sein kann.[876]

---

875 *Singhof/Weber* AG 2005, 549, 555; *Geber/zur Megede* BB 2005, 1861, 1865.

876 *Dietborn* in Kessler/Sauter, Hdb. Stock Options, Rn 830; zur vertraglichen Vereinbarung siehe auch *Klasen* AG 2006, 24, 28.

Für die Fragestellung, inwieweit dieser Vorgang mit dem Insiderhandelsverbot in Konflikt treten kann, konnte bislang auf die Filterfunktion des Merkmals Insiderpapier rekurriert werden, so dass eine Vielzahl denkbarer insiderrechtlicher Konflikte per se ausscheiden musste; namentlich war dies bei Vereinbarungen, in denen die Optionen sich auf noch zu emittierende junge Aktien beziehen, der Fall.[877]

Verkompliziert hat sich diese Situation jedoch, wenn Optionen gewährt wurden, die im Wege des Rückkaufs eigener Aktien, mithin von Insiderpapieren, bedient werden sollten. Maßgeblich war demnach die Frage, ob die vertragliche Vereinbarung, also der Erwerb eines schuldrechtlichen Anspruchs auf die Gewährung von Optionen bereits als Erwerb im Sinne des § 14 a.F. qualifiziert werden konnte. In diesem Rahmen entwickelten sich zwei diametral verlaufende Argumentationsstränge. Zum einen wurde es als nötig erachtet, dass für einen Erwerb im Sinne von § 14 a.F. eine sachenrechtliche Übertragung erfolgte, mithin die rein schuldrechtliche Vereinbarung keinerlei Auswirkungen auf die Zentralnorm des Insiderhandelsverbots zeitigen konnte.[878] Diese Ansicht greift im Kern in diesen Konstellationen auf das Trennungs und Abstraktionsprinzip der deutschen Rechtsordnung zurück. Vor diesem Hintergrund erfuhr sie von der überwiegenden Literatur und Rechtsprechung viel Kritik, da diese Stimmen insbesondere den europarechtlichen Ursprung mitsamt der hieraus resultierenden richtlinienkonformen Auslegung der Norm in den Vordergrund rückten.[879] Ausgangspunkt der gegenteiligen Ansicht ist demnach, dass das Trennungs- und Abstraktionsprinzip in Europa als Exot einzuordnen ist. Dies hat zur Folge, dass für den Erwerb im Sinne des § 14 a.F. nicht der vollzogene Wechsel der Verfügungsbefugnis als maßgeblich anzusehen ist, sondern als erforderlich und darüber hinaus auch ausreichend bereits eine Vertragsgestaltung gelten muss, bei der der Anspruch so sicher ist, dass es – bezogen auf das Aktienoptionsprogramm – ausschließlich vom Willen des Begünstigten als Insider und nicht von demjenigen des gewährenden Unternehmens abhängt, ob er die Option ausübt oder nicht, wobei objektive Bedingungen unschädlich für diese Einordnung

877 *Dietborn* in Kessler/Sauter, Hdb. Stock Options, Rn 830; *Casper* WM 1999, 363, 364 f.; *Friedrichsen,* Aktienoptionsprogramme für Führungskräfte, S. 248; im Ergebnis ebenso, allerdings die Ebene der Vereinbarung und diejenige der Zuteilung vermischend *Fürhoff* AG 1998, 83, 84.

878 *Casper* WM 1999, 363, 364; *Irmen* in BuB, Rn 7/722; *Hartmann,* Juristische und ökonomische Regelungsprobleme des Insiderhandels, S. 231; siehe überdies *Assmann* AG 1997, 50, 58.

879 *Dietborn* in Kessler/Sauter, Hdb. Stock Options, Rn 831; *Friedrichsen,* Aktienoptionsprogramme für Führungskräfte, S. 251 f.; *Assmann/Cramer* in Assmann/Schneider, 3. Aufl., § 14 Rn 6; *Kümpel* Bank- und Kapitalmarktrecht, Rn 16.159 f.; siehe auch *Schneider* ZIP 1996, 1769, 1774 f.; dies unterstellend *Fürhoff* AG 1998, 83, 84 mit Fn. 16; OLG Karlsruhe Beschl. vom 4.2.2004 – 3 Ws 195/03 NZG 2004, 377, 379.

sind.[880] Die Weiterveräußerung dieser Optionen durch den Insider war hingegen nach Ansicht der Rechtsprechung nicht als insiderrechtlich relevantes Geschäft anzusehen, wenn ein Insider das Nichtinsiderpapier „Option“ veräußerte und das aus der Option resultierende, börsengehandelte Recht nicht im Belieben des Insiders stand, sondern in demjenigen des Erwerbers als Nichtinsider.[881] Im Ergebnis konnte der Abschluss schuldrechtlicher Vereinbarungen bei Vorliegen der genannten Voraussetzungen daher ausnahmsweise als Erwerb iSd § 14 a.F. angesehen werden.

Allerdings scheiterte ein insiderrechtlicher Verstoß sogar nach der weiteren Konzeption regelmäßig am Merkmal des Ausnutzens, dessen Erfüllung im Hinblick auf die mehrjährigen, nach § 193 Abs. 2 Nr. 4 AktG (gegebenenfalls in Verbindung mit § 71 Abs. 1 Nr. 8 S. 5 HS. 2 AktG) jedoch mindestens zweijährigen Wartefristen, die zwischen Einräumung und erstmaliger Ausübung liegen müssen, schwerlich vorliegen konnte.[882] Dieser Ansatz darf indes nicht als Verschiebung des maßgeblichen Zeitpunktes für die insiderrechtliche Betrachtung auf denjenigen nach Ablauf der Wartefrist verstanden werden, vielmehr mangelt es an den Voraussetzungen des Ausnutzens gerade im Zeitpunkt des Vertragsschlusses. Während der nötige Ursachenzusammenhang zwischen Insiderwissen und Vertragsschluss aufgrund dessen, dass Insiderwissen bei der inneren Willensbildung des Insiders schwerlich auszublenden und damit wenigstens mitursächlich sein wird, regelmäßig bejaht werden muss, konnte das beim Ausnutzen zusätzlich erforderliche Merkmal der Gewinnerzielungsabsicht den Weg aus insiderrechtlichen Problemen weisen. Die danach erforderliche Absicht des Täters, durch sein Handeln einen Sondervorteil zu erlangen, den dieser bei öffentlich bekannter Information nicht hätte erzielen können,[883] konnte bei Abschluss des Vertrages mit Erfolg bezweifelt werden. Der Grund liegt darin, dass der Insider sein Wissen bei Vertragsschluss noch nicht zu seinem eigenen Vorteil

---

880 Wiederum *Dietborn* in Kessler/Sauter, Hdb. Stock Options, Rn 831; *Friedrichsen,* Aktienoptionsprogramme für Führungskräfte, S. 251 f.; *Assmann/Cramer* in Assmann/Schneider, 3. Aufl., § 14 Rn 6; *Schneider* ZIP 1996, 1769, 1774 f.; OLG Karlsruhe Beschl. vom 4.2.2004 – 3 Ws 195/03 NZG 2004, 377, 379; a.A. hingegen *Zitzewitz,* Stock Options, S. 244, der bei sehr formaler Argumentation unter Außerachtlassung der europarechtlichen Urspünge die Bedingung für die Entstehung des schuldrechtlichen Anspruchs, gerade in zeitlicher Hinsicht, als maßgeblich erachtet.

881 OLG Karlsruhe Beschl. vom 4.2.2004 – 3 Ws 195/03 NZG 2004, 377, 379; zur gegenteiligen Ansicht siehe *Schneider* ZIP 1996, 1769, 1774; *Dietborn* in Kessler/Sauter, Hdb. Stock Options, Rn 831.

882 *Friedrichsen,* Aktienoptionsprogramme für Führungskräfte, S. 252; *Dietborn* in Kessler/Sauter, Hdb. Stock Options Rn 832; im Ergebnis ebenso *Schneider* ZIP 1996, 1769, 1775.

883 *Cahn* Der Konzern 2005, 5, 8; Schwark/*Schwark* KMRK § 14 WpHG Rn 13; *Assmann/Cramer* in Assmann/Schneider, 3. Aufl., § 14 Rn 23 ff.; *Irmen* in BuB Rn 7/725; vgl. auch *Spindler* NJW 2004, 3449, 3451.

verwerten konnte und aufgrund der Wartefristen bis zur Ausübung der Optionen in der heutigen schnelllebigen Börsenlandschaft bereits bei Vertragsschluss nicht davon ausgehen kann, das sein Insiderwissen auch über eine Zeitspanne von wenigstens zwei Jahren noch als solches einzustufen ist.[884] Dies ist bereits als eine Folge der bislang existenten, in § 15 a.F. geregelten Ad-hoc-Publizität zu sehen. Mithin fehlte für den Insider die Perspektive, einen Sondervorteil aus seinem Wissen zu ziehen, so dass ein Ausnutzen allenfalls nur theoretisch denkbar erschien.

bb) Fortgeltung und Veränderung der maßgeblichen Voraussetzungen nach AnSVG

Die Argumentationsstränge zur Einordnung vertraglicher Abreden über Optionen können aufgrund der zum Teil erheblichen Änderungen durch das AnSVG nicht ohne weiteres fortgelten.

Weiterhin insiderrechtlich irrelevant sind in Ermangelung der Qualifikation als Insiderpapier wenigstens die Fälle, in denen die Optionen mit noch zu emittierenden jungen Aktien, die somit natürlich auch noch nicht die Zulassungs- bzw. Einbeziehungsvoraussetzungen zur Börse bzw. zum Freiverkehr erfüllen, unterlegt werden. Dies setzt natürlich voraus, dass die Option ebenfalls diese Zulassungs- bzw. Einbeziehungsvoraussetzungen nicht erfüllt. Geklärt ist nunmehr jedoch die konfliktträchtige Konstellation, in der die Option nicht börsengehandelt oder in den Freiverkehr einbezogen ist, aber von einer solchen Aktie abhängt. Zugunsten der Schließung etwaiger Strafbarkeitslücken hängt der Begriff des Insiderpapiers gem § 12 S. 1, 2 nicht mehr entscheidend von der eigenständigen Zulassung zum Börsenhandel bzw. der wahlweisen Einbeziehung in den Freiverkehr ab. Vielmehr ist es nach § 12 S. 1 Nr. 3 ausreichend, dass das Finanzinstrument nur mittelbar von solch börsenzugelassenen oder in den Freiverkehr einbezogenen Finanzinstrumenten abhängt.

Zu fragen ist nunmehr jedoch, inwieweit diese Feststellungen für das eigentliche Problem des insiderrechtlichen Konfliktpotentials von vertraglichen Abreden Bedeutung haben. Immerhin hat die Erwägung, dass ein Erwerb oder eine Veräußerung im Sinne von § 14 Abs. 1 bereits in der vertraglichen Vereinbarung über die Gewährung von Optionen erblickt werden kann, grundsätzlich fortzugelten. Es ist schließlich nicht ersichtlich, dass die Marktmissbrauchsrichtlinie nunmehr das deutsche Abstraktions- und Trennungsprinzip aufgreift. Allerdings hat die Neujustierung des Insiderpapiers zur Folge, dass nunmehr insiderrecht-

---

884 Überzeugend *Friedrichsen*, Aktienoptionsprogramme für Führungskräfte, S. 252; *Dietborn* in Kessler/Sauter, Hdb. Stock Options, Rn 832; dieselben Erwägungen finden sich auch bei *Assmann/Cramer* in Assmann/Schneider, 3. Aufl., § 14 Rn 88j für den späteren Zeitpunkt der Zuteilung der Optionen.

lich auch die Fälle unproblematisch erfasst werden, in denen ein Insider eine Option auf bereits börsengehandelte oder zum Freiverkehr einbezogene Aktien veräußert oder erwirbt, da hier die Option direkt bereits das Insiderpapier ist. Damit ist der Rückgriff auf die Konstruktion, dass der Erwerb oder die Veräußerung von börsengehandelten oder in den Freiverkehr einbezogenen Optionen bereits als Erwerb oder Veräußerung von börsengehandelten oder in den Freiverkehr einbezogenen Aktien anzusehen ist, im Rahmen von Aktienoptionsprogrammen nicht mehr vonnöten. Dem geltenden Recht liegt damit ein direkterer Ansatz zugrunde.

Damit wird unter Abschaffung bislang existierenden Streitigkeiten über Geltung und Reichweite der oben aufgezeigten Konstruktion das Recht nach im Gegensatz zum Recht vor AnSVG leicht erweitert.

Zusätzlich entfällt nunmehr die Filterfunktion des Ausnutzens. Daher ist von Interesse, ob nicht das Verwenden in zum Ausnutzen ähnlicher Art und Weise der Einschlägigkeit der Verbotstatbestände entgegensteht. Diesbezüglich konnte bereits allgemein herausgestellt werden, dass das Merkmal des Verwendens im Gegensatz zum Ausnutzen keine Gewinnerzielungsabsicht im Sinne der Erlangung eines Sondervorteils mehr voraussetzt, vielmehr die Kenntnis von der Insiderinformation und die Ursächlichkeit zwischen Wissen und Handeln als ausreichend angesehen wird.[885] Ursächlichkeit bedeutet im Sinne des neuen § 14 Abs. 1, dass die Information in das Handeln des Täters wenigstens miteinfließt,[886] also mitursächlich ist.[887] Ähnlich zur Lage bei der due diligence ist es auch hier schwer vorstellbar, dass das Insiderwissen der mit dieser Kenntnis ausgestatteten einen Vertragspartei nicht in deren Handeln einen ursächlichen Beitrag leisten wird, so dass letztendlich daher der erforderliche Ursächlichkeitszusammenhang im Rahmen des Verwendens bejaht werden muss.[888] Trotz des weit in der Zukunft liegenden Zeitpunkts, zu dem das Insiderwissen regelmäßig erst „in bare Münze“ umgesetzt werden kann, kann dem Insider nunmehr hinsichtlich der Einschlägigkeit der insiderrechtlichen Vorschriften nicht mehr helfen, dass er nicht erwartet, dass die Insiderinformation bei der erstmaligen möglichen Ausübung aufgrund der Veröffentlichung ebendiese Qualität nicht mehr vorweisen wird.[889] Eine derartige Erwartungshaltung ist nämlich lediglich

---

885 Siehe bereits Teil 2, A.V).

886 BT-Drucks. 15/3174, S. 34.

887 Zum erforderlichen Ursächlichkeitszusammenhang ausführlich oben Teil 2, A.V) sowie Teil 2, B.IV)7)a).

888 Zur gleich gelagerten Problematik im Rahmen von M&A-Transaktionen bei due diligence siehe Teil 2, B.IV)7)a); a.A. hingegen *Schäfer* in Marsch-Barner/Schäfer, Hdb. börsennotierte AG, § 13 Rn 69.

889 A.A. *Klasen* AG 2006, 24, 29, die nur bei Insiderkenntnissen mit Langfristperspektive Verstöße gegen § 14 Abs. 1 Nr. 1 annehmen möchte; dadurch jedoch die zusätzlich er-

vom subjektiven Element des bisherigen Ausnutzens erfasst, muss für die Kausalität im Rahmen des Verwendens aber nunmehr irrelevant sein.

cc) Lösungsansätze zur weitestgehenden Vermeidung eines Insiderrechtsverstoßes

Die Rechtslage nach AnSVG stellt somit für die Fälle der Optionsunterlegung mit existierenden, gehandelten Aktien bereits bei der vertraglichen Vereinbarung über später zu gewährende Optionen sehr hohe Hürden auf. Bedenken könnte dies hervorrufen, wenn dadurch im Ergebnis unternehmerische Handlungsspielräume bei der vertraglichen Vereinbarung ausdrücklich erwünschter Aktienoptionsprogramme[890] bereits frühzeitig beschnitten würden. Dieses Ergebnis kann insbesondere vom europäischen Gesetzgeber nicht gewollt sein, der durch den Erlass der Ausnahme-VO deutlich macht, dass es auch beim Rückkauf eigener Aktien zur Bedienung von Optionsprogrammen rechtlich zulässige Gestaltungen geben muss. Die effektivste Art der Verhinderung insiderrechtlicher Konflikte ist sicherlich die Veröffentlichung nach § 15 Abs. 1. Allerdings wird sie nicht in allen Fällen über Konflikte mit dem Insiderhandelsverbot hinweghelfen können. So erscheint es überaus fragwürdig, ob eine Veröffentlichung, die unter den engen Voraussetzungen des § 15 Abs. 3 aufgeschoben werden konnte, durch das Vorstandsmitglied unter Außerachtlassung der Interessen der Gesellschaft für den insiderrechtlich bedenkenlosen Abschluss des Vertrages über die Optionen geopfert werden kann. Vielmehr wird sogar das Gegenteil anzunehmen sein, da die aktienrechtliche Verschwiegenheitspflicht aus § 93 Abs. 1 S. 3 der undifferenzierten Informationsweitergabe einen Riegel vorschiebt.[891] In dieser Situation wären somit vertragliche Vereinbarungen mit dem genannten Inhalt generell unzulässig. Dies ist zwar eine weitreichende Konsequenz, doch ist sie aus der insiderrechtlichen Perspektive nur konsequent. Gerade das AnSVG wollte zur Stärkung des Anlegervertrauens das Handeln mit Insiderwissen noch weitgehender als zuvor sanktionieren. Grundsätzlich ist daher die Veröffentlichung zur Vorbeugung einer Übervorteilung der Anleger notwendig.

Daneben könnten jedoch Fälle in Betracht kommen, in denen trotz Nichtveröffentlichung von Insiderinformationen die Ziele des Verbots aus § 14 Abs. 1 nicht gefährdet werden. Die an anderer Stelle aufgefächerte, aber ähnlich gela-

---

forderliche Abgrenzung zwischen Kurzfrist- und Langfristperspektive heraufbeschwört; siehe auch *Assmann* in Assmann/Schneider, § 14 Rn 174: Insidergeschäfte seien aufgrund der langen Zeiträume „unwahrscheinlich".

890 Siehe Ziffer 4.2.3. Deutscher Corporate Governance Kodex in der Fassung der Bekanntmachung vom 24.7.2006.

891 Ausführlich zur Schweigepflicht statt vieler MünchKommAktG/*Hefermehl/Spindler* § 93 Rn 43 ff.

gerte Problematik, inwieweit ein Verwenden bei Tätigkeit nach Erhalt von Informationen durch eine due diligence anzunehmen ist,[892] verspricht diesbezüglich einen Erkenntnisgewinn. Übertragbar erscheint die Fallgruppe der „Waffengleichheit", die sich dadurch auszeichnet, dass die Vertragsparteien den gleichen Kenntnisstand bezüglich der Insiderinformationen aufweisen. Während unter Geltung des Ausnutzens die Konstellationen des gleichen Kenntnisstands ohne größeren Begründungsaufwand aus dem Anwendungsbereich des Insiderhandelsverbots ausgeschieden werden konnten,[893] bedarf es hierfür durch das Verwenden einer teleologischen Reduktion letzteren Merkmals. Anknüpfungspunkt für ein derartiges Vorgehen bietet die Schutzrichtung des § 14, welcher primär die Integrität der Finanzmärkte der Gemeinschaft sicherstellen und quasi als andere Seite derselben Medaille das Vertrauen der Anleger dieser Märkte stärken soll. Weder die Integrität der Finanzmärkte noch das Vertrauen der Anleger können jedoch bei gleichem Kenntnisstand der Vertragsparteien Schaden nehmen, da die inhaltliche Ausgestaltung des Vertrages bei gleichem Kenntnisstand der Vertragsparteien dem entsprechen wird, was im Falle öffentlicher Bekanntheit vereinbart würde.[894] Ebenso wie bei dem Vertragsschluss über den Erwerb einer Beteiligung bei gleichem Kenntnisstand der Parteien muss auch der Vertragsschluss über ein Aktienoptionsprogramm für Vorstände somit als unbedenklich gelten, so dass weder das Vorstandsmitglied noch das für das Unternehmen handelnde Organ, regelmäßig der Aufsichtsrat gem. § 112 AktG,[895] bei gleichem Kenntnisstand Insiderinformationen verwenden.

Die Anwendung dieser Ausnahme setzt jedoch eine rechtlich unbedenkliche Weitergabe von Insiderwissen durch den Insider an die andere Vertragspartei voraus. Während dies im Falle der due diligence nicht in jedem Fall problemlos angenommen werden konnte,[896] ist der Vertragsschluss über Aktienoptionen für Vorstände in diesem Bereich als unverdächtig einzustufen, da der Vertrag zwischen Vorstand und seinem Unternehmen, vertreten durch den Aufsichtsrat, geschlossen wird. Wenn nun das Vorstandsmitglied über Insiderinformationen verfügt, die noch nicht bis zum Aufsichtsrat vorgedrungen sind, steht der Weitergabe vor Vertragsschluss nicht § 14 Abs. 1 Nr. 2 entgegen, da der Aufsichtsrat aufgrund der ihm zukommenden ureigensten Aufgabe der Überwachung der Tä-

---

892 Ausführlich Teil 2, B.IV)7).

893 Siehe bereits Teil 2, B.IV)7)b)aa)(1); speziell im Rahmen von stock options dazu *Schneider* ZIP 1996, 1769, 1775.

894 Zu diesem und den vorangegangenen Gedanken, insbesondere unter dogmatischer Verortung des Verständnisses, siehe bereits Teil 2, B.IV)7)b)aa)(2)(b)(bb).

895 Näher zu § 112 AktG statt vieler MünchKommAktG/*Semler* § 112 Rn 1 ff.; *Zitzewitz*, Stock Options, S. 99 ff.

896 Siehe Teil 2, B.IV)3).

tigkeit des Vorstands[897] diese Informationen im normalen Rahmen der Ausübung seiner Aufgaben benötigt, mithin die Befugnis zur Weitergabe nicht ernsthaft bezweifelt werden kann.

Damit existiert jedoch auch unabhängig von der Veröffentlichung von Insiderinformationen nach § 15 Abs. 1 eine Gestaltungsform, bei der Insiderverstöße generell nicht in Betracht kommen. Von einer übermäßigen Einschränkung unternehmerischer Handlungsspielräume ist daher auch im Recht nach AnSVG nicht auszugehen.

dd) Sonderfall: Ungewissheit der Art der Optionsunterlegung bei Vertragsschluss

Offen bleibt, welche Konsequenzen insiderrechtlicher Natur es hat, wenn die Frage der Unterlegung des Optionsprogrammes unbestimmt bleibt, das zuständige Organ vielmehr neben der bedingten Kapitalerhöhung auch auf den Erwerb eigener, existierender Aktien zurückgreifen kann.

Ehe sich dieser Frage in insiderrechtlicher Hinsicht gewidmet wird, sei kurz darauf hingewiesen, dass die Entscheidung über die Art der Unterlegung nicht in der Macht des Vorstandes steht, sondern gem. § 112 AktG vom Aufsichtsrat wahrgenommen wird. Letzterer ist insbesondere bereits für den Vertragsschluss über die Gewährung von Aktienoptionen zuständig und nimmt daneben auch die Aufgabe der gegebenenfalls nötigen Konkretisierung von Bezugsbedingungen wahr[898]. Für die Einschlägigkeit von § 112 AktG ist es nämlich ausreichend, dass unabhängig von der tatsächlichen Lage im Einzelfall eine Interessenkollision bei Rechtsgeschäften mit Vorstandsmitgliedern zu befürchten ist.[899] Dies wird bei dem Vorstandsmitglied, welches als Insider über die Unterlegung der ihm vertraglich eingeräumten Optionen entscheidet, der Fall sein.

Fraglich ist zunächst, ob hinsichtlich des einleitend genannten Punktes tatsächlich die aufgeworfene Unbestimmtheit existieren wird. Zwar wird in jüngerer Zeit teilweise von einer Renaissance des Aktienrückkaufs gesprochen,[900] die Üblichkeit einer derartigen Gestaltung dürfte bei Optionsprogrammen vor dem

---

897 Dazu MünchKommAktG/*Semler* § 111 Rn 83 ff.; *Mertens* in Kölner Komm zum AktG § 111 Rn 11 ff.; *Hüffer* § 111 AktG Rn 2 ff.; *Lutter/Krieger,* Rechte und Pflichten des Aufsichtsrats, Rn 61 ff.

898 *Hopt/Roth* in GroßkommAktG § 112 Rn 48; ebenso *Lutter/Krieger,* Rechte und Pflichten des Aufsichtsrats, Rn 414; *Baums* in FS Claussen, 1997, S. 3, 29 ff.

899 BGH Urt. v. 22.4.1991 – II ZR 151/90 AG 1991, 269, 270; BGH Urt. v. 28.4.1997 – II ZR 282/95 NJW 1997, 2324, 2324; MünchKommAktG/*Semler* § 112 Rn 17; *Hüffer* § 112 AktG Rn 3.

900 *Singhof/Weber* AG 2005, 549, 549; zum Thema siehe auch *Geber/zur Megede* BB 2005, 1861, 1861.

Hintergrund der mit dem KonTraG passgenau eingeführten Vorschrift des § 192 Abs. 2 Nr. 3 AktG[901] dennoch eher selten bleiben. Sie ist auf der anderen Seite aber auch nicht undenkbar. Dies bestätigt bereits die etwas zurückliegende empirische Untersuchung von *Feddersen/Pohl*, wonach lediglich 4 % der untersuchten Unternehmen den alleinigen Weg über den Rückerwerb eigener Aktien wählten,[902] hingegen ca. 87 % die Auflegung des Aktienoptionsprogrammes mit bedingtem Kapital verbanden, von denen aber immerhin 9 % aufgrund einer entsprechenden Ermächtigung zusätzlich auf den Erwerb eigener Aktien zurückgreifen konnten.[903]

Augenscheinlich könnte man annehmen, dass die Fälle einer derartig kombinierten Ermächtigung, welche gerade die Möglichkeit zur Optionsunterlegung auf beiden Wegen bietet, ebenfalls zu der angesprochenen Vermeidungsstrategie führen müssen, in deren Rahmen die Gefahr von Verstößen gegen § 14 Abs. 1 Nr. 1 durch Offenlegung der Kenntnis der jeweiligen Vertragsparteien gebannt werden kann. Es stehen sich nämlich der Vorstand und der Aufsichtsrat der Gesellschaft gegenüber, die ihr Insiderwissen rechtlich unbedenklich an das jeweilige Gegenüber weitergeben können. Übergangen würde dann jedoch die Frage, ob überhaupt der Erwerb eines Insiderpapiers angenommen werden kann. Zwar ist der Erwerb der Option an sich derart sicher, dass es unbeschadet objektiver Bedingungen ausschließlich vom Willen des Begünstigten abhängt, ob die Ausübung der Option auch tatsächlich stattfindet, jedoch hat das die Option gewährende Unternehmen anders als im Falle einer objektiven Bedingung noch einen Einfluss auf den Vorgang, es kann nämlich die Art der Unterlegung bestimmen. Dadurch wird zwar der Erwerb nicht unsicherer, jedoch ist zum Zeitpunkt des Vertragsschlusses ungewiss, ob sich die Option auf ein Insiderpapier im Sinne der wertpapierhandelsrechtlichen Vorschriften bezieht. Diese Unsicherheit darf jedoch nicht zu Lasten des Begünstigten der getroffenen Vereinbarung gehen, vielmehr wird man dem Insider in derartigen Konstellationen aufgrund dessen, dass das Vorliegen eines Insiderpapiers noch vollkommen fraglich ist, dies entsprechend zugute halten müssen. Durch die Kombination verschiedener Möglichkeiten zur Unterlegung des Optionsprogrammes kann im Zeitpunkt des Vertragsschlusses zwischen dem Begünstigten und dem gewährenden Unternehmen nicht angenommen werden, dass bereits Insiderpapiere erworben werden.

---

901 Zur Bedeutung von § 192 Abs. 2 Nr. 3 AktG siehe nur BT-Drucks. 13/9712, S. 23: „Das bedingte Kapital ist für langfristige Bezugsprogramme besonders geeignet."; ebenso *Kallmeyer* AG 1999, 97, 99.

902 Die DAI-Studie „Der Erwerb eigener Aktien in Deutschland", 1.6.1999, S. 9 f. offenbart eine ähnlich geringe Anzahl von Fällen des Rückkaufs eigener Aktien zur Bedienung des Optionsprogrammes. In concreto wollten von 67 befragten Unternehmen, die eine entsprechende Ermächtigung zum Erwerb eigener Aktien vorweisen konnten, lediglich 2 damit Optionen unterlegen. Studie abrufbar unter www.dai.de (13.12.2005).

903 *Feddersen/Pohl* AG 2001, 26, 33.

ee) *Fazit*

Festzuhalten bleibt, dass bereits der Abschluss eines Vertrages über die spätere Gewährung von Optionen in gesteigertem Maße insiderrechtliche Probleme hervorrufen kann, allerdings nur im Falle der späteren Bedienung durch den Rückerwerb bereits börsengehandelter oder in den Freiverkehr einbezogener Aktien, da in diesen Fällen die Option durch ihre mittelbare Abhängigkeit von dem Finanzinstrument Aktie die Voraussetzungen des § 12 S. 1 Nr. 3 erfüllt. In den sonstigen Konstellationen fehlt es hingegen am Vorliegen des Anknüpfungspunktes „Insiderpapier". Eine weitere Gestaltungsform, bei der im Ergebnis auch der Bezug auf ein Insiderpapier zu verneinen ist, ist darin zu sehen, dass im Zeitpunkt des Vertragsschlusses die Art der Unterlegung der Optionen der späteren Konkretisierung ohne Einflussmöglichkeit des Begünstigten überlassen wird.

Bei Vorliegen des Insiderpapiers besteht im Recht nach AnSVG jedoch das Problem, dass bei Insiderwissen ein Verwenden kaum auszuschließen ist. Ohne Veröffentlichung der Insiderinformationen kann nur die Schaffung gleichen Kenntnisstands der Vertragsparteien Verstöße gegen § 14 Abs. 1 Nr. 1 hindern, da durch die somit geschaffene „Waffengleichheit" keine Gefahr für die mit dem Insiderhandelsverbot verfolgten Ziele ausgeht.

d) *Zuteilung der Optionen*

Auf einem anderen Blatt steht, trotz des möglichen zeitlichen Zusammenfallens mit dem Vertragsschluss, hingegen die Zuteilung bzw. Übertragung der Option zum vereinbarten Zeitpunkt aufgrund des vertraglichen Anspruchs des Begünstigten. Ähnlich zum Erwerb des schuldrechtlichen Anspruchs spielte im bisherigen Recht die Qualifikation als Insiderpapier eine ganz entscheidende Rolle, immerhin kam der Option selbst mangels Zulassung zum Börsenhandel regelmäßig keine Insiderpapierqualität zu.[904] Etwas anderes konnte nur bei Bejahung von § 12 Abs. 2 Nr. 1 a.F., der jedoch zusätzlich die Börsennotierung der durch die Optionen in Bezug genommenen Aktien voraussetzte, gelten[905] oder im Falle des bereits erörterten hinreichend gefestigten Anspruchs auf zum Handel zugelassene Aktien.[906] Sollten diese Voraussetzungen tatsächlich erfüllt gewesen sein, bestand im Regelfall dennoch kein Konflikt mit § 14 a.F., da wiederum das Merkmal des Ausnutzens erfüllt sein musste, welches die Verwertung einer In-

---

904 Siehe Teil 2, C.II)3)b)aa).

905 *Dietborn* in Kessler/Sauter, Hdb. Stock Options, Rn 834; *Friedrichsen*, Aktienoptionsprogramme für Führungskräfte, S. 248; *Feddersen* ZHR 161 (1997), 269, 290; *Lotze*, Die insiderrechtliche Beurteilung von Aktienoptionsplänen, S. 52 f.

906 Siehe Teil 2, C.II)3)c)aa).

sidertatsache mit dem Zweck, einen wirtschaftlichen Vorteil zu erlangen, der bei öffentlicher Bekanntheit nicht in der Art und Weise hätte erzielt werden können, voraussetzte.[907] Selbst bei Kenntnis von Insidertatsachen konnte dies jedoch nicht ohne weiteres angenommen werden, denn die Zuteilung resultierte lediglich aus der arbeitsvertraglich geschlossenen Vereinbarung einer Entlohnung mit Optionsrechten.[908]

Problematisch waren hingegen bereits im bisherigen Recht die Fälle, in denen die Zuteilung der Option nicht einem Automatismus aufgrund der vorangegangenen vertraglichen Vereinbarung glich, sondern der aus dem Optionsrecht gewährte Vorteil noch in dem Sinne ungewiss war, dass dem Begünstigten ein Wahlrecht zwischen einer festen Vergütung und der Zuteilung einer Option eingeräumt worden war und die Entscheidung bei Kenntnis positiver Insidertatsachen zugunsten der Option ausfiel. In diesen Fällen musste regelmäßig ein Verstoß gegen das Insiderhandelsverbot angenommen werden.[909] Zwar wurde ein Ausnutzen in letzteren Konstellationen teilweise mit Blick auf den weiteren Ablauf des Aktienoptionsprogrammes bezweifelt, da der Optionsinhaber die Option erst nach Ablauf der Wartefrist und somit zu einem Zeitpunkt, in dem die bei der Zuteilung maßgebliche Insidertatsache regelmäßig längst bekannt sei, ausgeübt werden könne.[910] Dies konnte nach überzeugenderer Auffassung jedoch nicht darüber hinwegtäuschen, dass der Begünstigte im konkreten Zeitpunkt des Erwerbs der Option diese unter Ausnutzung von Insidertatsachen erworben hat, immerhin hatte er ein Wahlrecht, was es denkbar machte, dass der Erwerb ohne dieses Wissen unterblieben wäre.[911] Es bestand somit kein Automatismus hin zur Zuteilung der Optionen und auch die Erwägung, der mehrjährige zeitliche Horizont bis zur Ausübung der Option stehe einem Ausnutzen entgegen, konnte aufgrund des Wahlrechts, welches aktuell ausgeübt wurde, nicht durchdringen.

Gesetz dem Fall die Voraussetzung Insiderpapier ist nach neuer Rechtslage erfüllt, was insbesondere von der Börsenzulassung oder Einbeziehung in den Freiverkehr der Optionen bzw. der Aktien als Bezugspunkt dieser Optionen abhängt, spitzt sich die insiderrechtliche Diskussion bei der Zuteilung der Optionen wieder auf die Handlungsform des § 14 Abs. 1 Nr. 1, nunmehr das Verwenden, zu. Bei zeitlichem Zusammenfall von Vertragsschluss über die Gewährung der Op-

---

907 Dazu bereits Teil 2, A.V).

908 *Fürhoff* AG 1998, 83, 84; *Dietborn* in Kessler/Sauter, Hdb. Stock Options, Rn 834; MünchKommAktG/*Oechsler* § 71 Rn 229; *Zitzewitz,* Stock Options, S. 245.

909 *Fürhoff* AG 1998, 83, 85; *Assmann/Cramer* in Assmann/Schneider, 3. Aufl., § 14 Rn 88j; *Friedrichsen,* Aktienoptionsprogramme für Führungskräfte, S. 254; siehe auch *Lotze,* Die insiderrechtliche Beurteilung von Aktienoptionsplänen, S. 56 f.

910 So *Assmann/Cramer* in Assmann/Schneider, 3. Aufl., § 14 Rn 88j.

911 *Dietborn* in Kessler/Sauter, Hdb. Stock Options, Rn 834; *Fürhoff* AG 1998, 83, 85; *Friedrichsen,* Aktienoptionsprogramme für Führungskräfte, S. 254.

tionen und der Zuteilung werden die bereits im Abschnitt zur vertraglichen Vereinbarung dargelegten Leitlinien zu gelten haben, so dass insiderrechtlich keine Divergenzen bestehen. Neue, eigens bei der Zuteilung auftretende Konflikte sind erst dann denkbar, wenn die Zuteilung dem Vertragsschluss nachfolgt und in dieser Zeitspanne der Insider neue Informationen erlangt. Die dem Insider in diesen Konstellationen jedoch regelmäßig zur rechtlichen Unbedenklichkeit verhelfende Argumentation kann bereits der Marktmissbrauchsrichtlinie entlehnt werden, wie es bereits bei der Festlegung des festen Erwerbsentschlusses vor due diligence zur Umgehung des Verwendens bei späterem Kauf durch aufgrund der due diligence erlangte Insiderinformationen aufgezeigt wurde.[912] Art. 2 Abs. 3 MMR führt aus, dass das Insiderhandelsverbot keine Anwendung auf Geschäfte findet, die getätigt werden, um einer fällig gewordenen Verpflichtung zum Erwerb oder zur Veräußerung von Finanzinstrumenten nachzukommen, wenn diese Verpflichtung auf einer Vereinbarung beruht, die geschlossen wurde, bevor die betreffende Person die Insiderinformation erhalten hat. Die Zuteilung bzw. Übertragung der Option erfolgt ausschließlich aufgrund des vorher geschlossenen Vertrages, so dass zurückgehend auf Art. 2 Abs. 3 MMR die Einschlägigkeit des Insiderhandelsverbots abzulehnen ist. Dies kann natürlich nur gelten, soweit dem Begünstigten nicht Spielräume im Sinne des erwähnten Wahlrechtes eingeräumt werden, bei deren Ausübung sehr wohl Insiderinformationen die Entscheidung zum Zeitpunkt der Zuteilung steuern können.[913] Zur Vermeidung von Insiderverstößen ist daher bei der Ausgestaltung des Optionsprogrammes mitsamt den hierfür nötigen Verträgen darauf zu achten, dass dem Begünstigten – im eigenen Interesse – ein solches Wahlrecht nicht zugebilligt wird, sondern nur eine Entscheidung zwischen Zuteilung oder Verzicht zu treffen ist. Im ersteren Fall liegt dann aufgrund Art. 2 Abs. 3 MMR kein Insiderverstoß vor, letztere Alternative ist mangels rechtsgeschäftlichen Tätigwerdens unbedenklich.

e) *Ausübung der Aktienoptionen*

Mit der Ausübung der Optionen erhalten die Begünstigten die ihnen zustehenden Aktien. Ein Erwerb iSd § 14 Abs. 1 Nr. 1 a.F. musste somit in jedem Fall angenommen werden.[914] Allerdings war auch zu diesem Zeitpunkt noch nicht gesagt, dass das Bezugsobjekt des Insiderhandelsverbots, das Insiderpapier, wirklich vorlag. Zwar mussten spätestens zu diesem Zeitpunkt die für die Unterlegung der Optionen nötigen Aktien zur Verfügung stehen, jedoch war auch in diesem Stadium die Zulassung zum Börsenhandel bzw. Einbeziehung in den

---

912 Ausführlich dazu bereits Teil 2, B.IV)7)b)cc).

913 Ebenso dazu *Assmann* in Assmann/Schneider, § 14 Rn 175.

914 Statt vieler *Dietborn* in Kessler/Sauter, Hdb. Stock Options, Rn 837.

Freiverkehr oder die diesem Vorgang äquivalente Stellung des Zulassungsantrags oder die öffentliche Ankündigung nicht zwingend notwendig, da sog. Haltefristen für die Aktien installiert werden können. Diese Fristen sind nicht zu verwechseln mit den an anderer Stelle bereits erwähnten und von Gesetzes wegen nötigen Wartefristen zwischen Einräumung der Bezugsrechte und Ausübung. Die Haltefristen greifen vielmehr nach Ausübung der Optionen durch den Begünstigten ein, der die Aktien damit auch nach diesem Zeitpunkt aufgrund der Frist noch nicht veräußern kann.[915] Durch die sinnvolle Festsetzung bestimmter Haltefristen konnte somit das Vorliegen eines Insiderpapiers im Sinne von § 12 Abs. 1 a.F. vermieden werden.[916]

Sofern dieser Weg nicht beschritten wurde, war für die insiderrechtliche Relevanz wiederum das Merkmal des Ausnutzens maßgeblich. In Fällen, in denen der Ausübende zu einem bestimmten Zeitpunkt nur die Wahl zwischen der Ausübung der Option oder dem Verzicht hierauf hat, war im Ergebnis selbst positives Insiderwissen letztendlich irrelevant. Divergenzen bestanden jedoch in der bisherigen Literatur hinsichtlich des Ansatzpunkts zur Erreichung dieses Ergebnisses. Zum Teil wurde hervorgehoben, dass der Begünstigte die Option nur ausüben werde, wenn der Ausübungspreis der Optionen unter dem aktuellen Börsenkurs liegt, mithin „im Geld" ist, was gleichzeitig bedeute, dass etwaiges Insiderwissen für ihn irrelevant und ausschließlich die wirtschaftliche Sinnhaftigkeit entscheidend sei.[917] Die Gegenprobe zeige, dass das Insiderwissen auch hinweggedacht werden kann, ohne dass die Entscheidung zur Ausübung durch den Begünstigten revidiert würde, so dass Insiderwissen von dieser Ansicht als für die Ausübung nicht kausal angesehen wurde.[918] Andere Stimmen stellten bei Übereinstimmung im Denkansatz hingegen darauf ab, dass die Ausübung bei wirtschaftlicher Sinnhaftigkeit an der mangelnden Vorteilserzielungsabsicht[919]

---

915 Siehe *Friedrichsen,* Aktienoptionsprogramme für Führungskräfte, S. 183 ff., insbesondere zu den mit den Haltefristen verfolgten Zielen; MünchKommAktG/*Fuchs* § 193 Rn 33; *Frey* in GroßkommAktG § 193 Rn 71; dazu auch *Lotze,* Die insiderrechtliche Beurteilung von Aktienoptionsplänen, S. 183.

916 *Frey* in GroßkommAktG § 193 Rn 72; *Friedrichsen,* Aktienoptionsprogramme für Führungskräfte, S. 258; *Baums* in FS Claussen, 1997, S. 3, 46; die Zulassung bzw. Stellung des Antrages im Zeitpunkt der Optionsausübung jedoch fälschlicherweise unterstellend *Feddersen* ZHR 161 (1997), 269, 291; *Fürhoff* AG 1998, 83, 85.

917 Ausführlich *Fürhoff* AG 1998, 83, 85; Schwark/*Schwark* KMRK § 14 Rn 21; *Dietborn* in Kessler/Sauter, Hdb. Stock Options, Rn 838; *Kühnberger/Keßler* AG 1999, 453, 461; *Spenner,* Aktienoptionen als Bestandteil der Vergütung von Vorstandsmitgliedern, S. 229; *Assmann/Cramer* in Assmann/Schneider, 3. Aufl., § 14 Rn 88k; MünchKommAktG/*Oechsler* § 71 Rn 229; *Zitzewitz,* Stock Options, S. 246; ebenso *Süßmann* AG 1997, 63, 65; im Ergebnis ebenso *Assmann* AG 1997, 50, 58.

918 Schwark/*Schwark* KMRK § 14 Rn 21; *Feddersen* ZHR 161 (1997), 269, 291 f.; *Fürhoff* AG 1998, 83, 85; *Dickersbach,* Das neue Insiderrecht, S. 185.

919 *Assmann/Cramer* in Assmann/Schneider, 3. Aufl., § 14 Rn 88l.

bzw. der Möglichkeit, Insiderwissen überhaupt zur Erzielung von Sondervorteilen ausnutzen zu können,[920] scheiterte. Wenigstens im Ergebnis bestand damit Einigkeit darüber, dass positives Insiderwissen bei der Ausübung der Option nicht ausgenutzt wurde. Im Recht vor AnSVG war es damit nicht nötig, diesen Streit zu entscheiden.

Eine andere Beurteilung der insiderrechtlichen Probleme war jedoch angezeigt, wenn der Ausübungspreis der Option kein starrer war und zudem der Begünstigte einen zeitlichen Spielraum in Bezug auf die Ausübung hatte, da nunmehr durch die Insiderkenntnis ein Vorteil gezogen werden konnte.[921] Anders als in den oben diskutierten Fallgestaltungen konnte dem Insider auch das Wissen des Unternehmens von der Insidertatsache, also der gleiche Kenntnisstand der ursprünglichen Vertragsparteien, nicht mehr im Sinne einer dadurch herbeigeführten rechtlichen Unbedenklichkeit weiterhelfen,[922] da in diesem Stadium ausschließlich der Insider seine ihm einseitig eingeräumten Spielräume wahrnehmen wird. Lediglich bei öffentlicher Bekanntheit der Insidertatsache waren somit die dem Vorstandsmitglied eröffneten Möglichkeiten hinsichtlich der Ausübung als insiderrechtlich unbedenklich anzusehen.

Bei Ausklammerung letzterer Fälle, in denen dem Begünstigten ein gewisser Spielraum bei der Ausübung zugestanden wird, kommt es nun zum Schwur, welche der beiden, vor AnSVG verfolgten Linien zu bevorzugen ist. Schließt man sich derjenigen an, die von mangelnder Kausalität ausging, bestehen auch weiterhin keine Probleme im Hinblick auf eine etwaige Einschlägigkeit des § 14 Abs. 1 Nr. 1. Hält man jedoch die bisherige Argumentation über das subjektive Element der Absicht für sinnvoller, ist durch den Wegfall dieser Voraussetzung von der Einschlägigkeit des Verwendungsverbots auszugehen. Im Kern gilt es, sich nunmehr also zu fragen, ob bei der Ausübung der Option, obwohl der Begünstigte nur die Wahl zwischen der Ausübung oder einem Verzicht hat, Insiderwissen kausal wird. Tatsächlich liefert die bisherige Erwägung, dass allein die wirtschaftliche Einträglichkeit entscheidend sei, ein starkes Argument gegen die Kausalität von Insiderwissen. Fraglich ist aber, ob die Insider bei der Ausübung der zugestandenen Optionen Insiderwissen tatsächlich derart ausklammern können. Infolgedessen wird von *Grothaus* auch angenommen, dass die betreffenden Mitarbeiter ihre Kenntnis von Insiderinformationen stets in ihre Entscheidung miteinfließen lassen.[923] Bei stringenter Subsumtion der Kausalität

920 *Süßmann* AG 1997, 63, 65; *Assmann* AG 1997, 50, 58; *Irmen* in BuB Rn 7/732.

921 *Friedrichsen,* Aktienoptionsprogramme für Führungskräfte, S. 260 f.; *Dietborn* in Kessler/Sauter, Hdb. Stock Options, Rn 839; *Zitzewitz,* Stock Options, S. 246 f.

922 Im Umkehrschluss anders offenbar hingegen *Schneider* ZIP 1996, 1769, 1775.

923 *Grothaus* ZBB 2005, 62, 64; a.A. *Schäfer* in Marsch-Barner/Schäfer, Hdb. börsennotierte AG, § 13 Rn 70; anders neuerdings jedoch *Schäfer* in Schäfer/Hamann, 2. Aufl.,

wird man tatsächlich nur zu diesem Ergebnis kommen können. Zwar wird richtigerweise der erste Gedanke des Begünstigten dahingehen, dass er die wirtschaftliche Sinnhaftigkeit der Optionsausübung zum betreffenden Zeitpunkt überprüft, mithin also schaut, inwieweit diese „im Geld" ist. Neben diesem primär interessierenden Aspekt erscheint es aber geradezu unmöglich, positives Insiderwissen per se bei der Entscheidung auszuschalten. Dieses Insiderwissen kann die Ausübung mitunter unter wirtschaftlichen Gesichtspunkten erst wirklich lukrativ machen. Man denke beispielsweise an Konstellationen, in denen die Option zwar knapp „im Geld" ist, jedoch unter Berücksichtigung des Insiderwissens die Aktie noch erhebliches Potential in sich birgt. In diesen Fällen mangelnde Kausalität anzunehmen, muss auf vehementen Widerstand stoßen, da ganz offensichtlich Insiderwissen eine mitursächliche Rolle bei der Ausübung der Optionen spielen wird. Eine andere Betrachtungsweise muss allgemein als lebensfremd bezeichnet werden, da sie davon ausginge, dass Vorstandsmitglied könne Teile seines Wissens in bestimmten Situationen einfach per se ausblenden. Letztendlich konnten daher bereits die Stimmen im bisherigen Recht, die die Kausalität in der beschriebenen Situation verneinten, nicht überzeugen.

Diese Linie führt jedoch zur regelmäßigen Einschlägigkeit des § 14 Abs. 1 Nr. 1, was auch *Grothaus* nicht übersieht, insbesondere wird von ihm auch die Brisanz dieses Ergebnisses erkannt, da er im gleichen Atemzug hinterfragt, welche Relevanz den Regelungen zu den Directors` Dealings in diesem Fall noch zukäme.[924] Zur Problemlösung bietet sich nach seiner Ansicht eine teleologische Reduktion des § 14 Abs. 1 Nr. 1 für die Fälle der Optionsausübung an. Soweit die Ausweitung des § 14 Abs. 1 Nr. 1 durch Vergleich auf die Sinnhaftigkeit der Directors` Dealings in § 15a zu konterkarieren versucht wird, verdient die Ansicht jedoch keine Zustimmung. Immerhin schließt die Ausweitung des § 14 Abs. 1 Nr. 1 nicht generell Geschäfte von Personen mit Führungsaufgaben bei Emittenten aus, sondern nur solche Geschäfte, die mit Insiderwissen getätigt werden. Soweit die Insiderinformationen gem. § 15 Abs. 1 veröffentlicht wurden, kommt damit § 15a weiterhin ein Anwendungsbereich zu. Die vorgeschlagene teleologische Reduktion muss überdies auf Bedenken stoßen, da die beschriebene Ausweitung des § 14 Abs. 1 Nr. 1 vom Gesetzgeber gerade gewollt war und nicht ersichtlich ist, warum das Handeln mit Insiderwissen im Falle der Ausübung von Aktienoptionen rechtlich unbedenklicher ist als beispielsweise die Veräußerung von Aktien mit Kenntnis von Insiderinformationen. Überdies erscheint eine derartige teleologische Reduktion überhaupt nicht notwendig, da auch trotz der Einführung eines Verwendungsverbots weiterhin Gestaltungsmöglichkeiten existieren, die keinen Verstoß gegen § 14 Abs. 1 Nr. 1 zur Folge

---

§ 14 Rn 91, wonach ein Verwenden nur dann nicht vorliegt, wenn die Ausübung der Option vor Kenntnis von Insiderinformationen angewiesen wurde.

924 Wiederum *Grothaus* ZBB 2005, 62, 64.

haben. Zunächst ist, so banal es klingt, selbstverständlich jederzeit die Veröffentlichung der Insiderinformation gem. § 15 Abs. 1 möglich, so dass Probleme im Hinblick auf § 14 Abs. 1 Nr. 1 per se nicht in Betracht kommen. Wenn aber Insiderwissen statt dessen unzulässig zurückgehalten wird, ist generell nicht einzusehen, warum beim Erwerb eines Insiderpapiers, also bei der Ausübung der Option durch den Begünstigten, auf die Einschlägigkeit des Verwendungsverbotes verzichtet werden sollte. Dann wird es auf der Seite des Begünstigten liegen, den Verdacht der Kausalität zwischen Insiderwissen und Ausübung der Aktienoption zu entkräften, was ihm allerdings schwerlich gelingen wird. Problematisch ist dann nur die Konstellation, in der Insiderinformationen gem. § 15 Abs. 3 vom Emittenten berechtigt zurückgehalten werden. In diesen Fällen befindet sich das Vorstandsmitglied in der Tat in der Verlegenheit, die Ausübung der Option nicht wahrnehmen zu können. Damit die Option nicht verfällt, bietet sich bereits im Vorfeld an, Haltefristen im Vertrag über die Gewährung von Optionen zu verankern, da auf diesem Wege die Börsenzulassung bzw. Einbeziehung in den Freiverkehr hinausgeschoben werden kann und somit im Zeitpunkt der Ausübung der Aktienoption noch kein Insiderpapier im Sinne von § 12 vorliegt.

Die Festlegung einer Haltefrist hat überdies den gewünschten Nebeneffekt, dass die Anreizwirkung des Optionsprogrammes ausgedehnt wird, so dass das Vorstandsmitglied über einen noch längeren Zeitraum im Gleichlauf zu den Eigentümern der Aktiengesellschaft, den Aktionären, ein Interesse an der Prosperität des Unternehmens hat.[925]

Von diesen Leitlinien abweichende Gestaltungsformen, insbesondere die Einräumung eines Spielraums hinsichtlich des Ausübungszeitraums und des Preises, werden bei unterstelltem Vorliegen der übrigen Voraussetzungen des Insiderhandelsverbots in jedem Falle als Verwenden zu gelten haben. Hier ist die Schaffung öffentlicher Bekanntheit der Insiderinformationen letztlich die einzige zuverlässige Möglichkeit, um den strafrechtlichen Konsequenzen eines Verstoßes gegen § 14 Abs. 1 entgehen zu können.[926] Daher dürften Bedingungen im Aktienoptionsprogramm, die auf die Festlegung eines Ausübungszeitraums kurz nach der Hauptversammlung oder sonstiger turnusmäßiger und umfangreicher Veröffentlichungen von Unternehmensseite zielen, zur weitestgehenden Vermeidung der angesprochenen Risiken tunlich sein.[927] Diese Mechanismen sind

---

925 Statt vieler *Friedrichsen,* Aktienoptionsprogramme für Führungskräfte, S. 183.

926 *Friedrichsen,* Aktienoptionsprogramme für Führungskräfte, S. 267; *Dietborn* in Kessler/Sauter, Hdb. Stock Options, Rn 844; im Ergebnis ebenso *Hoffmann-Becking* NZG 1999, 797, 804; ähnlich *Lotze,* Die insiderrechtliche Beurteilung von Aktienoptionsplänen, S. 170.

927 *Klasen* AG 2006, 24, 31; *Dietborn* in Kessler/Sauter, Hdb. Stock Options, Rn 844; Empfehlungen des DAI vom 1.5.1998, S. 4.

bislang vor allem für die Veräußerung der Aktien unter dem Begriff der „Trading Windows“ bekannt und werden dort sogleich wieder aufzugreifen sein.

f) Veräußerung der Aktien

Während die bislang diskutierten insiderrechtlichen Probleme in einem engen Zusammenhang mit den Besonderheiten bei der Durchführung eines Aktienoptionsprogrammes standen und jeweils hieraus zu begründende Lösungswege hinsichtlich der insiderrechtlichen Zulässigkeit erfahren haben, wirft die letzte Stufe, die regelmäßig erfolgende Veräußerung der nunmehr zur Erhöhung der Veräußerungsfähigkeit börsenzugelassenen oder in den Freiverkehr einbezogenen Aktien, bekannte Fragestellungen auf, die aufgrund der Irrelevanz der Herkunft der Aktien nach denselben Leitlinien wie der sonstige Handel mit Aktien zu beurteilen sind. Diese fast lapidare Feststellung hat für die Veräußerungsmöglichkeiten von Aktien für Vorstandsmitglieder jedoch erhebliche Konsequenzen. Sogar unter dem Regime der engeren Vorschriften vor AnSVG wurde vor dem Hintergrund des originären Zugangs des Vorstands zu Insiderinformationen der insiderrechtliche Konflikt teilweise dahingehend umschrieben, dass sich eher die Frage stelle, wann kein Insidergeschäft vorliege als umgekehrt.[928]

Dennoch gab es auch im Recht vor AnSVG Konstellationen, in denen kein Insidergeschäft im Sinne von § 14 a.F. vorlag. Dies war selbstverständlich der Fall, wenn keinerlei Tätigkeit des Insiders zu verzeichnen war, da nur das Erwerben oder Veräußern sanktioniert wurde.[929] Weiterhin als irrelevant hatte es zu gelten, wenn positive Insidertatsachen bei der Veräußerung vom Insider zurückgehalten wurden, da nicht ersichtlich war, inwieweit überhaupt Kausalität zwischen Insiderkenntnis und Wertpapiergeschäft und somit im Ergebnis ein Ausnutzen vorliegen sollte.[930] Hingegen führte die Kenntnis negativer Insidertatsachen regelmäßig zur Einschlägigkeit des § 14 Abs. 1 Nr. 1 a.F., was wiederum jedoch keine sich aus der Natur des Aktienoptionsprogrammes mitsamt ihrer Durchführung ergebende Besonderheit, sondern vielmehr Folge der konsequenten, für alle Insider geltenden Anwendung der Normen des WpHG war.[931]

Im Recht nach AnSVG hat fortzugelten, dass bei Zurückhalten positiver Insiderinformationen weiterhin keine Bedenken in insiderrechtlicher Hinsicht bestehen können, da bei lebensnaher Betrachtung davon auszugehen ist, dass die Informationen für den Verkauf keinerlei Rolle spielen. Immerhin wird durch die Veräußerung vor Veröffentlichung positiver Informationen ein größerer Veräuße-

---

928 So namentlich *Feddersen* ZHR 161 (1997), 269, 293.

929 Dazu bereits Teil 2, A.V).

930 *Fürhoff* AG 1998, 83, 85; Schwark/*Schwark* KMRK § 14 Rn 21.

931 *Fürhoff* AG 1998, 83, 85; *Süßmann* AG 1997, 63, 65; *Schneider* ZIP 1996, 1769, 1775; MünchKommAktG/*Oechsler* § 71 Rn 229; *Zitzewitz,* Stock Options, S. 249.

rungsgewinn durch regelmäßig steigende Kurse nach einer derartigen Ad-hoc-Mitteilung verschenkt. Die Kenntnis von negativen Informationen führt im Gleichlauf zur Rechtslage vor AnSVG jedoch zur ganz regelmäßigen Einschlägigkeit des Insiderhandelsverbots aus § 14 Abs. 1 Nr. 1. Hier hilft nur die konsequente Veröffentlichung der Insiderinformationen. Ratsam ist aber insbesondere die Festlegung sog. Trading Windows, die zeitlich in der Nähe zum Zeitpunkt größtmöglicher Transparenz der Gesellschaft, regelmäßig im Anschluss an die Hauptversammlung, zu positionieren sind. Zwar verbleibt bei diesem Ansatz ein Restrisiko, dass das begünstigte Vorstandsmitglied dennoch weiterhin Insiderinformationen besitzt und diese nicht offenbart[932] und somit durch sein Handeln letztlich auch dem Unternehmen durch eine etwaige Rufschädigung in einem nicht unerheblichen Umfang schadet. Dennoch dürften Trading Windows in zeitlicher Nähe zu der Hauptversammlung von Unternehmensseite auch weiterhin Usus bleiben, da sie bei der Veräußerung nicht nur bestmöglichen Schutz vor Insiderhandel bieten, sondern auf diesem Weg bereits dem Anschein des Insiderhandels in der öffentlichen Wahrnehmung der Boden entzogen werden kann, so dass etwaige Rufschädigungen weitestgehend ausgeschlossen werden.

Insiderrechtlich vollständig unbedenklich sind hingegen Konstellationen, in denen bei Kenntnis vom Vertragspartner unter Beachtung der Voraussetzungen der befugten Weitergabe von Insiderinformationen zwischen den Parteien gleicher Kenntnisstand hinsichtlich der Insiderinformationen hergestellt wird, so dass das Verwendungsverbot nicht durchgreifen kann.

Problematisch sind damit im Ergebnis unzulässig zurückgehaltenes negatives Insiderwissen sowie berechtigt aufgeschobene negative Insiderinformationen, da das Vorstandsmitglied in diesen Fällen keineswegs Aktien veräußern kann, ohne sein Wissen entsprechend zu verwenden. Doch existieren auch für diese Konstellationen Auswege zur Vermeidung insiderrechtlicher Konflikte. Zwar erscheint es gerade für erstgenannten Fall nicht opportun, dem Vorstandsmitglied als Insider einen Ausweg aus den Verboten aufzuzeigen, doch muss dies zugelassen werden, wenn es rechtlich einwandfrei möglich ist und nur gegen das moralische Empfinden verstößt. In concreto bietet sich in den genannten Fällen an, die Veräußerung der Aktien bereits frühzeitig einem unabhängigen Dritten zu übertragen, dem man nur einen Zielkorridor hinsichtlich des Kurses der Aktien nennt und dieser Dritte dann die Transaktionen mit dem Freiraum echten Ermes-

932 Anders nur *Casper* WM 1999, 363, 368 f., der im Falle von Trading Windows die Anwendbarkeit des Insiderhandelsverbots per se ablehnen möchte; die Ansicht *Caspers* zu Recht ablehnend *Friedrichsen,* Aktienoptionsprogramme für Führungskräfte, S. 269; *Lotze,* Die insiderrechtliche Beurteilung von Aktienoptionsplänen, S. 179.

sens durchführt.[933] Alle dem Vorstandsmitglied zum Zeitpunkt der Beauftragung dieses Dritten bekannten Insiderinformationen müssen indes im Zeitpunkt der späteren Veräußerung bereits öffentlich bekannt sein, da anderenfalls die beschriebene Gestaltung nur als Versuch der Umgehung des gesetzlichen Verbots des § 14 Abs. 1 Nr. 1 anzusehen wäre. Allerdings hat der aus den Optionen Begünstigte auch die Nachteile derartiger Vorgehensweisen zu tragen, da durch die Einschaltung einer dritten Person zusätzliche Kosten entstehen und zudem auf aktuelle Entwicklungen im Hinblick auf den Kursverlauf und dem damit verbundenen Wert der Aktie durch das Vorstandsmitglied nicht eigenverantwortlich reagiert werden kann.[934] Insiderrechtlich irrelevant ist es überdies, wenn bereits bei der Planauflage ein fixer Zeitpunkt für die Beendigung des Programms und seine Abwicklung bestimmt werden.[935]

III) Aktienoptionsprogramme außerhalb des Zirkels des Vorstands

Neben dem im Rahmen von Aktienoptionsprogrammen begünstigten Organ Vorstand kommen weiterhin Aktienoptionen für Mitglieder außerhalb der Organe eines Unternehmens in Betracht. Gerade die mit der Auferlegung derartiger Programme verfolgte Anreizfunktion beschränkt sich nicht auf Vorstandsmitglieder, sondern kann theoretisch jedes Mitglied einer Gesellschaft entsprechend anspornen. Die Effektivität der Setzung dieses Anreizes wird abhängig von der Wichtigkeit des jeweiligen Mitarbeiters im Sinne des Einflusses auf die Entwicklung des Aktionärsvermögens jedoch unterschiedlich stark ausfallen, so dass sich Wichtigkeit und Höhe der Option proportional entwickeln dürften.[936] Dennoch ist davon auszugehen, dass erfolgsbasierte Vergütungssysteme wie die stock options in Zukunft verstärkt auch außerhalb des Vorstands zum Einsatz kommen werden. So zeigen Zahlen aus den USA, dass bereits im Jahr 2002 rund 90% aller ausgegebenen Optionen außerhalb des Topmanagements – verstanden als CEO mitsamt der fünf am besten bezahlten Manager des Unternehmens – gewährt wurden.[937] Ein derartiger Trend dürfte auch in der Bundesrepublik in Zukunft verstärkt zu beobachten sein, auch wenn die von Bundespräsident Horst Köhler angestoßene Debatte über die stärkere Mitarbeiterbeteiligung[938] nach zu-

---

933 Dies entspricht z.T. dem von *Schäfer* in Schäfer/Hamann, 2. Aufl., § 14 Rn 91 vorgeschlagenen „gewissen Automatismus"; zur Beauftragung eines Dritten siehe auch *Lotze,* Die insiderrechtliche Beurteilung von Aktienoptionsplänen, S. 180 ff.

934 Dazu *Dietborn* in Kessler/Sauter, Hdb. Stock Options Rn 846; siehe auch *Zitzewitz,* Stock Options, S. 250.

935 *Klasen* AG 2006, 24, 31.

936 Im Ergebnis ebenso *Sauter/Babel* in Kessler/Sauter, Hdb. Stock Options, Rn 40.

937 Dazu *Sautner/Weber* BB 2005, 2735, 2735 unter Verweis auf *Hall/Murphy* JEP 2003, 49, 51.

938 Siehe Handelsblatt vom 29.12.2005, S. 3

nächst überwiegend positiver Resonanz[939] deutlich an Fahrt verloren hat. Zwar entfernt sich eine derartig umfassende Beteiligung aller Mitarbeiter von der ursprünglichen Idee der Setzung eines Anreizes zur Stärkung des Shareholder Value, für die insiderrechtliche Dimension ist die Verlagerung zu einem Instrument zur Stärkung der Identifikation mit dem Unternehmen und zur Mitarbeiterrekrutierung[940] jedoch irrelevant.

Eine breite Mitarbeiterbeteiligung bietet naturgemäß jedoch wenig Konfliktpotential in insiderrechtlicher Hinsicht; immerhin wird die überwiegende Anzahl dieser Mitarbeiter keinen Kontakt zu den entsprechenden Informationen haben, so dass ganz überwiegend per se ein Verstoß gegen § 14 Abs. 1 und somit auch gegen die straf- bzw. bußgeldbewehrten Vorschriften der §§ 38, 39 ausscheidet. Anderes wird jedoch für die Führungskräfte des Unternehmens gelten können, die abhängig von der Hierarchieebene mehr oder weniger stark auch Einblick in vertrauliche Vorgänge erlangen. Sollte mithin eine Führungskraft außerhalb des Zirkels des Vorstands zum Insider werden, haben die oben dargelegten Leitlinien zur Geltung der veränderten, relevanten Normen und zur Vermeidung insiderrechtlicher Verstöße mutatis mutandis Bedeutung zu erlangen. So kann auch die im Recht nach AnSVG zur Annahme einer Ausnahme vom Insiderhandelsverbot wichtige Fallgruppe des gleichen Kenntnisstands im Rahmen der vertraglichen Vereinbarung der zu gewährenden Aktienoptionen[941] grundsätzlich übertragen werden, jedoch mit der Besonderheit, dass nunmehr gleicher Kenntnisstand zwischen Insider und Vorstand und nicht zwischen Vorstand und Aufsichtsrat herzustellen sein wird, sofern nicht sowieso bereits dasselbe Informationsniveau vorhanden sein sollte.[942]

Eine weitere Besonderheit für Führungskräfte außerhalb des Vorstands stellt die Tatsache dar, dass sie keinen Einfluss auf die Veröffentlichungspolitik des Unternehmens haben; es vielmehr – soweit aufgrund der gesetzlichen Verpflichtung überhaupt möglich – im Entscheidungsbereich des Vorstands liegt, ob eine Information öffentlich bekannt zu machen ist, da dieser insbesondere die für die Einschlägigkeit einer Befreiung im Sinne von § 15 Abs. 3 nötigen Einschätzungen zu treffen hat. Die nunmehr angesprochenen Führungskräfte sind somit nicht nur hinsichtlich der Wertentwicklung ihrer Rechte in großem Maße auf die Unternehmensführung durch den Vorstand angewiesen, sondern auch im Hin-

---

939 Zur Resonanz in der Politik siehe Handelsblatt vom 24.1.2006, S. 3, zu derjenigen bei Führungskräften Handelsblatt vom 6.2.2006, S. 4, zu Resonanz von Gewerkschaftsseite Handelblatt vom 18.4.2006, S. 4.

940 Ausführlich *Sauter/Babel* in Kessler/Sauter, Hdb. Stock Options, Rn 28 ff.

941 Siehe Teil 2, C.II)3)c)cc).

942 Normalerweise wird die Herstellung nicht nötig sein, da wenige Situationen denkbar sind, in denen der Vorstand als das Leitungsorgan der Gesellschaft keine Kenntnis von den entprechenden Informationen hat.

blick auf den Zeitpunkt der Betätigung ihrer Rechte von den Entscheidungen des Vorstands abhängig. Gerade bei der Veräußerung, die nur bei entsprechender Veröffentlichung insiderrechtlich unbedenklich erfolgen kann, tritt dies besonders stark zu Tage. Dies vor Augen könnte man annehmen, hieraus resultiere ein hohes Risiko, dass diese Führungskräfte sich allein von wirtschaftlichen Gesichtspunkten unter Ausblendung der insiderrechtlichen Gefahren leiten lassen könnten, sprich, dass sie trotz Wissen um Insiderinformationen dennoch auf dem Aktienmarkt tätig werden. Die Virulenz dessen kann jedoch mit einem Seitenblick auf die neue Vorschrift des § 15b, der v.a. die Emittenten zur Führung von Insiderverzeichnissen verpflichtet, relativiert werden.[943] Danach müssen die Emittenten nicht nur diejenigen Personen in einem derartigen Verzeichnis aufführen, die für sie tätig sind und bestimmungsgemäß Zugang zu Insiderinformationen haben, vielmehr müssen diese Personen durch den Emittenten über die rechtlichen Pflichten, die sich aus dem Zugang von Insiderinformationen und über die Rechtsfolgen bei Verstößen gegen die Verbote aufgeklärt werden.[944] Der Gesetzgeber verfolgte mit der Einführung des § 15b explizit die Vereinfachung der Überwachung von Insidergeschäften zugunsten der BaFin.[945] Aber auch der präventive Charakter der mit der Aufnahme in das Insiderverzeichnis einhergehenden Belehrung der entsprechenden Personen durch Schärfung des Problembewusstseins hin zu vorsichtigem Umgang mit Insiderinformationen sollte nicht unterschätzt werden.[946] Zwar müssten die Adressaten der Aufklärung die gesetzlichen Vorschriften längst kennen,[947] jedoch dürfte bei einer derartigen Verdeutlichung der Konsequenzen bei Tätigwerden auf dem Markt mit Insiderinformationen kaum eine aus einem Optionsprogramm begünstigte Führungskraft bereit sein, die rechtlichen Risiken einer strafrechtlichen Verfolgung und Verurteilung lediglich zur optimalen Nutzung der gewährten Rechte einzugehen. Im Ergebnis stellt der eingeführte § 15b somit einen wichtigen Baustein im Kampf gegen den Insiderhandel dar, der insiderrechtlich relevante Transaktionen von Führungskräften zurückzudrängen hilft.

---

943 Ausführlich zur Führung von Insiderverzeichnissen *Kirschhöfer* Der Konzern 2005, 22; dazu auch *Claussen/Florian* AG 2005, 745, 762 ff.; *Grothaus* ZBB 2005, 62, 66 f.; *Holzborn/Israel* WM 2004, 1948, 1952 f.; *Koch* DB 2005, 267, 270 f.; *Schäfer* in Schäfer/Hamann, 2. Aufl., § 15b Rn 1 ff.; *Sethe* in Assmann/Schneider, § 15b Rn 1 ff.

944 Siehe § 15b Abs. 1; dazu Emittentenleitfaden der BaFin vom 15.7.2005, S. 96 ff.; *Schäfer* in Schäfer/Hamann, 2. Aufl., § 15b Rn 51 ff.

945 BT-Drucks. 15/3174, S. 36.

946 Zu dieser Funktion siehe auch Emittentenleitfaden der BaFin vom 15.7.2005, S. 96, 103 f.

947 Ebenso *Claussen/Florian* AG 2005, 745, 764.

IV) Fazit

Die eingangs dieser Arbeit in allgemeiner Art und Weise geschilderten Veränderungen des AnSVG zwingen auch in Bezug auf die Gebrauchsmöglichkeiten von Aktienoptionsprogrammen zu einem Umdenken. Unternehmen und Begünstigte, denen diese Optionen zu Vergütungszwecken eingeräumt werden, unterliegen nunmehr den strengeren Vorschriften des WpHG nach AnSVG. Relevante Veränderungen des letztgenannten Gesetzes sind für alle Stufen der Durchführung eines Aktienoptionsprogrammes vor allem die Ausweitungen beim Anknüpfungspunkt des Insiderpapiers und schließlich die Änderung des § 14 Abs. 1 Nr. 1, der nunmehr ein Verwendungsverbot festlegt. So ist nunmehr anerkanntermaßen der Abschluss des Vertrages über die Option insiderrechtlich relevant, wenn bereits börsenzugelassene oder in den Freiverkehr einbezogene Aktien vorliegen. Neben der Veräußerung der Aktien ist durch Zuwendung zum Verwenden in § 14 Abs. 1 Nr. 1 auch die zeitlich frühere Ausübung der Aktienoptionen nunmehr insiderrechtlich problematisch. Anders als vor AnSVG wird sich bei der Ausübung der Begünstigte nicht mehr auf rein wirtschaftliche Überlegungen berufen können, die die Absicht, einen Sondervorteil zu erzielen, entfallen ließen. Solange er im Besitz von Insiderinformationen ist, muss davon ausgegangen werden, dass dieses Wissen wenigstens mitursächlich in die Entscheidung des Begünstigten einfließt. Diese Feststellung hat insofern weitreichende Konsequenzen, als dass Begünstigte von Aktienoptionsprogrammen häufig Vorstandsmitglieder sind, die einen originären Zugang zu Insiderinformationen haben.

Vor diesem Hintergrund spielen Gestaltungsmöglichkeiten, mit denen insiderrechtliche Probleme ausgeschieden werden können, nach AnSVG eine noch stärkere Rolle als zuvor.

Der einfachste Weg ist derjenige einer konsequenten Veröffentlichungspolitik des Unternehmens entsprechend der gesetzlichen Vorgaben des § 15 Abs. 1, so dass Insiderinformationen per se nicht vorliegen können. Allerdings wird es in der Realität aufgrund des bereits erwähnten originären Zugangs der Vorstandsmitglieder zu Insiderinformationen immer wieder Fälle geben, in denen Insiderinformationen berechtigt oder unberechtigt zurückgehalten werden und dennoch die einzelnen Stufen des Aktienoptionsprogrammes durchlaufen werden. Als sicherster Weg zur Vermeidung der Einschlägigkeit des Insiderhandelsverbots bleibt damit die Meidung des Anwendungsbereichs dieses Verbots. Zum einen können virtuelle Programme auferlegt werden, bei denen Insiderpapiere im Sinne von § 12 zu keiner Zeit eine Rolle spielen, zum anderen kann versucht werden, die Qualifikation als Insiderpapier möglichst weit hinauszuschieben und somit auch die Einschlägigkeit von § 14 Abs. 1 zu hindern. Solange die Aktienoptionen nicht durch den Rückkauf eigener Aktien bedient werden sollen, konnte aufgezeigt werden, dass einschließlich der Ausübung der Optionen der Ablauf der Durchführung des Aktienoptionsprogrammes derart gestaltet werden kann, dass keine Insiderpapiere vorliegen. Um dieses Ergebnis auch noch für besagte Stufe der Ausübung der Option erreichen zu können, ist jedoch die Vereinbarung einer Haltefrist zulasten des Begünstigten in dem Sinne erforderlich, dass die Aktien noch nicht veräußert werden können, so dass auch die Zulassung zur Börse oder Einbeziehung in den Freiverkehr noch entbehrlich ist.

Anders ist dies jedoch im Zeitpunkt der Veräußerung, da die Aktien die genannte Zulassung oder Einbeziehung nun regelmäßig vorweisen werden. Soweit der Begünstigte von negativen Insiderinformationen weiß, hilft hier letztendlich nur die Veröffentlichung der Insiderinformation nach § 15 Abs. 1. Probates, aber eben nicht hundertprozentig sicheres Mittel zur Bekämpfung des Insiderhandels ist und bleibt daher nur die Verankerung sog. Trading Windows, welche den Handel der Begünstigten nur in Phasen größtmöglicher Transparenz zulassen. Sie können ihre Funktionen im Übrigen durch die Veränderungen in § 14 Abs. 1 Nr. 1 bei Vorliegen eines Insiderpapiers auch bereits auf der Stufe der Ausübung der Option erfüllen.

Festzuhalten gilt es nunmehr, dass auch zur Rechtslage nach AnSVG für Unternehmen und Begünstigten auf allen Stufen der Durchführung eines Aktienoptionsprogrammes trotz einer Vielzahl insiderrechtlicher Konflikte Gestaltungsformen existieren, mit deren Hilfe Verstöße gegen das Insiderhandelsverbot wenigstens annähernd sicher ausgeschlossen werden können. Die Vielschichtigkeit der Durchführung eines Aktienoptionsprogrammes mitsamt den hierfür nötigen Maßnahmen verkompliziert die präventive Gestaltung zur Vermeidung der Einschlägigkeit des Insiderrechts dabei jedoch erheblich. Soweit allerdings die Programme nach ihrer Auflegung mitsamt des Vertragsschlusses derart verselbstständigt werden, dass die nächsten Stufen ohne Einflussmöglichkeiten und ohne Wahlrechte oder andere Spielräume zugunsten des begünstigten Insiders, also gleichsam einem Automatismus, ablaufen, birgen nur die Auflegung dieses Programmes sowie deren Auflösung durch Ausübung oder Veräußerung letztendlich tatsächlich Risiken. Für diese neuralgischen Punkte sind die beschriebenen Verhaltensweisen im Ergebnis daher von größter Bedeutung.

Letztendlich gilt jedoch wie mehrfach hervorgehoben, dass die durch die Veröffentlichung von Insiderinformationen geschaffene Transparenz das effektivste Mittel zur Verhinderung rechtlicher Konflikte mit § 14 Abs. 1 ist, so dass die Aussage von *Brandeis*, „sunlight is said to be the best of disinfectants, electric light the most efficient policeman“,[948] im Grundsatz auch in diesem Rahmen Geltung beanspruchen kann.

---

948 *Brandeis,* Other peoples' money and how the bankers use it, 1914, Chap. V, § 1.

D. Restrukturierungsmaßnahmen

I) Problemaufriss inklusive Begriffsbestimmung

Die Geltung der insiderrechtlichen Vorschriften beschränkt sich selbstverständlich nicht auf die bislang ausgewählt behandelten Bereiche, sondern durchzieht und bestimmt das Handeln bei Eröffnung seines Anwendungsbereichs allumfassend. Dies gilt auch für den praktisch relevanten Sektor der Restrukturierungsmaßnahmen, die abschließend als weiterer Sonderfall beleuchtet werden sollen.

Der Begriff der Restrukturierungsmaßnahme ist jedoch denkbar unscharf, so dass hierunter per se eine Vielzahl von Konstellationen subsumiert werden kann. Ehe sich dem Insiderrecht gewidmet werden kann, soll an dieser Stelle daher kurz versucht werden, den Begriff inhaltlich derart zu konkretisieren, dass die weiteren Ausführungen nicht allzu abstrakt werden.

Festzustellen ist zunächst, dass Restrukturierungsmaßnahmen vor allem in der Krisenzeit einer Gesellschaft eingreifen und oftmals gerade dadurch Eingang in die rechtswissenschaftliche Auseinandersetzung gefunden haben.[949] Derart verstandene Restrukurierungsmaßnahmen stellen allerdings nur einen Ausschnitt des Begriffs dar. Verdeutlicht wird dies, wenn man die Begriffsbestimmung der Restrukturierung aus IAS 37.10 heranzieht. Eine Restrukturierungsmaßnahme ist danach ein Programm, das vom Management geplant und kontrolliert wird und entweder (a) das von dem Unternehmen abgedeckte Geschäftsfeld oder (b) die Art, in der dieses Geschäft durchgeführt wird, wesentlich verändert. Unter einer Restrukturierung sind somit unabhängig von einer Krise des Unternehmens ergriffene Maßnahmen, wie Personalreduzierungen, die Beendigung der Fertigung von Produkten oder ganzen Produktlinien, die Schließung von Standorten, die Einstellung bzw. der Verkauf ganzer Geschäftsbereiche und weitere ähnliche Maßnahmen zu verstehen.[950] Die Qualifikation dieser Schritte als Restrukturierungsmaßnahme wird insbesondere durch einen Seitenblick in IAS 37.70 bestätigt, wonach explizit der Verkauf eines Geschäftszweigs, die Stilllegung oder Umorganisation als Restruktuierungsmaßnahmen anzusehen ist.

Derart umfangreiche Maßnahmen können nicht nur aufgrund des möglicherweise nötigen Erwerbs und Verkaufs von Wertpapieren Berührungspunkte mit dem Insiderhandelsverbot aufweisen, auch die oftmals erforderliche Einbeziehung der verschiedenen Interessengruppen eines Unternehmens könnte Probleme hervorrufen. Angesichts der Vielzahl möglicher Restrukturierungsmaßnahmen kann

---

949 Siehe nur *Buth/Hermanns*, Restrukturierung, Sanierung und Insolvenz, 2004; *Schauwecker/Falckenberg* BC 2004, 106; ausführlich auch *Picot/Aleth* in Picot, Unternehmenskauf und Restrukturierung, S. 1140 ff.

950 Siehe *v. Heynitz* BC 2002, 265, 265.

und will die folgende Ausarbeitung dabei aber keinen abschließenden, allumfassenden Blick auf die einzelnen Probleme werfen, sondern sich vielmehr auf die Leitlinien im Verhältnis von Insiderhandelsverbot und Restrukturierung konzentrieren.

II) Die Befugnis zur Weitergabe von Insiderinformationen im Rahmen von Restrukturierungen

1) Gesetzlich statuierte Informationspflichten

a) Die legitimierende Funktion gesetzlicher Informationspflichten im Hinblick auf § 14 Abs. 1 Nr. 2

Die regelmäßig sehr weitreichenden Konsequenzen von Restrukturierungen können zur Folge haben, dass die Rechtsordnung bereits frühzeitig verschiedene Pflichten an die Zulässigkeit der Durchführung dieser Maßnahmen knüpft. Diese Pflichten können von höchst unterschiedlicher Art sein, sind sie doch abhängig von der jeweiligen Situation und Struktur des Unternehmens. Soweit allerdings die Information bisheriger Nichtinsider in Rede steht, kann dies Konflikte mit dem insiderrechtlichen Weitergabeverbot aus § 14 Abs. 1 Nr. 2 heraufbeschwören, da mitunter sowohl die Insiderinformation „Restrukturierung" als auch sonstige hierfür relevante Insiderinformationen anderen Personen mitgeteilt werden müssen.

Umfassende Informationspflichten resultieren insbesondere aus § 106 BetrVG, dessen Abs. 2 dem Unternehmer auferlegt, den Wirtschaftsausschuss rechtzeitig und umfassend über die wirtschaftlichen Angelegenheiten des Unternehmens unter Vorlage der erforderlichen Unterlagen zu unterrichten. Zu diesen wirtschaftlichen Angelegenheiten gehören nach § 106 Abs. 3 Nr. 6 BetrVG insbesondere auch die Einschränkung oder Stilllegung von Betrieben oder von Betriebsteilen sowie nach dessen Nr. 8 der Zusammenschluss oder die Spaltung von Unternehmen oder Betrieben. Überdies wird in derartigen Fällen auch die direkte Information des Betriebsrates gem. § 80 Abs. 2 BetrVG nötig sein. Fraglich ist jedoch, inwieweit sich diese Pflichten mit dem Verbot der Informationsweitergabe aus § 14 Abs. 1 Nr. 2 vereinbaren lassen.

Entsprechend der oben aufgefächerten Begrifflichkeit der Befugnis zur Weitergabe kann diese bejaht werden, wenn die Weitergabe der Informationen an Dritte im normalen Rahmen der Ausübung einer Arbeit, eines Berufs oder einer Aufgabe erfolgt.[951] Zu diesem Bereich hat unzweifelhaft die Erfüllung gesetzlich statuierter Pflichten zu zählen, so dass das Insiderrecht die Unterrichtungs-

951 Siehe Teil 2, B.IV)3)a).

pflichten aus dem BetrVG per se nicht zurückdrängen kann.[952] Vor dem Hintergrund des AnSVG könnte man versucht sein, diese Ansicht vom Kopf auf die Füße zu stellen, immerhin verfolgte der Gesetzgeber explizit das Ziel der Rückgewinnung des Anlegervertrauens durch Erweiterung und Straffung des insiderrechtlichen Handelsverbotes,[953] so dass man auch zu dem Schluss kommen könnte, das insiderrechtliche Weitergabeverbot habe Vorrang gegenüber den betriebsverfassungsgesetzlichen Vorschriften zu beanspruchen. Explizit verfolgen *Röder/Merten* diese Linie zwar nicht, doch stützen sie sich faktisch auf einen derartigen Gedankengang, wenn sie maßgeblich die Effektivität des Insiderhandelsverbots bei fortbestehender Öffnung der Weitergabebefugnis im beschriebenen Sinne gefährdet sehen, da auf diesem Wege eine größere Anzahl von Personen Insiderinformationen erhält.[954] Sie versuchen ihre Ansicht dabei zum einen mit Aspekten der unangemessenen Überforderung der Mitglieder des Wirtschaftsausschusses und des Betriebsrates zu untermauern, die regelmäßig nicht beurteilen könnten, inwieweit Insiderinformationen tatsächlich vorliegen und ob diese weitergegeben werden können.[955] Zudem sei die zunächst nicht erfolgende Weitergabe besagter Insiderinformationen zeitlich gesehen kaum relevant, da die nach dem BetrVG zu unterrichtenden Personen auch bei zunächst nicht erfolgender Unterrichtung noch nach der öffentlichen Bekanntgabe ihre Aufgaben adäquat wahrnehmen könnten, die Verzögerung der nach dem BetrVG geforderten Information damit letztendlich nicht ins Gewicht falle.[956] Beides kann im Ergebnis nicht überzeugen. Gegen die Argumentation, dass die Mitglieder von Wirtschaftsausschuss und Betriebsrat bei der Beurteilung von Informationen als Insiderinformationen überfordert seien, spricht bereits der Aspekt, dass sich das Anforderungsprofil an die Mitglieder dieser Gremien nach den geltenden gesetzlichen Bestimmungen zu richten hat und nicht umgekehrt. Zwar dürfen auf diesem Wege sicherlich auch keine überzogenen Anforderungen formuliert werden, die im Ergebnis jede Person als untauglich erscheinen lassen, jedoch ist man bei der Frage der Einordnung einer Information als Insiderinformation weit von einem Punkt der Überforderung entfernt. Die zu treffende Einschätzung dürfte überdies durch die nötige Vorlage aller erforderlichen Unterlagen gem. § 80 Abs. 2 S. 2 BetrVG und § 106 Abs. 2 BetrVG erheblich erleichtert werden. Aber auch das Argument, dass trotz der Befreiungsmöglichkeit von der Veröffentlichungspflicht der Insiderinformation nach § 15 Abs. 3 aufgrund der Enge dieser Norm der zeitliche Korridor zwischen Eintritt der Insiderinformation und letztendlich erfolgender Veröffentlichung denkbar gering

---

952 *Annuß* in Richardi, BetrVG, § 106 Rn 32; *Kappes* NJW 1995, 2832, 2832 f.; siehe auch *Assmann* in Assmann/Schneider, § 14 Rn 80.

953 BT-Drucks. 15/3174, S. 26 f.

954 *Röder/Merten* NZA 2005, 268, 271 f.

955 En detail dazu *Röder/Merten* NZA 2005, 268, 272.

956 Wiederum *Röder/Merten* NZA 2005, 268, 272.

ausfallen wird,[957] ist alles andere als zwingend. Immerhin wird man auch diametral argumentieren können, dass aufgrund der kurzen Zeitspanne die Gefahr von Insidertransaktionen trotz Weitergabe an die Mitglieder der genannten Gremien durchaus gering ausfällt. Ein Seitenblick auf die nach dem AnSVG nunmehr notwendige Führung von Insiderverzeichnissen gem. § 15b stützt eher letztgenanntes Verständnis, da hierdurch der BaFin ein Instrument zur schnellen Überprüfbarkeit von verbotenen Aktivitäten an die Hand gegeben ist; der Reiz für die Gremiumsmitglieder zu Tätigwerden im Besitz von Insiderinformationen daher kaum vorhanden sein dürfte.

Die genannten Gründe sprechen im Ergebnis gegen eine Beschränkung der betriebsverfassungsrechtlichen Informationspflichten zugunsten des insiderrechtlichen Weitergabeverbots. Vor allem die flankierenden Maßnahmen des WpHG wie die neue Pflicht zur Führung von Insiderverzeichnissen und die Tatsache, dass auch die Mitglieder der informierten Gremien als Insider den Verboten des § 14 Abs. 1 unterfallen, machen die Zurückdrängung des BetrVG nicht erforderlich. Eine Unterrichtung des Wirtschaftsausschusses und des Betriebsrates erst mit oder unmittelbar nach Veröffentlichung der Insiderinformationen gem. § 15, wie es *Röder/Merten* vorschlagen,[958] würde die Einflussmöglichkeiten und somit die Arbeitsfähigkeit unnötig beschränken. Dies könnte vor allem auch das Gebot rechtzeitiger Unterrichtung des Wirtschaftsausschusses zur Ermöglichung der Einwirkung auf den Entschluss des Arbeitgebers in betriebswirtschaftlich sinnvoller Weise durch den vom Wirtschaftsausschuss gem. § 106 Abs. 1 S. 2 BetrVG zu unterrichtenden Betriebsrat, vor allem in Fällen des § 111 BetrVG, unterminieren.[959]

Auch unter Ausklammerung der letztgenannten spezifisch arbeitsrechtlichen Aspekte bleibt festzuhalten, dass weder vor noch nach AnSVG die Weitergabe von Informationen zur Erfüllung gesetzlich festgelegter Pflichten aufgrund insiderrechtlicher Aspekte verneint werden kann und muss. Zwar hätte man insbesondere den Willen zur Verschärfung der Vorschriften des Insiderrechts als Anknüpfungspunkt für eine entgegengesetzte Argumentation aufgreifen können, jedoch steht dem neben den genannten Argumenten auch der hervortretende Wille des Gesetzgebers, bei § 14 Abs. 1 Nr. 2 keine Veränderungen vornehmen zu wollen,[960] entgegen.

Gesetzliche Informationspflichten von nicht unerheblicher Relevanz finden sich weiterhin im Umwandlungsgesetz. Der nach diesen Vorschriften mögliche

---

957 *Röder/Merten* NZA 2005, 268, 272.

958 *Röder/Merten* NZA 2005, 268, 272.

959 Zur Frage der rechtzeitigen Unterrichtung siehe *Annuß* in Richardi, BetrVG, § 106 Rn 24 mwN.

960 Siehe BT-Drucks. 15/3174, S. 34.

Formwechsel einer Gesellschaft verlangt gem. § 192 UmwG einen Umwandlungsbericht. Der Adressatenkreis dieses Berichts variiert in Abhängigkeit zur Form der formwechselnden Gesellschaft, ist daher in den Besonderen Vorschriften der §§ 214 ff. UmwG en detail aufgeschlüsselt. Allgemein gilt jedoch, dass diejenigen Anteilsinhaber Adressaten sind, deren Schutz der jeweilige Umwandlungsbericht bezweckt.[961] Jedenfalls für die Weitergabe der Insiderinformation „Formwechsel" bestehen daher keine insiderrechtlichen Bedenken, für die Beurteilung sonstiger Insiderinformationen, die Eingang in den Umwandlungsbericht gefunden haben, muss grundsätzlich Leitlinie sein, dass die Weitergabe insofern erlaubt ist, als die umwandlungsrechtlichen Normen dies erfordern und zulassen. Restriktionen können insbesondere aufgrund von § 192 Abs. 1 S. 2 UmwG iVm § 8 Abs. 2 UmwG bei der Gefahr nicht unerheblicher Nachteile gerechtfertigt sein.[962] Die letztgenannte Prüfung hat sich somit aber unter Ausschluss insiderrechtlicher Wertungen nur an den Wertungen des Umwandlungsgesetzes zu orientieren. Diese Ausführungen haben mutatis mutandis auch für den bei Verschmelzungen nötigen Verschmelzungsbericht gem. § 8 UmwG zu gelten.[963] Ganz ähnliche Erwägungen gelten im Übrigen auch für die oben bereits behandelten arbeitsrechtlichen Unterrichtungspflichten, denen beispielsweise in § 106 Abs. 2 BetrVG eine Beschränkung bei Gefährdung von Betriebs- und Geschäftsgeheimissen immanent ist.

Daneben bestehen beispielsweise auch im Aktienrecht im Rahmen eines sog. Squeeze-Out nach §§ 327a ff. AktG Berichtspflichten.[964] Im Vergleich mit den bereits aufgeführten gesetzlichen Informationspflichten sind die zur Aufklärung verpflichtete Person und der Kreis der zu Informierenden allerdings anders gefasst. So hat nach § 327c Abs. 2 AktG der Hauptaktionär der Hauptversammlung einen schriftlichen Bericht zu erstatten, der die Voraussetzungen der Übertragung darlegt und die Angemessenheit der Barabfindung erläutert und begründet. Dieser Bericht setzt auf einer früheren Stufe zwangsläufig gem. § 327b Abs. 1 S. 2 AktG die Weiterleitung umfangreicher Informationen durch den Vorstand an den Hauptaktionär voraus.[965]

---

961 Siehe *Kallmeyer*, Umwandlungsgesetz, § 192 Rn 40.

962 Zum konkreten Verständnis des nicht unerheblichen Nachteils *Kallmeyer*, Umwandlungsgesetz, § 8 Rn 30 ff.; *Lutter*, Umwandlungsgesetz, Bd. I, § 8 Rn 45.

963 Statt vieler zur Verschmelzung siehe überblicksartig *Temme* in Picot/Mentz/Seydel, Die AG bei Unternehmenskauf und Restrukturierung, S. 432 ff.

964 Allgemein zum Squeeze-Out siehe nur *Hüffer* § 327a ff. AktG; MünchKommAktG/*Grunewald* vor § 327a – 327f AktG; *Fleischer* ZGR 2002, 757; *Baums* WM 2001, 1843; *Krieger* BB 2002, 53; *Eisolt* DStR 2002, 1145; *Buchta/Ott* DB 2005, 990.

965 Zur insiderrechtlichen Dimension des Weitergabeverbots bei einem Squeeze-Out siehe auch *Hasselbach* NZG 2004, 1087, 1093.

Im Grundsatz kann somit verallgemeinernd festgestellt werden, dass das Verbot der Weitergabe dann regelmäßig nicht eingreifen wird, wenn in gesetzlicher Form entsprechende Informationspflichten vorgesehen sind.

b) Grenzen der Legitimationswirkung

Allerdings kann eine derartige Verneinung des Weitergabeverbots von Insiderinformationen gem. § 14 Abs. 1 Nr. 2 nicht in jedem Fall überzeugen. Die Grenzen sind dann erreicht, wenn die Zurückdrängung des Weitergabeverbots den Sinn und Zweck dieser Regelung konterkarieren würde. So wird durch § 14 Abs. 1 Nr. 2 zu erreichen versucht, den Kreis der Insider möglichst klein zu halten, so dass damit einhergehend die Gefahr des Tätigwerdens auf den Märkten mit Sonderwissen zurückgedrängt wird und eine Übervorteilung des gemeinen Anlegers weitestmöglich auszuscheiden ist. Ein kleingehaltener Kreis von Insidern war bei den Informationspflichten nach dem BetrVG jedenfalls noch anzunehmen, da in den zu informierenden Gremien eine überschaubare Anzahl von Personen sitzt, die zudem noch in die nunmehr zu führenden Insiderverzeichnisse einzustellen sind. Diesbezüglich können abweichende Beurteilungen, gerade vor dem Hintergrund des AnSVG nicht durchgreifen. Soweit aber eine zwar bestimmbare, aber schwerlich als überschaubar zu bezeichnende Personengruppe wie die Hauptversammlung bei Betreiben eines Squeeze-Out zu informieren ist, kann die Zurückdrängung des Weitergabeverbots nicht mehr uneingeschränkt überzeugen.

Zunächst ist anzuführen, dass jedenfalls bei einer erforderlichen Unterrichtung der Hauptversammlung Apekte eines zu führenden Insiderverzeichnisses nach § 15b Abs. 1 keine Rolle spielen können. Als ganz entscheidendes Merkmal entpuppt sich in diesem Zusammenhang die personenbezogene Tatbestandseinschränkung des „Tätigseins für den Emittenten" in § 15b Abs. 1 S. 1, die durch die Einbeziehung jedweder Person in einem irgendwie gearteten Vertragsverhältnis zwar sehr weit zu verstehen ist,[966] jedoch bei Aktionären verneint werden muss. Mangels Einschlägigkeit der Pflicht zur Aufnahme in das Insiderverzeichnis kann diese somit typischerweise das Vorgehen bei Restrukturierungen mit zu informierenden Kreisen, die außerhalb des Anwendungsbereichs der Norm stehen, nicht beeinflussen.

Bei einer notwendigen Unterrichtung der Hauptversammlung oder anderen größeren Personenkreisen ist zudem das Ziel der Unterbindung von Sondervorteilen derart stark gefährdet, dass trotz der Existenz einer gesetzlichen Informationspflicht das Weitergabeverbot des § 14 Abs. 1 Nr. 2 zu gelten hat. Ohne entsprechende Veröffentlichung der Insiderinformationen nach § 15 Abs. 1 kann damit

966 Emittentenleitfaden der BaFin vom 15.7.2005, S. 99 f.

den sonstigen gesetzlichen Informationspflichten nicht nachgekommen werden. Je größer und unüberschaubarer also der gemäß der gesetzlichen Informationspflicht zu unterrichtende Personenkreis ist, desto eher werden die Ziele des Insiderhandelsverbots aus § 14 Abs. 1 gefährdet und desto eher kann eine gesetzliche Informationspflicht die Weitergabe von Insiderinformationen im Hinblick auf § 14 Abs. 1 Nr. 2 nicht mehr legitimieren.

Man könnte jedoch versucht sein, vor dem Hintergrund der Veröffentlichungspflicht aus § 15 Abs. 1 einen generellen Vorrang der gesetzlichen Informationspflichten vor dem Weitergabeverbot aus § 14 Abs. 1 Nr. 2 zu fordern und somit die eben angesprochenen Überlegungen für unnötig zu halten. Ausgangspunkt muss die Überlegung sein, dass theoretisch Insiderinformationen, die weitergegeben werden können, nur in den Fällen des Aufschubs der Veröffentlichung gem. § 15 Abs. 3 existieren können, da anderenfalls eine unverzügliche Veröffentlichung gem. § 15 Abs. 1 S. 1 vorzunehmen ist. Ohne vertieft den Ausführungen zur Ad-hoc-Publizität vorgreifen zu wollen, kann jedenfalls an dieser Stelle festgestellt werden, dass der Aufschub nur solange zulässig ist, wie die Vertraulichkeit der Insiderinformation gewährleistet werden kann.[967] Soweit dies nicht mehr gegeben ist, greift die Pflicht aus § 15 Abs. 3 S. 2, die eine unverzügliche Nachholung der ursprünglichen Veröffentlichung erfordert. Bezogen auf die Konstellation der gesetzlichen Informationspflicht mit dem Ziel der Unterrichtung eines großen Personenkreises, also beispielsweise der Hauptversammlung, wird der Aufschub der Veröffentlichung nicht mehr der gesetzlichen Regelung des § 15 Abs. 3 entsprechen. Wenn in diesen Fällen also der Informationspflicht nachgekommen wird, wird gleichfalls eine Veröffentlichung nach den Regeln der Ad-hoc-Publizität vorzunehmen sein, so dass letztendlich der oben dargelegte Ansatz, dass Informationspflichten nicht in jedem Fall die Zurückdrängung des Weitergabeverbots legitimieren können, hinfällig bzw. überflüssig wäre. Allerdings kann die letztgenannte Argumentation einen entscheidenden Aspekt nicht adäquat verarbeiten: Tatsächlich kann es nämlich auch vorkommen, dass Insiderinformationen rechtlich unzulässig zurückgehalten werden. Dann versagt jedoch die wiederauflebende Veröffentlichungspflicht aus § 15 Abs. 3 S. 2, so dass ohne Not die Einschlägigkeit des Filters des § 14 Abs. 1 Nr. 2 geopfert wurde.

Im Ergebnis ist daher auch bei Vorliegen gesetzlicher Informationspflichten das Verbot der Weitergabe mitunter einschlägig, so dass erstgenannte Pflichten nur nach entsprechender Veröffentlichung gem. § 15 Abs. 1 vorgenommen werden können.

---

967 Ausführlich dazu unten Teil 3, A.II)4)b)cc).

2) Verdrängung des Weitergabeverbots trotz Fehlens gesetzlicher Informationspflichten?

Informationspflichten sind jedoch nicht in jedem Fall konkret in den Normen eines Gesetzes ausgestaltet, sondern können auch ohne explizite gesetzliche Grundlage bestehen. Dies manifestiert sich namentlich in den sog. Holzmüller-Fällen. In der zugrundeliegenden „Holzmüller"-Entscheidung[968] brachte der Bundesgerichtshof dies vor über 20 Jahren erstmals zu Tage, als er für Vorstände bei der Frage der Anrufung der Hauptversammlung nach § 119 Abs. 2 AktG eine „Ermessensschrumpfung auf Null" annahm, wenn grundlegende Entscheidungen in Rede stehen, die „so tief in die Mitgliedschaftsrechte der Aktionäre und deren im Anteilseigentum verkörperten Vermögensinteresse eingreifen, dass der Vorstand vernünftigerweise nicht annehmen kann, er dürfe sie in ausschließlich eigener Verantwortung ohne Beteiligung der Hauptversammlung treffen".[969] Diese Formel hat in der Folge neben Zuspruch[970] auch erhebliche Kritik[971] erfahren, wurde in jüngerer Vergangenheit allerdings in der „Gelatine"-Entscheidung[972] durch den BGH sogar ausdrücklich bekräftigt und inhaltlich präzisiert. Zwar existiert mit § 119 Abs. 2 AktG eine gesetzliche Grundlage für die Ableitung der genannten Pflicht zur Anrufung der Hauptversammlung, dennoch kann man bereits unter Verzicht der Analyse einer näheren dogmatischen Herleitung[973] festhalten, dass § 119 Abs. 2 AktG für sich nicht als gesetzliche Informationspflicht vergleichbar zu den oben genannten Fällen betrachtet werden kann. Fraglich ist daher, ob eine insiderrechtliche Weitergabebefugnis in „Holzmüller"-Konstellationen anzunehmen ist. Eine derartige Befugnis ist immer dann anzunehmen, wenn die Weitergabe der Informationen an Dritte im normalen Rahmen der Ausübung einer Arbeit, eines Berufs oder einer Aufgabe erfolgt. Da

---

968 BGH Urt. v. 25.2.1982 – II ZR 174/80 Z 83, 122 = NJW 1982, 1703 = AG 1982, 158.

969 BGH Urt. v. 25.2.1982 – II ZR 174/80 Z 83, 122, 131.

970 Aus dem umfangreichen Schrifttum seien stellvertretend genannt: *Lutter* in FS Stimpel, 1985, S. 825; *Rehbinder* ZGR 1983, 92; *von Rechenberg* in FS Bezzenberger, 2000, S. 359; in Bezug auf die materiell-rechtliche Interessenbewertung zustimmend *Joost* ZHR 163 (1999), 164, 179 ff.; *Hüffer*, § 119 AktG Rn 18; *Kubis* in MünchKommAktG § 119 AktG Rn 39 ff.; *K.Schmidt*, Gesellschaftsrecht, S. 870 ff.

971 Wiederum statt vieler *Semler* BB 1983, 1566, 1570 ff.; *Martens* ZHR 147 (1983), 377; *Werner* ZHR 147 (1983), 429; *Beusch* in FS Werner, 1984, S. 1; *Heinsius* ZGR 1984, 383; *Mülbert* in GroßkommAktG, § 119 AktG Rn 24.

972 BGH Urt. v. 26.4.2004 – II ZR 155/02 Z 159, 30 = AG 2004, 384.

973 Dazu BGH Urt. v. 26.4.2004 – II ZR 155/02 Z 159, 30, 43, worin sich der entscheidende Senat ausführlich mit der Frage der Rechtsgrundlage beschäftigt, im Ergebnis sich aber weder dem Weg über eine Analogie zu allen oder einzelnen aktien- und umwandlungsrechtlichen Vorschriften noch demjenigen über § 119 Abs. 2 AktG anschließt, sondern nunmehr die Zuständigkeit der Hauptversammlung als Ergebnis einer offenen Rechtsfortbildung ansieht.

die Weitergabe auf „Holzmüller"-Grundlage für den Vorstand in ebendiesem Rahmen liegt, müsste grundsätzlich angenommen werden, dass in diesen Fällen das insiderrechtliche Verbot der Weitergabe zurückzustehen hat. Allerdings ist wiederum zu beachten, dass nicht an einen kleinen Personenkreis Informationen weitergegeben werden, sondern an die Hauptversammlung einer Gesellschaft, so dass bei Verneinung der Einschlägigkeit des Verbots der Weitergabe gem. § 14 Abs. 1 Nr. 2 die Effektivität letztgenannten Instruments erheblich in Mitleidenschaft gezogen würde. Immerhin will § 14 Abs. 1 Nr. 2 dazu beitragen, den Kreis von Insidern möglichst gering zu halten. Daher muss auch in „Holzmüller"-Fällen gelten, dass ohne vorangegangene Veröffentlichung nach § 15 Abs. 1 Insiderinformationen dem meist relativ großen Kreis der Aktionäre auf der Hauptversammlung nicht zugänglich gemacht werden können, ohne gegen § 14 Abs. 1 Nr. 2 zu verstoßen.

3) Die Befugnis zur Weitergabe unter Berücksichtigung der Gesellschaftsinteressen

Restrukturierungsmaßnahmen sind in aller Regel von derartigem Umfang, dass das spätere Scheitern für das Unternehmen mit erheblichen finanziellen Einbußen, bei in Krisenzeiten anvisierten Restrukturierungen sogar zum vollständigen Zusammenbruch der Gesellschaft führen kann. Von besonderer Relevanz ist daher die Wahl einer realisierbaren Restrukturierung. Dies beinhaltet insbesondere in Fällen der Notwendigkeit der Zustimmungsbedürftigkeit der Hauptversammlung einer Aktiengesellschaft, dass die wichtigsten (Groß-)Aktionäre möglichst früh in die Planungen, d.h. noch vor Einschlägigkeit einer der genannten Informationspflichten einbezogen werden sollten, um die Gefahr des Scheiterns zu minimieren. Dieses Bestreben muss jedoch insiderrechtlich auf erhebliche Bedenken stoßen, wenn sich noch keine Informationspflicht realisiert hat. Allerdings ist für die Annahme einer befugten Weitergabe nicht generell das Vorliegen einer Informationspflicht notwendig bzw. ausreichend. Vielmehr hat die Frage der Befugnis entsprechend den an anderer Stelle herausgearbeiteten Leitlinien anhand einer Abwägung zwischen den widerstreitenden Interessen, namentlich dem Ziel des Insiderrechts, die Zahl möglicher Insider präventiv auf ein Minimum zu beschränken, um die Erzielung von Sondervorteilen zu unterbinden, und den Funktionserfordernissen rechtlicher und wirtschaftlicher Institutionen, zu erfolgen.[974] Im Falle von Restrukurierungsmaßnahmen wird man einerseits den mit diesen Vorhaben verbundenen Aufwand und die Folgen des Scheiterns und andererseits die Gefahr des Missbrauchs der Informationen durch die kenntnisnehmende Person in die Abwägung einzustellen haben. Gerade in Krisenzeiten spricht das Interesse des Unternehmens an dessen Fortbestand für

974 Allgemein zur Frage der Bestimmung der Befugnis siehe Teil 2, B.IV)3)a).

ein Abwägungsergebnis, welches die Befugnis zur Weitergabe zulässt. Aber auch bei sonstigen Restrukturierungen spricht der enorme zeitliche und finanzielle Aufwand für die Zulässigkeit einer frühzeitigen Abstimmung mit den Schlüsselpersonen.[975] Zwar wird für diese Personen ein wirtschaftlicher Anreiz zum Handel mit Insiderwissen gesetzt, doch dürften die unterrichteten Personen auch darum Wissen, dass die Informationsweitergabe beim Emittenten genauestens vermerkt wird und im Zweifelsfall der Emittent bereits zur Bekämpfung des Verdachts des Insiderhandels der BaFin die entsprechenden Dokumente zur Verfügung stellen wird. Im Ergebnis dürfte nämlich nichts schädlicher sein, als die Mutmaßung bei einem Emittenten werden in dessen Aktien aufgrund der Lancierung von Insiderwissen durch die Organe des Emittenten Geschäfte getätigt. Bei der Beurteilung, inwieweit Insiderinformationen auch vor der Manifestation einer gesetzlichen Informationspflicht weitergegeben werden können, wird aber auch weiterhin entscheidend auf die Besonderheiten des Einzelfalles abzustellen sein. So ist beispielsweise die Unterrichtung eines Großaktionärs eher zulässig als diejenige einer Vielzahl von Aktionären mit mittelgroßen Beteiligungen, die insbesondere die Schwelle zu einer unternehmerischen Beteiligung nicht überschritten haben.

4) Ergebnis

Verallgemeinernd bleibt festzuhalten, dass die Existenz gesetzlicher oder gleichbedeutender Informationspflichten grundsätzlich ein Indiz für die Zurückdrängung des insiderrechtlichen Weitergabeverbots ist. Allerdings ist in Abhängigkeit von der Reichweite der Informationspflichten im Einzelfall dennoch das Weitergabeverbot aus § 14 Abs. 1 Nr. 2 hochzuhalten. Dies ist immer dann der Fall, wenn die Erfüllung der Informationspflicht den Zielen von § 14 Abs. 1 Nr. 2 eklatant zuwider laufen würde, was jedenfalls bei der nötigen Information eines allzu großen Personenkreises anzunehmen ist. Je kleiner jedoch der Personenkreis ist, desto eher ist die Weitergabe der Insiderinformation „Restrukturierungsmaßnahme" mitsamt allen erforderlichen Informationen zu ihrer Durchführung insiderrechtlich zulässig. Das Merkmal der befugten Weitergabe hat insoweit keine Veränderungen durch das AnSVG erfahren. Hervorzuheben ist insbesondere, dass auch weiterhin die strikte Befolgung der Veröffentlichungspflicht aus § 15 Abs. 1 insiderrechtlichen Zuwiderhandlungen am Effektivsten begegnen kann.

---

975 Im Ergebnis ebenso *Hasselbach* NZG 2004, 1087, 1093; dazu auch *Assmann* in Assmann/Schneider, § 14 Rn 84, 92.

III) Aspekte des insiderrechtlichen Verwendungsverbots

Neben der möglichen Einschlägigkeit des insiderrechtlichen Weitergabeverbots können bei Restrukturierungen insbesondere auch Probleme mit dem Verwendungsverbot Virulenz erlangen. Dies resultiert aus dem einfachen Grund, dass Restrukturierungen zum einen in der Regel Tätigkeiten auf insiderrechtlich relevanten Märkten durch Vorstandsmitglieder, mithin also originären Insidern, nach sich ziehen und zum anderen die Restrukturierungsmaßnahme selbst als Insiderinformation von Insidern zu ihrem Vorteil auf diesen Märkten verwendet werden kann.

Soweit es um letztere Frage geht, also darum, inwieweit etwaiges Tätigwerden der Gesellschaftsorgane aufgrund der Restrukturierung als Verwenden der Insiderinformation „Restrukturierungsmaßnahme" anzusehen ist, kann auf die Leitlinien zur Verwendung des eigenen Erwerbsentschlusses als Insiderinformation verwiesen werden.[976] Entsprechend zu den Ausführungen in letzteren Zusammenhang hat auch für anvisierte Restrukturierungsmaßnahmen zu gelten, dass es sich insoweit lediglich um eine selbstgeschaffene Insiderinformation handelt, die notwendiger Bestandteil der Maßnahme an sich ist und für denjenigen, der das Vorhaben später verwirklichen will, nicht als Verwenden einer Insiderinformation angesehen werden kann. Rechtlich wird man dies über das Fehlen einer für das Verwenden nötigen Kausalität oder durch Annahme einer generellen Ausnahme vom Verwenden bei selbstgeschaffenen Insiderinformationen begründen können; im Ergebnis besteht zwischen den letztgenannten Anknüpfungspunkten jedoch kein Unterschied.[977] Somit können alle Personen, die bei der Umsetzung der Restrukturierungsmaßnahme für die Gesellschaft tätig werden und aus diesem Grund von der Insiderinformation „Restrukturierung" – sofern dies mangels Veröffentlichung tatsächlich noch eine solche Insiderinformation ist – Kenntnis haben, auch nach AnSVG nicht mit dem Verbot aus § 14 Abs. 1 Nr. 1 in Konflikt geraten. Sonstige Aktivitäten, die nicht in Umsetzung der Maßnahme vollzogen werden, beispielsweise vielmehr von privater Natur sind, unterfallen hingegen zu Recht dem Verwendungsverbot.

Für das Aktivwerden auf den vom Insiderhandelsverbot geschützten Märkten im Besitz von anderen Insiderinformationen als derjenigen der Restrukturierungsmaßnahme hat bei den entsprechenden Transaktionen zur Durchführung der Restrukturierung das Verbot des § 14 Abs. 1 Nr. 1 uneingeschränkt Geltung zu beanspruchen. Zur Vermeidung bietet sich lediglich die Veröffentlichung und somit die Beseitigung der Qualität als Insiderinformation oder entsprechend der bereits anderweitig aufgezeigten Leitlinien die Wahl einer der dortigen Vermei-

---

976 Siehe Teil 2, B.VII)1).

977 Wiederum Teil 2, B.VII)1).

dungsstrategien an, wobei im Rahmen von Restrukturierungsmaßnahmen einzig diejenige der Schaffung eines gleichen Kenntnisstands im Hinblick auf Insiderinformationen denkbar erscheint.[978] Aufgrund der Enge dieser Ausnahmen stellt die frühzeitige Information für Großaktionäre somit eine nicht unerhebliche Gefahr dar. Immerhin kann der Großaktionär nunmehr kaum mehr tätig werden, um beispielsweise sein Aktienpaket abzubauen, ohne dass er Insiderwissen verwendet. Gleichzeitig hat er auf die Veröffentlichung nach § 15 Abs. 1, die den sichersten Weg zur Vermeidung insiderrechtlicher Konflikte darstellt, keinen direkten Einfluss, da diese in den Händen des Vorstands liegt.

IV) Fazit

Im Rahmen von Restrukturierungsmaßnahmen treten letztendlich keine durch das AnSVG ausgelösten, gravierenden Besonderheiten auf. So hat sich der Anwendungsbereich des Verbots der unbefugten Weitergabe nach § 14 Abs. 1 Nr. 2 im Ergebnis nicht verändert und auch das Verwendungsverbot zwingt nicht zu einem völligen Umdenken im Hinblick auf das Ergreifen von Restrukturierungsmaßnahmen. Vielmehr konnte auch im vorliegenden Bereich gezeigt werden, dass die Insiderinformation „Restrukturierung“ von den Organen selbst bei der Einleitung der hierfür nötigen Schritte keineswegs verwendet wird. Sonstiges Handeln im Besitz dieser Insiderinformation oder bei Kenntnis um andere Insiderinformationen kann allerdings in der Regel rechtlich nicht gebilligt werden.

978 Ausführlich siehe dazu Teil 2, B.IV)7)b).

E. Schlussbetrachtung zum Verbot von Insidergeschäften

I) Zur Reichweite und Relevanz der fortentwickelten Verbotsnorm des § 14

Die eingangs dieser Arbeit vorgenommene Auffächerung des Insiderrechts nach AnSVG hatte gerade im Hinblick auf den Verbotstatbestand des § 14 Abs. 1 bereits entscheidende Veränderungen ausmachen können. Die Bedeutung dessen wurde anschließend mittels Untersuchung dreier besonderer Konstellationen vertieft und gleichzeitig somit auch für den praktischen Einzelfall sichtbar gemacht. Bislang stehen die Ergebnisse der Komplexe M&A-Transaktionen, Aktienoptionsprogramme und der Restruktuierungen jedoch vergleichsweise unabhängig neben den allgemeinen Ausführungen, da ausschließlich die Bedeutung letzterer in die jeweilige Konstellation transportiert wurde. Diese Einbahnstraße ist nun zu durchbrechen und die Ergebnisse zur Geltung des insiderrechtlichen Verbots bei M&A-Transaktionen, Aktienoptionsprogrammen und Restrukturierungen einem Abgleich mit den Feststellungen der allgemeinen Ausführungen zuzuführen. Diese Rückkoppelung verspricht nicht nur Erkenntnisse hinsichtlich der tatsächlichen Reichweite und Relevanz des fortentwickelten Verbots von Insidergeschäften, sondern bereitet auch den Boden für die Frage, inwieweit das neue Insiderrecht vom Gesetzgeber verändert bzw. nachgebessert werden sollte. Letztgenannte Frage wird allerdings vorläufig noch zurückgestellt und erst im letzten Untersuchungsschritt dieser Arbeit zusammen mit den Regelungen zur Ad-hoc-Publizität beleuchtet.

Die Prüfung der Einschlägigkeit des Insiderhandelsverbots ist nach wie vor im Grundsatz in drei, wenn auch inhaltlich veränderten Stufen zu vollziehen. Für die Einschlägigkeit des Verbots nach § 14, welcher die unzulässigen Handlungsweisen umgrenzt, ist auch auf die Definition des Insiderpapiers in § 12 als Objekt der Handlung sowie auf die Definition der Insiderinformation in § 13 als eigentlicher Auslöser für das Verbot zurückzugreifen.

Die Veränderungen bei der Definition des Insiderpapiers wirken zunächst vergleichsweise unspektakulär, bewirken jedoch im Ergebnis eine nicht unerhebliche Erweiterung in Bezug auf die mögliche Einschlägigkeit des Insiderhandelsverbots. So wurde § 12 S. 1 Nr. 3 nunmehr derart erweitert, dass die mittelbare Preisabhängigkeit von börsenzugelassenen oder in den Freiverkehr einbezogenen Finanzinstrumenten für die Qualifikation als Insiderpapier ausreicht. Dies bewirkt vor allem für die Schaffung und Durchführung von Aktienoptionsprogrammen ein erhöhtes Risiko insiderrechtlicher Konfliktsituationen. Allerdings konnte gerade bei den genannten Aktienoptionsprogrammen auch aufgezeigt werden, dass trotz dieser Erweiterung im Recht nach AnSVG nicht in jedem denkbaren Fall zwangsläufig ein Insiderpapier vorliegt. Soweit nämlich noch überhaupt kein Papier existiert, welches auf den insiderrechtlich geschützten Märkten gehandelt wird, mangelt es auch weiterhin am Tatobjekt. Die genannten, für § 12 bedeutsamen Veränderungen erweitern damit zwar grundsätzlich den Anwendungsbereich des Insiderhandelsverbots, doch geschieht dies zur Schließung etwaiger Strafbarkeitslücken. Insoweit ist das AnSVG daher keinesfalls anzugreifen, da das Tatobjekt des Insiderhandels in sinnvoller und zudem maßvoller Art und Weise einer anderen Bedeutung zugeführt worden ist.

Der nächste wichtige Schritt bei der Untersuchung, inwieweit im Einzelfall das Verbot von Insidergeschäften gem. § 14 greift, ist die Überprüfung, inwieweit überhaupt eine Insiderinformation im Sinne von § 13 vorliegt. Verschiedene Punkte der Insiderinformation sind dabei aus dem Recht vor AnSVG übernommen worden. Dies gilt beispielsweise für das Erfordernis mangelnder öffentlicher Bekanntheit und den Bezug zum Emittenten bzw. zu dessen Insiderpapieren. Semantisch übernommen, jedoch inhaltlich einer anderen Bedeutung zugeführt wurde das Schlüsselmerkmal des Kursbeeinflussungspotentials. Es wird nunmehr zweifelsohne nicht mehr anhand fester Schwellenwerte bestimmt, sondern beurteilt sich aus der Sicht des verständigen Anlegers. Die exakte Ermittlung des Verständnisses dieses Merkmals bereitet im Ergebnis fast ähnliche Probleme wie die Voraussetzung der Konkretheit, welche durch das AnSVG Eingang in den Gesetzestext gefunden hat. Diesbezüglich hat die vorliegende Arbeit bereits in allgemeiner Art und Weise das Verständnis der entscheidenden Merkmale ausführlich ergründet. Die Fokussierung auf die genannten Einzelfälle macht es nicht nötig, diese Ausführungen zu relativieren. Immerhin lag der Schwerpunkt im Rahmen der Behandlung der Einzelfälle gar nicht bei der Frage der Qualifikation eines Umstandes als Insiderinformation. Zwar ist dies für die Frage der Einschlägigkeit des Insiderhandelsverbots nach § 14 Abs. 1 auch von Bedeutung, doch ist es für die in § 15 Abs. 1 geregelte, an späterer Stelle genauer zu untersuchende Veröffentlichungspflicht von viel größerer Relevanz, da zeitlich mit der Manifestation als Insiderinformation eine unverzügliche Publizitätspflicht statuiert wird. Die Rückkoppelung des Begriffs der Insiderinformation soll daher zunächst zurückgestellt und erst bei den Ausführungen zur Adhoc-Publizität aufgegriffen werden.

Der Schwerpunkt der Ausführungen der insiderrechtlichen Probleme im Rahmen von M&A-Transaktionen, Aktienoptionsprogrammen und Restrukturierungen lag jedoch eindeutig auf der Ergründung der Bedeutung des Verwendens aus § 14 Abs. 1 Nr. 1 für die genannten Konstellationen. Gerade in dieser Hinsicht ist die Rückkoppelung der Einzelfälle an das allgemein aufgezeigte Verständnis von besonderem Interesse.

Die Reduktion der Anforderungen des § 14 Abs. 1 Nr. 1 auf das nunmehr alles entscheidende Merkmal der Kausalität hat naturgemäß zunächst eine erhebliche Ausweitung des Anwendungsbereichs des Insiderhandelsverbots zur Folge. Ohne nähere Untersuchung von Einzelfällen konnte in der Verankerung des Verwendens bereits in abstrakter Weise eine der Kernveränderungen des AnSVG ausgemacht werden. Problematisch an der Streichung der Absicht, einen Sondervorteil zu ziehen und der nunmehr ausschließlichen Fokussierung auf die Kausalität ist, dass letztere in der Theorie aufgrund ihrer Weite in fast jeder Konstellation anzunehmen ist. Zielstellung im Hinblick auf die Durchleuchtung verschiedener Einzelfälle war es dann auch, die tatsächlich noch bestehende Begrenzungsfunktion des Verwendens sichtbar zu machen. Anders ausgedrückt sollte am Einzefall untersucht werden, in welchen Fällen ein Handeln im Hinblick auf § 14 Abs. 1 Nr. 1 als neutral zu werten ist, weil Insiderinformationen keinerlei Auswirkungen haben konnten.

Im Rahmen der Untersuchung der M&A-Transaktionen musste zunächst festgestellt werden, dass die dort übliche (umfassende) due diligence dazu führt, dass regelmäßig Insiderwissen weitergegeben wird. Trotz der theoretischen Weite der Kausalität konnten jedoch verschiedene Konstellationen aufgezeigt werden, in denen dieses Merkmal Begrenzungsfunktion innehat. Zum einen sind dies Fälle, in denen bei lebensnaher Betrachtung Insiderinformationen keinerlei Auswirkungen auf das spätere Handeln des Insiders haben können. Hierzu zählen vor allem die Konstellationen, in denen beim Erwerb negative Informationen zurückgehalten und nicht zum Drücken des Preises eingesetzt werden bzw. bei der Veräußerung positive Informationen nicht offenbart werden. In beiden Fällen verschenkt der Insider durch Nichtveröffentlichung seines Wissens einen Vorteil, den er sonst hätte ziehen können. Das Insiderwissen ist damit nicht nur nicht bedenklich, sondern zudem bei lebensnaher Betrachtung für das Verhalten des Insiders keinesfalls von Relevanz, somit im Ergebnis nicht kausal. Diese Erkenntnisse sind indes trotz Entwicklung im Rahmen der Betrachtung von M&A-Transaktionen nicht spezifisch auf diese Konstellationen zugeschnitten, sondern für alle Fälle von Transaktionen verallgemeinerungsfähig. Gerade auch bei der Durchführung von Aktienoptionsprogrammen kann Insiderwissen für den Vorstand als originären Insider unabhängig von der Stufe des jeweiligen Optionsprogrammes beim Erwerb unter Zurückhaltung negativer Informationen bzw. bei der Veräußerung unter Zurückhaltung positiver Informationen letztendlich kein Verwenden im Sinne von § 14 Abs. 1 Nr. 1 darstellen.

Eine andere Gestaltungsform, in der es im Ergebnis ebenfalls an der Einschlägigkeit der Kausalität und somit des Verwendens von Insiderinformationen mangelt, ist diejenige, in der ein fester Erwerbs- oder Veräußerungsentschluss vorhanden ist. Rechtstechnisch wird der Anwendungsbereich des § 14 Abs. 1 Nr. 1 zwar komplett vermieden, doch geschieht dies über den Hebel der Kausalität, so dass in der vorliegenden Ausarbeitung der feste Erwerbsentschluss weiterhin als Ausnahme von der Einschlägigkeit der Kausalität betrachtet wird. Für die Verhinderung eines Konflikts mit dem Verwendungsverbot ist jedoch erforderlich, dass dieser feste Erwerbsentschluss zeitlich vor dem Erhalt von Insiderinformationen niedergelegt wird. Damit scheidet diese Konstellation jedoch in vielen Fällen bereits per se aus. Dies ist beispielsweise bei Aktienoptionsprogrammen der Fall, da das Vorstandsmitglied als Insider regelmäßig bereits über sensibles Wissen verfügen wird. Aber auch bei M&A-Transaktionen, in deren Rahmen diese Ausnahme aufgezeigt wurde, musste ihre praktische Relevanz erheblich relativiert werden, da das mittels umfassender due diligence erlangte (u.a. positive) Insiderwissen regelmäßig gerade erst den Ausschlag für oder wider einen Erwerb geben wird. Diese Ausnahme wird bereits praktisch ganz regelmäßig nicht in Betracht zu ziehen sein.

In sonstigen Fällen hindert das nunmehr einzig entscheidende Merkmal der Kausalität die Einschlägigkeit des Verwendungsverbots jedoch nicht. Soweit nunmehr vorteilhaftes Insiderwissen bei Erwerb oder Veräußerung vorhanden ist, ist der tätigen Person eine Argumentation, dass auch ohne dieses Wissen gehandelt worden wäre, weitgehend verwehrt. Dies gilt nicht nur im Bereich von M&A-Transaktionen, sondern konnte insbesondere auch bei der Ausübung von Optionen im Rahmen von Aktienoptionsprogrammen aufgezeigt werden. Dort hilft dem Begünstigten, soweit er Insider ist, auch eine Argumentation, dass er die Option lediglich aufgrund der wirtschaftlichen Sinnhaftigkeit ausgeübt habe, nicht weiter, da man davon ausgehen muss, dass vorteilhaftes Insiderwissen dennoch einen mitursächlichen Beitrag geleistet hat.

Die Entfaltung der Einzelfälle hat somit offenbart, dass die filternde Funktion der Kausalität in der Tendenz als gering einzustufen ist. Signifikante Einschränkungen können gerade nicht verzeichnet werden. Dennoch führen die Probleme, die das erweiterte Verwendungsverbot in der Praxis zur Folge hat, nicht zwangsläufig zu einer Neubeurteilung des Begriffes der Kausalität. Immerhin ist die Einschlägigkeit des Insiderhandelsverbots in den Fällen des gleichen Kenntnisstandes, also der „Waffengleichheit“, nicht vonnöten, da hier keine Übervorteilung der Anleger droht, da Vertragsparteien mit demselben Insiderwissen nur derartige Geschäfte abschließen werden, die auch bei öffentlicher Bekanntheit abgeschlossen würden. Daher ist es in dieser Konstellation gar nicht notwendig, dass das Insiderhandelsverbot eingreift, da sein Sinn und Zweck nicht konterkariert zu werden droht. Diesbezüglich ist somit eine teleologische Reduktion des Tatbestandes angezeigt. Überdies existiert im praxisrelevanten Bereich der M&A-Transaktionen eine Ausnahme für Fälle, in denen ein öffentliches Übernahmeangebot mit dem Ziel des Kontrollerwerbs nach den Vorschriften des WpÜG unterbreitet wird, da die übernahmerechtlichen Schutzvorschriften eine kumulative Einschlägigkeit des Insiderhandelsverbots nicht notwendig machen.

Eine Selbstverständlichkeit ist hingegen das Nichteingreifen des insiderrechtlichen Verwendungsverbots, soweit als Insiderinformation der eigene Entschluss zu Erwerb oder Veräußerung in Betracht zu ziehen ist, was in allen betrachteten

Einzelfällen bestätigt werden konnte. Inwieweit hier mangelnde Kausalität anzunehmen ist oder vielmehr eine generelle Ausnahme von der Einschlägigkeit des § 14 Abs. 1 Nr. 1 ist im Ergebnis unerheblich. Einiges spricht aber für den zweiten Weg, da streng genommen ein Ursächlichkeitszusammenhang bei späterem Tätigwerden auf den geschützten Märkten anzunehmen ist und man zudem nicht das Tor öffnen möchte, der Kausalität im Einzelfall ein unterschiedliches Verständnis beizumessen.

Es gibt daher auch im Recht nach AnSVG verschiedene Gestaltungen, in denen das Verwendungsverbot nicht einschlägig ist, obwohl der Wortlaut etwas anderes nahelegt. Dieses Ergebnis konnte mittels der untersuchten Einzelfälle gewonnen werden. Somit haben diese Einzelfälle nicht nur die eng begrenzte Filterfunktion der Kausalität aufzeigen können, sondern auch sonstige Auswege aus insiderrechtlichen Konflikten gewiesen. Gerade aufgrund des letztgenannten Punktes wird man die Verschärfungen des § 14 Abs. 1 Nr. 1 nicht nur hinnehmen müssen, sondern auch hinnehmen können. Schließlich wird – im Übrigen völlig zu Recht – mögliches Handeln mit Insiderwissen stärker als zuvor sanktioniert, ohne dass das Verwendungsverbot aber jegliches Handeln per se pönalisiert. Zudem bleibt für den Insider immer die Möglichkeit, sein Wissen in Entsprechung zu § 15 Abs. 1 einer Veröffentlichung zuzuführen bzw. dazu beizutragen, dass der jeweilige Emittent die entsprechende Veröffentlichung wahrnimmt. Nach Rückkoppelung der Einzelfälle an das allgemein aufgezeigte Verständnis kann somit festgehalten werden, dass in Bezug auf § 14 Abs. 1 Nr. 1 der Gesetzgeber nicht zwingendermaßen dazu aufgefordert werden muss, die Regelung umzugestalten. Allerdings ist es wünschenswert, dass die genannten Ausnahmen von der Einschlägigkeit des § 14 Abs. 1 Nr. 1, soweit sie sich nur aus der Teleologie ergeben, zukünftig beispielsweise durch Verankerung in § 14 besser aufgezeigt werden

Die Reichweite und Relevanz des Insiderhandelsverbots bestimmt sich jedoch nicht nur nach der Norm des § 14 Abs. 1 Nr. 1, sondern auch das Weitergabeverbot aus § 14 Abs. 1 Nr. 2 ist von ganz erheblicher Relevanz. Zwar hat dieses Verbot nach dem Willen des Gesetzgebers explizit keine Veränderungen erfahren, doch ist fraglich, ob einer derartigen Fortgeltung nicht indirekt durch die sonstigen Veränderungen des AnSVG der Boden entzogen ist. Eindeutig abgelehnt werden musste, dass die befugte Weitergabe nach AnSVG bereits im Falle des Vorliegens einer rechtlichen Vertraulichkeitsverpflichtung gegeben sei, da auf diesem Wege der Sinn der präventiven Zurückhaltung von Insiderinformationen zur weitestgehenden Vermeidung von Insiderhandel konterkariert würde.

Dennoch bestand die Möglichkeit, dass die Veränderungen des Verwendungsverbots auch Folgen für das Verständnis des Weitergabeverbots hatten. Allerdings musste man in Betracht ziehen, dass das AnSVG nicht zu einer Erweiterung der Möglichkeit der befugten Weitergabe führte, sondern gerade dessen

Restriktion bewirkte. Immerhin wurde vor dem AnSVG oftmals der Rückschluss gezogen, dass die Befugnis zur Weitergabe jedenfalls dann anzunehmen sei, wenn anschließend die informierte Person nicht gegen das Ausnutzungsverbot aus § 14 Abs. 1 Nr. 1 a.F. verstoße. Durch die Verengung des § 14 Abs. 1 Nr. 1 auf das Verwenden könnte daher bei Aufrechterhaltung dieses Rückschlusses, der vor allem bei M&A-Transaktionen immer wieder angeführt wurde, auch § 14 Abs. 1 Nr. 2 nunmehr beschränkt sein. Allerdings konnte auch aufgezeigt werden, dass dieser Rückschluss letztendlich nicht überzeugen konnte und kann. Immerhin folgt die Verwendung der Weitergabe zeitlich nach, so dass der Weitergebende zunächst singulär seine Befugnis zu dieser Informationsweitergabe zu prüfen hat und sich diese Beurteilung nicht nachträglich dadurch verändern kann, dass die informierte Person nunmehr einen rechtlich nicht zulässigen Weg wählt. Diese Erwägungen hätten zwar auch bereits vor AnSVG gelten müssen, doch sind sie nunmehr durch die tatbestandlichen Verschiebungen in § 14 Abs. 1 eindeutig offenbart worden.

Darüber hinaus konnten auch die Überlegungen zur Einschlägigkeit des § 14 Abs. 1 Nr. 2 im Hinblick auf Restrukturierungsmaßnahmen das bisherige Verständnis nicht verändern. Zwar lag es nahe, dass gesetzlich statuierte Informationspflichten insoweit das insiderrechtliche Verbot der Informationsweitergabe suspendieren, da anderenfalls angenommen werden könnte, dem Insider würde von Gesetzes wegen Verhaltensregeln auferlegt, die er nicht in Einklang bringen kann. Gerade vor dem Hintergrund der generellen Straffung des Insiderrechts durch den AnSVG-Gesetzgeber musste eine derartige Annahme des pauschalen Zurückdrängens des § 14 Abs. 1 Nr. 2 jedoch auf Bedenken stoßen. Vielmehr hätte man auch annehmen können, die gesetzlichen Informationspflichten würden suspendiert. Tatsächlich ist ein Mittelweg zu wählen. Danach ist auch weiterhin eine Prüfung des Einzelfalls notwendig, so dass das Weitergabeverbot nicht generell zurückgedrängt wird. Sollten das Weitergabeverbot und die gesetzliche Informationspflicht demnach beide gleichzeitig Geltung beanspruchen, kann der Insider immer noch die Veröffentlichung der Insiderinformation betreiben, so dass rechtskonformes Verhalten weiterhin möglich ist. Im Ergebnis hat das AnSVG auch insofern zu keinen Veränderungen geführt.

Die im Bereich der M&A-Transaktionen und Restrukturierungsmaßnahmen aufgezeigten Gedankengänge führen somit nicht zu einer unterschiedlichen Beurteilung des § 14 Abs. 1 Nr. 2 nach AnSVG.

Letztendlich konnten die Untersuchung ausgewählter Einzelfälle und deren Rückkoppelung an das allgemeine Verständnis der Begrifflichkeiten des Insiderrechts somit wichtige Erkenntnisse für die praktische Handhabung der veränderten Normen liefern. Auch weiterhin erfordert § 14 Abs. 1 Nr. 1 demnach nicht, dass jegliches Handeln im Besitz von Insiderwissen pönalisiert ist. Vielmehr kommt dem Tatbestand auch weiterhin eine – wenn auch geringe – Eingrenzungsfunktion zu. Vor dem Hintergrund der Ausweitungen des § 14 Abs. 1 in persönlicher Hinsicht und der Erhöhung der Strafrahmen werden Insider und Emittenten jedoch in Zukunft verstärkt nach Wegen suchen, um ihre Risiken zusätzlich zu minimieren. Hierfür kommen vor allem auch Maßnahmen in Betracht, die bereits teilweise Eingang in die Bearbeitung gefunden haben und regelmäßig unter dem Stichwort der Compliance bekannt sind.

II) Compliance und Insiderhandel

Ein wichtiger Aspekt bei der Frage der Einschlägigkeit des Insiderhandelsverbots ist nach wie vor somit, inwieweit Compliance-Maßnahmen Konflikte in rechtlicher Hinsicht vermeiden helfen können. Dafür gilt es jedoch, zunächst einen Blick auf das Verständnis der Compliance zu werfen. Oftmals findet sich der Begriff vor allem im Zusammenhang mit den aus § 33 resultierenden Organisationspflichten von Wertpapierdienstleistungsunternehmen, obwohl das Gesetz dort den Begriff der Compliance nicht explizit erwähnt.[979] Zwar werden die in § 33 Abs. 1 geforderten Maßnahmen dennoch richtigerweise als Compliance-Maßnahmen verstanden, allerdings stellt dies nur einen Ausschnitt dessen dar, was die Compliance tatsächlich ausfüllt. Bereits der Begriff ist wörtlich übersetzt mit „Befolgung, Einhaltung, Erfüllung“[980] erheblich allgemeiner und im rechtlichen Zusammenhang daher generaliter als „Einhaltung gesetzlicher Vorschriften“ zu verstehen.[981] Compliance-Regelungen sind in Deutschland in zeitlichem Zusammenhang mit der erstmals bekanntgewordenen Einführung durch Unternehmen im Jahre 1992[982] auch in das Blickfeld der rechtswissenschaftlichen Diskussion gerückt,[983] insbesondere auch vor dem Hintergrund der Kodifizierung insiderrechtlicher Normen im WpHG im Jahre 1994 durch das Zweite Finanzmarktförderungsgesetz.[984] Seitdem sind Compliance-Maßnahmen stetig

---

979 Siehe Schwark/*Schwark* KMRK § 33 Rn 21; *Gerke*, Börsenlexikon, S. 197; *Grundmann* in Boujong/Ebenroth/Joost, HGB, § 33 WpHG Rn VI 251; *Lösler* in Grundmann u.a., Anleger- und Funktionsschutz durch Kapitalmarktrecht, S. 23, 24; siehe auch *Koller* in Assmann/Schneider, § 33 Rn 35.

980 Siehe Wörterbuch für Recht, Wirtschaft und Politik, Teil I, 6. Auflage, München 2000 zu „Compliance“.

981 Ähnlich in der Verallgemeinerung auch Schwark/*Schwark* KMRK § 33 Rn 21: „Handeln in Übereinstimmung mit den geltenden Regeln“; ebenso *Kümpel* Bank- und Kapitalmarktrecht Rn 16.656; *Tippach*, Insider-Handelsverbot, S. 213; *Lösler* in Grundmann u.a., Anleger- und Funktionsschutz durch Kapitalmarktrecht, S. 23, 24.

982 Dazu *Grohnert*, Compliance-Organisation, S. 6 mit Fn. 19; *Kümpel* Bank- und Kapitalmarktrecht Rn 16.656.

983 Siehe bereits *Kümpel* WM 1992, 381, 385 ff.; *Hopt* ZGR 1991, 17, 69. *Schneider* ZGR 1996, 225, 225 ff.

984 Insiderrechtliche Betrachtungen zum Thema finden sich etwa bei *Eisele* WM 1993, 1021, 1021 f.; *Assmann* AG 1994, 237, 255 ff.; siehe auch *Tippach*, Insider-Handels-

auf dem Vormarsch, was insbesondere als eine Folge des immer dichter werdenden (kapitalmarktrechtlichen) Regelungswerkes anzusehen ist. Die fortbestehende Relevanz für das Insiderrecht offenbart bereits ein Blick in Erwägungsgrund 24 MMR, der die Schaffung bestimmter Standards durch die Unternehmen im Hinblick auf die Compliance durch Nennung einiger solcher Maßnahmen anregt und dies als wichtiges Instrument zur Gewährleistung und Schaffung von Marktintegrität als Voraussetzung für das Anlegervertrauen begreift. Grundsätzlich gilt, dass die tragenden Pfeiler einer Compliance-Organisation neben den Chinese Walls Beobachtungslisten und darüber hinaus Stopplisten sind. Während Informationsabschottungen durch die Errichtung von Chinese Walls sicherlich das effektivste Instrument bei der Vorbeugung von insiderrechtlichen Problemen aufgrund der nicht möglichen Informationsweitergabe innerhalb und außerhalb des Unternehmens darstellen,[985] leisten auch die Beobachtungslisten (sog. Watch-List) und Stopplisten (sog. Restricted-List) einen nicht unerheblichen Beitrag zur Bekämpfung insiderrechtlich pönalisierter Verhaltensweisen. In derartigen Listen werden solche Informationen eingestellt, die bei öffentlicher Bekanntheit Kursveränderungen der entsprechenden Papiere nach sich ziehen könnten.[986] Während die Erfassung sensibler Daten durch die Watch-List der frühzeitigen Erkennung von Insiderinformationen dient, hat die Aufnahme von Informationen in die Restricted-List bereits unmittelbare Verbotswirkung zum Tätigwerden für die Mitarbeiter zur Folge.[987] Eng verwandt mit dem generellen Verbot des Handels für die von der Restricted-List erfassten Werte sind überdies Maßnahmen, die nur einem bestimmten Kreis von unternehmenszugehörigen Personen – in der Regel werden Führungskräfte betroffen sein – untersagen, tätig zu werden.[988] Derartige „Black-out Periods" bzw. bei einem bereits vorhandenen generellen Verbot die positivistischen „Trading Windows" vermögen ebenfalls eine sinnvolle Begrenzung von Handelsaktivitäten in sensiblen Zeiträumen darzustellen, beispielsweise können sie den Handel in Aktien negativ für einen gewissen Zeitraum vor Veröffentlichung neuer Daten untersagen oder ein Fenster zum Handel bei Existenz eines Verbots nach Veröffentlichung umfangreicher neuer Unternehmensdaten öffnen.[989] Bereits an

---

verbot, S. 212 ff.; *Lösler* in Grundmann u.a., Anleger- und Funktionsschutz durch Kapitalmarktrecht, S. 23, 24.

985 Allgemein zu Chinese Walls, insbesondere aber auch zu externen Chinese Walls oben Teil 2, B.VI).

986 Statt vieler *Gerke,* Börsenlexikon, S. 198.

987 *Grohnert,* Compliance-Organisation, S. 17 ff.; *Eisele* in Bankrechts-Handbuch, § 109 Rn 85 ff.; *Gerke,* Börsenlexikon, S. 198; Schwark/*Schwark* KMRK § 33 Rn 24 ff.; *Kümpel* Bank- und Kapitalmarktrecht Rn. 16.700 ff.

988 Siehe *Eisele* in Bankrechts-Handbuch, § 109 Rn 107.

989 Zu dieser Form der Vermeidungsstrategie siehe bereits bei der Erörterung insiderrechtlicher Probleme von Aktienoptionsprogrammen unter Teil 2, C.II)3)f).

anderer Stelle dieser Arbeit konnte die Wirksamkeit von Vermeidungsstrategien wie der Errichtung von Chinese Walls und Trading Windows aufgezeigt werden, was überdies verallgemeinerungsfähig auch für alle übrigen rechtlich problematischen Fälle zu gelten hat. Vor dem Hintergrund der Verschärfungen des insiderrechtlichen Handelsverbotes wird es daher nicht überraschen, wenn in Zukunft Unternehmen verstärkt eine Compliance-Organisation installieren sollten. Immerhin kann vor allem durch die sog. Chinese Walls der Informationsfluss in und außerhalb der Gesellschaft bezüglich etwaiger Insiderinformationen wirksam begrenzt werden, so dass per se keine Konflikte mit § 14 Abs. 1 drohen können. Für Führungskräfte, die dennoch aufgrund ihrer Position Kenntnis von Insiderinformationen haben, werden indes die „Trading Windows" in zeitlicher Nähe zur turnusmäßigen und umfassenden Veröffentlichung nach der Hauptversammlung einen Beitrag zur Schaffung von Spielräumen leisten können.

Mittelbar haben die MMR und das AnSVG somit auch Auswirkungen auf die Compliance-Maßnahmen der Unternehmen, die bereits aus Eigeninteresse derartige Organisationen installieren bzw. bestehende Compliance-Maßnahmen überprüfen und verfeinern werden.[990]

990 Im Ergebnis ebenso *Koch* DB 2005, 267, 269.

Teil 3: Die neue Ad-hoc-Publizität

A. Die neue Ad-hoc-Publizität im Überblick

I) Die Ad-hoc-Publizität im Koordinatensystem des Insiderrechts

1) Einordnung

Bereits in systematischer Hinsicht in einem engen Zusammenhang mit dem Verbot des Insiderhandels aus § 14 steht die Ad-hoc-Publizität des § 15, die durch das 2. Finanzmarktförderungsgesetz vom Börsengesetz in das Wertpapierhandelsgesetz verschoben wurde, im Grundsatz aber die Regelung des § 44a BörsG übernommen hat.[991] Diese Änderung ohne grundlegenden Wandel der Bedeutung der Ad-hoc-Publizität offenbart die janusköpfige Natur der Ad-hoc-Publizität: Zum einen kommt ihr eine – vorliegend zunächst nicht näher interessierende – Ergänzungsfunktion im Hinblick auf die Regelpublizität[992] zu, zum anderen wird die systematische Nähe zum Insiderhandelsverbot auch in inhaltlicher Hinsicht durch die Funktion als präventive Maßnahme gegen Transaktionen mit Insiderwissen unterstrichen.[993] Immerhin hilft eine ausgewogene Veröffentlichungspolitik bzw. –pflicht dabei, dass insiderrechtliche Konflikte per se nicht auftreten können, da aufgrund öffentlicher Bekanntheit kein Insiderwissen vorliegt, welches bei späteren Geschäften fruchtbar gemacht werden könnte.[994] Die genannten Funktionen der Ad-hoc-Publizität haben auch nach AnSVG fortzugelten, was inbesondere dadurch deutlich wird, dass beide Funktionen ausdrückliche Nennung in der Begründung des Regierungsentwurfes zum AnSVG erfahren.[995] Die dort im selben Atemzug genannte Förderung der Integrität der Finanzmärkte durch die Ad-hoc-Publizität könnte unbesehen als eine Erweite-

---

991 Zu den Änderungen durch das 2. FMFG siehe BT-Drucks. 12/6679, S. 48.

992 Als Regelpublizität wird üblicherweise die laufende Publizität in Form der aktienrechtlichen Rechnungslegung und der obligatorischen Zwischenberichterstattung verstanden, siehe *Kümpel* Bank- und Kapitalmarktrecht Rn 16.212.

993 *Assmann* in Assmann/Schneider, § 15 Rn 6 f.; *Geibel* in Schäfer § 15 Rn 1; Schwark/*Zimmer* KMRK § 15 Rn 8 ff.; *Schäfer* in Marsch-Barner/Schäfer, Hdb. börsennotierte AG, § 14 Rn 1 ff.; *Kümpel* Bank- und Kapitalmarktrecht Rn 16.210 ff.; siehe auch *Koch* DB 2005, 267, 271: Veröffentlichungspflicht als das Spiegelbild des Insiderhandelsverbots; *Ehricke* in Hopt/Voigt, Prospekt- und Kapitalmarktinformationshaftung, S. 250 f.

994 Dies betonend bereits *Hopt/Will*, Europäisches Insiderrecht, S. 175; *Hopt* ZGR 1991, 17, 50; ebenso *Kümpel* Bank- und Kapitalmarktrecht Rn 16.217; siehe auch *Assmann* in Assmann/Schneider, § 15 Rn 7.

995 BT-Drucks. 15/3174, S. 34 f.

rung der Zwecke auf eine Trias verstanden werden, was jedoch im Ergebnis bereits deshalb nicht überzeugen kann, da die Integrität der Finanzmärkte nicht gleichbedeutende Zwecksetzung, sondern vielmehr eine Folge von Markttransparenz und Zurückdrängung des Insiderhandels ist. Ungeachtet dieser missverständlichen Wortwahl kann aufgrund der engen Verzahnung von repressivem Insiderhandelsverbot und präventiver Ad-hoc-Publizitätspflicht letztere als gleichbedeutend wichtiger Baustein zur Erreichung der mit der MMR und dem AnSVG verfolgten Ziele[996], v.a. der Verbesserung des Anlegerschutzes, angesehen werden. Gemeinsamkeiten weisen beide Institute im Übrigen als primär kapitalmarktbezogene Vorschriften darin auf, dass der Schutzzweck nicht die Individualinteressen der Anleger umfasst und somit über die Brücke des § 823 Abs. 2 BGB keine haftungsrechtliche Anspruchsgrundlage zur Seite stellt.[997]

2) Entwicklung des Aufkommens von Ad-hoc-Mitteilungen

Die Ad-hoc-Mitteilung ist das Werkzeug zur Erreichung der mit der Ad-hoc-Publizitätspflicht gem. § 15 angestrebten Fairness am Markt[998]. Ehe es gilt, sich ihrer aktuellen rechtlichen Ausgestaltung zu widmen, soll ein Blick auf ihre praktische Relevanz gemessen an Veröffentlichungszahlen vorangestellt werden.

Als wichtigste Quelle zur Ergründung des Ad-hoc-Aufkommens ist der Jahresbericht der BaFin anzusehen. Die BaFin ist immerhin die Institution, die über die Einhaltung der Regeln zum Insiderhandel und zur Ad-hoc-Publizität wacht; in concreto ist sie im Rahmen der Ad-hoc-Publizität u.a. vor jeder Veröffentlichung von Ad-hoc-Meldungen gem. § 15 Abs. 4 S. 1 Nr. 3 zu unterrichten. Laut den Angaben der BaFin war in Deutschland im Jahre 2005 ein Gesamtaufkommen von 3704 Ad-hoc-Mitteilungen zu zählen, währenddessen in den Jahren 2004 (3260 Ad-hoc-Mitteilungen) und 2003 (3301 Ad-hoc-Mitteilungen) der Wert nahezu konstant blieb.[999] Diese in den Augen der BaFin nur leichte Erhöhung der Zahl von Ad-hoc-Mitteilungen resultiert ihren Angaben zufolge neben den geänderten Regelungen zur Ad-hoc-Publizität vor allem aus der Umstellung der Bilanzierung.[1000] Sicherlich werden auch Aspekte wie die konjunkturelle Entwicklung der Wirtschaft Einfluss auf die Anzahl von Ad-hoc-Mitteilungen haben, doch sollen derartige Gründe vorliegend ausgeklammert werden. Zum einen ist die Einbeziehung der konjunkturellen Entwicklung und die Einschät-

996 Dazu bereits Teil 1, A.

997 Für § 14 siehe bereits Teil 2, A.VII)1); zu § 15 statt vieler *Assmann* in Assmann/Schneider, § 15 Rn 27 ff.

998 Siehe *Caspari* NZG 2005, 98, 101: „Paradebeispiel einer auf Fairness gerichteten Regelung".

999 Siehe Jahresbericht 2005 der BaFin, S. 167, Grafik 26; abrufbar unter www.bafin.de.

1000 Jahresbericht 2005 der BaFin, S. 166.

zung ihrer tatsächlichen Auswirkungen mit einem hohen Unsicherheitsgrad verbunden, zum anderen hat sich wenigstens in den Jahren 2001 bis 2005 das konjunkturelle Umfeld in der Bundesrepublik nicht gravierend verändert.[1001]

Hinsichtlich der Gründe der Erhöhung wird man der BaFin daher beipflichten können, allerdings ist fraglich, ob die Einordnung als leichte Erhöhung und die im Unterton mitschwingende Marginalisierung dieser zusätzlichen 400 Ad-hoc-Mitteilungen eine zutreffende Bewertung darstellt. Erklären kann man diese Sichtweise höchstens mit dem vom 1. Direktor der Wertpapieraufsicht der BaFin, *Georg Dreyling*, in zeitlicher Nähe zur Umsetzung des AnSVG geäußerten Umstand, dass in London zur damaligen Zeit täglich ca. 700 „Insidermeldungen" die zuständige Behörde erreichten.[1002] Im Vergleich zu dieser Zahl ist der jährliche Anstieg um 400 Mitteilungen sicherlich nur als leichte Erhöhung anzusehen. Allerdings darf angesichts dieser Überlegungen nicht übergangen werden, dass sich nunmehr der im Jahre 2001 einsetzende Trend der stetigen Verringerung der Anzahl der Ad-hoc-Mitteilungen[1003] erstmals wieder umgekehrt hat. Dies ist der Fall, obwohl nach einer Untersuchung im Mai 2005 noch 70 % der befragten Unternehmen keine Erhöhung der Anzahl von Ad-hoc-Mitteilungen bedingt durch das AnSVG aufwiesen.[1004] Gerade in praktisch relevanten Fällen wie Ergebnisveröffentlichungen, Kapitalmaßnahmen, Änderungen im Rating oder Wechseln im Management hatte sich nach dieser Untersuchung die Veröffentlichungspraxis für Ad-hoc-Mitteilungen bei vielen Unternehmen überhaupt nicht verändert.[1005] Inwieweit dies vom Nichtverständnis hinsichtlich der Tragweite des AnSVG zeugt oder sich die Ad-hoc-Publizitätspflicht tatsächlich nicht verändert hat, muss die nachfolgende Ausarbeitung zeigen. Vorweggenommen sei allerdings, dass letzterer Schluss unwahrscheinlich ist, da ansonsten die umfangreichen Änderungen im Tatbestand des § 15 hätten unterlassen werden können.

1001 Gestützt wird diese Aussage durch ein in etwa gleichbleibendes Bruttoinlandsprodukt (BIP) in dem genannten Zeitraum, siehe dazu beispielsweise Studie „Konjunktur Deutschland" der Bankgesellschaft Berlin vom 22.5.2006, abrufbar unter http://www.bankgesellschaft.de/vowi/18_publik/ka_deutschland.pdf (9.6.2006).

1002 *Dreyling* Der Konzern 2005, 1, 3.

1003 Dieser Trend lässt sich aus folgenden Zahlen ablesen: 5693 Ad-hoc-Mitteilungen in 2000 folgten 5421 in 2001, 4491 in 2002, 3301 in 2003, 3260 in 2004. Zu diesen Angaben siehe vor allem *Assmann* in Assmann/Schneider § 15 Rn 23 unter Bezugnahme auf die jeweiligen Jahresberichte der BaFin bzw. des BAWe.

1004 Siehe Befragung von Citigate Dewe Rogerson: „Neun Monate AnSVG", S. 6, abrufbar unter http://www.citigatedr.de/news_pub_004.php (7.6.2005).

1005 Befragung von Citigate Dewe Rogerson: „Neun Monate AnSVG", S. 9 f.

3) Zielstellung

Anknüpfend an das vorstehend Gesagte gilt es nunmehr also zunächst das aktuelle Recht auszuleuchten und seine Bedeutung zu ergründen. Inhaltlich wird dabei der Tatbestand des § 15 Schritt für Schritt, angefangen mit der regulären Ad-hoc-Publizitätspflicht des § 15 Abs. 1 S. 1 bis hin zur Befreiungsmöglichkeit des § 15 Abs. 3, zu untersuchen sein. Dies schließt einen Blick auf die Rechtslage vor AnSVG ein, um die bedeutenden Veränderungen transparent zu machen.

Dann ist der Fokus auf ausgewählte Sonderfälle und den Folgeproblemen der Neuregelung zu richten. Insbesondere die Konstellation der M&A-Transaktion ist aufgrund ihrer praktisch hervorgehobenen Stellung näher zu untersuchen. Dies gilt gleichfalls für die noch weitgehend unbeleuchteten Fragen der Ad-hoc-Publizität in konzernrechtlichen Fällen. Anhand dieser beiden Konstellationen soll überprüft werden, inwieweit die grundlegenden Verschiebungen durch das AnSVG das austarierte System der Ad-hoc-Publizität praktisch verändert haben. Dies beinhaltet auch, die zunächst getroffene allgemeine Auffächerung der neu eingeführten Begrifflichkeiten durch eine Art Rückkoppelung an den Einzelfall auf die Probe zu stellen und in Abhängigkeit von den gefundenen Ergebnissen weiterzuentwickeln. Gerade im konzernrechtlichen Zusammenhang wird überdies darauf zurückzukommen sein, inwieweit Veröffentlichungspflichten im Konzern zu dem genannten Anstieg der Ad-hoc-Mitteilungen beigetragen haben können und inwieweit einer teilweise geäußerten Gefahr einer Flut zusätzlicher Ad-hoc-Mitteilungen wirksam begegnet werden könnte.

Die ausschließliche Behandlung von M&A-Transaktionen und konzernrechtlichen Veröffentlichungspflichten im Anschluss an die allgemeine Auffächerung der Ad-hoc-Publizität soll indes keine Rückschlüsse auf die Relevanz anderer Fälle ermöglichen, sondern ist einer subjektiven Selektion des Autors geschuldet.

Explizit ausgeklammert wird überdies die Frage der Haftung für falsche Ad-hoc-Mitteilungen, die bereits mehrere höchstgerichtliche Entscheidungen nach sich gezogen hat und überdies ausführlich Bestandteil der rechtswissenschaftlichen Diskussion geworden ist.[1006] Dagegen ist eine detaillierte Auslotung der Ad-hoc-Publizität nach AnSVG im Bereich der insiderrechtlichen Vorschriften etwas in Vergessenheit geraten. Zwar existieren wenige umfassende Arbeiten zu diesem

---

1006 BGH Urt. v. 19.7.2004 – II ZR 218/03 NJW 2004, 2664; BGH Urt. v. 19.7.2004 – II ZR 217/03 NJW 2004, 2668; BGH Urt. v. 19.7.2004 – II ZR 402/02 NJW 2004, 2971 – 'Infomatec'; BGH Urt. v. 16.12.2004 – 1 StR 420/03 NJW 2005, 445 – 'EM.TV'; OLG München Beschl. v. 6.11.2003 – 2 Ws 583-592/03 BKR 2004, 29 – 'ComRoad'; aus dem umfangreichen Schrifttum statt vieler *Möllers* BB 2005, 1637; siehe auch *Kowalewski/Hellgardt* DB 2005, 1839; *Gottschalk* Der Konzern 2005, 274.

Thema[1007], doch ist ihr Forschungsschwerpunkt stärker auf die europäischen Vorgaben gerichtet und weniger auf die Umsetzung in deutsches Recht und die Konsequenzen für die nationale Ebene. Hier hat die vorliegende Arbeit einen Wissensvorsprung, da sie mit zeitlichem Abstand auf das AnSVG blicken und die Schlüssigkeit des nunmehr geschaffenen Normengeflechts überprüfen kann.

II) Das AnSVG: Die Veränderungen des Instituts der Ad-hoc-Publizität

1) Reguläre Ad-hoc-Publizität des § 15 Abs. 1 S. 1

a) Grundlegende Strukturveränderungen im Tatbestand der Ad-hoc-Publizität

Eine der offensichtlichsten und zugleich wichtigsten Veränderungen hat § 15 Abs. 1 durch die auf Art. 6 Abs. 1 MMR zurückgehende Einführung der Insiderinformation erfahren, die nunmehr ebenso wie im Rahmen des Insiderhandelsverbotes den maßgeblichen Anküpfungspunkt dieser Veröffentlichungspflicht darstellt. Damit ist jedenfalls grundsätzlich zu einem nicht unbedeutenden Teil die bisherige Spaltung zwischen den Voraussetzungen des Insiderhandelsverbots und der Ad-hoc-Publizität überwunden, die von der Unterscheidung zwischen Insidertatsache und ad-hoc-pflichtiger Tatsache gekennzeichnet war.[1008] Zwar war letztere ein Teil des Begriffs Insidertatsache, doch war Deckungsgleichheit aufgrund einengender Tatbestandsmerkmale bei weitem nicht gegeben.[1009] Namentlich die in § 15 Abs. 1 S. 1 a.F. verorteten Anforderungen der Neuheit der Tatsache und des Eintritts im Tätigkeitsbereich des Emittenten, aber auch die Voraussetzung, dass die Tatsache gerade wegen der Auswirkungen auf die Vermögens- oder Finanzlage oder auf den allgemeinen Geschäftsverlauf des Emittenten geeignet sein musste, den Börsenpreis der zugelassenen Wertpapiere erheblich zu beeinflussen, mussten erfüllt sein.[1010] Aufgrund dessen, dass die Ad-hoc-Publizität als präventiver Teilaspekt der insiderrechtlichen Vorschriften fungiert, ist die Konformität der Anknüpfungspunkte in § 14 und § 15 begrüßenswert.

1007 Man denke insoweit v.a. an *Büche,* Die Pflicht zur Ad-hoc-Publizität als Baustein eines integeren Finanzmarkts, 2005.

1008 Zu dieser Unterscheidung siehe nur *Hopt* ZHR 159 (1995), 135, 152 ff.; *Waldhausen,* Die ad-hoc-publizitätspflichtige Tatsache, S. 163 ff.; *Gehrt,* Die neue Ad-hoc-Publizität, S. 117 ff.; *Fülbier,* Regulierung der Ad-hoc-Publizität, S. 46 ff.; *Büche,* Die Pflicht zur Ad-hoc-Publizität als Baustein eines integeren Finanzmarkts, S. 93 ff.; *Benner-Heinacher* DB 1995, 765, 766; *Kümpel* Bank- und Kapitalmarktrecht Rn 16.233.

1009 Siehe nur *Assmann* in Assmann/Schneider, 3. Aufl., § 13 Rn 33; *Kümpel/Assmann* in Assmann/Schneider, 3. Aufl., § 15 Rn 36.

1010 Statt vieler *Kümpel/Assmann* in Assmann/Schneider, 3. Aufl., § 15 Rn 44 ff.

Allerdings ist auch zu konstatieren, dass sich in § 15 mit dem Erfordernis der Unmittelbarkeit eine Abweichung im Sinne eines zusätzlichen Erfordernisses im Vergleich zu § 14 findet, welches im Ergebnis die grundsätzliche Vereinheitlichung unterminieren könnte. Im Folgenden gilt es daher u.a. auszuloten, inwieweit dies tatsächlich der Fall ist.

b) Insiderinformation

Mit der Verankerung der Insiderinformation als Fixpunkt in § 15 Abs. 1 hat die Ad-hoc-Publizität einen Anküpfungspunkt erhalten, der entsprechend zu den im Rahmen der Untersuchung des Insiderhandelsverbots aufgezeigten Leitlinien zu verstehen ist.[1011] Allerdings kann das dortige Ergebnis, dass der Begriff der Insiderinformation mehr sprachlich als inhaltlich von demjenigen der Insidertatsache abweicht,[1012] nicht ohne weiteres im Vergleich zur ad-hoc-publizitätspflichtigen Tatsache aufrechterhalten werden. Der Grund liegt in dem bisherigen engeren Verständnis der ad-hoc-publizitätspflichtigen Tatsache im Gegensatz zur Insidertatsache.[1013] Dies lässt für das Verhältnis von Insiderinformation und ad-hoc-publizitätspflichtiger Tatsache den Rückschluss zu, die Einführung der Insiderinformation habe zu beträchtlichen inhaltlichen Ausweitungen geführt.

Ohne nähere Betrachtung des in § 15 Abs. 1 S. 1 eingeführten Erfordernisses der Unmittelbarkeit wäre eine abschließende Aussage in dieser Form jedoch sicherlich als voreilig zu bezeichnen. Allerdings kann an dieser Stelle bereits die quantitative Reduzierung der zusätzlichen Voraussetzungen von derer drei[1014] im Vergleich von Insidertatsache und ad-hoc-publizitätspflichtiger Tatsache auf nunmehr lediglich diejenige der Unmittelbarkeit, die zusätzlich in § 15 im Gegensatz zu §§ 13, 14 statuiert wurde, festgehalten werden.

Aufgrund dessen, dass sich das Erfordernis eines Kursbeeinflussungspotentials, welches seine Eignung gerade aus den Auswirkungen auf die Vermögens- oder Finanzlage oder den allgemeinen Geschäftsverlauf des Emittenten speisen musste,[1015] im Recht nach AnSVG nicht in § 15 oder durch Verschiebung in ein anderes Merkmal wiederzufinden ist,[1016] hat dies auch inhaltlich eine echte, wenn auch partielle Unifizierung zur Folge. Nunmehr ist das Kursbeeinflussungspotential nämlich ausschließlich als Teil der Insiderinformation des § 13 Abs. 1 S.

1011 Siehe Teil 2, A.III).

1012 Dazu Teil 2, A.III)5).

1013 Zu entsprechenden Nachweisen siehe soeben unter Teil 3, A.II)1)a).

1014 Diese zusätzlichen Erfordernisse sind die unter Teil 3, A.II)1)a) aufgeführten.

1015 Statt vieler *Kümpel/Assmann* in Assmann/Schneider, 3. Aufl., § 15 Rn 81 ff.

1016 BT-Drucks. 15/3174, S. 35.

1, 2 und somit im Sinne des oben aufgezeigten Verständnisses zu begreifen.[1017] Diese Unifizierung hat jedoch sinnlogisch gleichzeitig eine Erweiterung der Ad-hoc-Publizität zur Folge. Dies zeigt sich beispielsweise bei der Beurteilung von Fragen des Wechsels von Organmitgliedern beim Emittenten. Diesbezüglich fand sich in der Literatur vor AnSVG nämlich eine Argumentationslinie, die eine Publizitätspflicht bei derartigen Wechseln in toto verneinte, da selbst bei tatsächlich eintretenden Kursveränderungen letztere nicht auf Auswirkungen im Geschäftsverlauf zurückbezogen werden könnten.[1018] Zwar war diese Ansicht alles andere als unumstritten[1019] und die besseren Gründe sprachen gegen einen derartig pauschalen Ausschluss der Veröffentlichungspflicht, doch zeigt sich hieran, dass durch den Wegfall der mit dem Kursbeeinflussungspotential verknüpften Zusatzvoraussetzung „Auswirkungen auf die Vermögens- und Finanzlage oder auf den allgemeinen Geschäftsverlauf" abhängig vom Verständnis dieses Merkmals sehr wohl Erweiterungen einhergehen können. Immerhin muss zur geltenden Rechtslage unstrittig sein, dass der Wechsel von Organmitgliedern nach § 15 Abs. 1 S. 1 veröffentlichungspflichtig sein kann. Dies hängt nunmehr ganz entscheidend vom Kursbeeinflussungspotential ab, welches je nach den Gegebenheiten des Einzelfalls vorliegen kann, im Falle des Ein- oder Ausstiegs von sog. key playern[1020] aber regelmäßig auch vorliegen wird.[1021] Eine andere Frage ist in diesem Zusammenhang, zu welchem Zeitpunkt das Ausscheiden hinreichend wahrscheinlich im Sinne von § 13 Abs. 1 S. 3 ist. Dies hängt im Ergebnis maßgeblich davon ab, ob der key player sein Amt einseitig niederlegt oder der Weg über ein einvernehmliches Ausscheiden gewählt wird, so dass erst im Falle der Zustimmung des Aufsichtsrats eine zu veröffentlichende Insiderinformation vorliegen soll.[1022] Mithin zeigt sich, dass die Vereinheitlichung auf den Begriff der Insiderinformation weitreichende Folgen haben kann.

1017 Siehe Teil 2, A.III)1)e); zur Vereinheitlichung im Hinblick auf das Kursbeeinflussungspotential BT-Drucks. 15/3174, S. 35.

1018 *Tippach* Insider-Handelsverbot, S. 146 f.; *Heidmeier* AG 1992, 110, 112; *Pananis* WM 1997, 460, 463; *Pellens* AG 1991, 62, 65.

1019 Zur Gegenansicht siehe *Fürhoff/Wölk* WM 1997, 449, 453; *Burgard* ZHR 162 (1998), 51, 64 f.; Schwark/*Zimmer* KMRK § 15 Rn 74; differenzierend hingegen *Kümpel/Assmann* in Assmann/Schneider, 3. Aufl., § 15 Rn 90; *Geibel* in Schäfer § 15 Rn 70; *Braun* in Möllers/Rotter, Ad-hoc-Publizität, § 8 Rn 75 ff.; *Cahn* ZHR 162 (1998), 1, 29.

1020 Darunter werden Personen verstanden, die maßgeblich auf die Unternehmenspolitik Einfluss nehmen können, siehe *Möllers* NZG 2005, 459, 461.

1021 Ebenso, jedoch in ausführlicherer Art und Weise *Möllers* NZG 2005, 459, 460 ff.

1022 Dazu OLG Stuttgart NZG 2007, 352 mit Anm. *Möllers/Weichert* EWiR 2007, 285 sowie *Widder* BB 2007, 572; ausführlich *Fleischer* NZG 2007, 401; BGH NZG 2008, 300; ablehnend gegenüber einer Lösung über § 15 Abs. 1, vielmehr eine solche über § 15 Abs. 3 favorisierend *Möllers* NZG 2008, 330, 333.

Überdies wurde das Tatbestandsmerkmal „neu" nicht von § 15 a.F. in die Fassung dieser Norm nach AnSVG übernommen. Zwar verneinte die h.M. ohnehin die selbstständige Bedeutung dieses Kriteriums, da für den Kapitalmarkt jede nicht öffentlich bekannte Tatsache als eine neue eingeordnet werden musste,[1023] doch sind durch die Nichtaufnahme die von einer Mindermeinung[1024] geäußerten Zweifel im Hinblick auf Art. 103 Abs. 2 GG aufgrund der faktischen Eliminierung eines Tatbestandsmerkmals und damit einhergehender angeblicher Ausweitung der Strafbarkeit nunmehr als ausgeräumt anzusehen.

Wenigstens die Streichung des Merkmals „Auswirkungen auf die Vermögens- und Finanzlage oder auf den allgemeinen Geschäftsverlauf" kann daher nicht nur als Vereinheitlichung, sondern auch als Ausweitung des § 15 begriffen werden. Inwieweit dieser Befund hinsichtlich der Entwicklung um das Kritierium des „Eintritts im Tätigkeitsbereich des Emittenten" nach AnSVG gestützt oder mitunter auch konterkariert wird, kann erst nach detaillierter Untersuchung beurteilt werden. Aufgrund dessen, dass im Rahmen der Umschreibung der Unmittelbarkeit in § 15 Abs. 1 S. 3 der „Tätigkeitsbereich des Emittenten" wiederum Eingang in den Gesetzestext gefunden hat, soll dieser Veränderung besonderes Augenmerk gewidmet werden. Um der späteren Abhandlung an dieser Stelle jedoch nicht vorzugreifen, wird auf eine inhaltliche Auseinandersetzung zunächst verzichtet und diese Frage gesondert unter Teil 3, A.II)1)d) entfaltet.

Die vorsichtig geäußerte Tendenz, dass das Insiderhandelsverbot und die Ad-hoc-Publizität durch gemeinsame Festlegung auf den Begriff der Insiderinformation entscheidende Annäherung erfahren haben, welche für die Ad-hoc-Publizität wenigstens zum Teil gleichbedeutend mit einer Erweiterung des Anwendungsbereichs ist, kann jedoch bereits an dieser Stelle festgehalten werden.[1025]

1023 Schwark/*Zimmer* KMRK § 15 Rn 38; *Kümpel/Assmann* in Assmann/Schneider, 3. Aufl., § 15 Rn 50; *Waldhausen,* Die ad-hoc-publizitätspflichtige Tatsache, S. 182 f.; *Hopt* ZHR 159 (1995), 135, 153; *Burgard* ZHR 162 (1998), 51, 58; *Kiem/Kotthoff* DB 1995, 1999, 2000; siehe auch *Caspari* in Baetge, Insiderrecht und Ad-hoc-Publizität, S. 72, der die Einführung dieses Merkmals mit der unbesehenen Übernahme aus der Börsenzulassungsrichtlinie (79/279/EWG) erklärt.

1024 *Dreyling/Schäfer*, Insiderrecht und Ad-hoc-Publizität, Rn 371 ff.; für eine selbstständige Bedeutung der „Neuheit" auch *Hahn,* Neue Ansätze im Anlegerschutz durch die Ad-hoc-Publizität des § 15 WpHG, S. 171.

1025 Siehe auch *Koch* DB 2005, 267, 271 f.; *Bürgers* BKR 2004, 424, 426; *Brandi/Süßmann* AG 2004, 642, 648; *Ziemons* NZG 2004, 537, 541; im Ergebnis wohl ebenso, jedoch trotz der beschriebenen Veränderungen weiterhin von einer „Insidertatsache" sprechend *Kuthe* ZIP 2004, 883, 884.

c) *Der Kreis der Normadressaten des § 15 Abs. 1 S. 1*

Als Normadressat wird in § 15 Abs. 1 S. 1 der sog. Inlandsemittent aufgeführt. Dieser Begriff hielt mit der Umsetzung der TransparenzRL, die vom Herkunftmitgliedstaatsprinzip geprägt ist, Einzug in das deutsche Recht. Seit dem 20.1.2007 ist grundsätzlich nicht mehr die Zulassung der Finanzinstrumente des Emittenten an einer inländischen Börse, sondern vielmehr sein Sitz in dem betreffenden Mitgliedstaat entscheidend.[1026] Durchbrechung erfährt dieses Prinzip jedoch beispielsweise im Falle von Emittenten aus Drittstaaten, für die Herkunftsmitgliedstaat der Mitgliedstaat ist, bei dessen zuständiger Behörde die jährlichen Informationen nach Art. 10 ProspektRL zu hinterlegen sind.[1027] Überdies besteht für Emittenten von Schuldtiteln mit einer Stückelung von über 1000 € ein Wahlrecht zwischen dem Sitzstaat und den Mitgliedstaaten, die diese Wertpapiere zum Handel an einem geregelten (in deutscher Diktion: organisierten) Markt zugelassen haben.[1028] Inlandsemittent sind per Definition gem. § 2 Abs. 7 WpHG die Emittenten, für die Deutschland der Herkunftsstaat ist. Vor diesem Hintergrund mag verwundern, dass nunmehr im WpHG die Begrifflichkeit des Inlandsemittenten eingeführt wurde. Dies rührt daher, dass Art. 21 Abs. 3 TransparenzRL die Ergänzung des Herkunftsmitgliedstaatsprinzips erfordert. So wird dieses Prinzip durchbrochen, soweit die Wertpapiere des Emittenten in nur einem Mitgliedstaat gehandelt werden, der nicht der Herkunftsmitgliedstaat ist und dieser (Aufnahme-)Mitgliedstaat die Veröffentlichung der vorgeschriebenen Informationen im Sinne von Art. 21 Abs. 1 TransparenzRL gewährleistet. Dies hat aus deutscher Sicht zur Folge, dass Inlandsemittenten auch Emittenten sein können, für die Deutschland nicht der Herkunftsmitgliedstaat ist, ihre Wertpapiere aber nur im Inland zum Handel an einem organisierten Markt zugelassen sind. Umgekehrt sind aber auch Emittenten mit Sitz in Deutschland von der Veröffentlichungspflicht gem. § 15 Abs. 1 WpHG auszunehmen, wenn deren Wertpapiere nicht im Inland, sondern lediglich in einem anderen Mitgliedstaat zum Handel zugelassen sind.

Die Beantwortung der Frage, wann ein Emittent Veröffentlichungspflichten unterliegt, ist somit seit dem TUG nicht vollkommen unkompliziert. Auf die materiell-rechtliche Seite der Veröffentlichungspflicht hat dies im Übrigen dennoch keine Auswirkungen Lediglich die verfahrensrechtliche Dimension der Ad-hoc-Publizität hat Änderungen erfahren. Vor diesem Hintergrund kann die Beschränkung der Veröffentlichungspflicht auf den Inlandsemittenten vom vormaligen Emittenten auch erst verstanden werden. Schließlich sollen durch die TransparenzRL, wie deren Erwägungsgrund 25 bereits verdeutlicht, die Veröf-

---

1026 Siehe Art. 2 Abs. 1 i) TransparenzRL, dazu u.a. auch Erwägungsgründe 7 und 8.
1027 Art. 2 Abs. 1 i) i) Spiegelstrich 2 TransparenzRL.
1028 Art. 2 Abs. 1 i) ii) TransparenzRL.

fentlichungsverfahren in den Mitgliedstaaten derart modifiziert werden, dass der Zugang zu Informationen über Emittenten für Anleger in der gesamten Gemeinschaft gleich ist. Im Gegenzug ist damit jedoch nicht mehr die Veröffentlichung eines jeden Emittenten, der in Deutschland tätig ist, nach den nationalen Gesetzen notwendig. Die Einzelheiten, die hinsichtlich des einzuhaltenden Verfahrens zu beachten sind, werden der Vollständigkeit halber an entsprechender Stelle kurz dargestellt. Für die vorliegende Untersuchung, die die Vorgaben durch das AnSVG und seine Auswirkungen durchleuchten will, sind sowohl die Veränderungen im Adressatenkreis des § 15 Abs. 1 als auch hinsichtlich des Verfahrens tatsächlich jedoch nur von geringem Interesse.

Im Rahmen der vorliegenden Arbeit wird daher lediglich vom Emittenten gesprochen, der jedoch jeweils als Inlandsemittent iSv § 15 Abs. 1 zu verstehen ist.

d) Die Unmittelbarkeit der Insiderinformation

aa) Allgemeines

Anders als im Rahmen von § 14 Abs. 1 schränkt das auf Art. 6 Abs. 1 MMR zurückgehende Erfordernis der Unmittelbarkeit der Insiderinformation den Anwendungsbereich der Ad-hoc-Publizität ein. Inwieweit und unter welchen Voraussetzungen die Unmittelbarkeit die Pflicht zur Veröffentlichung von Insiderinformationen aus § 15 Abs. 1 tatsächlich zurückdrängen kann, wird zu untersuchen sein. Dabei wird man in verschiedene Richtungen differenzieren müssen: Zunächst macht es § 15 Abs. 1 S. 1 erforderlich, die Begriffe unmittelbar und mittelbar voneinander abzuheben. Diese Unterscheidung ist aufgrund von § 15 Abs. 1 S. 3, wonach eine Insiderinformation den Emittenten insbesondere dann unmittelbar betrifft, wenn sie sich auf Umstände bezieht, die in seinem Tätigkeitsbereich eingetreten sind, jedoch um den Aspekt unternehmensinterner und unternehmensexterner Umstände zu ergänzen.[1029] Die Bestimmung der Unmittelbarkeit im Sinne von § 15 Abs. 1 muss sich zwingend in diesem Spannungsfeld bewegen. Beachtenswert ist insbesondere, dass § 15 Abs. 1 S. 3 diese Aufgabe dadurch unterstützt, dass die bislang zum Verständnis des „Tätigkeitsbereichs des Emittenten" herausgearbeiteten Leitlinien hierfür herangezogen werden können.[1030]

1029 Dazu auch *Simon* Der Konzern 2005, 13, 14 f.; siehe auch *Spindler/Speier* BB 2005, 2031, 2031 f.

1030 BT-Drucks. 15/3174, S. 35; dazu statt vieler *Spindler/Speier* BB 2005, 2031, 2032.

bb) Fixpunkt der unmittelbaren Insiderinformation

Ausgehend von dem Wortlaut des § 15 Abs. 1 S. 1 unterliegen nur solche Insiderinformationen der Veröffentlichungspflicht, die den Emittenten unmittelbar betreffen.[1031] Fixpunkt zur Beantwortung der Frage der Unmittelbarkeit ist somit der Bezug der Insiderinformation zum Emittenten. Namentlich *Simon* sieht in dieser ausschließlichen Fokussierung auf den Emittenten und nicht auch auf dessen Finanzinstrumente ein Versäumnis, welches es klarzustellen gilt.[1032] Er führt insbesondere den Vergleich mit der Regelung des § 13 Abs. 1 S. 1 an, die alle Umstände umfasst, die sich entweder auf den Emittenten von Insiderpapieren oder auf diese Insiderpapiere selbst beziehen und meint, dass es unstreitig sein müsse, dass auch Insiderinformationen, die sich (ausschließlich) auf Finanzinstrumente des Emittenten beziehen, also beispielsweise Veränderungen in der Aktionärsstruktur durch Aktientransaktionen, Übernahmesachverhalte oder Squeeze-Out-Situationen, von § 15 Abs. 1 erfasst sein müssten.[1033] Dem wird man im Ergebnis ohne Bedenken zustimmen können, was faktisch auch in den Katalogen der CESR-Empfehlungen und in denjenigen des Emittentenleitfadens der BaFin hervortritt.[1034] So wird die Unmittelbarkeit in den CESR-Empfehlungen u.a. auch bei Transaktionen, die Optionen zum Kauf von Aktien betreffen oder auch beim Erwerb oder der Veräußerung von Beteiligungen angenommen.[1035] Ein anderes Verständnis würde insbesondere das vom Gesetzgeber ausdrücklich benannte Ziel der bestmöglichen Markttransparenz, welches sachgerechte Anlageentscheidungen der Marktteilnehmer erst ermöglicht, konterkarieren.[1036]

Dennoch finden sich in der Literatur Stimmen, die eine Beschränkung auf unmittelbar den Emittenten betreffende Informationen fordern[1037] sowie eben solche, die diametral eine Erweiterung auf die Finanzinstrumente des Emittenten

---

1031 Anküpfend an den Wortlaut des Gesetzes fast wortgleich der Emittentenleitfaden der BaFin vom 15.7.2005, S. 41.

1032 Dazu *Simon* Der Konzern 2005, 13, 15; *Schwintek*, Das Anlegerschutzverbesserungsgesetz, S. 21 f.; ähnlich auch *Ziemons* NZG 2004, 537, 541.

1033 *Simon* Der Konzern 2005, 13, 15; ebenso *Schwintek*, Das Anlegerschutzverbesserungsgesetz, S. 21 f. sowie *Assmann* in Assmann/Schneider, § 15 Rn 56.

1034 Dazu ausführlich sogleich unter Teil 3, A.II)1)d)cc)(4).

1035 CESR's Advice on Level 2 Implementing Measures for the proposed Market Abuse Directive, CESR/02-089d, Rn. 35.

1036 BT-Drucks. 15/3174, S. 34.

1037 *Büche*, Die Pflicht zur Ad-hoc-Publizität als Baustein eines integeren Finanzmarktes, S. 284 mit Fn. 1451.

für nötig halten.[1038] Paradoxerweise können beide Ansichten zu denselben Ergebnissen kommen. Den Grund für die genannten Divergenzen und Irritationen wird man in einem Kommunikationsproblem finden können. So versteht *Simon* offensichtlich die Unmittelbarkeit entsprechend ihres sprachlichen Gebrauchs, in dem sie gleichbedeutend mit dem Begriff „direkt" verwendet wird und inhaltlich „ohne Umweg oder Verzögerung; ohne dass etwas anderes dazwischenliegt oder unternommen wird" verstanden wird.[1039] Aus dieser Warte ist die geforderte Erweiterung auf unmittelbar die Finanzinstrumente des Emittenten betreffende Umstände nachvollziehbar, immerhin sind in Fällen des Kaufs oder Verkaufs von Beteiligungen unmittelbar nur die Aktien und somit Finanzinstrumente des Emittenten betroffen, während dessen man von einer bloß mittelbaren Betroffenheit des Emittenten ausgehen müsste. Andererseits ist eine derartige Einschränkung auch von denjenigen, die den Wortlaut des § 15 Abs. 1 für unumstößlich halten, nicht gewollt.[1040] Die Ursache dieses Kommunikationsproblems ist in der unterschiedlichen Verwendung von Sprache zu sehen, da die juristische Sprache von der natürlichen, sprich alltäglichen Bedeutung oftmals zu divergieren vermag. Zu ergründen gilt es daher, welches Verständnis der Unmittelbarkeit in der Juristensprache beizumessen ist. Anhand der genannten Beispiele, die direkt den CESR-Empfehlungen entnommen sind, kann an dieser Stelle bereits festgehalten werden, dass der in § 15 Abs. 1 genannte Fixpunkt des Emittenten auch betroffen ist, wenn der Emittent nur über die Brücke der von ihm ausgegebenen Finanzinstrumente tangiert ist. Damit unterscheidet sich die Bedeutung der Unmittelbarkeit tatsächlich vom natürlichen Sprachsinn, so dass die unterschiedlichen Ansichten zwar im Endeffekt dieselben Ergebnisse erzielen, jedoch die Notwendigkeit einer Korrektur des Normtextes unterschiedlich beurteilen.

Keineswegs überzeugend ist hingegen, den aufgezeigten Widerspruch zwischen dem sprachlich natürlichen Sinn der Unmittelbarkeit und den tatsächlichen Ausführungen der CESR und BaFin durch einen Verweis auf die MMR egalisieren zu wollen, die angeblich eine Ad-hoc-Pflicht auch dann postuliert, wenn die Insiderinformation ausschließlich ein Finanzinstrument betrifft.[1041] Eine derartige Argumentation kann keineswegs durchdringen, da sich in § 15 Abs. 1 S. 1 fast wortgleich Art. 6 Abs. 1 MMR widerspiegelt, der diesen Bezug ebenfalls nicht

---

1038 *Simon* Der Konzern 2005, 13, 15; *Ziemons* NZG 2004, 537, 541; ähnlich auch schon DAI/BDI-Stellungnahme vom 25.3.2004, S. 5, abrufbar unter http://www.dai.de/internet/dai/dai-2-0.nsf/dai_publikationen.htm (29.3.2006).

1039 Zu diesem Verständnis Fremdwörterduden, 7. Auflage, Dudenverlag 2001 zum Begriff „direkt".

1040 Siehe *Büche,* Die Pflicht zur Ad-hoc-Publizität als Baustein eines integeren Finanzmarktes, S. 284 mit Fn. 1451 in Zusammenschau mit dessen Ausführungen auf S. 181 ff.; im Ergebnis ebenso Emittentenleitfaden der BaFin vom 15.7.2005, S. 40 f.

1041 So aber *Ziemons* NZG 2004, 537, 541.

explizit vorweisen kann. Welches Verständnis der Unmittelbarkeit überdies in concreto zukommt, gilt es im Folgenden darzulegen.

cc) *Die Unmittelbarkeit in concreto*

(1) Implementierung bisherigen Rechts: Der Tätigkeitsbereich des Emittenten

Die Norm des § 15 Abs. 1 S. 3 verschafft dem Rechtsanwender einen ersten Anhaltspunkt hinsichtlich des Verständnisses der Unmittelbarkeit. Mittels eines Regelbeispiels[1042] wird festgelegt, dass jedenfalls alle Umstände erfasst sind, die im Tätigkeitsbereich des Emittenten eingetreten sind. Diese Umschreibung hat zweierlei zur Folge: Es ist von Gesetzes wegen festgelegt, welche Umstände jedenfalls völlig unstreitig in den Bereich der Unmittelbarkeit fallen. Desweiteren eröffnet der Gesetzgeber dem Rechtsanwender, sein bisheriges Wissen im Bereich der Ad-hoc-Publizität fruchtbar zu machen und im Sinne einer allen Veränderungen wenigstens zum Teil trotzenden Kontinuität im Hinblick auf die Entfaltung des Begriffs der Unmittelbarkeit einen Anhaltspunkt an die Hand zu geben. Etwaige Bedenken, der durchschnittliche Rechtsanwender könne daraus folgern, es habe sich an der Rechtslage nichts geändert,[1043] dürften kaum gegen die Norm in Stellung gebracht werden können; immerhin ist ihr nicht abschließender Charakter aufgrund der Wortwahl („insbesondere") allzu offensichtlich.

(2) Die Fortgeltung des bisherigen Rechts in inhaltlicher Hinsicht

Mithin sind im Sinne des neuen § 15 Abs. 1 all diejenigen Umstände unmittelbar, die nach bisherigem Verständnis in den Tätigkeitsbereich des Emittenten fielen. Die Ausfüllung dieser Begrifflichkeit wird man indes ohne Übertreibung als eine der schwierigeren Fragen im bisherigen Recht qualifizieren können, was insbesondere das Resultat einer fehlenden Definition im Gesetz war, darüber hinaus aber auch der unterlassenen Äußerung des Gesetzgebers zum Verständnis der Begrifflichkeit geschuldet war.[1044] Dadurch haben sich verschiedene Leitlinien herausgebildet, die im Großen und Ganzen zwar Gemeinsamkeiten, im De-

---

1042 Diese rechtliche Qualifikation folgt unmittelbar aus dem Wortlaut des § 15 Abs. 1 S. 2: „insbesondere". Ebenso *Brandi/Süßmann* AG 2004, 642, 649; ähnlich *Merkner/Sustmann* NZG 2005, 729, 734: „Regelwirkung"; siehe auch *Büche,* Die Pflicht zur Ad-hoc-Publizität als Baustein eines integeren Finanzmarktes, S. 284 f.; im Ergebnis ebenso *Diekmann/Sustmann* NZG 2004, 929, 934; *Grothaus* ZBB 2005, 62, 64.

1043 So *Ziemons* NZG 2004, 537, 541; *Büche,* Die Pflicht zur Ad-hoc-Publizität als Baustein eines integeren Finanzmarktes, S. 284.

1044 *Gehrt,* Die neue Ad-hoc-Publizität, S. 137; *Braun* in Möllers/Rotter, Ad-hoc-Publizität, § 8 Rn. 51; *Büche,* Die Pflicht zur Ad-hoc-Publizität als Baustein eines integeren Finanzmarktes, S. 101; siehe auch *Decker*, Ad-hoc-Publizität, S. 249 ff.

tail jedoch erhebliche Unterschiede aufwiesen.[1045] Als Ausgangspunkt weiterer Definitionen diente üblicherweise die Umschreibung, dass dem Tätigkeitsbereich des Emittenten alle Tatsachen unterfallen sollten, die spezifischen Bezug zur unternehmerischen Sphäre aufwiesen.[1046] Dieser überaus sibyllinische Ansatz musste richtigerweise noch weiter konkretisiert werden, um wirklich griffige Kriterien zu liefern. Dafür wurde bereits bislang zwischen Unternehmensinterna und –externa unterschieden. Als unternehmensinterne Umstände bzw. nach alter Diktion unternehmensinterne Tatsachen wurden die unmittelbaren Folgen der unternehmerischen Tätigkeit verstanden, mithin unstreitig solche, die wie Vorstands- und Aufsichtsratsbeschlüsse, Vertragsabschlüsse, etc. Folge voluntativer Tätigkeit waren.[1047]

Dem stand der weite Bereich der Unternehmensexterna gegenüber, dessen Erfassung der rechtswissenschaftlichen Literatur erhebliche Schwierigkeiten bereitete. Streng genommen unterfallen diesem Bereich schließlich auch allgemeine Marktdaten wie die Inflations- und Zinsentwicklung, Arbeitslosenzahlen oder auch Gesetzesvorhaben.[1048] Während diese unstreitig nicht als Bestandteil des Tätigkeitsbereichs des Emittenten angesehen wurden,[1049] da nur eine besondere, individuelle Beziehung zum Emittenten es rechtfertigen kann, vom Eintritt in dessen Tätigkeitsbereich zu sprechen,[1050] fanden sich für die Bestimmung einer solchen Beziehung unterschiedliche Akzentuierungen. Namentlich *Gehrt* vertrat bereits einen sehr weitgehenden Ansatz, wenn er vom Tätigkeitsbereich des Emittenten nur all diejenigen Unternehmensexterna ausnahm, die aufgrund ihres abstrakt-generellen Elements eine Vielzahl von Unternehmen betrafen.[1051] Zwar

---

1045 Ausgeklammert werden sollen an dieser Stelle die Überlegungen von *Fürhoff/Wölk* WM 1997, 449, 451 f. und der ihnen zustimmende *Ekkenga* ZGR 1999, 165, 174, die eine Orientierung an der Regelpublizität vorgeschlagen haben. Dies konnte jedoch u.a. aufgrund dessen, dass im Rahmen der Lageberichterstattung auch Angaben zu den für das Unternehmen bedeutsamen gesamtwirtschaftlichen Entwicklungen zu machen sind, nicht überzeugen, siehe nur Schwark/*Zimmer* KMRK § 15 Rn 45, auch mit weiteren Gründen.

1046 Schwark/*Zimmer* KMRK § 15 Rn 45; *Kümpel/Assmann* in Assmann/Schneider, 3. Aufl., § 15 Rn 45; *Kümpel* AG 1997, 66, 67; *v.Klitzing*, Die Ad-hoc-Publizität, S. 102.

1047 Siehe *Waldhausen*, Die ad-hoc-publizitätspflichtige Tatsache, S. 190; Schwark/*Zimmer* KMRK § 15 Rn 46; *Geibel* in Schäfer § 15 Rn 38.

1048 Missverständlich insoweit *Waldhausen*, Die ad-hoc-publizitätspflichtige Tatsache, S. 191: „Zwischen den allgemeinen Marktdaten und den unternehmensinternen Tatsachen stehen die unternehmensexternen Tatsachen."

1049 Statt vieler *Kümpel/Assmann* in Assmann/Schneider, 3. Aufl., § 15 Rn 45.

1050 Siehe *Geibel* in Schäfer § 15 Rn 39 f.; *Waldhausen*, Die ad-hoc-publizitätspflichtige Tatsache, S. 191; siehe auch *Caspari* in Baetge, Insiderrecht und Ad-hoc-Publizität, S. 71.

1051 *Gehrt*, Die neue Ad-hoc-Publizität, S. 139.

war es damit möglich, allgemeine Marktdaten auszuscheiden, jedoch waren weiterhin Entscheidungen Dritter, die primär der Information des Kapitalmarktes dienen sollten wie die Bonitätsbewertungen des Emittenten durch eine Rating-Agentur mit diesem Ansatz als im Tätigkeitsbereich des Emittenten eingetreten zu bewerten.[1052] Sehr restriktiv wollte hingegen *Struck* die hier in Rede stehende Begrifflichkeit verstanden wissen, wenn er eine Geschäftstätigkeit des Emittenten im Sinne einer aktiven Steuerung von Kausalabläufen forderte.[1053] Dies wäre jedoch im Ergebnis der bereits als unternehmensintern qualifizierten voluntativen Tätigkeit gleichgekommen. Die überwiegende Meinung beschritt daher einen Mittelweg: Danach konnten auch unternehmensexterne Tatsachen die nötige besondere Verknüpfung zum Tätigkeitsbereich des Emittenten aufweisen, wenn sie zwar auf willensunabhängigen Ereignissen basierten, diesen aber dennoch unmittelbare Auswirkungen auf die Betriebsmittel des Emittenten zukam oder im Falle externer, voluntativer Tatsachen in ihrer Wirkung direkt an den Emittenten adressiert waren.[1054] Diese Dichotomie ermöglichte es, beispielsweise nicht nur die Zerstörung von Betriebsstätten des Emittenten aufgrund von Naturkatastrophen zu erfassen, überdies fielen auch an bzw. gegen den Emittenten gerichtete Verwaltungsentscheidungen, Klageerhebungen oder auch rechtsgeschäftliche Erklärungen in den Tätigkeitsbereich des Emittenten.[1055] Auszuschließen war hingegen die Einschlägigkeit im Falle der Entscheidung über die Aufnahme in einen Index oder das Rating.[1056]

(3) Zwischenfazit

Die Schwierigkeit der Bestimmung des Tätigkeitsbereichs des Emittenten offenbart ein grundlegendes Problem der Neuregelung des § 15 Abs. 1 S. 3: Die auf den ersten Blick bestehende Funktion, dass auf der Grundlage eines Regelbeispiels für den Rechtsanwender durch Aufgreifen der bisherigen Regelung ohne weiteres Klarheit im Hinblick auf die Einschlägigkeit des § 15 Abs. 1 in einem Teilbereich besteht, kann aufgrund der verschiedenen Ansichten nicht uneinge-

---

1052 Darauf weist zu Recht Schwark/*Zimmer* KMRK § 15 Rn 48 hin; krit. im Hinblick auf *Gehrts* Ansatz auch *Waldhausen,* Die ad-hoc-publizitätspflichtige Tatsache, S. 191 f.

1053 *Struck,* Ad-hoc-Publizitätspflicht zum Schutz der Anleger vor vermögensschädigendem Wertpapierhandel, S. 125.

1054 *Waldhausen,* Die ad-hoc-publizitätspflichtige Tatsache, S. 192; ebenso Schwark/*Zimmer* KMRK § 15 Rn 48; *Schäfer* in Marsch-Barner/Schäfer, Hdb. börsennotierte AG, § 14 Rn 30.

1055 *Waldhausen,* Die ad-hoc-publizitätspflichtige Tatsache, S. 192; Schwark/*Zimmer* KMRK § 15 Rn 48.

1056 Siehe *Kümpel/Assmann* in Assmann/Schneider, 3. Aufl., § 15 Rn 49; *Irmen* in BuB, Rn 7/796; *Waldhausen,* Die ad-hoc-publizitätspflichtige Tatsache, S. 192; Schwark/*Zimmer* KMRK § 15 Rn 48; ebenso *Dreyling/Schäfer*, Insiderrecht und Ad-hoc-Publizität, Rn 430.

schränkt angebracht werden. Lediglich für die Fälle der bisherigen unternehmensinternen Tatsachen kann früheres Wissen zweifelsfrei fruchtbar gemacht werden. Inwieweit die Regelung im neuen § 15 überhaupt nötig gewesen wäre, wird man unter Ausklammerung des § 15 Abs. 1 S. 3 und somit ausschließlicher Fokussierung auf das Recht nach AnSVG mitsamt dem einhergehenden regulatorischen Bouquet untersuchen müssen.

(4) Entfaltung der Unmittelbarkeit im Recht nach AnSVG

Die Erforschung der Unmittelbarkeit bereitet insofern Probleme, als dass weder im Basisrechtsakt, nämlich der MMR, noch in ihren Durchführungsbestimmungen, namentlich der Durchführungsrichtlinie 2003/124/EG, der europäische Gesetzgeber Anhaltspunkte für das Verständnis dieser Begrifflichkeit liefert. Lediglich in rechtlich nicht bindender Art und Weise finden sich überhaupt Ausführungen zu diesem Punkt, in concreto in Form nicht abschließender Kataloge in den CESR-Empfehlungen, die die BaFin in ihrem Emittentenleitfaden vollumfänglich aufgreift und überdies ergänzt.

Danach sind nur mittelbar betreffende Insiderinformationen allgemeine Marktstatistiken; zukünftig zu veröffentlichende Ratingergebnisse, Research-Studien, Empfehlungen oder Vorschläge, die den Wert der börsennotierten Finanzinstrumente betreffen; allgemeine Zinssatzentwicklungen, Zinssatzentscheidungen; Entscheidungen der Regierungsbehörden bezüglich der Besteuerung, der Regulierung, des Schuldenmanagements; Entscheidungen über Regeln zur Marktaufsicht; wichtige Verfügungen durch Behörden oder andere öffentliche Institutionen; Entscheidungen über die Regeln der Indexzusammensetzung und –berechnung; Entscheidungen der Börsen, der Betreiber außerbörslicher Handelsplattformen und von Behörden zur jeweiligen Marktregulierung; Entscheidungen der Wettbewerbs- und Marktüberwachungsbehörden hinsichtlich börsennotierter Unternehmen; Kauf- und Verkaufsaufträge in den Finanzinstrumenten des Emittenten; Veränderung in den Handelsbedingungen (u.a. Wechsel des Zulassungs- oder Handelssegments, Wechsel des Handelsmodells z.B. vom fortlaufenden Handel in das Einzelauktionsmodell, Wechsel des Market Makers);[1057] Informationen über allgemeine Wirtschaftsdaten, politische Ereignisse, Arbeitslosenzahlen, Naturereignisse oder z.B. die Ölpreisentwicklung; Information über eine für den Emittenten relevante Veränderung der Situation des Konkurrenten (z.B. bevorstehende Insolvenz eines Konkurrenten); Informationen, die nur das Finanzinstrument selbst betreffen, z.B. Erwerb oder Veräußerung

1057 CESR's Advice on Level 2 Implementing Measures for the proposed Market Abuse Directive, CESR/02-089d, Rn. 36; im Anschluss daran siehe auch Emittentenleitfaden der BaFin vom 15.7.2005, S. 41.

eines größeren Aktienpaketes durch eine Investmentgesellschaft aus bloßen Anlagegesichtspunkten;[1058] Aktiensplits.[1059]

Unmittelbare Betroffenheit sollen beispielsweise Umstände wie die Änderung der Mehrheitsverhältnisse und der Abschluss von Beherrschungsverträgen; Veränderungen in der Personalstruktur in Vorstand und Aufsichtsrat; Fusionen, Aufspaltungen oder Abspaltungen; Erwerb oder Veräußerung von Beteiligungen oder anderen wichtigen Vermögensgegenständen oder Geschäftsbereichen, bedeutende rechtliche Auseinandersetzungen bzw. Streitigkeiten; Insolvenz besonderer Schuldner; Zerstörung nicht versicherter Güter; Patente etc. auslösen.[1060]

Eine abstrakt-generelle Näherung an den Begriff der Unmittelbarkeit findet sich in den Gesetzesmaterialien bzw. den genannten Katalogen hingegen an keiner Stelle. Aber auch die Literatur verharrt ganz überwiegend in der Gegenüberstellung von Unmittelbarkeit und Mittelbarkeit unter Anführung weniger Beispiele und hat für den Rechtsanwender jedenfalls für einen abstrakten, subsumtionsfähigen Ansatz kaum einen bzw. höchstens minimalen Erkenntnisgewinn zur Folge.[1061] Tatsächlich lässt sich eine abstrakte Defintion nicht ohne weiteres finden, was insbesondere dem Umstand geschuldet ist, dass der Gesetzgeber weitgehend auf entsprechend hilfreiche Hinweise verzichtet hat. Unter Heranziehung der Kataloge von CESR und BaFin sowie der einzigen Aussage des deutschen Gesetzesgebers zum Komplex der Unmittelbarkeit wird man jedoch Rückschlüsse ziehen können. Die Beispielkataloge machen zum einen deutlich, dass für die Annahme der Unmittelbarkeit im Sinne von § 15 Abs. 1 eine gewisse Konkretisierung zu fordern ist. Zum anderen spricht der Gesetzgeber davon, dass die Unmittelbarkeit auch bei „von außen" kommenden Umständen vorliegen könne,[1062] so dass klargestellt ist, dass nicht nur der Sphäre des Unternehmens entspringende Umstände, sondern gleichsam alle irgendwie eintretenden Umstände

---

1058 Dieses Beispiel suggeriert indes fälschlicherweise, dass der Fixpunkt der unmittelbaren Betroffenheit ausschließlich der Emittent sei, was indes entsprechend der oben aufgezeigten Linie nicht der Fall ist, siehe bereits Teil 3, A.II)1)d)bb).

1059 Emittentenleitfaden der BaFin vom 15.7.2005, S. 42.

1060 Zur kompletten Liste sei auf CESR's Advice on Level 2 Implementing Measures for the proposed Market Abuse Directive, CESR/02-089d, Rn. 35 verwiesen; eine Übersetzung findet sich bei *Büche,* Die Pflicht zur Ad-hoc-Publizität als Baustein eines integeren Finanzmarktes, S. 183.

1061 So *Ziemons* NZG 2004, 537, 541; *Grothaus* ZBB 2005, 62, 64; siehe auch *Brandi/Süßmann* AG 2004, 642, 648 f.; *Koch* DB 2005, 267, 271; *Bürgers* BKR 2004, 424, 426; *Diekmann/Sustmann* NZG 2004, 929, 934; *Kuthe* ZIP 2004, 883, 885, die sich auf die beispielhafte Erörterung der wichtigsten Beispiele beschränken; ansatzweise eine abstrakte Näherung anführend hingegen nur *Assmann* in Assmann/Schneider, § 15 Rn 68.

1062 BT-Drucks. 15/3174, S. 35.

unmittelbar sein können. Infolge dessen müssen Insiderinformationen immer dann als unmittelbar gelten, wenn nicht nur völlig unspezifische, eine unbestimmte Vielzahl von Unternehmen betreffende und den Emittenten infolgedessen allenfalls marginal interessierende Umstände in Rede stehen.[1063] Soweit nicht nur ein abstrakt-generelles Element vorliegt, sind Insiderinformationen mithin als unmittelbar zu qualifizieren.

Dem Versuch, die Unmittelbarkeit über den Ansatz der Rechnungslegungspflicht und den dort aufzunehmenden Umständen zu bestimmen,[1064] ist hingegen eine Absage zu erteilen. Bereits vor den Änderungen durch das AnSVG wurde versucht, den Tätigkeitsbereich des Emittenten über die auf dem Wege der Regelpublizität zu veröffentlichenden Informationen zu bestimmen.[1065] Diesem Ansatz wurde für die Bestimmung des Tätigkeitsbereichs des Emittenten insbesondere entscheidend die Tatsache entgegengehalten, dass dann auch Angaben zu gemeinwirtschaftlichen Entwicklungen zu machen wären.[1066] Vor allem § 289 Abs. 3 HGB verdeutlicht dies, wenn gemäß dieser Vorschrift große Kapitalgesellschaften dazu gezwungen sind, auch nichtfinanzielle Leistungsindikatoren wie Informationen über Umwelt- und Arbeitnehmerbelange im Lagebericht der Gesellschaft darzustellen.[1067] Zwar kann man die Argumentation gegen die Heranziehung der Rechnungslegungsinstrumentarien im Rahmen des Begriffs der Unmittelbarkeit nicht ohne weiteres fruchtbar machen, dennoch begegnet ein derartiger Ansatz auch weiterhin durchgreifenden Bedenken. Vor allem der kognitive Aspekt einer jeden Veröffentlichungspflicht spielt eine entscheidende Rolle. Zwar ist dieser der Regelpublizität und der Ad-hoc-Publizität gemein, da das Wissen des Emittenten Grundvoraussetzung der späteren Publikation ist. Dennoch würde eine Orientierung an den Grundsätzen der Rechnungslegung für die Unmittelbarkeit bedeuten, dass auch das kognitive Element hierunter zu subsumieren ist. Dies ist jedoch unzweifelhaft nicht der Fall, da diese Frage vielmehr bei den Veröffentlichungsmodalitäten zu verorten ist.[1068] Überdies kann das Anknüpfen an die Rechnungslegungsvorschriften nicht überzeugen, da auch

---

1063 Im Ergebnis ähnlich nur *Assmann* in Assmann/Schneider, § 15 Rn 68, wonach unmittelbar betreffende Informationen ganz sicher solche sind, die den Emittenten ausschließlich oder doch maßgeblich betreffen.

1064 Siehe *Büche,* Die Pflicht zur Ad-hoc-Publizität als Baustein eines integeren Finanzmarktes, S. 184 ff.

1065 Allen voran *Fürhoff/Wölk* WM 1997, 449, 451; siehe auch *Ekkenga* ZGR 1999, 165, 174; siehe überdies bereits Fn. 1045.

1066 Siehe nur Schwark/*Zimmer* KRMK § 15 Rn 45 mit weiteren Gründen; die Indizwirkung nunmehr jedoch anerkennend *Glaser,* Verbesserungsoptionen, S. 35.

1067 *Merkt* in Baumbach/Hopt, HGB, § 289 Rn 3; MünchKommAktG/*Altenburger* § 289 HGB Rn 120 f.

1068 Trotz eines ansonsten anderen Ansatzes ebenso *Büche,* Die Pflicht zur Ad-hoc-Publizität als Baustein eines integeren Finanzmarktes, S. 184.

die Vertreter dieser Ansicht diesen Normen für die Ausfüllung der Begrifflichkeit „unmittelbar" keinen abschließender Charakter,[1069] sondern eher den Charakter einer Regelwirkung beimessen. Daher kann ein in den Instrumenten der Rechnungslegung verankerter Ansatz mit einer allgemeingültigen Definition aber keineswegs konkurrieren. Überdies wäre die Sinnhaftigkeit dieses Ansatzes ernsthaft in Frage gestellt, da mit § 15 Abs. 1 S. 3 bereits ein Regelbeispiel zur Bestimmung der Unmittelbarkeit existiert.

Demzufolge bestehen auch unter dem um den Aspekt der Rechnungslegungsvorschriften erweiterten Blickwinkel keine Bedenken gegen die angebrachte allgemeine Definition, die das Vorliegen eines abstrakt-generellen Elements als maßgebliche Voraussetzung zur Abgrenzung der Unmittelbarkeit von der Mittelbarkeit macht.

(5) Rückkoppelung der allgemeingültigen Definition der Unmittelbarkeit an die Beispielskataloge von CESR und BaFin

Unter Berücksichtigung der umfangreichen Kataloge von CESR und BaFin zur Frage der Unmittelbarkeit einer Insiderinformation wurde soeben eine allgemeingültige Definition vorgeschlagen, wonach die Unmittelbarkeit nur dann vorliegt, wenn nicht nur völlig unspezifische, eine unbestimmte Vielzahl von Unternehmen betreffende und den Emittenten infolgedessen allenfalls marginal interessierende Umstände in Rede stehen. Soweit somit nicht nur ein abstrakt-generelles Element vorliegt, sind Insiderinformationen mithin als unmittelbar zu qualifizieren.[1070] Nunmehr gilt es zu überprüfen, ob diese Definition tatsächlich allen in den Katalogen von CESR und BaFin aufgeführten Konstellationen gerecht werden kann. Zweifel bestehen nach Durchsicht lediglich hinsichtlich der dortigen Annahme, dass Kauf- und Verkaufsanträge in den Finanzinstrumenten des Emittenten sowie Informationen, die nur das Finanzinstrument selbst betreffen, z.B. den Erwerb oder die Veräußerung eines größeren Aktienpaketes durch eine Investmentgesellschaft aus Anlagegesichtspunkten, nicht eine unmittelbare Betroffenheit des Emittenten hervorrufen könnten.[1071] Dies steht jedoch in Widerspruch zu der angeführten Definition, da in diesen Fällen viel mehr als ein bloß abstrakt-genereller Umstand in Rede steht, da er bereits direkt auf die publizitätspflichtige Gesellschaft bezogen ist. Damit kann die Ausklammerung

---

1069 Siehe *Büche,* Die Pflicht zur Ad-hoc-Publizität als Baustein eines integeren Finanzmarktes, S. 184 ff.

1070 Siehe soeben Teil 3, A.II)1)d)cc)(4).

1071 Siehe CESR's Advice on Level 2 Implementing Measures for the proposed Market Abuse Directive, CESR/02-089d, Rn. 36; Emittentenleitfaden der BaFin vom 15.7.2005, S. 41 f.; ebenso *Brandi/Süßmann* AG 2004, 642, 657, die positivistisch formulieren und nur solche Anteilserwerbe, die in ihrer Wirkung einem Kontrollwechsel gleichkommen, als unmittelbar ansehen; anders hingegen *Bürgers* BKR 2004, 424, 426.

dieser Konstellationen aus dem Bereich der Unmittelbarkeit keineswegs überzeugen. Sie ist allenfalls haltbar, wenn man diese beiden Fälle deswegen von der Unmittelbarkeit ausnehmen möchte, weil der Fixpunkt der Unmittelbarkeit in § 15 Abs. 1 augenscheinlich einen direkten Bezug zum Emittenten erfordert. Dieser Aspekt kann jedoch nicht durchgreifen, da oben bereits dargelegt wurde, dass aufgrund einer sprachlichen Undeutlichkeit lediglich oberflächlich besehen ein direkter Emittentenbezug nötig, tatsächlich aber auch eine Betroffenheit des Emittenten über die Brücke der von ihm ausgegebenen Finanzinstrumente ausreichend ist.[1072] Mithin vermag die Verneinung der Unmittelbarkeit in den beiden angeführten Konstellationen nicht zu konvinzieren. Sie scheint vielmehr beim falschen Tatbestandsmerkmal verortet zu sein. In beiden Fällen wäre die Hinterfragung des Kursbeeinflussungspotentials zielführender, da bei bloßen Kaufs- und Verkaufsanträgen in den Finanzinstrumenten des Emittenten erst ab einer gewissen Größenordnung der verständige Anleger diese Information in seine Anlageentscheidung einfließen lassen wird. Überdies würde für den Fall des Erwerbs oder der Veräußerung eines größeren Aktienpaketes durch eine Investmentgesellschaft aus Anlagegesichtspunkten nicht pauschal eine Ad-hoc-Mitteilung mangels Unmittelbarkeit verneint werden, sondern könnte einzelfallabhängig beantwortet werden. Festzuhalten bleibt somit, dass die herausgearbeitete Definition durch lediglich zwei Widersprüchlichkeiten in den umfangreichen Katalogen von CESR und BaFin zur Verdeutlichung des Merkmals der Unmittelbarkeit nicht entkräftet werden kann. Der Rechtsanwender wird beide Annahmen vielmehr ignorieren können, was angesichts des mangelnden Rechtscharakters der CESR-Vorschläge und insbesondere des Emittentenleitfadens ohne Sanktionen geschehen kann.

(6) Abgleich der aktuellen mit der bisherigen Rechtslage

Die Ausführungen zur Annäherung an den Begriff der Unmittelbarkeit bei ausschließlicher Fokussierung auf § 15 Abs. 1 S. 1 haben die Schwierigkeiten einer solchen Bestimmung aufgezeigt. Daher ist es nicht verwunderlich, dass der deutsche Gesetzgeber durch Einführung des § 15 Abs. 1 S. 3, der in der MMR kein Pendant aufweisen kann, die Initiative ergriffen und dem Rechtsanwender durch das darin verankerte Regelbeispiel eine Hilfestellung geben wollte. Dabei wurde allerdings übersehen, dass bis zuletzt in der Literatur über die Begrifflichkeit des Tätigkeitsbereichs des Emittenten kein Einvernehmen hergestellt werden konnte. Fraglich ist jedoch, inwieweit dies der Verankerung als Regelbeispiel entgegensteht. Sollte sich keine der bisherigen Ansichten zum geltenden Recht in Widerspruch setzen, bestehen im Ergebnis keine rechtlichen Bedenken gegenüber der Regelung des § 15 Abs. 1 S. 3. Das Verständnis der Unmittelbar-

1072 Siehe Teil 3, A.II)1)d)bb).

keit zeichnet sich primär durch seine Weite aus, da nur dann ein Umstand mittelbar ist, wenn ausschließlich ein abstrakt-generelles Element vorliegt. Die oben bereits angeführte Ansicht von *Struck*, der für die Annahme des Tätigkeitsbereichs des Emittenten eine Geschäftstätigkeit im Sinne einer aktiven Steuerung von Kausalabläufen forderte,[1073] wurde zwar als zu restriktiv abgelehnt,[1074] würde jedoch mit dem geltenden Recht keinesfalls in Konflikt geraten. Gleiches gilt für die etwas weitere Ansicht der überwiegenden Meinung, die zum Teil auch unternehmensexterne Umstände erfasste.[1075] Aber auch die sehr weitgehende Ansicht *Gehrts*, der aus dem Tätigkeitsbereich des Emittenten lediglich diejenigen Unternehmensexterna ausnahm, die aufgrund ihres abstrakt-generellen Elements eine unbestimmte Vielzahl von Unternehmen betrafen,[1076] setzt sich mit der nunmehr geltenden Unmittelbarkeit nicht in Widerspruch. Vielmehr nähert sich letztere Ansicht inhaltlich bereits stark dem heutigen Verständnis der Unmittelbarkeit an. Aus rechtlicher Sicht ist daher zu konstatieren, dass sich durch die Aufnahme des „Tätigkeitsbereich des Emittenten" trotz unterschiedlicher Ansichten zum Verständnis dieser Begrifflichkeit keine Brüche im neuen Recht auftun. Allerdings wird eine sachgerechte Subsumtion durch die Schaffung des § 15 Abs. 1 S. 3 nicht erleichtert. Die Regelung kann daher letztlich lediglich als erster Anhaltspunkt für das Verständnis der in § 15 Abs. 1 neu eingeführten Unmittelbarkeit überzeugen.

(7) Ergebnis

Festzuhalten bleibt, dass der Begriff der Unmittelbarkeit im Gegensatz zu demjenigen des Tätigkeitsbereichs des Emittenten inhaltlich weiter ist. Ob dies gleichsam auch eine erhebliche Ausweitung der Veröffentlichungspflicht bedeutet, darf bezweifelt werden. Immerhin sind auf einer früheren Stufe, nämlich bei der Prüfung der Insiderinformation, insbesondere die mangelnde öffentliche Bekanntheit und das Potential zur Kurs- bzw. Preisbeeinflussung der in Rede stehenden Umstände zu beurteilen. Betrachtet man die Auflistung des Katalogs, was lediglich als mittelbar zu gelten habe, finden sich Beispiele wie allgemeine Marktstatistiken; allgemeine Zinssatzentwicklungen, Zinssatzentscheidungen; Entscheidungen über Regeln zur Marktaufsicht; Informationen über allgemeine Wirtschaftsdaten, politische Ereignisse, Arbeitslosenzahlen oder Naturereignisse.[1077] Bei einer Vielzahl dieser Umstände wird man im Einzelfall die mangelnde öffentliche Bekanntheit oder ein sonstiges Merkmal aus § 13 Abs. 1 erfolg-

---

1073 *Struck*, Ad-hoc-Publizitätspflicht zum Schutz der Anleger vor vermögensschädigendem Wertpapierhandel, S. 125.
1074 Siehe Teil 3, A.II)1)d)cc)(2).
1075 Dazu Teil 3, A.II)1)d)cc)(2).
1076 Dazu Teil 3, A.II)1)d)cc)(2).
1077 Siehe Teil 3, A.II)1)d)cc)(4).

reich bezweifeln können, so dass bereits eine Insiderinformation nicht vorliegt. Die durch die CESR- und BaFin-Kataloge suggerierte Erweiterung des Anwendungsbereichs wird demzufolge in der Literatur teilweise überschätzt[1078] und ist angesichts der Filterfunktion der Insiderinformation zu relativieren.[1079] Erweitert um den Aspekt, dass auch nach überwiegender Ansicht zum Teil unternehmensexterne Umstände in den Tätigkeitsbereich des Emittenten zu fallen vermochten, stellt sich die Erweiterung des § 15 Abs. 1 nicht mehr als derart eklatant dar, wie man auf den ersten Blick annehmen musste. Zu beachten ist jedoch auch, dass die Bestimmung der Unmittelbarkeit immer unter besonderer Berücksichtigung des Einzelfalls zu erfolgen hat, so dass Informationen über die Entwicklung des Ölpreises in stark energieabhängigen Branchen durchaus als unmittelbar für den Emittenten angesehen werden können.[1080]

Festzuhalten bleibt, dass sich die Einführung der Unmittelbarkeit bei Streichung des Tätigkeitsbereichs des Emittenten tatsächlich als leichte Erweiterung darstellt. Das Verständnis der Unmittelbarkeit erschließt sich, anders als dies vom Gesetzgeber jedoch offensichtlich angenommen wird, jedoch auch ohne die Begrifflichkeit des Tätigkeitsbereichs des Emittenten. Dies macht im Ergebnis die Notwendigkeit der Implementierung im neuen Recht in § 15 Abs. 1 S. 3 überaus fraglich. Zudem schafft es auf gesetzlichem Wege nur ein kompliziertes Geflecht von zu beachtenden Vorschriften. Damit geht insbesondere eine Steigerung der von Rechts wegen zu beachtenden Begrifflichkeiten neben Unmittelbarkeit und Mittelbarkeit um das Paar unternehmensintern und unternehmensextern einher. Der jetzige § 15 Abs. 1 S. 3 hätte daher – wenn überhaupt – besser Eingang in ein informelles Werk wie demjenigen des Emittentenleitfadens der BaFin gefunden, mitunter hätte auch ein dem heutigen § 15 Abs. 1 S. 3 entsprechender Hinweis in der Gesetzesbegründung zum Verständnis der Unmittelbarkeit ausgereicht. Alternativ zum jetzigen Satz 3 des § 15 hätte man sich vom Gesetzgeber eine allgemeinere Definition der Unmittelbarkeit anstelle des genannten Beispielskatalogs gewünscht. Dass eine derartige gefunden werden kann, wurde im Rahmen der Untersuchung bereits aufgezeigt. Demnach liegen unmittelbare Insiderinformationen immer dann vor, wenn nicht nur völlig unspezifische, eine unbestimmte Vielzahl von Unternehmen betreffende und den Emittenten infolgedessen allenfalls marginal interessierende Umstände in Rede

---

1078 *Ziemons* NZG 2004, 537, 541: „Dies (die Reichweite der Veröffentlichungspflicht) wird sich zukünftig grundlegend ändern."; *Brandi/Süßmann* AG 2004, 642, 648: „deutliche Ausweitung"; *Harrer/Vaupel* Börsen-Zeitung, Ausgabe 193 vom 6.10.2004, S. 2: „wesentlich erweitert".

1079 Ebenso *Merkner/Sustmann* NZG 2005, 729, 735; *Spindler* NJW 2004, 3449, 3451; *Holzborn/Israel* WM 2004, 1949, 1952; im Ergebnis ebenso *Spindler/Speier* BB 2005, 2031, 2032 f., die lediglich für den Vergleich von Tätigkeitsbereich des Emittenten und Unmittelbarkeit von einer bedeutenden Erweiterung sprechen.

1080 Zu Recht *Ziemons* NZG 2004, 537, 541; *Simon* Der Konzern 2005, 13, 17.

stehen. Entscheidend ist mithin, ob ein abstrakt-generelles Element vorliegt oder nicht.

dd) Auswirkungen der Unmittelbarkeit auf praktisch relevante Fälle

Im Sinne einer besseren Bekämpfung des Insiderhandels wurde, wie festgehalten, der Kreis der grundsätzlich veröffentlichungspflichtigen Insiderinformationen weiter als bisher gezogen. Zum einen sind nach wie vor unternehmensinterne Umstände erfasst, die nunmehr in der neuen Terminologie stets als unmittelbar zu qualifizieren sind. Dadurch ist per se in einem breiten Feld, welches u.a. interne geschäftliche oder organisatorische Planungen, Strategien und Absichten erfasst, generell eine Pflicht zur Veröffentlichung anzunehmen. In Ausdehnung des bisherigen Rechts ist jedoch auch eine Vielzahl von unternehmensexternen Insiderinformationen nunmehr als unmittelbar einzuordnen. Neben den bereits mit der überwiegenden Ansicht bislang erfassten Umständen wie Entscheidungen der Kartellbehörde, der Zustellung einer Klage oder auch Gerichtsentscheidungen, manifestiert sich diese Erweiterung in praktisch relevanten Fällen wie externen Ratings, dem Squeeze-Out oder auch bei Änderungen in der Aktionärsstruktur.

(1) Rating

Die in der Gesetzesbegründung explizit benannte Einbeziehung der Herabstufung durch eine externe Ratingagentur als unmittelbare Insiderinformation[1081] vermag inhaltlich angesichts der bereits ausführlich beschriebenen Ausweitungen nicht zu überraschen. Ein diffizileres Bild zeichnet sich jedoch, wenn man die CESR-Empfehlungen konsultiert, die davon sprechen, dass die zukünftige Veröffentlichung von Ratingergebnissen ein nur mittelbarer Umstand sei.[1082] Dennoch widersprechen sich im Ergebnis beide Aussagen nicht. Zum einen stellt nämlich das Ratingergebnis die Insiderinformation dar, zum anderen ist die zukünftige Veröffentlichung als Insiderinformation zu qualifizieren. Diese Differenzierung verkennt und verwischt nicht nur die BaFin, wenn sie die relevante Passage der CESR-Empfehlungen mit „zukünftig zu veröffentlichenden Ratingergebnissen" übersetzt,[1083] sondern auch in der Literatur kann man Irritationen feststellen. So wird infolge dieser sprachlichen Ungenauigkeit die Aussage der CESR von *Koch* dahingehend wiedergegeben, dass die Herabstufung des Ra-

1081 Siehe BT-Drucks. 15/3174, S. 35.

1082 Wörtlich heißt es in CESR's Advice on Level 2 Implementing Measures for the proposed Market Abuse Directive, CESR/02-089d, Rn. 36: "The coming publication of rating agencies' reports".

1083 Zu dieser missglückten Übersetzung siehe Emittentenleitfaden der BaFin vom 15.7.2005, S. 41.

tings grundsätzlich ein den Emittenten nur mittelbar betreffender Umstand sei.[1084] Diesen Gedanken verfolgend sollen ausschließlich die aus dem Rating resultierenden Konsequenzen als unmittelbare Insiderinformationen gelten können.[1085] *Büche* spricht überdies pauschal und gleichsam selbstverständlich davon, dass es im Falle einer Herabstufung durch eine externe Ratingagentur an der unmittelbaren Auswirkung fehle.[1086] Die Quelle dieser Erkenntnis wird dem interessierten Leser jedoch vorenthalten. Man wird davon ausgehen können und müssen, dass dies u.a. auf der (fälschlichen) Annahme beruht, sich mit den CESR-Empfehlungen in Einklang zu befinden.

Dabei sprechen indes keine Sachgründe gegen eine direkte Einstufung eines Ratingergebnisses als unmittelbare Insiderinformation. Im Gegenteil: Die von *Koch* angedachte Differenzierung kommt faktisch zu demselben Ergebnis, da bei entsprechender Kursbeeinflussung die aus dem Ratingergebnis resultierenden Konsequenzen als Insiderinformation zu publizieren sind. Im Ergebnis ist mit einem derartigen Ansatz jedoch nichts gewonnen, da auch das Ratingergebnis selbst die Voraussetzungen zur Qualifikation als Insiderinformation durchlaufen muss.[1087] Wie in allen anderen Fällen auch, wird man daher die Unmittelbarkeit nur dann verneinen können und müssen, wenn völlig unspezifische, eine unbestimmte Vielzahl von Unternehmen betreffende und den Emittenten infolgedessen allenfalls marginal interessierende Umstände in Rede stehen. Dies kann im Falle eines externen Ratings allerdings nicht angenommen werden. Hier ergeben sich vielmehr neben Problemen bei der Bestimmung der Insiderinformation aufgrund in der Regel bereits hergestellter öffentlicher Bekanntheit oder mangelndem Potential zur Kurs- oder Preisbeeinflussung auch Fragen, inwieweit der Emittent überhaupt über das entsprechende Wissen in inhaltlicher Hinsicht bezüglich der aus dem Rating gewonnenen Ergebnisse verfügt. Letzteres ist jedoch ein Aspekt der Veröffentlichungsmodalitäten. Tatsächlich dürfte kein Zweifel bestehen, dass die Ergebnisse eines Ratings das geratete Unternehmen unmittelbar betreffen.[1088]

Etwas anderes soll entsprechend der CESR-Empfehlung lediglich für die Insiderinformation „zukünftige Veröffentlichung der Ratingergebnisse" gelten. Tatsächlich wird man oftmals in diesen Fällen bereits erfolgreich die Qualifikation als Insiderinformation bezweifeln können, überdies dürften Informationen

---

1084 So namentlich *Koch* DB 2005, 267, 272.

1085 Wiederum *Koch* DB 2005, 267, 272.

1086 *Büche,* Die Pflicht zur Ad-hoc-Publizität als Baustein eines integeren Finanzmarktes, S. 285.

1087 Ebenso *Holzborn/Israel* WM 2004, 1949, 1952; ähnlich auch *Spindler* NJW 2004, 3449, 3451.

1088 Siehe auch *Habersack* ZHR 169 (2005), 185, 196, 198; *Krämer* in Hadding/Hopt/ Schimansky, Internes und externes Rating, Band 24, S. 3, 19.

über die Veröffentlichung oftmals zu unspezifisch sein, um ihnen den für die Unmittelbarkeit nötigen Konkretisierungsgrad beimessen zu können. Allerdings kann entgegen der CESR-Empfehlung nicht pauschal ausgeschlossen werden, dass im Einzelfall die zukünftige Veröffentlichung bei Wissen um deren Modalitäten, also insbesondere den Zeitpunkt und Ort, veröffentlichungspflichtig ist.

(2) Squeeze-Out-Konstellationen

Eine praktisch bedeutsame Erweiterung hat die Umstellung auf die Unmittelbarkeit auch für Konstellationen zur Folge, in denen ein Squeeze-Out betrieben wird. Bislang konnte man mit dem Verständnis der überwiegenden Ansicht vom Tätigkeitsbereich des Emittenten[1089] diese Fälle von der Veröffentlichungspflicht ausklammern, da der Squeeze-Out von dritten Personen betrieben wird[1090] und somit unzweifelhaft nicht zu den Unternehmensinterna gehört. Aber auch die vorsichtige Erweiterung auf Unternehmensexterna konnte diese Fälle nicht in den veröffentlichungspflichtigen Bereich des § 15 a.F. einbeziehen, da sie als voluntative Tatsachen in ihrer Wirkung nicht direkt an den Emittenten adressiert sind, diesen lediglich reflexartig betrafen.[1091] Es besteht lediglich zwischen den Aktionären der Transaktion eine besondere Verbindung, die indes nicht dadurch, dass die Anleger an ihrer Gesellschaft beteiligt sind, ohne weiteres einer Erstreckung auf die Gesellschaft und somit den Emittenten zugänglich ist; schließlich bilden beide keine Einheit, sondern stehen sich als Kapitalnachfrager und –anbieter gegenüber.[1092] Diese Restriktionen sind nunmehr aufgebrochen, so dass bei entsprechendem Kursbeeinflussungspotential eine Veröffentlichungspflicht besteht.[1093]

ee) Abstimmungsnotwendigkeiten im neuen Recht

Die in rechtlicher Hinsicht erfolgte Ausdehnung des Anwendungsbereichs der Ad-hoc-Publizität kann nicht darüber hinwegtäuschen, dass auch weiterhin Emittenten ein starkes Interesse an der Zurückhaltung der eigentlich zu veröffentlichenden Informationen haben können. Zukünftig wird daher verstärkt ver-

---

1089 Dazu Teil 3, A.II)1)d)cc)(2).

1090 Dies ist unmittelbar aus den gesetzlichen Sonderregelungen der §§ 327a ff. AktG zum Squeeze-Out ersichtlich, die den Hauptaktionär in den Mittelpunkt dieses Ausschlussverfahrens rücken.

1091 Zum Squeeze-Out siehe Schreiben des BAWe vom 26.4.2002, S. 2; dazu *Kümpel/Assmann* in Assmann/Schneider, 3. Aufl., § 15 Rn 113 ff.; siehe auch *Diekmann/Sustmann* NZG 2004, 929, 934; *Simon* Der Konzern 2005, 13, 16.

1092 Ähnlich, wenn auch in Bezug auf § 131 AktG *Ekkenga* ZGR 1999, 165, 180.

1093 *Simon* Der Konzern 2005, 13, 16; *Diekmann/Sustmann* NZG 2004, 929, 934; *Koch* DB 2005, 267, 271; siehe auch Emittentenleitfaden der BaFin vom 15.7.2005, S. 53, dazu *Claussen/Florian* AG 2005, 745, 757.

sucht werden, den Befreiungstatbestand für dieses Interesse fruchtbar zu machen. § 15 Abs. 3 ist für den Emittenten immerhin die letzte Möglichkeit, eine Veröffentlichung wenigstens temporär zu verhindern. Um so wichtiger ist daher nunmehr das Zusammenspiel zwischen § 15 Abs. 1 und Abs. 3. Nach Entfaltung der tatbestandlichen Voraussetzungen des § 15 Abs. 3 im Laufe dieser Arbeit wird das Zusammenspiel in dem bedeutenden Bereich der M&A-Transaktionen aufgezeigt werden.

2) Spezielle Ad-hoc-Publizität nach § 15 Abs. 1 S. 4, 5

a) Grundlegende Einordnung

Besondere Pflichten erlegt die Ad-hoc-Publizität aus § 15 Abs. 1 S. 4, 5 auf. Sie ist im Zuge der Umsetzung des Art. 6 Abs. 3 MMR[1094] im deutschen Recht verankert worden und stellt in dieser Form ein Novum dar, so dass für den Rechtsanwender keine Erfahrungswerte im Hinblick auf ihr Verständnis aus der Zeit vor AnSVG fruchtbar gemacht werden können. Grundsätzlich greift die spezielle Ad-hoc-Publizitätspflicht ein, wenn vom Normadressaten im Rahmen seiner Befugnis einer anderen Person Insiderinformationen mitgeteilt oder zugänglich gemacht werden. Abhängig vom Wissen des Normadressaten um die Weitergabe der Insiderinformationen manifestiert sich die Veröffentlichungspflicht nach S. 4 entweder zeitgleich mit der Weitergabe oder aber nach S. 5 unverzüglich nach Kenntnisnahme um die Weitergabe der Information. Sie soll damit insbesondere sog. durchgesickerte Insiderinformationen,[1095] sei es, dass diese bewusst oder auch unbewusst einer anderen Person zugänglich gemacht wurden, betreffen.

Nach dem Willen des Gesetzgebers soll die Norm gewährleisten, dass Dritte von Insiderinformationen grundsätzlich nicht zu einem früheren Zeitpunkt als die Öffentlichkeit erfahren.[1096] Diese Publizitätspflicht tritt im Ergebnis neben die allgemeine Publizitätspflicht des § 15 Abs. 1 S. 1 und ergänzt sie damit um einen Teilaspekt. Allerdings folgt aus dem Charakter der weitgehenden allgemeinen Ad-hoc-Publizitätspflicht, dass der neuen Veröffentlichungspflicht nur ein begrenzter Anwendungsbereich zukommen kann. Die Auslotung dessen in rechtlicher und tatsächlicher Hinsicht soll im Folgenden betrieben werden, um die Sinnhaftigkeit der Norm insbesondere unter Abgleich mit § 14 Abs. 1 Nr. 2 zu würdigen.

1094 Das Vorbild dieses Artikels hat die Literatur in Regulation FD: 17 CFR § 243.100 - § 243-103 der US-Börsenaufsicht SEC ausgemacht; siehe *Leppert/Stürwald* ZBB 2002, 90, 93; *Leuering* NZG 2005, 12, 12 mit Fn. 6; *Simon* Der Konzern 2005, 13, 17.

1095 Siehe nur *Simon* Der Konzern 2005, 13, 17.

1096 BT-Drucks. 15/3174, S. 35.

b) *Schritt 1: Umgrenzung des Anwendungsbereichs aufgrund Gesetzessystematik*

Eine ganz maßgebliche Einschränkung des Anwendungsbereichs erfährt die spezielle Ad-hoc-Publizitätspflicht nicht direkt durch Festlegung im Wortlaut des § 15 Abs. 1 S. 4, 5, sondern durch das Zusammenspiel mit der generellen Veröffentlichungspflicht aus § 15 Abs. 1 S. 1. Letztere hat zur Folge, dass Insiderinformationen grundsätzlich immer zu veröffentlichen sind. Damit ist die Möglichkeit, dass die spezielle Veröffentlichungspflicht eingreift, per se erheblich zurückgedrängt. Im Grundsatz kann sie daher für die von § 15 Abs. 1 S. 1 erfassten Insiderinformationen nur dann Einschlägigkeit beanspruchen, wenn eine Veröffentlichung unterblieben ist. Auf einem gesetzeskonformen Wege ist dies allerdings nur denkbar, wenn der Befreiungstatbestand gem. § 15 Abs. 3 eingreift. Allerdings soll nach dem Regelungsleitbild des Gesetzgebers eine rechtmäßige Befreiung nur in Ausnahmefällen möglich sein.[1097] Überdies lebt die Ad-hoc-Publizitätspflicht aus § 15 Abs. 1 S. 1 bei Wegfall der Befreiungsgründe direkt wieder auf,[1098] ohne dass in diesen Fällen ein Rückgriff auf § 15 Abs. 1 S. 4, 5 nötig wäre. Letztendlich kann daher die spezielle Veröffentlichungspflicht theoretisch nur während der rechtmäßigen Befreiung nach § 15 Abs. 3 in Betracht kommen. Ein derartiges Verständnis macht jedoch wenig Sinn, würde es das Zusammenspiel von § 15 Abs. 1 S. 1 und § 15 Abs. 3 nicht nur konterkarieren, die Befreiungsmöglichkeit überdies in Gänze überflüssig machen. Hätte § 15 Abs. 1 S. 4, 5 für dieses Zusammenspiel von Bedeutung sein sollen, hätte der Gesetzgeber nicht gesondert eine spezielle Ad-hoc-Publizitätspflicht einführen müssen, die quasi durch die Hintertür das Verhältnis verschiebt. Vielmehr hätte sogleich der generellen Ad-hoc-Publizitätspflicht und der diesbezüglichen Befreiungsmöglichkeit ein anderes Verständnis beigemessen werden können.

Diese Feststellung hat für den Anwendungsbereich der speziellen Ad-hoc-Publizitätspflicht jedoch weitreichende Folgen: Es ist undenkbar, dass eine von § 15 Abs. 1 S. 1 erfasste Insiderinformation jemals über § 15 Abs. 1 S. 4, 5 veröffentlicht werden kann bzw. muss. Dies bedeutet jedoch gleichzeitig, dass der Anwendungsbereich des § 15 Abs. 1 S. 4, 5 unabhängig von seiner konkreten tatbestandlichen Ausgestaltung per se lediglich einen geringen Teil von Insiderinformationen erfassen kann, nämlich nur all diejenigen, die nicht bereits in den Anwendungsbereich der allgemeinen Ad-hoc-Publizitätspflicht fallen.[1099] Was

1097 Siehe dazu die Ausführungen in BT-Drucks. 15/3174, S. 35.

1098 BT-Drucks. 15/3174, S. 35.

1099 Im Ergebnis anders, argumentativ allerdings auf der hier vorgezeigten Linie *Leuering* NZG 2005, 12, 14.

dies in concreto bedeutet, soll sogleich anhand des Tatbestandes von § 15 Abs. 1 S. 4 aufgezeigt werden.

c) *Schritt 2: Der Anwendungsbereich en detail anhand seiner tatbestandlichen Ausgestaltung*

aa) *Insiderinformationen iSv § 15 Abs. 1 S. 4*

Die soeben gewonnenen Erkenntnisse aufgrund der Gesetzessystematik des § 15 können überdies bei der tatbestandlichen Erforschung anhand des Wortlauts des § 15 Abs. 1 S. 4 fruchtbar gemacht werden. Dies gilt insbesondere für die Fragestellung, welchen Veröffentlichungsgegenstand die Norm aufweist. Zu konstatieren ist, dass § 15 Abs. 1 S. 4 lediglich Insiderinformationen als Anknüpfungspunkt der möglicherweise entstehenden Publizitätspflicht benennt. Anders als § 15 Abs. 1 S. 1 findet sich somit keine Verengung auf unmittelbare Insiderinformationen, so dass von der speziellen Ad-hoc-Publizitätspflicht grundsätzlich sowohl mittelbare als auch unmittelbare Insiderinformationen erfasst sind.[1100] An dieser Stelle manifestiert sich jedoch wiederum die enge Verknüpfung mit der generellen Ad-hoc-Publizitätspflicht, die es bedingt, dass in ihrem Anwendungsbereich – somit für alle unmittelbaren Insiderinformationen – der speziellen Ad-hoc-Publizitätspflicht per se keine Bedeutung zukommen kann.[1101] Die Erwägungen zum Verhältnis von § 15 Abs. 1 S. 1 zu § 15 Abs. 1 S. 4 werden daher in der Literatur teilweise auch zur Verdeutlichung herangezogen, dass die spezielle Ad-hoc-Publizitätspflicht in jedem Fall auch mittelbare Insiderinformationen erfasst, da anderenfalls ihr Anwendungsbereich leerliefe.[1102]

Im Übrigen liegt die Einbeziehung mittelbarer Insiderinformationen auf der Linie des Schutzzwecks der in Rede stehenden Norm, da generell Dritte Insiderinformationen nicht zu einem früheren Zeitpunkt als die Öffentlichkeit erhalten sollen.[1103]

1100 Ebenso *Leuering* NZG 2005, 12, 14; *Simon* Der Konzern 2005, 13, 18; *Brandi/Süßmann* AG 2004, 642, 649; *Büche,* Die Pflicht zur Ad-hoc-Publizität als Baustein eines integeren Finanzmarktes, S. 204.

1101 Dazu Teil 3, A.II)2)b).

1102 Namentlich *Leuering* NZG 2005, 12, 14.

1103 Siehe *Leuering* NZG 2005, 12, 14; *Büche,* Die Pflicht zur Ad-hoc-Publizität als Baustein eines integeren Finanzmarktes, S. 204; zum Schutzzweck siehe bereits unter Teil 3, A.II)2)a) sowie die Erläuterungen der Kommission zum Vorschlag für eine Richtlinie über Insider-Geschäfte und Marktmanipulation (Marktmissbrauch), KOM (2001), 281, abrufbar unter http://europa.eu.int/eur-lex/lex/LexUriServ/site/de/com/2001/com2001_0281de01.pdf (31.3.2006).

bb) *Weitergabe im Rahmen der Befugnis*

Das Eingreifen der speziellen Ad-hoc-Publizitätspflicht hängt gem. § 15 Abs. 1 S. 4 entscheidend davon ab, dass der Normadressat im Rahmen seiner Befugnis einer anderen Person Insiderinformationen mitteilt oder zugänglich macht. Im Hinblick auf die Handlungsmodalität besteht augenscheinlich zwischen dem deutschen Recht und den europäischen Rechtsquellen kein Gleichlauf, da letztere in Art. 6 Abs. 3 MMR vielmehr auf die Weitergabe rekurrieren. Dies ist jedoch nur eine sprachlich Divergenz, die ebenso bei der Umsetzung von Art. 3 MMR in § 14 Abs. 1 Nr. 2 beobachtet werden kann. Gleiches gilt für die Terminologie „im Rahmen seiner Befugnis", welche gleichsam als unbefugt im Sinne des § 14 Abs. 1 Nr. 2 und überdies als normaler Rahmen der Ausübung der Arbeit, des Berufs oder der Erfüllung einer Aufgabe im Sinne der MMR zu verstehen ist.[1104]

Im Ergebnis kommt diesen sprachlichen Unterschieden somit keine Bedeutung zu; interessanter ist ohnehin die Frage, welche Konsequenzen das Erfordernis einer befugten Weitergabe in inhaltlicher Hinsicht nach sich zieht. Aufgrund dessen, dass die Befugnis nötiger Bestandteil der speziellen Ad-hoc-Publizitätspflicht ist, greift letztere immer dann nicht ein, wenn das Insiderhandelsverbot gem. § 14 Abs. 1 Nr. 2 einschlägig ist. Dies hat zum Teil eine Entkoppelung der ansonsten engen Verknüpfung von Insiderhandelsverbot und Ad-hoc-Publizität zur Folge,[1105] so dass speziell das Verbot der unbefugten Weitergabe nach § 14 Abs. 1 Nr. 2 durch die spezielle Ad-hoc-Publizitätspflicht aus § 15 Abs. 1 S. 4 nicht flankierend unterstützt werden kann. Daraus allerdings den Schluss ziehen zu wollen, dass das Instrument des § 15 Abs. 1 S. 4 insgesamt keines zur Vorbeugung des verbotenen Insiderhandels sei,[1106] dürfte zu kurz gegriffen sein. Ausschließlich im Hinblick auf das Weitergabeverbot ist ihm ein flankierender Schutz abzusprechen.[1107] Überdies kann die spezielle Ad-hoc-Publizitätspflicht sehr wohl Präventivcharakter insbesondere im Hinblick auf das eigentliche Insiderhandelsverbots aus § 14 Abs. 1 Nr. 1 entfalten, da durch die Veröffentli-

---

1104 Zu diesen sprachlichen Abweichungen siehe u.a. *Leuering* NZG 2005, 12, 14; *Simon* Der Konzern 2005, 13, 18; *Widder/Gallert* NZG 2006, 451, 452; *Assmann* in Assmann/Schneider, § 15 Rn 116; im Ergebnis auch für einen Gleichlauf *von Falkenhausen/Widder* BB 2005, 225, 227 f.; dazu überdies Emittentenleitfaden der BaFin vom 15.7.2005, S. 45; zu § 14 Abs. 1 Nr. 2 schon oben Teil 2, A.VI)1).

1105 Siehe dazu *Simon* Der Konzern 2005, 13, 18; *Leuering* NZG 2005, 12, 15; *Widder/Gallert* NZG 2006, 451, 453; anders, da offensichtlich auch in diesem Zusammenhang eine Verknüpfung annehmend hingegen *von Falkenhausen/Widder* BB 2005, 225, 227 f.

1106 So wohl aber *Simon* Der Konzern 2005, 13, 18; ähnlich *Widder/Gallert* NZG 2006, 451, 453, die die Frage provoziert sehen, welchen gesetzgeberischen Zweck die Neuregelung überhaupt verfolgt.

1107 Zu Recht *Leuering* NZG 2005, 12, 15.

chung jeder etwaig bestehende Anreiz zur Verwendung der befugt weitergegebenen Informationen genommen wird. Ein genereller Ergänzungscharakter kommt § 15 Abs. 1 S. 4 damit auf jeden Fall zu, auch wenn die Norm nur im Fall der befugten Weitergabe eingreift.

cc) Adressat der Veröffentlichungspflicht

Die spezielle Ad-hoc-Publizitätspflicht trifft als Normadressaten den Emittenten. Dem Wortlaut des § 15 Abs. 1 S. 4 ist keine nähere Umschreibung dieses Emittenten zu entnehmen. Dennoch ist anzunehmen, dass der Emittent auch im Rahmen von § 15 Abs. 1 S. 4 der Inlandsemittent ist, da anderenfalls innerhalb des § 15 Abs. 1 kein Gleichlauf hinsichtlich des Anwendungsbereichs herrschte.

Wichtiger als diese sprachliche Ungenauigkeit ist die statuierte Erweiterung des persönlichen Anwendungsbereichs der speziellen Ad-hoc-Publizitätspflicht auf mit dem Emittenten verschiedene Personen, die lediglich in dessen Auftrag oder auf dessen Rechnung handeln. Diese Regelung ist wiederum vor dem Hintergrund zu sehen, dass durchgesickerte Insiderinformationen auf dem schnellsten Wege der Öffentlichkeit zugänglich gemacht werden sollen, unabhängig davon, ob die Indiskretion bei dem Emittenten selbst oder bei einer ihr im untechnischen Sinne zurechenbaren dritten Person geschehen ist. Eine derartige Ausdehnung der Publizitätspflicht wirft jedoch eine Reihe von rechtlichen Folgefragen auf, für deren gedankliche Durchdringung die Gesetzesmaterialien keine bzw. allenfalls sehr wenige Anhaltspunkte bieten.

Zunächst gilt es, sich zu fragen, welche vom Emittenten verschiedenen Personen im Rahmen von § 15 Abs. 1 S. 4 Adressat dieser Publizitätspflicht sein können. Es ist somit die Bedeutung der Begrifflichkeit der „im Auftrag oder auf Rechnung des Emittenten handelnden Person“ zu ergründen, die sich im Übrigen bei der Pflicht zur Führung eines Insiderverzeichnisses gem. § 15b wortgleich wiederfindet.[1108] Dennoch lassen sich weder aus den europäischen noch aus den nationalen Grundlagen etwaige Hinweise für das Verständnis ableiten. Unstreitig dürfte in diesem Bereich jedoch sein, dass der Begriff des Auftrags nicht im Sinne des engen Verständnisses des bürgerlichen Gesetzbuches gem. § 662 BGB gemeint ist, da die europarechtlichen Wurzeln keine Anhaltspunkte hierfür bieten.[1109] Vielmehr wird man den Begriff im Sinne seiner allgemeinsprachli-

---

1108 Die Verknüpfung zwischen spezieller Ad-hoc-Publizitätspflicht und Führung eines Insiderverzeichnisses verdeutlicht insbesondere Art. 6 Abs. 3 MMR, der beide Pflichten in einem Absatz statuiert.

1109 Siehe *Leuering* NZG 2005, 12, 13; im Ergebnis ebenso *Grothaus* ZBB 2005, 62, 66, der nicht die Normen des BGB zur Ausfüllung heranzieht, sondern den Begriff des Beauftragten im Einzelfall für interpretationsfähig und –bedürftig hält; zum Begriff im Rahmen von § 15b Emittentenleitfaden der BaFin vom 15.7.2005, S. 96 f.

chen Bedeutung in einem weiteren Sinne zu verstehen haben, so dass damit jegliche Interessenwahrnehmung für den Emittenten, beispielsweise durch Rechtsanwälte, u.U. durch Kreditinstitute oder jegliche andere Form von Beratern erfasst ist.[1110] Richtigerweise sind, auch wenn dies weder aus dem Wortlaut der Richtlinie noch aus demjenigen des WpHG ersichtlich ist, die Mitarbeiter des Emittenten keine im Auftrag oder auf Rechnung des Emittenten handelnden Personen, da sie bereits in der Sphäre des Emittenten stehen, der zur entsprechenden Veröffentlichung von Insiderinformationen und der Führung von Insiderverzeichnissen verpflichtet ist, was den einzelnen Mitarbeiter tatsächlich überfordern bzw. unmöglich sein dürfte.[1111] Als Beauftragte kommen somit nur vom Emittenten verschiedene, außerhalb seiner Sphäre stehende Personen in Betracht, die auf der Grundlage irgendeines vertraglichen Bandes dessen Interessen wahrnehmen. Für das Verständnis des Handelns auf Rechnung des Emittenten dürfte die Verknüpfung zum Emittenten gleichsam an noch weniger Anforderungen geknüpft sein, so dass im Ergebnis ausschließlich entscheidend ist, ob die wirtschaftlichen Folgen des Dritthandelns der Emittent zu tragen hat.[1112]

Während die Bestimmung des Kreises der Ad-hoc-Pflichtigen somit im Ergebnis keine allzu großen Schwierigkeiten bereitet, wurde namentlich von *Grothaus* die Befürchtung geäußert, die Erweiterung könnte der Schaffung bestmöglicher Transparenz mitunter gerade im Wege stehen, da nunmehr auch vom Emittenten verschiedene Dritte veröffentlichungspflichtig werden, die keinerlei Erfahrung mit der Handhabung der Ad-hoc-Publizität haben.[1113] Ein derartiges Argument vermag jedoch nicht durchzudringen, da auf diesem Wege jede Änderung der rechtlichen Lage, die den Kreis der Normadressaten erweitert, abzulehnen wäre. Entscheidend muss jedoch vielmehr sein, inwieweit eine Person regelmäßig Insiderinformationen erhält und welches Gefahrpotential sich daraus ergibt. Abhängig von dieser Einschätzung kann es sinnvoll sein, auch solch einer dritten Person Publizitätspflichten aufzubürden, was im Ergebnis § 15 Abs. 1 S. 4 bei Vorliegen seiner Voraussetzungen macht. Wenn nunmehr Personen in den Anwendungsbereich der speziellen Ad-hoc-Publizitätspflicht fallen, die zuvor ausgeklammert waren, spricht dies nicht gegen die Erstreckung im neuen Recht, vielmehr muss und darf man diesen Dritten aufbürden, sich den nötigen Sachverstand anzueignen.

Probleme könnte überdies die Erweiterung des Kreises der Normadressaten im Hinblick auf die interne Abstimmung der speziellen Ad-hoc-Publizitätspflicht heraufbeschwören. Die Konsultation der gesetzlichen Grundlagen gibt für die zunächst interessierende Frage eines Rangverhältnisses zwischen dem Emitten-

---

1110 Emittentenleitfaden der BaFin vom 15.7.2005, S. 97 f.

1111 Ebenso *Grothaus* ZBB 2005, 62, 65 f.

1112 Ebenso *Leuering* NZG 2005, 12, 13.

1113 *Grothaus* ZBB 2005, 62, 66.

ten und Dritten bei der Pflicht zur Veröffentlichung nach § 15 Abs. 1 S. 4 keine Aufschlüsse. Infolgedessen findet sich in der Literatur die Ansicht, im Sinne einer schnellstmöglichen Schaffung von Transparenz bestehe kein Rangverhältnis, vielmehr sei eine Veröffentlichung von der wissenden Partei unverzüglich vorzunehmen.[1114] Andere sehen hingegen denjenigen primär in der Pflicht, der die Weitergabe vorgenommen hat, während Durchbrechungen von dieser Regel nur denkbar sein sollen, wenn der Emittent den Dritten zur Weitergabe veranlasst hat.[1115] Im Ergebnis dürften beide Ansichten im tatsächlichen Anwendungsfall nicht weit voneinander entfernt sein. Oftmals wird nämlich derjenige, der die Weitergabe vorgenommen hat, auch als erster darum gewusst haben, so dass die Veröffentlichung nach beiden Meinungen durch dieselbe Person erfolgen wird. Bei im Ausnahmefall vorkommenden Divergenzen wird jedoch ersterer Ansicht der Vorzug zu geben sein, da sie in der Tat dem mit der Ad-hoc-Publizität verbundenen Ziel der Schaffung schnellst- und bestmöglicher Markttransparenz besser gerecht wird.

Ein weiteres Problem entsteht augenscheinlich durch die Erweiterung des Adressatenkreises von § 15 Abs. 1 S. 4 auf vom Emittenten verschiedene Personen, da diese Normadressaten sich bei Befolgung von § 15 Abs. 1 S. 4 mit Verschwiegenheitspflichten in Konflikt setzen könnten. Man denke insofern an den Rechtsanwalt, der bereits aus dem Mandatsverhältnis zur Verschwiegenheit verpflichtet ist.[1116] Die hierdurch denkbaren Probleme sind indes aufgrund der sogleich zu erörternden Suspendierung des § 15 Abs. 1 S. 4 bei Vorliegen einer Vertraulichkeitsvereinbarung tatsächlich nicht vorhanden.

dd) Suspendierung der speziellen Veröffentlichungspflicht

Dauerhaft suspendiert ist die spezielle Veröffentlichungspflicht bei Vorliegen einer Verpflichtung zur Vertraulichkeit. Während das nationale Recht ausschließlich von einer rechtlichen Vertraulichkeitsverpflichtung spricht, ergibt sich aus Art. 6 Abs. 3 MMR, dass dadurch sowohl Verpflichtungen aus Rechts- oder Verwaltungsvorschriften, aber auch aus einer Satzung oder einem Vertrag erfasst werden sollen.[1117]

1114 *Büche,* Die Pflicht zur Ad-hoc-Publizität als Baustein eines integeren Finanzmarktes, S. 204.

1115 *Rodewald/Tüxen* BB 2004, 2249, 2252.

1116 *Widder/Gallert* NZG 2006, 451, 452.

1117 Dazu auch *Büche,* Die Pflicht zur Ad-hoc-Publizität als Baustein eines integeren Finanzmarktes, S. 205; *Leuering* NZG 2005, 12, 15 f.; siehe aber auch *Widder/Gallert* NZG 2006, 451, 453, die sogar den Zusatz der „rechtlichen" Vertraulichkeitsverpflichtung als entbehrlich sehen, da nur die Existenz einer Vertraulichkeitsverpflichung unabhängig von der Rechtsgrundlage entscheidend sei.

Zur Herbeiführung der Suspendierung von § 15 Abs. 1 S. 4 ist richtigerweise die Vertraulichkeitsverpflichtung aus § 14 Abs. 1 Nr. 2 als untauglich anzusehen, da anderenfalls für die spezielle Veröffentlichungspflicht per se nicht einmal aus der Sicht des Gesetzgebers ein Anwendungsbereich verbliebe.[1118] Immerhin wäre jeder, an den die Insiderinformation befugt weitergegeben wird, seinerseits aufgrund von § 14 Abs. 1 Nr. 2 auf dem Rechtswege dazu verpflichtet, die Vertraulichkeit zu wahren. Sonstige gesetzliche Vertraulichkeitsverpflichtungen, zu denen beispielsweise § 43 Abs. 1 S. 1 WPO oder § 43a Abs. 2 BRAO gehören, unterliegen indes im Hinblick auf die Anwendbarkeit im Rahmen von § 15 Abs. 1 S. 4 keinen Restriktionen.

Für die Anforderungen an die konkrete Ausgestaltung der vertraglichen Verpflichtung geben wiederum weder der Gesetzestext noch die Gesetzesbegründung einen Hinweis, aber auch Art. 6 Abs. 3 Unterabs. 2 MMR stellt nur lapidar fest, dass sich die Pflicht aus einem Vertrag ergeben müsse. Während teilweise der Abschluss einer besonderen Vertraulichkeitsvereinbarung als nötig angesehen wird,[1119] wird man richtigerweise aufgrund der Weite der Vorgaben der MMR jede vertragliche Pflicht zur Vertraulichkeit, sei diese auch nur als Nebenpflicht einem Vertrag immanent, ausreichen lassen müssen.[1120]

d) Schritt 3: Unstimmigkeiten der speziellen Ad-hoc-Publizitätspflicht im neuen Recht

Unabhängig von den bisherigen Überlegungen weist die spezielle Ad-hoc-Publizitätspflicht eine grundlegende Unstimmigkeit auf, die zur Folge hat, dass ihr de lege lata kein Anwenungsbereich zukommt.

Es wurde bereits ausgeführt, dass § 15 Abs. 1 S. 4 nur bei einer befugten Weitergabe von Insiderinformationen eingreift. Überdies ist kumulativ erforderlich, dass der Empfänger der Insiderinformation nicht zur Vertraulichkeit verpflichtet ist. Fraglich ist jedoch, ob es überhaupt eine Konstellation gibt, in der Insiderinformationen befugt weitergegeben werden können, ohne dass der Empfänger zur Vertraulichkeit verpflichtet ist. Entscheidend ist somit das Verständnis des

---

1118 Zu Recht *Leuering* NZG 2005, 12, 15; *Schwintek*, Das Anlegerschutzverbesserungsgesetz, S. 37; anders hingegen *von Falkenhausen/Widder* BB 2005, 225, 227, die bei Erkennung des Problems den Schluss ziehen, dem Merkmal komme keine eigenständige Bedeutung zu; a.A. ebenfalls *Widder/Gallert* NZG 2006, 451, 453.

1119 So *Kuthe* ZIP 2004, 883, 885; *Holzborn/Israel* WM 2004, 1948, 1952 mit Fn. 68.

1120 Ebenso *Leuering* NZG 2005, 12, 16; *Simon* Der Konzern 2005, 13, 19; *Widder/Gallert* NZG 2006, 451, 453; offengelassen hingegen von *Koch* DB 2005, 267, 272; nicht eindeutig ebenfalls der Emittentenleitfaden der BaFin vom 15.7.2005, S. 46: „Vertragliche Verpflichtungen zur Vertraulichkeit genügen in diesen Fällen."

Merkmals „im Rahmen seiner Befugnis“, welches inhaltlich gleich der Voraussetzung „unbefugt“ in § 14 Abs. 1 Nr. 2 verstanden wird.[1121]

Bei der Entfaltung der Unbefugtheit hat sich gezeigt, dass die Konkretisierung mittels einer Abwägung zwischen den Zielen des Insiderrechts, nämlich die Zahl möglicher Insider präventiv auf ein Minimum zu beschränken, um die Erzielung von Sondervorteilen zu unterbinden, und den Funktionserfordernissen rechtlicher und wirtschaftlicher Institutionen, vorgenommen wurde und wird.[1122] Eine Verletzung des Weitergabeverbots soll insbesondere dann nicht vorliegen, wenn Informationen an Dritte weitergegeben werden und dies im normalen Rahmen der Ausübung einer Arbeit, eines Berufs oder einer Aufgabe erfolgt.[1123] Die teilweise bei der Bestimmung der Unbefugtheit geäußerte Ansicht, es ermangele bereits bei Vorliegen einer vertraglich abgeschlossenen Vertraulichkeitsvereinbarung am Merkmal unbefugt, wurde zwar verworfen, jedoch nur, weil diese Ansicht die Einschlägigkeit des insiderrechtlichen Weitergabeverbots zu stark preisgegeben hätte.[1124] Diese Meinung kann somit nicht für die aufgeworfene Abstimmungsfrage in § 15 Abs. 1 S. 4 herangezogen werden.

Bei der statt dessen vorzunehmenden Abwägung offenbart jedoch der genannte Anhaltspunkt, dass die Befugnis zur Weitergabe nur angenommen werden kann, wenn dies im normalen Rahmen der Ausübung einer Arbeit, eines Berufs oder einer Aufgabe erfolgt, dass in all diesen Konstellationen Vertraulichkeitsvereinbarungen vorliegen werden. Tatsächlich ist es kaum denkbar, dass beispielsweise ein Anwalt im Rahmen der Betreuung von Fusionsverhandlungen Insiderinformationen erhält, ohne dass sich die Verpflichtung zur Vertraulichkeit nicht als Nebenpflicht seines Vertragsverhältnisses zum Emittenten ergibt. Allenfalls die Weitergabe von Insiderinformationen an die Berater und Anwälte der Gegenseite, beispielsweise zwecks Durchführung einer due diligence im Rahmen einer M&A-Transaktion, könnte man als befugte Weitergabe ohne gleichzeitige Vertraulichkeitsvereinbarung mit diesen Personen ansehen. Um eine Publizitätspflicht dennoch zu vermeiden, wird teilweise angenommen, dass der Emittent auch direkt mit allen Beteiligten der Gegenseite entsprechende Vertraulichkeitsvereinbarungen schließen müsste.[1125] Richtigerweise wird dies jedoch gar nicht nötig sein. Immerhin besteht zwischen den Beratern der Gegenseite und ihrem jeweiligen Auftraggeber auf jeden Fall eine rechtliche Verpflichtung zur Vertraulichkeit. Eine direkte Verbindung zum Weitergebenden kann § 15 Abs. 1 S. 4 hingegen nicht entnommen werden. Es ist lediglich zu fordern, dass die Ver-

---

1121 Dazu Teil 3, A.II)2)c)bb).

1122 Ausführlich dazu Teil 2, B.IV)3)a).

1123 Diese Formel geht auf Art. 3 a) der EG-Insiderrichtlinie zurück, dazu siehe Teil 2, B.IV)3)a).

1124 Siehe Teil 2, B.IV)3)a) mit detaillierter Begründung.

1125 *Grothaus* ZBB 2005, 62, 65.

traulichkeitsverpflichtung des Beraters der Gegenseite inhaltlich gerade jene Konstellationen erfasst, die auch eine hypothetische Vertraulichkeitsverpflichtung mit dem weitergebenden Emittenten abdecken würde. Dass eine derartig ausgestaltete indirekte Verbindung im Ergebnis ausreichend sein muss, offenbart sich insbesondere dann, wenn man eine Vergleichsüberlegung anstellt: Im Falle der Weitergabe an die Gegenseite und anschließender Weitergabe dieser Gegenseite an ihre Berater wären Konflikte in Ermangelung einer fehlenden Vertraulichkeitsverpflichtung zwischen dem weitergebenden Emittenten und den genannten Beratern immerhin ebenfalls nicht denkbar, obwohl das Ergebnis dasselbe wie bei der beschriebenen direkten Weitergabe ist.

Im Ergebnis wird es daher keinen Anwendungsfall geben, in dem eine Weitergabe befugt erfolgt, eine Verpflichtung zur Vertraulichkeit jedoch nicht exisitert. Diese Erkenntnis hat für die Norm des § 15 Abs. 1 S. 4 weitreichende Folgen. Nicht nur die einleitend dargestellte Gefahr eines Konterkarierens der generellen Ad-hoc-Publizitätspflicht aus § 15 Abs. 1 S. 1 besteht somit nicht, überdies kommt der speziellen Ad-hoc-Publizitätspflicht damit praktisch kein Anwendungsbereich zu.[1126] Inwieweit § 15 Abs. 1 S. 4 theoretisch Friktionen im neuen Recht hervorzurufen vermag, kann und muss infolgedessen an dieser Stelle ausgeklammert bleiben.

e) Fazit

Der speziellen Ad-hoc-Publizitätspflicht kommt aufgrund der eben getätigten Darlegung keine Relevanz zu. § 15 Abs. 1 S. 4 ist daher in der derzeitigen Ausgestaltung von noch geringerer Wichtigkeit als § 44a BörsG a.F.[1127], der nach verbreiteter Einschätzung bereits als „totes" Recht[1128] galt. Bedeutung könnte § 15 Abs. 1 S. 4 allenfalls erlangen, wenn er als ein das Verbot der unbefugten Weitergabe von Insiderinformationen flankierendes Mittel eingesetzt würde, im

1126 Siehe auch *Simon* Der Konzern 2005, 13, 19; *Leuering* NZG 2005, 12, 17 unter Durchspielung verschiedener Beispiele; im Ergebnis ebenso *Widder/Gallert* NZG 2006, 451, 453 f.; *Kümpel/Veil,* Wertpapierhandelsgesetz, S. 101 f.; anders hingegen *von Falkenhausen/Widder* BB 2005, 225, 227, die contra legem das Merkmal der rechtlichen Vertraulichkeitsverpflichtung für irrelevant erklären und somit einen Anwendungsbereich für § 15 Abs. 1 S. 3 schaffen; das Zusammenspiel der einzelnen Merkmale verkennt indes *Kuthe* ZIP 2004, 883, 885 und empfiehlt infolgedessen generell Vertraulichkeitsvereinbarungen; dem fälschlicherweise zustimmend *Bürgers* BKR 2004, 424, 426 mit Fn. 37; unkrit. *Merkner/Sustmann* NZG 2005, 729, 735, *Sethe* ZBB 2006, 243, 253, 256 sowie *Glaser,* Verbesserungsoptionen, S. 45 ff.; für einen Anwendungsbereich auch *Assmann* in Assmann/Schneider, § 15 Rn 112 ff.; *Decker*, Ad-hoc-Publizität, S. 294.

1127 Zu der Anzahl von Veröffentlichungen nach § 44a BörsG a.F. siehe Teil 3, A.I)2).

1128 Siehe BT-Drucks. 12/6679, S. 35: „verhältnismäßig geringe Bedeutung"; *Heidmeier* AG 1992, 110, 110; *Fülbier,* Regulierung der Ad-hoc-Publizität, S. 38.

Ergebnis also auch die unbefugte Weitergabe erfasste.[1129] Zwar müsste auch in diesen Fällen die Abstimmung mit § 15 Abs. 1 S. 1 und die damit einhergehende Zurückdrängung der speziellen Ad-hoc-Publizitätspflicht auf nur mittelbare Insiderinformationen bedacht werden, jedoch wäre § 15 Abs. 1 S. 4 nicht denknotwendig ausgeschlossen und könnte überdies vollumfänglich, d.h. auch für § 14 Abs. 1 Nr. 2, die Rolle eines das Insiderhandelsverbot präventiv ergänzenden Instruments ausfüllen. Der Gesetzgeber täte mithin gut daran, den bislang bedeutungslosen § 15 Abs. 1 S. 4 im genannten Sinne zu erweitern.[1130] Derzeit kann man der Norm jedoch auch im Wege der Auslegung ein derartiges Verständnis nicht beimessen, da für die bußgeldbewehrte spezielle Ad-hoc-Publizitätspflicht ein strenges Analogieverbot zu Lasten der Normadressaten Geltung beanspruchen muss.[1131]

3) Inhaltliche und verfahrensrechtliche Anforderungen an die Veröffentlichung von Insiderinformationen

a) Die nationale Ebene

aa) Die Bedeutung der Veröffentlichungsformalia

Wenigen durch das AnSVG eingeführten Neuerungen wurde eine ähnliche Aufmerksamkeit durch den Gesetz- bzw. Verordnungsgeber zuteil, wie dies hinsichtlich der Modalitäten zur Veröffentlichung von Insiderinformationen der Fall ist. Der Gesetzgeber hat es nicht bei der Statuierung abstrakter Veröffentlichungspflichten belassen, sondern überdies bereits in § 15 Abs. 2, 4 und 5 Ausführungen inhaltlicher Art sowie in § 15 Abs. 7 eine Delegation für die nähere Ausgestaltung der Ad-hoc-Mitteilung an das Bundesministerium der Finanzen getroffen, von der mit Erlass der WpAIV Gebrauch gemacht wurde. Die mit diesen Regelungen ausführlich vorgenommene Ausleuchtung der Anforderungen an die Veröffentlichungspflicht erscheint plausibel, wenn man sich vor Augen führt, dass sie das entscheidende Bindeglied zwischen abstrakter Veröffentlichungspflicht und tatsächlich herrschender Markttransparenz ist. Präzise Vorgaben weisen vor allem den Vorteil auf, dass die Ad-hoc-Meldungen als Informationsquelle einen hohen Grad an Effektivität erreichen können, da der Markt durch das wiederkehrende und somit ähnliche Erscheinungsbild bei Aufnahme ausschließlich nötiger Informationen den wichtigen Inhalt schnell erfassen kann.

1129 Das rechtliche Vorbild des § 15 Abs. 1 S. 3 im US-amerikanischen Recht erfasst derartige Konstellationen, ist im Gegenzug bei anderen Voraussetzungen jedoch deutlich enger gefasst; dazu *Simon* Der Konzern 2005, 13, 18; *Leuering* NZG 2005, 12, 12.

1130 Dazu und zu den zu bedenkenden Folgen en detail Schlussteil, B.

1131 Insoweit zu Recht *Widder/Gallert* NZG 2006, 451, 453 f.

bb) Formalia en detail

In chronologischer Hinsicht hat der Emittent bei der Veröffentlichung einer Ad-hoc-Mitteilung nach wie vor die Besonderheit zu beachten, dass gewisse Stellen vor der Publikation von letzterer in Kenntnis zu setzen sind. Dazu gehören gem. § 15 Abs. 4 die Geschäftsführung der organisierten Märkte, an denen die Finanzinstrumente zugelassen sind oder die darauf bezogenen Derivate gehandelt werden sowie die BaFin. Das Erfordernis der Mitteilung wurde inhaltsgleich aus § 15 Abs. 2 a.F. übernommen. Gleiches gilt für die Zweckbindung in S. 3, die der genannten Geschäftsführung bezüglich der Verwendung der Insiderinformationen auferlegt wird, sowie für die vorgesehenen Erleichterungen für Emittenten mit Sitz im Ausland aus S. 4.[1132] Bei Einhaltung dieser Erfordernisse kann in gesetzeskonformer Art und Weise die eigentliche Veröffentlichung erfolgen. Allerdings gilt es zu beachten, dass verfahrensrechtlich der Pflichtenkatalog des Emittenten sich nicht auf § 15 Abs. 4 beschränkt. Vielmehr hat er den genannten Geschäftsführungen sowie der BaFin gem. § 15 Abs. 5 S. 2 die von S. 1 erfassten Veröffentlichungen nach ihrer Publikation unverzüglich zu übersenden, was wiederum inhaltsgleich bereits in § 15 Abs. 4 a.F. angeordnet wurde.

Die Einhaltung des gesetzlichen Verfahrens zur Veröffentlichung von Ad-hoc-Mitteilungen ist jedoch nur ein Teilaspekt der technischen Ausgestaltung der Publikation von Insiderinformationen. Mitunter noch wichtiger ist die in § 15 Abs. 7 durch den Gesetzgeber auf das Bundesministerium der Finanzen delegierte Möglichkeit zur Ausgestalung des Mindestinhalts, der Art, des Umfangs und der Form der Veröffentlichung bzw. Mitteilung. Durch Rückgriff auf diese Ermächtigung hat der Verordnungsgeber in § 4 ff. WpAIV für die Veröffentlichung und in §§ 8, 9 WpAIV für die Mitteilung detaillierte Voraussetzungen aufgestellt, die zusätzlich im Emittentenleitfaden der BaFin noch Erläuterung finden.[1133] Unstimmigkeiten oder Defizite können in diesen Regelungen nicht ausgemacht werden, so dass auf die wenig zielführende Darstellung aller Voraussetzungen an dieser Stelle verzichtet werden soll. Aufgegriffen werden im nächsten Abschnitt lediglich einzelne Anforderungen von erhöhter Relevanz.

b) Konformität der nationalen Regelungen mit den europäischen Vorgaben

Bis zum 20.01.2007 wurden an der Konformität des Rechts nach AnSVG mit seinen europäischen Vorgaben keine Zweifel geäußert. Dies dürfte maßgeblich am Wortlaut des Art. 102 Abs. 1 a.E. RL 2001/34/EG gelegen haben, der durch die Formulierung „oder durch andere von den zuständigen Stellen anerkannte

---

1132 Statt vieler zu diesen Regelungen bereits Schwark/*Zimmer* KMRK § 15 Rn 139 ff.
1133 Siehe Emittentenleitfaden der BaFin vom 15.7.2005, S. 56 ff.

gleichwertige Mittel“ den nationalen Gesetzgebern einen weiten Spielraum hinsichtlich der Art und Weise der Veröffentlichung beließ.

Die durch Art. 32 S. 2 TransparenzRL angeordnete Substitution des vorgenannten Artikels hat dies verändert. Vorliegend soll dabei nicht en detail den Vorgaben der TransparenzRL und ihrer Umsetzung nachgespürt werden. Insoweit sei auf die entsprechende Literatur verwiesen[1134]; an dieser Stelle seien lediglich einige wenige, aus der Sicht des Verfassers bemerkenswerte Neuerungen aufgegriffen.

Zunächst ist die Sprachregelung in § 3b WpAIV entsprechend Art. 20 TransparenzRL ausgestaltet worden. Diesbezüglich ist darauf hinzuweisen, dass in Deutschland Emittenten nunmehr ausschließlich in englischer Sprache der Ad-hoc-Publizitätspflicht nachkommen können. Lediglich für den Fall, dass die Bundesrepublik Deutschland der Herkunftsstaat des Emittenten ist und seine Wertpapiere ausschließlich im Inland gehandelt werden, ist eine Information in deutscher Sprache zwingend erforderlich, siehe § 3b Abs. 2 WpAIV. Vor dem TUG ermöglichte § 5 Abs. 2 S. 2 WpAIV die ausschließliche Veröffentlichung in englischer Sprache nur für Emittenten mit Sitz im Ausland bei zusätzlich erforderlicher Gestattung durch die BaFin, welche zu prüfen hatte, ob eine ausreichende Unterrichtung der Öffentlichkeit durch den Sprachwechsel gewährleistet war. Fraglich ist, ob man die Bedenken, die darin zum Ausdruck kamen nicht auch nach der Umsetzung der TransparenzRL beachten müsste. Immerhin ist nicht ersichtlich, warum die Gefährdung der ausreichenden Unterrichtung der Öffentlichkeit durch einen Sprachwechsel seit dem 20.1.2007 entfallen sein soll. Allerdings könnte man Bedenken, dass auf diesem Wege eine faktische Bereichsöffentlichkeit im Sinne nur sprachkundiger Personen geschaffen wird,[1135] sicherlich damit beiseite schieben, dass die Ad-hoc-Publizität im Hinblick auf ihre insiderrechtliche Präventivfunktion dann ihr Ziel erreicht hat, wenn sie die Bereichsöffentlichkeit hergestellt hat. Bei den hierfür nötigen Personen[1136] wird man davon ausgehen können, wenn nicht müssen, dass sie alle der englischen Sprache mächtig sind. Dennoch überzeugt der vollständige Sprachwechsel nicht, wenn man sich die Ziele des Anlegerschutzverbesserungsgesetzes aus dem Jahr 2004 vor Augen führt. Schließlich sollte hiermit das Vertrauen der Anleger in den Kapitalmarkt durch mehr Transparenz auf diesen Märkten zurückgewonnen werden.[1137] Eine ausschließliche Veröffentlichung in englischer Sprache wird dieser Transparenz, unabhängig davon, ob für die Ad-hoc-Publizität rechtstechnisch die Bereichsöffentlichkeit maßgeblich ist, nicht gerecht. Das zentrale

---

1134 Statt vieler *Pirner/Lebherz* AG 2007, 19; *Nießen* NZG 2007, 41; *Noack* WM 2007, 377.

1135 *Büche*, Die Pflicht zur Ad-hoc-Publizität als Baustein eines integeren Finanzmarktes, S. 233 f.

1136 Zum Kreis der erfassten Personen siehe Teil 2, A.III)1)c).

1137 Siehe BT-Drucks. 15/3174, S. 26.

Bestreben des AnSVG wurde somit auf dem Altar europäischer Rechtsangleichung durch Art. 20 TransparenzRL, der derart weitgehende sprachliche Veränderungen erfordert, geopfert. Als Hintergrund einer derart weitgehenden sprachlichen Neuerung sind die wohl als sehr teuer empfundenen Übersetzungskosten für jedes Land auszumachen. Dies klingt beispielsweise in Art. 20 Abs. 5 TransparenzRL an, der für die von ihm erfassten Konstellationen die Möglichkeit der ausschließlichen Mitteilung in einer in internationalen Finanzkreisen gebräuchlichen Sprache gestattet und es gleichzeitig ausschließt, dass die Mitgliedstaaten eine Übersetzung in eine von ihnen akzeptierte Sprache verlangen.

Neben der Sprachregelung wurde auf der anderen Seite auch die erst mit dem AnSVG neugestaltete Art der Veröffentlichung im Hinblick auf die zu nutzenden Medien Veränderungen unterzogen. Zwar hat in Deutschland der bislang vorgesehene Veröffentlichungsweg über ein elektronisch betriebenes Informationsverbreitungssystem und den Internetseiten des Emittenten gem. § 5 WpAIV Bestand, doch sind zusätzlich die Anforderungen aus § 3a WpAIV von Seiten des Emittenten zu erfüllen. Letztere machen die Veröffentlichung über ein Bündel von Medien, darunter auch Printmedien, notwendig. Für Deutschland ist dies als Rückschritt anzusehen, denn seit dem AnSVG hatte sich die ausschließlich elektronische Veröffentlichung eingeschliffen. Faktisch war die Abkehr von den Printmedien überdies bereits vor dem AnSVG weitestgehend vollzogen, da bereits Mitte der 90er Jahre die alternativ mögliche Mitteilung über Börsenpflichtblätter nur in ca. 5 % der Fälle genutzt wurde,[1138] im Jahr 2001 der Prozentsatz nicht einmal mehr bei einem Prozentpunkt lag[1139]. Umso verwunderlicher ist jedoch, dass die Veröffentlichung in Printmedien nunmehr durch die TransparenzRL eine Renaissance erlebt. Zwar kann Art. 21 TransparenzRL nicht zweifelsfrei entnommen werden, welches Medium zur Veröffentlichung maßgeblich ist, so dass über das Verständnis dieser Norm eine Grundsatzdiskussion entbrannt ist, inwieweit eine völlige Abkehr von Printmedien bei der Publikation von Informationen angestrebt wurde[1140] und inwieweit eine solche Abkehr vor dem Hintergrund der digitalen Kluft überhaupt zulässig ist[1141]. Zu beachten ist allerdings, dass das Europäische Parlament aus technischen und praktischen Gründen die ausschließliche Verwendung elektronischer Medien im Sinne einer

---

1138 Siehe *Fülbier*, Regulierung der Ad-hoc-Publizität, S. 68 f.; zu den genauen Zahlen siehe Statistik BAWe 1996, abrufbar unter www.bafin.de (14.8.2006).

1139 Siehe Statistik BAWe 2001, abrufbar unter www.bafin.de (14.8.2006).

1140 Dazu *Spindler* WM 2006, 109; *Dauner-Lieb* DStR 2004, 361; ausführlich zur elektronischen Publizität im Aktien- und Kapitalmarktrecht *Noack* AG 2003, 537; *Noack*, FS Ulmer, 2003, S. 1245; krit. im Hinblick auf die Effektivität von Printveröffentlichungen bereits zur MMR *Grimme/von Buttlar* WM 2003, 901, 907.

1141 Statt vieler *Spindler* WM 2006, 109, 111, 114; *Kissel* NJW 2006, 801; *Dauner-Lieb* DStR 2004, 361, 364 ff.

größtmöglichen Reichweite der Informationen nicht für ausreichend erachtet.[1142] Im Ergebnis ist daher die seit dem 20.1.2007 notwendige komplementäre Veröffentlichung von Ad-hoc-Mitteilungen in Print- sowie in elektronischen Medien kritisch zu beurteilen. Sie ist angesichts der bereits bislang geringen Relevanz von Printmedien ein Schritt in die falsche Richtung und geht überdies an den Gepflogenheiten der Praxis vorbei.

Ambivalent ist diese Rückkehr zu alten Veröffentlichungsmustern insbesondere dann, wenn man sich vor Augen führt, dass eine ausschließliche Veröffentlichung in elektronischen Medien zur Schaffung größtmöglicher Transparenz als nicht ausreichend angesehen wird, auf der anderen Seite die Sprachregelung aber derart verändert wird, dass nunmehr in der Bundesrepublik Deutschland Pflichtmitteilungen ausschließlich in einer anderen als der deutschen Sprache veröffentlicht werden dürfen und somit sprachunkundige Personen per se diskriminiert werden. Dabei muss gerade die sprachliche Komponente als eine noch höhere Hürde auf dem Weg zur Kenntnisnahme einer Mitteilung als die unterschiedlichen Veröffentlichungsmedien und ihr möglicherweise erschwerter Zugang angesehen werden.

Trotz dieser Defizite hat man es nunmehr hinzunehmen, dass das bislang ausgewogenere Veröffentlichungssystem nach AnSVG partiell mit der TransparenzRL durchbrochen worden ist, da realistischerweise die europäischen Institutionen mühsam gefundene Kompromisslinien nicht ohne weiteres wieder zur Disposition stellen. Dennoch möchte man anraten, dass die Entwicklung hinsichtlich der Verbreitung elektronischer Medien genau beobachtet wird und ihre immer größere Reichweite auch bald für eine Korrektur dahingehend genutzt wird, den ausschließlichen Umschwung auf elektronische Medien (nochmals) zu vollziehen. Durch die entfallenden Kosten für die Printveröffentlichung wird man dann den Unternehmen guten Gewissens eine Veröffentlichung in der Landessprache des jeweiligen Mitgliedstaates, indem ihre Wertpapiere zum Handel an einem organisierten Markt zugelassen sind, aufbürden können.

c) Fazit

Die durch Umsetzung der TransparenzRL erfolgten Überarbeitungen sind somit nicht über jeden Zweifel erhaben, da sie das ausgewogenere Konzept nach AnSVG zum Teil hinfällig gemacht haben. Die weitere Ausbreitung der elektronischen Medien sollte daher zum Anlass genommen werden, ein ausschließlich auf diese Medien fokussiertes Konzept in Europa zu verankern. Auf die weitere Untersuchung im Rahmen der vorliegenden Arbeit haben diese Feststellungen keine entscheidenden Auswirkungen, da primär die materiell-rechtliche Seite

1142 Siehe Stellungnahme des Europäischen Parlaments, erste Lesung, 25.2.2004, Dokument A5-0079/2004, S. 97.

des Insiderhandelsverbots und der Ad-hoc-Publizität im Hinblick auf ihre Konsistenz beleuchtet wird. Die angesprochenen Veränderungen sind nur als Teilaspekt zum besseren Verständnis der Ad-hoc-Publizität herangezogen worden.

4) Die Möglichkeit des Aufschubs der Veröffentlichung nach § 15 Abs. 3

a) Überblick

Im Laufe der bisherigen Darstellung wurde verschiedentlich herausgestellt, dass bei Einschlägigkeit der entsprechenden tatbestandlichen Voraussetzungen der Insiderinformation in jedem Fall eine Veröffentlichung vorzunehmen ist. Diesen Grundsatz gilt es nunmehr um einen weiteren Aspekt zu ergänzen, denn für die Veröffentlichungspflicht aus § 15 Abs. 1 S. 1 macht der Gesetzgeber in § 15 Abs. 3 eine partielle Rückausnahme. Voraussetzung für die Befreiung von der Veröffentlichungspflicht ist gem. § 15 Abs. 3 S. 1 kumulativ, dass der Schutz der berechtigten Interessen des Emittenten die Befreiung erfordert, keine Irreführung der Öffentlichkeit zu befürchten ist und der Emittent die Vertraulichkeit der Insiderinformation gewährleisten kann. Die Tatsache, dass überhaupt eine Ausnahme von der Ad-hoc-Publizitätspflicht existiert, ist jedoch kein neuer Aspekt, da bereits gem. § 15 Abs. 1 S. 5 a.F. eine Befreiung möglich war, „wenn die Veröffentlichung der Tatsache geeignet war, den berechtigten Interessen des Emittenten zu schaden". Nicht nur die materiellen Voraussetzungen sind im neuen Recht auf eine Trias, die sogleich en detail zu beleuchten sein wird, erweitert worden, gerade in verfahrensrechtlicher Hinsicht wurde der Befreiungstatbestand entscheidend verändert. Während bisher bei der BaFin ein Befreiungsantrag einzureichen war und die BaFin mittels Verwaltungsaktes den Emittenten von der Ad-hoc-Publizitätspflicht befreien konnte,[1143] liegt die Möglichkeit des Aufschubs zurückgehend auf Art. 6 Abs. 2 MMR nunmehr im Verantwortungsbereich des Emittenten. Die neue Ausgestaltung des Verfahrens mitsamt den Konsequenzen, die daraus für das Verhalten des Emittenten folgen, sollen im Anschluss an die tatbestandliche Auffächerung untersucht werden.

1143 Schwark/*Zimmer* KMRK § 15 Rn 128 ff.; *Schneider* BB 2001, 1214, 1217; im Umkehrschluss *Kümpel/Assmann* in Assmann/Schneider, 3. Aufl., § 15 Rn 147; *Kümpel* Bank- und Kapitalmarktrecht Rn 16.309; *Gehrt,* Die neue Ad-hoc-Publizität, S. 167; *v. Klitzing,* Die Ad-hoc-Publizität, S. 171.

b) *Die tatbestandlichen Voraussetzungen der Befreiung: Allgemeine kapitalmarktrechtliche Pflichten versus wirtschaftliche Eigeninteressen des Ad-hoc-Pflichtigen*

aa) *Schutz der berechtigten Interessen des Emittenten*

(1) *Europarechtlich bedingte Ausfüllung der Begrifflichkeit mittels Fallbeispielen*

Kernpunkt der Frage, inwieweit eine Befreiung von der Ad-hoc-Publizitätspflicht des Emittenten denkbar ist, ist das Verständnis des Tatbestandselements des berechtigten Interesses. Art. 6 Abs. 2 MMR gibt dem Rechtsanwender jedoch ebensowenig wie § 15 Abs. 3 WpHG eine Definition zur Subsumtion an die Hand. Lediglich die zur Durchführung der MMR erlassene RL 2003/124/EG nennt in Art. 3 Abs. 1 nicht erschöpfende Beispiele, die sich sowohl in der deutschen Gesetzesbegründung[1144] als auch inhaltsgleich in § 6 WpAIV wiederfinden.

Berechtigte Interessen werden demnach zum einen dann angenommen, wenn das Ergebnis oder der Ablauf laufender Verhandlungen von der Veröffentlichung wahrscheinlich beeinträchtigt würde, so dass auch die Interessen der Anleger ernsthaft gefährdet werden könnten.[1145] Nach Art. 3 Abs. 1 a) RL 2003/124/EG ist dies v.a. in Konstellationen in Betracht zu ziehen, in denen die Überlebensfähigkeit des Emittenten in Rede steht und eine Veröffentlichung den Abschluss der Verhandlungen, die zur Rettung des Emittenten dienen sollten, vereiteln könnte. Doch auch in anderen Konstellationen kann dieses Beispiel zum Tragen kommen, deren wichtigste sicherlich die M&A-Transaktionen sind, auf welche noch zurückzukommen sein wird.[1146]

Zum anderen wird als Beispiel für eine typischerweise gegebene Berechtigung an der Verzögerung der Veröffentlichung in Art. 3 Abs. 1 b) RL 2003/124/EG eine Konstellation angeführt, in der das Geschäftsführungsorgan des Emittenten Verträge schließt oder Entscheidungen trifft, die der Zustimmung durch ein anderes Organ des Emittenten bedürfen. Damit werden die im Gegensatz zum er-

1144 Siehe BT-Drucks. 15/3174, S. 35. Dort wird der Fokus zwar nicht speziell auf die berechtigten Interessen gelegt, jedoch wird allgemein von der Zulässigkeit einer verzögerten Veröffentlichung gesprochen.

1145 Siehe Art. 3 Abs. 1 a) RL 2003/124/EG; § 6 S. 2 Nr. 1 WpAIV; BT-Drucks. 15/3174, S. 35; krit. zum Merkmal der „ernsthaften Gefährdung" hingegen *Möllers* WM 2005, 1393, 1395 sowie *Assmann* in Assmann/Schneider, § 15 Rn 138, die damit jedoch die Verallgemeinerungsfähigkeit dieses Erfordernisses bei Sanierungsfällen für sämtliche laufenden Verhandlungen in Abrede stellen.

1146 Siehe Teil 3, B.II)2) sowie Teil 3, B.III)2).

sten Fallbeispiel vieldiskutierten mehrstufigen Entscheidungsprozesse bzw. gestreckten Sachverhalte[1147] in den Blick genommen. Bedeutsam an der Aussage der europäischen Norm ist zunächst, dass die Problematik der mehrstufigen Entscheidungsprozesse mit Selbstverständlichkeit im Rahmen der Befreiungsregeln zur Ad-hoc-Publizität Erwähnung findet, während im Recht vor AnSVG die virulenten Fragen vielmehr bereits bei der Bestimmung der ad-hoc-publizitätspflichtigen Tatsache erörtert wurden. Der damalige Meinungsstand lässt sich aus heutiger Sicht auf zwei maßgebliche Linien verkürzen: Einerseits wurde von der herrschenden sog. Endgültigkeitsthese[1148] vertreten, dass für die Qualifikation als ad-hoc-publizitätspflichtige Tatsache das Vorliegen einer „endgültigen" oder „definitiven" Tatsache, die alsbald zum Tragen komme, erforderlich sei. Im Rahmen von mehrstufigen Entscheidungsprozessen sollte somit das Entstehen einer Veröffentlichungspflicht vom Zustimmungsbeschluss des Aufsichtsrates abhängig sein. Andererseits setzten sich einige Stimmen in der Literatur für die sog. Wahrscheinlichkeitsthese[1149] ein, die aus der Sicht des Emittenten die Prognose anstellen wollte, inwieweit mit dem Eintritt des jeweiligen Umstandes bei einem normalen Verlauf der Dinge gerechnet werden kann. Demzufolge konnten bereits Beschlüsse des Vorstandes bei entsprechender Wahrscheinlichkeit der Realisierung eine Veröffentlichungspflicht gem. § 15 a.F. auslösen. Dadurch, dass nunmehr Art. 3 RL 2003/124/EG einen Veröffentlichungsaufschub bei fehlender Zustimmung des Aufsichtsrates in Betracht zieht, wurde im Recht nach AnSVG bei der Frage der Entstehung der Ad-hoc-Publizitätspflicht die überwiegend vertretene Endgültigkeitsthese obsolet. Bei Vorliegen der entsprechenden Voraussetzungen ist vielmehr davon auszugehen, dass die Veröffentlichungspflicht aus § 15 Abs. 1 S. 1 ohne weiteres entsteht.[1150]

1147 Siehe zum Recht vor AnSVG statt vieler Schwark/*Zimmer* KMRK § 15 Rn 79 ff. mwN; zur geltenden Rechtslage v.a. *Möllers* WM 2005, 1393, 1394; zum Nichtvorliegen eines mehrstufigen Entscheidungsprozesses im Falle des einvernehmlichen Führungswechsels einer AG siehe *Fleischer* NZG 2007, 401, 403; im Ergebnis wegen der ausschließlichen Zuständigkeit des Aufsichtsrates bei einem derartigen Wechsel ebenso OLG Stuttgart NZG 2007, 352 sowie BGH NZG 2008, 300.

1148 Dazu und zu den folgenden Erwägungen dieser These Schwark/*Zimmer* KMRK § 15 Rn 91 ff.; *Geibel* in Schäfer, § 15 Rn 71 ff.; *Happ/Semler* ZGR 1998, 116, 123 ff.; *Happ* JZ 1994, 240, 242 f.; *Waldhausen,* Die ad-hoc-publizitätspflichtige Tatsache, S. 238 f.; *v. Klitzing,* Die Ad-hoc-Publizität, S. 79 f., 241 f.; *Hopt* ZGR 2002, 333, 342; *Cahn* ZHR 162 (1998), 1, 27; *Hopt* in Bankrechts-Handbuch § 107 Rn 49; *Wittich* AG 1997, 1, 3.

1149 Zur Wahrscheinlichkeitsthese und ihrer inhaltlichen Ausgestaltung siehe *Kümpel/Assmann* in Assmann/Schneider, 3. Aufl., § 15 Rn 58; *Braun* in Möllers/Rotter, Ad-hoc-Publizität, § 8 Rn 78 f.; *Fürhoff/Wölk* WM 1997, 449, 453; *Pananis* WM 1997, 460, 464; *Kiem/Kotthoff* DB 1995, 1999, 2002 f.; i.E. ebenfalls auf dieser Linie *Hahn,* Neue Ansätze im Anlegerschutz durch die Ad-hoc-Publizität des § 15 WpHG, S. 150.

1150 Dazu auch *Möllers* WM 2005, 1393, 1395; *Brandi/Süßmann* AG 2004, 642, 649; *Diekmann/Sustmann* NZG 2004, 929, 934 f.; *Simon* Der Konzern 2005, 729, 737.

Eine Korrektur kann im Einzelfall allerdings über die Aufschubmöglichkeit nach § 15 Abs. 3 erfolgen. Faktisch kann dies sogar dieselben Ergebnisse wie unter dem Regime der Endgültigkeitsthese herbeiführen, da bei Einschlägigkeit von § 15 Abs. 3 jedenfalls bis zur Entscheidung des Aufsichtsrates keine Veröffentlichung erfolgen wird. Allerdings kann man aufgrund dieser Erwägung nicht derart weitgehen und annehmen, dass sich im Recht nach AnSVG nur die Verortung der Problematik geändert habe. Dies würde zum einen den optionalen Charakter des § 15 Abs. 3 verkennen, der dazu führt, dass die Befreiung von der Ad-hoc-Publizitätspflicht gerade nicht kraft Gesetzes eintritt[1151]. Zum anderen ist die Befreiung nicht in jeder Konstellation möglich, in der noch ein Beschluss des Aufsichtsrates aussteht. Dies verdeutlicht bereits Art. 3 Abs. 1 b) RL 2003/124/EG, der zur weiteren Voraussetzung des Aufschubs macht, dass eine Bekanntgabe der Information vor der Zustimmung des Aufsichtsrates mit dem gleichzeitigen Hinweis, dass die Zustimmung noch zu erfolgen hat, dennoch die korrekte Bewertung der Information durch das Publikum gefährden würde. Eine derartige Gefahr der Fehleinschätzung ist dann anzunehmen, wenn das Anlegerpublikum verleitet würde, sich verfrüht auf derlei Informationen zu verlassen.[1152] Aber auch die Gefahr, dass die Veröffentlichung die Durchführbarkeit der Maßnahme oder die ausstehende Zustimmung durch den Aufsichtsrat gefährden würde, muss bei der Frage des Aufschubs Berücksichtigung finden.[1153] Zum Aspekt der gefährdeten Zustimmung des Aufsichtsrates gehört überdies, dass die Befugnisse dieses Organs durch die frühzeitige Veröffentlichung nicht untergraben werden.[1154] Als Indikator wird man eine Prognose über das zu erwartende Votum des Aufsichtsrates hinsichtlich der jeweils in Rede stehenden Maßnahme heranziehen können, die insbesondere bereits das bisherige Verhalten des Aufsichtsrates im Rahmen des bis dato durchgeführten Verfahrens zu verarbeiten hat.[1155] Allerdings versagt dieses Instrument, wenn bislang überhaupt keine Äußerungen vorliegen. Tendenziell wird man in diesen Fällen einen Veröffentlichungsaufschub vornehmen können, da ansonsten nicht nur die Befugnisse des Aufsichtsrats konterkariert würden, sondern im Gleichlauf damit

1151 Ausführlich dazu noch Teil 3, A.II)4)c)aa).

1152 BT-Drucks. 15/3174, S. 35; siehe auch *Veith* NZG 2005, 254, 256.

1153 Emittentenleitfaden der BaFin vom 15.7.2005, S. 54 f.

1154 Zu Recht *Möllers* WM 2005, 1393, 1398; *Schneider* BB 2005, 897, 899; *Harbarth* ZIP 2005, 1898, 1905; ähnlich *Veith* NZG 2005, 254, 256, *Messerschmidt* BB 2004, 2538, 2539 und *Schwintek*, Das Anlegerschutzverbesserungsgesetz, S. 33 f., die den Schwerpunkt indes auf die Gefährdung der unabhängigen Entscheidung legen.

1155 Ebenso *Veith* NZG 2005, 254, 256; eine derartige Prognose bereits im Recht vor AnSVG fordernd *Kiem/Kotthoff* DB 1995, 1999, 2003; skeptisch hingegen noch *Messerschmidt* BB 2004, 2538, 2539 f., da dem Vorstand anderenfalls die Rolle eines „Sehers“ zugedacht würde; im Ergebnis führt die Autorin dann aber doch eine ähnliche Prognose im Rahmen ihrer Korrekturvorschläge an.

bei einer derartigen Ungewissheit über die tatsächliche Entscheidung des Aufsichtsrats eine korrekte Bewertung der Information durch das Publikum in aller Regel nicht möglich erscheint. Letzteren Aspekt wird man keineswegs damit entkräften können, dass in der Ad-hoc-Mitteilung ein Hinweis auf die noch ausstehende Aufsichtsratszustimmung zu geben ist. Soweit nämlich das zukünftige Verhalten des Aufsichtsrats noch völlig offen ist, wird der Anleger trotz dieses Hinweises keine korrekte Bewertung der veröffentlichten Information durchführen können. Die einzig richtige Bewertung der Ad-hoc-Mitteilung wäre dann vielmehr, keine Bewertung durchzuführen. Dann wird man mit Erfolg aber die Sinnhaftigkeit der Ad-hoc-Publizität hinterfragen können. Die Veröffentlichung würde nämlich nicht zur Verbesserung des Anlegerschutzes beitragen, sondern gerade das Gegenteil bewirken.[1156] Im Ergebnis werden sich Emittenten daher häufiger auf § 15 Abs. 3 aus Gründen der fehlenden Zustimmung des Aufsichtsrats berufen können, als es bei Lektüre von § 6 S. 2 Nr. 2 WpAIV der Fall ist.[1157] Ohne eine Gleichsetzung mit der Endgültigkeitsthese begründen zu wollen, kann damit jedoch auch festgehalten werden, dass im Recht nach AnSVG bei der Frage des Aufschubs insofern ähnliche Aspekte zum Tragen kommen wie sie für besagte Endgültigkeitsthese angeführt wurden. Letztere wurde nämlich entscheidend mit der Gefahr gerechtfertigt, dass bei einer vorzeitigen Publizität der Aufsichtsrat sein ihm zustehendes Ermessen nur noch eingeschränkt wahrnehmen und seiner Überwachungsaufgabe nicht mehr unvoreingenommen nachkommen könne.[1158]

Die teilweise geäußerte Kritik, die dem Fallbeispiel der mehrstufigen Entscheidungsprozesse faktisch jeden Anwendungsbereich abspricht, da das Zustimmungserfordernis eines anderen Organs bereits auf der Stufe der konkreten bzw. präzisen Information[1159] Berücksichtigung finde,[1160] scheint zu sehr an der bisherigen Rechtslage behaftet zu sein. Sie übersieht insbesondere, dass eine Entscheidung des Vorstandes auch ohne Zustimmung durch den Aufsichtsrat im Recht nach AnSVG bereits auf einer realistischen Grundlage fußen und somit als konkret anzusehen sein kann.

Die Relevanz der Befreiungsmöglichkeit im Rahmen von mehrstufigen Entscheidungsprozessen wird daher nicht zu unterschätzen sein. Immerhin weist

---

1156 Ebenso *Messerschmidt* BB 2004, 2538, 2540; siehe auch *Happ/Semler* ZGR 1998, 116, 123.

1157 Im Ergebnis ebenso Emittentenleitfaden der BaFin vom 15.7.2005, S. 55 sowie *Assmann* in Assmann/Schneider, § 15 Rn 142 ff.

1158 *Happ/Semler* ZGR 1998, 116, 127 f.; *Waldhausen,* Die ad-hoc-publizitätspflichtige Tatsache, S. 234 ff.; Schwark/*Zimmer* KMRK § 15 Rn 92.

1159 Zu diesem Merkmal ausführlich oben Teil 2, A.III)1)b).

1160 *Büche,* Die Pflicht zur Ad-hoc-Publizität als Baustein eines integeren Finanzmarktes, S. 217 f.

gerade das deutsche Recht mit der dualistisch ausgestalteten Verwaltung der Aktiengesellschaft die Besonderheit auf, das oftmals Zustimmungspflichten des Aufsichtsrates bestehen und die Beschlüsse des Vorstandes somit nicht bereits per se Gültigkeit besitzen. Praktisch relevant wird die Frage eines möglichen Aufschubs der Veröffentlichung daher beispielsweise in Fällen, in denen nach Beschluss des Vorstands lediglich vorläufige Geschäftszahlen u.U. publiziert werden müssten.[1161] Immerhin obliegt dem Aufsichtsrat hinsichtlich des Jahresabschlusses die Aufgabe der Prüfung und Feststellung, siehe §§ 171, 172 AktG. Aber auch bei der Beurteilung der einzelnen Stufe einer M&A-Transaktion als Insiderinformation kann der Aspekt, dass dies mitunter ein mehrstufiger Entscheidungsprozess ist, eine Rolle spielen. In all diesen Konstellationen gilt es, einzelfallbezogen eine Prüfung der Befreiungsmöglichkeit entsprechend der vorgegebenen Leitlinie zu vollziehen. Zur Herbeiführung schnellstmöglicher Publizität wäre allerdings die Verkürzung des möglicherweise langwierigen Verfahrens der Zustimmung des Aufsichtsrats durch Einholung einer Entscheidung des zuständigen Aufsichtsratsausschusses denkbar.[1162]

(2) Abstraktion unter Berücksichtigung genannter Beispiele

Einen abstrakten Ansatz für die Ermittlung des Verständnisses vom berechtigten Interesse enthält hingegen lediglich § 6 S. 1 WpAIV. Demnach liegen berechtigte Interessen dann vor, wenn die Interessen des Emittenten an der Geheimhaltung der Information die Interessen des Kapitalmarktes an einer vollständigen und zeitnahen Veröffentlichung überwiegen.[1163]

Für das nähere Verständnis des berechtigten Interesses könnte überdies das bisherige Recht hilfreich sein. Immerhin existierte in § 15 Abs. 1 S. 5 a.F. ein ganz ähnlicher Ansatz, wenn die Befreiung maßgeblich davon abhing, dass die Veröffentlichung geeignet war, den berechtigten Interessen des Emittenten zu schaden. Während teilweise jedwede drohende Beeinträchtigung der berechtigten Interessen des Emittenten als ausreichend zur Erfüllung des alten Merkmals er-

---

1161 Zu diesen Konstellationen siehe nur *Merkner/Sustmann* NZG 2005, 729, 738 sowie *Möllers* WM 2005, 1393, 1393.

1162 Dies wird auch im Emittentenleitfaden der BaFin vom 15.7.2005, S. 55 angeregt; ähnlich *Messerschmidt* BB 2004, 2538, 2540.

1163 Ebenso *Assmann* in Assmann/Schneider, § 15 Rn 155 ff.; *Simon* Der Konzern 2005, 13, 19; *Büche*, Die Pflicht zur Ad-hoc-Publizität als Baustein eines integeren Finanzmarktes, S. 215; *Tollkühn* ZIP 2004, 2215, 2218; *Assmann* AG 2006, 261, 264; siehe auch Emittentenleitfaden der BaFin vom 15.7.2005, S. 53; fälschlicherweise diese Abwägung auf den gesamten Befreiungstatbestand ausweitend *Schneider* BB 2005, 897, 898 f.; eine Abwägung generell mangels Nennung in § 15 Abs. 3 ablehnend *Grothaus* ZBB 2005, 62, 65.

achtet wurde,[1164] nahm die ganz überwiegende Ansicht eine Güterabwägung zwischen den gefährdeten Interessen des Emittenten auf der einen Seite und den Interessen der Kapitalmarktteilnehmer an einer realistischen Börsenpreisbildung sowie der Prävention des Insiderhandels auf der anderen Seite vor.[1165] Der abstrakte Ausgangspunkt zur Ermittlung, inwieweit berechtigte Interessen des Emittenten anzuerkennen sind, ist somit sowohl im alten als auch im neuen Recht weitgehend identisch. Daher könnte man versucht sein, auf der Grundlage dieser Erkenntnis das bisherige Wissen auch im neuen Recht fruchtbar zu machen und für die Frage, welche Einzelfälle ein berechtigtes Interesse des Emittenten hervorrufen, anzubringen.[1166] Es besteht jedoch die Gefahr, dass sich ein derartiger Schluss als voreilig herausstellen könnte, da die Ähnlichkeit der allgemeinen Abwägung noch nichts über die Grundlage derselben aussagt. Zunächst verspricht ein Abgleich der zum neuen Recht genannten Einzelfälle mit denjenigen, die bislang erfasst wurden, einen Erkenntnisgewinn. Der Fall, dass die Befreiung bei noch ausstehender und unverzichtbarer Entscheidung eines anderen Organs in Betracht zu ziehen ist, kann indes für einen Vergleich nicht taugen, da bislang in diesen Fällen die Notwendigkeit einer Befreiung von der Ad-hoc-Publizität in Ermangelung einer Veröffentlichungspflicht nicht bestand[1167].

Ein geradezu paradigmatischer Fall einer zulässigen Befreiung wurde im Recht vor AnSVG jedoch angenommen, wenn der Emittent sich in existenzbedrohenden Zahlungsschwierigkeiten befand und die Veröffentlichung dieser Information eine realistische Aussicht auf Vereinbarung eines Sanierungskonzepts zunichte machen würde.[1168] Eine derartige Konstellation ist unzweifelhaft auch im neuen Recht erfasst, jedoch zeigt der Wortlaut von § 6 S. 2 Nr. 1 WpAIV, dass eine Beschränkung auf einen derartigen engen Bereich nicht erforderlich ist. Vielmehr kann danach schon die Beeinträchtigung jedweder Form von laufenden Verhandlungen über Geschäftsprozesse ein berechtigtes Interesse hervorru-

1164 So *Hirte* in Hadding/Hopt/Schimansky, Das zweite Finanzmarktförderungsgesetz in der praktischen Umsetzung, Bankrechtstag 1995, S. 47, 50, 61 f.

1165 Schwark/*Zimmer* KMRK § 15 Rn 130; *Kümpel/Assmann* in Assmann/Schneider, 3. Aufl., § 15 Rn 136; *Geibel* in Schäfer § 15 Rn 114; *Cahn* WM 1998, 272, 272 f.; *Fürhoff/Wölk* WM 1997, 449, 458; anders offenbar neuerdings wieder *Schneider* BB 2005, 897, 899, der die in § 6 WpAIV genannte Abwägung für nicht zielführend hält, gleichsam für das Verständnis des berechtigten Interesses aber auf die Rechtslage vor AnSVG verweist.

1166 In diesem Sinne vollumfänglich auf die Rechtslage vor AnSVG verweisend *Schneider* BB 2005, 897, 899.

1167 Zur bislang h.M. siehe nur *Cahn* ZHR 162 (1998), 22, 27; *Happ/Semler* ZGR 1998, 116, 127, 131, 141; *Hopt* ZHR 159 (1995), 135, 152; a.A. *Pananis* WM 1997, 460, 463.

1168 Schwark/*Zimmer* KMRK § 15 Rn 132; *Weber* ZGR 2001, 422, 448; *Wittich* AG 1997, 1, 4.

fen, z.B. im Rahmen der Vorbereitung von Umstrukturierungen oder bei Fusionen.[1169] Eine derartig erweiterte Anerkennung des berechtigten Interesses ist insbesondere vor dem Hintergrund der Strukturveränderungen der allgemeinen Ad-hoc-Publizitätspflicht aus § 15 Abs. 1 S. 1 zu sehen, welche im Ergebnis zu einer Ausweitung dieser Pflicht geführt haben. Die Interessen des Kapitalmarktes wurden damit einseitig berücksichtigt und infolgedessen hin zu einer fast generellen Veröffentlichungspflicht verschoben, ohne dass die Interessen des Emittenten bei der Entstehung der Pflicht zur Ad-hoc-Publizität Eingang finden können. Daher wird man in Fällen, in denen erhebliche Interessen des Emittenten tangiert sind, was im Übrigen oftmals im Gleichlauf mit den Interessen der Aktionäre anzunehmen ist, stärker als zuvor diesen Interessen Rechnung tragen müssen. Sicherlich kann und darf dies nicht dazu führen, dass die gewollte Erweiterung der Ad-hoc-Publizität gleichsam durch die Hintertür bagatellisiert wird. Vor diesem Hintergrund wird man die in § 6 S. 2 Nr. 1 WpAIV genannte Forderung der ernsthaften Gefährdung der Anlegerinteressen durch die Veröffentlichung verstehen und in das System einfügen müssen. Dennoch wird im neuen Recht nicht nur in existenzgefährdenden Situationen, sondern tendenziell in einem weiteren Kreis die Abwägung zugunsten des Emittenten ausfallen müssen.[1170] Dazu gehören neben den genannten Umstrukturierungen und Fusionen bereits die Entwicklung von neuen Produkten, Patenten oder Erfindungen.[1171] Könnte man derartige Informationen nicht wenigstens vorübergehend von der Ad-hoc-Publizitätspflicht ausnehmen, hätte dies einen Verfall der Unternehmenskultur zur Folge. Immerhin bestünden für Unternehmen keine Anreize mehr für eigene Neuentwicklungen, wenn bereits frühzeitig der Kapitalmarkt und somit auch potentielle oder aktuelle Konkurrenten informiert würden.[1172]

1169 Ebenso *Simon* Der Konzern 2005, 13, 19 f.; dazu auch *Koch* DB 2005, 267, 272.

1170 Ebenso auf dieser Linie *Simon* Der Konzern 2005, 13, 19 f.; *Koch* DB 2005, 267, 272; *Veith* NZG 2005, 254, 257; *Büche,* Die Pflicht zur Ad-hoc-Publizität als Baustein eines integeren Finanzmarktes, S. 220; siehe auch Emittentenleitfaden der BaFin vom 15.7.2005, S. 54 f.; *Nietsch* BB 2005, 785, 788, der darauf hinweist, dass die Erstrekkung auf andere als die genannten Fallgruppen „risikobehaftet" sei; restriktiver noch *Ziemons* NZG 2004, 537, 542, die in den wenigen in Art. 3 RL 2003/124/EG niedergelegten Ausnahmen ein Indiz für die Enge möglicher Befreiungstatbestände sieht; tendenziell enger auch *Tollkühn* ZIP 2004, 2215, 2218; a.A. sogar *Schneider* BB 2005, 897, 899, der von der Fortgeltung des bisherigen Rechts ausgeht.

1171 Zu diesen Beispielen Emittentenleitfaden der BaFin vom 15.7.2005, S. 55, der sich damit inhaltlich auf der von *Büche,* Die Pflicht zur Ad-hoc-Publizität als Baustein eines integeren Finanzmarktes, S. 219 geforderten Linie eines klaren Signals der zuständigen Behörden, keine allzu hohen Anforderungen zu stellen, befindet.

1172 Zu Recht *Simon* Der Konzern 2005, 13, 19; *Büche,* Die Pflicht zur Ad-hoc-Publizität als Baustein eines integeren Finanzmarktes, S. 220; *Möllers* WM 2005, 1393, 1396; ähnlich auch *Harrer/Vaupel,* Börsenzeitung, Ausgabe 193 vom 6.10.2004, S. 2, wonach die Un-

Bei einem Verständnis des berechtigten Interesses, wie es bisher zugrundegelegt wurde, herrscht allerdings bezüglich des zu berücksichtigenden Personenkreises Klarstellungsbedarf. Angesichts des Wortlauts des Gesetzes in § 15 Abs. 3, der von den berechtigten Interessen des Emittenten spricht, liegt es zunächst nahe, ausschließlich gesellschaftseigene Interessen unter Ausklammerung der Anlegerinteressen einzubeziehen. Dennoch wurde in den vorangegangenen Ausführungen wie selbstverständlich auch auf die Anlegerinteressen rekurriert. Dies rührt zum einen daher, dass die Anlegerinteressen und diejenigen der Gesellschaft oftmals miteinander konform gehen. Überdies spricht der Wortlaut von Art. 3 Abs. 1 a) RL 2003/124/EG für die Einbeziehung von Anlegerinteressen, da das dort genannte Beispiel einer unternehmerischen Schieflage mit Sanierungsbemühungen einen Aufschub der Veröffentlichung gerade auch unter dem Aspekt zulässt, dass „eine derartige Bekanntgabe die Interessen der vorhandenen und potentiellen Aktionäre ernsthaft gefährden" würde. Die Richtigkeit dieser Annahme wird im Rahmen der Betrachtungen zu den Besonderheiten bei M&A-Transaktionen aufzuzeigen sein.[1173] Unstreitig nicht zu beachten ist hingegen das Einzelinteresse dritter Personen im Rahmen der nötigen Abwägung.[1174]

Unverändert am Befreiungstatbestand bleibt, dass die bloße Möglichkeit der Beeinträchtigung der Interessen des Emittenten für eine Befreiung auszureichen vermag.[1175]

bb) *Keine Irreführung der Öffentlichkeit*

Der beschriebenen Abwägung entzogen und ebenso wie das zusätzliche Merkmal der Gewährleistung der Vertraulichkeit gesondert hervorgehoben ist die Voraussetzung, dass keine Irreführung der Öffentlichkeit durch den Aufschub der Ad-hoc-Publizitätspflicht zu befürchten sein darf.[1176] Mit diesem auf Art. 6 Abs. 2 MMR zurückgehenden Erfordernis wird der Rechtsanwender jedoch weitgehend alleingelassen, da weder die RL 2003/124/EG zur Durchführung der MMR noch die deutsche WpAIV oder die Gesetzesbegründung zum AnSVG näher auf das Verständnis eingehen, der Emittentenleitfaden der BaFin dieses Merkmal ebenfalls überaus kurz beleuchtet. Vor diesem Hintergrund ist es nicht

---

ternehmen „auf dem Weg zur gläsernen Transparenz wichtige Managementmöglichkeiten einbüßen" würden.

1173 Siehe unten Teil 3, B.III)2)a).

1174 Emittentenleitfaden der BaFin vom 15.7.2005, S. 55.

1175 Siehe nur Schwark/*Zimmer* KMRK § 15 Rn 129 zum Recht vor AnSVG sowie neuerdings *Schneider* BB 2005, 897, 898; *Büche,* Die Pflicht zur Ad-hoc-Publizität als Baustein eines integeren Finanzmarktes, S. 215.

1176 Ebenso hinsichtlich der Ausgestaltung der Abwägung *Büche,* Die Pflicht zur Ad-hoc-Publizität als Baustein eines integeren Finanzmarktes, S. 221; für eine Einbeziehung in die Abwägung hingegen *Schneider* BB 2005, 897, 899.

überraschend, dass die in der Literatur herausgearbeiteten Leitlinien zum Teil erheblich divergieren.

Aus dem Wortlaut, der von „befürchten" spricht, lässt sich zunächst nur herauslesen, dass die bloße Möglichkeit zur Irreführung der Öffentlichkeit ausreichend ist.[1177] Unklar ist hingegen schon das Tatbestandsmerkmal der Öffentlichkeit, die irregeführt werden kann. Im kapitalmarktrechtlichen Umfeld der Ad-hoc-Publizität wird man darunter jedoch nur die Bereichsöffentlichkeit, deren Information für die Publikation nach § 15 Abs. 1 S. 1 ausreichend ist,[1178] verstehen können.[1179]

Erheblich größere Probleme bereitet hingegen die Ausleuchtung des Irreführens. Unzweifelhaft ist lediglich, dass das Informationsungleichgewicht, welches durch die Zurückhaltung der Insiderinformation entsteht, noch keine Irreführung herbeiführen kann, da anderenfalls die Möglichkeit der Befreiung aufgrund der Tatsache, dass der Emittent bei zurückgehaltenen Insiderinformationen in jedem Fall einen Wissensvorsprung hat, vollkommen leerliefe.[1180] Ein hypothetisch anderes Verhalten des Anlegers bei Wissen um die Insiderinformationen kann damit gerade nicht entscheidend sein, da jeder rationale Anleger bei Kenntnis der vorenthaltenen Informationen ein anderes Verhalten aufweisen würde. Eine andere Ansicht würde sich überdies gewissermaßen im Kreis drehen, da dass Informationsungleichgewicht die Irreführung bedingt, bei Irreführung jedoch keine Befreiung zulässig ist, so dass per se gar kein Informationsungleichgewicht entstehen könnte. Dem Merkmal der Irreführung muss daher ein Verständnis zukommen, welches über das bei einer Befreiung immanente Informationsungleichgewicht hinausgeht.

Demnach wird in der Literatur teilweise versucht, das Potential zur Irreführung davon abhängig zu machen, ob positive oder negative Nachrichten in Rede stehen.[1181] Der Veröffentlichungsaufschub positiver Informationen könne demnach nicht irreführend sein, währenddessen dies bei negativen Informationen anders zu beurteilen sei. Nicht nur, dass eine derartige Differenzierung mit keinem

---

1177 *Büche,* Die Pflicht zur Ad-hoc-Publizität als Baustein eines integeren Finanzmarktes, S. 221.

1178 Siehe Teil 2, A.III)1)c).

1179 Ebenso *Schneider* BB 2005, 897, 899; ähnlich, aber undeutlicher *Simon* Der Konzern 2005, 13, 20, der die „Öffentlichkeit" dem „Kapitalmarkt" gleichsetzt.

1180 Ebenso Emittentenleitfaden der BaFin vom 15.7.2005, S. 55; *Büche,* Die Pflicht zur Ad-hoc-Publizität als Baustein eines integeren Finanzmarktes, S. 222; *Veith* NZG 2005, 254, 257; *Simon* Der Konzern 2005, 13, 20; *Schneider* BB 2005, 897, 899; *Schwintek,* Das Anlegerschutzverbesserungsgesetz, S. 34; *Assmann* in Assmann/Schneider, § 15 Rn 159.

1181 *Ziemons* NZG 2004, 537, 543; *Brandi/Süßmann* AG 2004, 642, 650.

Wort im Gesetz angelegt ist,[1182] auch inhaltlich dürfte diese Ansicht im Einzelfall kaum einen Erkenntnisgewinn versprechen. Ob eine Information positiv oder negativ ist, ist zunächst immer eine Sache des Standpunktes. Zwar könnte man annehmen, dass immer der Blickwinkel des Emittenten entscheidend sein sollte, dennoch erscheint zweifelhaft, ob dies zu einer klaren Einordnung führen kann. Dafür dürfte ein Blick auf das Beispiel einer existenzbedrohenden Krise, in der Sanierungsbemühungen laufen, lohnend sein. Zunächst wird unstrittig sein, dass in diesen Fällen im Ergebnis ein Aufschub der Veröffentlichungspflicht in Betracht kommt, da auch diese Konstellationen unter die vom Gesetzgeber genannten laufenden Verhandlungen, die bei Veröffentlichung zu scheitern drohen, fallen.[1183] Fraglich ist nun aber, ob nicht die existenzbedrohende Krise eine negative Insiderinformation ist, so dass im Ergebnis eine Befreiung aufgrund einer möglichen Irreführung nicht in Betracht kommen kann oder aber, ob nicht die Sanierungsbemühungen bereits als positive Information zu werten sind. Die existenzbedrohende Krise mitsamt den Sanierungsbemühungen als einheitlicher Lebensvorgang ist damit bereits von ambivalenter Natur. Eine klare Grenzziehung zwischen positiven und negativen Informationen im Hinblick auf die Irreführung erscheint daher nicht möglich.

Andere meinen eine Irreführung läge nur in Fällen vor, in denen dem Emittenten eine Verantwortung aus „vorangegangenem Tun“ zuzuweisen ist, da er an den Markt Signale sendet, die im Widerspruch zu der nun aufzuschiebenden Insiderinformation stehen.[1184] Sicherlich wird man eine derartige Konstellation als Irreführung ansehen können und müssen, jedoch ist eine Verengung auf diese spezielle Konstellation nicht notwendig.[1185] Sollte das Merkmal des Irreführens tatsächlich nur in diesem Sinne verstanden werden, hätte dies der Gesetzgeber bzw. bereits der Richtliniengeber entsprechend einführen können und nicht den nunmehr relativ allgemeinen Begriff aufgenommen. Im Kern richtig ist jedoch das Bestreben, die Einschlägigkeit des Irreführens nicht vorschnell annehmen zu müssen, da anderenfalls die beschriebene Funktion der Befreiung als Abfederung der erweiterten Veröffentlichungspflicht aus § 15 Abs. 1 S. 1 konterkariert würde.[1186] Richtig ist daher, dass nicht jede Mutmaßung in der Presse den Emittenten dazu verpflichten kann, vom Aufschub der Veröffentlichung abzusehen,

---

1182 Darauf weist zu Recht *Simon* Der Konzern 2005, 13, 20 hin; allgemein krit. zu diesem „vagen Zwei-Bereichs-Modell“ *Möllers* WM 2005, 1393, 1396; ablehnend auch *Veith* NZG 2005, 254, 257 sowie *Harbarth* ZIP 2005, 1898, 1905.

1183 Siehe BT-Drucks. 15/3174, S. 35.

1184 *Simon* Der Konzern 2005, 13, 20; *Schwintek*, Das Anlegerschutzverbesserungsgesetz, S. 34; ähnlich auch Emittentenleitfaden der BaFin vom 15.7.2005, S. 56 für die Zeit während der Befreiung.

1185 Ebenso *Schneider* BB 2005, 897, 899.

1186 Ganz ähnlich *Büche*, Die Pflicht zur Ad-hoc-Publizität als Baustein eines integeren Finanzmarktes, S. 221 f.

er sogar vielmehr eine „no comment"-Politik verfolgen darf.[1187] Ein derartiges Stillhalten dürfte jedoch nicht in jedem Fall angemessen sein. Erkennt der Emittent nämlich, dass ein extremes Fehlverhalten des Marktes auf der Grundlage von über den Emittenten kursierenden Mutmaßungen droht,[1188] wird ein Aufschub der Veröffentlichung nicht weiter mit dem Gesetz in Einklang zu bringen sein. Immerhin fordert der mit der MMR übereinstimmende Gesetzestext des § 15 Abs. 3 allgemein eine „Irreführung der Öffentlichkeit" und nicht eine spezifische durch den Emittenten hervorgerufene Irreführung. Für eine derartige Auslegung spricht auch, dass das Merkmal der Gewährleistung der Vertraulichkeit gem. § 15 Abs. 3 ausdrücklich vom Emittenten zu gewährleisten ist, bei der Irreführung der Öffentlichkeit hingegen ein spezifischer Bezug zum Emittenten nicht Eingang in den Gesetzestext gefunden hat.

Die Frage, in welchen Fällen eine Irreführung der Öffentlichkeit zu befürchten ist, wird abstrakt kaum in allen Nuancen zu erfassen sein, sondern maßgeblich vom Einzelfall abhängen. Festzuhalten ist jedoch, dass das Verständnis nicht derart weit gehen darf, dass die beschriebene Ausweitung des berechtigten Interesses zur Herstellung eines Gleichgewichts zwischen Veröffentlichungspflicht aus § 15 Abs. 1 S. 1 und Befreiung aus § 15 Abs. 3 hinfällig wäre. Sicher fallen daher nur die Fälle, in denen zuvor vom Emittenten aktiv widersprüchliche Signale, gleich auf welchem Weg, an den Markt gesendet wurden, unter das beschriebene Tatbestandsmerkmal. In allen anderen Konstellationen wird dagegen zunächst Zurückhaltung geboten sein. So kann nicht jede von dritter Seite geäußerte Mutmaßung die Öffentlichkeit irreführen und somit den Emittenten zur Aufgabe des Aufschubs der Veröffentlichkeit zwingen. Sollten allerdings derartige Spekulationen konkreter werden und der Emittent erkennen, dass sie ein starkes Fehlverhalten des Marktes hervorrufen können, muss von der Möglichkeit zur Irreführung der Öffentlichkeit im Sinne der Norm ausgegangen werden, so dass das Vorliegen des Befreiungstatbestandes des § 15 Abs. 3 zu verneinen ist.

cc) Gewährleistung der Vertraulichkeit

(1) Tatbestandliche Anforderungen

Ein rechtmäßiger Aufschub der Veröffentlichungspflicht setzt gem. § 15 Abs. 3 überdies voraus, dass der Emittent die Vertraulichkeit der Insiderinformation gewährleisten kann. Für das Verständnis dessen ist § 7 WpAIV maßgeblich, der

---

1187 So schon die Forderung des DAI in seiner Stellungnahme vom 21.1.2005 zum Entwurf des Emittentenleitfadens, S. 18, abrufbar unter http://www.dai.de/internet/dai/dai-2-0.nsf/dai_publikationen.htm (13.4.2006); *Veith* NZG 2005, 254, 257.

1188 So auch *Schneider* BB 2005, 897, 899.

die Vorgaben des Art. 3 Abs. 2 RL 2003/124/EG zum Teil wortwörtlich übernimmt. Entscheidend ist demnach, dass der Emittent den Zugang zur Insiderinformation kontrolliert. Dafür ist gem. § 7 Nr. 1 WpAIV zunächst nötig, dass „andere Personen als solche, deren Zugang zu Insiderinformationen für die Wahrnehmung ihrer Aufgaben beim Emittenten unerlässlich ist, keinen Zugang zu dieser Information erlangen". Zudem ist für den Fall, dass die Vertraulichkeit nicht länger gewährleistet werden kann, gem. § 7 Nr. 2 WpAIV ein System einzuführen, welches die unverzügliche Publikation der Insiderinformation ermöglicht, mithin eine Compliance-Organisation.[1189]

Das Erfordernis der Gewährleistung der Vertraulichkeit weist trotz seiner Konkretisierung in der WpAIV den Weg in verschiedene Verständnisprobleme. Zunächst könnte die Einführung des unbestimmten Rechtsbegriffs der Unerlässlichkeit Fragen hinsichtlich der konkreten Ausformung aufwerfen. Diese dürften auf den ersten Blick indes vergleichsweise einfach zu beantworten sein, da die Rückbesinnung auf das maßgebliche Ziel der Insiderrechts, den Kreis der Insider möglichst klein zu halten, die Linie vorgeben kann. Keinesfalls unerlässlich wird daher Insiderwissen für solche Personen sein, deren Arbeit allenfalls in Nebenaspekten von Insiderinformationen tangiert wird. Lediglich wenn die Personen zur Wahrnehmung der ihnen übertragenen Aufgaben die Informationen zwingend benötigen, die Insiderinformationen also spezifisch auf die übertragenen Aufgaben Auswirkungen haben bzw. von Relevanz sind, wird man einen Fall der Unerlässlichkeit annehmen können.[1190] Rückschlüsse aus der (in toto irrelevanten) Norm des § 15 Abs. 1 S. 4, wonach bereits der Abschluss einer Vertraulichkeitsvereinbarung für die Gewährleistung der Vertraulichkeit ausreichend ist,[1191] legen hingegen einen zu weiten Maßstab an und sind im Ergebnis daher entbehrlich.

Tiefgreifendere Konsequenzen hat dagegen die Frage, an welchen Personenkreis Insiderinformationen weitergegeben werden können und die Vertraulichkeit im Sinne von § 15 Abs. 3 dennoch gewährleistet werden kann. Dies kann möglicherweise wiederum Auswirkungen auf das eben dargelegte Verständnis der Unerlässlichkeit haben.

In der Literatur findet sich teilweise die Auffassung, dass die Konkretisierungen des Merkmals der Gewährleistung der Vertraulichkeit durch Art. 3 Abs. 2 RL 2003/124/EG und § 7 WpAIV nur Fälle erfassen, in denen die Weitergabe der

---

1189 Ebenso *Schwintek*, Das Anlegerschutzverbesserungsgesetz, S. 35; *Brandi/Süßmann* AG 2004, 642, 650.

1190 Siehe auch *Simon* Der Konzern 2005, 13, 20 f.; offener hingegen der Emittentenleitfaden der BaFin vom 15.7.2005, S. 56, der die Notwendigkeit zur Wahrnehmung der übertragenen Aufgaben ausreichen lässt.

1191 So *Habersack* ZHR 169 (2005), 185, 198; siehe auch *Simon* Der Konzern 2005, 13, 21.

Insiderinformation innerhalb des Emittenten erfolgt.[1192] Zwar wird der damit einhergehende Widerspruch, dass die unternehmensexterne Weitergabe nur den Regeln des § 14 Abs. 1 Nr. 2 folgt, während die unternehmensintere Weitergabe am Maßstab der strengeren Unerlässlichkeit zu prüfen ist, erkannt, ohne jedoch dieses Ergebnis überzeugend anhand der rechtlichen Grundlagen zu hinterfragen.[1193] Vielmehr wird über einen Rückschluss aus § 15 Abs. 1 S. 4 die Maßgeblichkeit der Befugnis im Sinne von § 14 Abs. 1 Nr. 2 gerade auch bei der unternehmensinternen Weitergabe zu installieren versucht, so dass das Merkmal der Unerlässlichkeit im Ergebnis entbehrlich sei.[1194] Tatsächlich scheint der Wortlaut von Art. 3 Abs. 2 S. 2 a) RL 2003/124/EG das unternehmensinterne Verständnis des Artikels selbst nahezulegen, wenn dort von „Personen, deren Zugang zu Insiderinformationen für die Wahrnehmung ihrer Aufgaben innerhalb des emittierenden Instituts unerlässlich ist", gesprochen wird. Dabei darf jedoch nicht übersehen werden, dass Aufgaben beim Emittenten auch von externen Beratern oder ähnlichen Personen wahrgenommen werden können. Eine generelle Einschränkung auf Personen, die zum Emittenten in einem Arbeitsverhältnis stehen, ist somit weder im Wortlaut der RL 2003/124/EG noch in § 7 WpAIV angelegt.[1195] Zu hinterfragen ist jedoch, ob nicht tatsächlich der in § 14 Abs. 1 Nr. 2 niedergelegte Maßstab hinsichtlich der Befugnis der Weitergabe von Insiderinformationen auch im Rahmen der Gewährleistung der Vertraulichkeit im Sinne von § 15 Abs. 3 im Gegensatz zum Erfordernis der Unerlässlichkeit der überzeugendere Anknüpfungspunkt wäre. Ausgangspunkt für diese Überlegung muss der Grundsatz der Veröffentlichungspflicht aus § 15 Abs. 1 S. 1 sein. Insiderinformationen sind demnach in jedem Fall über die entsprechenden Kanäle unverzüglich zu publizieren, während Ausnahmen nur bei Vorliegen der engen Voraussetzungen des § 15 Abs. 3 denkbar sind. Wenn nun aber § 15 Abs. 3 strengere Anforderungen an eine mögliche Weitergabe als § 14 Abs. 1 Nr. 2 stellt, könnte die Frage aufgeworfen werden, welchen Sinn und Zweck die im Hinblick auf das Insiderhandelsverbot (relativ) weite Möglichkeit zur Weitergabe überhaupt hat. Es liegt daher der Schluss nahe, die Gewährleistung der Vertraulichkeit vielmehr entsprechend zum Verständnis von der Befugtheit der Weitergabe im Sinne von § 14 Abs. 1 Nr. 2 zu verstehen.[1196] Allerdings ist dennoch die Besonderheit zu bedenken, dass § 14 Abs. 1 Nr. 2 für alle Insiderinformationen gilt, während die Veröffentlichungspflicht aus § 15 Abs. 1 S. 1 sowie der mögliche Aufschub nach § 15 Abs. 3 nur für unmittelbare Insiderinformationen Geltung beanspruchen. Damit kann § 14 Abs. 1 Nr. 2 trotz der Regelung im umgestalteten § 15 noch eigenständige Wirkung entfalten. Daneben

---

1192 *Simon* Der Konzern 2005, 13, 20 f.

1193 So geschehen bei *Simon* Der Konzern 2005, 13, 21.

1194 Wiederum *Simon* Der Konzern 2005, 13, 21.

1195 A.A. aber *Simon* Der Konzern 2005, 13, 21.

1196 Diese Linie verfolgt im Ergebnis auch *Assmann* in Assmann/Schneider, § 15 Rn 162.

wird das Weitergabeverbot bei Missachtung der bußgeldbewehrten Veröffentlichungspflicht noch Bedeutung erlangen können, da in derartigen Konstellationen ein Seitenblick auf § 15 nicht erforderlich ist, sondern eine eigenständige Auslegung des strafrechtlich sanktionierten Weitergabeverbots ausreichend ist.

Im Ergebnis sollen die bisherigen Ausführungen dennoch nicht darüber hinwegtäuschen, dass die in § 14 Abs. 1 Nr. 2 an die Befugnis sowie in § 15 Abs. 3 an die Gewährleistung der Vertraulichkeit angelegten Maßstäbe trotz unterschiedlicher Begrifflichkeiten eine große Schnittmenge an Übereinstimmungen besitzen. So werden alle Fälle nach § 15 Abs. 3, in denen Insiderinformationen für die Wahrnehmung der Aufgaben beim Emittenten unerlässlich sind, ebenfalls eine befugte Weitergabe von Insiderinformationen darstellen. Richtschnur für die Ermittlung letzteren Maßstabs ist nämlich weiterhin die aus Art. 3 a) der EG-Insiderrichtlinie stammende Aussage, wonach keine Verletzung des Weitergabeverbots vorliegen soll, wenn Informationen an Dritte weitergegeben werden und dies im normalen Rahmen der Ausübung einer Arbeit, eines Berufs oder einer Aufgabe erfolgt. Dies wirkt auf den ersten Blick zwar erheblich weiter als der Maßstab der Unerlässlichkeit, doch ist diese Aussage lediglich als Richtschnur im Sinne einer Abwägungsgrundlage für die Befugtheit zu sehen. Letztere ist in concreto schließlich das Ergebnis eines Abwägungsprozesses zwischen den Zielen des Insiderrechts, nämlich die Zahl möglicher Insider präventiv auf ein Minimum zu beschränken, um die Erzielung von Sondervorteilen zu unterbinden, und den Funktionserfordernissen rechtlicher und wirtschaftlicher Institutionen.[1197] Das Ergebnis dieser Abwägung wird oftmals ganz ähnlich zur Ermittlung der Unerlässlichkeit sein, so dass eine explizite Abstimmung zwischen § 14 Abs. 1 Nr. 2 und § 15 Abs. 3 nicht notwendig erscheint.[1198]

Daher ist an dieser Stelle zweierlei festzuhalten: Einerseits ist die Unerlässlichkeit der Weitergabe von Insiderinformationen in jedem Fall Voraussetzung bei der Prüfung der Gewährleistung der Vertraulichkeit und andererseits sind von § 7 WpAIV sowohl interne als auch externe Personen im Verhältnis zum Emittenten erfasst.

(2) Europarechtliche Umsetzungserfordernisse

Unberücksichtigt blieb bislang, dass ein Abgleich von § 7 WpAIV mit den europarechtlichen Vorgaben ein Umsetzungsdefizit offenbaren könnte. Es ist nämlich auffällig, dass § 7 WpAIV die Vorgaben von Art. 3 Abs. 2 RL 2003/124/EG nicht in toto in sich aufgenommen hat, sondern die in der Richtlinie geforderte

1197 Dazu bereits unter Teil 2, B.IV)3)a).

1198 Dies bestätigt im Ergebnis die Entscheidung EuGH Urt. v. 22.11.2005 – Rs. C-384/02 WM 2006, 612, 615, die bei der Ausfüllung der unbefugten Weitergabe den Maßstab der „Unerlässlichkeit“ anlegt.

rechtliche Aufklärung derjenigen Personen, die Zugang zu Insiderinformationen haben, vielmehr ignorierte. In unmittelbaren Zusammenhang mit § 15 Abs. 3 erwähnt auf nationaler Ebene lediglich die Gesetzesbegründung die Bedeutung der Aufklärung über rechtliche Pflichten und Sanktionen.[1199] Trotz des augenscheinlichen Zurückbleibens hinter den Anforderungen der Richtlinie dürfte dies dennoch kein Umsetzungsdefizit darstellen, da an anderer Stelle im WpHG entsprechende Aufklärungspflichten normiert wurden. So haben gem. § 15b Abs. 1 S. 1 Emittenten und in ihrem Auftrag oder für ihre Rechnung handelnde Personen Verzeichnisse über solche Personen zu führen, die für sie tätig sind und bestimmungsgemäß Zugang zu Insiderinformationen haben.[1200] Gem. § 15b Abs. 1 S. 3 sind die in den Verzeichnissen geführten Personen durch die Emittenten über die rechtlichen Pflichten, die aus dem Zugang zu Insiderinformationen resultieren mitsamt der Rechtfolgen bei Zuwiderhandlungen aufzuklären.[1201] Die im Verzeichnis aufzunehmenden Personen werden in der Regel gleichzeitig diese Informationen für ihre Arbeit auch tatsächlich benötigen, so dass sie für die Aufgaben der entsprechenden Personen größtenteils unerlässlich im Sinne von § 7 Nr. 1 WpAIV sein werden. Zwar wird man die Begriffe bestimmungsgemäß und unerlässlich nicht als Synonyme, sondern die Unerlässlichkeit als Teilmenge verstehen können. Dennoch besteht auf diesem Wege auf jeden Fall aufgrund von § 15b Abs. 1 S. 3 auch eine in Art. 3 Abs. 2 S. 2 b) RL 2003/124/EG geforderte Aufklärungspflicht für die im Rahmen der Befreiung nach § 15 Abs. 3 erfassten Personen.[1202] Ein Umsetzungsdefizit in Bezug auf die Richtlinie kann damit nicht festgestellt werden.

(3) Durchbrechung der Vertraulichkeitsgewährleistung durch Marktgerüchte

Besondere Schwierigkeiten wirft die Voraussetzung der Gewährleistung der Vertraulichkeit für den Befreiungstatbestand des § 15 Abs. 3 dann auf, wenn das Fortbestehen der Vertraulichkeit aufgrund von am Markt aufgetretenen Gerüch-

---

1199 Siehe BT-Drucks. 15/3174, S. 35.

1200 En detail dazu Emittentenleitfaden der BaFin vom 15.7.2005, S. 96 ff.; *Kirschhöfer* Der Konzern 2005, 22; *Schneider/von Buttlar* ZIP 2004, 1621; *Schäfer* in Schäfer/Hamann, 2. Aufl., § 15b Rn 29 ff.; *Sethe* in Assmann/Schneider, § 15b Rn 35 ff.; siehe auch *Schwintek*, Das Anlegerschutzverbesserungsgesetz, S. 41; *Rückert* in Kuthe/Rückert/Sickinger, Compliance-Handbuch Kapitalmarktrecht, S. 90 ff.

1201 Eingeführt in Umsetzung von Art. 5 Richtlinie 2004/72/EG der Kommission vom 29.4.2004 zur Durchführung der Richtlinie 2003/6/EG (MMR) des Europäischen Parlaments und des Rates – Zulässige Marktpraktiken, Definition von Insiderinformationen in Bezug auf Warenderivate, Erstellung von Insiderverzeichnissen, Meldung von Eigengeschäften und Meldung verdächtiger Transaktionen, ABl. L 162 vom 30.4.2004, S. 70.

1202 Ebenso *Simon* Der Konzern 2005, 13, 21; *Ziemons* NZG 2004, 537, 543; *Tollkühn* ZIP 2004, 2215, 2219; siehe auch *Veith* NZG 2005, 254, 258.

ten fraglich erscheint. Die Entscheidung, zu welchem Zeitpunkt der Emittent den Aufschub der Veröffentlichung abzubrechen hat, kann sich für die Verantwortlichen des Unternehmens als diffizile Angelegenheit entpuppen. Verfolgen Sie zu früh die Veröffentlichung unter Abkehr vom zunächst erfolgten Aufschub, schaden sie womöglich ihrem Unternehmen. Auf der anderen Seite verstoßen sie gegen die zur Ad-hoc-Publizität erlassenen Pflichten, wenn der Aufschub trotz Nichtvorliegens der tatbestandlichen Voraussetzungen aufrechterhalten wird. Es gilt daher, in diesen Fällen die richtige Balance zwischen diesen beiden Polen zu finden. Zum Teil wird bei Auftreten von Gerüchten am Markt jedoch generell eine Verpflichtung zur Veröffentlichung angenommen, die den Emittenten zwingt, sämtliche im Zusammenhang stehenden Insiderinformationen zu veröffentlichen.[1203] Dies kann indes nicht überzeugen, da auf diesem Wege die Befreiungsmöglichkeit einseitig zum Nachteil des Emittenten aufgegeben wird. Bereits der Wortlaut des § 15 Abs. 3 stellt keine derart strengen Anforderungen, da dort ausdrücklich davon die Rede ist, dass der Emittent die Vertraulichkeit der Insiderinformation gewährleisten können muss. Diese Verknüpfung zum Emittenten übersieht das dargelegte Verständnis. Treffender dürfte daher der Ansatz sein, inwieweit der Emittent sicher sein kann, dass die Vertraulichkeit in seiner Sphäre gewahrt ist.[1204] Sollte dies der Fall sein, sind keine Gründe ersichtlich, dem Emittenten die fortbestehende Befreiung von der Adhoc-Publizitätspflicht zu versagen. Theoretisch lässt sich auf diesem Weg ein sinnvoller Ausgleich zwischen der Veröffentlichungspflicht und dem Zurückhaltungsbedürfnis des Unternehmens finden, der mit dem Wortlaut des Gesetzes konform geht und zudem keine überspitzten Anforderungen in eine Richtung stellt. Tatsächlich wird man jedoch nicht übersehen dürfen, dass die Abgrenzung stark einzelfallgeprägt ausfällt. Treten beispielsweise detaillierte Gerüchte am Markt auf, die bislang im Herrschaftsbereich des Emittenten zurückgehalten werden, kann der Emittent bei der internen Überprüfung zwar formal zu dem Ergebnis kommen, die Vertraulichkeit in seiner Sphäre ist weiterhin gewährleistet, doch spricht der Anschein gegen diese Annahme. Der Emittent wird daher gut beraten sein, die Veröffentlichung zur Vermeidung strafrechtlicher Konse-

---

1203 Derart weitgehend *Kuthe* ZIP 2004, 883, 885; ähnlich *Brandi/Süßmann* AG 2004, 642, 657, die den Emittenten nur bei falschen Gerüchten und diffusen Spekulationen von einer Stellungnahme befreit wissen wollen, jedoch lediglich aufgrund der insoweit richtigen Erwägung, dass keine Insiderinformationen vorliegen.

1204 Siehe *Koch* DB 2005, 267, 273; Emittentenleitfaden der BaFin vom 15.7.2005, S. 56; *Harbarth* ZIP 2005, 1898, 1906: „zurechenbare Vertraulichkeitslücke"; im Ergebnis ebenso *Diekmann/Sustmann* NZG 2004, 929, 935; siehe auch *Bürgers* BKR 2004, 424, 426, der jedoch bei der Veröffentlichungspflicht im Falle von auftretenden Gerüchten maßgeblich auf die Irreführungsgefahr abstellt; in letzterem Sinne ebenfalls *Möllers* WM 2005, 1393, 1397; gegen eine generelle kapitalmarktrechtliche Garantenpflicht des Emittenten für sämtliche Informationen auch *Fleischer* AG 2007, 841, 849.

quenzen auch in derartigen Fällen vorzunehmen.[1205] Vor dem Hintergrund, dass die Sphäre des Emittenten nicht nur die Mitarbeiter des Emittenten, sondern auch alle von ihm eingeschalteten externen Personen erfassen muss,[1206] kann festgestellt werden, dass der Emittent tendenziell bei am Markt auftretenen Gerüchten die Befreiung im Interesse der Vermeidung straf- und zivilrechtlicher Konsequenzen eher aufgeben wird als eine Aufrechterhaltung der Befreiung um jeden Preis zu wählen. Abhängig vom Bedeutungsgrad der Geheimhaltung der Insiderinformationen für das Unternehmen wird diese Aussage jedoch im Einzelfall nur eingeschränkte Gültigkeit besitzen können.

c) Die Folgen verstärkter Eigenverantwortung des Emittenten

aa) Verfahrensrechtliche Änderungen im Recht nach AnSVG

Eingangs bereits kurz Erwähnung gefunden hat, dass im Recht nach AnSVG für die Befreiung eine grundlegende Strukuränderung in verfahrensrechtlicher Hinsicht gilt: Während bislang die Befreiung nach § 15 Abs. 1 S. 5 a.F. bei der BaFin beantragt werden musste, hat der Emittent nunmehr in Eigenregie das Vorliegen der dargelegten tatbestandlichen Voraussetzungen des § 15 Abs. 3 zu beurteilen und kann gegebenenfalls die Veröffentlichung aufschieben. Obwohl die Formulierung der Norm eine Befreiung kraft Gesetzes nahelegt,[1207] wird man richtigerweise davon ausgehen können, dass ein gesonderter interner Entschluss zum Aufschub der Veröffentlichung auf Seiten des Emittenten zur Begründung der Einschlägigkeit des § 15 Abs. 3 notwendig ist.[1208] Zum einen entspricht dies dem Wortlaut von Art. 6 Abs. 2 MMR, der ausdrücklich davon spricht, dass der Emittent aufschieben „darf", wenn die oben aufgefächerten Voraussetzungen vorliegen. Zum anderen wird dem Emittenten auf diesem Weg eine für den Kapitalmarkt unschädliche Wahlmöglichkeit hinsichtlich des tatsächlichen Auf-

---

1205 Im Ergebnis ebenso Emittentenleitfaden der BaFin vom 15.7.2005, S. 56, der in diesen Konstellationen für den Emittenten einen Grund zu der Annahme sieht, die Insiderinformationen entstammen seiner Sphäre.

1206 Siehe Emittentenleitfaden der BaFin vom 15.7.2005, S. 56: „zurechenbare Vertraulichkeitslücke".

1207 So dann auch *Kuthe* ZIP 2004, 883, 885: „Der Emittent ist kraft Gesetzes von der Ad-hoc-Publizitätspflicht befreit"; *Schäfer* in Marsch-Barner/Schäfer, Hdb. börsennotierte AG, § 14 Rn 51; auf dieser Linie offenbar ebenfalls *Nietsch* BB 2005, 785, 786.

1208 Ebenso *Harbarth* ZIP 2005, 1898, 1906; *Schneider* BB 2005, 897, 900; *Schneider/Gilfrich* BB 2007, 53, 56.

schubs von der Veröffentlichung gewährt, die bei Verzicht auf die Befreiung sogar den Vorteil unverzüglicher Schaffung von Transparenz vorweisen kann.[1209]

Die konsequente Abkehr vom bisherigen System zeigt sich im deutschen Recht vor allem darin, dass der Emittent die BaFin gem. § 15 Abs. 3 S. 4 erst bei Aufgabe der zunächst vollzogenen Befreiung zu unterrichten hat. Eine Pflicht zur Unterrichtung der BaFin im Zeitpunkt der Entscheidung über den Veröffentlichungsaufschub wurde trotz der in Art. 6 Abs. 2 S. 2 MMR eröffneten Möglichkeit nicht aufgegriffen. Der Gesetzgeber sieht im Verzicht auf eine Unterrichtungspflicht zum Zeitpunkt der Entscheidung über den Aufschub der Veröffentlichung ein wichtiges Mittel zur Deregulierung und Reduzierung des Prüfungsaufwands der BaFin.[1210] Eine vorherige Mitteilung hätte die BaFin insbesondere dazu gezwungen, ihre Pflicht zur Missstandsaufsicht gem. § 4 wahrzunehmen und auf diesem Wege trotz angestrebter Entlastung dennoch alle Aufschubentscheidungen auch in inhaltlicher Hinsicht zu prüfen.[1211] Dagegen wird von *Simon* zu bedenken gegeben, dass man die BaFin auch gleichsam als bloße Hinterlegungsstelle hätte nutzen können, ohne den Pflichtenkanon der BaFin auf eine inhaltliche Prüfung erweitern zu müssen.[1212] Da die BaFin die Überprüfung aber auf jeden Fall erst im Nachhinein vornimmt, wäre mit einer derartigen Hinterlegungsstelle im Ergebnis nichts gewonnen. Vehement stellt sich hingegen *Büche* gegen die vom Gesetzgeber verfolgte Konzeption.[1213] Zunächst ist er der Meinung, der Gesetzgeber habe übersehen, dass es der BaFin gem. § 4 Abs. 2 obliegt, die Einhaltung der Ver- und Gebote des Wertpapierhandelsgesetzes und somit auch der insiderrechtlichen Vorschriften zu überwachen und gegebenenfalls Missständen entgegenzuwirken. Daraus wird der Schluss gezogen, die BaFin müsse auf jeden Fall umgehend unterrichtet werden und hätte nicht nur eine nachgelagerte, sondern überdies eine gleichzeitige Prüfung vorzunehmen. Diese Ansicht ist partiell betrachtet zwar stimmig, doch wird die Festlegung des grundsätzlichen Prüfungsauftrags der BaFin aus § 4 Abs. 1 übersehen. Danach übt sie die Aufsicht nur nach den Vorschriften dieses Gesetzes, also des Wertpapierhandelsgesetzes, aus. Dies hat zur Folge, dass die bewusste Nichtregelung eines Prüfungsauftrags im vorliegend behandelten Umfeld der Entscheidung über den Aufschub der Veröffentlichung nicht im Bereich des WpHG liegt und

---

1209 Ganz ähnlich *Schneider* BB 2005, 897, 900, der auf die insoweit bestehende strukturelle Ähnlichkeit zur wahlweisen Stellung eines Befreiungsantrags nach altem Recht hinweist.

1210 BT-Drucks. 15/3174, S. 35; grundsätzlich auf dieser Linie *Grothaus* ZBB 2005, 62, 64, der im neuen Verfahren eine Vereinfachung des Umgangs mit Insiderinformationen sieht.

1211 BT-Drucks. 15/3174, S. 35.

1212 *Simon* Der Konzern 2005, 13, 19 mit Fn. 27.

1213 Ausführlich dazu, auch zu den nachfolgend aufgezeigten Argumenten *Büche*, Die Pflicht zur Ad-hoc-Publizität als Baustein eines integeren Finanzmarktes, S. 290 f.

somit bereits nicht zum Prüfungsauftrag der BaFin gehört. Die von *Büche* vorgebrachte Notwendigkeit der Überwachung der Einhaltung der Ver- und Gebote hat sich jedoch in diesem Rahmen zu bewegen, so dass diese Ansicht im Ergebnis nicht stichhaltig ist. Überdies führt er an, die in Art. 6 Abs. 2 S. 2 MMR den Mitgliedstaaten eröffnete Möglichkeit, von einer mit der Entscheidung über den Aufschub der Veröffentlichung gleichzeitig entstehenden Unterrichtungspflicht absehen zu können, sei auf europäischer Ebene ausschließlich eingeführt worden, um der Sorge zu begegnen, die zuständigen Behörden könnten haftbar gemacht werden. Die inhaltliche Ausgestaltung sollte dabei aber angeblich nicht den Mitgliedstaaten überlassen werden. Fakt ist jedoch, dass der Richtliniengeber in Art. 6 Abs. 2 S. 2 MMR den Mitgliedstaaten die Möglichkeit eröffnet hat, eine gleichzeitige Unterrichtungspflicht nicht einzuführen. Dann hat er diesen aber auch den von *Büche* in Frage gestellten Spielraum überlassen.[1214] Die derzeitige Konzeption des deutschen Rechts ist daher nicht in Frage zu stellen.

Tatsächlich fügt sich die verfahrensrechtliche Kehrtwendung stimmig in das neue System der Ad-hoc-Publizität ein. Die mit den Ausweitungen der Ad-hoc-Publizitätspflicht angestrebte Schaffung größtmöglicher Transparenz hat in sachlicher Hinsicht zu einer Ausweitung der ad-hoc-publizitätspflichtigen Informationen geführt. Als Korrelat wurde die Möglichkeit zur vorübergehenden Befreiung von der Ad-hoc-Publizitätspflicht ebenfalls leicht erweitert.[1215] Der Verzicht auf ein zwischengeschaltetes Verwaltungsverfahren für die Befreiung ist in zweierlei Hinsicht im neuen Recht als konsequent anzusehen: Zum einen wird dadurch in Fällen, in denen die Voraussetzungen nach § 15 Abs. 3 nicht vorliegen, die Zeit bis zur Veröffentlichung im Sinne größt- und schnellstmöglicher Transparenz verkürzt, zum anderen wäre der BaFin ohne Aufstockung ihrer personellen Möglichkeiten bei der zu erwartenden Vielzahl von Anträgen sicherlich eine Bearbeitung in einer adäquaten Zeitspanne überhaupt nicht möglich gewesen.[1216] Letzterer Vorteil scheint zwar durch die nachträgliche Prüfung der Rechtmäßigkeit der Befreiung konterkariert zu werden.[1217] Dabei darf jedoch

---

1214 Anders hingegen *Büche,* Die Pflicht zur Ad-hoc-Publizität als Baustein eines integeren Finanzmarktes, S. 291.

1215 Dazu Teil 3, A.II)4)b)aa); ebenso *Merkner/Sustmann* NZG 2005, 729, 737.

1216 Zu letzterem Aspekt siehe auch *Büche,* Die Pflicht zur Ad-hoc-Publizität als Baustein eines integeren Finanzmarktes, S. 210; *Cahn* Der Konzern 2005, 3, 6 f.; ein Beispiel für eine überlastete Finanzaufsicht im Bereich des Insiderhandels bietet derzeit die britische FSA (Financial Services Authority), siehe dazu FAZ vom 20.3.2006: „Insiderhandel weit verbreitet“ sowie Handelblatt vom 20.3.2006, S. 26: „Britische FSA schlägt Alarm – Aufsicht sieht sich bei Insidergeschäften überfordert“; zudem FAZ vom 16.9.2006, S. 21: „In London blüht der Insiderhandel“.

1217 In diesem Sinne krit. offenbar *Möllers* WM 2005, 1393, 1395, der allgemein zu Bedenken gibt, dass sich noch zeigen müsse, ob die Entlastung der BaFin nicht nur vordergründig bestehe.

nicht übersehen werden, dass zwingend zum Zeitpunkt der Veröffentlichung eine Insiderinformation vorliegen muss. Entfällt der Charakter als Insiderinformation hingegen im Laufe der Befreiung, ist eine Veröffentlichung nicht mehr vorzunehmen, da diese für den Kapitalmarkt aufgrund Wegfalls der Qualität als Insiderinformation nicht nur irrelevant im insiderrechtlichen Sinne ist, die Marktteilnehmer mit der Veröffentlichung derartiger Informationen über die für die Ad-hoc-Publizität vorgesehenen Kanäle zusätzlich bei der sachgerechten Beurteilung verwirrt werden würden.[1218] Mangels vorzunehmender Veröffentlichung entfällt aber auch eine Unterrichtung der BaFin vom Aufschub der Veröffentlichung, da die Unterrichtung gem. § 15 Abs. 3 S. 4 von der Vorabmitteilung hinsichtlich der zu veröffentlichenden Insiderinformation nach § 15 Abs. 4 abhängt. Somit ist der Aufwand für die Prüfung der Befreiung auf Seiten der BaFin durch das aufgezeigte nachgelagerte Modell auf jeden Fall verringert. Zudem überzeugt es, dem Emittenten die Prüfung aller Voraussetzung von § 15 in Eigenverantwortung aufzubürden, da somit eine Beurteilung aus einer Hand erfolgt. Schließlich muss der Emittent ohnehin die entsprechenden Ressourcen zur Verfügung haben, um der Veröffentlichungspflicht aus § 15 Abs. 1 S. 1 nachzukommen.

Das Verfahren der Befreiung von der Ad-hoc-Publizitätspflicht folgt damit einem vom Gesetzgeber verfolgten roten Faden und begegnet trotz anderweitiger Äußerungen in der Literatur im Grundsatz keinen Bedenken.

bb) Vorkehrungen zum Nachweis rechtmäßiger Befreiung

Vor dem Hintergrund des virulenten Haftungsrisikos bei zu Unrecht aufgeschobener Veröffentlichung stellt § 15 Abs. 3 nunmehr also hohe Anforderungen an die Eigenverantwortung der Emittenten und seiner Organmitglieder,[1219] die gut beraten sein werden, die in § 15 Abs. 3 angelegte Abwägung mit größter Sorgfalt durchzuführen.[1220] Doch auch bei allergrößter Sorgfalt kann das Haftungsrisiko nicht mehr unzweifelhaft ausgeschlossen werden. Von Interesse für die emittierenden Institute, die der Ad-hoc-Publizitätspflicht unterfallen, ist daher,

---

1218 *Koch* DB 2005, 267, 273; *Schneider* BB 2005, 897, 901; *Diekmann/Sustmann* NZG 2004, 929, 935; *Ziemons* NZG 2004, 537, 543; *Veith* NZG 2005, 254, 258; *Simon* Der Konzern 2005, 13, 21 f.; *Harbarth* ZIP 2005, 1898, 1907; unentschieden hingegen *Kuthe* ZIP 2004, 883, 886; widersprüchlich zum Zeitpunkt *Bürgers* BKR 2004, 424, 426; a.A. hingegen *Büche,* Die Pflicht zur Ad-hoc-Publizität als Baustein eines integeren Finanzmarktes, S. 210 f.; ebenso wohl *Tollkühn* ZIP 2004, 2215, 2219 f.

1219 *Koch* DB 2005, 267, 272; *Veith* NZG 2005, 254, 254; *Büche,* Die Pflicht zur Ad-hoc-Publizität als Baustein eines integeren Finanzmarktes, S. 214; im Ergebnis ebenso *Simon* Der Konzern 2005, 13, 21; *Ziemons* NZG 2004, 537, 542: „wahrlich keine leichte Aufgabe".

1220 Ebenso *Weber* NJW 2004, 3674, 3677.

welche Strategien ergriffen werden können, um dieses Risiko weitestgehend zu minimieren. Der effektivste Ansatzpunkt wird sein, den Vorwurf des Verschuldens auszuräumen. Dies kann dann gelingen, wenn die Entscheidung über das Vorliegen der Voraussetzungen des § 15 Abs. 3 lückenlos dokumentiert wird und zudem für die Behörden aus Ex-ante-Sicht[1221] nachvollziehbar gemacht wird.[1222] Dies allein vermag dem Emittenten aber nur dann zu helfen, wenn er das Gesetz und deren Voraussetzungen auch richtig verstehen konnte, der entsprechende Sachverstand also unternehmensintern vorhanden ist. Dies dürfte bei kleineren Unternehmen indes fraglich sein. Ratsam wäre daher in jedem Fall, externe Berater hinzuziehen. Für eine unverbindliche Auskunft ist es überdies denkbar, mit dem entsprechenden Sachverhalt bei der BaFin direkt vorzusprechen.[1223] Ein Fahrlässigkeitsvorwurf dürfte dem Emittenten in diesen Fällen nicht zu machen sein.

Besondere Bedeutung kommt der Dokumentation insbesondere in den Fällen auftretender Marktgerüchte zu, da hierdurch nicht nur die Möglichkeit des Nachweises mangelnden Verschuldens besteht, sondern überdies die fortbestehende Gewährleistung der Vertraulichkeit dargelegt werden kann.[1224] Eine „no-comment"-Strategie dürfte für den Emittenten dann keine Nachteile bedingen.[1225]

d) Fazit

Festzuhalten bleibt, dass die Möglichkeit zur Befreiung nach § 15 Abs. 3 als Korrelat zu der erweiterten Veröffentlichungspflicht aus § 15 Abs. 1 S. 1 ebenfalls einen größeren Anwendungsbereich erhält, ohne jedoch ein der vormaligen Rechtslage identisches Gleichgewicht zwischen Veröffentlichung und Befreiung herzustellen. Neuralgischer, aber auch entscheidender Punkt der Befreiungsregelung ist die Prüfung des berechtigten Interesses des Emittenten. Nach wie vor gilt es, das berechtigte Interesse mittels einer Abwägung zwischen den Interessen des Emittenten an Geheimhaltung der Information und den Interessen des

1221 Zur in der Regel entscheidenden Ex-ante-Sicht siehe Erwägungsgrund 2 RL 2003/124/EG, allerdings speziell für den Fall der Beurteilung der Kurserheblichkeit; im Zusammenhang mit § 15 Abs. 3 dazu *Ziemons* NZG 2004, 537, 543.

1222 Zur anzuratenden Dokumentation *Schneider* BB 2005, 897, 902; *Simon* Der Konzern 2005, 13, 21; siehe auch *Möllers* WM 2005, 1393, 1400; *Veith* NZG 2005, 254, 259; ohne inhaltliche Anforderungen aufzustellen, eine Dokumentation fordernd Emittentenleitfaden der BaFin vom 15.7.2005, S. 54; für eine Dokumentationspflicht *Schneider/Gilfrich* BB 2007, 53, 56.

1223 Dazu *Büche,* Die Pflicht zur Ad-hoc-Publizität als Baustein eines integeren Finanzmarktes, S. 214 f.

1224 Dazu auch *Simon* Der Konzern 2005, 13, 21; *Diekmann/Sustmann* NZG 2004, 929, 935.

1225 Siehe *Diekmann/Sustmann* NZG 2004, 929, 935 f.

Kapitalmarktes an einer vollständigen und zeitnahen Veröffentlichung zu ermitteln. Allerdings sind im Recht nach AnSVG die anerkennenswerten Interessen des Emittenten in der beschriebenen ausgeweiteten Form zu berücksichtigen ist, ohne diese tendenziell immer in den Vordergrund zu rücken. Weiterer Kernpunkt der Neuregelung ist das geänderte Verfahren, welches dem Emittenten eine erhöhte Eigenverantwortung und damit einhergehend das Risiko der Haftung für eine fälschlicherweise vorgenommene Befreiung aufbürdet. Diesem Risiko kann jedoch durch ausführliche Dokumentation der Entscheidung und ihrer Gründe und gegebenenfalls eingeholter externer Rechtsberatung wirksam begegnet werden. Eine ständige Überwachung, ob die Voraussetzungen der Befreiung weiterhin bestehen, ist überdies selbstverständlich und bedarf keiner besonderen Erwähnung, da ansonsten die Pflicht zur unverzüglichen Nachholung der Veröffentlichung nach § 15 Abs. 3 S. 2 nicht erfüllt werden könnte.

5) Fazit

Die allgemeinen Betrachtungen der Ad-hoc-Publizität nach AnSVG haben bereits offenbart, dass § 15 jedenfalls sprachlich erhebliche Veränderungen erfahren hat, die sich für die Normadressaten in abgeschwächter Form bei der Rechtsanwendung niederschlagen. Dies rührt daher, dass im neuen Recht zwar wichtige und entscheidende Änderungen vorgenommen wurden, die augenscheinlichen Umwälzungen der Ad-hoc-Publizität jedoch inhaltlich im Ergebnis nicht derart umfassend ausfallen, wie es der Gesetzestext vermuten lässt.[1226]

Kernpunkt der veränderten Struktur der Ad-hoc-Publizitätspflicht ist zunächst die generelle bzw. reguläre Ad-hoc-Publizitätspflicht des § 15 Abs. 1 S. 1. Im Sinne der Vereinheitlichung mit § 14 knüpft diese nunmehr ebenfalls an den Begriff der Insiderinformation an und wird abweichend von § 14 nur noch durch das Merkmal der Unmittelbarkeit eingeschränkt. Die inhaltliche Konkretisierung der Unmittelbarkeit wird durch den Gesetzgeber leider nur sporadisch vorgenommen, wenn er sich in § 15 Abs. 1 S. 3 eines partiellen Rückgriffs auf das bisherige Merkmal des Tätigkeitsbereichs des Emittenten bedient. Dies wäre indes nicht nötig gewesen, da auch auf sonstigem Wege – wenn auch mit erheblichem Aufwand – die Ausfüllung der Unmittelbarkeit gelingen kann.[1227] Insiderinformationen haben demnach immer dann als unmittelbar zu gelten, wenn nicht nur völlig unspezifische, eine unbestimmte Vielzahl von Unternehmen betreffende und den Emittenten infolgedessen allenfalls marginal interessierende Umstände in Rede stehen.[1228] Vor dem Hintergrund der fortbestehenden Filter-

1226 A.A. *Binder/Broichhausen* ZBB 2006, 85, 92, die die Ad-hoc-Publizität durch Art. 6 MMR erheblich ausgeweitet sehen.

1227 Ausführlich Teil 3, A.II)1)d).

1228 Siehe Teil 3, A.II)1)d)cc)(4).

funktion von der mangelnden öffentlichen Bekanntheit und dem Kursbeeinflussungspotential bei der Prüfung der Insiderinformation bedeutet dies aber auch, dass die Veränderungen des § 15 Abs. 1 S. 1 auf den ersten, allgemeinen Blick grundsätzlich nur eine leichte Erweiterung des Anwendungsbereichs nach sich ziehen. Inwieweit dieser Befund später noch aufrechterhalten werden kann, wird im Laufe der Untersuchung wieder aufzugreifen sein. Festgehalten werden kann aber bereits, dass die leichte Erweiterung des § 15 Abs. 1 S. 1 durch die ebenfalls etwas ausgedehnte Möglichkeit zur Befreiung von der Veröffentlichungspflicht nach § 15 Abs. 3 zum Teil wieder aufgefangen wird.[1229]

Die neu eingeführte spezielle Ad-hoc-Publizitätspflicht des § 15 Abs. 1 S. 4, 5 stützt das Bild einer oberflächlich besehenen starken Veränderung des § 15. Jedoch kommt ihr überhaupt kein Anwendungsbereich zu, da die unglückliche Kombination der Voraussetzungen dies denklogisch ausschließt. So lässt sich tatsächlich kein Fall finden, in dem Informationen befugt weitergegeben werden, ohne dass die in § 15 Abs. 1 S. 4 verankerte Rückausnahme der rechtlichen Verpflichtung zur Vertraulichkeit nicht vorliegt. Die Voraussetzungen neutralisieren sich somit gegenseitig.[1230] Um der Norm überhaupt einen Anwendungsbereich zu eröffnen, müsste der Gesetzgeber den Wortlaut derart verändern, dass die unbefugte Weitergabe ebenfalls erfasst wäre.

Die größten Schwierigkeiten dürfte das neue Recht daher nicht dadurch hervorrufen, dass die Ad-hoc-Publizitätspflicht des § 15 inhaltlich leicht erweitert wurde. Vielmehr die mit der Einführung neuer Begriffe einhergehende Unsicherheit hinsichtlich ihres Verständnisses und der genauen Subsumtion stellen die tatsächlichen Anforderungen im Rahmen der Ad-hoc-Publizitätspflicht dar. Auch im Rahmen der Untersuchung der Ad-hoc-Publizität sollen zur Verdeutlichung dieser Tatsache verschiedene praktisch relevante Fälle in der folgenden Ausarbeitung aufgegriffen werden. Diese sind indes nicht zwingend deckungsgleich mit denjenigen, die im Rahmen der Behandlung der Insiderhandelsverbote beleuchtet wurden, da der Charakter als Insiderinformation und somit die Einschlägigkeit des § 14 Abs. 1 zum Teil außer Frage steht, ihre Veröffentlichung mittels Ad-hoc-Mitteilung jedoch dennoch spezifische Probleme hervorrufen kann. Dieser Untersuchungsschritt soll entsprechend der Vorgehensweise im Rahmen der Betrachtungen zum Insiderhandelsverbot überdies dazu dienen, die allgemeinen Ausführungen anhand besonderer Fälle zu überprüfen und gegebenenfalls einer Korrektur zuzuführen.

1229 Ausführlich Teil 3, A.II)4).
1230 Dazu Teil 3, A.II)2).

B. Die Ad-hoc-Publizität im Feld der M&A-Transaktionen

Die Darstellung möglicher Konflikte im Rahmen von M&A-Transaktionen mit dem Insiderhandelsverbot ließ die Komplexität dieser Fragen für die Praxis bereits erahnen. Damit ist der nötige Prüfungsaufwand der beteiligten Kreise einer solchen Transaktion jedoch nur zu einem Teil beschrieben, da der Aspekt der Ad-hoc-Publizität bei M&A-Transaktionen bislang unberücksichtigt geblieben ist.

Grundsätzlich können nach der gesetzlichen Konzeption des § 15 Abs. 1 S. 1 sowohl der potentielle Käufer als auch die Zielgesellschaft Adressat dieser Veröffentlichungspflicht sein. Erforderlich ist insoweit lediglich, dass sie jeweils als Emittenten von Finanzinstrumenten auftreten. Die Insiderinformation „M&A-Transaktion" muss entsprechend der Norm des § 15 Abs. 1 S. 1 überdies einen unmittelbaren Bezug zum jeweiligen Emittenten aufweisen, was entgegen des Wortlauts des § 15 Abs. 1 S. 1 auch all diejenigen Fälle umfasst, in denen der Emittent nur über die Brücke der von ihm ausgegebenen Finanzinstrumente tangiert ist[1231]. Der unterschiedliche, vom jeweiligen Emittenten abhängige Blickwinkel ist insbesondere bei der spezifischen Ermittlung des Charakters als Insiderinformation wieder aufzugreifen. Vorgeschaltet werden soll jedoch eine grundsätzliche Betrachtung, zu welchem Zeitpunkt mit dem Vorliegen einer Insiderinformation gerechnet werden kann, um anschließend en detail die Ad-hoc-Publizitätspflicht sowohl aus der Warte der potentiellen Käufer- als auch aus derjenigen der Zielgesellschaft ausführlich unter Berücksichtigung wertpapiererwerbs- und übernahmerechtlicher Besonderheiten zu beleuchten.

I) Die M&A-Transaktion als Insiderinformation

Der Schwerpunkt der Betrachtungen zum Problemkreis der Einschlägigkeit des Insiderhandelsverbots bei M&A-Transaktionen lag weniger darauf, inwieweit und ab welchen Zeitpunkt die M&A-Transaktion als Insiderinformation qualifiziert werden kann, sondern hat sich vielmehr auf die Weitergabe und anschließende Verwendung von bereits existierenden Insiderinformationen zum Zwecke der Durchführung der M&A-Transaktion konzentriert. Tatsächlich ist dies für das Eingreifen der Verbote des § 14 Abs. 1 für den potentiellen Käufer und die Zielgesellschaft die virulente Problemstellung, während die Qualifikation der M&A-Transaktion an sich als Insiderinformation eher eine marginale Rolle

1231 En detail zum Verständnis der unmittelbaren Betroffenheit im Sinne von § 15 Abs. 1 S. 1 Teil 3, A.II)1)d)bb).

spielt.[1232] Für die Ad-hoc-Publizität aus § 15 Abs. 1 ist der Schwerpunkt der rechtlichen Beurteilung von M&A-Transaktionen nunmehr jedoch ein anderer, obwohl die verschiedenen, im Rahmen einer M&A-Transaktion weitergegebenen Informationen regelmäßig auch unter die Ad-hoc-Publizitätspflicht fallen. Ihre Qualifikation als Insiderinformation dürfte indes im Vergleich zu derjenigen der M&A-Transaktion relativ einfach sein. Hingegen sind die für Übernahmen oder anderweitige Akquisitionen getätigten Geschäfte derart komplex, dass die Beurteilung, zu welchem Zeitpunkt die Schwelle zur Insiderinformation überschritten ist und somit eine Ad-hoc-Mitteilung gem. § 15 Abs. 1 S. 1 vorzunehmen ist, äußerst große Schwierigkeiten bereiten kann. Leitlinie muss daher sein, im jeweiligen Einzelfall eine sorgsame Prüfung der Tatbestandsmerkmale der Insiderinformation vorzunehmen. Von Relevanz erscheinen demnach insbesondere das Merkmal konkret sowie die Voraussetzung des Kursbeeinflussungspotentials.

Für die Konkretheit im Sinne des § 13 ist letztgenannte Einschätzung jedoch postwendend wieder zu relativieren. Tatsächlich kommt diesem Merkmal nämlich kaum begrenzende Funktion zu, da sogar Prognosen, Werturteile, Planungen sowie Gerüchte den für die Norm des § 13 nötigen Konkretisierungsgrad aufweisen können[1233]. Dies kann allerdings nicht für ungewisse Gerüchte über möglicherweise stattfindende Sondierungsgespräche gelten. Ähnliches hat für die Insiderinformation „M&A-Transaktion“ in einem sehr frühen und noch vagen Stadium der Transaktion zu gelten, da sie als zukünftiger Umstand eine hinreichende Eintrittswahrscheinlichkeit[1234] vorweisen muss und dies dann oftmals noch nicht kann.

Doch wird die Qualifikation als Insiderinformation an sich nicht maßgeblich an der mangelnden Konkretheit festgemacht werden können, da bei tatsächlicher Existenz von Umständen diese bereits eingetreten und somit bestimmbar sind. In diesen Fällen wird daher entscheidend auf ein mögliches Kursbeeinflussungspotential abgehoben werden müssen. Dies hat auch für zukünftige Umstände zu gelten, bei denen das Merkmal der hinreichenden Eintrittswahrscheinlichkeit

---

1232 Beachtenswerte Bedeutung konnte die Qualifikation lediglich bei der Frage erlangen, inwieweit der eigene Erwerbsentschluss eine Insiderinformation darstellt und zu welchen Verhaltensweisen dies zwingt, dazu siehe Teil 2, B.VII).

1233 Dazu ausführlich Teil 2, A.III)1)b).

1234 Zur Verortung der Problematik der zukünftigen Umstände siehe ausführlich Teil 2, A.III)1)b)aa) sowie Teil 2, A.III)2). Demnach kommt der Vorschrift des § 13 Abs. 1 S. 3 nur klarstellende Funktion zu, weil der darin zum Ausdruck kommende Zukunftsbezug auf europäischer Ebene bereits beim Merkmal der präzisen Information verankert ist. Die präzise Information ist in Deutschland jedoch ausschließlich unter semantischer Veränderung durch die konkrete Information in § 13 Abs. 1 S. 1 umgesetzt worden.

durch gleichzeitiges Vorliegen bei Bejahung des Kursbeeinflussungspotentials praktisch überflüssig wird.

Entscheidender für die Einordnung als Insiderinformation ist daher auch in diesem Zusammenhang – wie gerade angedeutet – das zentrale Merkmal des Kursbeeinflussungspotentials. Dieses ist zwar stark einzelfallabhängig, doch können für den M&A-Bereich einige bedeutsame Eckpunkte aufgezeigt werden. Bezüglich der Beurteilung des Kursbeeinflussungspotentials von noch allzu vagen Vorbereitungshandlungen wird schließlich sowohl der verständige Anleger der potentiellen Käufergesellschaft als auch derjenige der Zielgesellschaft zu einem negativen Ergebnis kommen. Die tatsächliche Umsetzung des Endvorhabens „M&A-Geschäft" ist – wie bereits im Rahmen der Konkretheit erwähnt wurde – in diesem Stadium nämlich oftmals noch mit einem hohen Unsicherheitsgrad belastet. Dies hat auch Einfluss auf die Beurteilung des Kursbeeinflussungspotentials der Zwischenstufen des Vorhabens „M&A-Transaktion", da die Voraussetzungen des Endvorhabens und der Zwischenstufen derart zusammenspielen, dass bei Bejahung von Kursbeeinflussungspotential und Eintrittswahrscheinlichkeit des zukünftigen Umstands „M&A-Transaktion" auch die Bejahung des Kursbeeinflussungspotentials des betreffenden Zwischenstadiums zumindest naheliegend ist und vice versa.[1235] Bloßen Vorbereitungshandlungen wie internen Beschlüssen der potentiellen Käufergesellschaft oder die Beauftragung von Beratern sowie der Eintritt in unverbindliche Sondierungsgespräche wird demnach das insoweit entscheidende Kursbeeinflussungspotential aus der Sicht des verständigen Anlegers im Regelfall abzusprechen sein.[1236] In all diesen Fällen ist das Erreichen des Endzieles nämlich noch derart ungewiss, dass ein verständiger Anleger in diesen Zwischenstufen kaum ein Potential zur Kursbeeinflussung erblicken wird. Allgemein wird sich diese Beurteilung jedoch spätestens dann wandeln, wenn die Gesellschaften einen letter of intent schließen oder anderweitige Zusicherung von Exklusivität erfolgt.[1237]

Hervorzuheben ist jedoch nochmals, dass sich eine schematische Betrachtung unter Ausklammerung des Einzelfalls verbietet.[1238] Entgegen eher restriktiven

---

1235 Ausführlich zu diesem Zusammenspiel bereits in allgemeiner Art und Weise unter Teil 2, A.III)2).

1236 Im Ergebnis ebenso, jedoch Elemente der Konkretheit und des Kursbeeinflussungspotentials vermischend Emittentenleitfaden der BaFin vom 15.7.2005, S. 51 f.; unpräzise insofern auch *Merkner/Sustmann* NZG 2005, 729, 735 f.; dieses Ergebnis über das Merkmal der Konkretheit erzielend hingegen *Veith* NZG 2005, 254, 255.

1237 Siehe auch Emittentenleitfaden der BaFin vom 15.7.2005, S. 52; tendenziell noch restriktiver hingegen *Merkner/Sustmann* NZG 2005, 729, 736, allerdings gestützt auf die Erwägung, dass es sich beim letter of intent nicht um einen definierten Begriff handele.

1238 Ebenso Emittentenleitfaden der BaFin vom 15.7.2005, S. 51; *Veith* NZG 2005, 254, 255; *Harbarth* ZIP 2005, 1898, 1902.

Tendenzen[1239] wird man bei stringenter Subsumtion auch bereits in Vorbereitungshandlungen zum Teil Insiderinformationen erblicken müssen, da auch diesen Kursbeeinflussungspotential im Sinne von § 13 Abs. 1 S. 2 zukommen kann.[1240] Man denke insofern nur daran, dass Sondierungsgespräche über einen Beteiligungserwerb mit einer wirtschaftlich in Schieflage geratenen Zielgesellschaft begonnen werden. Hier wird der verständige Anleger bereits Sondierungsgesprächen eine derartige Bedeutung im Hinblick auf eine Gesundung der Zielgesellschaft beimessen, welche es auch geeignet erscheinen lässt, dass der Kurs der Papiere der Zielgesellschaft erheblich beeinflusst wird. Die damit einhergehende Veröffentlichungspflicht wird die Zielgesellschaft dann nur noch durch Rückgriff auf § 15 Abs. 3 verhindern können.

Letztgenanntes Beispiel verdeutlicht für die Qualifikation von Informationen als Insiderinformationen bei M&A-Transaktionen überdies einen wichtigen Punkt. Von nicht unerheblicher Relevanz für die Bestimmung der Insiderinformation ist die Differenzierung zwischen den unterschiedlichen Parteien, die betroffen sein können. Insbesondere der Blickwinkel des verständigen Anlegers, der insoweit zur Bestimmung der faktisch entscheidenden Kursbeeinflussung ganz maßgeblich ist, vermag in Abhängigkeit von der jeweiligen Gesellschaft, also der Käufer- oder Zielgesellschaft, mitunter stark zu divergieren. Diese Erkenntnis zugrundelegend wird die folgende Ausarbeitung die bei M&A-Transaktionen zu beachtenden Besonderheiten aus der Perspektive der jeweiligen Partei weiter auffächern. Eine derartige Differenzierung zwischen potentiellem Käufer und Zielgesellschaft war derart explizit im Rahmen der zum Insiderhandelsverbot angestellten Betrachtungen nicht notwendig, da unabhängig von der veröffentlichungspflichtigen Person bereits bei entsprechender Qualifikation der Information „M&A-Transaktion" als Insiderinformation jeder, der Kenntnis hiervon hatte, dazu gezwungen war, die insiderrechtlichen Verbote des § 14 Abs. 1 zu befolgen. Die Ad-hoc-Publizitätspflicht betrifft hingegen nur Emittenten, die selbst der direkte Bezugspunkt der Insiderinformation sind oder aber über die Brücke ihrer Finanzinstrumente eine entsprechende Betroffenheit aufweisen. Diese Aussage wird in personeller Hinsicht nicht dadurch relativiert, dass § 15 Abs. 1 S. 4 nunmehr die Publizitätspflicht auf andere Personen erweitert, die im Auftrag

---

1239 V.a. *Merkner/Sustmann* NZG 2005, 729, 735 f. unter Berufung auf Stimmen aus der Praxis; ähnlich restriktiv offenbar auch *Brandi/Süßmann* AG 2004, 642, 655, allerdings bei ausschließlicher Fokussierung auf die Eintrittswahrscheinlichkeit des Endzieles; siehe auch *Borsch* DB 2005, 2175, 2177, der sogar im Falle noch ausstehender fusionsrechtlicher Genehmigungen eine Veröffentlichungspflicht aus § 15 Abs. 1 S. 1 hinsichtlich der Transaktion verneinen will.

1240 Die Berücksichtigung der Besonderheiten des Einzelfalles ist in der 2-Schritt-Prüfung der BaFin hinsichtlich der Ermittlung des Kursbeeinflussungspotentials bereits auf Stufe 2 angelegt, dazu Teil 2, A.III)1)e).

oder auf Rechnung des Emittenten handeln, da diese spezielle Ad-hoc-Publizitätspflicht ohne Anwendungsbereich bleibt.[1241]

II) Veröffentlichungspflichten des potentiellen Käufers

1) Der Charakter als unmittelbare Insiderinformation

Für die Beantwortung der Frage, inwieweit der Bieter bzw. Kaufinteressent, also der potentielle Käufer, der Ad-hoc-Publizitätspflicht unterliegt, gilt es zunächst, besonderes Augenmerk auf die einzelnen Voraussetzungen der Insiderinformation zu legen. Insbesondere die Hinterfragung des Kursbeeinflussungspotentials der angestrebten M&A-Transaktion verspricht, aufschlussreich zu sein. Das Kursbeeinflussungspotential wird im Recht nach AnSVG nicht mehr anhand fester Schwellenwerte, sondern gem. § 13 Abs. 1 S. 2 aus der Warte des verständigen Anlegers, der die Information bei seiner Anlageentscheidung berücksichtigen würde, beurteilt. Zeichnet man nunmehr ein Szenario von einer M&A-Transaktion, bei der eine sehr kleine börsennotierte Aktiengesellschaft von einem Global Player übernommen wird, erscheint die Annahme des Kursbeeinflussungspotentials für die Papiere des Global Players nicht in jedem Fall gesichert. Insbesondere in Abhängigkeit von der Bedeutung der Transaktion für die Geschäftstätigkeit des Käufers und der Höhe der Transaktion, aber auch von weiteren ähnlichen Aspekten wie des Potentials für Synergieeffekte oder der Erschließung neuer Geschäftsfelder wird aus der Sicht des verständigen Anlegers im Einzelfall das Kursbeeinflussungspotential und somit der Charakter als Insiderinformation mit Erfolg in Frage zu stellen sein.

Keine Probleme macht hingegen die Qualifikation als unmittelbare Insiderinformation im Sinne von § 15 Abs. 1 S. 1. Für den potentiellen Käufer ist das Entstehen der Information „(beabsichtigte) M&A-Transaktion im Hinblick auf Zielgesellschaft XY" schließlich Folge seiner voluntativen Tätigkeit und musste mithin bereits im bisherigen Recht zu den Umständen gehören, die als Unternehmensinterna anzusehen waren und somit auf jeden Fall in seinem Tätigkeitsbereich eingetreten sind.[1242] Zwar ist die Fortgeltung des Merkmals des Tätigkeitsbereichs des Emittenten durch die Vorschrift des § 15 Abs. 1 S. 2 von fragwürdiger Sinnhaftigkeit, dennoch können jedenfalls alle unternehmensinternen Umstände über diese Norm zweifelsfrei als unmittelbar im Sinne von § 15 Abs. 1 S. 1 qualifiziert werden.[1243]

1241 Siehe Teil 3, A.II)2).

1242 Zum Verständnis des Tätigkeitsbereichs des Emittenten siehe bereits Teil 3, A.II)1)d)cc)(2).

1243 Zu den Problemen der Konzeption des § 15 Abs. 1 S. 2 bereits oben Teil 3, A.II)1)d)cc).

Grundsätzliche Zweifel daran, dass das potentielle Käuferunternehmen der Veröffentlichungspflicht des § 15 Abs. 1 S. 1 unterliegen kann, bestehen mithin nicht. Allenfalls im Einzelfall wird jedoch mangels Kursbeeinflussungspotentials keine Insiderinformation vorliegen.

2) Bedeutung des Veröffentlichungsaufschubs nach § 15 Abs. 3 für M&A-Transaktionen

Die frühzeitige Pflicht zur Veröffentlichung einer angestrebten M&A-Transaktion kann für den potentiellen Käufer unliebsame Folgen haben. Die Ad-hoc-Publizitätspflicht entsteht nämlich grundsätzlich bereits mit der Entscheidung des Vorstands bezüglich der Akquisition, da bereits in diesem Moment die Voraussetzungen einer Insiderinformation regelmäßig erfüllt sein werden. Zu diesem frühen Zeitpunkt kann die Veröffentlichung zwar regelmäßig bereits aufgrund der Tatsache, dass hierbei ein mehrstufiger Entscheidungsprozess mit der Gefahr des Konterkarierens der Überwachungsaufgabe des Aufsichtsrates in Rede steht, zunächst aufgeschoben werden.[1244] Dadurch verändert sich die grundlegende Gefahr einer frühzeitigen und für den potentiellen Käufer nachteiligen Veröffentlichung jedoch allenfalls minimal. Der Grund liegt darin, dass auch im Zeitpunkt der Entscheidung durch den Aufsichtsrat das angestrebte Geschäft noch nicht derart verfestigt sein kann, dass gleichsam die Transaktion bereits „in trockenen Tüchern" wäre. Wenn es sich jedoch auch weiterhin noch um einen laufenden Prozess handelt, kann die Phantasie der Anleger den Kurs der Aktien der Zielgesellschaft derart beflügeln, dass sich die geplante Transaktion bestenfalls erheblich verteuern wird, schlimmstenfalls kann die Verteuerung sogar zum Scheitern des ursprünglichen Plans führen.[1245]

Die Maßgeblichkeit der Entwicklung der Aktien der Zielgesellschaft für die vorliegend betrachtete Konstellation mag auf den ersten Blick widersprüchlich erscheinen, da bereits ausgeführt wurde, dass die Ad-hoc-Publizitätspflicht nach § 15 Abs. 1 S. 1 einen Bezug zum Veröffentlichungspflichtigen oder zu dessen Finanzinstrumenten voraussetzt. Diese Aussage muss indes aufrechterhalten werden, allerdings kann sie für § 15 Abs. 3 keine Gültigkeit entfalten, da dort lediglich vom Schutz der berechtigten Interessen des Emittenten die Rede ist. Im Falle von M&A-Transaktionen umfassen die Interessen des grundsätzlich veröffentlichungspflichtigen Kaufinteressenten jedoch auch die realistische Entwicklung des Kurses der Aktien der Zielgesellschaft ohne frühzeitige Verzerrung durch die Veröffentlichung des M&A-Vorhabens. Wie bereits erwähnt, würde

---

1244 Siehe Emittentenleitfaden der BaFin vom 15.7.2005, S. 55; ausführlich unter Teil 3, A.II)4)b)aa)(1).

1245 Dazu statt vieler Emittentenleitfaden der BaFin vom 15.7.2005, S. 52; *Veith* NZG 2005, 254, 256; siehe auch Handelsblatt vom 11.5.2006, S. 33, wonach bereits Fusionsgerüchte den Kurs des Kaufobjekts signifikant steigen lassen.

die Veröffentlichung nicht nur den Marktpreis erheblich beeinflussen und somit die Verhandlungen beeinträchtigen, auch die Interessen der Anleger der veröffentlichungspflichtigen Gesellschaft würden im Sinne von § 6 S. 2 Nr. 1 WpAIV ernsthaft gefährdet. Immerhin würde den Anlegern des potentiellen Käufers die Möglichkeit einer Wertsteigerung oder gegebenenfalls auch die Zukunftsausrichtung des eigenen Unternehmens durch sinnvolle Akquisitionen per se verwehrt werden.

Im Falle von M&A-Transaktion ist somit auch für den potentiellen Käufer zunächst ein legitimer Aufschub von der Veröffentlichungspflicht nach § 15 Abs. 3 möglich. Selbstverständlich wird der Erwerbsinteressent peinlich genau darauf achten müssen, dass während des Aufschubs keine Irreführung der Öffentlichkeit zu befürchten ist und die Vertraulichkeit gewahrt bleibt. Letzteres kann insbesondere bei auftretenden Gerüchten über die M&A-Transaktion fraglich erscheinen. Der Emittent wird sein Verhalten in diesen Fällen an den oben bereits dargelegten Leitlinien zu orientieren haben.[1246]

3) Besonderheiten des „asset deal"

Während im Rahmen der Betrachtung des Konfliktpotentials der Insiderhandelsverbote mit den bei M&A-Geschäften üblichen Kaufmustern der Erwerb einer Unternehmensbeteiligung mittels asset deal ausgeklammert werden konnte, da eine derartige Abwicklung keine Insiderpapiere zum Gegenstand hat,[1247] kann dies für die Einschlägigkeit der Ad-hoc-Publizität nicht aufrechterhalten werden. Maßgeblich für die Publizitätspflicht des § 15 Abs. 1 S. 1 ist nämlich das Vorliegen der entsprechenden Voraussetzungen auf der Seite des potentiellen Käufers. Akquisitionen, die nunmehr mittels asset deal durchgeführt werden sollen, können daher börsennotierte Käufergesellschaften zur Veröffentlichung der geplanten Transaktion zwingen. Grundsätzlich gelten hier die allgemeinen Erfordernisse, insbesondere muss das nötige Kursbeeinflussungspotential für die Annahme einer Insiderinformation vorliegen. Weiterhin besteht für den potentiellen Käufer selbstverständlich die Möglichkeit des Aufschubs nach § 15 Abs. 3. Allerdings kann hierfür nicht mehr die Gefahr der Verteuerung der Aktien der Zielgesellschaft angeführt werden, da deren Anteile gerade nicht entsprechend gehandelt werden und somit ein Preisanstieg des Zielobjektes, der schlimmstenfalls die Transaktion komplett gefährdet, nicht in entsprechender Weise droht. Allerdings wird man auch in diesen Fällen die Veröffentlichung unter dem Blickwinkel, die Stellung des Aufsichtsrates nicht zu entkräften und ihn zu einem bloßen „Abnickorgan"[1248] der Vorstandsbeschlüsse zu machen, jedenfalls

---

1246 Siehe Teil 3, A.II)4)b)cc).

1247 Dazu oben Teil 2, B.II).

1248 Anschaulich insoweit *Möllers* WM 2005, 1393, 1396.

bis zu seiner Entscheidung aufschieben können.[1249] Überdies vermögen Aspekte der besonderen wirtschaftlichen oder politischen Sensibilität der Transaktion, die sich bei einer frühzeitigen Veröffentlichung durch besondere Störmanöver von dritter Seite manifestieren, eine Rolle bei der Frage des Aufschubs nach § 15 Abs. 3 zu spielen.[1250] Die Situation des asset deal unterscheidet sich somit inhaltlich zwar von dem in diesem Kapitel bisher vor Augen gehabten Leitbild des share deal, im Ergebnis bestehen für die Käufergesellschaft jedoch keine wesentlichen Unterschiede in Fragen der Ad-hoc-Publizitätspflicht.

4) Auswirkungen der Einschlägigkeit übernahmerechtlicher Vorschriften

Verkompliziert wird das Zusammenspiel von § 15 Abs. 1 S. 1 und § 15 Abs. 3 durch die mögliche Einschlägigkeit übernahmerechtlicher Vorschriften. Bei M&A-Transaktionen beanspruchen die Schutzmechanismen des WpÜG zwingend Geltung, wenn der Kontrollerwerb einer Gesellschaft in Rede steht. Als Kontrolle wird gem. § 29 Abs. 2 WpÜG dabei das Halten von mindestens 30% der Stimmrechte der Zielgesellschaft verstanden. Nicht unüblich ist jedoch auch ein freiwilliges öffentliches Angebot nach dem WpÜG. Beide Konstellationen sind Anknüpfungspunkt für besondere übernahmerechtliche Vorschriften. Ihr Verhältnis zu der geänderten Ad-hoc-Publizitätspflicht gilt es zu untersuchen.

a) Freiwilliges öffentliches Angebot

Im Falle eines freiwilligen öffentlichen Angebots ist die Vorschrift des § 10 WpÜG zu berücksichtigen, die den Bieter dazu verpflichtet, seine Entscheidung zur Abgabe eines Angebotes unverzüglich zu veröffentlichen. Bei Lektüre des § 10 WpÜG stellt man fest, dass diese Veröffentlichung fast entsprechend zu der Ad-hoc-Publizitätspflicht vorzunehmen ist. Die Parallele zeigt sich bereits bei der in § 10 Abs. 2 WpÜG ebenfalls vorgeschriebenen Vorabmitteilung[1251] an die BaFin sowie an die Geschäftsführung der Börsen, an denen die entsprechenden Wertpapiere oder die Derivate gehandelt werden. Vergleichbar war bereits bislang die in § 10 Abs. 3 WpÜG a.F. vorgesehene Art der Veröffentlichung, welche durch Nutzung eines überregionalen Börsenpflichtblattes oder in Entsprechung zu § 5 Abs. 1 Nr. 1 WpAIV mittels eines bei den in dieser Norm genannten Stellen weit verbreiteten elektronisch betriebenen Informationsverbreitungssystems vorgenommen werden konnte. In der Zeit vom 14.7.2006 bis zum

---

1249 Dazu bereits Teil 3, A.II)4)b)aa).

1250 Siehe *Brandi/Süßmann* AG 2004, 642, 654; ähnlich *Veith* NZG 2005, 254, 256, der bei Veröffentlichung der Kaufabsicht generell eine Schwächung der Käuferseite für möglich hält, da durch die Veröffentlichung weitere Interessenten auf den Plan gerufen werden könnten.

1251 Zur Vorabmitteilung im Rahmen der Ad-hoc-Publizität siehe Teil 3, A.II)3)a)bb).

20.01.2007 war der Veröffentlichungsweg durch die Veränderungen des § 10 WpÜG sogar mit demjenigen der Ad-hoc-Publizitätspflicht identisch, da in § 10 WpÜG der bislang zu den elektronischen Informationsverbreitungssystemen alternativ eröffnete Weg über die Börsenpflichtblätter durch eine kumulative „Bekanntgabe im Internet" ersetzt wurde.[1252] Die oben bereits erwähnte Tatsache, dass das TUG seit dem 20.01.2007 die Ad-hoc-Publizität seinerseits wieder veränderte und hierbei eher Rück- als Fortschritte für eine schnelle Veröffentlichung gemacht wurden, offenbart wegen der mangelnden Abstimmung mit § 10 WpÜG durch den Gesetzgeber im Übrigen eine unsaubere Arbeitsweise.

Das aus der Veröffentlichungspflicht des § 10 WpÜG resultierende Kollisionspotential hatte indes auch der Gesetzgeber bei Schaffung dieser Norm noch erkannt und infolgedessen in § 10 Abs. 6 WpÜG festgelegt, dass § 15 WpHG nicht für Entscheidungen zur Abgabe eines Angebotes gelte. § 10 WpÜG ist in seinem Anwendungsbereich somit lex specialis zu § 15,[1253] so dass letzterer in diesem Rahmen keine Pflichten mehr begründet.[1254] Nach den Veränderungen durch das AnSVG wird teilweise die Frage aufgeworfen, ob der genannte Vorrang noch Bestand haben kann, da die europarechtlichen Vorgaben möglicherweise ein anderes Rangverhältnis erforderten.[1255] Die Frage der Konformität des früher ausschließlich nationalen Übernahmerechts[1256] mit dem auf europarechtlichen Grundlagen fußenden Wertpapierhandelsrecht ist in dieser spezifischen Hinsicht indes nicht neu, wurde bislang jedoch unter dem Regime der EG-Insiderrichtlinie keiner abschließenden Bewertung zugeführt.[1257] Diese Fragestellung konnte und kann jedoch eindeutig beantwortet werden, solange man sich vor Augen führt, dass § 10 WpÜG explizit der Ad-hoc-Publizitätspflicht nachgebildet ist[1258]. Wenn nämlich § 10 WpÜG alle in den europäischen Richtlinien auferlegten Vorgaben erfüllt, muss die nationale Splittung der Ad-hoc-

---

1252 Siehe Gesetz zur Umsetzung der RL 2004/25/EG des Europäischen Parlaments und des Rates vom 21.4.2004 betreffend Übernahmeangebote (Übernahmerichtlinie-Umsetzungsgesetz), BGBl. I 2006 Nr. 31, S. 1426.

1253 Siehe BT-Drucks. 14/7034, S. 39: „Die Regelung geht § 15 WpHG vor; Absatz 6 ordnet dies ausdrücklich an".

1254 MünchKommAktG/*Wackerbarth* § 10 WpÜG Rn 80; *Assmann* in Assmann/Pötzsch/Schneider § 10 WpÜG Rn 77; *Hirte* in Kölner Komm zum WpÜG § 10 Rn 99; siehe auch *Diekmann/Sustmann* NZG 2004, 929, 934; *Merkner/Sustmann* NZG 2005, 729, 736; *Tröger* DZWIR 2002, 353, 358; *Decker*, Ad-hoc-Publizität, S. 181 ff.

1255 *Brandi/Süßmann* AG 2004, 642, 651.

1256 Europarechtliche Einflüsse spielen im WpÜG erst mit der Umsetzung der ÜbernahmeRL, deren Frist am 20.5.2006 endete, eine Rolle.

1257 Zu diesem Problemkreis bereits *Hopt* ZGR 2002, 333, 345, der eine Vorlage an den Europäischen Gerichtshof für tunlich hielt, soweit ein Vorstand wegen Befolgung des § 10 WpÜG nach insiderrechtlichen Vorschriften belangt würde; dazu auch *Oechsler* in Ehricke/Ekkenga/Oechsler § 10 WpÜG Rn 27.

1258 Statt vieler dazu *Hirte* in Kölner Komm zum WpÜG § 10 Rn 2.

Publizitätspflicht in zwei Normen, deren speziellere in ihrem Anwendungsbereich eine Sperrwirkung entfaltet, unschädlich sein.

Dies hat letztlich auch unter dem Regime der neuen verfahrensrechtlichen Anforderungen an die Ad-hoc-Publizität seit dem TUG zu gelten, da die Veröffentlichungsmodalitäten des § 10 WpÜG jedenfalls in den entscheidenden Eckpunkten mit denjenigen aus § 15 WpHG identisch sind.

Fraglich ist daher nur, ob auch in inhaltlicher Hinsicht § 10 WpÜG mit den Anforderungen der MMR und ihrer Durchführungsbestimmungen konform geht. Auffällig ist bei Lektüre der wertpapierübernahmerechtlichen Vorschrift, dass keine der Insiderinformation entsprechenden Voraussetzungen statuiert werden. Vielmehr erfasst § 10 WpÜG auch nichtbörsennotierte Bieter und das Kursbeeinflussungspotential wird überdies für die Entscheidung zur Abgabe eines Angebots gleichsam unwiderleglich vermutet. Auf diesem Weg müssen gem. § 10 WpÜG aber auch alle Fälle publiziert werden, in denen die Entscheidung zur Abgabe eines Angebotes als Insiderinformation qualifiziert werden muss. Mithin ist die Veröffentlichung der entsprechenden Insiderinformation im Sinne der MMR im speziellen Anwendungsbereich des § 10 WpÜG gewährleistet. Es sind im Ergebnis daher keine Gründe ersichtlich, die der Splittung der Ad-hoc-Publizitätspflicht auf zwei nationale Normen entgegenstehen könnten. Insbesondere der Blick auf die in § 4 WpAIV statuierten besonderen Anforderungen an die Deklaration der Ad-hoc-Mitteilung kann hieran nichts ändern, da die dortigen Vorgaben nicht auf europäischem Recht beruhen.[1259]

Festzuhalten bleibt somit, dass die Vorschrift des § 10 WpÜG nach wie vor grundsätzlich nicht in Frage zu stellen ist. Der Anwendungsbereich dieser Norm hat sich durch die Veränderung der Ad-hoc-Publizitätspflicht nicht verändert. Weiterhin virulent ist damit der Streit, inwieweit angebotsbezogene Informationen, die nicht über § 10 WpÜG veröffentlicht werden, gem. § 15 Abs. 1 S. 1 zu publizieren sind. Mangels Relevanz für die vorliegende Ausarbeitung sei diesbezüglich auf die einschlägige Literatur verwiesen.[1260]

Hervorzuheben sei jedoch die Besonderheit, dass bereits vor der Entscheidung zur Abgabe eines Angebotes die Notwendigkeit einer Veröffentlichung nach § 15 Abs. 1 bestehen kann. Dies rührt daher, dass die Entscheidung im Sinne von § 10 WpÜG nach überwiegender Ansicht von der Zustimmung des Aufsichtsrats abhängt.[1261] Dafür spricht insbesondere die Regelung des § 10 Abs. 1 S. 2

1259 Ebenso *Brandi/Süßmann* AG 2004, 642, 651.

1260 Dazu *Assmann* in Assmann/Pötzsch/Schneider § 10 WpÜG Rn 79 mwN; siehe auch *Hirte* in Kölner Komm zum WpÜG § 10 Rn 102; *Oechsler* in Ehricke/Ekkenga/Oechsler § 10 WpÜG Rn 27.

1261 H.M., siehe *Assmann* in Assmann/Pötzsch/Schneider § 10 WpÜG Rn 14 ff.; *Hirte* in Kölner Komm zum WpÜG § 10 Rn 35; *Oechsler* in Ehricke/Ekkenga/Oechsler § 10

WpÜG, der für die Pflicht zur Veröffentlichung lediglich einen noch fehlenden Beschluss der Gesellschafterversammlung des Bieters für unerheblich erklärt. Die an die Insiderinformation zu stellenden Voraussetzungen liegen hingegen schon im Zeitpunkt der Entscheidung des Vorstandes regelmäßig vor und sind deshalb gem. § 15 Abs. 1 S. 1 zu veröffentlichen. Allerdings hilft dem Emittenten bei der Zurückhaltung einer solchen Entscheidung im M&A-Prozess regelmäßig der Befreiungstatbestand der Ad-hoc-Publizitätspflicht gem. § 15 Abs. 3.[1262] Eine umwälzende Neuerung ist in diesem Zusammenhang für den Emittenten lediglich die beschriebene Selbstbefreiung.[1263]

Zusätzliche Abgrenzungsprobleme zwischen der Veröffentlichungspflicht aus § 15 Abs. 1 und derjenigen aus § 10 WpÜG könnten im Recht nach AnSVG jedoch aus der neu eingeführten Vorschrift des § 13 Abs. 1 S. 3 resultieren. Diese erhebt auch zukünftige Umstände in den Rang von Insiderinformationen, soweit mit hinreichender Wahrscheinlichkeit davon ausgegangen werden kann, dass sie in Zukunft eintreten werden.[1264] Auf dieser Grundlage wird man nunmehr annehmen müssen, dass die Entscheidung zur Angebotsabgabe iSd § 10 WpÜG ein zukünftiger Umstand sei. Konsultiert man § 10 Abs. 6 WpÜG, der § 15 WpHG für Entscheidungen zur Abgabe eines Angebotes in toto die Geltung abspricht, scheint es auf der Hand zu liegen, dass dieser zukünftige Umstand zwar eine Insiderinformation darstellt, jedoch nicht in den Anwendungsbereich von § 15 Abs. 1 fallen kann. Auf diesem Wege würde § 10 WpÜG indes die europarechtlichen Vorgaben der RL 2003/124/EG einschränken, die in Art. 1 Abs. 1 explizit diesen Zukunftsbezug bei der Definition der Insiderinformation aufnehmen. Eine derartige Überspielung des Europarechts durch eine nationale Vorschrift ist indes nicht möglich. Überzeugender ist es daher, für den in Rede stehenden zukünftigen Umstand grundsätzlich eine Publizitätspflicht bei Erfüllung der sonstigen Kriterien anzunehmen. Die Publikation wird jedoch ebenfalls gem. § 15 Abs. 3 in aller Regel aufgeschoben werden können.

b) Sonstige übernahmerechtlichen Veröffentlichungspflichten

Neben § 10 WpÜG existiert im Übernahmerecht für Übernahmeangebote im Sinne der §§ 29 ff. WpÜG sowie für Pflichtangebote im Sinne der §§ 35 ff.

WpÜG Rn 7; *Brandi/Süßmann* AG 2004, 642, 652 mwN; a.A. hingegen MünchKommAktG/*Wackerbarth* § 10 WpÜG Rn 32 ff.

1262 Siehe dazu Teil 3, B.II)2); faktisch für eine generelle Anwendung des § 15 Abs. 3 plädierend, um den „vorgegebenen Ablauf des Übernahmeverfahrens nicht zu durchkreuzen", *Merkner/Sustmann* NZG 2005, 729, 736; einen generellen Vorrang für § 10 Abs. 6 WpÜG auch in der Vorbereitungsphase einer Übernahme bevorzugend *Widder/Bedkowski* BKR 2007, 405.

1263 Ausführlich unter Teil 3, A.II)4)c).

1264 Ausführlich zu § 13 Abs. 1 S. 3 bereits Teil 2, A.III)2).

WpÜG ebenfalls die Folge einer Veröffentlichungspflicht. Die eigentliche Veröffentlichung in diesem Zusammenhang orientiert sich jedoch eng an den Vorgaben des § 10 WpÜG. Dies verdeutlichen die Verweise in § 34 WpÜG sowie in § 35 Abs. 1 S. 1 und S. 4 WpÜG. So ist § 10 WpÜG im Rahmen der §§ 29 ff. WpÜG vollumfänglich anwendbar,[1265] während im Rahmen der Pflichtangebote jedenfalls der vorliegend interessierende § 10 Abs. 6 WpÜG über § 35 Abs. 1 S. 4 WpÜG gilt. Damit gelten für die beiden soeben genannten übernahmerechtlichen Veröffentlichungspflichten dieselben Leitlinien wie sie bereits im Verhältnis von § 10 WpÜG zu § 15 Abs. 1 aufgezeigt werden konnten. Dies bedeutet, dass § 15 im Anwendungsbereich der Veröffentlichungspflichten des Übernahmeangebots und des Pflichtangebots gesperrt ist, in allen von diesen Pflichten nicht erfassten Konstellationen jedoch Anwendung findet.[1266]

III) Ad-hoc-Pflicht der Zielgesellschaft einer M&A-Transaktion

1) Erweiterung des Pflichtenkreises der Zielgesellschaft durch das AnSVG

Bereits die allgemeine Untersuchung der zu veröffentlichenden Informationen hat gezeigt, dass die tatbestandliche Veränderung des § 15 Abs. 1 eine generelle Ausweitung der Ad-hoc-Publizität zur Folge hat.[1267] Für die Pflichten der Zielgesellschaft im Rahmen von M&A-Transaktionen lässt sich dies besonders deutlich aufzeigen. Bislang schützte das Merkmal des Tätigkeitsbereichs des Emittenten die Zielgesellschaft davor, Ad-hoc-Publizitätspflichten wahrnehmen zu müssen. Dieses Erfordernis erfasste neben unternehmensinternen Umständen nach überwiegender und überzeugender Ansicht zum einen solche unternehmensexternen Umstände, die für den Emittenten auf willensunabhängigen Ereignissen basierten, aber dennoch unmittelbare Auswirkungen auf die Betriebsmittel hatten oder zum anderen solche externen, voluntativen Tatsachen, die in ihrer Wirkung direkt an den Emittenten adressiert waren.[1268] Soweit die M&A-Transaktion ausschließlich vom potentiellen Käufer initiiert wird, musste die Qualifikation der Information „M&A-Transaktion“ als unternehmensintern per se ausscheiden. Ebenso konnte darin kein willensunabhängiges Ereignis erblickt werden, so dass die Begründung eines unternehmensexternen Umstandes und somit im Endeffekt einer Veröffentlichungspflicht nur durch Annahme einer externen, voluntativen Tatsache mit direkter Wirkung an den Emittenten in Betracht kam. Dies dürfte indes vergleichsweise selten der Fall gewesen sein, da bei M&A-Transaktionen oftmals gerade der Erwerb von Beteiligungen in Rede

1265 Statt vieler *Pötzsch* in Assmann/Pötzsch/Schneider § 34 WpÜG Rn 9.

1266 Zur Situation für das Pflichtangebot statt vieler dazu *Hirte* in Kölner Komm zum WpÜG § 35 Rn 128; *Hopt* ZGR 2002, 333, 344.

1267 Siehe ausführlich Teil 3, A.II)1)d)cc).

1268 Siehe Teil 3, A.II)1)d)cc)(2).

stehen wird, die nicht von der Zielgesellschaft gehalten werden. Letzteres tritt insbesondere dann offen zu Tage, wenn der Erwerbsinteressent den Weg über ein öffentliches Angebot gemäß den Vorschriften des WpÜG verfolgt.[1269] Dann tritt er nämlich primär nicht an die Zielgesellschaft, sondern an die Anleger heran, um deren Anteile an der Zielgesellschaft zu erwerben. Damit ist jedoch lediglich die Sphäre der Anleger betroffen, die keineswegs mit der Sphäre und somit dem Tätigkeitsbereich der Zielgesellschaft gleichgesetzt werden kann.[1270] Das Merkmal des Tätigkeitsbereichs des Emittenten reduzierte für die Zielgesellschaft einer M&A-Transaktion somit die Veröffentlichungspflicht nach § 15 Abs. 1 im Ergebnis auf zwei Konstellationen: Zum einen hatte die Zielgesellschaft bei Befassung mit diesem Thema den Inhalt der daraus erfolgten Beschlussfassung als unternehmensinternen Umstand bei Vorliegen der sonstigen Voraussetzungen mitunter zu veröffentlichen und zum anderen bestand eine Pflicht zur Ad-hoc-Publizität immer dann, wenn die geplante Transaktion sich direkt an den Emittenten und nicht an seine Anleger richtete.

Dieser Differenzierung ist durch Einführung der Unmittelbarkeit nunmehr der Boden entzogen. Zwar darf die Verdeutlichung dieses Merkmals ausschließlich mittels Nennung eines umfangreichen Katalogs von Beispielen als zumindest unglücklich bezeichnet werden,[1271] dennoch offenbart bereits die deutsche Gesetzesbegründung die Veränderung durch Einführung dieses Merkmals, da nunmehr auch die Übermittlung eines Übernahmeangebots im Sinne des WpÜG durch eine andere Gesellschaft eine unmittelbare Insiderinformation ist.[1272] Die Unmittelbarkeit ist überdies auch bei allen sonstigen geplanten Beteiligungserwerben zu bejahen. Die von der BaFin im Falle des Erwerbs oder der Veräußerung eines größeren Aktienpaketes durch eine Investmentgesellschaft aus Anlagegesichtspunkten verfolgte Linie, diese Umstände seien per se als mittelbar einzuordnen,[1273] kann hingegen nicht überzeugen, da offenbar eine sprachliche

---

1269 Statt vieler zu dem gesamten Komplex bereits vor AnSVG *Kümpel/Assmann* in Assmann/Schneider, 3. Aufl., § 15 Rn 46 mwN.

1270 Treffend Schwark/*Zimmer* KMRK § 15 Rn 52; ebenso *Waldhausen*, Die ad-hoc-publizitätspflichtige Tatsache, S. 195 ff.; zum Verhältnis von kapitalgebendem Anleger und kapitalnachfragender Gesellschaft vgl. auch *Ekkenga* ZGR 1999, 165, 180.

1271 Ausführlich zur Ausfüllung der Unmittelbarkeit Teil 3, A.II)1)d)cc).

1272 Siehe BT-Drucks. 15/3174, S. 35; dazu auch *Diekmann/Sustmann* NZG 2004, 929, 934; *Koch* DB 2005, 267, 271; *Tollkühn* ZIP 2004, 2215, 2216; *Bürgers* BKR 2004, 424, 426; *Decker*, Ad-hoc-Publizität, S. 350; zur Unmittelbarkeit bei Veräußerung eines größeren Anteilspaketes durch einen Aktionär ebenso *Kuthe* ZIP 2004, 883, 885; siehe auch *Spindler* NJW 2004, 3449, 3451, der sich jedoch im Hinblick auf die Ausdehnung auf externe Sachverhalte kritisch äußert, da der Unmittelbarkeit auf diesem Wege mangelnde Trennschärfe zukomme.

1273 Siehe Emittentenleitfaden der BaFin vom 15.7.2005, S. 42.

Ungenauigkeit Auslöser für diese Qualifikation war.[1274] Überdies muss bereits der pauschale Charakter dieser Aussage Zweifel an deren Richtigkeit hervorrufen. Im Falle von M&A-Transaktionen ist daher anzunehmen, dass in jedem Fall die nötige Unmittelbarkeit vorliegen kann und im Regelfall auch wird.

Tatsächlich dürfte allenfalls das bereits genannte Kursbeeinflussungspotential Fragen aufwerfen. Im Hinblick auf die Zielgesellschaft wird es im Rahmen von M&A-Transaktionen jedoch meist eindeutig beantwortet werden können, da jedenfalls bei Übernahmen oder Beteiligungen mit strategischer Ausrichtung dieses Potential bejaht werden muss; überdies aber auch der Erwerb oder die Veräußerung eines größeren Aktienpaketes durch eine andere Gesellschaft aus reinen Anlagegesichtspunkten für den verständigen Anleger bei der Anlageentscheidung von Relevanz sein und somit die Eignung zur Kursbeeinflussung innehaben wird.

Es bleibt somit festzuhalten, dass der Pflichtenkreis der Zielgesellschaft einer M&A-Transaktion sich insoweit vergrößert hat, dass nunmehr in jedem Fall eine Veröffentlichung bei Vorliegen der zusätzlichen Voraussetzungen der Insiderinformation zu erfolgen hat. Es spielt insbesondere keine Rolle mehr, inwieweit ausschließlich die Anleger von einer derartigen Transaktion betroffen sind. Ebenfalls unerheblich ist, ob die Zielgesellschaft bereits eigene Entscheidungen im Hinblick auf die Transaktion getroffen hat. Das Befolgen der Veröffentlichungspflicht nach § 15 Abs. 1 setzt insoweit nur die Kenntnisnahme durch die Zielgesellschaft von der beabsichtigten Transaktion voraus.[1275]

2) Möglichkeiten des Aufschubs der Veröffentlichung

Anders als bei der faktisch automatischen Einschlägigkeit von § 15 Abs. 1 ist die Frage des Aufschubs der Veröffentlichung stark von der Situation der jeweiligen M&A-Transaktion abhängig. Dies ist im Kern auf die Interessenlage der Zielgesellschaft, wie sie von ihrer Verwaltung verfolgt wird, zurückzuführen. Deren Einschätzung und Sichtweise bestimmt, wie die Gesellschaft der Transaktion generell gegenübersteht, was auch für das Ergreifen der Möglichkeit zum Aufschub der Veröffentlichungspflicht entscheidend ist. Inwieweit die Verantwortlichen der veröffentlichungspflichtigen Gesellschaft überdies bewusst die Aufschubmöglichkeit aus § 15 Abs. 3 ignorieren und die Veröffentlichung nach § 15 Abs. 1 mitunter im Rahmen einer Abwehrstrategie gegen die Transaktion, insbesondere gegen eine Übernahme, nutzen dürfen, gilt es nachstehend zu untersuchen.

1274 Siehe Teil 3, A.II)1)d)cc)(5).

1275 Im Ergebnis ebenso *Diekmann/Sustmann* NZG 2004, 929, 934; *Assmann* in Assmann/Schneider, § 15 Rn 77 f.; *Rössner/Bolkart* AG 2004 R 182.

a) *Gründe des Aufschubs und die tatsächliche Geltendmachung durch die Verwaltung der Zielgesellschaft*

Ungleich schwerer als für den potentiellen Käufer ist für die Zielgesellschaft die im Rahmen von § 15 Abs. 3 notwendige Abwägung zwischen ihren eigenen berechtigten Interessen an Zurückhaltung der Information und denjenigen des Kapitalmarktes an Veröffentlichung. Jedenfalls das für den potentiellen Käufer im Falle eines „share deal" vorgebrachte Argument, dass die frühzeitige Veröffentlichung der angestrebten M&A-Transaktion zu beträchtlichen Kurssprüngen bei der Zielgesellschaft führen und durch die Verteuerung das komplette Geschäft gefährden kann,[1276] kann für die Frage des Aufschubs durch die Zielgesellschaft nicht dasselbe Gewicht entfalten. Dies liegt daran, dass eine Verteuerung der Aktien der Zielgesellschaft für diese im Regelfall von positiver Natur ist. Das mögliche Scheitern der Transaktion und damit einhergehende anschließende Kursverluste dürften ebenfalls zu keinen signifikanten Verschiebungen bei der anzustellenden Abwägung zugunsten eines Aufschubs führen, da kein anerkennenswertes Interesse der Zielgesellschaft bestehen wird, den Kurs unter Vorenthaltung von Informationen künstlich auf einem einheitlichen Niveau zu belassen. Die Veröffentlichung und die daraus resultierenden Kurssprünge spiegeln in diesen Fällen lediglich die tatsächlichen Gegebenheiten wider. Trotz dieser Erwägungen dürfte der Zielgesellschaft eine Argumentation zugunsten des Aufschubs der Veröffentlichung nicht per se verwehrt sein. Unzweifelhaft muss dies immer dann sein, wenn ein massives Eigeninteresse der Zielgesellschaft am Einstieg des potentiellen Käufers besteht. Dies ist gem. Art. 3 Abs. 1 a) RL 2003/124/EG zum einen immer dann der Fall, wenn durch derartige Maßnahmen die Sanierung der Zielgesellschaft angestrebt wird. Daneben sind Konstellationen denkbar, in denen sich für die Zielgesellschaft durch einen Beteiligungsaufbau oder eine Übernahme wichtige neue Betätigungsfelder eröffnen oder auch der potentielle Käufer per se zusätzliche Finanzmittel zur Stärkung oder zum Ausbau der Gesellschaft zuführen will.[1277] Letztendlich kann für den Aufschub der Veröffentlichung aber auch das Anlegerinteresse in Stellung gebracht werden.[1278] Immerhin würde bei Manifestation der Gefahr des Scheiterns der M&A-Transaktion den Anlegern im Falle eines öffentlichen Angebotes im

1276 Ausführlich dazu Teil 3, B.II)2).

1277 Ähnlich siehe auch *Brandi/Süßmann* AG 2004, 642, 656.

1278 Zur Einbeziehung der Anlegerinteressen in die Abwägung zur Feststellung des berechtigten Interesses des Emittenten siehe ausführlich oben Teil 3, A.II)4)b)aa); wiederum auch *Brandi/Süßmann* AG 2004, 642, 650, die zu Recht darauf hinweisen, dass zugunsten des Anlegerinteresses die Aufschubmöglichkeit auch greift, wenn die Zielgesellschaft nicht unmittelbarer Verhandlungspartner der Transaktion ist.

Sinne des WpÜG eine überaus lukrative Ausstiegsmöglichkeit genommen.[1279] Dieses Argument kann auch nicht mit einem Hinweis auf die erfahrungsgemäß steigenden Kurse an den Börsen im Falle des Verzichts auf den Aufschub der Veröffentlichung und somit ebenfalls bestehender Verkaufsmöglichkeit für die Anleger zu guten Konditionen konterkariert werden, da auf diesem Wege die Anleger auf eine spekulative, weil zeitlich ungewisse Verkaufsmöglichkeit verwiesen würden.

Diese Gründe können grundsätzlich bei jeder Abwägung zugunsten der Zielgesellschaft durchgreifen,[1280] hängen tatsächlich jedoch ganz entscheidend von der Situation des Einzelfalls ab. Für das Bestehen eines berechtigten Interesses kann dabei die Qualifikation der M&A-Transaktion als freundlich oder feindlich unberücksichtigt bleiben.[1281] Immerhin ist diese Charakterisierung das Ergebnis eines umfassenderen Entscheidungsprozesses durch die Verwaltung der Zielgesellschaft. Zwar werden zugegebenermaßen bei dieser Einschätzung auch die zur Feststellung des berechtigten Interesses im Sinne von § 15 Abs. 3 genannten Aspekte zum Teil eine Rolle spielen. Doch dürfte es selbst bei Vorliegen eines berechtigten Interesses für den Aufschub der Veröffentlichung denkbar sein, dass Vorstand und Aufsichtsrat die Transaktion als feindlich einstufen. Dies rührt daher, dass im Rahmen der Betrachtung des § 15 Abs. 3 die positiven Interessen der Gesellschaft singulär gegen die Interessen des Kapitalmarktes an der Veröffentlichung gestellt werden. Zur Ermittlung, inwieweit eine Transaktion aus der Sicht der Zielgesellschaft freundlich oder feindlich ist, wird hingegen eine ausschließliche Fokussierung auf das Unternehmen an sich unter Beachtung der positiven und negativen Aspekte vorgenommen. Dabei hat der Vorstand der Zielgesellschaft im Anwendungsbereich des Wertpapiererwerbs- und Übernahmegesetzes gem. § 3 Abs. 3 WpÜG gerade auch im Interesse der Gesellschaft zu handeln. Unter anderem aus der klarstellenden Natur des § 3 Abs. 3 WpÜG[1282] wird deutlich, dass Vorstand und Aufsichtsrat überdies jederzeit die Interessen der Gesellschaft zum Maßstab ihres Handelns zu machen haben. Insbesondere daran hat sich somit die Ermittlung als freundlich oder feindlich zu orientieren. Damit wird jedoch auch deutlich, dass die zur Feststellung des berechtigten Interesses im Sinne von § 15 Abs. 3 nötige Abwägung qualitativ andere Maßstäbe

---

1279 Darauf weisen zu Recht auch *Brandi/Süßmann* AG 2004, 642, 656 hin; siehe auch *Koch* DB 2005, 267, 272.

1280 Dies im Übrigen auch, wenn die Zielgesellschaft nicht unmittelbar an den Verhandlungen beteiligt ist, siehe *Brandi/Süßmann* AG 2004, 642, 650.

1281 Anders offenbar *Brandi/Süßmann* AG 2004, 642, 654 ff., die maßgeblich nach freundlicher und feindlicher Übernahme differenzieren.

1282 Zum klarstellenden Charakter siehe BT-Drucks. 14/7034, S. 35; dazu auch *Krause/Pötzsch* in Assmann/Pötzsch/Schneider § 3 WpÜG Rn 27; *Kümpel* Bank- und Kapitalmarktrecht Rn 8.344; *Versteegen* in Kölner Komm zum WpÜG, § 3 Rn 34; *Winter/Harbarth* ZIP 2002, 1, 15.

anlegt als die Charakterisierung der Transaktion aus der Sicht der Zielgesellschaft. Beides gilt es, gedanklich voneinander zu trennen.

Die Frage des freundlichen oder feindlichen Charakters einer M&A-Transaktion hat damit für das Vorliegen der Voraussetzungen des berechtigten Interesses keine direkte Bedeutung. *Brandi/Süßmann* halten diese Einordnung jedoch für das Merkmal der Gewährleistung der Vertraulichkeit für maßgeblich, da im Falle einer feindlichen Transaktion mangels Vereinbarungen zwischen Zielgesellschaft und Bieter die Vertraulichkeit der Informationen nicht gewährleistet werden könne.[1283] Dabei gehen sie jedoch offensichtlich davon aus, dass für die Gewährleistung der Vertraulichkeit im Sinne des § 15 Abs. 3 zwingend eine Vertraulichkeitsvereinbarung nötig ist. Dem wird man jedoch die grundsätzliche Erwägung entgegenbringen müssen, dass § 15 Abs. 3 gerade nicht ausschließlich eine Vertraulichkeitsvereinbarung voraussetzt, sondern gem. § 7 WpAIV den strengeren Maßstab der Unerlässlichkeit anlegt.[1284] Diese Erwägung streitet nun noch nicht für die Annahme, dass die Vertraulichkeit der Insiderinformation durch die Zielgesellschaft gewährleistet werden kann, sondern dürfte unbesehen eher das Gegenteil bewirken. Allerdings gilt es den Kontext dieser Anforderung zu beachten. So fordert § 7 WpAIV von der veröffentlichungspflichtigen Gesellschaft die Kontrolle über den Zugang zur Insiderinformation während der Befreiung nach § 15 Abs. 3, was beinhaltet, dass die Information nur an Personen weitergegeben wird, bei denen diese Information zur Aufgabenerfüllung beim Emittenten unerlässlich ist. Dieser Maßstab ist für die in Rede stehende Konstellation, in der die Insiderinformation „M&A-Transaktion" an die Zielgesellschaft von außen herangetragen wird und bei dieser dadurch eine Veröffentlichungspflicht entsteht, indes nicht passend. Die Kontrolle des Zugangs zur Insiderinformation „M&A-Transaktion" ist der Zielgesellschaft aufgrund dieser Besonderheit nicht oder allenfalls in einem geringen Maße möglich. In der Gewährleistung der Vertraulichkeit wird man daher eine primär zukunftsbezogene Verhaltensanforderung ab Erhalt der Insiderinformation durch die jeweilige Gesellschaft sehen müssen, die innerhalb des Einflussbereiches dieser Gesellschaft Geltung beansprucht. Anderenfalls wäre sogar der potentielle Käufer, der an die Zielgesellschaft zunächst lediglich unverbindlich herantritt, gezwungen, in jedem Fall eine Veröffentlichung vorzunehmen. Damit würde die eingeräumte Aufschubmöglichkeit jedoch vollends konterkariert, obwohl bereits der Gesetzgeber als Beispiel für die Einschlägigkeit des § 15 Abs. 3 laufende Verhandlungen des Emittenten bei einer Unternehmensübernahme angibt[1285]. Tatsächlich droht bei einer M&A-Transaktion, unabhängig davon ob sie als feindlich oder freundlich einzustufen ist, von der potentiellen Käufergesellschaft keine Gefahr,

---

1283 So *Brandi/Süßmann* AG 2004, 642, 654.
1284 Siehe Teil 3, A.II)4)b)cc).
1285 Siehe BT-Drucks. 15/3174, S. 35.

die Vertraulichkeit aufzuheben. Diese hat schließlich ein massives Interesse daran, die Veröffentlichung der Insiderinformation weitestmöglich hinauszuschieben, da die frühzeitige Publikation erfahrungsgemäß mit einer erheblichen Verteuerung des anvisierten Geschäftes einhergeht.

Für das Vorliegen der Voraussetzungen des § 15 Abs. 3 kann die Frage, ob eine Transaktion als feindlich oder freundlich einzustufen ist, somit in toto ausgeklammert werden.

Maßgeblich ist diese Einordnung jedoch für das Verhalten der Gesellschaft hinsichtlich der Nutzung der Möglichkeit zum Aufschub nach § 15 Abs. 3. Es wurde bereits ausgeführt, dass der Aufschub nicht kraft Gesetzes eintritt, sondern von einer internen Entscheidung der betroffenen Gesellschaft abhängt.[1286] Damit kann beispielsweise im Fall eines feindlichen Übernahmeangebots die Zielgesellschaft trotz möglichen Vorliegens eines berechtigten Interesses die Aufschubmöglichkeit aus § 15 Abs. 3 ignorieren und vielmehr ihrer Veröffentlichungspflicht nachkommen, um erhebliche Kurssteigerungen zu provozieren und die Übernahme im Ergebnis zu gefährden.[1287] Bedenken könnten diese Fälle deshalb hervorrufen, da die Veröffentlichungspflicht faktisch als übernahmerechtliches Abwehrinstrument benutzt würde. Dennoch wird man ein derartiges Verhalten rechtlich nicht angreifen können, da die Veröffentlichung in jedem Fall gerade gewünscht ist, während der Aufschub nach dem Leitbild des WpHG nur ausnahmsweise und auch nur dann eingreifen soll, wenn die jeweilige Gesellschaft diesen Schutz selbst in Anspruch nehmen möchte. Der Effekt, dass die Veröffentlichungspflicht dabei quasi als Abwehrinstrument einer M&A-Transaktion fungieren kann, ist lediglich als Reflex einzustufen. Die Entscheidung der Zielgesellschaft wird man allein auf der Grundlage dieser Erwägung nicht korrigieren dürfen oder als unzulässig ansehen können.

b) Zwischenfazit

Für den potentiellen Käufer wird der Umgang mit der Zielgesellschaft durch die angesprochenen Änderungen mithin diffiziler. Schließlich unterliegt die Zielgesellschaft einer Veröffentlichungspflicht, von der sie sich bei Vorliegen der entsprechenden Voraussetzungen selbstständig befreien kann. Je nach Lage des Einzelfalls wird die Verwaltung der Zielgesellschaft zukünftig auch bei Vorliegen der Aufschubgründe bewusst eine Veröffentlichung vornehmen, nämlich immer dann, wenn die Transaktion aus ihrer Sicht als feindlich einzustufen ist.

1286 Siehe Teil 3, A.II)4)c)aa).

1287 Zur Gefahr der Umfunktionierung der Ad-hoc-Publizität als übernahmerechtliches Abwehrinstrument auch *Diekmann/Sustmann* NZG 2004, 929, 935.

c) *Folgerungen für die Kontaktaufnahme und den Umgang mit der Zielgesellschaft*

Schwierigkeiten entstehen bei M&A-Transaktionen nunmehr dadurch, dass sich fast jede Transaktion aus der Sicht der Zielgesellschaft abhängig von der Gewichtung der Interessen des Unternehmens durch die Verwaltung als feindlich darstellen kann. Dies wird dann regelmäßig das soeben beschriebene Verhalten provozieren, so dass sich zwangsläufig die Frage stellt, wie die Kontaktaufnahme mit der Zielgesellschaft zu erfolgen hat, um das Risiko einer Veröffentlichung durch die Zielgesellschaft zu minimieren. Anzuraten ist zunächst, die Statements der Verwaltungsmitglieder der Zielgesellschaft aus der jüngeren Vergangenheit noch sorgfältiger als bisher zu analysieren. Anschließend sollten die Gespräche mit der Zielgesellschaft über die Transaktion möglichst offen gestaltet werden. Zum einen wird der Charakter derartiger Unverbindlichkeiten als Insiderinformation oftmals fragwürdig sein, zum anderen wird kaum eine Verwaltung einer Zielgesellschaft völlig ergebnisoffene Gespräche per se zurückweisen können, da die Bewertung, ob die Transaktion im Unternehmensinteresse liegt, in diesem Stadium noch ungewiss ist. Allerdings ist während dieser Phase auf Seiten des potentiellen Käufers erhöhte Sensiblität erforderlich, um eine mögliche Einstufung als feindliche Übernahme durch die Zielgesellschaft möglichst antizipieren zu können. Ist der potentielle Käufer trotz aller Unwägbarkeiten zur Durchführung der Akquisition entschlossen, ist ihm anzuraten, parallel die Vorbereitungen zur schnellstmöglichen Abgabe eines Angebots nach dem WpÜG vorzubereiten, um den Zeitvorsprung der Veröffentlichung durch die Zielgesellschaft nach § 15 Abs. 1 weitestgehend zu minimieren bzw. mitunter einer derartigen Veröffentlichung zuvorzukommen.[1288]

3) Abgleich mit zentralen Aspekten des Wertpapiererwerbs- und Übernahmegesetzes

a) *Einschränkung der Ad-hoc-Publizitätspflicht durch das übernahmerechtliche Neutralitätsgebot*

Die Einschlägigkeit der Ad-hoc-Publizitätspflicht nach § 15 Abs. 1 S. 1 in der Fassung nach AnSVG zulasten der Zielgesellschaft für die von außen herangetragene Insiderinformation „M&A-Transaktion“ wirft zwangsläufig die Frage des Verhältnisses dieser Pflicht zu den Normen des Wertpapiererwerbs- und Übernahmegesetzes auf. Klärungsbedürftig ist insbesondere, ob das der Zielgesellschaft auferlegte übernahmerechtliche Neutralitätsgebot aus § 33 WpÜG die Ad-hoc-Publizitätspflicht einschränken kann. Immerhin statuiert § 33 Abs. 1

1288 Ebenso *Brandi/Süßmann* AG 2004, 642, 654 f.

S. 1 WpÜG, dass nach Veröffentlichung der Entscheidung zur Abgabe eines Angebotes der Vorstand der Zielgesellschaft keine Handlungen vornehmen darf, durch die der Erfolg des Angebots verhindert werden könnte. Im Rahmen der vorstehenden Untersuchung wurde bereits mehrfach darauf hingewiesen, dass die frühzeitige Veröffentlichung durch Befolgung der Ad-hoc-Publizitätspflicht erhebliche Kurssprünge verursachen kann, die zu einer derartigen Verteuerung der Transaktion führen können, dass diese in Gänze gefährdet werden kann.[1289] Ein Widerstreit zwischen Ad-hoc-Publizitätspflicht und übernahmerechtlichen Neutralitätsgebot liegt somit grundsätzlich auf der Hand.[1290] Allerdings verhilft die Ausnahme des § 33 Abs. 1 S. 2 Alt. 1 WpÜG der Veröffentlichungspflicht zu deren Aufrechterhaltung, da solche Handlungen weiterhin möglich sind, die auch ein ordentlicher und gewissenhafter Geschäftsleiter einer Gesellschaft, die nicht von einem Übernahmeangebot betroffen ist, vorgenommen hätte. Der zur Bestimmung dieser Handlungen anzustellende Vergleich mit einer hypothetischen Gesellschaft, die sich in ähnlicher Lage, aber gerade nicht in einer Übernahmesituation befindet,[1291] führt dazu, dass die Veröffentlichungspflicht unzweifelhaft trotz des ihr reflexartig anhaftenden Abwehrpotentials befolgt werden kann. Immerhin hätte dieser Pflicht auch der Vorstand der hypothetischen Gesellschaft nachzukommen, ohne Konflikte mit § 33 WpÜG hervorzurufen.

Auch die bis zum 20. Mai 2006 umzusetzende ÜbernahmeRL und ihre tatsächlich mit dem 14.7.2006 erfolgte Umsetzung haben an dem aufgezeigten Verhältnis keine grundsätzlichen Veränderungen herbeigeführt. Zunächst gelten die maßgeblichen Passagen des § 33 WpÜG für die vorliegende Frage fort.[1292] Die strenge europäische Neutralitätspflicht aus Art. 9 Abs. 2 und 3 ÜbernahmeRL ist in Deutschland hingegen nicht zwingendes Recht geworden.[1293] Der Grund hierfür liegt im in der ÜbernahmeRL verankerten Optionsmodell[1294], welches auf einer ersten Stufe den Mitgliedstaaten der Europäischen Union gem. Art. 12 Abs. 1 ÜbernahmeRL die Möglichkeit einräumt, von ihrem sog. opt-out-Recht

---

1289 Siehe Teil 3, B.II)2).

1290 Siehe auch *Diekmann/Sustmann* NZG 2004, 929, 935.

1291 Dazu *Krause/Pötzsch* in Assmann/Pötzsch/Schneider § 33 WpÜG Rn 146; *Hirte* in Kölner Komm zum WpÜG, § 33 Rn 67; MünchKommAktG/*Schlitt* § 33 WpÜG Rn 133; *Drygala* ZIP 2001, 1861, 1867.

1292 Siehe Übernahmerichtlinie-Umsetzungsgesetz, BGBl. I 2006 Nr. 31, S. 1426, 1428.

1293 Siehe Übernahmerichtlinie-Umsetzungsgesetz, BGBl. I 2006 Nr. 31, S. 1426, 1428 f.; dies bereits früh prognostizierend *Maul/Muffat-Jeandet* AG 2004, 306, 310; *Bayer* BB 2004, 1, 10 f.; *Krause* BB 2004, 113, 114.

1294 Ausführlich dazu *Maul/Muffat-Jeandet*, AG 2004, 306, 310; *Seibt/Heiser* ZGR 2005, 200, 231 ff.; *Mülbert* NZG 2004, 633, 638, der allerdings aufgrund der Einbeziehung der Stufe der Reziprozität von einem dreistufigen Optionsmodell spricht; Überblick auch bei *Bayer* BB 2004, 1, 10 f.; *Wiesner* ZIP 2004, 343, 348; *Kindler/Horstmann* DStR 2004, 866, 869.

Gebrauch zu machen. Die Mitgliedstaaten, die dieses Recht wie Deutschland nutzen, müssen auf einer zweiten Stufe den Unternehmen mit satzungsmäßigen Sitz auf ihrem Gebiet gem. Art. 12 Abs. 2 ÜbernahmeRL lediglich die Möglichkeit eröffnen, dennoch die Vorschriften der Richtlinie anzuwenden. Dies hat der deutsche Gesetzgeber in § 33a WpÜG verankert. Die Regelung verbietet ähnlich zu § 33 WpÜG alle Handlungen von Vorstand und Aufsichtsrat, die den Erfolg des Angebots verhindern könnten. Allerdings gilt nach § 33a Abs. 2 S. 2 Nr. 2 WpÜG diese Neutralitätspflicht nicht, wenn Handlungen innerhalb des normalen Geschäftsbetriebes in Rede stehen. Dazu muss jedoch wiederum die Publizitätspflicht aus § 15 Abs. 1 gezählt werden, so dass die Verkomplizierung der übernahmerechtlichen Vorschriften durch die Umsetzung der ÜbernahmeRL auf das Verhältnis zwischen Ad-hoc-Publizitätspflicht und dem übernahmerechtlichen Neutralitätsgebot keine Auswirkungen hat.

b) *Die Sperrwirkung der Veröffentlichungspflichten des WpÜG zulasten der Ad-hoc-Publizitätspflicht der Zielgesellschaft*

Vor den Neuregelungen durch das AnSVG bestand für die Zielgesellschaft bei einem freiwilligen Angebot gem. § 10 WpÜG kaum Kollisionspotential zwischen der Ad-hoc-Publizitätspflicht und der genannten Veröffentlichungspflicht des WpÜG. Der in § 10 Abs. 6 WpÜG statuierten Suspendierung des § 15 für Entscheidungen zur Abgabe eines Angebotes bedurfte es ganz regelmäßig nicht, da diese Entscheidung nicht im Tätigkeitsbereich der Zielgesellschaft verortet werden konnte. Etwas anderes war allenfalls dann denkbar, wenn die Zielgesellschaft die Entscheidung der Bietergesellschaft im Rahmen von freundlichen Verhandlungen beeinflusst hat.[1295] Häufig wurde in diesen Fällen für die Zielgesellschaft die Sperrwirkung des § 10 Abs. 6 WpÜG hervorgehoben, da dieser Norm der Grundsatz entnommen werden könnte, dass angebotsbezogene Publizitätspflichten ausschließlich den hierfür durch das WpÜG vorgesehenen Regelungen unterlägen und anderweitige Vorschriften verdrängten.[1296] Andere sahen es jedoch als erwiesen an, dass § 10 WpÜG generell nicht an die Zielgesellschaft adressiert sei und somit die Sperrwirkung des § 10 Abs. 6 WpÜG nicht im Verhältnis zur Veröffentlichungspflicht der Zielgesellschaft aus § 15 Abs. 1 bestünde.[1297] Durch die Veränderungen der Ad-hoc-Publizitätspflicht im Rahmen des AnSVG und den damit einhergehenden Ausweitungen der Publizitätspflicht der Zielgesellschaft für unternehmensexterne Umstände gewinnt diese

1295 Dazu MünchKommAktG/*Wackerbarth* § 10 WpÜG Rn 92 ff.

1296 Siehe *Assmann* ZGR 2002, 697, 713 f.; daran festhaltend *Assmann* in Assmann/Krause/Pötzsch § 10 WpÜG Rn 79; *Hopt* ZGR 2002, 333, 345 ff.; *Hirte* in Kölner Komm zum AktG, § 10 WpÜG Rn 99; dazu siehe auch *Glaser*, Verbesserungsoptionen, S. 42 f.

1297 MünchKommAktG/*Wackerbarth* § 10 WpÜG Rn 89; Schwark/*Noack* KMRK § 10 WpÜG Rn 43; *Walz (Riehmer)* in Haarmann/Schüppen § 10 WpÜG Rn 64.

Frage noch erheblich an Bedeutung, da nunmehr § 15 und § 10 WpÜG eine größere Reibungsfläche aufweisen. Die Frage ihres Verhältnisses zueinander wird indes nur unter Berücksichtigung der europarechtlichen Vorgaben der MMR aufzulösen sein. Von hoher Relevanz ist dabei, dass im deutschen Recht mit den Veröffentlichungspflichten im WpHG und denjenigen im WpÜG quasi eine Splittung der europarechtlich geforderten Veröffentlichung von Insiderinformationen existiert.[1298] In Bezug auf die Veröffentlichungsvorschriften des Bieters konnte diese Splittung als europarechtskonform angesehen werden, da die in der MMR niedergelegte Veröffentlichungspflicht eingehalten wurde, in Deutschland nur auf unterschiedlicher rechtlicher Basis.[1299] Die Aufrechterhaltung der Sperrwirkung des § 10 Abs. 6 WpÜG bei weiterhin ausschließlicher Adressierung der Veröffentlichungspflicht aus § 10 WpÜG an den Bieter kann den Vorgaben der MMR hingegen nicht gerecht werden, da die in der MMR vorgesehenen veröffentlichungspflichtigen Insiderinformationen in Bezug auf die Zielgesellschaft auf diesem Weg einer Beschränkung zugeführt würden. Das nationale Recht darf und kann indes die Vorgaben des Europarechts nicht einengen. Dies verkennen hingegen *Merkner/Sustmann,* die § 10 Abs. 6 WpÜG im Recht nach AnSVG die Wertung entnehmen möchten, dass § 15 Abs. 3 auch für die Zielgesellschaft wenigstens solange in Betracht kommen muss, wie der Bieter seine Entscheidung zur Abgabe eines Angebotes nach § 10 WpÜG noch nicht veröffentlicht hat.[1300] Durch den Ansatzpunkt über § 15 Abs. 3 machen sie sich zwar insofern nicht angreifbar, als dass kein zwingender Vorrang des § 10 WpÜG vor der Veröffentlichungspflicht der Zielgesellschaft aus § 15 Abs. 1 statuiert wird. Allerdings fordern sie faktisch in jedem Fall das Eingreifen von § 15 Abs. 3, wenn die Entscheidung zur Abgabe eines Angebotes nach § 10 WpÜG durch einen Bieter erfolgen soll und stellen somit die eigentlich zu berücksichtigenden berechtigten Interessen der Zielgesellschaft per se hintan. Festzuhalten bleibt mithin, dass die Veröffentlichungspflicht mitsamt der Sperrwirkung aus § 10 WpÜG keine derartigen Auswirkungen auf die Ad-hoc-Publizitätspflicht der Zielgesellschaft hat, dass § 15 eine pauschale Einschränkung erfährt. Dies hat entsprechend für die Fälle zu gelten, in denen § 10 WpÜG nur über den Verweis aus anderen Normen Geltung beansprucht, namentlich also bei Übernahmeangeboten im Sinne der §§ 29 ff. WpÜG und Pflichtangeboten im Sinne der §§ 35 ff. WpÜG.

Überdies wird man die Relevanz des genannten Streits für den Regelfall mit Erfolg hinterfragen können. Der Grund liegt darin, dass die Bietergesellschaft auf einem der Ad-hoc-Publizität entsprechendem Wege die Veröffentlichung zu verfolgen hat, so dass bei regelkonformen Verhalten des Bieters grundsätzlich auf-

---

1298 Siehe Teil 3, B.II)4)a).
1299 Siehe wiederum Teil 3, B.II)4)a).
1300 *Merkner/Sustmann* NZG 2005, 729, 736.

grund öffentlicher Bekanntheit der Information keine Insiderinformation mehr vorliegt.[1301]

Festzuhalten bleibt im Recht nach AnSVG somit, dass bei Befolgung der Ad-hoc-Publizitätspflicht aus § 15 für die Zielgesellschaft einer M&A-Transaktion erweiterte Veröffentlichungspflichten bestehen, die keine direkte Einschränkung durch die wertpapiererwerbs- und übernahmerechtlichen Veröffentlichungsvorschriften erfahren. Faktisch verhindert jedoch das rechtstreue Verhalten des Bieters in Bezug auf seine Veröffentlichungspflichten aus dem WpÜG die Qualifikation als Insiderinformation, da auf diesem Wege die für § 15 ausreichende Bereichsöffentlichkeit hergestellt wird. Eine Ad-hoc-Publizitätspflicht aus § 15 Abs. 1 kann infolgedessen nicht mehr bestehen. Da die für die vorliegende Konstellation maßgeblichen übernahmerechtlichen Vorschriften keine relevanten Änderungen erfahren werden, wird das beschriebene Verhältnis von WpHG und WpÜG auch nach der Umsetzung der ÜbernahmeRL fortbestehen.

Im Ergebnis kann somit die Zielgesellschaft gem. § 15 vor, während und nach der übernahmerechtlichen Veröffentlichungspflicht des Bieters zur Ad-hoc-Publizität gezwungen sein. Es bleibt damit bei dem oben getätigten Befund, dass die Nutzung der Möglichkeit des Aufschubs durch die Zielgesellschaft jedenfalls für den potentiellen Käufer größte Relevanz besitzt und er sein Verhalten und Auftreten gegenüber der Zielgesellschaft dahingehend zu steuern hat, dass diese von §15 Abs. 3 auch tatsächlich Gebrauch macht.[1302]

IV) Fazit

Soweit es um die Bestimmung einer M&A-Transaktion als Insiderinformation geht, bereitet vor allem die Frage, zu welchem Zeitpunkt die Information Insidercharakter erlangt, erhebliche Schwierigkeiten. Dies liegt ganz maßgeblich an der Komplexität von M&A-Transaktionen. Es konnte jedoch aufgezeigt werden, dass eine konsequente Subsumtion der jeweiligen Situation der M&A-Transaktion eine sachgerechte Qualifikation als Insiderinformation bedingt. Zwar kann die Anforderung der Konkretheit lediglich bloße Gerüchte oder ähnlich ungewisse Umstände filtern, doch existiert mit der Voraussetzung des Kursbeeinflussungspotentials daneben noch ein effektiveres Mittel. Zwar ist dessen Ermittlung stark einzelfallabhängig, doch kann für den M&A-Bereich allgemein festgehalten werden, dass bloße Vorbereitungshandlungen in aller Regel das in Rede stehende Potential noch nicht aufweisen werden; spätestens im Zeitpunkt des Abschlusses eines letter of intent jedoch Potential zur Kursbe-

---

1301 Bereits Schwark/*Noack* KMRK § 10 WpÜG Rn 43; nunmehr auch *Diekmann/Sustmann* NZG 2004, 929, 934; siehe auch zur Rechtslage nach AnSVG zum insoweit vergleichbaren § 35 WpÜG *Krause/Pötzsch* in Assmann/Pötzsch/Schneider § 35 WpÜG Rn 183.

1302 Siehe Teil 3, B.III)2)c).

einflussung vorliegen und damit die Einordnung als Insiderinformation naheliegen wird. Zu beachten ist allerdings, dass der unterschiedliche Blickwinkel von potentiellem Käufer und Zielgesellschaft auch das vorgenannte Grobraster beeinflussen kann. So wird bei der Übernahme einer kleinen Zielgesellschaft durch einen Global Player für letzteren kaum eine Qualifikation als Insiderinformation in Ermangelung eines Kursbeeinflussungspotentials denkbar sein, währenddessen die angestrebte Transaktion aus der Sicht der Zielgesellschaft in jedem Fall Kursbeeinflussungspotential aufweisen wird.

Eine ähnlich differenzierte Ansicht ist auch bei der Ermittlung des berechtigten Interesses im Rahmen der Aufschubmöglichkeit von § 15 Abs. 3 notwendig. Während für die potentielle Käufergesellschaft aufgrund frühzeitiger Veröffentlichung des Vorhabens eine erhebliche Verteuerung und schlimmstenfalls das Scheitern der Transaktion droht, wird die Zielgesellschaft sich zunächst nur auf § 15 Abs. 3 berufen können, wenn sie ein massives Eigeninteresse am Einstieg der anderen Gesellschaft (z.B. in Sanierungsfällen) hat. Allerdings werden die Organe der Zielgesellschaft auch dann § 15 Abs. 3 anbringen können, wenn die Interessen der Anleger dies gebieten. Eine andere Frage ist dann, inwieweit die Zielgesellschaft tatsächlich eine interne Entscheidung zum Gebrauchmachen von § 15 Abs. 3 herbeiführen wird, was Ergebnis eines umfassenden Abwägungsprozesses zwischen allen denkbaren positiven und negativen Aspekten für das Unternehmen ist. In Abhängigkeit von dem Ergebnis dieser Abwägung wird die Zielgesellschaft entscheiden, ob sie die Möglichkeit zum Veröffentlichungsaufschub gem. § 15 Abs. 3 nutzen möchte. Faktisch ist daher aus der Sicht der Zielgesellschaft bei M&A-Transaktionen nicht die engere Abwägung des § 15 Abs. 3 ganz maßgeblich, sondern die grundsätzlichere Einstufung der jeweiligen Transaktion als freundlich oder feindlich.

Die erweiterte Veröffentlichungspflicht der Zielgesellschaft und der mögliche Verzicht durch deren Organe im Falle einer als feindlich eingestuften Transaktion, sich nicht auf § 15 Abs. 3 zu berufen, zwingt daher den potentiellen Käufer die Kontaktaufnahme mit der möglichen Zielgesellschaft offener und vorsichtiger zu gestalten. Die negativen Folgen einer dennoch getätigten Veröffentlichung durch die Zielgesellschaft könnten durch schnellstmögliche Unterbreitung eines Angebotes nach WpÜG wenigstens abgemildert werden.

Die auf M&A-Transaktionen maßgeschneiderten Normen des WpÜG werfen zwar (erneut) einige Probleme im Verhältnis zur Ad-hoc-Publizität auf, zwingen indes weder in der Fassung vor noch nach der Umsetzung der Übernahmerichtlinie zu grundsätzlichen Neubewertungen des Verhältnisses zwischen WpÜG und der Ad-hoc-Publizität nach AnSVG. So steht insbesondere die in § 10 Abs. 6 WpÜG angeordnete Sperrwirkung für Entscheidungen zur Abgabe eines Angebotes nicht in Widerspruch zu den Voraussetzungen der MMR, da die Insiderinformationen im Sinne der MMR auf jeden Fall einer Veröffentlichung auf vergleichbaren Wegen zugeführt werden, so dass allein die Splittung der Veröffentlichungspflicht in unterschiedlichen Gesetzen die Norm nicht europarechtswidrig macht. Aber auch für die bestehende Streitigkeit, inwieweit § 10 Abs. 6 WpÜG für die Bietergesellschaft Auswirkungen haben kann, trifft die MMR gleichsam durch die Hintertür eine Entscheidung, da jedenfalls die Ansicht, dass die deutsche Norm des § 10 Abs. 6 WpÜG auch hier ihre Sperrwirkung entfalte, die Geltung der europarechtlich angeordneten Vorgaben konterkarieren würde und somit nicht haltbar ist. Dieselbe Erwägung greift im Übrigen auch für die Insiderinformation „Entscheidung zur Angebotsabgabe" ein, soweit diese Entscheidung als zukünftiger Umstand im Sinne von § 13 Abs. 1 S. 3 eine Veröffentlichungspflicht nach § 15 Abs. 1 S. 1 zur Folge hätte. In diesen Fällen kann dann nur die etwaig eingreifende Möglichkeit des Veröffentlichungsaufschubs nach § 15 Abs. 3 die Veröffentlichung nach den Normen des WpHG hindern.

C. Die Veröffentlichungspflicht nach § 15 im konzernrechtlichen Umfeld

I) Problemaufriss

Besondere Schwierigkeiten vermögen konzernrechtliche Konstellationen im Zusammenhang mit der Ad-hoc-Publizität des § 15 hervorzurufen. Im Kern rührt dies daher, dass das Merkmal des Eintritts im Tätigkeitsbereich des Emittenten in § 15 Abs. 1 S. 3 nur noch als Regelbeispiel zur Bestimmung der im Vergleich weiteren Unmittelbarkeit im neuen Recht aufgegriffen wurde[1303], so dass seine filternde Funktion für eine etwaige Veröffentlichungspflicht nicht mehr zum Tragen kommen kann. Die Frage, welche Veröffentlichungspflichten eine Mutter- bzw. auch eine Tochtergesellschaft angesichts des Wegfalls des genannten filternden Merkmals nunmehr zu erfüllen hat, konnte in der Wissenschaft bislang keiner abschließenden Beurteilung zugeführt werden.[1304] Dies ist um so misslicher, als dass vielfältige Konstellationen wie Kapitalmaßnahmen, Veränderungen von früheren Prognosen, Neubesetzungen von Posten in den Organen oder auch die Erteilung von Lizenzen oder Patenten[1305] denkbar sind, in denen veröffentlichungspflichtige Insiderinformationen mit etwaigen Auswirkungen auf andere Konzerngesellschaften vorliegen. Gesichert ist zunächst nur, dass die weitgehenden Ausnahmen von der Veröffentlichungspflicht im Recht vor AnSVG[1306] nicht mehr Bestand haben können.

Zu untersuchen gilt es daher, inwieweit eine generelle Veröffentlichungspflicht von einem Unternehmen für Ereignisse in verbundenen Unternehmen im Recht nach AnSVG bestehen kann. Dabei gilt es, dass an anderer Stelle bereits vorgestellte Normverständnis der entscheidenden Merkmale wieder aufzugreifen, diese aber auch vor dem Hintergrund des besonderen Einzelfalls kritisch zu beleuchten und ihren tatsächlichen Nutzen zu skizzieren. Mit diesem Erkenntnisstand wird man für den jeweiligen Emittenten anzuratende Verhaltensweisen zur

1303 Ausführlich zum Merkmal des Eintritts im Tätigkeitsbereich des Emittenten und seinem Verhältnis zur Unmittelbarkeit siehe Teil 3, A.II)1)d)cc).

1304 Ansatzweise dazu *Simon* Der Konzern 2005, 13, 16 f.; *Kuthe* ZIP 2004, 883, 885; darauf hinweisend auch *Möllers* ZBB 2003, 390, 392; erstmals ausführlich, jedoch in entscheidenden Punkten noch anders *Spindler/Speier* BB 2005, 2031; allenfalls rudimentär erfahren konzernspezifische Probleme hingegen von der BaFin Beachtung, siehe Emittentenleitfaden der BaFin vom 15.7. 2005, S. 43, 51.

1305 In allgemeiner Hinsicht findet sich ein umfangreicher Katalog von veröffentlichungspflichtigen Insiderinformationen im Emittentenleitfaden der BaFin vom 15.7. 2005, S. 43 f.

1306 Dazu nur Schwark/*Zimmer* KMRK § 15 Rn 54 ff.; *Kümpel/Assmann* in Assmann/Schneider, 3. Aufl., § 15 Rn 44; *Hopt* in Bankrechts-Handbuch, § 107 Rn 55; *Lenenbach* Kapitalmarkt- und Börsenrecht Rn 10.69; *Fürhoff/Wölk* WM 1997, 449, 451.

Vermeidung etwaiger Veröffentlichungspflichten herausarbeiten können, die wenigstens zur Minimierung der bestehenden zivilrechtlichen Haftungsrisiken aus §§ 37b, 37c bzw. der Vermeidung der Einschlägigkeit der Bußgeldvorschrift des § 39 helfen können.

Zur sachgerechten Erfassung aller denkbaren Konstellationen ist es notwendig, zwischen der die Muttergesellschaft treffenden Veröffentlichungspflicht und derjenigen der Tochtergesellschaft zu differenzieren.

II) Begrifflichkeiten

Ehe es gilt, letztgenannte Betrachtungen durchzuführen, muss jedoch eine Klärung von begrifflicher Natur vorgenommen werden. Ohne vertieft in die konzernspezifischen Probleme und Hintergründe einsteigen zu wollen, erscheint es doch unerlässlich, die Termini des Konzernrechts für die vorliegende Arbeit zu klären. Bereits der ganz maßgebliche Begriff Konzernrecht hat nämlich zwei Bedeutungen: Zum einen kann er im Sinne von § 18 AktG verwendet werden, zum anderen spricht man auch vom Konzernrecht im weiteren Sinne. Letzterer Begriff ist inhaltlich gleichbedeutend mit den sog. verbundenen Unternehmen des Gesetzes, jedoch eingängiger und kürzer.[1307] Soweit vorliegend vom Konzernrecht gesprochen wird, kommt diesem Terminus durchgängig das Verständnis im weiteren Sinne zu.

Weiterer Schlüssel für die vorliegende Ausarbeitung ist das Begriffspaar der Mutter- und Tochtergesellschaft. Jedenfalls die konzernrechtlichen Vorschriften des Aktienrechts verwenden genanntes Paar trotz seiner Üblichkeit in der Praxis nicht und können daher auch nicht bei der Ergründung des Verständnisses helfen. Allenfalls aus dem Handelsgesetzbuch lassen sich Schlüsse für die Ausformung dieser Begrifflichkeit ziehen, da § 290 HGB eine Kapitalgesellschaft dann als Mutterunternehmen qualifiziert, wenn diese Gesellschaft im Konzern die einheitliche Leitung über Unternehmen ausübt. Trotz des damit existierenden rechtlichen Anküpfungspunktes will sich die nachfolgende Ausarbeitung nicht auf ein bestimmtes Verständnis festlegen und wird unabhängig davon, die Begriffe Mutter- und Tochtergesellschaft zur Verdeutlichung der jeweils in Rede stehenden Perspektive einsetzen. Inwieweit an die Qualifikation als Mutter- oder Tochtergesellschaft gesellschaftsrechtlich bestimmte Beteiligungsschwellen oder andere Voraussetzungen geknüpft sind, soll für die spezifisch wertpapierhandelsrechtlichen Betrachtungen zunächst nicht interessieren. Eine abstrakte Bestimmung unter Heranziehung des Gesellschaftsrechts birgt schließlich nur das Risiko in sich, dass der Untersuchungsgegenstand frühzeitig eingeengt würde. Immerhin wird die für § 290 HGB maßgebliche einheitliche Leitung ent-

---

1307 MünchKommAktG/*Bayer* § 15 Rn 6; *Emmerich* in Emmerich/Habersack, Aktien- und GmbH-Konzernrecht, Einl. Rn 1.

sprechend dem Konzernbegriff in § 18 AktG bestimmt.[1308] Diese Einengung ist jedoch nicht gewollt, da alle Aspekte von Veröffentlichungspflichten im Rahmen des Konzernrechts iwS verarbeitet werden sollen. Soweit in der folgenden Ausarbeitung von Mutter- und Tochtergesellschaft die Rede ist, soll damit kein etwaig bestehendes Verständnis implementiert werden. Dies dient, wie gesagt, lediglich zur Veranschaulichung der Perspektive der jeweils untersuchten Konstellation. Aussagen über den Grad des Einflusses werden jedoch damit nicht per se ausgeklammert, da sie im Rahmen der Bestimmung der einzelnen Tatbestandsmerkmale der Ad-hoc-Publizitätspflicht eine nicht unerhebliche Rolle spielen und damit an entsprechender Stelle aufgegriffen werden.

III) Veröffentlichungspflicht der Muttergesellschaft

1) Die konkrete Filterfunktion des Eintritts im Tätigkeitsbereich des Emittenten

Trotz der Enge des Merkmals des Eintritts im Tätigkeitsbereich des Emittenten war es auch vor dem Inkrafttreten des AnSVG durchaus möglich, dass die Muttergesellschaft der Ad-hoc-Publizität für Ereignisse in einer Tochtergesellschaft unterlag, obwohl diese – formal gesehen – rechtlich selbstständig[1309] und damit ggf. selbst publizitätspflichtig war. Führt man sich vor Augen, dass Ereignisse bei der Tochtergesellschaft ohne weiteres die wirtschaftliche Lage der Muttergesellschaft und damit die Kurse ihrer Aktien beeinflussen können[1310], konnte man bereits vor AnSVG die Veröffentlichungspflicht der Muttergesellschaft nicht ernsthaft in Frage stellen. Infolgedessen wurde der Tätigkeitsbereich des Emittenten dann als eröffnet angesehen, wenn das betreffende Ereignis der unternehmerischen Sphäre einer Tochtergesellschaft entstammte und der in Rede stehenden Muttergesellschaft zurechenbar war.[1311] Erforderlich war hierfür die Möglichkeit der Unternehmensverwaltung des Emittenten, auf das (Tochter-)

1308 Siehe *Merkt* in Baumbach/Hopt, HGB, § 290 Rn 6; *Wiedmann* in Ebenroth/Boujong/Joost § 290 HGB Rn 9.

1309 Statt vieler *Emmerich* in Emmerich/Habersack, Aktien- und GmbH-Konzernrecht, § 18 Rn 1; *Drexl*, Bankrechtstag 2002: Neues Schuldrecht und Bankgeschäfte, Wissenszurechnung bei Kreditinstituten, S. 85, 102.

1310 Schwark/*Zimmer* KMRK § 15 Rn 54; *Fürhoff/Wölk* WM 1997, 449, 451; zu dieser Abhängigkeit siehe auch *Burgard* ZHR 162 (1998), 51, 96; *Cahn* ZHR 162 (1998), 1, 30 f.; *Waldhausen*, Die ad-hoc-publizitätspflichtige Tatsache, S. 198 ff.; *Kümpel* Bank- und Kapitalmarktrecht Rn 16.242.

1311 *Lenenbach* Kapitalmarkt- und Börsenrecht Rn 10.69; *Geibel* in Schäfer § 15 Rn 37; Schwark/*Zimmer* KMRK § 15 Rn 54; allgemeiner, aber im Ergebnis ebenso *Ehricke* in Hopt/Voigt, Prospekt- und Kapitalmarktinformationshaftung, S. 254.

Unternehmen unternehmerischen Einfluss auszuüben.[1312] Für die Bestimmung dieser Sphäre wurden verschiedene Kriterien herangezogen, von denen das verbreitetste die Reichweite der Konzernpublizität im Sinne des Vollkonsolidierungskreises nach §§ 290 ff. HGB war; aber auch auf die dem früheren § 56 S. 1 BörsZulV zugrundeliegenden Tatsachen des Konzernzwischenberichts und anderweitig zum Konsolidierungskreis gehörende Gemeinschaftsunternehmen im Sinne von § 310 HGB und assoziierte Unternehmen im Sinne von § 311 HGB wurde zurückgegriffen.[1313] Nicht durchgesetzt haben sich im bisherigen Recht hingegen Stimmen, die sogar bei Vorliegen bloßer Finanzbeteiligungen den Tätigkeitsbereich des Emittenten tangiert sahen.[1314] Im Ergebnis war der Veröffentlichungsrahmen für Muttergesellschaften demnach im Recht vor AnSVG relativ klar abgesteckt.

2) Die Charakterisierung von „Konzerninformationen" als unmittelbare Insiderinformationen

a) Fortgeltung der konzernspezifischen Einschränkung durch Umgrenzung des Einflussbereichs im Merkmal der Unmittelbarkeit?

Das Merkmal des Eintritts im Tätigkeitsbereich des Emittenten wurde nunmehr jedoch lediglich als Regelbeispiel zur Bestimmung der Unmittelbarkeit in § 15 Abs. 1 S. 3 aufgegriffen. Damit ist es dem Rechtsanwender zwar möglich, das bisherige Wissen um diese Voraussetzung und somit die Veröffentlichungspflicht in konzernrechtlichen Sachverhalten weiterhin wenigstens zum Teil fruchtbar zu machen.[1315] Dies bewahrt ihn indes nicht davor, sich mit dem Verständnis des weiteren Begriffs der Unmittelbarkeit auseinanderzusetzen. Immerhin könnten Muttergesellschaften in Zukunft verstärkt in die Verlegenheit kommen, aufgrund von Ereignissen in Tochtergesellschaften veröffentlichungspflichtig gem. § 15 Abs. 1 S. 1 zu werden. Eine allgemeine Annäherung an den Begriff der Unmittelbarkeit ist indes nur unter Schwierigkeiten möglich, da an

---

1312 Schwark/*Zimmer* KMRK § 15 Rn 54; ähnlich *Geibel* in Schäfer § 15 Rn 45, siehe auch *Götz* DB 1995, 1949, 1952; ähnlich *Hahn*, Neue Ansätze im Anlegerschutz durch die Ad-hoc-Publizität des § 15 WpHG, S. 153, der hervorhob, dass auch die konkrete ökonomische Sachlage Berücksichtigung finden müsste.

1313 *Kümpel/Assmann* in Assmann/Schneider, 3. Aufl., § 15 Rn 44; *Hopt* in Bankrechts-Handbuch § 107 Rn 55; Schwark/*Zimmer* KMRK § 15 Rn 55; *Waldhausen*, Die ad-hoc-publizitätspflichtige Tatsache, S. 198 f.; *Fülbier*, Regulierung der Ad-hoc-Publizität, S. 249 ff.; *Wölk* AG 1997, 73, 77; *Geibel* in Schäfer § 15 Rn 45; *Cahn* ZHR 162 (1998), 1, 30; *Fürhoff/Wölk* WM 1997, 449, 451.

1314 So aber *Gehrt*, Die neue Ad-hoc-Publizität, S. 142; *v.Klitzing*, Die Ad-hoc-Publizität, S. 109.

1315 Allgemein zur Implementierung bisherigen Rechts und ihrer Sinnhaftigkeit siehe ausführlich Teil 3, A.II)1)d)cc).

keiner Stelle eine verbindliche oder wenigstens unverbindliche abstrakte Definition existiert, sondern lediglich nicht abschließende Beispielskataloge von CESR und BaFin zur Konkretisierung der Unmittelbarkeit zur Verfügung stehen.[1316] Anhaltspunkte, an denen die Normadressaten ihr Verhalten im Falle der vorliegend zu behandelnden Problematik passgenau ausrichten könnten, finden sich jedoch weder in den CESR-Empfehlungen noch im Emittentenleitfaden der BaFin. Dies ist um so verwunderlicher, als dass die BaFin den Emittentenleitfaden selbst als „praktische Hilfestellung für den Umgang mit den geänderten bzw. neuen Vorschriften des Wertpapierhandelsrechts" ansieht.[1317] Lediglich das Entstehen eines Konzerns durch Verschmelzungsverträge oder Eingliederungen, aber auch Ausgliederungen werden als veröffentlichungspflichtige Insiderinformationen von der BaFin erwähnt,[1318] wobei die BaFin an dieser Stelle bereits das Preisbeeinflussungspotential mit in die Betrachtung einstellt.

Die genannten Kataloge können somit zwar für die konzernspezifischen Fragen nicht unmittelbar weiterhelfen, allerdings konnte daraus an anderer Stelle bereits eine Verallgemeinerung der Anforderungen an die Unmittelbarkeit gewonnen werden. Demnach müssen Insiderinformationen immer dann als unmittelbar gelten, wenn nicht nur völlig unspezifische, eine unbestimmte Vielzahl von Unternehmen betreffende und den Emittenten infolgedessen allenfalls marginal interessierende Umstände in Rede stehen. Soweit nicht nur ein abstrakt-generelles Element vorliegt, sind Insiderinformationen mithin als unmittelbar zu qualifizieren.[1319]

Für die vorliegenden konzernrechtlichen Fragen versinnbildlicht sich in diesem abstrakten Ansatz zur Bestimmung der Unmittelbarkeit, dass keineswegs mehr auf die Einflussnahme der Muttergesellschaft bei der Tochtergesellschaft abgestellt werden kann, da die Unmittelbarkeit darüber hinaus bei verschiedensten unternehmensexternen Umständen zu bejahen ist, bei denen das Merkmal des Einflusses gerade keine Rolle spielt.[1320] Dies bedeutet jedoch auch, dass im Recht nach AnSVG die Unmittelbarkeit keine echte Beschränkung für etwaige Veröffentlichungspflichten der Muttergesellschaft nach § 15 Abs. 1 S. 1 darstellen kann. Insbesondere scheidet über die Unmittelbarkeit eine generelle Ein-

1316 Dazu schon Teil 3, A.II)1)d)cc)(4).

1317 Emittentenleitfaden der BaFin vom 15.7.2005, S. 12.

1318 Emittentenleitfaden der BaFin vom 15.7.2005, S. 43; für die Veräußerung bedeutender Beteiligungen siehe S. 51.

1319 Siehe Teil 3, A.II)1)d)cc)(4).

1320 Ebenso bereits *Spindler/Speier* BB 2005, 2031, 2032.

schränkung auf existentielle wirtschaftliche Schwierigkeiten von Konzerngesellschaften oder Insolvenzverfahren aus.[1321]

b) *Die zentrale Voraussetzung des Kursbeeinflussungspotentials*

Die Aufgabe der Filterfunktion kann damit vielmehr nur noch der zentralen Voraussetzung des Potentials zur erheblichen Kursbeeinflussung zukommen. Im Rahmen der vorliegenden Untersuchung wurde sich bereits verschiedentlich diesem im Recht nach AnSVG entscheidenden Merkmal gewidmet,[1322] welches gem. § 13 Abs. 1 S. 2 immer dann anzunehmen sein soll, wenn ein verständiger Anleger die Information bei seiner Anlageentscheidung berücksichtigen würde. Die Beantwortung, wann dies der Fall ist, kann indes nicht generell getroffen werden, sondern ist stark einzelfallabhängig. Für die nunmehr interessierenden konzernrechtlichen Konstellationen können jedoch verschiedene allgemeine Leitlinien festgehalten werden. Zunächst wird in einem ersten Schritt zu fragen sein, ob die Information überhaupt für die Tochtergesellschaft Kursbeeinflussungspotential besitzt. Schließlich ist es schwerlich vorstellbar, dass ein Umstand der selbst für die Tochtergesellschaft derart unbedeutend ist, dass er keine Veröffentlichungspflicht zur Folge hat, auf die Muttergesellschaft so starke Auswirkungen zeitigt, dass ein verständiger Anleger ihn berücksichtigen würde. Dies heißt aber noch nicht, dass jede Insiderinformation der Tochtergesellschaft auch zu einer solchen der Muttergesellschaft wird. So werden beispielsweise finanzielle Schwierigkeiten in der Regel für beide Gesellschaften Kursbeeinflussungspotential besitzen, währenddessen etwaigen Zukäufen der Tochtergesellschaft überhalb der Melde- aber unterhalb der Kontrollschwellen nicht in jedem Fall auch für die Muttergesellschaft Kursbeeinflussungspotential innewohnt.[1323] In einem weiteren Schritt wird man daher allgemein auf die Größe der Beteiligung der Mutter- an der Tochtergesellschaft schauen müssen, da sich mit steigendem Anteilspaket auch die Wahrscheinlichkeit erhöht, dass die Veränderungen in der Tochtergesellschaft auf die Muttergesellschaft durchschlagen und somit für letztere Kursbeeinflussungspotential besitzen. In diesem Zusammenhang wird ein verständiger Anleger bei der Beurteilung der Informationen auch den Grad der Konzernierung berücksichtigen, da insbesondere bei Bestehen von Beherrschungs- oder Gewinnabführungsverträge die Pflicht zur Verlustübernahme gem. § 302 AktG droht.

1321 Ebenso *Spindler/Speier* BB 2005, 2031, 2032; anders hingegen *Simon* Der Konzern 2005, 13, 17; eine substantielle Filterfunktion bejahend *Decker*, Ad-hoc-Publizität, S. 264; allgemein zur Unmittelbarkeit bereits Teil 3, A.II)1)d).

1322 Ausführlich vor allem Teil 2, A.III)1)e).

1323 Allgemeiner noch *Spindler/Speier* BB 2005, 2031, 2033, die lediglich davon sprechen, dass umsatz- und gewinnirrelevanten Ereignissen oder sehr geringen Einflüssen kein Kursbeeinflussungspotential innewohnt.

Sollten im Einzelfall somit die entsprechenden Voraussetzungen vorliegen, wird sich die jeweilige Information als unmittelbare Insiderinformation für die Muttergesellschaft darstellen und infolgedessen eine Veröffentlichungspflicht nach § 15 Abs. 1 S. 1 erfordern.

c) Wissensdefizite im Konzern und das Problem der Wissenszurechnung

Allerdings können die vorstehenden Ausführungen nicht über ein grundsätzliches konzernrechtliches Problem hinwegtäuschen: Die Muttergesellschaft kann ihrer Veröffentlichungspflicht nur nachkommen, wenn sie auch von den Insiderinformationen Kenntnis erlangt. Im Kern geht es also darum, inwieweit der Muttergesellschaft das Wissen der Tochtergesellschaft zugerechnet werden kann bzw. muss. Dies erfordert nicht nur eine Auseinandersetzung von inhaltlicher Natur, sondern bedarf zunächst einer Kontroverse in systematischer Hinsicht.

aa) Systematische Aspekte der Ad-hoc-Publizität

Zunächst ist die Systematik der Ad-hoc-Publizität zu beleuchten, die eine Antwort auf die Frage verspricht, an welcher Stelle die (Un)Kenntnis der Muttergesellschaft von veröffentlichungspflichtigen Insiderinformationen zu verorten ist. Probleme erwachsen diesbezüglich daraus, dass Elemente der (Un)Kenntnis unzweifelhaft als subjektiv zu qualifizieren sind. Im Gegensatz dazu setzt die Entstehung der Ad-hoc-Publizitätspflicht gem. § 15 WpHG jedoch lediglich den objektiven Eintritt der in dieser Norm beschriebenen Merkmale voraus, ohne dass es darauf ankäme, dass eine bestimmte Person von der Insiderinformation Kenntnis erlangen muss.[1324] Erst die Bußgelddrohung in § 39 erfordert das Vorliegen subjektiver Elemente, gleiches gilt für die zivilrechtlichen Haftungstatbestände gem. § 37b und § 37c. Der Prüfungsort für Fragen der Wissenszurechnung liegt damit eigentlich auf der Hand, denn die Systematik der wertpapierhandelsrechtlichen Normen strebt zugunsten einer Behandlung in dem letztgenannten Zusammenhang. Dennoch könnte man die Implementierung der Wissenszurechnung auf der eigentlich objektiven Ebene des § 15 als sachnäher empfinden, da auf diesem Wege bereits das Entstehen etwaiger Veröffentlichungspflichten verhindert und ein derartiges vorgelagertes Modell somit Betrachtungen gleichsam „aus einem Guss“ ermöglichen würde.[1325] Allerdings gilt es zu bedenken, dass dieser Ansatz den Grundsatz der objektiven Bestimmung der Ad-hoc-Publizitätspflicht zum Teil durchstoßen und somit einen Systembruch

---

1324 Zum bisherigen Recht siehe *Braun* in Möllers/Rotter, Ad-hoc-Publizität, § 8 Rn 47; *Schäfer* in Marsch-Barner/Schäfer, Hdb. börsennotierte AG, § 14 Rn 28; zum Recht nach AnSVG *Spindler/Speier* BB 2005, 2031, 2032.

1325 So noch *Spindler/Speier* BB 2005, 2031, 2032 f.

darstellen würde.[1326] Fraglich ist daher, ob dies überhaupt notwendig ist. Vielmehr ist es möglich, dass auch die Verortung der Fragen der Wissenszurechnung in den jeweils subjektiven Anforderungen der Bußgeldvorschriften[1327] oder in den zivilrechtlichen Haftungstatbeständen zu denselben Ergebnissen wie eine quasi vorgelagerte Einschränkung der Publizitätspflicht des § 15 führt. Zunächst ist festzuhalten, dass die Veröffentlichungspflicht in dieser Situation unzweifelhaft unabhängig von einem kognitiven Element entsteht. Ebenso wie bei der Vorverlagerung der Wissenszurechnung in § 15 wird es aber auch bei diesem nachgelagerten Modell zu keiner Veröffentlichung kommen, wenn die Muttergesellschaft von der Insiderinformation keine Kenntnis hat. Es drohen ihr mithin die genannten ordnungswidrigkeits- oder zivilrechtlichen Folgen, die allerdings jeweils die Erfüllung eines subjektiven Elements voraussetzen. Wusste die Muttergesellschaft somit nicht von Insiderinformationen, wird zu hinterfragen sein, ob sie davon wissen musste und ihr somit hinsichtlich ihrer Unkenntnis ein Verschuldensvorwurf gemacht werden kann. An dieser Stelle stellen sich dann aber die Fragen der Wissenszurechnung in gleicher Form wie sie im vorgelagerten Modell eine Rolle spielen. Bei nachgelagerter Einschränkung entsteht damit eine Veröffentlichungspflicht, an deren Nichtbefolgung bei nicht stattfindender Wissenszurechnung keine Sanktionen geknüpft sind. Sie entpuppt sich somit als „zahnloser Tiger". Im Ergebnis existiert damit jedoch kein Unterschied zwischen dem nachgelagerten und dem vorgelagerten Modell. Da jedwede im Zusammenhang mit § 15 in Betracht zu ziehende Sanktions- oder Haftungsnorm an das Vorliegen beschriebener subjektiver Elemente anknüpft, werden auch im vorliegenden Rahmen unberücksichtigte Vorschriften daran keine Änderung herbeiführen. Im Ergebnis wird man daher das nachgelagerte Modell aufgrund seiner Stimmigkeit im System der Ad-hoc-Publizität bevorzugen müssen.

bb) Inhaltliche Reichweite der Wissenszurechnung im Rahmen der Ad-hoc-Publizität

Weiterhin offen ist damit jedoch, inwieweit in Fällen, in denen die Muttergesellschaft keine Kenntnis von Insiderinformationen bei der Tochtergesellschaft hat, eine konzernrechtliche Wissenszurechnung vorzunehmen ist. Bei der Festlegung dieses Rahmens erscheint eine Annäherung über die Wissenszurechnung innerhalb eines Unternehmens hilfreich. Ausgehend von der Erwägung, dass die Durchführung der Ad-hoc-Publizität eine öffentlich-rechtliche Verpflichtung der Gesellschaft ist, die für die Vermögens- und Finanzlage der Gesellschaft hohe Relevanz besitzt, wird die Durchführung der Ad-hoc-Publizität dem Kernbe-

1326 Unkritisch insoweit noch *Spindler/Speier* BB 2005, 2031, 2032.

1327 Neben § 39 ist insbesondere § 130 OWiG in Betracht zu ziehen, der aber wenigstens Fahrlässigkeit zu seiner Einschlägigkeit voraussetzt.

reich der Leitungsfunktion des Vorstands zugeordnet und kann demnach nicht auf untere Führungsebenen übertragen werden.[1328] Dies bedeutet jedoch auch, dass die Norm eine vom Vorstand zu installierende Unternehmensorganisation voraussetzt, die unabhängig von der Person des involvierten Mitarbeiters die Veröffentlichung garantiert.[1329] Nach der Vorstellung des Bundesgerichtshofes sollen derartige Grundsätze der Wissenszurechnung auch auf alle arbeitsteiligen Organisationen, bei denen es zu einer Wissensaufspaltung kommen kann, Anwendung finden.[1330] Eine derart weitreichende Zurechnung aufgrund objektivierter Organisationspflichten ist jedoch gerade im vorliegend behandelten Zusammenhang der Publizität im Konzern überaus zweifelhaft, da ansonsten eine konzernweite Unternehmensorganisation, die die Einhaltung der Veröffentlichungspflicht sicherstellt, vorausgesetzt würde. Dies stößt jedoch auf Bedenken, da trotz Konzernierung die rechtliche Selbstständigkeit der Gesellschaften fortbesteht. Würde man den grundlegenden Gedanken von einer umfassenden Organisationspflicht im Bereich der Wissenszurechnung weiterentwickeln, müsste man jeder Gesellschaft, die auf der Grundlage eines irgendwie gearteten Vertrages mit einer anderen Gesellschaft zusammenarbeitet, u.U. aufbürden, die Verträge derart auszugestalten, dass es zu einem weitgehenden Informationsaustausch kommt, möglicherweise auch von sensiblen Daten, damit kein Konflikt mit der Ad-hoc-Publizitätspflicht heraufbeschworen wird. Überdies ist zu beachten, dass eine Konzernleitungspflicht des Vorstandes der Muttergesellschaft für den absoluten Regelfall gerade nicht besteht.[1331] Eine konzernweite Wissenszurechnung und damit konzernweite Ad-hoc-Publizitätspflicht muss infolgedessen weitestgehend ausscheiden. Sie kommt nur bei intensiver Beherrschung der Tochtergesellschaft in Betracht. Dies wird zum einen dann der Fall sein, wenn die Muttergesellschaft sich jederzeit die nötigen Informationen ohne rechtliche Hindernisse beschaffen könnte – mithin in der Regel im Vertragskonzern – oder zum ande-

---

1328 Siehe bereits *Möllers/Leisch* WM 2001, 1648, 1652; sowie *Braun* in Möllers/Rotter, Ad-hoc-Publizität, § 8 Rn 49 und *Schäfer* in Marsch-Barner/Schäfer, Hdb. börsennotierte AG, § 14 Rn 28.

1329 Siehe *Braun* in Möllers/Rotter, Ad-hoc-Publizität, § 8 Rn. 48 f.; *Schäfer* in Marsch-Barner/Schäfer, Hdb. börsennotierte AG, § 14 Rn 28.

1330 BGH Urt. v. 2.2.1996 – V ZR 239/94 Z 132, 30, 37; dazu *Spindler* Unternehmensorganisationspflichten, S. 963 ff.; MüKoBGB/*Schramm* § 166 Rn. 23; *Drexl* ZHR 161 (1997), 491, 493.

1331 MünchKommAktG/*Hefermehl/Spindler* § 76 Rn 39 ff.; *Mertens* in Kölner Komm zum AktG § 76 Rn 55; *Hüffer* § 76 AktG Rn. 17; *Habersack* in Emmerich/Habersack, Aktien- und GmbH-Konzernrecht, § 311 Rn 11; *Kort* in GroßkommAktG, § 76 Rn 139; *Kropff* ZGR 1984, 112, 116 ff.; *Schiessl* ZGR 1992, 64, 82 f.; *Drexl* Bankrechtstag 2002: Neues Schuldrecht und Bankgeschäfte, Wissenszurechnung bei Kreditinstituten, S. 85, 105; eine Konzernleitungspflicht bejahend hingegen *Hommelhoff,* Die Konzernleitungspflicht, S. 43 ff., 165 ff., 184 ff.; *Wiesner* in MünchHdbAG, § 19 Rn 12; *Lutter* ZGR 1987, 324, 349 ff.

ren aufgrund einer Personalunion zwischen den Organmitgliedern über das entsprechende Wissen verfügen könnte.[1332]

d) Fazit

Festzuhalten bleibt somit, dass die Veröffentlichungspflicht der Muttergesellschaft durch beschriebenen Wegfall des Eintritts im Tätigkeitsbereich des Emittenten tatsächlich nunmehr in einem weiteren Umfang auch für Insiderinformationen der Tochtergesellschaft besteht. Im Rahmen von § 15 Abs. 1 kann nur noch das notwendige Kursbeeinflussungspotential Filterfunktion entfalten, was jedoch nicht zu einer gleichwertigen Einschränkung wie zur Rechtslage vor AnSVG führt. In all denjenigen Fällen, in denen die Muttergesellschaft positiv Kenntnis von den Insiderinformationen hat, muss sie mithin auch eine Veröffentlichung dieser Information auf den vorgesehenen Kanälen betreiben. Dennoch werden Ad-hoc-Publizitätspflichten von Muttergesellschaften nunmehr nicht der Regelfall sein, da diese Gesellschaften oftmals Wissensdefizite aufweisen werden. Die trotzdem bestehende, weil objektiv zu bestimmenden Ad-hoc-Publizitätspflicht nach § 15 Abs. 1 ist für diese Unternehmen bei deren Nichtbefolgung größtenteils unschädlich, da die Sanktionierung der unterlassenen Veröffentlichung ein subjektives Element voraussetzt. Bei Unkenntnis kann dies jedoch nur in den beschriebenen Fällen der Wissenszurechnung angenommen werden, mithin also nur in Fällen intensiver Beherrschung der Tochtergesellschaft.

3) Aufschub der Veröffentlichung: Die Notwendigkeit konzernweiter Interpretation des berechtigten Interesses

Besteht bei Erfüllung vorgesagter Merkmale nunmehr eine Veröffentlichungspflicht der Muttergesellschaft für „Konzerninformationen", kann lediglich § 15 Abs. 3 auf einem rechtstreuen Weg der Publizierung noch entgegenstehen. Hierfür ist die Einschlägigkeit der in § 15 Abs. 3 S. 1 niedergelegten Voraussetzungstrias notwendig.[1333] Entscheidendes Merkmal in diesem Zusammenhang ist wiederum die Frage, ob der Schutz der berechtigten Interessen des Emittenten die Befreiung erfordert. Die Ermittlung der berechtigten Interessen erfolgt dabei

---

1332 Im Ergebnis ebenso, jedoch bei anderer systematischer Verortung bereits *Spindler/Speier* BB 2005, 2031, 2032; näher zu Fragen der Wissenszurechnung im Konzern *Spindler,* Unternehmensorganisationspflichten, S. 963 ff., 973 ff., insbes. 978 ff.; *Drexl* ZHR 161 (1997), 491, 512 f., 519 f.; *Drexl,* Bankrechtstag 2002: Neues Schuldrecht und Bankgeschäfte, Wissenszurechnung bei Kreditinstituten, S. 85, 110 ff., 118 f.; zur Lage bei personellen Verflechtungen ausführlich *Schüler,* Die Wissenszurechnung im Konzern, S. 196 ff.; *Buck,* Wissen und juristische Person, S. 471 ff.

1333 Ausführlich dazu bereits Teil 3, A.II)4)b).

mittels Abwägung, in die die Interessen des Emittenten an der Geheimhaltung der Information und die Interessen des Kapitalmarktes an einer vollständigen und zeitnahen Veröffentlichung einzustellen sind und nur bei Überwiegen der erstgenannten Interessen ein Aufschub möglich ist.[1334] Die Bejahung des berechtigten Interesses im Sinne von § 15 Abs. 3 ist gem. § 6 WpAIV nicht nur bei der Gefährdung laufender Verhandlungen durch die Veröffentlichung sowie bei Vorliegen mehrstufiger Entscheidungsprozesse in Betracht zu ziehen, sondern beispielsweise auch im Falle von Neuentwicklungen von Produkten, Patenten, Erfindungen etc. bis der Emittent die erforderlichen Maßnahmen ergriffen hat, um seine Rechte abzusichern.[1335] Allgemein sollen bei der Abwägung nur die berechtigten Interessen des Emittenten unter Ausblendung von Interessen dritter Personen (z. B. Verhandlungspartner) berücksichtigt werden.[1336] Dadurch werden allerdings nicht die Interessen der Anleger aus dem Kreis der Ermittlung des berechtigten Interesses des Emittenten ausgeklammert.[1337]

Fraglich ist nunmehr jedoch, ob und inwieweit bei der Ermittlung des berechtigten Interesses der Muttergesellschaft auch auf die Interessen rechtlich selbstständiger Konzerngesellschaften rekurriert werden kann. Von Relevanz könnte die Frage der konzernweiten Interpretation des berechtigten Interesses etwa bei konzernweiten Sanierungsstrategien sein. Hier ist es denkbar, dass bei isolierter Betrachtung der Muttergesellschaft ein berechtigtes Interesse verneint werden müsste, da die Muttergesellschaft selbst nicht sanierungsbedürftig ist. Dennoch vermag die tatsächlich sanierungsbedürftige Tochtergesellschaft ein vehementes Interesse daran zu haben, dass ihre Sanierungspläne nicht vorzeitig publik werden.

Zu hinterfragen ist in diesen Konstellationen wiederum, ob, ähnlich wie bei dem in § 308 Abs. 1 S. 2 AktG anerkannten Konzerninteresse, entscheidend ist, ob die Muttergesellschaft über entsprechende Einflussmöglichkeiten verfügt. Bereits herausgestellt werden konnte, dass bei mangelnder positiver Kenntnis von Insiderinformation bei der Tochtergesellschaft durch die Muttergesellschaft, eine tatsächlich sanktionierte Ad-hoc-Publizitätspflicht nur in Fällen intensiver Beherrschung besteht.[1338] Eine intensive Beherrschung setzt aber im Regelfall eine derart enge Verknüpfung von Mutter- und Tochtergesellschaft voraus, dass bereits die Eigeninteressen der Muttergesellschaft und diejenigen ihrer Anleger für ein berechtigtes Interesse streiten können. Um im aufgeworfenen Bild zu bleiben: Die Veröffentlichung der Sanierungsbestrebungen der Tochtergesellschaft aufgrund wirtschaftlicher Schieflage und die damit einhergehende Gefahr

---

1334 Siehe Teil 3, A.II)4)b)aa)(2).

1335 Emittentenleitfaden der Bafin vom 15.7.2005, S. 55.

1336 Emittentenleitfaden der BaFin vom 15.7.2005, S. 55.

1337 Ausführlich bereits Teil 3, A.II)4)b)aa)(2).

1338 Siehe zuvor Teil 3, C.III)2)c).

des Scheiterns dieser Bemühungen werden bei enger Verknüpfung zwischen Mutter- und Tochtergesellschaft auch für die Muttergesellschaft erhebliche Nachteile haben können, so dass bereits die Muttergesellschaft ein anerkennenswertes berechtigtes Interesse am Aufschub der Veröffentlichung anführen kann.

Hingegen ist bei positiver Kenntnis von Insiderinformationen aus kapitalmarktrechtlicher Sicht eine Veröffentlichung auch in Fällen notwendig, in denen keine intensive Beherrschungsmöglichkeit im Konzern besteht. Maßgeblich sind in diesen Fällen nämlich die möglichst rasche Information des Kapitalmarktes und die damit einhergehende Vermeidung von Informationsvorsprüngen. Voraussetzung einer derartigen Veröffentlichungspflicht ist jedoch in jedem Fall, dass die Information auch in Bezug auf die Muttergesellschaft die Hürde des Kursbeeinflussungspotentials nimmt. Sollte demnach eine Insiderinformation tatsächlich vorliegen, besteht für Muttergesellschaften auch außerhalb intensiver Beherrschungsmöglichkeiten eine Ad-hoc-Publiziätspflicht, die nur noch durch eine eigenständige Befreiung gem. § 15 Abs. 3 (temporär) zu verhindern ist. Unterwirft man aber die Muttergesellschaft unabhängig von ihren Einflussmöglichkeiten schon allein bei reiner Kenntnis der Ad-hoc-Publizität, wird man ihr umgekehrt im Rahmen von § 15 Abs. 3 zubilligen müssen, dass sie unabhängig von ihren Einflussmöglichkeiten ein konzernweites Interesse ins Feld führen kann. Damit kann die Muttergesellschaft beispielsweise von der Veröffentlichung von Sanierungsplänen für die Tochtergesellschaft auch dann absehen, wenn sie nur über einen faktischen Einfluss verfügt, sofern der Konzern insgesamt ein berechtigtes Interesse an der vorübergehenden Geheimhaltung dieser Pläne hat, etwa um die Sanierung nicht zu gefährden.[1339]

IV) Veröffentlichungspflicht der Tochtergesellschaft

1) Die Kenntnis von Insiderinformationen der Muttergesellschaft und die Auswirkungen auf etwaige Veröffentlichungspflichten der Tochtergesellschaft

Ungleich größere Schwierigkeiten bereiten die Veränderungen durch das AnSVG für die Veröffentlichungspflicht der Tochtergesellschaft im Falle des Eintritts von Umständen bei der Muttergesellschaft. Zwar galt allgemein bereits vor AnSVG die Einschätzung, dass die Einordnung des Emittenten in den Konzernzusammenhang für eine zutreffende Beurteilung seiner wirtschaftlichen La-

1339 Ebenso zur Konstellation bei positiver Kenntnis bereits *Spindler/Speier* BB 2005, 2031, 2033.

ge nötig ist,[1340] doch wurde bislang weitgehend angenommen, dass im Tätigkeitsbereich der Muttergesellschaft des Emittenten, aber auch im Tätigkeitsbereich eines mit dem Mutterunternehmen des Emittenten verbundenen (Schwester-)Unternehmens eintretende Tatsachen keine Ad-hoc-Publizität nach § 15 a. F. zur Folge hatten.[1341] Der Grund dafür lag in der Erwägung, dass es an der Möglichkeit zu einer unternehmerischen Tätigkeit durch die Tochtergesellschaft fehle und infolgedessen diese Konstellationen gerade nicht zum „Tätigkeitsbereich des Emittenten" gehörten.[1342] Die zum Teil vertretene Auffassung, dass auch die Tochtergesellschaft im Bereich der Muttergesellschaft eintretene Informationen zu veröffentlichen habe, stützte sich dagegen insbesondere auf die Erwägung, dass anderenfalls der Kapitalmarkt trotz des Vorliegens relevanter Informationen uninformiert bliebe.[1343] Die überwiegende Ansicht sprach sich jedoch gegen eine Veröffentlichungspflicht nach dem vorstehend genannten Muster aus, da vom Gesetzgeber in § 15 a.F. gerade keine Konzernklausel verankert wurde, obwohl bei der Definition des Primärinsiders nach § 13 Abs. 1 Nr. 1 a. F. derartige Erwägungen Berücksichtigung fanden.[1344] Zudem wurde bezweifelt, ob damit nicht die Grenze unzulässiger Analogie überschritten würde, da hiermit die ordnungswidrigkeitenrechtliche Verantwortung der Tochtergesellschaft entgegen § 3 OWiG erweitert worden wäre.[1345]

Zwar ist nach wie vor eine solche Konzernklausel nicht in § 15 verankert worden, doch ist festzustellen, dass mit dem Wegfall des Merkmals „Eintritt im Tätigkeitsbereich des Emittenten" und mit der Einführung der Unmittelbarkeit eine generelle Ausweitung auf unternehmensexterne Informationen einhergeht[1346]. Einschränkend wirken bei der Qualifikation als Insiderinformation demnach nur

---

1340 *Kümpel/Assmann* in Assmann/Schneider, 3. Aufl., § 15 Rn 44; Schwark/*Zimmer* KMRK § 15 Rn 54; *Fürhoff/Wölk* WM 1997, 449, 451; *Fülbier*, Regulierung der Ad-hoc-Publizität, S. 252; siehe auch *Cahn* ZHR 162 (1998), 1, 30 f.; *Wölk* AG 1997, 73, 77; *Waldhausen*, Die ad-hoc-publizitätspflichtige Tatsache, S. 198 ff.

1341 Schwark/*Zimmer* KMRK § 15 Rn 57; *Geibel* in Schäfer § 15 Rn 45; *v.Klitzing*, Die Ad-hoc-Publizität, S. 109 f.; *Hopt* ZGR 2002, 333, 348 ff.; *Waldhausen*, Die ad-hoc-publizitätspflichtige Tatsache, S. 200 f.; siehe auch *Kümpel/Assmann* in Assmann/Schneider, 3. Aufl., § 15 Rn 44; *Kümpel* Bank- und Kapitalmarktrecht Rn 16.242.

1342 Schwark/*Zimmer* KMRK § 15 Rn 57; *Geibel* in Schäfer § 15 Rn 45; so auch *Hopt* ZGR 2002, 333, 348 ff.; *Waldhausen*, Die ad-hoc-publizitätspflichtige Tatsache, S. 201.

1343 Dazu *Cahn* ZHR 162 (1998), 1, 31; *Fülbier*, Regulierung der Ad-hoc-Publizität, S. 254 f.; siehe auch *Singhof* ZGR 2001, 146, 169 f.; im Ergebnis ebenso *Zitzewitz*, Stock Options, S. 252.

1344 Schwark/*Zimmer* KMRK § 15 Rn 57; *Waldhausen*, Die ad-hoc-publizitätspflichtige Tatsache, S. 172, 201; *Hopt* ZHR 159 (1995), 135, 151 mit Fn 65; *Dreyling/Schäfer*, Insiderrecht und Ad-hoc-Publizität, Rn 350; *Schäfer* in Marsch-Barner/Schäfer, Hdb. börsennotierte AG, § 14 Rn 11; siehe auch *Geibel* in Schäfer § 15 Rn 26.

1345 *V.Klitzing*, Die Ad-hoc-Publizität, S. 109 f.

1346 Siehe bereits Teil 3, A.II)1)d)cc)(7).

noch die öffentliche Bekanntheit und in stärkerem Maße das hierfür nötige Kursbeeinflussungspotential. Damit kann die Annahme, dass per se Informationen aus der Sphäre der Muttergesellschaft keine Veröffentlichungspflicht für die Tochtergesellschaft zur Folge haben, nicht aufrechterhalten werden. Überdies hat der Verweis auf die Konzernklausel des § 13 a.F. an Überzeugungskraft verloren, da dort nunmehr keine Konzernklausel verortet ist, sondern Insiderhandelsverbot und Ad-hoc-Publizität vielmehr weitgehend parallel hinsichtlich des Informationsbegriffs ausgestaltet wurden. Lediglich auf der Rechtsfolgenseite des Insiderhandelsverbotes findet sich in § 38 Abs. 1 Nr. 2 a) für das Weitergabe- und das Verleitungsverbot die vormals in § 13 Abs. 1 Nr. 1 niedergelegte Konzernklausel. Allerdings wird sich dadurch nicht der vor AnSVG angeführte Rückschluss, der Gesetzgeber hätte eine weitere Konzernklausel im Rahmen der Ad-hoc-Publizität explizit anführen müssen, aufrechterhalten lassen.[1347] Vielmehr ist § 38 Abs. 1 Nr. 2 nunmehr lediglich als eine Einschränkung auf bestimmte Personengruppen bei ansonsten allumfassender Einschlägigkeit zu verstehen und würde bei anderem Verständnis insbesondere auch das beabsichtigt scharfe Schwert des § 14 Abs. 1 Nr. 1 iVm § 38 Abs. 1 Nr. 1 konterkarieren. Bei Auswirkungen von Entscheidungen der Muttergesellschaft oder bei bei dieser eintretender Ereignisse mit Bedeutung für die Wirtschaftslage und das Kursniveau der (börsennotierten) Tochtergesellschaft unterliegt letztere somit vorbehaltlich der Erfüllung der übrigen Merkmale der Insiderinformation nach § 13 WpHG der Ad-hoc-Publizitätspflicht.[1348]

Allerdings ist diese Pflicht im Gleichlauf zur Lage bei der Muttergesellschaft nur strafbewehrt, soweit die Tochtergesellschaft positiv Kenntnis von den Insiderinformationen genommen hat oder ihr das Wissen um diese Informationen zuzurechnen ist. Letzteres ist indes nicht im Gleichlauf zur Lage für die Muttergesellschaft denkbar, da die Tochtergesellschaft nicht über entsprechende Einflussmöglichkeiten bei der Muttergesellschaft verfügt. Damit kann ihr nur die positive Kenntnis ihrer Organmitglieder oder Angestellten über Vorgänge in der Mutter- oder bei Schwestergesellschaften in dem Sinne zum Nachteil gereichen, dass die Befolgung der objektiv ermittelten und bestehenden Ad-hoc-Publizitätspflicht nach § 15 Abs. 1 S. 1 dann auch tatsächlich aufgrund Vorliegens der subjektiven Anforderungen sanktioniert ist.[1349] Alle anderen Umstände haben für die Tochtergesellschaft keine Relevanz, da sie hinsichtlich dieser Vorgänge keinen Einfluss auf die Informationsbeschaffung nehmen kann.

1347 Ebenso bereits *Spindler/Speier* BB 2005, 2031, 2033 f.

1348 Siehe auch *Möllers* ZBB 2003, 390, 392; *Kuthe* ZIP 2004, 883, 885.

1349 Im Ergebnis ebenso, allerdings noch die Entstehung der Ad-hoc-Publizitätspflicht nach § 15 und nicht die Sanktionierung einschränkend *Spindler/Speier* BB 2005, 2031, 2033 f.

2) Leitlinien zum Aufschub der Veröffentlichung durch die Tochtergesellschaft

Für die Frage, inwieweit ein Aufschub der Veröffentlichung nach § 15 Abs. 3 denkbar ist, wird wieder entscheidend auf das berechtigte Interesse des Emittenten, hier der Tochtergesellschaft abzustellen sein. Die hierfür in die Abwägung auf Seiten des Emittenten einzustellenden Interessen wird man dabei nicht auf diejenigen von Tochtergesellschaft und ihren Anlegern beschränken müssen, sondern entsprechend zu den Ausführungen für die Muttergesellschaft auch hier eine konzernweite Interpretation des berechtigten Interesses zulassen können. Dies ist als Ausgleich zu den erweiterten Veröffentlichungspflichten in konzernrechtlichen Konstellationen überdies als geboten anzusehen.

V) Konzernrechtlich bedingte gemeinsame Erfüllung der Ad-hoc-Publizität

1) Gefährdung der AnSVG-Ziele durch eine konzernrechtlich erweiterte Veröffentlichungspflicht

Die beschriebenen Ausweitungen des Anwendungsbereichs des § 15 Abs. 1 lassen jedenfalls im konzernrechtlichen Umfeld eine Flut neuer Ad-hoc-Mitteilungen[1350] als möglich erscheinen. Diese Gefahr kann auch mit einem Hinweis auf die erweiterte Möglichkeit zum Aufschub der Veröffentlichungspflicht nicht vollumfänglich ausgeräumt werden. Denn trotz der möglichen konzernrechtlichen Interpretation des berechtigten Interesses im Rahmen von § 15 Abs. 3 ermöglicht diese Norm nur einen temporären Aufschub, der bei Wegfall der Befreiungsgründe und gleichzeitig fortbestehendem Vorliegen der Merkmale einer Insiderinformationen im Zeitpunkt dieses Wegfalls eine unverzügliche Veröffentlichung gem. § 15 Abs. 3 S. 2 zur Folge hat. Zwar haben erste Untersuchungen in zeitlicher Nähe zum Inkrafttreten des AnSVG ergeben, dass die Emittenten hinsichtlich der Umstellung ihrer bisherigen Ad-hoc-Veröffentlichungspraxis zögern und lediglich 28 % eine erhöhte Anzahl von Ad-hoc-Mitteilungen aufgrund veränderter „Publizitätspolitik“ vorzuweisen haben.[1351] Doch ist fraglich, ob dies in Zukunft tatsächlich auf einem ähnlichen Niveau

1350 Im Zusammenhang mit der Einführung der Unmittelbarkeit äußerten bereits *Dreyling* Der Konzern 2005, 1, 3 sowie *Harrer/Vaupel* Börsen-Zeitung, Ausgabe 193 vom 6.10.2004, S. 2 in allgemeiner Art und Weise diese Befürchtung; allgemein zur Informationsflut auch *Leuering/Simon* NJW-Spezial 2004, 271, 272; *Assmann* in Assmann/Schneider, § 15 Rn 53; spezieller im Konzernzusammenhang bereits *Spindler/Speier* BB 2005, 2031, 2034.

1351 Siehe die Befragung von Citigate Dewe Rogerson: „Neun Monate AnSVG“, S. 5 ff., abrufbar unter http://www.citigatedr.de/news_pub_004.php (7.6.2005).

bleibt. Mit der fortschreitenden Ausleuchtung der AnSVG-Änderungen durch die Literatur, als deren Bestandteil die vorliegende Arbeit zu verstehen ist, werden die erweiterten Anforderungen nämlich auch in das Bewusstsein der Emittenten rücken bzw. rücken müssen, die sich im eigenen Interesse diesen Anforderungen stellen werden. Damit besteht jedoch stärker als zuvor die Gefahr, dass der Anleger durch die vielen zusätzlichen Ad-hoc-Mitteilungen den Überblick verliert und die wirklich wichtigen Nachrichten untergehen. Dies steht in Widerspruch zu dem Willen des Gesetzgebers, durch die Veröffentlichungspflicht gem. § 15 Abs. 1 S. 1 die bestmögliche Markttransparenz zu gewährleisten, so dass die Marktteilnehmer frühzeitig über alle marktrelevanten Informationen verfügen, um sachgerechte Anlageentscheidungen treffen zu können.[1352]

Zu hinterfragen ist daher im Folgenden, in welcher Form dieser Konflikt in konzernrechtlicher Hinsicht auftritt und eventuell aufgelöst werden kann.

2) Reduktion der Ad-hoc-Mitteilungen aufgrund gemeinsamer Erfüllung des § 15 Abs. 1 S. 1

a) Veröffentlichungsstrategien im Konzern

Zunächst lassen es die getätigten Ausführungen sinnwidrig erscheinen, der Tochtergesellschaft Veröffentlichungspflichten aufzuerlegen, die die Muttergesellschaft in gleicher oder ähnlicher Weise ebenfalls zu erfüllen hat. Zur Reduktion der Ad-hoc-Mitteilungen in konzernrechtlichen Sachverhalten bietet es sich somit augenscheinlich an, eine Veröffentlichungspflicht der börsennotierten Tochtergesellschaft für Ereignisse im Tätigkeitsbereich der Muttergesellschaft nur dann zu fordern, wenn die Muttergesellschaft selbst nicht börsennotiert und somit nicht Adressat der Pflicht aus § 15 Abs. 1 S. 1 ist.[1353] Umgekehrt würde dies bedeuten, dass man bei Börsennotierung von Mutter- und Tochtergesellschaft annehmen müsste, dass die Tochtergesellschaft keiner Ad-hoc-Publizitätspflicht nachzukommen hat, da die Muttergesellschaft die gleiche Information bereits publizieren musste. Der Grund für diese Erwägung liegt darin, dass zu den Voraussetzungen von § 15 Abs. 1 S. 1 die mangelnde öffentliche Bekanntheit zählt, welche durch Publikation nur einer Gesellschaft entfallen könnte[1354]. Allerdings würde bei einer solchen Betrachtung übersehen, dass bei Vorliegen

---

1352 BT-Drucks. 15/3174, S. 34.

1353 Einen derartigen Hinweis gibt bereits *Möllers* ZBB 2003, 390, 392; einen ähnlichen Gedanken verfolgend bereits *Schäfer* in Marsch-Barner/Schäfer, Hdb. börsennotierte AG, § 14 Rn 33 zum Recht vor AnSVG, wenn bei gleichzeitiger Börsennotierung von Mutter- und Tochtergesellschaft die Reduktion auf nur eine Veröffentlichung seitens der Tochter vorgeschlagen wurde.

1354 Zu dieser Erwägung siehe *Kuthe* ZIP 2004, 883, 885 mit Fn 15; *Assmann* in Assmann/Schneider, § 15 Rn 72.

der ad-hoc-pflichtigen Umstände die Publizitätspflicht bei Mutter- und Tochtergesellschaft zeitgleich eingreift.[1355] Die Tochtergesellschaft darf sich somit nicht darauf verlassen, dass eine andere Gesellschaft die Insiderinformation publiziert, da auf diesem Wege nicht sichergestellt wäre, dass eine Ad-hoc-Mitteilung erfolgt. Nur wenn tatsächlich eine Information nach § 15 Abs. 1 bereits dem Markt durch die Muttergesellschaft mitgeteilt wurde, kann von einer nochmaligen Mitteilung durch die Tochtergesellschaft abgesehen werden. Zwar fehlt es selbst dann an der für den Markt relevanten Zusatzinformation, dass auch die Tochtergesellschaft die jeweilige Information als kurssensibel für sich ansieht[1356], doch ist bei der Qualifikation als Insiderinformation in § 13 Abs. 1 eine derartige Erklärung im Ergebnis nicht gefordert. Vielmehr reicht es aus, dass dem Markt die Möglichkeit eröffnet wurde, die Information an sich zur Kenntnis zu nehmen. Sollte dies der Fall sein, ist die Insiderinformation nunmehr öffentlich bekannt und nicht mehr gem. § 15 Abs. 1 S. 1 zu publizieren. Eine andere Sichtweise würde das Instrument der Ad-hoc-Publizitätspflicht im Ergebnis auch überfordern, da ansonsten jede Gesellschaft eine bereits publizierte Insiderinformation nochmals veröffentlichen müsste, da die Erklärung, dass auch diese Gesellschaft die Information für sich als relevant einstuft, fehlte. Damit würde die Befürchtung einer Flut zusätzlicher Ad-hoc-Mitteilungen tatsächlich Wirklichkeit und die Effektivität des Instruments der Ad-hoc-Publizität stark in Mitleidenschaft gezogen.

Trotz der genannten Nachteile hat der Emittent im Ergebnis bei Veröffentlichungspflichten in konzernrechtlichen Zusammenhängen nunmehr zunächst die Wahl zwischen zwei Vorgehensweisen: Zum einen kann die Gesellschaft ungeachtet anderer bereits erfolgter Veröffentlichungen eine eigene Ad-hoc-Mitteilung publizieren, zum anderen könnte die Gesellschaft eine Veröffentlichung der Insiderinformation durch die ebenfalls publizitätspflichtige andere Konzerngesellschaft abwarten.

b) Abgleich der Veröffentlichungsstrategien mit zivil- und ordnungswidrigkeitenrechtlichen Rechtsfolgen

Die Vermeidung zivil- und ordnungswidrigkeitenrechtlicher Folgen stellt im Wirtschaftsleben einen starken Anreiz für die Ergreifung eines bestimmten Verhaltens dar. Um diesen Aspekt ist daher die vorliegende Untersuchung zu erweitern und zu hinterfragen, welche der beiden genannten Strategien für den Emittenten das geringere Risiko birgt.

Problematisch an erstgenannter Vorgehensweise ist, dass die Information bei einer derartigen „nachgelagerten“ Veröffentlichung per definitionem keine In-

1355 *Kuthe* ZIP 2004, 883, 885 mit Fn 15.
1356 Dazu *Spindler/Speier* BB 2005, 2031, 2034.

siderinformation mehr ist. Dann wird man jedoch auch hinterfragen müssen, ob eine derartige Veröffentlichung nicht als nicht richtig gem. § 39 Abs. 2 Nr. 5 zu qualifizieren ist. Überdies droht bei singulärer Veröffentlichung, dass wichtige Teilinformationen, von denen nur eine Gesellschaft Kenntnis hat, nicht in der Ad-hoc-Mitteilung verarbeitet werden. Dies könnte den Vorwurf einer nicht vollständigen Veröffentlichung gem. § 39 Abs. 2 Nr. 5 zur Folge haben. Diese Risiken sind allerdings auf der subjektiven Ebene zu relativieren. Zur Begründung einer Haftung ist es schließlich auf jeden Fall notwendig, dass ein Verschuldensvorwurf gemacht werden kann. Problematisch an der Erhebung eines derartigen Vorwurfes in konzernrechtlichen Zusammenhängen ist, dass im Konzern die einzelnen Unternehmen weiterhin rechtlich selbstständig sind.[1357] Zweifelsohne sind die subjektiven Voraussetzungen der einzelnen Tatbestände sowohl für die Mutter- als auch die Tochtergesellschaft nur bei positiver Kenntnis um Insiderinformationen erfüllt.[1358] In allen anderen Fällen vermag nur eine Wissenszurechnung zu helfen, die jedoch in Konzernstrukturen aufgrund der angesprochenen rechtlichen Selbstständigkeit oftmals zu verneinen ist. Diesbezüglich konnte an anderer Stelle bereits festgestellt werden, dass für die Tochtergesellschaft eine derartige Wissenszurechnung mangels Einflussmöglichkeit per se ausscheidet,[1359] für die Muttergesellschaft kommt sie nur im Falle intensiver Beherrschung in Betracht.[1360] An dieser Situation vermag insbesondere § 130 OWiG nichts zu ändern, da die rechtliche Selbstständigkeit der Gesellschaften im Konzern es wiederum verbietet, einen Konzern als Unternehmen im Sinne der Norm zu behandeln.[1361] Die Verhängung eines Bußgeldes erscheint somit auch bei Veröffentlichung von Informationen, die keine Insiderinformation mehr darstellen, überaus gering. Daneben besteht jedoch die Gefahr, über § 37c in Anspruch genommen zu werden. Die dortige Veröffentlichung von unwahren Insiderinformationen beinhaltet nicht nur die inhaltliche Unrichtigkeit, sondern auch die Unvollständigkeit.[1362] Dieses Verständnis gilt auch nach AnSVG fort, da diese Norm keiner anderen Bedeutung zugeführt werden sollte, sondern der Gesetzgeber lediglich Anpassungen an § 15 vornehmen wollte.[1363] Zwar sind

1357 Zum Kenntnisproblem im Konzern bereits Teil 3, C.III)2)c) sowie *Fülbier,* Regulierung der Ad-hoc-Publizität, S. 256 f.

1358 Siehe Teil 3, C.III)2)c) sowie Teil 3, C.IV)1).

1359 Siehe Teil 3, C.IV)1).

1360 Dazu bereits Teil 3, C.III)2)c)bb).

1361 *Göhler,* OWiG, § 130 Rn 5; *Hermanns/Kleier,* Grenzen der Aufsichtspflicht in Betrieben und Unternehmen, S. 25; *Rebmann/Roth/Herrmann,* Gesetz über Ordnungswidrigkeiten, § 130 Rn 5; anders aber *Rogall* in Karlsruher Kommentar, OWiG, § 130 Rn 25, der sich über die rechtliche Vielheit mit dem Argument, dass der Konzern faktisch wie ein Unternehmen organisiert sei, hinwegsetzt.

1362 Dazu bereits vor AnSVG *Sethe* in Assmann/Schneider, 3. Aufl., §§ 37b, 37c Rn 34; Schwark/*Zimmer* KMRK §§ 37b, 37c Rn 35.

1363 Siehe BT-Drucks. 15/3174, S. 40; *Sethe* in Assmann/Schneider, §§ 37b, 37c Rn 56.

wiederum die subjektiven Hürden zu nehmen, ehe der Emittent in die Haftung geraten kann, doch gilt es für §§ 37b, 37c die Besonderheiten bezüglich der Beweislastverteilung in die Betrachtung einzustellen. Immerhin gilt für diese Anspruchsgrundlage, dass gem. §§ 37b Abs. 2, 37c Abs. 2 der Emittent den Beweis mangelnden Verschuldens im Sinne von Vorsatz oder grober Fahrlässigkeit anzutreten hat.[1364] Eine derartige Verteilung der Darlegungs- und Beweislast nach beherrschten Verantwortlichkeitsbereichen fußt auf der Erwägung, dass die zu beurteilenden Umstände in der Sphäre des Anspruchsverpflichteten liegen.[1365] Im Konzern ist die Schlüssigkeit dieser Aussage jedoch in Frage gestellt, da diese Sphäre nun auf andere rechtlich selbstständige Unternehmen ausgedehnt würde, würde diese Beweislastverteilung beibehalten. Ebenso wenig wie der geschädigte Anleger, der ohne Beweislastumkehr das Verschulden praktisch kaum beweisen könnte,[1366] wird eine Konzerngesellschaft nur unter bestimmten Voraussetzungen in der Lage sein, den Vorwurf zu entkräften. Allerdings erscheint es vertretbar, auf der Grundlage der konzernrechtlichen Besonderheiten die Beweislastumkehr in der dortigen Form per se in Frage zu stellen und dem Emittenten im Gleichlauf mit der oben aufgezeigten Wissenszurechnung die Beweislast nur in den Konstellationen der intensiven Einflussnahme aufzubürden. Dann besteht jedoch bei unabhängiger Veröffentlichung der Konzerngesellschaften allenfalls eine minimale Gefahr nachteiliger Folgen.

Fraglich ist, welche Vor- oder Nachteile im Vergleich dazu ein Abwarten der Veröffentlichung der Insiderinformation durch eine andere Konzerngesellschaft hat. Zunächst könnte man sich dem Verspätungsvorwurf aus § 39 Abs. 2 Nr. 5 aussetzen. Allerdings greifen hier wieder die hohen subjektiven Hürden ein. Allenfalls die Schadensersatzregelung wegen unterlassener unverzüglicher Veröffentlichung nach § 37b könnte mitsamt der darin getroffenen Beweislastumkehr für Vorsatz oder grobe Fahrlässigkeit gefahrvoll für den Emittenten wirken. Allerdings wird man diese Beweislastumkehr entsprechend der eben dargelegten Erwägungen im konzernrechtlichen Umfeld aufgrund der rechtlichen Vielheit im Konzern einschränken müssen. Dann sind die Gefahren jedoch ebenso wie bei der voneinander unabhängigen Veröffentlichung eher als gering einzustufen. Allerdings wird das Abwarten der Veröffentlichung durch eine andere Gesellschaft tatsächlich nicht zu einer veritablen Strategie werden können, da in jedem Fall die Möglichkeit besteht, dass beide Gesellschaften derart verfahren und da-

1364 Dazu siehe Schwark/*Zimmer* KMRK §§ 37b, 37c Rn 62; *Sethe* in Assmann/Schneider, §§ 37b, 37c Rn 64; *Kümpel*, Bank- und Kapitalmarktrecht, Rn 16.336.

1365 Schwark/*Zimmer* KMRK §§ 37b, 37c Rn 62; *Möllers/Leisch* in Möllers/Rotter, Ad-hoc-Publizität, § 14 Rn 76; *Rössner/Bolkart* ZIP 2002, 1471, 1474; alle zurückgehend auf RegBegr., BT-Drucks. 14/8017, S. 93.

1366 Schwark/*Zimmer* KMRK §§ 37b, 37 c Rn 62; *Möllers/Leisch* in Möllers/Rotter, Ad-hoc-Publizität, § 14 Rn 76; *Rössner/Bolkart* ZIP 2002, 1471, 1474; so auch BR-Drucks. 605/97, S. 80 zu § 46 BörsG a.F.

her im Ergebnis sogar der Vorwurf unterlassener Veröffentlichung im Raume steht.

Damit werden die Organe eines Emittenten die erstgenannte Vorgehensweise aufgrund minimaler rechtlicher Risiken präferieren und so zu einer Vielzahl eigentlich unnützer Ad-hoc-Mitteilungen beitragen.

c) *Konsolidierte Ad-hoc-Mitteilungen zur Auflösung bestehender Risiken*

Fraglich ist überdies aber, ob im konzernrechtlichen Umfeld sich nicht eine dritte Möglichkeit, den Veröffentlichungspflichten nachzukommen, geradezu aufdrängt, nämlich eine konsolidierte Erklärung. Jedenfalls sämtliche im vorangegangenen Kapitel genannten Risiken könnten auf diesem Wege vermieden werden. Angesichts der Fülle der börsennotierten Aktiengesellschaften und der Vielzahl der jährlich verbleibenden Ad-hoc-Meldungen[1367] ist für ein derartiges gemeinsames Vorgehen bei der Erfüllung der Pflichten aus § 15 Abs. 1 allerdings erforderlich, dass die Information ohne weiteres beiden Gesellschaften zugeordnet werden kann.

Per se auszuklammern ist eine konsolidierte Erklärung hingegen, wenn Mutter- und Tochtergesellschaft nicht gleichlaufende Informationspflichten treffen[1368]. Beispielsweise ist es denkbar, dass Personalentscheidungen in den Organen einer eher unbedeutenden Tochtergesellschaft für diese zwar als Insiderinformation einzustufen sind, für die Muttergesellschaft dies jedoch mangels eines Kursbeeinflussungspotentials nicht gilt. In diesen Fällen kommt eine konsolidierte Ad-hoc-Mitteilung somit nicht in Betracht.

Herauszustellen ist, dass zur umfassenden und zielgenauen Information des Anlegers auf jeden Fall eine Veröffentlichung sowohl namens der Muttergesellschaft als auch namens der Tochtergesellschaft nötig ist.[1369] Bei gleicher Bedeutung der jeweiligen Information als Insiderinformation für Mutter- und Tochtergesellschaft bietet sich neben der bestehenden Möglichkeit der Einzelinformation des Kapitalmarktes eine konsolidierte Erklärung an. Zwar ist diese gesetzlich weder vorgesehen noch vorgeschrieben, doch ist sie im Sinne einer zielgenauen Information des Kapitalmarktes wünschenswert. Die Adressaten der Ad-hoc-Publizitätspflicht werden derartige konsolidierte Erklärungen jedoch nur dann als lohnend einstufen, wenn die Kostenersparnis der ansonsten doppelten Ad-

---

1367 Zur Statistik der deutschen ad-hocs siehe *Caspari* NZG 2005, 98, 100 mit Fn 32, wonach im Jahre 2004 2423 Ad-hoc-Mitteilungen übermittelt wurden. Ausführlich dazu v.a. die jeweiligen Jahresberichte der BaFin, abrufbar unter www.bafin.de.

1368 Dazu *Kuthe* ZIP 2004, 883, 885 mit Fn 15; *Gehrt*, Die neue Ad-hoc-Publizität, S. 142 f.

1369 Zum Recht vor AnSVG siehe bereits *Gehrt*, Die neue Ad-hoc-Publizität, S. 143; zur aktuellen Rechtslage *Spindler/Speier* BB 2005, 2031, 2034; *Decker*, Ad-hoc-Publizität, S. 268.

hoc-Mitteilung nicht durch Extraaufwendungen für die engere Abstimmung zwischen Mutter- und Tochtergesellschaft aufgezehrt wird.

3) Konsolidierte Ad-hoc-Mitteilungen im geltenden Recht

Sollten sich Emittenten nunmehr für eine konsolidierte Ad-hoc-Mitteilung entscheiden, muss dies auch tatsächlich mit der geltenden Rechtslage in Einklang zu bringen sein. Problematisch könnte dies sein, weil weder das Gesetz noch eine Verordnung diese Möglichkeit der Veröffentlichung explizit ansprechen. Die bisherige Festlegung der inhaltlichen Voraussetzungen an die Veröffentlichung der Ad-hoc-Mitteilung in § 4 WpAIV enthält lediglich die Aussage, dass der Emittent seinen Namen und Anschrift sowie die jeweilige internationale Wertpapierkennnummer neben der veröffentlichungspflichtigen Insiderinformation sowie gegebenenfalls nötige Zusatzerklärungen zur unmittelbaren Betroffenheit und zum Kursbeeinflussungspotential anzugeben hat. Der Wortlaut ist damit grundsätzlich auf die Veröffentlichung durch einen Emittenten zugeschnitten. Das heißt aber noch nicht, dass die in der WpAIV vorgesehene Ad-hoc-Mitteilung per se eine konsolidierte Form ausschließt. Soweit eine Insiderinformation zwei Emittenten in gleicher Weise betrifft, erscheint es möglich, dass in einer Ad-hoc-Mitteilung diese beiden Unternehmen den genannten Voraussetzungen nachkommen können und somit ihre jeweilige Pflicht aus § 15 Abs. 1 S. 1 gemeinsam erfüllen. Entscheidend dürfte nämlich ausschließlich sein, dass tatsächlich eine Veröffentlichung namens des jeweiligen Emittenten auf dem vorgesehenen Weg erfolgt. Bedenken könnten sich zwar daraus ergeben, dass nach § 4 Abs. 1 S. 2 WpAIV eine Ad-hoc-Mitteilung kurzgefasst sein soll. Diese Erwägungen wird man jedoch zerstreuen können, da diese Norm zum einen nur eine „Sollvorschrift" darstellt und zum anderen kein Maßstab für die geforderte Kürze existiert. So ist nicht davon auszugehen, dass die wenigen Zusatzinformationen, die zwei Gesellschaften in einer Mitteilung machen müssten, eine Charakterisierung als „lange" Ad-hoc-Mitteilung zur Folge hätte. Überdies darf nicht der zusätzliche Informationsgehalt einer konsolidierten Ad-hoc-Mitteilung, nämlich die Möglichkeit der Einordnung der Unternehmen in den Konzernzusammenhang, unbeachtet bleiben.

Das bestehende rechtliche Gerüst der Ad-hoc-Publizität steht somit der angedachten Variante der konsolidierten Ad-hoc-Mitteilung nicht entgegen. Eine andere Deutung wäre in der Sache auch wenig überzeugend, da Widersprüche zur Regelpublizität die Folge wären. Immerhin wird im Rahmen der Rechnungslegung zur Information der Märkte der Bezug auf einen konsolidierten Kreis von Konzernunternehmen vorausgesetzt.[1370] Im Rahmen der Ad-hoc-Publizität sollte

---

1370 Zur Pflicht zur Aufstellung eines Konzernabschlusses und eines Konzernlageberichts siehe §§ 290 ff. HGB.

dann dem Emittenten wenigstens die Möglichkeit einer vergleichbaren gemeinsamen Publizität eingeräumt werden, da letztlich die Ad-hoc-Publizität nur ein die Regelpublizität ergänzendes Mittel ist, welches ebenfalls zur Information der Kapitalmärkte dient.

Festzuhalten bleibt somit, dass konsolidierte Ad-hoc-Mitteilungen nicht im Widerspruch zur derzeitigen Rechtslage stehen.[1371] Allerdings dürften sie dennoch in der Praxis ein ungewohntes Bild bleiben, da diese Möglichkeit noch nicht intensiv diskutiert wurde und somit noch nicht in das Bewusstsein der Emittenten vorgedrungen sein wird. Eine gesetzliche Verankerung erscheint vor diesem Hintergrund angezeigt. Überdies wäre es empfehlenswert, wenn die BaFin in ihrem Emittentenleitfaden dazu entsprechende Ausführungen, wie sie vorstehend vorgezeichnet wurden, trifft.

VI) Fazit

Das AnSVG bedingt im konzernrechtlichen Umfeld erhebliche Veränderungen der Publizitätspflichten von Mutter- und Tochtergesellschaft. Dadurch, dass das Kriterium der „Unmittelbarkeit" nicht mehr dieselbe eingrenzende Funktion wie vormals der „Eintritt im Tätigkeitsbereich des Emittenten" entfalten kann, ist die Einschlägigkeit der objektiv zu ermittelnden Publizitätspflicht des § 15 per se erweitert. Allerdings ist sowohl für Mutter- als auch Tochtergesellschaft die Nichterfüllung der Veröffentlichungspflicht nur dann mit nachteiligen Folgen verbunden, wenn sie von den Insiderinformationen positiv Kenntnis hatten oder das Wissen einer anderen Konzerngesellschaft zuzurechnen ist. Überlegungen, die aufgrund dieser subjektiven Merkmale, welche erst auf der Rechtsfolgenseite eine Rolle spielen, bereits den Tatbestand des § 15 einschränken wollen, stimmen mit der vorliegend vertretenen Linie zwar im Ergebnis überein, durchbrechen jedoch unnötig den Grundsatz der ausschließlich objektiven Ermittlung von § 15 Abs. 1 S. 1. Insofern ist der in allgemeiner Form bereits aufgefächerte Tatbestand des § 15 Abs. 1 S. 1 keiner Veränderung zuzuführen.

Im Gegensatz dazu sind die Gründe für einen Aufschub der Veröffentlichung nach § 15 Abs. 3 im Vergleich zu der allgemeinen Ausformung um einen weiteren Aspekt zu ergänzen: So ist der Kreis der zu berücksichtigenden Umstände bei der Ermittlung des berechtigten Interesses konzernweit zu verstehen. Diese Art der Interpretation rührt im Ergebnis daher, dass bereits die Ad-hoc-Publizitätspflicht aus § 15 Abs. 1 S. 1 konzernweite Umstände erfasst. Gleichsam als

---

1371 Im Unterschied dazu wird man eine gemeinsame Veröffentlichung auf dem für die Ad-hoc-Publizität vorgesehenen Weg für die Befolgung der Bekanntmachungspflichten aus der Ausnahme-VO und gleichzeitig aus § 15 hinsichtlich eines Rückkaufprogrammes derzeit nicht annehmen dürfen, da hier nicht zwei Ad-hoc-Mitteilungen der Veröffentlichung zugeführt werden. Dazu bereits oben Teil 2, A.VII)2)b)dd)(1).

Gegenpol ist zur Wahrung der Unternehmensinteressen, für die auch Konzerninteressen mitunter eine Rolle spielen, die Möglichkeit zur Befreiung nach § 15 Abs. 3 auszudehnen.

Trotz dieser Ausgestaltung der (temporären) Befreiung von der Ad-hoc-Publizitätspflicht und der relativ hohen Hürde auf der subjektiven Seite wird in Zukunft bei konzernrechtlichen Verflechtungen verstärkt eine Ad-hoc-Mitteilung vorzunehmen sein. Verbesserte Markttransparenz geht mit einem Mehr solcher Mitteilungen aber nicht zwingend einher, vielmehr könnte das Gegenteil der Fall sein, da wichtige Meldungen nun leichter durch die Anleger nicht wahrgenommen werden könnten. Daher erscheint eine konsolidierte Ad-hoc-Mitteilung ratsam, da sie die Anleger zielgenau informieren und überdies eine bessere Einordnung des Unternehmens im Konzern ermöglichen könnte. Im WpHG ist diese Form der Veröffentlichung allerdings weder vorgesehen noch vorgeschrieben. Tatsächlich steht sie aber derzeit auch nicht mit den gesetzlichen Vorschriften in Widerspruch. Dennoch sollte in positivistischer Form diese Möglichkeit im Gesetz und en detail in der WpAIV verankert werden. Bis dato wird realistischerweise die beschriebene konsolidierte Erklärung ein Exot unter den Ad-hoc-Mitteilungen bleiben.

D. Schlussbetrachtung der Ad-hoc-Publizitätspflicht

Die Neuregelung der Ad-hoc-Publizitätspflicht in § 15 durch das AnSVG hat in zeitlicher Nähe zu den beschriebenen Änderungen immer wieder Äußerungen hervorgerufen, die unter dem Regime der veränderten Norm eine Flut von Ad-hoc-Mitteilungen befürchteten. Teilweise konnte man sogar beobachten, dass die Neuregelung, die u.a. eine Reaktion auf die Unternehmensskandale um das Jahr 2000 war, als störend empfunden wurde, da der Markt gerade zu sinnvollen Ad-hoc-Mitteilungen „erzogen" worden sei.[1372] Dies konnte u.a. aus dem stetigen Rückgang von Ad-hoc-Mitteilungen seit dem Jahr 2001 und einer Verharrung der veröffentlichten Ad-hoc-Mitteilungen auf gleichem Niveau in den Jahren 2003 und 2004 abgelesen werden.[1373] In der Tat war demgegenüber im Jahre 2005 ein nicht unerheblicher Anstieg um über 400 Ad-hoc-Mitteilungen und damit die Durchbrechung eines jahrelangen Trends zu verzeichnen, doch sind die beschriebenen Befürchtungen einer Flut neuer, sprich zusätzlicher Ad-hoc-Mitteilungen bisher nicht eingetroffen.

Die Gründe hierfür dürften u.a. darin liegen, dass trotz augenscheinlich sehr umfangreicher Veränderungen bei Lektüre des neuen § 15 im Ergebnis vergleichsweise wenig umwälzende Neuerungen Bestandteil dieser Norm wurden. Dies könnte die Frage provozieren, ob denn die Umgestaltung des Insiderrechts überhaupt notwendig war. Letzteres wird man jedoch eindeutig positiv beantworten müssen, denn allein die nunmehr getroffene Vereinheitlichung zwischen Insiderhandelsverbot und Ad-hoc-Publizität auf den Begriff der Insiderinformation als zentralen Anknüpfungspunkt beider Tatbestände ist ein gewichtiges Argument für die Sinnhaftigkeit der Änderungen durch das AnSVG. Hierdurch wurde die Verzahnung der beiden Instrumente erheblich verbessert und insbesondere transparenter gemacht, so dass die Ad-hoc-Publizität jetzt in noch stärkerem Maße ihre präventive Funktion im Hinblick auf die Verhinderung von Insiderhandel erfüllen kann.

Überdies darf nicht verkannt werden, dass einige Merkmale tatsächlich entscheidend weiterentwickelt wurden. Dies gilt insbesondere für folgende Voraussetzungen:

Augenscheinlichste Neuerung im Rahmen von § 15 Abs. 1 ist sicherlich die Tatsache, dass Emittenten nur dann ad-hoc-publizitätspflichtig werden können, wenn sie von der Insiderinformation unmittelbar betroffen sind. Als Vorgänger dieses Merkmals ist die Voraussetzung des „Eintritts im Tätigkeitsbereich des Emittenten" anzusehen, die nunmehr als Regelbeispiel in § 15 Abs. 1 S. 3 verortet wurde und die infolgedessen nicht deckungsgleich mit der Unmittelbarkeit

---

1372 So *Dreyling* Der Konzern 2005, 1, 3.
1373 Zu den entsprechenden Zahlen en detail siehe bereits Teil 3, A.I)2).

ist. Dennoch wurde nach allgemeiner Auffächerung des neuen Merkmals unter dem Eindruck, dass auch die herrschende Meinung vor AnSVG teilweise unternehmensexterne Umstände zum Tätigkeitsbereich des jeweiligen Emittenten fasste sowie dadurch, dass die Filterfunktion der Merkmale der mangelnden öffentlichen Bekanntheit und des Kursbeeinflussungspotentials der Insiderinformation in Bezug auf unternehmensexterne Umstände als relativ hoch anzusehen ist, von einer lediglich leichten Ausweitung des jetzigen Rechts im Vergleich zur Rechtslage vor AnSVG ausgegangen. Dies ist nach Abgleich der Unmittelbarkeit in Bezug auf die M&A-Transaktionen sowie die konzernrechtlichen Zusammenhänge zu relativieren. Dort konnte nämlich gezeigt werden, dass das Merkmal der Unmittelbarkeit für die Zielgesellschaft sowie die Tochtergesellschaft eine entscheidende Erweiterung darstellt. Anders als bei allgemeinen unternehmensexternen Umständen greift gerade bei M&A-Transaktionen die Filterfunktion der Merkmale der Insiderinformation nicht ein, da jedenfalls die potentielle Käufergesellschaft keine öffentliche Bekanntheit herstellen wird und zudem Kursbeeinflussungspotential des Vorhabens in aller Regel zu bejahen ist. Im Ergebnis ist daher festzuhalten, dass in nicht unbedeutenden Randbereichen die Erweiterung durch das Merkmal der Unmittelbarkeit von erheblichem Gewicht sein kann.

Eine für die Ad-hoc-Publizität nicht minder wichtige Änderung stellt das neue Verfahren hinsichtlich der (temporären) Befreiung von der Ad-hoc-Publizität in § 15 Abs. 3 dar. Auf Kosten der Gefahr einer verstärkten Haftung wird dem Emittenten mehr Freiraum bei der Entscheidung über den Aufschub der Veröffentlichung gegeben, da die Entscheidung über das Vorliegen des § 15 Abs. 3 in seine eigene Verantwortung gestellt wird. Dies hat im Umkehrschluss gleichzeitig für die BaFin den Vorteil, dass sie nicht mehr das Risiko trägt, für fälschlicherweise erteilte Befreiungen haftbar gemacht zu werden. Systematisch kann die verstärkte Eigenverantwortung bereits deshalb überzeugen, da nunmehr der Emittent das ganze Verfahren der Ad-hoc-Publizität eigenverantwortlich mit der Einschränkung etwaiger Mitteilungspflichten betreibt. Ebenso wie er darüber zu wachen hat, ob Insiderinformationen bei ihm eintreten, werden die entsprechenden Abteilungen nunmehr auch im Auge behalten müssen, inwieweit § 15 Abs. 3 eingreifen könnte. Für den Kapitalmarkt liegt in dem neuen System überdies die Chance, in Zukunft noch schneller mittels Ad-hoc-Mitteilung informiert zu werden. Immerhin ist die Einschaltung der BaFin und die von ihr vorzunehmende Prüfung im Vorfeld der Veröffentlichung gerade nicht mehr nötig, so dass jedenfalls in den Fällen, in denen der Emittent zu dem Ergebnis kommt, die inhaltlichen Voraussetzungen des § 15 Abs. 3 liegen nicht vor, ohne Zwischenschaltung eines offiziellen Verfahrensschritts veröffentlicht werden muss. Vor dem Hintergrund des Haftungsrisikos erscheint es überdies durchaus möglich, dass in Zweifelsfragen von der Möglichkeit zum Aufschub der Ad-hoc-Mitteilung ebenfalls nicht Gebrauch gemacht wird, da das Vorsichtsprinzip die

Vorstände eher dazu verleiten wird, einen Weg ohne Haftungsrisiken zu beschreiten. In diesen Fällen erzwingt das Gesetz nunmehr sogar faktisch eine raschere Veröffentlichung. Auf der anderen Seite darf aber nicht übersehen werden, dass sich in inhaltlicher Hinsicht das Verständnis des berechtigten Interesses gewandelt hat, so dass nunmehr häufiger die Möglichkeit besteht, sich auf den Aufschub der Veröffentlichung zu berufen. Die Stärkung des § 15 Abs. 3 war u.a. aufgrund der beschriebenen Ausweitung der Veröffentlichungspflicht durch Einführung der Unmittelbarkeit nötig, da auf diesem Wege ein Korrektiv verankert werden musste, welches es den Emittenten ermöglicht, weiterhin ihre berechtigten Interessen an Geheimhaltung möglichst lange zu wahren, andererseits aber dennoch prinzipiell eine schnelle Veröffentlichung gewährleistet. Letzteres wird im Falle der Einschlägigkeit von § 15 Abs. 3 dadurch gewährleistet, dass bei Wegfall der Aufschubgründe die Veröffentlichung unverzüglich vorzunehmen ist. Diesen Aspekt sollte der Emittent ebenso wie die bestehenden Haftungsrisiken im Falle des Gebrauchmachens von § 15 Abs. 3 mit in die Entscheidung einfließen lassen, inwieweit überhaupt die Befreiung genutzt wird. Denn je länger die Information berechtigt zurückgehalten wird, desto länger muss auch die interne Compliance-Abteilung darüber wachen, ob die Voraussetzungen von § 15 Abs. 3 vorliegen. Überdies ist der Aufwand, den die Führung eines Insiderverzeichnisses während der gesamten Zeit der Existenz der Insiderinformation[1374] bereitet, einzukalkulieren.

Bereits diese beiden zentralen Punkte des Tatbestandes von § 15 Abs. 1 bzw. von § 15 Abs. 3 verdeutlichen die qualitativen Veränderungen der Ad-hoc-Publizität im Vergleich zum Recht vor AnSVG. Das AnSVG wird daher im Hinblick auf § 15 jedenfalls nicht mit dem Argument angegriffen werden können, die Veränderungen der Norm seien ausschließlich von semantischer Natur. Im Gegenteil wird man der Ad-hoc-Publizität nunmehr einen erweiterten Informationsgehalt beimessen können, der aus gleichfalls (wenn auch nicht in umwälzender Art und Weise) erweiterten Einzelvoraussetzungen des Tatbestandes resultiert.

Zuzugeben ist jedoch, dass man die Notwendigkeit des AnSVG vielleicht erfolgreich hinterfragen könnte, wenn man sich vor Augen führt, dass das neue Recht der Ad-hoc-Publizität einige Auslegungsschwierigkeiten mit sich brachte. Während im Rahmen der allgemeinen Ausführungen diesbezüglich insbesondere die mangelnde Definition der Unmittelbarkeit aufgezeigt werden konnte, verdeutlichten die Betrachtungen zu den M&A-Transaktionen, dass bereits der Schritt der Qualfikation als Insiderinformation erhebliche Schwierigkeiten bereiten kann. Dies ist darin begründet, dass eine M&A-Transaktion derart komplex

1374 Überdies sind die Daten des Insiderverzeichnisses gem. § 16 Abs. 2 WpAIV nach ihrer Erstellung sechs Jahre aufzubewahren, um nachzuweisen, welche Personen Zugang zu Insiderinformationen hatten.

ist, dass nicht eindeutig ist, wann der Zeitpunkt vorliegt, in dem die Information nun konkret im Sinne des Gesetzes ist und zudem Kursbeeinflussungspotential besitzt. In konzernrechtlichen Zusammenhängen hatte die Einführung des Merkmals der Unmittelbarkeit hingegen eindeutig eine Ausweitung des Adressatenkreises der Ad-hoc-Publiziätspflicht zur Folge. Dies verschärfte vor allem das rechtliche Problem, inwieweit man an der rein objektiven Ermittlung des § 15 festhalten sollte. Begründet ist dieser Konflikt in der Tatsache, dass eine sanktionierte Veröffentlichungspflicht einen Emittenten nur dann treffen kann und darf, wenn dieser Emittent auch tatsächlich von den veröffentlichungspflichtigen Umständen Kenntnis hat oder ihm das Wissen einer anderen Person zuzurechnen ist und somit von Kennenmüssen auszugehen ist. Die besseren Gründe sprachen in diesem Zusammenhang indes für die Aufrechterhaltung der objektiven Bestimmung des § 15 und Berücksichtigung des Wissens bzw. der Wissenszurechnung beim subjektiven Element einer in Betracht zu ziehenden Sanktions- oder Haftungsnorm. Daneben hatte die genannte Ausweitung überdies zur Folge, dass man mit Erfolg für eine konzernrechtliche Interpretation des berechtigten Interesses im Rahmen von § 15 Abs. 3 eintreten konnte. Im Ergebnis kann man damit hinsichtlich bestehender Auslegungsschwierigkeiten festhalten, dass bedingt durch das AnSVG solche sicherlich entstanden sind, die jedoch allesamt aufgelöst werden können. Nur aufgrund der Tatsache, dass das AnSVG neue rechtliche Probleme heraufbeschwört, wird man die Neuerungen in § 15 nicht angreifen können. Zum einen würde dann nämlich übersehen, dass es kaum eine Norm gibt, die in Bezug auf alle Einzelfälle tatbestandlich vollkommen klare Voraussetzungen aufstellt und zum anderen würden derartige Bedenken faktisch jede Weiterentwicklung des Rechts und somit seine Anpassung an die tatsächlichen Bedürfnisse ausschließen.

Im Ergebnis ist damit die Ad-hoc-Publizität nach AnSVG im Großen und Ganzen nicht anzugreifen. Sie führt insbesondere nicht zu einer derart weitreichenden Transparenz, in deren Folge ein Unternehmen jede Kleinigkeit veröffentlichen oder jedwede Innovation dem Markt und somit auch den Konkurrenten preisgeben müsste. Die getroffene Weiterentwicklung dieses Instituts war nach den Unternehmensskandalen am Neuen Markt vielmehr dringend geboten, um positive Signale an den Kapitalmarkt hinsichtlich der Bekämpfung des Missbrauchs mit Ad-hoc-Mitteilungen, die insbesondere teilweise auch zu Marketingzwecken benutzt wurden, zu senden. In diesem Sinne stärkt die Neuregelung des § 15 nicht nur die präventive Bekämpfung des Insiderhandelsverbotes durch Vereinheitlichung auf die Voraussetzung der Insiderinformation und Ausweitung der Veröffentlichungspflicht auf alle den Emittenten unmittelbar betreffenden Umstände, sondern kann durch erweiterte Veröffentlichungspflichten auch die Ergänzungsfunktion im Hinblick auf die Regelpublizität besser ausfüllen.

Schlussteil: Zusammenführung und Zusammenfassung der Ergebnisse

A. Stärken und Schwächen des Insiderhandelsverbots und der Ad-hoc-Publizität nach AnSVG

1. Das AnSVG hat sowohl das Insiderhandelsverbot als auch die Ad-hoc-Publizität im Wege der Umsetzung europäischer Vorgaben in Teilen grundlegend verändert. Vor dem Hintergrund, dass das AnSVG die Zielsetzung hatte, das durch Unternehmenskrisen und –zusammenbrüche erschütterte Vertrauen der Anleger in die Kapitalmärkte wiederherzustellen, galt es zu befürchten, dass der Gesetzgeber nunmehr einseitige Veränderungen zu Lasten der Marktgegenseite, also der Emittenten, vornehmen würde. In der Tat wurde der Pflichtenkreis der Emittenten mit dem AnSVG erweitert, was sich u.a. auch in den Änderungen des Verkaufsprospektgesetzes widerspiegelt[1375]. Die im Rahmen dieser Arbeit angestellten Betrachtungen zum Verbot von Insidergeschäften und zur Ad-hoc-Publizität offenbaren jedoch, dass trotz partiell weitreichender, weil mehr als nur semantischer Veränderungen den Emittenten in den §§ 12-15 keine erdrosselnden Pflichten aufgebürdet werden.

Stellvertretend für weitere Änderungen mag man insofern an die wohl auffälligste und bedeutendste Umgestaltung des WpHG in § 15 Abs. 3 denken. Trotz des diesbezüglich vollzogenen Paradigmenwechsels, welcher Emittenten nunmehr dazu zwingt, eigenverantwortlich über den Aufschub von der Pflicht zur Ad-hoc-Mitteilung zu entscheiden, liegt darin im Ergebnis keine Überforderung der Emittenten. Vielmehr wird man dies begrüßen dürfen, da im Recht nach AnSVG somit das Verfahren der Veröffentlichung nunmehr aus einer Hand, nämlich aus derjenigen des Emittenten erfolgt. Die entfallene Zwischenschaltung einer Prüfung der BaFin verspricht insbesondere eine zeitlich noch schnellere Veröffentlichung.

Neben § 15 Abs. 3 dürfte insbesondere die Statuierung des Verwendungsverbots die genannte Sorge einseitiger Belastung der Emittenten hervorgerufen haben. Immerhin zwingt § 14 Abs. 1 Nr. 1 nunmehr stärker als zuvor, Handlungen im Besitz von Insiderinformationen zu unterlassen. Dies kann nur positiv aufgenommen werden, da auf diesem Wege das Ausmaß einer drohenden Übervorteilung unwissender Anleger reduziert wird. Nur noch vollkommen unbedenkliche Verhaltensweisen stehen nicht im Widerspruch zu § 14 Abs. 1 Nr. 1. Dies gilt

1375 Zu den Änderungen im Verkaufsprospektgesetz siehe statt vieler *Fleischer* BKR 2004, 339; *Holzborn/Israel* WM 2004, 1948, 1955 f.; *Kuthe* ZIP 2004, 883, 888; *Spindler* NJW 2004, 3449, 3454 f.

vor allem auch für den eigenen Wunsch bzw. Entschluss zum Tätigwerden auf den geschützten Märkten, welcher jedoch eine Veröffentlichung der Insiderinformationen gem. § 15 Abs. 1 nach sich zieht, was insbesondere im Rahmen der Betrachtungen zur Durchführung von M&A-Transaktionen, Aktienoptionsprogrammen sowie Restrukturierungsmaßnahmen gezeigt werden konnte.

Eine Gefährdung der bisherigen Balance zwischen den Marktgegenseiten kann in den Erweiterungen bzw. Veränderungen durch das AnSVG jedoch nicht gesehen werden, vielmehr wird das Informationsniveau nunmehr noch stärker aneinander angepasst, so dass die Veränderungen des AnSVG vielmehr als Weiterentwicklung der bestehenden Balance begriffen werden müssen und können. Der Grad der Stimmigkeit der §§ 12-15 erhöht sich daher durch die Neuregelungen, ohne eine Marktseite zu überfordern.

2. Trotz der beschriebenen, in Teilbereichen grundlegenden Veränderungen durch das AnSVG stehen viele Aspekte des Insiderrechts und der Ad-hoc-Publizität deutlich im Zeichen der Kontinuität. So wird es dem Rechtsanwender oftmals ermöglicht, sein bisheriges Wissen auch für das Recht nach AnSVG fruchtbar zu machen. Beispielsweise gilt das Verständnis der mangelnden öffentlichen Bekanntheit in § 13 Abs. 1 S. 1 fort, was gleichfalls für die vor AnSVG notwendige Differenzierung zwischen Primär- und Sekundärinsider gilt, die nunmehr jedoch auf der Rechtsfolgenseite in § 38 verortet ist. Im Grundsatz ist diese Fortgeltung gutzuheißen, da dem Rechtsanwender das Verständnis neuer Normen erleichtert wird. Es ist jedoch nicht zu verschweigen, dass ein derartiger Ansatz auch erhebliche Gefahren birgt. Probleme entstehen nämlich dann, wenn die Verwendung gleicher Begrifflichkeiten den Rechtsanwender dazu verleitet, vorschnell sein bisheriges Wissen zu transponieren. Für das Merkmal des Kursbeeinflussungspotentials aus § 13 Abs. 1 S. 1 hat der Gesetzgeber im Hinblick auf diese Gefahr durch Konkretisierung des Beurteilungsmaßstabs in § 13 Abs. 1 S. 2 vorgesorgt. Danach ist in Abkehr von (relativ) festen Schwellenwerten nunmehr der verständige Anleger der entscheidende Maßstab. Allerdings ist auch das Phänomen mangelnder Sensibilität für die tatsächlichen Veränderungen im Hinblick auf das Merkmal des Verwendens in § 14 Abs. 1 Nr. 1 zu beobachten. So wird in der Literatur versucht, der Kausalität, welche nunmehr entscheidende Voraussetzung für die Einschlägigkeit des Verwendens ist, ein Verständnis beizumessen, welches vor AnSVG in der Absicht, einen Sondervorteil zu ziehen, verortet wurde und somit keineswegs überzeugen kann. Dennoch wird man dem Gesetzgeber hinsichtlich der von ihm getroffenen Regelungen keinen Vorwurf machen können, da in der Gesetzesbegründung das nunmehr erweiterte Verständnis des Verwendens explizit dargelegt wird. Der Ansatz der behutsamen Modifizierung des Rechts vor AnSVG mit teilweise grundlegenden

Änderungen ist daher nicht zu kritisieren, sondern vielmehr trotz einiger Mängel im Grundsatz zu begrüßen.

3. Während der einzelnen Untersuchungsschritte dieser Arbeit konnte auch festgestellt werden, dass das AnSVG gerade durch die genannte behutsame Entwicklung eine wichtige Klarstellungsfunktion für sich in Anspruch nehmen kann. Immerhin ist eine Vielzahl von Streitigkeiten über das Verständnis des bisherigen Rechts nunmehr entfallen, was letztendlich die „Benutzerfreundlichkeit“ erhöhen dürfte.

Exemplarisch zu nennen ist zunächst die Streitigkeit, inwieweit der Handel im Sinne von § 12 a.F. auch den außerbörslichen Bereich erfassen sollte. Die Einbeziehung letztgenannten Bereichs wird nunmehr bereits in der europarechtlichen Grundlage des AnSVG, in concreto in Art. 9 MMR ausdrücklich klargestellt. Weiterhin wurde durch § 13 Abs. 1 S. 2 die Streitigkeit um die Bestimmung des Kursbeeinflussungspotentials mittels Schwellenwerte zugunsten des Maßstabs des verständigen Anlegers entschieden. Überdies hatte der in § 13 a.F. niedergelegte Begriff der Tatsache zu verschiedenen Meinungen hinsichtlich der Frage, welche Ereignisse von § 13 a.F. erfasst seien, geführt. So wurden im Ergebnis überwiegend auch reine Werturteile als Tatsache angesehen, wenn dies aus der Sicht des Verkehrs aufgrund der überlegenen Sachkunde einer Person angezeigt war. Die im deutschen Recht nicht unvorbelastete Begrifflichkeit „Tatsache“, welche gerade im öffentlichen Recht fortlaufend Verständnisprobleme bereitet, ist damit abgeschafft. Das Merkmal der Konkretheit erfasst diese Fälle nunmehr wenigstens in der Theorie unproblematisch, da es im Gegensatz zu den verschiedenen Linien des Rechts vor AnSVG, die keinen einheitlichen Prüfungskanon finden konnten, jedenfalls in Bezug auf seinen Ansatzpunkt und durch die europarechtlichen Vorgaben per se mit weniger Ausfüllungsproblemen belastet sein dürfte. Ebenfalls hinfällig ist die Relevanz der verschiedenen Linien zum Verständnis vom Tätigkeitsbereich des Emittenten aus § 15 a.F., da die neue „Unmittelbarkeit“ nunmehr unabhängig vom jeweiligen Verständnis des Tätigkeitsbereichs des Emittenten und den daraus resultierenden Unterschieden jede Konstellation der vor AnSVG angeführten Ansichten erfasst.

Zwar schließen derartige Klarstellungen keine wissenschaftliche Diskussion über das nunmehr geltende Recht und dessen Weiterentwicklung aus, doch wird die Praxis die Neuregelungen nicht nur hinnehmen müssen, sondern aufgrund der vorhandenen Klarstellungsfunktion sicherlich auch begrüßen.

4. Kritisch ist das AnSVG jedoch zu sehen, soweit es Anforderungen aufstellt, die für den Einzelfall letztendlich keine verbindlichen Leitlinien aufzeigen, sondern vielmehr nur über Umwege handhabbar gemacht werden können. Dies gilt gerade im Hinblick auf die zuvor angesprochenen Merkmale der Konkretheit und der Unmittelbarkeit, so dass auch die grundsätzlich überaus positive Klarstellungsfunktion beider Merkmale zu relativieren ist. Beide Voraussetzungen beenden zwar Streitigkeiten, die vor dem AnSVG aktuell waren, allerdings hätte man sich von Seiten des Gesetzgebers durchaus klarere Konturen für diese Merkmale gewünscht. Die Unsicherheit über ihre Reichweite wird zwangsläufig wiederum verschiedene Meinungen hervorrufen. Damit wurde vom Gesetzgeber jedoch nur eine Problemverlagerung, aber keine Problemlösung vorgenommen. Immerhin konnte im Laufe dieser Arbeit aufgezeigt werden, dass bislang allenfalls ein Punkt relativer Klarheit durch den Emittentenleitfaden und die wissenschaftliche Literatur erreicht werden konnte. Die angesprochene Klarstellungsfunktion muss somit in dieser Hinsicht trotz Abschaffung zuvor strittiger Merkmale im Hinblick auf das Merkmal der Konkretheit und dasjenige der Unmittelbarkeit als nicht erreicht angesehen werden.

5. Die verschärften Sanktionsmechanismen bei Zuwiderhandlung gegen § 14 sind bei einem gleichzeitigen Seitenblick auf ihre praktische Handhabung indes schwieriger zu beurteilen. So ist die Strafvorschrift des § 38 im Hinblick auf die fünfjährige Strafandrohung zwar unverändert geblieben, doch wurden nunmehr in Abs. 3 eine Versuchsstrafbarkeit und in Abs. 4 eine solche für leichtfertiges Handeln eingefügt. Bußgeldbewehrt ist nach AnSVG überdies ein Verstoß gegen § 14 Abs. 1 Nr. 2 oder Nr. 3 für die sog. Sekundärinsider. Grundsätzlich sind diese Veränderungen positiv aufzunehmen, da jedenfalls von Seiten des Gesetzgebers so stärkeres Abschreckungspotential im Hinblick auf einen etwaigen Handel mit Insiderwissen geschaffen wurde. Allerdings muss man sich fragen, ob die Verschärfungen die genannte Wirkung tatsächlich erreichen können. In der Praxis werden schließlich oftmals keine Verurteilungen nach Hauptverhandlung herbeigeführt, sondern die ganz überwiegende Anzahl der Verfahren, in concreto im Jahr 2005 in 69 von 99 Insiderverfahren trotz gründlicher Vorarbeit der BaFin gem. § 153 Abs. 1 StPO oder § 170 Abs. 2 StPO eingestellt.[1376] Von den verbleibenden Verfahren werden überdies viele gegen Zahlung einer Geldauflage eingestellt oder mittels Strafbefehl einem raschen Ende zugeführt. So wurden im Jahr 2005 lediglich fünf Urteile nach entsprechender Hauptverhandlung gefällt, während in vier Fällen ein Strafbefehl erging und gar in 19 Fällen eine Einstellung gegen Zahlung einer Geldauflage erfolgte.[1377] Zwar bezieht sich die überwiegende Anzahl dieser Verfahren noch auf Sachverhalte, die vor dem Inkrafttreten des AnSVG lagen, doch ist fraglich, ob sich die Tendenz zur Meidung einer Hauptverhandlung durch die generellen Ausweitungen des

1376 Kritisch zu dieser Praxis *Hienzsch* HRRS 2006, 145, 145 ff.
1377 Jahresbericht 2005 der BaFin, S. 158.

Insiderhandelsverbots und die einhergehende Zunahme von insiderrechtlichen Verstößen nicht noch verstärken wird. Rechtlich wird man das Vorgehen mittels Einstellung gegen Zahlung einer Geldauflage bzw. mittels Strafbefehl nicht angreifen können, da dies in § 153a StPO bzw. § 407 StPO ausdrücklich zugelassen ist. Gleiches gilt für die Einstellung gem. § 152 Abs. 1 StPO oder diejenige nach § 170 Abs. 2 StPO. Dennoch sind diese Möglichkeiten nicht in toto unkritisch zu sehen, da bei Kenntnis um diese Praxis wenigstens ein Teil des Abschreckungspotentials verloren geht, was jedoch zugegebenermaßen kein spezifisch insiderrechtliches Problem sein dürfte.

Im Grundsatz sind die genannten Erweiterungen auf der Rechtsfolgenseite daher weiterhin zu begrüßen. Allerdings ist den Staatsanwaltschaften bzw. der BaFin als zuständiger Verwaltungsbehörde für die Durchführung des Bußgeldverfahrens nach § 40 WpHG iVm § 36 Abs. 1 Nr. 1 OWiG trotz erhöhter Arbeitsbelastung durch die gleichzeitig auf der Tatbestandsseite vorgenommenen Erweiterungen zu raten, vor dem Gebrauch der genannten Instrumente zur schnellen Erledigung des Insiderverfahrens die Besonderheiten des Einzelfalls pedantisch zu durchleuchten.

6. Ambivalent muss das Fazit zur Rolle des derzeit aktuellen Emittentenleitfadens der BaFin für das Verständnis des neuen Rechts ausfallen. In wichtigen Bereichen kann der rechtserklärende Ansatz des Emittentenleitfadens sicherlich tatsächlich weiterhelfen und die von der BaFin gewünschte praktische Hilfestellung geben. Zum Schwur kommt es aber dann, wenn der Leitfaden letztendlich mehr Verwirrung stiftet, als er zur Erhellung der Rechtslage beiträgt. Dies konnte insbesondere bei der Frage des Verständnisses der öffentlichen Bekanntheit im Sinne von § 13 Abs. 1 S. 1 festgestellt werden, da hier aus den Ausführungen des Emittentenleitfadens nicht ohne weiteres hervorgeht, ob für die Annahme öffentlicher Bekanntheit weiterhin das (überzeugendere) Konzept der Bereichsöffentlichkeit gilt oder ob das breite Anlegerpublikum als Maßstab zu sehen ist. Überdies sind die Ausführungen der BaFin in rechtlicher Hinsicht problematisch, wenn die BaFin sich dadurch gegen national-gesetzliche bzw. europäische Vorgaben stellt. Eine solche Konstellation liegt vor, wenn öffentlichen Übernahmeangeboten mit dem Ziel des Kontrollerwerbs der Ausnahmecharakter im Hinblick auf die Einschlägigkeit des § 14 Abs. 1 Nr. 1 abgesprochen wird. Bei der Rechtsanwendung wird dem Emittenten daher empfohlen werden müssen, diese Passagen des Emittentenleitfadens auszublenden. Das Problem ist dann jedoch, inwieweit der erkenntnissuchende Rechtsanwender diese – vorsichtig ausgedrückt – Unstimmigkeiten ohne weiteres erkennen kann. Die BaFin ist daher dringend aufgefordert, den Emittentenleitfaden im Hinblick auf die genannten Probleme zu überarbeiten. Dabei sollte insbesondere verstärkt darauf Rücksicht genommen werden, dass der Emittentenleitfaden nicht mehr als eine norminterpretierende Verwaltungsvorschrift darstellt.

Trotz vorhandener Defizite in der tatsächlichen Umsetzung ist der Regelungsansatz, der mit dem Emittentenleitfaden verfolgt wird, dennoch prinzipiell gutzuheißen, da der Leitfaden bei entsprechender Ausgestaltung in jedem Fall einen Beitrag zur Rechtsklarheit leisten kann.

B. Insiderhandelsverbot und Ad-hoc-Publizität de lege lata und de lege ferenda

Die im Rahmen dieser Arbeit angestellten Untersuchungen sowie deren eben angestellte allgemeine Zusammenführung und -fassung im Hinblick auf die Stärken und Schwächen des Insiderrechts und der Ad-hoc-Publizität haben offenbart, dass in einigen Bereichen trotz oder gerade aufgrund des AnSVG Potential für Ver- bzw. Nachbesserungen existiert. Dies wurde im Laufe der Untersuchung bereits verschiedentlich explizit herausgestellt. Abschließend soll dennoch nunmehr ein vollumfänglicher Blick auf diejenigen Vorschriften, die de lege lata nicht in toto überzeugen können, geworfen werden und ein Idealbild dieser Normen de lege ferenda vorgezeichnet werden. Grundsätzlich hat dabei zu gelten, dass an Stellen, in denen das Gesetz ausgedünnt werden kann, von Seiten des Gesetzgebers auch entsprechend agiert werden sollte. Umgekehrt müssen aber auch bei entsprechender Notwendigkeit Ergänzungen vorgenommen werden, auch wenn dies mit einem größeren Umfang des Normtextes de lege ferenda einhergeht.

In concreto sind folgende Veränderungen anzuraten:

1. Schwierigkeiten bereitet in § 13 zunächst die dortige Voraussetzung der konkreten Information über Umstände. Zwar hat sie augenscheinlich den Streit über die Reichweite des vor AnSVG maßgeblichen Begriffs der Tatsache beendet, doch besteht nunmehr das Problem, wie die Konkretheit zu fassen ist. Anders ausgedrückt, die Klarstellungsfunktion im Hinblick auf die Tatsache wird größtenteils, wenn nicht sogar vollständig durch die Unklarheit des Merkmals „konkret" aufgezehrt. Ausdrückliche Hinweise zur sicheren Ergründung dieser Voraussetzung hat der Gesetzgeber in den entsprechenden Normen des WpHG nicht verankert, obwohl es sich angeboten hätte, die Definition aus Art. 1 Abs. 1 RL 2003/124/EG zu übernehmen. Tatsächlich ist jedoch ein kleiner Teil dieser Definition in versteckter Art und Weise in § 13 Abs. 1 S. 3 aufgenommen worden, wenn dort die in Art. 1 Abs. 1 RL 2003/124/EG enthaltenen zukunftsbezogenen Umstände in den deutschen Gesetzestext aufgenommen werden. Versteckt ist dies insofern, als dass nicht ausdrücklich kenntlich gemacht wurde, dass dies Aspekte der Konkretheit sind. Die nicht erfolgte Verknüpfung mit dem letztgenannten Begriff suggeriert vielmehr, dass ein neues, weiteres Merkmal eingeführt wird. Es böte sich daher an, § 13 Abs. 1 S. 3 komplett zu verändern und dort die Definition der Konkretheit zu verankern, also neben den Voraussetzungen an zukunftsbezogene Umstände insbesondere auch die unproblematischeren gegenwartsbezogenen Umstände aufzunehmen.

Es soll nun aber nicht der Eindruck entstehen, dass eine derartige Veränderung alle denkbaren Probleme bei der Erfassung der Konkretheit verhindern könnte. Tatsächlich ist es schwerlich möglich, für alle in Betracht kommenden Nuancen eine abstrakte Leitlinie aufzuzeigen, was insbesondere durch die im Rahmen dieser Arbeit angestellte Untersuchung von Gerüchten, Werturteilen, Prognosen und Planungen belegt werden kann. In derartigen Fällen kommt sowohl der Gesetzesbegründung als auch dem Emittentenleitfaden eine besondere Bedeutung zu. Zwar ist insbesondere letzterer im Hinblick auf die Fortgeltung der Tatsache derzeit noch unrichtig ausgestaltet, doch wird man bei Nachzeichnung der früher h.M. zur Ausfüllung des Begriffes der Tatsache dem Merkmal „konkret" die entscheidenden Konturen geben können. Immerhin konnte im Rahmen dieser Arbeit aufgezeigt werden, dass die maßgeblichen Aspekte des Tatsachenbegriffs unter Geltung der Konkretheit fortleben. Zusammen mit den noch im Entwurf zum Emittentenleitfaden enthaltenen, wenn auch zugegebenermaßen sehr dehnbaren Begriffen der Bestimmbarkeit des Umstandes und der gewissen Seriösität kann dem Rechtsanwender über den entsprechend umzugestaltenden Emittentenleitfaden damit ein sicheres Bild von dem Verständnis der Konkretheit vermittelt werden.

2. Weiterhin überzeugt die Ausgestaltung von § 13 Abs. 1 S. 4 nicht vollends. Darin sind zwei Regelbeispiele[1378] für das Vorliegen einer Insiderinformation verankert. Bereits sprachlich löst diese Regelung Unbehagen aus, wenn der Gesetzgeber formuliert, dass „eine Insiderinformation (...) insbesondere auch eine Information über nicht öffentlich bekannte Umstände im Sinne des Satzes 1" ist. Daran sind die nochmalige Nennung der Voraussetzung der mangelnden öffentlichen Bekanntheit sowie diejenige des Umstandes vollkommen überflüssig, da beide eine zwingende Voraussetzung der genannten Insiderinformation sind. Überdies ist die de lege lata vorhandene Bezugnahme auf Satz 1 nach der genannten (unnötigen) Wiederholung nicht einleuchtend, da dort die Insiderinformation definiert wird. Es sollte daher besser davon gesprochen werden, dass „eine Insiderinformation im Sinne des Satzes 1 bei Vorliegen der entsprechenden Voraussetzungen insbesondere in Betracht zu ziehen ist", wenn eines der genannten Regelbeispiele vorliegt. Den derzeitigen Wortlaut wird man insbesondere nicht mit der Erwägung retten können, die Formulierung solle verdeutlichen, dass S. 4 nur den Begriff der „konkreten Information über nicht öffentlich bekannte Umstände" klären, nicht jedoch die sonstigen Tatbestandsmerkmale entfallen lassen will.[1379] Dies überzeugt bereits aus dem Grund nicht, dass in S. 4 nicht von einer *konkreten* Information die Rede ist. Überdies ist es denkbar, dass auch die genannten Informationen, wie diejenigen im Sinne von S. 4 Nr. 1, bereits öffentlich bekannt sind, so dass die Nennung der „nicht öffentlich bekannten Umstände" ebenfalls überflüssig wäre.

1378 Diese Regelbeispiele haben allerdings eher den untechnischeren Charakter von Beispielsfällen, dazu bereits Teil 2, A.III)4).

1379 So aber *Schäfer* in Schäfer/Hamann, 2. Aufl., § 13 Rn 31.

Doch nicht nur die einleitende Formulierung in § 13 Abs. 1 S. 4 muss auf Widerstand stoßen, auch die Ausgestaltung im Hinblick auf die tatsächlich genannten Regelbeispiele scheint nicht über jeden Zweifel erhaben. Der Gesetzeswortlaut von Nr. 1 erfasst streng genommen sowohl Informationen aufgrund der professionellen Ausführung von Aufträgen, mithin die Fallgestaltungen des sog. Frontrunning, als auch privat erlangtes Wissen um Geschäfte einer anderen Person. Die europarechtlichen Vorgaben, die zur Einführung dieses Beispiels geführt haben und auf die der deutsche Gesetzgeber explizit Bezug nimmt, wollen derart ausdrücklich jedoch nur erstgenannte Konstellationen erfasst wissen. Damit ergibt sich jedoch ein widersprüchliches Geflecht zwischen legislatorischen Grundlagen und Gesetzeswortlaut. Diesbezüglich ist dringend Abhilfe zu schaffen. Hierfür bieten sich dem deutschen Gesetzgeber zwei Vorgehensweisen an. Zum einen kann § 13 Abs. 1 S. 4 nachgebessert werden. Dabei sollte insbesondere explizit aufgeführt werden, dass Nr. 1 die Konstellation des sog. Frontrunning vor Augen hat. Soweit diese Begrifflichkeit nicht eingeführt werden soll, könnte auch eine Differenzierung zwischen professionell und privat erlangten Informationen in das Gesetz aufgenommen werden. In diesem Zuge könnte man die Auslegungshilfe, die die Regelbeispiele für den Rechtsanwender durch Schaffung eines Ansatzpunktes für das Verständnis der Insiderinformation im konkreten Fall zweifelsohne darstellen, noch stärken, indem man den eher dürftigen Katalog des S. 4 um weitere Beispiele ergänzt. Inwieweit eine derartige Auslegungshilfe im Gesetz aber überhaupt nötig erscheint, wird man sich angesichts der Existenz des Emittentenleitfadens zu dem gerade genannten Zweck mit Recht fragen dürfen. Zu bevorzugen ist daher die zweite Möglichkeit, die sich zur Auflösung der genannten Widersprüche anbietet, nämlich die ersatzlose Streichung von § 13 Abs. 1 S. 4. Dies ist angesichts der Tatsache, dass die in Nr. 1 und Nr. 2 aufgeführten Beispiele auch ohne ihre ausdrückliche Nennung bei stringenter Subsumtion ohne weiteres als Insiderinformation qualifiziert werden können, im Ergebnis für die Übersichtlichkeit des Gesetzes nur von Vorteil und somit als konsequent anzusehen. Etwaige Einwände, dass auf diesem Wege ein Umsetzungsdefizit im Hinblick auf Art. 1 Nr. 1 S. 3 MMR vorhanden ist, werden nicht durchdringen können, da die allgemeingültige Definition der Insiderinformation auf jeden Fall die Fälle des Frontrunning erfasst, der in der Richtlinie enthaltene Wortlaut aber nicht zwingend in Regelbeispiele auf deutscher Ebene münden muss. Gleiches gilt auch für das Verhältnis von Art. 1 Nr. 1 S. 2 MMR und § 13 Abs. 1 S. 4 Nr. 2. Mithin ist § 13 Abs. 1 S. 4 mit den besseren Argumenten in toto zu streichen. Dies macht den Vorschlag zur Veränderung seiner einleitenden Formulierung hinfällig.

3. Straffen lässt sich der Gesetzestext überdies in § 14 Abs. 1 Nr. 3. Das dort nunmehr verankerte Verleitungsverbot erfasst nämlich auch alle Fälle des früher alleinstehenden Empfehlungsverbots, so dass letzteres seine ursprüngliche Funktion eingebüßt hat. Dieses Zusammenspiel der genannten Merkmale hat bereits explizit der AnSVG-Gesetzgeber benannt, der jedoch dennoch nicht die Konsequenz hieraus gezogen und eine Handlungsalternative gestrichen hat. Die Motive hierfür liegen im Dunkeln, man wird jedoch davon ausgehen dürfen, dass auf diesem Wege dem Rechtsanwender ein bekanntes Merkmal zum leichteren Einstieg in das nunmehr geltende Verständnis des § 14 Abs. 1 Nr. 3 an die Hand gegeben werden sollte. Diese durchaus sinnvolle Funktion muss indes nicht zwingend durch das Gesetz erfüllt werden, da dies zu einer unnötigen Aufblähung des Gesetzestextes führt. Vielmehr wäre eine entsprechende Erklärung des Verleitens durch Herausstellen des Empfehlens als eines Sonderfalls im Emittentenleitfaden sachnäher, da letzterer für derartige praktische Hilfestellungen im Umgang mit dem Insiderhandelsverbot geschaffen wurde.

4. Überaus kritisch muss die in § 14 Abs. 2 verankerte Safe Harbor-Regelung gesehen werden. Ihre Untersuchung in allgemeiner Form sowie diejenige in Bezug auf die Durchführung von Aktienoptionsprogrammen hat offenbart, dass die getroffene Regelung de lege lata in vielerlei Hinsicht für den Rechtsanwender Probleme hervorrufen kann. Dies liegt maßgeblich an den umfangreichen Voraussetzungen zur Erreichung dieses Haftungsfreiraums. Ohne eine gründliche und zum Teil überaus komplizierte Auslegung des Verständnisses der entsprechenden Merkmale wird man nicht beurteilen können, inwieweit § 14 Abs. 2 tatsächlich einschlägig ist und somit vor Konflikten mit den Verboten des § 14 Abs. 1 zu schützen vermag. In dieser Hinsicht sind Vereinfachungen des Gesetzgebers anzumahnen. Hierfür bieten sich zwei Möglichkeiten an.

Zunächst muss daran gedacht werden, die Safe Harbor-Regelung zu streichen. Immerhin wird auch der durchschnittliche Rechtsanwender bei konsequenter Subsumtion zu dem Ergebnis kommen müssen, dass die vom Safe Harbor erfassten Konstellationen keineswegs mit § 14 Abs. 1 in Widerspruch treten. Schließlich werden durch den Safe Harbor keine Zweifelsfragen geklärt, sondern nur unproblematische Fälle erfasst, so dass es im Ergebnis eines zusätzlichen Regelwerks nicht bedarf. Dennoch kommt eine Streichung der Ausnahmevorschriften letztendlich nicht in Betracht, da neben § 14 Abs. 2 auch die Ausnahme-VO hinfällig werden müsste. In Bezug auf letzteres Regelwerk fehlt dem deutschen Gesetzgeber jedoch die Kompetenz zur Außerkraftsetzung, da die Ausnahme-VO europarechtlichen Ursprungs ist und auch ohne § 14 Abs. 2 unmittelbar in den Mitgliedstaaten der Europäischen Union Geltung beansprucht. Trotz der im Rahmen der vorliegenden Arbeit aufgezeigten Unstimmigkeiten der Ausnahme-VO wird man realistischerweise davon ausgehen müssen, dass die Ausnahme-VO Bestand hat, da auch die entsprechenden Organe auf europäischer Ebene geschnürte Pakete nicht ohne weiteres wieder öffnen.

Dennoch kann der deutsche Gesetzgeber die derzeit überaus unbefriedigende Situation verändern, indem er § 14 Abs. 2 derart überarbeitet, dass wenigstens verschiedene Zweifelsfragen einer Antwort zugeführt werden. Zukünftig sollte daher der derzeitige § 14 Abs. 2 S. 2 nach hinten verschoben werden und an seiner Stelle Präzisierungen eingefügt werden, soweit dies vor dem europarechtlichen Hintergrund möglich ist.

Allen voran sind die Modalitäten, in welchen Fällen eine angemessene Bekanntgabe im Sinne der Ausnahme-VO vorliegt, in deutschen Gesetzestext zu gießen. Schließlich hat es der Gesetzgeber bereits bislang versäumt, zwischen Ad-hoc-Mitteilungen im Sinne von § 15 und den Bekanntgaben im Sinne der Ausnahme-VO trotz ihrer inhaltlichen Ähnlichkeit vergleichbare bzw. dieselben Veröffentlichungskanäle festzuschreiben. Faktisch wurde diese Lage zum 20.1.2007 durch die TransparenzRL vereinheitlicht, da letztere hinsichtlich der Veröffentlichungswege nicht mehr dieselben Möglichkeiten zur eigenständigen Festlegung durch die Mitgliedstaaten vorsieht, wie sie noch Art. 102 RL 2001/34/EG eröffnete. Dennoch täte der Gesetzgeber gut daran, in einem zukünftigen § 14 Abs. 2 S. 2 en detail die seit dem 20.1.2007 zu nutzenden Veröffentlichungskanäle festzulegen, da der Rechtsanwender diese ansonsten nur durch mühsame Auslegung inklusive eines Abgleichs mit den Regelungen der WpAIV ergründen kann. Überdies sollte § 14 Abs. 2 dazu genutzt werden, um klarzustellen, dass der Anknüpfungspunkt für die Bekanntmachungspflicht aus Art. 4 Abs. 2 Ausnahme-VO nicht der Hauptversammlungsbeschluss, sondern derjenige des Vorstands ist, da letzterer im Ergebnis auch tatsächlich zur Ausführung gelangt. Weiterhin ist hervorzuheben, dass die Bekanntgabe im Sinne von Art. 4 Abs. 4 Ausnahme-VO auch eine angemessene zu sein hat.

Die inhaltliche Ähnlichkeit der Informationen nach § 15 Abs. 1 und nach Art. 4 Abs. 2 Ausnahme-VO lässt überdies in der entsprechenden Veröffentlichung bzw. Bekanntgabe einen Querverweis auf die jeweils andere Mitteilung tunlich erscheinen. Auf diesem Wege könnte der Informationsgehalt für den Anleger gesteigert werden, da letztere die jeweilige Mitteilung noch besser beurteilen könnten. Ein derartiger Verweis würde damit grundsätzlich die Ad-hoc-Publizität als Instrument neben der Regelpublizität stärken. Dafür ist es jedoch nötig, dass der deutsche Verordnungsgeber § 4 WpAIV für eine solche Zusatzinformation öffnet. Dazu vergleichbar sollte der Gesetzgeber in § 14 Abs. 2 eine entsprechende Kann-Vorschrift für die Angabe einer derartigen Zusatzinformation im Zuge der angemessenen Bekanntgabe der Informationen nach Art. 4 Abs. 2 Ausnahme-VO installieren.

Gegen die vorgeschlagenen Änderungen möchte man einwenden, dass diese für die angestrebte Ausdünnung des Gesetzes eher kontraproduktiv sind. Auf der anderen Seite ist aber gerade zu beachten, dass sie für eine einfachere und damit sinnvollere Handhabung der Ausnahme-VO zwingend geboten erscheinen. Im

Ergebnis werden jedoch auch diese Ergänzungen die grundsätzlichen Probleme der derzeitigen Ausgestaltung des Safe Harbor, insbesondere seine Kompliziertheit, nicht wesentlich vermindern, so dass man geneigt ist, dem Rechtsanwender die Empfehlung auszusprechen, § 14 Abs. 2 mitsamt der Ausnahme-VO auszublenden und statt dessen konsequent die Subsumtion des § 14 Abs. 1 durchzuführen.

5. Weiterhin sollte der Gesetzgeber einen neuen § 14 Abs. 3 einfügen, in den Ausnahmen von der Einschlägigkeit des Verwendungsverbots – gleichsam ein weiterer, zudem eindeutiger Safe Harbor – aufgenommen werden können. Soweit die strikte Anwendung des § 14 Abs. 1 Nr. 1 de lege lata zu dem Ergebnis mangelnder Insiderrelevanz gelangen kann, ist eine derartige Veränderung jedoch nicht nötig. Allerdings konnte im Rahmen dieser Arbeit auch aufgezeigt werden, dass aus Gesichtspunkten mangelnder Einschlägigkeit des Schutzzwecks des Insiderhandelsverbots § 14 Abs. 1 Nr. 1 im Ergebnis nicht durchgriff. Diese Erkenntnis erforderte jedoch einen nicht unerheblichen Auslegungsaufwand. Daher sollte in einem neu zu schaffenden § 14 Abs. 3 vom Gesetzgeber zum einen die Ausnahme der Einschlägigkeit des Verwendungsverbots im Rahmen von M&A-Transaktionen, die in der Praxis eine herausgehobene Stellung einnehmen, niedergelegt werden, soweit der Weg über ein öffentliches Übernahmeangebot mit dem Ziel des Kontrollerwerbs verfolgt wird. Es konnte nämlich aufgezeigt werden, dass hier die Schutzmechanismen des WpÜG die Einschlägigkeit von § 14 Abs. 1 Nr. 1 entbehrlich machten. Zum anderen gilt es, den nicht nur für M&A-Transaktionen, sondern auch verallgemeinerungsfähigen Ansatz der in dieser Arbeit sog. Waffengleichheit herauszustellen. Der gleiche Kenntnisstand der Vertragsparteien um Insiderinformationen verhindert in diesen Konstellationen auch ohne öffentliche Bekanntgabe nämlich eine Übervorteilung uninformierter Personen.

Die Alternative, diese Fälle mittels Erklärung durch die BaFin im Emittentenleitfaden in das Bewusstsein der Normadressaten zu rücken, erscheint im Hinblick auf die derzeitige Ausgestaltung des Emittentenleitfadens, in dem die übernahmerechtliche Sonderkonstellation des öffentlichen Übernahmeangebots mit dem Ziel des Kontrollerwerbs trotz entsprechendem Willen des europäischen Richtliniengebers nicht als Ausnahme anerkannt wird, nicht angezeigt.

6. De lege lata erlegt § 15 Abs. 1 S. 1 dem Emittenten von Finanzinstrumenten eine Veröffentlichungspflicht für Insiderinformationen auf, „die ihn unmittelbar betreffen". Diese Formulierung des Gesetzgebers ist in mehrfacher Hinsicht kritisch zu sehen.

Zunächst erfasst der Wortlaut der Norm damit nur Konstellationen, in denen der Emittent unmittelbar betroffen ist, nicht aber, wenn nur die Betroffenheit der Finanzinstrumente des Emittenten in Rede steht. Orientiert man sich somit eng am genannten Wortlaut, werden durch diesen Filter de lege lata Informationen wie der Erwerb oder die Veräußerung von Beteiligungen von der Ad-hoc-Publizitätspflicht des § 15 Abs. 1 S. 1 ausgenommen. Im Rahmen der vorliegenden Arbeit konnte jedoch aufgezeigt werden, dass auch diese Konstellationen nach dem Willen des CESR von § 15 Abs. 1 S. 1 erfasst sein sollen. Daher ist zu vermuten, dass die unmittelbare Betroffenheit des Emittenten in § 15 Abs. 1 S. 1 sprachlich nicht dem natürlichen Verständnis entspricht, sondern im Anwendungsbereich dieser Norm eine andere (juristische) Bedeutung innehat, die auch die nach dem sprachlich natürlichen Verständnis nur mittelbaren Fälle erfasst. Zur Klarstellung ist es jedoch dringend angezeigt, den Wortlaut des § 15 Abs. 1 S.1 dahingehend abzuändern, dass Insiderinformationen zu veröffentlichen sind, „die ihn (den Emittenten) oder seine Finanzinstrumente unmittelbar betreffen“.

Daneben ist jedoch das Merkmal der Unmittelbarkeit an sich kritisch zu sehen. So konnte im Verlauf der vorliegenden Arbeit aufgezeigt werden, dass der Unmittelbarkeit keine allgemeingültige Definition zugrunde liegt, die im Einzelfall vom Rechtsanwender zur Subsumtion herangezogen werden könnte. Einziger Ansatzpunkt zur Ermittlung der Unmittelbarkeit sind lediglich umfangreiche Kataloge von CESR und BaFin, mit deren Hilfe im jeweiligen Einzelfall annäherungsweise die Einschlägigkeit dieser Voraussetzung bestimmt werden muss. Dieser Regelungsansatz muss aufgrund der damit verbundenen Probleme auf erhebliche Bedenken stoßen. Dem Gesetzgeber ist zur Schaffung größerer Rechtssicherheit dringend eine abstrakte Definition anzuraten. Immerhin konnte vorliegend eine Eingrenzung der Unmittelbarkeit durch Filtration aus den genannten Katalogen in dem Sinne gewonnen werden, dass alle Insiderinformationen als unmittelbar zu gelten haben, die nicht nur völlig unspezifische, eine unbestimmte Vielzahl von Unternehmen und den Emittenten infolgedessen allenfalls marginal interessierende Umstände betreffen. Soweit nicht nur ein abstrakt-generelles Element vorliegt, sind Insiderinformationen mithin als unmittelbar zu qualifizieren. In systematischer Hinsicht sollte dieser allgemeingültige Ansatz vorzugsweise möglichst eng an § 15 Abs. 1 S. 1 gebunden werden. De lege ferenda sollte § 15 Abs. 1 S. 3 diese Definition der Unmittelbarkeit daher aufnehmen.

7. Der eben unterbreitete Vorschlag provoziert naturgemäß die Frage, welches Schicksal das de lege lata existente Regelbeispiel der Unmittelbarkeit in § 15 Abs. 1 S. 3 fristen soll. De lege ferenda ist aufgrund seiner Sinnlosigkeit das Entfallen des Regelbeispiels in § 15 Abs. 1 S. 3 als bevorzugte Lösung anzusehen. Zwar mag man einwenden, dass die Fortgeltung des Tätigkeitsbereichs des

Emittenten zu der an anderer Stelle grundsätzlich begrüßten Kontinuität im Wertpapierhandelsrecht führt, da auf diesem Wege der Rechtsanwender sein bisheriges Wissen weiterhin fruchtbar machen kann. Im Falle der Voraussetzung des Tätigkeitsbereichs des Emittenten ist diese Funktion jedoch nur bedingt von Relevanz, da die Unmittelbarkeit qualitativ ganz anders ausgestaltet ist und einen generell weiteren Kreis erfasst. Damit kann das bisherige Wissen nur wenige Anhaltspunkte geben und somit nur zu einem kleinen Teil sinnvoll eingesetzt werden. Überdies ist für die Ausfüllung der Unmittelbarkeit nach Verankerung der genannten allgemeingültigen Definition in einem zukünftigen § 15 Abs. 1 S. 3 das Regelbeispiel in toto entbehrlich.

8. Keinen Anwendungsbereich hat de lege lata § 15 Abs. 1 S. 4, was auf der missglückten Ausgestaltung der Norm beruht. Das Entstehen dieser speziellen Ad-hoc-Publizitätspflicht hat zur Voraussetzung, dass Insiderinformationen befugt weitergegeben wurden und die informierte Person nicht zur Vertraulichkeit verpflichtet ist. Das gleichzeitige Vorliegen beider Voraussetzungen ist praktisch nicht möglich, da die bei der Ermittlung der befugten Weitergabe vorzunehmende Abwägung ohne eine derartige Vertraulichkeitsverpflichtung keinesfalls zu einem positiven Ergebnis im Hinblick auf die Befugnis kommen wird. Soll § 15 Abs. 1 S. 4 jedoch nicht als totes Recht im Gesetz verbleiben, bieten sich für den Gesetzgeber zur Abhilfe zwei Handlungsmöglichkeiten an. Einerseits kann § 15 Abs. 1 S. 4 ersatzlos gestrichen werden. Dies hätte dann auch für S. 5 zu gelten, der auf S. 4 nur Bezug nimmt. Andererseits könnte der Gesetzgeber § 15 Abs. 1 S. 4 in dem Sinne umgestalten, dass nunmehr die unbefugte Weitergabe Anknüpfungspunkt für das Entstehen der speziellen Ad-hoc-Publizitätspflicht ist. Damit käme § 15 Abs. 1 S. 4 nicht nur ein Anwendungsbereich zu, überdies würde die spezielle Ad-hoc-Publizitätspflicht für die präventive Verhinderung von § 14 Abs. 1 Nr. 2 einen Beitrag leisten. Sollte sich der Gesetzgeber zu einer derartigen Ausgestaltung entschließen, wird jedoch im Gesetz auch das Verhältnis zur Ad-hoc-Publizitätspflicht aus § 15 Abs. 1 S. 1 niedergelegt werden müssen. Dies kann nur in dem Sinne geschehen, dass im Anwendungsbereich des § 15 Abs. 1 S. 1 die spezielle Ad-hoc-Publizitätspflicht aus § 15 Abs. 1 S. 4 grundsätzlich suspendiert ist. Lediglich diejenigen Fälle, in denen die generelle Veröffentlichungspflicht nach § 15 Abs. 1 S. 1 nicht eingreift, können damit unzweifelhaft in den Anwendungsbereich von § 15 Abs. 1 S. 4 fallen. Dies ist bei Vorliegen von mittelbaren Insiderinformationen der Fall, während der große Kreis der unmittelbaren Insiderinformationen aufgrund der Einschlägigkeit von § 15 Abs. 1 S. 1 nicht erfasst wird. Letztere Aussage hat insbesondere trotz der Divergenz im Adressatenkreis zwischen § 15 Abs. 1 S. 1 und § 15 Abs. 1 S. 4 (zum einen nur Emittenten und zum anderen zusätzlich deren Berater) fortzugelten. Zwar könnte man vermuten, dass ein zukünftig ent-

sprechend des Vorschlags umgestalteter § 15 Abs. 1 S. 4 Bedeutung erlangt, wenn eine vom Emittenten verschiedene, aber in dessen Auftrag oder auf dessen Rechnung handelnde Person, unmittelbare Insiderinformationen unbefugt weitergibt. Doch greift hier im Ergebnis ebenfalls bereits § 15 Abs. 1 S. 1 ein. Denkbar ist die beschriebene Konstellation nämlich nur dann, wenn der Emittent zunächst von der rechtmäßigen Befreiung nach § 15 Abs. 3 Gebrauch macht. Sollte nunmehr eine der beschriebenen dritten Personen unmittelbare Insiderinformationen unbefugt weitergeben, kann der veröffentlichungspflichtige Emittent die nötige Vertraulichkeit der Information nicht mehr gewährleisten, da in seiner Sphäre, welche im Sinne von § 15 Abs. 3 auch die genannten dritten Personen erfasst, damit ein Leck existiert. Dies führt jedoch dazu, dass auch in diesen Konstellationen § 15 Abs. 1 S. 1 Platz greift.

Letztendlich kann daher das Konkurrenzverhältnis zwischen § 15 Abs. 1 S. 1 und § 15 Abs. 1 S. 4 de lege ferenda dadurch klargestellt werden, dass in einem Nebensatz der Zusatz verankert wird, dass die spezielle Ad-hoc-Publizitätspflicht nur Geltung beansprucht, soweit mittelbare Insiderinformationen vorliegen, da in den übrigen Fällen die Insiderinformation mittels Veröffentlichung aus § 15 Abs. 1 S. 1 dem Markt zugänglich gemacht wird. Dem Gesetzgeber ist anzuraten, § 15 Abs. 1 S. 4 entsprechend dem hier unterbreiteten Vorschlag auszugestalten. Tatsächlich wird dies auch die vom Emittenten verschiedenen Normadressaten im Ergebnis nicht überfordern dürfen, da nur wenige mittelbare Insiderinformationen denkbar sind und somit zur Veröffentlichung nach § 15 Abs. 1 S. 4 zwingen können. Soweit die eigentlich überflüssige befugte Weitergabe im Normtext verbleibt, würde überdies auch Art. 6 Abs. 3 MMR weiterhin richtlinienkonform umgesetzt.

9. Die Überlegungen zur Ad-hoc-Publizität im Konzern haben überdies offenbart, dass der Gesetzgeber in einem weiteren Punkt die Ad-hoc-Publizität weiterentwickeln sollte. Es hat sich gezeigt, dass in Konzernsachverhalten konsolidierte Ad-hoc-Mitteilungen für die Information des Kapitalmarktes verschiedene Vorteile aufweisen, da im Gegensatz zur konsolidierten Mitteilung sowohl die jeweils einzelne Veröffentlichung als auch das Abwarten der Veröffentlichung durch eine der veröffentlichungspflichtigen Gesellschaften rechtlich nachteilige Folgen im Sinne der Einschlägigkeit zivil-, straf- oder ordnungswidrigkeitenrechtlicher Mechanismen haben können. Überdies ist die konsolidierte Ad-hoc-Mitteilung gerade auch für die zielgenaue Information der Anleger von Vorteil, da nur eine Ad-hoc-Mitteilung im Namen zweier oder auch mehrerer Konzerngesellschaften erfolgt. Zudem bietet eine derartige Form der Veröffentlichung die Möglichkeit, auch insiderfremde Informationen wahrzunehmen, nämlich die Einordnung des jeweiligen Emittenten in den Konzernzusammenhang. Die konsolidierte Ad-hoc-Mitteilung stärkt mithin auch das Instrument der Ad-hoc-

Publizität im Hinblick auf seine Bedeutung neben der Regelpublizität, würde somit also die bislang eher einseitige Koppelung an das Insiderhandelsverbot in einem kleinen Teilbereich aufbrechen.

Zwar konnte aufgezeigt werden, dass de lege lata keine Gründe existieren, die gegen eine Veröffentlichung mittels einer konsolidierten Ad-hoc-Mitteilung sprechen, dennoch wird diese Möglichkeit erst dann von den Emittenten in Betracht gezogen werden, wenn der Gesetzgeber diesen Weg ausdrücklich eröffnet. Anderenfalls werden die verantwortlichen Personen eines Emittenten aus Gründen der Vorsicht im Hinblick auf etwaig nachteilige Rechtsfolgen eine konsolidierte Ad-hoc-Mitteilung nicht in Betracht ziehen. De lege ferenda bietet sich daher die Verankerung der Möglichkeit zur Erfüllung der Ad-hoc-Publizitätspflicht mittels einer konsoliderten Erklärung in einem S. 7 in § 15 Abs. 1 an. Dadurch würde diese Ergänzung auch für denkbare Veröffentlichungen nach § 15 Abs. 2 Geltung beanspruchen, da dort explizit auf die Veröffentlichung nach Abs. 1 verwiesen wird. Für die konkrete Ausgestaltung einer derartigen Ad-hoc-Mitteilung sollte § 4 WpAIV überdies um einen Abs. 4 ergänzt werden. Dieser könnte für alle denkbaren Veröffentlichungen, also nicht nur für diejenige nach § 15 Abs. 1, sondern insbesondere auch für die Aktualisierung einer Veröffentlichung die allgemeine Leitlinie aufstellen, dass zunächst jeweils die emittentenbezogenen Angaben zu erfolgen haben und anschließend die informationsbezogenen Angaben in die konsolidierte Ad-hoc-Mitteilung eingestellt werden. Sollte die Ad-hoc-Publizitätspflicht explizit für konsolidierte Ad-hoc-Mitteilungen in der beschriebenen Form geöffnet werden, ist überdies dringend anzuraten, bei der Erklärung des Verständnisses vom berechtigten Interesse am Aufschub der Veröffentlichung im Sinne von § 15 Abs. 3 in § 6 WpAIV einen entsprechenden Hinweis auf die konzernweite Interpretation des berechtigten Interesses zu verankern.

Im Übrigen wird man sich auch ohne die Möglichkeit konsolidierter Ad-hoc-Mitteilungen fragen müssen, inwieweit die Anforderungen an die Emittenten nicht zu erweitern sind. Immerhin besteht die Möglichkeit, dass eine Gesellschaft die Information vor einer anderen veröffentlicht und somit aufgrund öffentlicher Bekanntheit keine Insiderinformation mehr vorliegt, die ad-hoc bekanntgemacht werden müsste. Damit bleibt dem Kapitalmarkt mitunter aber auch vorenthalten, dass ein anderer Emittent die ursprüngliche Information auch für sich als relevant eingestuft hat, da eine derartige Relevanz für die Frage der öffentlichen Bekanntheit keine Rolle spielt. Anderenfalls wäre die Effektivität des Instruments der Ad-hoc-Publizität tatsächlich durch die Vielzahl von Ad-hoc-Mitteilungen, die nur noch für diese Zusatzinformation publiziert würden, zu stark in Mitleidenschaft gezogen. Dennoch wäre es aber wünschenswert, wenn der Kapitalmarkt auch diese Zusatzinformationen zeitnah erhält und nicht auf die turnusmäßigen Berichtspflichten verwiesen wird. Da der Weg über die elektronisch betriebenen Informationsverbreitungssysteme im Sinne von § 5 WpAIV in Ermangelung der Qualität als Insiderinformation versperrt ist, bietet sich vor allem eine Mitteilung auf den Internetseiten des Emittenten an. Denkbar ist ein gesonderter Punkt in räumlicher Nähe zu den auf der Internetseite abrufbaren Ad-hoc-Mitteilungen. Es sei aber explizit darauf hingewiesen, dass dieses Verhalten insiderrechtlich keineswegs erforderlich ist, da ähnlich wie bei der Schaffung der öffentlichen Bekanntheit durch Herstellung der sog. Bereichsöffentlichkeit einzig und allein entscheidend ist, dass die Insiderinformation im Markt ist. Die vorgeschlagene singuläre Veröffentlichung hat somit keinerlei Funktion im Hinblick auf die präventiven Wirkungen der Ad-hoc-Publizität im insiderrechtlichen Kontext, sondern wäre nur ein Mittel zur Verbesserung des allgemeinen Informationsniveaus der Anleger.

10. Die Untersuchung der einzelnen Merkmale der §§ 12-15 könnte im Ergebnis noch einen weiteren, sehr viel umfassenderen Veränderungsvorschlag dieser Normen nahelegen. Verschiedentlich konnte die herausgehobene Stellung des Kursbeeinflussungspotentials sichtbar gemacht werden. Diese Voraussetzung ist derart wichtig und auch dominant, dass man überlegen muss, ob das Gesetz nicht im Hinblick auf sonstige Voraussetzungen ausgedünnt werden kann. Dies ist jedenfalls dann der Fall, wenn sonstigen Voraussetzungen neben dem Kursbeeinflussungspotential praktisch keine Bedeutung mehr zukommt.

Dies könnte zunächst für das Merkmal der Konkretheit der Fall sein. Immerhin konnte aufgezeigt werden, dass die Konkretheit im Vergleich zum Kursbeeinflussungspotential eine weitaus geringere Filterfunktion hat. „Konkret" sind demnach unzweifelhaft u.a. diejenigen Informationen, die sich auf Umstände oder Ereignisse beziehen, die bereits existieren oder eingetreten sind. Dies können jedoch auch solche sein, die kein Kursbeeinflussungspotential haben. Umgekehrt werden Informationen, die nicht die entsprechende Konkretheit aufweisen, im Einzelfall dennoch entsprechendes Kursbeeinflussungspotential innehaben können. Dies ist beispielsweise bei noch vagen Gerüchten denkbar, die der verständige Anleger möglicherweise trotz mangelnder Konkretheit in seine Anlageentscheidung einstellen wird. Damit kommt dem Merkmal „konkret" im Verhältnis zum Kursbeeinflussungspotential jedoch ein eigenständiger Anwendungsbereich zu, so dass eine Streichung nicht in Betracht zu ziehen ist.

Fraglich ist, ob diese Erwägungen nur für die konkreten Informationen über Umstände mit Gegenwärtigkeitsbezug gelten oder ob dies auch für zukunftsbezogene Umstände verallgemeinerungsfähig ist. Letztere haben die de lege lata in § 13 Abs. 1 S. 3 existente zusätzliche Voraussetzung der hinreichenden Wahrscheinlichkeit ihres zukünftigen Eintritts[1380] zu erfüllen. Es konnte aufgezeigt werden, dass das Vorliegen einer hinreichenden Eintrittswahrscheinlichkeit nicht zwangsläufig zum Vorliegen des Kursbeeinflussungspotentials führt. Die Bejahung des Kursbeeinflussungspotentials eines zukünftigen Umstands hat hingegen die gleichzeitige Einschlägigkeit der hinreichenden Eintrittswahrscheinlichkeit zur Folge, da der verständige Anleger solchen Umständen erst dann das Potential der Kursbeeinflussung beimessen wird, wenn ihr Eintritt überhaupt hinreichend wahrscheinlich ist. Im Grunde könnte man daher das Merkmal der hinreichenden Eintrittswahrscheinlichkeit für entbehrlich halten. Allerdings würde dann nicht nur seine zwingende Vorgabe durch das europäische Recht ignoriert, sondern auch übersehen, dass erst die Anforderung der hinreichenden Wahrscheinlichkeit des zukünftigen Eintritts den Maßstab für das Potential zur Kursbeeinflussung festlegt. Zwar könnte letzterer Aspekt auch im unverbindlichen Emittentenleitfaden erfüllt werden, doch erscheint eine verbindliche Vorgabe von Seiten des Gesetzgebers vorzugswürdig. Mithin ist es nicht zwingend angezeigt, den de lege lata existierenden § 13 Abs. 1 S. 3 aus diesem Grund aus den Gesetzestext zu entfernen. Diese Norm ist jedoch entsprechend der unter Punkt 1 aufgezeigten Linie zu verändern.

Die Untersuchung der Unmittelbarkeit in § 15 Abs. 1 S. 1 hat offenbart, dass diese Voraussetzung eine nur sehr begrenzte Filterfunktion entfalten kann. Es drängt sich daher die Frage auf, inwieweit die Unmittelbarkeit im Hinblick auf den Filter des Kursbeeinflussungspotentials überhaupt notwendig ist. Bei der Beantwortung wird man sich vor Augen führen müssen, dass gerade auch mittelbare Umstände denkbar sind, die ein verständiger Anleger bei seiner Anlageentscheidung berücksichtigen wird, obwohl diese Information nicht spezifisch einen Emittenten betrifft. Dies kann beispielsweise für Entscheidungen der Regierungsbehörden bezüglich der Besteuerung, für Entscheidungen über Regeln zur Marktaufsicht oder wichtigen Verfügungen durch Behörden oder andere öffentliche Institutionen gelten. Im Vergleich mit dem Kursbeeinflussungspotential kommt der Unmittelbarkeit damit ein eigener Anwendungsbereich zu. In den genannten Konstellationen bestünde vielmehr Anlass, die Unmittelbarkeit aufgrund der Existenz der Voraussetzung der mangelnden öffentlichen Bekanntheit zu hinterfragen. Im Ergebnis wird jedoch auch damit nicht das Merkmal der Unmittelbarkeit in toto konterkariert werden können, da es sehr wohl möglich ist, dass auch die genannten allgemeinen Informationen noch nicht öffentlich bekannt sind.

1380 Streng genommen gehört diese zusätzliche Anforderung entsprechend der Vorgaben des europäischen Richtliniengebers zum Merkmal konkret bzw. in europäischer Diktion präzise, siehe bereits Teil 2, A.III)1)b)aa). Seine gesonderte Behandlung ist indes unschädlich.

Die Voraussetzung des Kursbeeinflussungspotentials macht im Ergebnis trotz ihrer herausgehobenen Relevanz andere Merkmale der §§ 12-15 nicht überflüssig. Insofern ist das Gesetz daher nicht auszudünnen. Dennoch ist an den Rechtsanwender der Rat zu wenden, zunächst das Potential zur Kursbeeinflussung eines Umstandes zu überprüfen. Auf diesem Weg können nämlich viele Gestaltungen per se aus dem Bereich des Insiderhandelsverbots oder der Ad-hoc-Publizität ausgeschieden werden, da das Kursbeeinflussungspotential die höchste und somit auch bedeutendste Hürde bei der Qualifikation als Insiderinformation darstellt. Eine derartige Vorgehensweise hat insbesondere auch den Vorteil, dass beispielsweise die Prüfung der schwerer zu fassenden Konkretheit aus § 13 Abs. 1 bei Verneinung des Kursbeeinflussungspotentials unterlassen werden kann.

Nicht unerwähnt bleiben soll, dass nicht alle der in den Punkten 1-10 vorgeschlagenen Veränderungen von gleicher Dringlichkeit sind. Zum Teil rufen die Vorschriften nach AnSVG beträchtliche Schwierigkeiten bei der Anwendung des neuen Rechts hervor, teilweise existieren aber lediglich nur Unstimmigkeiten. Als eine derart unschädliche Unstimmigkeit ist beispielsweise die verunglückte Regelung der speziellen Ad-hoc-Publizitätspflicht zu sehen, die mangels eines Anwendungsbereichs für die Emittenten keinerlei Folgen haben kann. Weiterhin helfen verschiedene Verhaltensweisen, wie sie im Laufe der Arbeit mehrfach aufgezeigt werden konnten, dass das Insiderhandelsverbot und die Ad-hoc-Publizität im Ergebnis auch bei größeren rechtlichen Schwierigkeiten nur dort eingreifen, wo es ihr Sinn und Zweck gebieten. Für den Gesetzgeber ist dies insofern von Bedeutung, als dass nicht in jedem Fall akuter Handlungsbedarf besteht. Dies gibt ihm die Möglichkeit zu einer behutsamen Fortentwicklung des Rechts nach AnSVG, was angesichts der umfangreichen, wenn zum Teil auch nur semantischen Veränderungen durch das letztgenannte Gesetz der Rechtssicherheit nur zuträglich sein kann. Im Bereich des WpHG ist also nach den Umbrüchen durch das AnSVG nicht zu erwarten, dass „drei berichtigende Worte des Gesetzgebers" zur Nachbesserung und Weiterentwicklung im Anschluss an das AnSVG „ganze Bibliotheken zur Makulatur werden lassen"[1381].

1381 *Von Kirchmann*, Die Werthlosigkeit der Jurisprudenz als Wissenschaft, 1848, Nachdruck 1938, S. 37.

Literaturverzeichnis

Achleitner, Ann-Kristin / Bassen, Alexander: Investor Relations am Neuen Markt, Zielgruppen, Instrumente, rechtliche Rahmenbedingungen und Kommunikationsinhalte, Stuttgart 2001; zitiert: *Bearbeiter* in Achleitner/ Bassen, Investor Relations am Neuen Markt, S. 1, 1.

Adams, Michael: Der Markt für Unternehmenskontrolle und sein Missbrauch, AG 1989, 333

Assmann, Heinz-Dieter: Ad-hoc-Publizitätspflichten im Zuge von Enforcementverfahren zur Überprüfung der Rechnungslegung nach den §§ 342b ff. HGB und §§ 37n ff. WpHG, AG 2006, 261

Ders.: Das künftige deutsche Insiderrecht (Teil I), AG 1994, 196 sowie Teil II AG 1994, 237

Ders.: Das neue deutsche Insiderrecht, ZGR 1994, 494

Ders.: Insiderrecht und Kreditwirtschaft, Rechtsanwendungsprobleme des Insiderrechts in Bezug auf die Organisation und die Geschäfte von Kreditinstituten, WM 1996, 1337

Ders.: Rechtsanwendungsprobleme des Insiderrechts, AG 1997, 50

Ders.: Übernahmeangebote im Gefüge des Kapitalmarktrechts, insbesondere im Lichte des Insiderrechts, der Ad hoc-Publizität und des Manipulationsverbots, ZGR 2002, 697

Assmann, Heinz-Dieter / Pötzsch, Thorsten / Schneider, Uwe H.: Wertpapiererwerbs- und Übernahmegesetz, Kommentar, Erstauflage, Köln 2005

Assmann, Heinz-Dieter / Schneider, Uwe H.: Wertpapierhandelsgesetz, Kommentar, Erstauflage, Köln 1995

Dies.: Wertpapierhandelsgesetz, Kommentar, 2. Auflage, Köln 1999

Dies.: Wertpapierhandelsgesetz, Kommentar, 3. Auflage, Köln 2003

Dies.: Wertpapierhandelsgesetz, Kommentar, 4. Auflage, Köln 2006

Assmann, Heinz-Dieter / Schütze, Rolf A.: Handbuch des Kapitalanlagerechts, 2. Auflage, München 1997

Bachmann, Gregor: Der Grundsatz der Gleichbehandlung im Kapitalmarktrecht, ZHR 170 (2006), 144

Baetge, Jörg: Insiderrecht und Ad-hoc-Publizität, Düsseldorf 1995

Bamberger, Heinz Georg / Roth, Herbert: Kommentar zum Bürgerlichen Gesetzbuch, Band 1, §§ 1-610, München 2003

Banerjea, Nirmal Robert: Due diligence beim Erwerb von Aktien über die Börse, ZIP 2003, 1730

Bastuck, Burkhard: Kreditbesicherung im Konzern, - Geklärte Fragen, offene Fraugen und Vertragsgestaltung -, WM 2000, 1091

Baumbach, Adolf / Hopt, Klaus J.: Handelsgesetzbuch mit GmbH & Co., Handelsklauseln, Bank- und Börsenrecht, Transportrecht (ohne Seerecht), 30. Auflage, München 2001

Dies.: Handelsgesetzbuch mit GmbH & Co., Handelsklauseln, Bank- und Börsenrecht, Transportrecht (ohne Seerecht), 32. Auflage, München 2006

Baums, Theodor: Aktienoptionen für Vorstandsmitglieder, FS Claussen 1997, S. 3

Baums, Philipp A.: Der Ausschluss von Minderheitsaktionären nach §§ 327a ff. AktG n.F., WM 2001, 1843

Bayer, Walter: Aktuelle Entwicklungen im Europäischen Gesellschaftsrecht, BB 2004, 1

Ders.: Zentrale Konzernfinanzierung, Cash Management und Kapitalerhaltung, FS Lutter 2000, S. 1011

Beck, Heiko: Das neue elektronische Handelssystem Xetra der Frankfurter Wertpapierbörse, WM 1998, 417

Becker, Joachim: Das neue Wertpapierhandelsgesetz, Berlin 1995

Becker, Ralph: Gesellschaftsrechtliche Probleme der Finanzierung von Leveraged-Buy-Outs, DStR 1998, 1429

Behrens, Peter: Gemeinschaftsrecht und juristische Methodenlehre, EuZW 1994, 289

Benner-Heinacher, Jella: Kollidiert die Auskunftspflicht des Vorstands mit dem Insidergesetz?, DB 1995, 765

Berens, Wolfgang / Strauch, Joachim: Due diligence bei Unternehmensakquisitionen, - Eine empirische Untersuchung -, WPg 2002, 511

Berens, Wolfgang / Schmitting, Walter / Strauch, Joachim: Funktionen, Terminierung und rechtliche Einordnung der due diligence in Berens/Brauner, Due diligence bei Unternehmensakqusitionen, 2. Auflage, Stuttgart 1999, S. 69

Bergmann, Mario / Drees, Susanne: Das neue Insiderstrafrecht des WpHG und seine Durchsetzbarkeit in der Praxis, StraFo 2005, 364

Beusch, Karl: Die Aktiengesellschaft – eine Kommanditgesellschaft in der Gestalt einer juristischen Person?, FS Werner 1984, S. 1

Bihr, Dietrich: Due diligence: Geschäftsführungsorgane im Spannungsfeld zwischen Gesellschafts- und Gesellschafterinteressen, BB 1998, 1198

Binder, Jens-Hinrich / Broichhausen, Thomas N.: Entwicklungslinien und Perspektiven des Europäischen Kapitalmarktrechts, Eine Bestandsaufnahme aus Anlass des „Weißbuchs zur Finanzdienstleistungspolitik für die Jahre 2005-2010", ZBB 2006, 85

Bleckmann, Albert: Europarecht, Das Recht der Europäischen Union und der Europäischen Gemeinschaften, 6. Auflage, Köln 1997

Ders.: Probleme der Auslegung von EWG-Richtlinien, RIW 1987, 929

Böttcher, Lars: Verpflichtung des Vorstands einer Aktiengesellschaft zur Durchführung einer Due Diligence beim Beteiligungserwerb – Due Diligence als Verkehrssitte, Baden-Baden 2005, zitiert: *Böttcher,* Due diligence als Verkehrssitte, S. 1
Ders.: Verpflichtung des Vorstands einer AG zur Durchführung einer due diligence, NZG 2005, 49
Borsch, Uwe: Kauf eines Aktienpakets: Anforderungen an die due diligence, DB 2005, 2175
Boujong, Karlheinz: Karlsruher Kommentar zum Gesetz über Ordnungswidrigkeiten, 2. Aufl., München 2000
Brandeis, Louis D.: Other peoples′ money and how the bankers use it, New York 1914
Brandenburg, Hans-Friedrich: Die teleologische Reduktion: Grundlagen und Erscheinungsformen der auslegungsunterschreitenden Gesetzeseinschränkung im Privatrecht, Göttingen 1983
Brandi, Tim Oliver / Süßmann, Rainer: Neue Insiderregeln und Ad-hoc-Publizität – Folgen für Ablauf und Gestaltung von M&A-Transaktionen, AG 2004, 642
Buchta, Jens / Ott, Kai-Peter: Problembereich des Squeeze-Out, DB 2005, 990
Buck, Petra: Wissen und juristische Person, Tübingen 2001
Büche, Christian: Die Pflicht zur Ad-hoc-Publizität als Baustein eines integeren Finanzmarktes – Die Vorgaben der Marktmissbrauchs-Richtlinie und ihre Umsetzung in § 15 WpHG, Baden-Baden 2005
Burgard, Ulrich: Ad hoc-Publizität bei gestreckten Sachverhalten und mehrstufigen Entscheidungsprozessen, ZHR 162 (1998), 51
Busch, Torsten: Aktien- und börsenrechtliche Aspekte von Force Majeure-Klauseln in Aktienübernahmeverträgen, WM 2001, 1277
Buth, Andrea K. / Hermanns, Michael: Restrukturierung, Sanierung und Insolvenz, 2. Auflage, München 2004

Cahn, Andreas: Das neue Insiderrecht, Der Konzern 2005, 5
Ders.: Entscheidungen des Bundesaufsichtsamtes für den Wertpapierhandel nach § 15 Abs. 1 S. 2 WpHG, WM 1998, 272
Ders.: Grenzen des Markt- und Anlegerschutzes durch das WpHG, ZHR 162 (1998), 1
Calliess, Rolf-Peter: Der Rechtscharakter der Regelbeispiele im Strafrecht – Zum Problem von Tatbestand und Rechtsfolge im 6. Strafrechtsreformgesetz, NJW 1998, 929
Callies, Christian / Ruffert, Matthias: Kommentar zu EU-Vertrag und EG-Vertrag, 2. Auflage, Neuwied und Kriftel 2002
Caspari, Karl-Burkhard: Anlegerschutz in Deutschland im Lichte der Brüsseler Richtlinien, NZG 2005, 98

Ders.: Die geplante Insiderregelung in der Praxis, ZGR 1994, 530

Ders.: Die Problematik der erheblichen Kursbeeinflussung einer publizitätspflichtigen Tatsache, in Baetge, Insiderrecht und Ad-hoc-Publizität, Düsseldorf 1995, S. 65

Casper, Matthias: Insiderverstöße bei Aktienoptionsprogrammen, WM 1999, 363

Claßen, Ruth / Heegemann, Volker: Das Lamfalussy-Verfahren – Bestandsaufnahme, Bewertung und Ausblick, Kreditwesen 2003, 1200

Claussen, Carsten Peter: Bank- und Börsenrecht, 3. Auflage, München 2003

Ders.: Das neue Insiderrecht, DB 1994, 27

Ders.: Neues zur kommenden Insidergesetzgebung (II), ZBB 1992, 267

Ders.: Wie ändert das KonTraG das Aktiengesetz?, DB 1998, 177

Claussen, Carsten Peter / Florian, Ulrich: Der Emittentenleitfaden, AG 2005, 745

Conradi, Peter: Deutscher Bundestag und Rechtsverordnungen, NVwZ 1994, 977

Dauner-Lieb, Barbara: Siegeszug der Technokraten? – Der Kampf der Bits und Bytes gegen das Papier bei Börseninformationen am Beispiel von Art. 17 des Entwurfs der Transparenzrichtlinie, DStR 2004, 361

Decker, Andreas: Ad-hoc-Publizität bei öffentlichen Übernahmen, Hamburg 2008

Derleder, Peter / Knops, Kai-Oliver / Bamberger, Heinz Georg: Handbuch zum deutschen und europäischen Bankrecht, Heidelberg 2004; zitiert: *Bearbeiter* in Derleder u.a., Hd.buch zum deutschen und europäischen Bankrecht, § 1 Rn 1

Detterbeck, Steffen: Allgemeines Verwaltungsrecht mit Verwaltungsprozessrecht, 2. Auflage, 2004

Dickersbach, Volker: Das neue Insiderrecht der Bundesrepublik Deutschland vor dem Hintergrund des Europäischen Gemeinschaftsrechtes, Berlin 1996

Diekmann, Hans / Sustmann, Marco: Gesetz zur Verbesserung des Anlegerschutzes (Anlegerschutzverbesserungsgesetz – AnSVG), NZG 2004, 929

Dier, Christian / Fürhoff, Jens: Die geplante europäische Marktmissbrauchsrichtlinie, AG 2002, 604

Doralt, Maria: Management Buyout, Aktionärs- und Gläubigerschutz durch den Grundsatz der Kapitalerhaltung, Wien 2001

Dreher, Eduard / Tröndle, Herbert: Kommentar, Strafgesetzbuch und Nebengesetze, 44. Auflage, München 1988

Drexl, Josef: Wissenszurechnung im Konzern, ZHR 161 (1997), 491

Ders.: Wissenszurechnung im unabhängigen und Konzernunternehmen – Zivil-, gesellschafts- und bankrechtliche Überlegungen in Bankrechtstag 2002:

Neues Schuldrecht und Bankgeschäfte, Wissenszurechnung bei Kreditinstituten, S. 85
Dreyling, Georg: Die Umsetzung der Marktmissbrauchs-Richtlinie über Insider-Geschäfte und Marktmanipulation, Der Konzern 2005, 1
Dreyling, Georg / Schäfer, Frank A.: Insiderrecht und Ad-hoc-Publizität – Praxis und Entwicklungstendenzen, Köln 2001
Drygala, Tim: Die neue deutsche Übernahmeskepsis und ihre Auswirkungen auf die Vorstandspflichten nach § 33 WpÜG, ZIP 2001, 1861

Ebenroth, Carsten Thomas / Boujong, Karlheinz / Joost, Detlev: Handelsgesetzbuch, Band 1, §§ 1-342a, München 2001
Dies.: Handelsgesetzbuch, Band 2, §§ 343-475h, Transportrecht, Bank- und Börsenrecht, München 2001
Eggenberger, Jens: Gesellschaftsrechtliche Voraussetzungen und Folgen einer due-diligence Prüfung, Frankfurt am Main 2001
Ehricke, Ulrich: Die richtlinienkonforme und die gemeinschaftsrechtskonforme Auslegung nationalen Rechts, Ein Beitrag zu ihren Grundlagen und zu ihrer Bedeutung für die Verwirklichung eines „europäischen Privatrechts", RabelsZ 59 (1995), 598
Ehricke, Ulrich / Ekkenga, Jens / Oechsler, Jürgen: Wertpapiererwerbs- und Übernahmegesetz, Kommentar, München 2003
Eisele, Dieter: Insiderrecht und Compliance, WM 1993, 1021
Eisenhardt, Ulrich: Gesellschaftsrecht, 12. Auflage, München 2005
Eisolt, Dirk: Die Squeeze-out-Prüfung nach § 327c Abs. 2 AktG, DStR 2002, 1145
Ekkenga, Jens: § 33 WpÜG: Neutralitätsgebot oder Grundsatz der Abwehrbereitschaft, FS Kümpel 2003, S. 95
Ders.: Die Ad-hoc-Publizität im System der Marktordnungen, Plädoyer für eine kapitalmarktrechtliche statt gesellschaftsrechtliche Interpretation des § 15 WpHG, ZGR 1999, 165
Ders.: Kurspflege und Kursmanipulation nach geltendem und künftigem Recht, WM 2002, 317
Elser, Thomas: Asset deal versus share deal – Steuerlicher Vorteilhaftigkeitsvergleich und Preiswirkungen - Dargestellt am Beispiel der beabsichtigten Veräußerung einer 100%igen Beteiligung an einer Kapitalgesellschaft durch eine natürliche Person, DStR 2002, 1827
Elster, Nico: Europäisches Kapitalmarktrecht, Recht des Sekundärmarktes, München 2002
Emmerich, Volker / Habersack, Mathias: Aktien- und GmbH-Konzernrecht, Kommentar, 4. Auflage, München 2005
Engels, Dieter: Vollstreckungsvereitelung (§ 258 Abs. 2 StGB) durch Zahlung fremder Geldstrafe?, Jura 1981, 581

Engisch, Karl: Einführung in das juristische Denken, Stuttgart 2005

Ensthaler, Jürgen / Bock, Leonie / Strübbe, Kai: Publizitätspflichten beim Handel von Energieprodukten an der EEX – Reichweite des geänderten § 15 WpHG, BB 2006, 733

Erichsen, Hans-Uwe / Ehlers, Dirk: Allgemeines Verwaltungsrecht, 12. Auflage, 2002

Esterer, Fritz / Härteis, Lothar: Die Bilanzierung von Stock Options in der Handels- und Steuerbilanz, DB 1999, 2073

Feddersen, Dieter: Aktienoptionsprogramme für Führungskräfte aus kapitalmarktrechtlicher und steuerlicher Sicht, ZHR 161 (1997), 269

Feddersen, Dieter / Pohl, Marcus: Die Praxis der Mitarbeiterbeteiligung seit Einführung des KonTraG, AG 2001, 26

Federlein, Philipp: Informationsflüsse in der Aktiengesellschaft im Spannungsverhältnis zum kapitalmarktrechtlichen Verbot der unbefugten Weitergabe von Insidertatsachen, Frankfurt am Main 2004

Fischer, Julian: Insiderrecht und Kapitalmarktkommunikation unter besonderer Berücksichtigung des Rechtsrahmens für Finanzanalysten, Berlin 2006

Fleischer, Holger: Das neue Recht des Squeeze-Out, ZGR 2002, 757

Ders.: Ad-hoc-Publizität beim einvernehmlichen vorzeitigen Ausscheiden des Vorstandsvorsitzenden – Der DaimlerChrysler-Musterentscheid des OLG Stuttgart, NZG 2007, 401

Ders.: Die „Business Judgment Rule“ – Vom Richterrecht zur Kodifizierung, ZIP 2004, 685

Ders.: Empfiehlt es sich, im Interesse des Anlegerschutzes und zur Förderung des Finanzplatzes Deutschland das Kapitalmarkt- und Börsenrecht neu zu regeln?, Gutachten F zum 64. Deutschen Juristentag, Berlin 2002

Ders.: Finanzielle Unterstützung des Aktienerwerbs und Leveraged Buyout - § 71 a Abs. 1 AktG im Lichte italienischer Erfahrungen, AG 1996, 494

Ders.: Gesetz und Vertrag als alternative Problemlösungsmodelle im Gesellschaftsrecht, Prolegomena zu einer Theorie gesellschaftsrechtlicher Regelsetzung, ZHR 168 (2004), 673

Ders.: Gerüchte im Kapitalmarktrecht, AG 2007, 841

Ders.: Informationsasymmetrie im Vertragsrecht, Eine rechtsvergleichende und interdisziplinäre Abhandlung zu Reichweite und Grenzen vertragsschlussbezogener Aufklärungspflichten, München 2001

Ders.: Konkurrenzangebote und Due Diligence, ZIP 2002, 651

Ders.: Prospektpflicht und Prospekthaftung für Vermögensanlagen des Grauen Kapitalmarkts nach dem Anlegerschutzverbesserungsgesetz, BKR 2004, 339

Ders.: Scalping zwischen Insiderdelikt und Kursmanipulation, - zugleich Anmerkung zum BGH-Urteil vom 6.11.2003 – 1 StR 24/03, DB 2004, 64 -, DB 2004, 51

Ders. : Statthaftigkeit und Grenzen der Kursstabilisierung, ZIP 2003, 2045

Ders.: Zur deliktsrechtlichen Haftung der Vorstandsmitglieder für falsche Ad-hoc-Mitteilungen, - zugleich eine Besprechung der Infomatec-Entscheidungen des BGH vom 19.7.2004, DB 2004, 1928 ff., DB 2004, 2031

Fleischer, Holger / Kalss, Susanne: Das neue Wertpapiererwerbs- und Übernahmegesetz – Einführende Gesamtdarstellung und Materialien, München 2002, zitiert: *Fleischer/Kalss,* Das neue WpÜG, S. 1.

Fleischer, Holger / Körber, Torsten: Due diligence und Gewährleistung beim Unternehmenskauf, BB 2001, 841

Friedrichsen, Sönke: Aktienoptionsprogramme für Führungskräfte, Köln 2000

Fromm-Russenschuck, Viola / Banerjea, Nirmal Robert: Die Zulässigkeit des Handels mit Insiderpapieren nach Durchführung einer Due Diligence-Prüfung, BB 2004, 2425

Fuchs, Andreas: Selbstständige Optionsscheine als Finanzierungsinstrument der Aktiengesellschaft, AG 1995, 433

Fülbier, Rolf Uwe: Regulierung der Ad-hoc-Publizität – Ein Beitrag zur ökonomischen Analyse des Rechts, Wiesbaden 1998

Fürhoff, Jens: Insiderrechtliche Behandlung von Aktienoptionsprogrammen und Management Buy-Outs, AG 1998, 83

Fürhoff, Jens / Wölk, Armin: Aktuelle Fragen zur Ad-hoc-Publizität, WM 1997, 449

Geber, Susanne / Zur Megede, Ekkehard: Aktienrückkauf- Theorie und Kapitalmarktpraxis unter Beachtung der „Safe-harbor-Verordnung" (EG Nr. 2273/2003), BB 2005, 1861

Gehrt, John Alexander: Die neue Ad-hoc-Publizität nach § 15 Wertpapierhandelsgesetz, Eine kritische Betrachtung im Vergleich zur französischen und anglo-amerikanischen Regelung, Baden-Baden 1997

Geibel, Stephan / Süßmann, Rainer: Wertpapiererwerbs- und Übernahmegesetz (WpÜG), Kommentar, München 2002

Gerber, Olaf: Die Haftung für unrichtige Kapitalmarktinformationen – zugleich eine Besprechung der BGH-Entscheidungen vom 19.7.2004 „Infomatec", DStR 2004, 1793

Gerke, Wolfgang: Börsenlexikon, Erstauflage, Wiesbaden 2002

Gimnich, Martin: Insiderhandelsverbot und Unternehmensakquisitionen – Bestandsaufnahme und Ausblick nach der Marktmissbrauchsrichtlinie und dem Gesetz zur Verbesserung des Anlegerschutzes-, Bonn 2007

Glaser, Johannes: Verbesserungsoptionen im System der Ad-hoc-Publizität, Hamburg 2008

Göhler, Erich: Gesetz über Ordnungswidrigkeiten (OWiG), Kurzkommentar, 13. Aufl., München 2002

Goette, Wulf: Aktuelle Rechtsprechung des Bundesgerichtshofs zum Aktienrecht (Teil I), DStR 2005, 561

Götz, Jürgen: Die unbefugte Weitergabe von Insidertatsachen, DB 1995, 1949

Gottschalk, Eckart: Die persönliche Haftung der Organmitglieder für fehlerhafte Kapitalmarktinformationen de lege lata und de lege ferenda, Der Konzern 2005, 274

Grimme, Leoni / Von Buttlar, Julia: Neue Entwicklungen in der Ad-hoc-Publizität – vom Vierten Finanzmarktförderungsgesetz zur Marktmissbrauchsrichtlinie -, WM 2003, 901

Grohnert, Stephan: Rechtliche Grundlagen einer Compliance-Organisation und ausgewählte Fragen der Umsetzung, Hamburg 1999

Gropp, Walter: Der Diebstahlstatbestand unter besonderer Berücksichtigung der Regelbeispiele, JuS 1999, 1041

Groß, Wolfgang: Kapitalmarktrecht, Kommentar zum Börsengesetz, zur Börsenzulassungs-Verordnung, zum Wertpapierprospektgesetz und zum Verkaufsprospektgesetz, 3. Auflage, München 2006

Ders.: Kursstabilisierung – Zur Reichweite der Safe Harbour-Regeln der §§ 14 Abs. 2 und 20a Abs. 3 WpHG -, GS Bosch 2006, S. 49

Grothaus, Achim: Reform des Insiderrechts: Großer Aufwand – viel Rechtsunsicherheit – wenig Nutzen?, ZBB 2005, 62

Grundmann, Stefan / Schwintowski, Hans-Peter / Singer, Reinhard / Weber, Martin: Anleger- und Funktionsschutz durch Kapitalmarktrecht, Band 7, Schriften zum europäischen und internationalen Privat-, Bank- und Wirtschaftsrecht, Berlin 2006; zitiert: *Bearbeiter* in Grundmann u.a., Anleger- und Funktionsschutz durch Kapitalmarktrecht, S. 1

Grunewald, Barbara: Gesellschaftsrecht, 6. Auflage, Tübingen 2005

Dies.: Neue Regeln zum Insiderhandel, ZBB 1990, 128

Haarmann, Wilhelm / Schüppen, Matthias: Frankfurter Kommentar zum Wertpapiererwerbs- und Übernahmegesetz, Öffentliche Übernahmeangebote (WpÜG) und Ausschluss von Minderheitsaktionären (§§ 327a-f AktG), 2. Auflage, Frankfurt am Main 2005; zitiert: *Bearbeiter* in Haarmann/ Schüppen § 1 WpÜG Rn 1.

Habersack, Mathias: Die erfolgsabhängige Vergütung des Aufsichtsrats und ihre Grenzen, zugleich Besprechung der Entscheidung BGH ZIP 2004, 613 (MobilCom), ZGR 2004, 721

Ders.: Rechtsfragen des Emittenten-Ratings, ZHR 169 (2005), 185

Habersack, Mathias / Mülbert, Peter O. / Schlitt, Michael: Unternehmensfinanzierung am Kapitalmarkt, Köln 2005

Hahn, Stefan: Neue Ansätze im Anlegerschutz durch die Ad-hoc-Publizität des § 15 WpHG, Frankfurt am Main 2004

Hall, Brian J. / Murphy, Kevin J.: The trouble with stock options, JEP (Journal of Economic Perspectives) 2003, 49

Hammen, Horst: Börsenorganisationsrecht im Wandel, Vorschläge für ein 4. Finanzmarktförderungsgesetz, AG 2001, 549

Ders. : Pakethandel und Insiderhandelsverbot, WM 2004, 1753

Happ, Wilhelm: Zum Regierungsentwurf eines Wertpapierhandelsgesetzes, JZ 1994, 240

Happ, Wilhelm / Semler, Johannes: Ad hoc-Publizität im Spannungsfeld von Gesellschaftsrecht und Anlegerschutz, - Zum Begriff der „Tatsache" in § 15 WpHG bei mehrstufigen Entscheidungsprozessen -, ZGR 1998, 116

Harbarth, Stephan: Ad-hoc-Publizität beim Unternehmenskauf, ZIP 2005, 1898

Hartmann, Jörg: Juristische und ökonomische Regelungsprobleme des Insiderhandels, Eine rechtsvergleichende Darstellung USA-Deutschland, Frankfurt am Main 1999

Hasselbach, Kai: Die Weitergabe von Insiderinformationen bei M&A-Transaktionen mit börsennotierten Aktiengesellschaften – Unter Berücksichtigung des Gesetzes zur Verbesserung des Anlegerschutzes vom 28.10.2004, NZG 2004, 1087

Hasselbach, Kai / Wirtz, Johannes: Die Verwendung von MAC-Klauseln in Angeboten nach dem WpÜG, BB 2005, 842

Hazen, Thomas Lee: The Law of Securities Regulation, 4. Auflage, St. Paul 2002

Heidmeier, Heiner: Die Ad-hoc-Publizität gemäß § 44a BörsG im System der Berichtspflichten für börsennotierte Aktiengesellschaften, AG 1992, 110

Heinsius, Theodor: Organzuständigkeit bei Bildung, Erweiterung und Umorganisation des Konzern, ZGR 1984, 383

Hellner, Thorwald / Steuer, Stephan: Bankrecht und Bankpraxis, Band 4, Wertpapierhandel, Depotgeschäft, Köln 2003; zitiert: *Bearbeiter* in BuB, Rn 1/100

Hemeling, Peter: Gesellschaftsrechtliche Fragen der due diligence beim Unternehmenskauf, ZHR 169 (2005), 274

Herdegen, Matthias: Europarecht, 7. Auflage, München 2005

Hermanns, Ferdinand / Kleier, Ulrich F.: Grenzen der Aufsichtspflicht in Betrieben und Unternehmen: zur Bedeutung des § 130 OWiG in der Praxis, Köln 1987

Hienzsch, André: Das Scheitern der Staatsanwaltschaften bei der Verfolgung von Börsenkriminalität – eine empirische Problemanalyse mit Lösungsvorschlägen am Beispiel des Insiderhandelsverbotes, HRRS 2006, 145

Hild, Thilo Lars: Grenzen einer strafrechtlichen Regulierung des Kapitalmarktes, Eine kriminalrechtliche Untersuchung von Börsengängen und Aktienhandel in Deutschland und den USA, Frankfurt a.M. 2004

Hirschberg, Holger: MiFID – Ein neuer Rechtsrahmen für die Wertpapierhandelsplätze in Deutschland, AG 2006, 398

Hirte, Heribert: Die Ad-hoc-Publizität im System des Aktien- und Börsenrechts in Hadding/Hopt/Schimansky, Das Zweite Finanzmarktförderungsgesetz in der praktischen Umsetzung, Bankrechtstag 1995, Berlin 1996, S. 47

Hirte, Heribert / Von Bülow, Christoph: Kölner Kommentar zum WpÜG mit AngebVO und §§ 327a – 327f AktG, Köln 2003

Höfer, Franz A. / Pöschl, Walter: Neues Rechtsetzungsverfahren für europäische Finanzmärkte, AnwBl 2005, 326

Hölters, Wolfgang: Handbuch des Unternehmens- und Beteiligungskaufs, 4. Auflage, Köln 1996

Hoeren, Thomas: Selbstregulierung und Insiderrecht – Die Mitteilung des Centralverbandes des Deutschen Bank- und Bankiergewerbes vom 12.10.1908, ZBB 1993, 112

Hoffmann, Thomas: Rechtliche Schranken interner Informationsflüsse in Kreditinstituten, Vom internen Bankgeheimnis zu den Chinese Walls im Insiderrecht, Baden-Baden 1998

Hoffmann-Becking, Michael: Gestaltungsmöglichkeiten bei Anreizsystemen, NZG 1999, 797

Ders.: Münchener Handbuch des Gesellschaftsrechts, Band 4, Aktiengesellschaft, 2. Auflage, München 1999

Holzborn, Timo / Israel, Alexander: Das Anlegerschutzverbesserungsgesetz – Die Veränderungen im WpHG, VerkProspG und BörsG und ihre Auswirkungen in der Praxis, WM 2004, 1948

Hommelhoff, Peter: Die Konzernleitungspflicht: zentrale Aspekte eines Konzernverfassungsrechts, Köln 1982

Hopt, Klaus J.: Auf dem Weg zum deutschen Insidergesetz, - Die Vorüberlegungen vom Herbst 1992 -, FS Beusch 1993, S. 393

Ders.: Europäisches und deutsches Insiderrecht, ZGR 1991, 17

Ders.: Grundsatz- und Praxisprobleme nach dem Wertpapierhandelsgesetz - insbesondere Insidergeschäfte und Ad-hoc-Publizität -, ZHR 159 (1995), 135

Ders.: Insiderwissen und Interessenkonflikte im europäischen und deutschen Bankrecht, FS Heinsius 1991, S. 289

Ders.: Ökonomische Theorie und Insiderrecht, AG 1995, 353

Ders.: Übernahmen, Geheimhaltung und Interessenkonflikte: Probleme für Vorstände, Aufsichtsräte und Banken, ZGR 2002, 333

Ders.: Verhaltenspflichten des Vorstands der Zielgesellschaft bei feindlichen Übernahmen, - Zur aktien- und übernahmerechtlichen Rechtslage in Deutschland und Europa -, FS Lutter 2000, S. 1361

Ders.: Wie sinnvoll sind rechtliche Regelungen über Insidergeschäfte? – Ökonomische und rechtliche Überlegungen zum europäischen und deutschen Insiderrecht -, in Baetge, Insiderrecht und Ad-hoc-Publizität, Düsseldorf 1995, S. 1

Hopt, Klaus J. / Rudolph, Bernd / Baum, Harald: Börsenreform – Eine ökonomische, rechtsvergleichende und rechtspolitische Untersuchung, Stuttgart 1997

Hopt, Klaus J. / Voigt, Hans-Christoph: Prospekt- und Kapitalmarktinformationshaftung, Tübingen 2005; zitiert: *Bearbeiter* in Hopt/Voigt, Prospekt- und Kapitalmarktinformationshaftung, S. 1

Hopt, Klaus J. / Waschkeit, Indre: „Stabilisation and Allotment – A European Supervisory Approach" – Stellungnahme zum FESCO-Konsultationsdokument vom 15.9.2000, FS Lorenz 2001, S. 147

Hopt, Klaus J. / Wiedemann, Herbert: Großkommentar AktG, 4. Auflage, 11. Lieferung, §§ 92-94, Berlin 1999

Ders.: Großkommentar AktG, 4. Auflage, 19. Lieferung, §§ 76-83, Berlin 2003

Hopt, Klaus J. / Will, Michael R.: Europäisches Insiderrecht, Einführende Untersuchung, Ausgewählte Materialien, Stuttgart 1973

Huber, Peter / Faust, Florian: Schuldrechtsmodernisierung, München 2002

Huber, Ulrich: Rückkauf eigener Aktien, FS Kropff 1997, S. 101

Hueck, Götz / Windbichler, Christine: Gesellschaftsrecht, 20. Auflage, 2003

Hüffer, Uwe: Aktienbezugsrechte als Bestandteil der Vergütung von Vorstandsmitgliedern und Mitarbeitern – gesellschaftsrechtliche Analyse, ZHR 161 (1997), 214

Ders.: Aktiengesetz, Kurzkommentar, 7. Auflage, München 2006

Immenga, Frank A.: Das neue Insiderrecht im Wertpapierhandelsgesetz, ZBB 1995, 197

Jäger, Axel: Aktienoptionspläne in Recht und Praxis – eine Zwischenbilanz, DStR 1999, 28

Jähnke, Burkhard / Laufhütte, Heinrich Wilhelm / Odersky, Walter: Strafgesetzbuch, Leipziger Kommentar, Großkommentar, 11. Auflage, 6. Band, §§ 223-263a, Berlin 2005

Jahn, Holger: Der Letter of Intent, Frankfurt am Main 2000

Jarass, Hans D. / Pieroth, Bodo: Grundgesetz für die Bundesrepublik Deutschland, Kommentar, 8. Aufl., München 2006

Jauernig, Othmar: Bürgerliches Gesetzbuch, Kommentar, 11. Auflage, München 2004

Jekewitz, Jürgen: Deutscher Bundestag und Rechtsverordnungen, NVwZ 1994, 956

Joost, Detlev: „Holzmüller 2000“ vor dem Hintergrund des Umwandlungsgesetzes, ZHR 163 (1999), 164

Kaiser, Andreas: Die Sanktionierung von Insiderverstößen und das Problem der Kursmanipulation, WM 1997, 1557

Kallmeyer, Harald: Aktienoptionspläne für Führungskräfte im Konzern, AG 1999, 97

Ders.: Umwandlungsgesetz, Kommentar, 3. Auflage, Köln 2006

Kapp, Thomas: Dürfen Unternehmen ihren (geschäftsleitenden) Mitarbeitern Geldstrafen bzw. –bußen erstatten?, NJW 1992, 2796

Kappes, Karl-Heinz: Weitergabe von Insidertatsachen, NJW 1995, 2832

Kau, Wolfgang M. / Leverenz, Niklas: Mitarbeiterbeteiligung und leistungsgerechte Vergütung durch Aktienoptionspläne, BB 1998, 2269

Kessler, Manfred / Sauter, Thomas: Handbuch Stock Options; Rechtliche, steuerliche und bilanzielle Darstellung von Stock-Option-Plänen, München 2003

Kiem, Roger / Kotthoff, Jost: Ad-hoc-Publizität bei mehrstufigen Entscheidungsprozessen, DB 1995, 1999

Kiethe, Kurt: Vorstandshaftung aufgrund fehlerhafter Due Diligence beim Unternehmenskauf, NZG 1999, 976

Kindler, Peter / Horstmann, Hendrik: Die EU-Übernahmerichtlinie – Ein „europäischer“ Kompromiss, DStR 2004, 866

Kirschhöfer, Christoph: Führung von Insiderverzeichnissen bei Emittenten und externen Dienstleistern, Der Konzern 2005, 22

Kissel, Otto Rudolf: Internet für und gegen alle?, NJW 2006, 801

Klasen, Evelyn: Insiderrechtliche Fragen zu aktienorientierten Vergütungsmodellen, - Diskussionsstand und Lösungsansätze nach endgültiger Veröffentlichung des Emittentenleitfadens der BaFin -, AG 2006, 24

Klein-Blenkers, Friedrich: Die Entwicklung des Unternehmenskaufrechts (Zivilrecht), NZG 2003, 903

Koch, Hans-Joachim / Rubel/Rüdiger / Heselhaus, Sebastian: Allgemeines Verwaltungsrecht, 3. Auflage, München 2003

Koch, Stefan: Neuerungen im Insiderrecht und der Ad-hoc-Publizität, DB 2005, 267

Köhler, Helmut: Zur Funktion und Reichweite der gesetzlichen Gewährleistungsausschlüsse, JZ 1989, 761

König, David C.: Aktienbasierte Vergütungssysteme für Arbeitnehmer und ihre Wirkung auf die Corporate Governance börsennotierter Unternehmen, Baden-Baden 2005

Körber, Torsten: Geschäftsleitung der Zielgesellschaft und due diligence bei Paketerwerb und Unternehmenskauf, NZG 2002, 263

Körner, Marita: Infomatec und die Haftung von Vorstandsmitgliedern für falsche Ad-hoc-Mitteilungen, NJW 2004, 3386
Kopp, Hans Joachim: Erwerb eigener Aktien, Ökonomische Analyse vor dem Hintergrund von Unternehmensverfassung und Informationseffizienz des Kapitalmarktes, Wiesbaden 1996
Kowalewski, Jörn / Hellgardt, Alexander: Der Stand der Rechtsprechung zur deliktsrechtlichen Haftung für vorsätzliche falsche Ad-hoc-Mitteilungen, DB 2005, 1839
Krämer, Lutz: Aktuelle Rechtsfragen des externen Ratings, S. 3 in Hadding/Hopt/Schimansky, Internes und externes Rating, Aktuelle Entwicklungen im Recht der Kreditsicherheiten – national und international, Bankrechtstag 2004, Band 24, Berlin 2005
Kraft, Gerhard / Altvater, Christian: Die zivilrechtliche, bilanzielle und steuerliche Behandlung des Rückkaufs eigener Aktien, NZG 1998, 448
Krause, Hartmut: Die EU-Übernahmerichtlinie – Anpassungsbedarf im Wertpapiererwerbs- und Übernahmegesetz, BB 2004, 113
Kreiner, Sebastian: Parlamentsgesetzlich geändertes Verordnungsrecht und gerichtliche Normenkontrolle, zugleich Besprechung des Urteils des BVerwG v. 16.1.2003, BVerwGE 117, 313 = BayVBl. 2003, 437, BayVBl. 2005, 106
Krieger, Gerd: Squeeze-Out nach neuem Recht: Überblick und Zweifelsfragen, BB 2002, 53
Kropff, Bruno: Zur Konzernleitungspflicht, ZGR 1984, 112
Kropff, Bruno / Semler, Johannes: Münchener Kommentar zum Aktiengesetz, Band 1, §§ 1-53 AktG, 2. Auflage, München 2000
Dies.: Münchener Kommentar zum Aktiengesetz, Band 3, §§ 76-117 AktG, MitbestG, § 76 BetrVG 1952, 2. Auflage, München 2004
Krüger, Dirk / Kalbfleisch, Eberhard: Due diligence bei Kauf und Verkauf von Unternehmen – rechtliche und steuerliche Aspekte der Vorprüfung beim Unternehmenskauf -, DStR 1999, 174
Kübler, Friedrich / Assmann, Heinz-Dieter: Gesellschaftsrecht, Die privatrechtlichen Ordnungsstrukturen und Regelungsprobleme von Verbänden und Unternehmen, 6. Auflage, Heidelberg 2006
Kühnberger, Manfred / Keßler, Jürgen: Stock option incentives – betriebswirtschaftliche und rechtliche Probleme eines anreizkompatiblen Vergütungssystems, AG 1999, 453
Külpmann, Christoph: Änderungen von Rechtsverordnungen durch den Gesetzgeber, NJW 2002, 3436
Kümpel, Siegfried: Aktuelle Fragen der Ad-hoc-Publizität, AG 1997, 66
Ders.: Bank- und Kapitalmarktrecht, 3. Auflage, Köln 2004
Ders.: Insiderrecht und Ad hoc-Publizität aus Bankensicht, WM 1996, 653

Ders.: Inter-Banken-Informations-System (IBIS), Rechtliche und betriebliche Aspekte, WM 1990, 45
Ders.: Wertpapierhandelsgesetz - Eine systematische Darstellung, Berlin 1996
Ders.: Zum Begriff der Insidertatsache, WM 1994, 2137
Ders.: Zur Neugestaltung der staatlichen Börsenaufsicht, - von der Rechtsaufsicht zur Marktaufsicht - , WM 1992, 381
Kümpel, Siegfried / Veil, Rüdiger: Wertpapierhandelsgesetz – Eine systematische Darstellung, 2. Auflage, Berlin 2006
Kunold, Uta / Schlitt, Michael: Die neue EU-Prospektrichtlinie – Inhalt und Auswirkungen auf das deutsche Kapitalmarktrecht, BB 2004, 501
Kupfer, Dominik: Die Verteilung knapper Ressourcen im Wirtschaftsverwaltungsrecht, Baden-Baden 2005
Kusche, Michael Silvio : Die aktienrechtliche Zulässigkeit der Durchführung einer due diligence anlässlich eines Unternehmenskaufes mit due diligence-Checkliste für die Zielgesellschaft, Frankfurt am Main 2005; zitiert: *Kusche,* Zulässigkeit der Durchführung einer due diligence, S. 1
Kußmaul, Heinz / Pfirmann, Armin / Tcherveniachki, Vassil: Leveraged Buyout am Beispiel der Friedrich Grohe AG, - Eine betriebswirtschaftliche Analyse im Kontext der „Heuschrecken-Debatte“ -, DB 2005, 2533
Kuthe, Thorsten: Änderungen des Kapitalmarktrechts durch das Anlegerschutzverbesserungsgesetz, ZIP 2004, 883
Kuthe, Thorsten / Rückert, Susanne / Sickinger, Mirko: Compliance-Handbuch Kapitalmarktrecht, Publizitäts- und Verhaltenspflichten für Aktiengesellschaften, Heidelberg 2004
Kutzner, Lars: Das Verbot der Kurs- und Marktpreismanipulation nach § 20a WpHG – Modernes Strafrecht?, WM 2005, 1401

Lackner, Karl / Kühl, Kristian: Strafgesetzbuch, Kommentar, 25. Auflage, München 2004
Lange, Barbara: Neue Entwicklungen im US-amerikanischen Insiderrecht – Supreme Court bestätigt misappropriation theory -, WM 1998, 525
Lange, Christoph: „Material Adverse Effect“ und „Material Adverse Change“-Klauseln in amerikanischen Unternehmenskaufverträgen, NZG 2005, 454
Larenz, Karl: Methodenlehre der Rechtswissenschaft, 6. Auflage, Berlin Heidelberg 1991
Lehmann: Bezahlung der Geldstrafe für den Verurteilten als Begünstigung der Straftat, GA 19, 784
Leis, Josef / Nowak, Eric: Ad-hoc-Publizität nach § 15 WpHG, Stuttgart 2001
Leisch, Franz Clemens: Vorstandshaftung für falsche Ad-hoc-Mitteilungen – ein höchstrichterlicher Beitrag zur Stärkung des Finanzplatzes Deutschland, ZIP 2004, 1573
Lenenbach, Markus: Kapitalmarkt- und Börsenrecht, Köln 2002

Ders.: Scalping: Insiderdelikt oder Kursmanipulation?, zugleich Besprechung LG Stuttgart, Urt. vom 30.8.2002, ZIP 2003, 259, ZIP 2003, 243

Lenenbach, Markus / Lohrmann, Frank: „Jahrhundertentscheidung" zum amerikanischen Insiderrecht, U.S. Sepreme Court entscheidet U.S. versus O'Hagan, RIW 1998, 115

Lenzen, Ursula: Das neue Recht der Kursmanipulation, ZBB 2002, 279

Leppert, Michael / Stürwald, Florian: Aktienrückkauf und Kursstabilisierung – Die Safe-Harbor-Regelungen der Verordnung (EG) Nr. 2273/2003 und der KuMaKV, ZBB 2004, 302

Dies.: Die insiderrechtlichen Regelungen des Vorschlags für eine Marktmissbrauchsrichtlinie und der Stand der Umsetzung im deutschen Wertpapierhandelsrecht, ZBB 2002, 90

Leuering, Dieter: Die Ad-hoc-Pflicht auf Grund der Weitergabe von Insiderinformationen (§ 15 Abs. 1 S. 3 WpHG), NZG 2005, 12

Liekefett, Kai Haakon: Due Diligence bei M&A-Transaktionen – Voraussetzungen und Grenzen bei Börsengängen, Fusionen, Übernahmen, Beteiligungskäufen, Private Equity und Joint Ventures, Berlin 2005

Liersch, Jan: Regulierung des Blockhandels an den organisierten Aktienmärkten der Vereinigten Staaten, Großbritanniens und Deutschlands, Frankfurt am Main 2002, zitiert: *Liersch* Blockhandel, S. 1

Linker, Anja Celina / Zinger, Georg: Rechte und Pflichten der Organe einer Aktiengesellschaft bei der Weitergabe vertraulicher Unternehmensinformationen, NZG 2002, 497

Loesche, Marco: Die Eignung zur erheblichen Kursbeeinflussung in den Insiderhandelsverboten des Wertpapierhandelsgesetzes, Gießen 1998; zititert: *Loesche,* Eignung zur erheblichen Kursbeeinflussung, S. 1

Loges, Rainer: Der Einfluss der due diligence auf die Rechtsstellung des Käufers eines Unternehmens, DB 1997, 965

Loss, Louis / Seligman, Joel: Fundamentals of Securities Regulation, 5. Auflage, New York 2004

Lotze, Christine: Die insiderrechtliche Beurteilung von Aktienoptionsplänen, München 2000

Lücker, Volker: Der Straftatbestand des Missbrauchs von Insiderinformationen nach dem Wertpapierhandelsgesetz (WpHG), Berlin 1998

Lutter, Marcus: Der Letter of Intent, 3. Auflage, Berlin 1998

Ders. : Die Auslegung angeglichenen Rechts, JZ 1992, 593

Ders.: Due diligence des Erwerbers beim Kauf einer Beteiligung, ZIP 1997, 613

Ders.: Organzuständigkeiten im Konzern, FS Stimpel 2000, S. 825

Ders.: Stand und Entwicklung des Konzernrechts in Europa, ZGR 1987, 324

Lutter, Marcus / Krieger, Gerd: Rechte und Pflichten des Aufsichtsrats, 4. Auflage, Köln 2002

Lutter, Marcus / Wahlers, Henning W.: Der Buyout: Amerikanische Fälle und die Regeln des deutschen Rechts, AG 1989, 1

Lutter, Marcus / Winter, Martin: Umwandlungsgesetz, Kommentar, Band I, §§ 1-137, 3. Auflage, Köln 2004

Mahoney, Paul G.: Mandatory disclosure as a solution to agency problems, 62 U. Chi. L. Rev. 1047 (1995)

Maier-Reimer, Georg: Verhaltenspflichten des Vorstands der Zielgesellschaft bei feindlichen Übernahmen, ZHR 165 (2001), 258

Manne, Henry G.: Insider Trading and the Stock Market, New York 1966

Marsch-Barner, Reinhard / Schäfer, Frank A. : Handbuch börsennotierte AG – Aktien- und Kapitalmarktrecht, Köln 2005; zitiert: *Bearbeiter* in Marsch-Barner/Schäfer, Hdb. börsennotierte AG, § 1 Rn 1

Marten, Kai-Uwe / Köhler, Annette G.: Due diligence in Deutschland, - Eine empirische Untersuchung -, Finanz Betrieb 1999, 337

Martens, Klaus-Peter: Die Entscheidungsautonomie des Vorstands und die „Basisdemokratie" in der Aktiengesellschaft, Anmerkungen zu BGHZ 83, 122 („Holzmüller"), ZHR 147 (1983), 377

Ders.: Stand und Entwicklung im Recht der stock options, FS Ulmer 2003, S. 399

Matusche, Thomas: Insider und Insidertatsachen im Wertpapierhandelsgesetz in Herrmann/Berger/Wackerbarth, Deutsches und internationales Bank- und Wirtschaftsrecht im Wandel, Berlin 1997, S. 110

Maul, Silja / Muffat-Jeandet, Daniele: Die EU-Übernahmerichtlinie – Inhalt und Umsetzung in nationales Recht (Teil II), AG 2004, 306

Maunz, Theodor / Dürig, Günter: Grundgesetz, Kommentar, Bd. VI, Art. 100-146, Lieferungen 1 bis 45, München

Maurer, Hartmut: Allgemeines Verwaltungsrecht, 15. Auflage, 2004

McVea, Harry: Financial conglomerates and the chinese wall, Regulating conflicts of interest, New York 1993

Meincke, Eberhard: Geheimhaltungspflichten im Wirtschaftsrecht, WM 1998, 749

Mennicke, Petra R.: Sanktionen gegen Insiderhandel, Eine rechtsvergleichende Untersuchung unter Berücksichtigung des US-amerikanischen und britischen Rechts, Berlin 1996

Mensching, Christian: Der neue Komitologie-Beschluss des Rates, EuZW 2000, 268

Merkner, Andreas / Sustmann, Marco: Insiderrecht und Ad-hoc-Publizität – Das Anlegerschutzverbesserungsgesetz „in der Fassung durch den Emittentenleitfaden der BaFin", NZG 2005, 729

Merkt, Hanno: Due diligence und Gewährleistung beim Unternehmenskauf, BB 1995, 1041

Ders.: Unternehmenspublizität, Offenlegung von Unternehmensdaten als Korrelat der Marktteilnahme, Tübingen 2001
Merkt, Hanno / Göthel, Stephan R.: US-amerikanisches Gesellschaftsrecht, 2. Auflage, Frankfurt am Main 2006
Mertens, Kai: Die Information des Erwerbers einer wesentlichen Unternehmensbeteiligung an einer Aktiengesellschaft durch deren Vorstand, AG 1997, 541
Messerschmidt, Nicoletta: Die neue Ad-hoc-Publizität bei mehrstufigen Entscheidungsprozessen – Ist der Aufsichtsrat damit überflüssig?, BB 2004, 2538
Meyding, Bernhard / Bödeker, Annette: Gesetzentwurf über elektronische Handelsregister und Genossenschaftsregister sowie das Unternehmensregister (EHUG-E) – Willkommen im Online-Zeitalter!, BB 2006, 1009
Meyer, Andreas: Neue Entwicklungen bei der Kursstabilisierung, Anwendungsfragen der Verordnung zur Konkretisierung des Verbotes der Kurs- und Marktpreismanipulation und der Durchführungsmaßnahmen zur Marktmissbrauchsrichtlinie, AG 2004, 289
Meyer, Justus / Ludwig, Sören: Aktienoptionen für Aufsichtsräte ade?, zugleich Besprechung zu BGH Urt. v. 16.2.2004 – II ZR 316/02 ZIP 2004, 613, ZIP 2004, 940
Meyer, Peter: Die Grundsätze der Auslegung im Europäischen Gemeinschaftsrecht, Jura 1994, 455
Mitsch, Wolfgang: Die Geldstrafe, JA 1993, 304
Möller, Andreas: Kapitalmarktaufsicht, Wandel und Neubestimmung der nationalen und europäischen Kapitalmarktaufsicht anhand des Beispiels der Aufsicht über die Börsen und den Börsenhandel, Berlin 2006
Möllers, Thomas M. J.: Das europäische Kapitalmarktrecht im Umbruch – Ein Zwischenbericht zu den kapitalmarktrechtlichen Informationspflichten unter rechtsvergleichender Perspektive, ZBB 2003, 390
Ders.: Das Verhältnis der Haftung wegen sittenwidriger Schädigung zum gesellschaftsrechtlichen Kapitalerhaltungsgrundsatz – EM.TV und Comroad, BB 2005, 1637
Ders.: Der BGH, die BaFin und der EuGH: Ad-hoc-Publizität beim einvernehmlichen vorzeitigen Ausscheiden des Vorstandsvorsitzenden Jürgen Schrempp, NZG 2008, 330
Ders.: Insiderinformation und Befreiung von der Ad-hoc-Publizität nach § 15 Abs. 3 WpHG – Zur Neubeurteilung von mehrstufigen Entscheidungsprozessen durch das Anlegerschutzverbesserungsgesetz -, WM 2005, 1393
Ders.: Wechsel von Organmitgliedern und „key playern“: Kursbeeinflussungspotential und Pflicht zur Ad-hoc-Publizität, NZG 2005, 459

Möllers, Thomas M.J. / Leisch, Franz Clemens: Haftung von Vorständen gegenüber Anlegern wegen fehlerhafter Ad-hoc-Meldungen nach § 826 BGB, WM 2001, 1648

Möllers, Thomas M.J. / Rotter, Klaus: Ad-hoc-Publizität, Handbuch der Rechte und Pflichten von börsennotierten Unternehmen und Kapitalanlegern, München 2003

Mülbert, Peter O.: Umsetzungsfragen der Übernahmerichtlinie – erheblicher Änderungsbedarf bei den heutigen Vorschriften des WpÜG, NZG 2004, 633

Mülbert, Peter O. / Steup, Steffen: Emittentenhaftung für fehlerhafte Kapitalmarktinformation am Beispiel der fehlerhaften Regelpublizität, - das System der Kapitalmarktinformationshaftung nach AnSVG und WpPG mit Ausblick auf die Transparenzrichtlinie -, WM 2005, 1633

Müller, Klaus J.: Einfluss der due diligence auf die Gewährleistungsrechte des Käufers beim Unternehmenskauf, NJW 2004, 2196

Ders.: Gestattung der Due Diligence durch den Vorstand der Aktiengesellschaft, NJW 2000, 3452

Müller-Christmann, Bernd: Die Bezahlung einer Geldstrafe durch Dritte – BGHSt 37, 226, JuS 1992, 379

Nießen, Tobias: Die Harmonisierung der kapitalmarktrechtlichen Transparenzregeln durch das TUG, NZG 2007, 41

Nietsch, Michael: Schadensersatzhaftung wegen Verstoßes gegen Ad-hoc-Publizitätspflichten nach dem Anlegerschutzverbesserungsgesetz, BB 2005, 785

Noack, Ulrich: Amtliche Unternehmenspublizität und digitale Medien, FS Ulmer 2003, S. 1245

Ders.: Elektronische Publizität im Aktien- und Kapitalmarktrecht in Deutschland und Europa – Medien für Unternehmensinformationen im Wandel, AG 2003, 537

Ders.: Neue Publizitätspflichten und Publizitätsmedien für Unternehmen – eine Bestandsaufnahme nach EHUG und TUG, WM 2007, 377

Noll, Jürgen / Klimscha, Martin: Über die Sinnhaftigkeit der Bestrafung von Insidergeschäften, ÖJZ 2005, 658

Oechsler, Jürgen: Die Änderung der Kapitalrichtlinie und der Rückerwerb eigener Aktien, ZHR 170 (2006), 72

Oerke, Marc: Ad-hoc-Mitteilungen und deutscher Aktienmarkt, Marktreaktion auf Informationen, Wiesbaden 1999

Oppenländer, Frank: Grenzen der Auskunftserteilung durch Geschäftsführer und Gesellschafter beim Verkauf von GmbH-Geschäftsanteilen, GmbHR 2000, 535

Ossenbühl, Fritz: Der verfassungsrechtliche Rahmen offener Gesetzgebung und konkretisierender Rechtsetzung, DVBl. 1999, 1

Otto, Hans-Jochen: Fremdfinanzierte Übernahmen – Gesellschafts- und steuerrechtliche Kriterien des Leveraged Buy-Out, DB 1989, 1389

Paefgen, Walter G.: Börsenpreisorientierte Vergütung und Überwachungsaufgabe des Aufsichtsrats, WM 2004, 1169

Palandt, Otto: Bürgerliches Gesetzbuch, Kommentar, 65. Auflage, München 2006

Pananis, Panos: Insidertatsache und Primärinsider, Eine Untersuchung zu den Zentralbegriffen des § 13 Abs. 1 WpHG, Berlin 1998

Ders.: Zur Abgrenzung von Insidertatsache und ad-hoc-publizitätspflichtigem Sachverhalt bei mehrstufigen Entscheidungsprozessen, WM 1997, 460

Pellens, Bernhard: Ad-hoc-Publizitätspflicht des Managements börsennotierter Unternehmen nach § 44a BörsG, AG 1991, 62

Peltzer, Martin: Deutsche Corporate Governance, Ein Leitfaden, 2. Auflage, München 2004

Ders.: Die neue Insiderregelung im Entwurf des Zweiten Finanzmarktförderungsgesetzes, ZIP 1994, 746

Ders.: Keine Aktienoptionen mehr für Aufsichtsratsmitglieder, NZG 2004, 509

Peltzer, Oliver: Die Neuregelung des Erwerbs eigener Aktien im Lichte der historischen Erfahrungen, WM 1998, 322

Pfister, Bernhard: Stand der Insiderdiskussion, ZGR 1981, 318

Picot, Arnold / Bortenlänger, Christine / Röhrl, Heiner: Börsen im Wandel, Der Einfluss von Informationstechnologie und Wettbewerb auf die Organisation von Wertpapiermärkten, 1996

Picot, Gerhard: Unternehmenskauf und Restrukturierung, 3. Auflage, München 2004

Picot, Gerhard / Mentz, Alexander / Seydel, Eberhard: Die Aktiengesellschaft bei Unternehmenskauf und Restrukturierung, München 2003

Pirner, Barbara / Lebherz, Axel: Wie nach dem Transparenzrichtlinie-Umsetzungsgesetz publiziert werden muss, AG 2007, 19

Portner, Rosemarie: Mitarbeiteroptionen (stock options): Gesellschaftsrechtliche Grundlagen und Besteuerung, DStR 1997, 786

Prütting, Hanns / Wegen, Gerhard / Weinreich, Gerd: BGB, Kommentar, Neuwied 2006

Rebmann, Kurt / Roth, Werner / Herrmann, Siegfried: Gesetz über Ordnungswidrigkeiten, Kommentar, 3. Aufl., Stuttgart

Rebmann, Kurt / Säcker, Franz Jürgen / Rixecker, Roland: Münchener Kommentar zum BGB, Band 1, Allgemeiner Teil, §§ 1-240, AGB-Gesetz, 4. Auflage, München 2001

Ders.: Münchener Kommentar zum BGB, Band 2a, Schuldrecht Allgemeiner Teil, §§ 241-432, 4. Auflage, München 2003

Ders.: Münchener Kommentar zum BGB, Band 3, Schuldrecht Besonderer Teil I, §§ 433-610, 4. Auflage, München 2004

Rehbinder, Eckard: Rechtliche Schranken der Erstattung von Bußgeldern an Organmitglieder und Angestellte, ZHR 148 (1984), 555

Ders.: Zum konzernrechtlichen Schutz der Aktionäre einer Obergesellschaft, - Besprechung der Entscheidung BGHZ 83, 122 „Holzmüller" -, ZGR 1983, 92

Rhein, Tilman: Der Interessenkonflikt der Manager beim Management Buy-out, zugleich ein Beitrag zu den organschaftlichen Treuebindungen in GmbH und Aktiengesellschaft, München 1996

Richardi, Reinhard: Betriebsverfassungsgesetz, 10. Auflage, München 2006

Ringleb, Henrik-Michael / Kremer, Thomas / Lutter, Marcus / v.Werder, Axel: Kommentar zum Deutschen Corporate Governance Kodex, Kodex-Kommentar, 2. Auflage, München 2005

Rittmeister, Maximilian: Due Diligence und Geheimhaltungspflichten beim Unternehmenskauf – Die Zulässigkeit der Gestattung einer Due Diligence durch den Vorstand oder die Geschäftsführer der Zielgesellschaft, NZG 2004, 1032

Rodewald, Jörg / Tüxen, Andreas: Neuregelung des Insiderrechts nach dem Anlegerschutzverbesserungsgesetz (AnSVG) – Neue Organisationsanforderungen für Emittenten und ihre Berater, BB 2004, 2249

Röder, Gerhard / Merten, Frank: Ad-hoc-Publizitätspflicht bei arbeitsrechtlich relevanten Maßnahmen, NZA 2005, 268

Rössner, Michael-Christian / Bolkart, Johannes: Schadensersatz bei Verstoß gegen Ad-hoc-Publizitätspflichten nach dem 4. Finanzmarktförderungsgesetz, ZIP 2002, 1471

Roschmann, Christian / Frey, Johannes: Geheimhaltungsverpflichtungen der Vorstandsmitglieder von Aktiengesellschaften bei Unternehmenskäufen, AG 1996, 449

Rupp, Hans Heinrich: Rechtsverordnungsbefugnis des Deutschen Bundestages?, NVwZ 1993, 756

Sachs, Michael: Grundgesetz, Kommentar, 3. Auflage, 2003

Sautner, Zacharias / Weber, Martin: Ausübungsverhalten von Mitarbeitern in Aktienoptionsprogrammen: Relevanz personen- und firmenspezifischer Determinanten, BB 2005, 2735

Schacht, Marc: Das Insiderhandelsverbot bei öffentlichen Übernahmeangeboten, Eine rechtsvergleichende Untersuchung zur Reichweite des Insiderhandelsverbots bei besonderen Mitteln der Kontrollerlangung über Aktiengesellschaften in den USA und Deutschland, Baden-Baden 2002

Schäfer, Frank A.: Wertpapierhandelsgesetz, Börsengesetz mit BörsZulV, Verkaufsprospektgesetz mit VerkProspV, Erstauflage, Stuttgart 1999; zitiert: *Bearbeiter* in Schäfer § 1 Rn 1

Schäfer, Frank A. / Hamann, Uwe: Kapitalmarktgesetze – Wertpapierhandelsgesetz, Börsengesetz mit BörsZulV, Wertpapierprospektgesetz, Verkaufsprospektgesetz, Wertpapiererwerbs- und Übernahmegesetz, 2. Auflage, 1. Lieferung (Stand Januar 2006), Stuttgart 2006; zitiert: *Bearbeiter* in Schäfer/Hamann, 2. Aufl., § 1 Rn 1

Schaefer, Hans: Aktuelle Probleme der Mitarbeiterbeteiligung nach Inkrafttreten des KonTraG, NZG 1999, 531

Schanz, Kay: Börseneinführung, Recht und Praxis des Börsengangs, München 2000

Schauwecker, Detlev / Falckenberg, Max: Erfolgsfaktoren der Restrukturierung – Schnelligkeit und Konsequenz zahlen sich aus! – Ergebnisse des Roland Berger Strategy Consultants Restrukturierungs-Surveys, BC 2004, 106

Schiessl, Maximilian: Gesellschafts- und mitbestimmungsrechtliche Probleme der Spartenorganisation (Divisionalisierung), ZGR 1992, 64

Schimansky, Herbert / Bunte, Hermann-Josef / Lwowski, Hans-Jürgen: Bankrechts-Handbuch, Band III, 2. Auflage, München 2001

Schlitt, Michael / Löschner, Ramin: Abgetrennte Optionsrechte und naked warrents, BKR 2002, 150

Schlitt, Michael / Schäfer, Susanne: Der neue Entry Standard der Frankfurter Wertpapierbörse, AG 2006, 147

Dies.: Quick to Market – Aktuelle Rechtsfragen im Zusammenhang mit Block-Trade-Transaktionen, AG 2004, 346

Schlitt, Michael / Singhof, Bernd / Schäfer, Susanne: Aktuelle Rechtsfragen und neue Entwicklungen im Zusammenhang mit Börsengängen, BKR 2005, 251

Dies.: Auswirkungen des Prospektrichtlinie-Umsetzungsgesetzes auf Aktien- und Equity-linked Emissionen, AG 2005, 498

Schlüter, Uwe: Börsenhandelsrecht, Handbuch für Banken und Finanzdienstleistungsinstitute, 2. Auflage, München 2002

Ders.: Wertpapierhandelsrecht, Handbuch für Banken und Finanzdienstleistungsinstitute, München 2000

Schmidbauer, Rainer: Virtuelle Aktienoptionsprogramme im deutschen Handels- und Steuerrecht sowie nach US-GAAP und IAS, DStR 2000, 1487

Schmidt, Karsten: Gesellschaftsrecht, 4. Auflage, Köln 2002

Schmidt-Diemitz, Rolf: Pakethandel und das Weitergabeverbot von Insiderwissen, DB 1996, 1809

Schmolke, Klaus Ulrich: Der Lamfalussy-Prozess im Europäischen Kapitalmarktrecht – eine Zwischenbilanz, NZG 2005, 912

Schneider, Dieter: Wider Insiderhandelsverbot und die Informationseffizienz des Kapitalmarkts, DB 1993, 1429
Schneider, Ingo: Unternehmenserwerb mit Informationen aus einer due diligence kein strafbarer Insiderhandel, DB 2005, 2678
Schneider, Sven H.: Befreiung des Emittenten von Wertpapieren von der Veröffentlichungspflicht nach § 15 WpHG, BB 2001, 1214
Ders.: Selbstbefreiung von der Pflicht zur Ad-hoc-Publizität, BB 2005, 897
Schneider, Uwe H.: Aktienoptionen als Bestandteil der Vergütung von Vorstandsmitgliedern, ZIP 1996, 1769
Ders.: Die Überlagerung des Konzernrechts durch öffentlich-rechtliche Strukturnormen und Organisationspflichten, - Vorüberlegungen zu „Compliance im Konzern“ -, ZGR 1996, 225
Schneider, Uwe H. / Burgard, Ulrich: Scalping als Insiderstraftat, ZIP 1999, 381
Schneider, Uwe H. / Gilfrich, Stephanie Uta: Die Entscheidung des Emittenten über die Befreiung von der Ad-hoc-Publizitätspflicht, BB 2007, 53
Schneider, Uwe H. / von Buttlar, Julia: Die Führung von Insiderverzeichnissen: Neue Compliance-Pflichten für Emittenten, ZIP 2004, 1621
Schockenhoff, Martin / Wagner, Eike: Ad-hoc-Publizität beim Aktienrückkauf, AG 1999, 548
Schön, Wolfgang: Kreditbesicherung durch abhängige Kapitalgesellschaften, ZHR 159 (1995), 351
Schönke, Adolf / Schröder, Horst: Strafgesetzbuch, Kommentar, 26. Auflage, München 2001
Schörner, Peter: Gesetzliches Insiderhandelsverbot, Eine ordnungspolitische Analyse, Wiesbaden 1991
Scholl, Amand: Die Bezahlung einer Geldstrafe durch Dritte – ein altes Thema und noch immer ein Problem, NStZ 1999, 599
Schröder, Horst: Gesetzliche und richterliche Strafzumessung in FS Mezger 1954, S. 415
Schrödermeier, Martin / Wallach, Edgar: Die Insider-Richtlinie der Europäischen Gemeinschaft, EuZW 1990, 122
Schüler, Wolfgang: Die Wissenszurechnung im Konzern, Berlin 2000
Schuster, Gunnar: Kapitalmarktrechtliche Verhaltenspflichten von Organmitgliedern am Beispiel des § 15a WpHG, ZHR 167 (2003), 193
Schwark, Eberhard: Anlegerschutz durch Wirtschaftsrecht, München 1979
Ders.: Kapitalmarktrechtskommentar, 3. Auflage, München 2004
Ders.: Kurs- und Marktpreismanipulation, FS Kümpel 2003, S. 485
Schwintek, Sebastian: Das Anlegerschutzverbesserungsgesetz, Stuttgart 2005
Seibert, Ulrich: Aktienrechtsreform in Permanenz?, AG 2002, 417
Ders.: Das 10-Punkte Programm „Unternehmensintegrität und Anlegerschutz“, BB 2003, 693

Seibt, Christoph / Heiser, Kristian: Analyse der EU-Übernahmerichtlinie und Hinweise für eine Reform des deutschen Übernahmerechts, ZGR 2005, 200

Seitz, Jochen: Die Integration der europäischen Wertpapiermärkte und die Finanzmarktgesetzgebung in Deutschland, BKR 2002, 340

Seitz, Jochen: Die Regulierung von Wertpapierhandelssystemen in der EU, AG 2004, 497

Semler, Johannes: Einschränkung der Verwaltungsbefugnisse in einer Aktiengesellschaft, BB 1983, 1566

Sendler, Horst: Verordnungsänderung durch Gesetz und „Entsteinerungsklausel", NJW 2001, 2859

Sethe, Rolf: Anlegerschutz im Recht der Vermögensverwaltung, Köln 2005

Ders.: Die Verschärfung des insiderrechtlichen Weitergabeverbots, ZBB 2006, 243

Singhof, Bernd: Zur Weitergabe von Insiderinformationen im Unterordnungskonzern, ZGR 2001, 146

Singhof, Bernd / Weber, Christian: Neue kapitalmarktrechtliche Rahmenbedingungen für den Erwerb eigener Aktien, AG 2005, 549

Soergel, Hans Theodor: Bürgerliches Gesetzbuch mit Einführungsgesetz und Nebengesetzen, Band 12, §§ 823 – 853 BGB, ProdHaftG, UmweltHaftG, 13. Auflage, Stuttgart 2005

Soesters, Frank: Die Insiderhandelsverbote des Wertpapierhandelsgesetzes, Wirtschaftsstrafrecht europäischen Ursprungs, Frankfurt am Main 2002

Spenner, Elke: Aktienoptionen als Bestandteil der Vergütung von Vorstandsmitgliedern, - Eine Analyse der rechtlichen Rahmenbedingungen für Aktienoptionsmodelle nach bisherigem Aktienrecht und nach dem KonTraG -, Göttingen 1999

Spill, Joachim: Due Diligence – Praxishinweise zur Planung, Durchführung und Berichterstattung, DStR 1999, 1786

Spindler, Gerald: Abschied vom Papier? Das Gesetz über elektronische Handelsregister und Genossenschaftsregister sowie das Unternehmensregister, WM 2006, 109

Ders.: Kapitalmarktreform in Permanenz – Das Anlegerschutzverbesserungsgesetz, NJW 2004, 3449

Ders.: Scandals, regulation and supervisory agencies: the European perspective in Hopt/Wymeersch/Hideki/Baum, Corporate governance in context: corporations, states and markets in Europe, Japan and the US, Oxford 2005, S. 105; zitiert: *Bearbeiter* in Hopt u.a., Corporate governance in context, 2005, S. 1

Ders.: Unternehmensorganisationspflichten, Zivilrechtliche und öffentlichrechtliche Regelungskonzepte, Berlin 2001

Ders.: Vergütung und Abfindung von Vorstandsmitgliedern, DStR 2004, 36

Spindler, Gerald / Kasten, Roman A.: Der neue Rechtsrahmen für den Finanzdienstleistungssektor – die MiFID und ihre Umsetzung, WM 2006, 1749 (Teil I), WM 2006, 1797 (Teil II)

Spindler, Gerald / Kramski, Endrik: Der elektronische Bundesanzeiger als zwingendes Gesellschaftsblatt für Pflichtbekanntmachungen der GmbH, NZG 2005, 746

Spindler, Gerald / Speier, Torben: Die neue Ad-hoc-Publizität im Konzern, BB 2005, 2031

Staudinger, Johannes von: Kommentar zum Bürgerlichen Gesetzbuch mit Einführungsgesetz und Nebengesetzen, Einleitung zum Bürgerlichen Gesetzbuch, Buch 1, Allgemeiner Teil, §§ 1-14; Verschollenheitsgesetz, Neubearbeitung 2004, Berlin

Ders.: Kommentar zum Bürgerlichen Gesetzbuch mit Einführungsgesetz und Nebengesetzen, Buch 2, Recht der Schuldverhältnisse, §§ 433-487, Leasing (Kaufrecht und Leasingrecht), Neubearbeitung 2004, Berlin

Steck, Kai-Uwe / Schmitz, Rainer: Das Kapitalmarktrecht nach dem Anlegerschutzverbesserungsgesetz, - Änderungen von WpHG und VerkProspG -, Finanz Betrieb 2005, 187

Steinbeck, Anja: Besicherung von Gesellschafterverbindlichkeiten durch die GmbH, Missbrauch der Vertretungsmacht durch den Geschäftsführer?, WM 1999, 885

Steinmeyer, Roland / Häger, Michael: WpÜG, Kommentar zum Wertpapiererwerbs- und Übernahmegesetz mit Erläuterungen zum Minderheitenausschluss nach §§ 327a ff. AktG, Berlin 2002

Stenzel, Stefan: Außerbörslicher Aktienhandel, Teilband I: Umfang und Ursachen, Berlin 1995

Strebel, Felix: Insidervergehen und Banken – Eine juristische Analyse der Konsequenzen des Art. 161 StGB für Banken in der Schweiz (unter besonderer Berücksichtigung des Börsenplatzes Zürich), Winterthur 1990

Streinz, Rudolf: Europarecht, 7. Auflage, Heidelberg 2005

Ders.: EUV/EGV, Vertrag über die Europäische Union und Vertrag zur Gründung der Europäischen Gemeinschaft, München 2003

Ders.: Was bleibt vom LMBG?, Zu den Vorschlägen der Kommission zu allgemeinen Grundsätzen des Lebensmittelsrechts sowie zur Europäischen Lebensmittelbehörde und zur Lebensmittelsicherheit, ZLR 2000, 803

Struck, Christian: Ad-hoc-Publizitätspflicht zum Schutz der Anleger vor vermögensschädigendem Wertpapierhandel, Eine Untersuchung zu § 15 WpHG mit vergleichender Darstellung des US-Rechts, Frankfurt am Main 2003

Stoffels, Markus: Grenzen der Informationsweitergabe durch den Vorstand einer Aktiengesellschaft im Rahmen einer „Due Diligence", ZHR 165 (2001), 362

Storck, Joachim: Mergers&Acquisitions, Marktentwicklung und bankpolitische Konsequenzen, Wiesbaden 1993
Streißle, Jörg: Insiderrechtliche Aspekte von Pflichtangeboten, BKR 2003, 788
Studenroth, Stefan: Einflussnahme des Bundestages auf Erlass, Inhalt und Bestand von Rechtsverordnungen, DÖV 1995, 525
Sudmeyer, Jan / Rückert, Susanne / Kuthe, Thorsten: Entry Standard – Das neue Börsensegment für den Mittelstand, BB 2005, 2703
Süßmann, Rainer: Die befugte Weitergabe von Insidertatsachen, AG 1999, 162
Ders. : Insiderhandel – Erfahrungen aus der Sicht des Bundesaufsichtsamts für den Wertpapierhandel, AG 1997, 63

Teichmann, Christoph: Die Einführung der Europäischen Aktiengesellschaft – Grundlagen der Ergänzung des europäischen Statuts durch den deutschen Gesetzgeber, ZGR 2002, 383
Thomsen, Silke: Rechtsverordnungen unter Änderungsvorbehalt des Bundestages?, DÖV 1995, 989
Tippach, Stefan U.: Das Insider-Handelsverbot und die besonderen Rechtspflichten der Banken, Köln 1995
Ders.: Marktdaten im künftigen Insiderrecht?, WM 1993, 1269
Tollkühn, Oliver: Die Ad-hoc-Publizität nach dem Anlegerschutzverbesserungsgesetz, ZIP 2004, 2215
Treek, Joachim: Die Offenbarung von Unternehmensgeheimnissen durch den Vorstand einer Aktiengesellschaft im Rahmen einer due diligence, FS Fikentscher 1998, S. 434
Tröger, Tobias: Unternehmensübernahmen im deutschen Recht (I), DZWIR 2002, 353

Veil, Rüdiger: Der Schutz des verständigen Anlegers durch Publizität und Haftung im europäischen und nationalen Kapitalmarktrecht, ZBB 2006, 162
Veith, Alexander: Die Befreiung von der Ad-hoc-Publizitätspflicht nach § 15 Abs. 3, NZG 2005, 254
Vetter, Eberhard: Stock options für Aufsichtsräte – ein Widerspruch?, zugleich Anmerkung zu dem Urteil des BGH vom 16.2.2004 – II ZR 316/02, AG 2004, 265, AG 2004, 234
Vogel, Joachim: Kurspflege: Zulässige Kurs- und Marktpreisstabilisierung oder straf- bzw. ahndbare Kurs- und Marktpreismanipulation?, WM 2003, 2437
Von Buttlar, Julia: Directors′ Dealings: Änderungsbedarf aufgrund der Marktmissbrauchsrichtlinie, BB 2003, 2133
Von Heynitz, Harald: Bilanzierung und Bewertung von Restrukturierungen nach IAS/IFRS und HGB, BC 2002, 265

Von Kirchmann, Julius Herman: Die Werthlosigkeit der Jurisprudenz als Wissenschaft, 1848, Nachdruck 1938, Stuttgart

Von Klitzing, Joachim: Die Ad-hoc-Publizität, Köln 1999

Von Kopp-Colomb, Wolf / Lenz, Jürgen: Der europäische Pass für Emittenten, Der „Lamfalussy-Bericht" über die Regulierung der europäischen Wertpapiermärkte und der Vorschlag einer neuen Prospektrichtlinie, AG 2002, 24

Von Mangoldt, Hermann / Klein, Friedrich / Starck, Christian: Kommentar zum Grundgesetz, Band 2: Artikel 20 bis 82, 5. Auflage, München 2005

Von Münch, Ingo / Kunig, Philip: Grundgesetz-Kommentar, Band 3, Art. 70 bis Art. 146, 5. Aufl., 2003

Von Rechenberg, Wolf-Georg: Holzmüller – Auslaufmodell oder Grundpfeiler der Kompetenzverteilung in der AG?, FS Bezzenberger 2000, S. 359

Von Rosen, Rüdiger / Helm, Leonhard: Der Erwerb eigener Aktien durch die Gesellschaft – Plädoyer für ein neues Instrument der Unternehmensfinanzierung in Deutschlang und einen wichtigen Impuls für den deutschen Kapitalmarkt, AG 1996, 434

Waldhausen, Stephan: Die ad-hoc-publizitätspflichtige Tatsache – Eine Untersuchung zu § 15 Abs. 1 S. 1 WpHG unter Berücksichtigung der Ad-hoc-Publizität im Vereinigten Königreich, Baden-Baden, 2002

Wastl, Ulrich: Der Handel mit größeren Aktienpaketen börsennotierter Unternehmen - Eine Bestandsaufnahme aus primär aktien-, börsen- und kapitalmarktrechtlicher Sicht -, NZG 2000, 505

Weber, Klaus-Peter: Insiderrecht und Kapitalmarktschutz, Haftungstheorien im US-amerikanischen, europäischen und deutschen Recht, Berlin 1999

Weber, Martin: Börsennotierte Gesellschaften in der Insolvenz, ZGR 2001, 422

Ders.: Die Entwicklung des Kapitalmarktrechts im Jahre 2004, NJW 2004, 3674

Ders.: Konkretisierung des Verbotes der Kurs- und Marktpreismanipulation, NZG 2004, 23

Ders.: Unterwegs zu einer europäischen Prospektkultur- Vorgaben der neuen Wertpapierprospektrichtlinie vom 4. 11. 2003, NZG 2004, 360

Weber, Ulf Andreas: Das neue deutsche Insiderrecht, BB 1995, 157

Wegmann, Jürgen / Koch, Wolfgang: Due Diligence – Unternehmensanalyse durch externe Gutachter, - Ablauf und Technik, Folge - Due Diligence als neuer Analysestandard -, DStR 2000, 1027

Weimann, Stephan: Insiderrechtliche Aspekte des Anteilserwerbs, DStR 1998, 1556

Weitnauer, Wolfgang: Der Unternehmenskauf nach neuem Kaufrecht, NJW 2002, 2511

Werner, Rüdiger: Haftungsrisiken bei Unternehmensakquisitionen: die Pflicht des Vorstands zur due diligence, ZIP 2000, 989

Werner, Winfried: Zuständigkeitsverlagerungen in der Aktiengesellschaft durch Richterrecht?, Besprechung der Entscheidung BGHZ 83, 122, ZHR 147 (1983), 429
Wessels, Johannes: Zur Problematik der Regelbeispiele für „schwere" und „besonders schwere Fälle" in FS Maurach 1972, S. 295
Westermann, Harm Peter: Due diligence beim Unternehmenskauf, ZHR 169 (2005), 248
Ders.: Erman, Bürgerliches Gesetzbuch, Handkommentar, Band I, 11. Auflage, Köln 2004
Widder, Stefan / Bedkowski, Dorothea: Ad-hoc-Publizität im Vorfeld öffentlicher Übernahmen – Kritische Überlegungen zu § 15 WpHG im übernahmerechtlichen Kontext, BKR 2007, 405
Widder, Stefan / Gallert, Jan: Ad-hoc-Publizität infolge der Weitergabe von Insiderinformationen – Sinn und Unsinn von § 15 Abs. 1 S. 3 WpHG, NZG 2006, 451
Wieneke, Laurenz: Emissionspublizität – Praktische Anforderungen und rechtliche Grenzen, NZG 2005, 109
Wiese, Götz Tobias: Die steuerliche Behandlung des Aktienrückkaufs im Lichte des BMF-Schreibens vom 2.12.1998, DStR 1999, 187
Wiesner, Peter M.: Die neue Übernahmerichtlinie und ihre Folgen, ZIP 2004, 343
Wilhelm, Jan: Kapitalgesellschaftsrecht, 2. Auflage, Berlin 2005
Winneke, Julia: Schuldrechtliche Vereinbarungen über Kapitalbeschaffungsmaßnahmen in GmbH und AG, Frankfurt am Main 2005
Winter, Martin / Harbarth, Stephan: Verhaltenspflichten von Vorstand und Aufsichtsrat der Zielgesellschaft bei feindlichen Übernahmeangeboten nach dem WpÜG, ZIP 2002, 1
Wittich, Georg: Erfahrungen mit der Ad hoc-Publizität in Deutschland, AG 1997, 1
Wölk, Armin: Ad hoc-Publizität – Erfahrungen aus der Sicht des Bundesaufsichtsamts für den Wertpapierhandel, AG 1997, 73
Wolff, Wilfried: Allgemeines Verwaltungsrecht, Verwaltungsverfahrensrecht, Verwaltungsprozessrecht, 4.Auflage, 2004

Ziegler, Ole: „Due diligence" im Spannungsfeld zur Geheimhaltungspflicht von Geschäftsführern und Gesellschaftern, DStR 2000, 249
Ziemons, Hildegard: Die Weitergabe von Unternehmensinterna an Dritte durch den Vorstand einer Aktiengesellschaft, AG 1999, 492
Dies.: Neuerungen im Insiderrecht und bei der Ad-hoc-Publizität durch die Marktmissbrauchsrichtlinie und das Gesetz zur Verbesserung des Anlegerschutzes, NZG 2004, 537
Zippelius, Reinhold: Juristische Methodenlehre, 8. Auflage, München 2003

Zitzewitz, Jens: Stock Options, Frankfurt am Main 2003

Zöllner, Wolfgang: Kölner Kommentar zum Aktiengesetz, Band 1, §§ 1 – 75 AktG, 2. Auflage, Köln, Berlin, Bonn, München 1988

Ders.: Kölner Kommentar zum Aktiengesetz, Band 2, §§ 76 – 117 AktG und Mitbestimmung im Aufsichtsrat, 2. Auflage, Köln, Berlin, Bonn, München 1996

Ders.: Vereinheitlichung der Informationswege bei Aktiengesellschaften?, NZG 2003, 354

Zumbansen, Peer / Lachner, Constantin M.: Die Geheimhaltungspflicht des Vorstands bei der due diligence: Neubewertung im globalisierten Geschäftsverkehr, BB 2006, 613

Schriften zum Wirtschafts- und Medienrecht, Steuerrecht und Zivilprozeßrecht

Herausgegeben von Jürgen Costede und Gerald Spindler

Band 1 Reiner Fu: Die stille Gesellschaft im internationalen Steuerrecht aus deutscher Sicht. 1997.

Band 2 Kirsten Forsblad: Restschuldbefreiung und Verbraucherinsolvenz im künftigen deutschen Insolvenzrecht. 1997.

Band 3 Vassilios Tountopoulos: Die Reichweite der registerrechtlichen Gründungsprüfung einer AG. Eine Untersuchung unter rechtsvergleichendem Aspekt. 1998.

Band 4 Franc Pfahl: Die Maßgeblichkeit der Handelsbilanz, ein dem Steuerbilanzrecht vorgegebenes Grundprinzip? Von der Notwendigkeit einer steuerrechtlichen Begründung der durch § 5 Abs. 1 EStG in das Steuerrecht übernommenen handelsrechtlichen Vorschriften der Gewinnermittlung. 1999.

Band 5 Michael Schröder: Die Wertpapierhandelsaufsicht nach dem Zweiten Finanzmarktförderungsgesetz. 1998.

Band 6 Daniela Hasche: Die Sachgründung der GmbH. 1999.

Band 7 Oliver Wendt: Die rechtliche Problematik von Strahlenschäden. Rechtliche und rechtstatsächliche Aspekte der Haftung für Strahlenschäden unter Einbeziehung der Vorfälle in der strahlentherapeutischen Abteilung des Universitäts-Krankenhauses Eppendorf. 2000.

Band 8 Susanne Matussek: Zum Werbungskostenbegriff im Einkommensteuerrecht. 2000.

Band 9 Klaas Ziervogel: Rufausbeutung im Rahmen vergleichender Werbung. Veränderungen im Zuge der gesetzlichen Regelung vergleichender Werbung. 2002.

Band 10 Sven Wortberg: Lösungsklauseln und Insolvenz. 2003.

Band 11 Eva Ullrich: Die Zurechnung von Buchgutschriften. Zufluß und Leistungsfähigkeit im Einkommensteuerrecht. 2004.

Band 12 Carmen Werner: Einkommensteuerrechtliche Zurechnungen bei mittelbaren Beteiligungen an Personengesellschaften. 2003.

Band 13 Ulf Andreas Nissen: Die Online-Videokonferenz im Zivilprozess. 2004.

Band 14 Oliver Wiegmann: Grund, Grenzen und Wirkungsweise des § 105 InsO. 2004.

Band 15 Holger Seidler: Eigene Aktien. Eine Analyse des Aktien-, Handelsbilanz- und Kapitalmarktrechts zur Ermittlung von Deregulierungspotential und Regulierungsbedarf. 2004.

Band 16 Stefan Eck: Providerhaftung von Konzernunternehmen. Rechtliche Zusammenschau von Konzernunternehmen bei der Verbreitung rechtsverletzender Informationen im Internet. 2004.

Band 17 Frauke Fasold: Die einkommensteuerliche Problematik der Buchwertfortführung. Übertragung stiller Reserven und Gewinnrealisierung im Einkommensteuerrecht. 2005.

Band 18 Thomas Linke: Selbstregulierte Streitlösung für deutsche Domains. 2005.

Band 19 Malte Abel: Pfändungsschutz nach § 851 ZPO. Speziell die Pfändung zweckgebundener Forderungen. 2005.

Band 20 Harriet Eidam: Typische Risiken des elektronischen Rechtsgeschäftsverkehrs. 2005.

Band 21 Katharina Schmitz: Haftung für Links. Zur Verantwortlichkeit des Hyperlinksetzers und Suchmaschinenbetreibers unter besonderer Berücksichtigung von Verkehrs- und Garantenpflichten. 2006.

Band 22 Thomas Miserre: Rundfunk-, Multimedia- und Telekommunikationsrecht. Abgrenzung der Anwendungsbereiche von Art. 5 I 2 GG, Rundfunkstaatsvertrag, Teledienstegesetz, Mediendienstestaatsvertrag und Telekommunikationsgesetz. 2006.

Band 23 Mona Bandehzadeh: Jugendschutz im Rundfunk und in den Telemedien. Eine Würdigung des Staatsvertrages über den Schutz der Menschenwürde und den Jugendschutz in Rundfunk und Telemedien unter verfassungsrechtlichen Aspekten. 2007.

Band 24 Judith Volkmann: Mediation im Zivilprozess. Rechtliche Rahmenbedingungen für ein gerichtsinternes Mediationsangebot. 2006.

Band 25 Tino Grattenthaler: Die Vergütung von Vorstandsmitgliedern in Aktiengesellschaften. Eine grundlegende Betrachtung mit ausgesuchten Schwerpunkten aus rechtswissenschaftlicher Sicht. 2007.

Band 26 Till Dunckel: Online-Auktionen und Wettbewerbsrecht. 2007.

Band 27 Lena Katharina Landsmann: Die stille Gesellschaft in der Insolvenz. 2007.

Band 28 Jan Riebeling: Der Einsatz von Informations- und Kommunikationstechnologie im Insolvenzverfahren. 2007.

Band 29 Daniela Stiegel: Aktienoptionen als Vergütungselement aus arbeitsrechtlicher Sicht. Eine Vergütungsform an der Schnittstelle von Arbeits- und Gesellschaftsrecht. 2007.

Band 30 Jia Li: Nutzungen und Nutzungsrechte im Einkommensteuerrecht. 2007.

Band 31 Olaf Koglin: Opensourcerecht. Die urheber- und schuldrechtlichen Beziehungen zwischen Lizenzgeber und Lizenznehmer bei Open Source Software am Beispiel der General Public License (GPL). 2007.

Band 32 Katharina Padberg: Die Bedeutung des Börsenkurses für die Höhe von Barabfindungen. 2008.

Band 33 Karl Friedrich Balz: No-Shop-Vereinbarungen nach amerikanischem und deutschem Recht. 2008.

Band 34 Sascha Teichert: Die Besteuerung in- und ausländischer Investmentfonds nach dem Investmentsteuergesetz. Unter besonderer Beachtung der steuerrechtlichen Behandlung der Veräußerungs- bzw. Rückgabegewinne i.S. des § 8 InvStG sowie des Sondervermögens mit zusätzlichen Risiken (Hedgefonds) i.S. der §§ 112 ff. InvG. 2009.

Band 35 Stefan Zimmermann: E-Commerce, Verbraucherschutz und die Entwicklung Intelligenter Agenten. 2008.

Band 36 Zhe Huang: Zur Lehre von der Geschäftsgrundlage nach altem und neuem Recht. 2009.

Band 37 Torben Speier: Insiderhandel und Ad-hoc-Publizität nach Anlegerschutzverbesserungsgesetz. Rechtliche Grundlagen und ausgewählte Fragen in einem veränderten kapitalmarktrechtlichen Gewand. 2009.

Band 38 Stefan Rieger: Eigenkapitalersatz in mehrstufigen und mehrfachen Beteiligungsverhältnissen. Ein Beitrag zu den Grundlagen und Grenzen des Eigenkapitalersatzgedankens. 2009.

www.peterlang.de

Peter Lang · Internationaler Verlag der Wissenschaften

Katharina Padberg

Die Bedeutung des Börsenkurses für die Höhe von Barabfindungen

Frankfurt am Main, Berlin, Bern, Bruxelles, New York, Oxford, Wien, 2008.
373 S., zahlr. Tab.
Schriften zum Wirtschafts- und Medienrecht, Steuerrecht und Zivilprozeßrecht.
Herausgegeben von Jürgen Costede und Gerald Spindler. Bd. 32
ISBN 978-3-631-56782-1 · br. € 59.70*

Der Beteiligung von Klein- oder Minderheitsaktionären mit einem Anteil von höchstens 5% des Grundkapitals kommt eine wachsende wirtschaftliche und gesellschaftspolitische Bedeutung zu. Das Aktienrecht gestattet auf verschiedene Weise, Minderheitsaktionäre aus ihrer Stellung als Gesellschafter zu verdrängen oder ihre Rechte weitgehend auszuhöhlen. Im Gegenzug gebietet die Eigentumsgarantie des Art. 14 Abs. 1 GG die Gewährung einer Kompensation in Form einer Abfindung in Aktien oder in bar. Neben der Darstellung der verschiedenen Abfindungsarten und Bewertungsmethoden wird die Figur des Anlageaktionärs definiert. Dessen typische Eigenschaften erlauben es nach rechtlichen Maßstäben, den Marktwert als die bei der Anlageentscheidung maßgebliche Größe auch der Abfindungshöhe zugrunde zu legen.

Aus dem Inhalt: Abfindungssituationen bei gesellschaftsrechtlichen Umstrukturierungen · Methoden zur Anteilsbewertung · Grundrechtlicher Schutz gesellschaftsrechtlich vermittelten Eigentums · Figur des Kleinaktionärs und des Anlageaktionärs · Gleichbehandlung trotz ungleicher Beteiligungshöhe · Marktbewertung als Rechtsgröße

Frankfurt am Main · Berlin · Bern · Bruxelles · New York · Oxford · Wien
Auslieferung: Verlag Peter Lang AG
Moosstr. 1, CH-2542 Pieterlen
Telefax 0041 (0)32/376 17 27

*inklusive der in Deutschland gültigen Mehrwertsteuer
Preisänderungen vorbehalten

Homepage http://www.peterlang.de

FSC
www.fsc.org
MIX
Papier | Fördert gute Waldnutzung
FSC® C083411

Kolibri 360 GmbH
Ferdinand-Jühlke-Straße 7
99095 Erfurt, Deutschland
produktsicherheit@kolibri360.de

Druck:
CPI Druckdienstleistungen GmbH
im Auftrag der
Kolibri 360 GmbH
Ferdinand-Jühlke-Str. 7
99095 Erfurt